최한기의 기학과 실학의 철학

한국철학총서 45

최한기의 기학과 실학의 철학

지은이 김용헌
펴낸이 오정혜
펴낸곳 예문서원

편집 유미희
인쇄 및 제책 주) 상지사 P&B

초판 1쇄 2020년 11월 20일

출판등록 1993년 1월 7일(제307-2010-51호)
주소 서울시 성북구 안암로 9길 13, 4층
전화 925-5913~4 ∣ 팩스 929-2285
전자우편 yemoonsw@empas.com

ISBN 978-89-7646-411-8 93150

YEMOONSEOWON 13, Anam-ro 9-gil, Seongbuk-Gu, Seoul, KOREA 02857
Tel) 02-925-5913~4 ∣ Fax) 02-929-2285

값 42,000원

한국철학총서 45

최한기의 기학과 실학의 철학

김용헌 지음

예문서원

책머리에

이 책은 19세기 조선의 위대한 철학자 혜강 최한기의 학문과 철학을 조선 후기 실학의 흐름이라는 관점에서 조망한 것이다. 사실 필자는 지난해 5월에 『주자학에서 실학으로: 조선후기 서양 과학기술의 수용과 주자학적 사유의 균열』(고려대학교 민족문화연구원, 2019)을 출간하였다. 하지만 그 당시 쓴 원고의 양이 계획보다 크게 늘어나 원고의 후반부를 덜어낸 채 간행할 수밖에 없었다. 다행히 예문서원의 후의로 그때 누락된 부분에다 「제1장 최한기의 삶과 그의 시대」를 추가하고 「결론: 조선 후기 실학과 최한기의 철학」을 보완하여, 이 책을 내놓게 되었다. 물론 새로 추가된 제1장에서 최한기 시대의 동북아 정세를 서구 열강과의 접촉이라는 측면에서 살펴보고 최한기의 삶과 학문에 대한 연구사를 보탬으로써 이 책이 독립된 저작의 성격을 갖출 수 있도록 하였다. 동시에 결론 부분에서 『주자학에서 실학으로』의 내용을 간략하게 정리함으로써 그 책과의 연속성을 유지하였다.

내가 최한기를 처음 만난 것은 고등학교를 다니던 시절 국사 교과서에서였다. 아마 1학년이나 2학년쯤이었을 텐데, 지금 기억으로 당시 최한기는 실학사상과 개화사상의 가교자로 규정되었다. 한마디로 19세기 조선이 배출한 매우 선진적인 지식인이자 위대한 사상가였던 셈이다. 하지만 정작 인상적이었던 것은 그가 몰락 양반층의 학자로서 1,000여 권의 저서를 남겼으며 그 저서 대부분이 소실되고 일부만 남아 있다는 대목이었다. 우선 1,000여 권이나 되는 엄청난 양의 책을 썼다는 것이 충격적이었고, 이어서 그 책들이 대부분 소실되었다는 것이 무척이나 안타까웠다. 특히 몰락 양반충이라는 불운한 삶의 배경과 겹치면서 그 충격과 안타까움이 배가되었고, 배가된 충격과 안타까움은 그 까까머리 학생에게 언젠가 최한기를 연구해야겠다는 막연한 꿈을 갖게 했다.

그 후 대학원에 진학해 윤사순尹絲淳 선생님의 지도로 석사학위 논문 「최한기의 철학사상에 관한 연구: 실학적 방법론을 중심으로」(1987)와 박사학위 논문 「최한기의 서양과학 수용과 철학 형성」(1995)을 썼다. 이어서 「최한기의 서양우주설 수용과 기학적 변용」(1996), 「최한기의 자연관」(1998), 「주자학적 학문관의 해체와 실학: 최한기의 탈주자학적 학문관을 중심으로」(1998), 「최한기의 낙관주의적 서구 인식과 동서소통론」(2005) 등 최한기 관련 논문들을 몇 편 발표하였다. 대개 시간에 쫓긴 탓에 완성도가 떨어졌고, 그런 만큼 새로 써야 한다는 마음의 빚이 늘 있었다. 아무튼 지난 5년 남짓 시간 동안에 빚을 청산하는 마음으로 지난한 씨름 끝에 작년과 올해 1권씩 2권의 책을 상재하게 되었고, 결과적으로 40여 년 전 검은 제복의 학생이 꾸었던 꿈의 한 자락을 이룰 수 있게 되었다. 그저 감읍할 따름이다. 그 감읍의 소감은 이 책 결론의 몇 단락을 인용하는 것으로 갈음한다.

조선 후기에 등장한 박세당·홍대용·정약용·최한기의 철학은 주자학의 문제설정을 회의하고 비판했다는 공통점이 있고, 그에 따라 그들의 이론 체계도 주자학과는 다른 형태를 띠었다. 당연히 그들이 제시한 철학 이론이 그들의 문제의식과 그 시대의 사회적 요구를 얼마나 성공적으로 충족시켰는지는 별도의 논의가 필요하겠지만, 그와는 별개로 그 시대의 문제를 탈주자학적 관점에서 해결하고자 한 성찰의 결과물인 것만큼은 분명하고, 그러한 만큼 그것들을 실학의 철학이라 해도 좋을 것이다.

더욱이 그 성찰이 서구의 것이면 무조선 좋다는 식의 맹목적인 서구주의와는 결을 달리한다는 점에서 제3의 근대화 모델이라는 의미로 읽는 것도 얼마든지 가능하다. 근대로 가는 길은 단일하지 않으며 더더욱 근대화가 서구화와 동일시될 수 없기 때문이다. 예를 들어 유형원이나 이익이 주자학 이론의 지반 위에서 기(氣)의 회복을 시도한 것, 홍대용이 인물균등론을 기반으로 인간중심주의를 해체하고 탈중심주의적 사고를 전개한 것, 정약용이 도덕적 감시자로서 천을 설정하고 그에 기초해 도덕적 실천을 역설한 것, 최한기가 기학과 경험주의 인식론에 근거해 대동의 세계평화론을 제시한 것 등은 그들이 먹고사는 것(氣)의 중요성을 역설하면서도, 한순간도 도덕적 가치와 그 가치의 실현(道)에 대한 긴장의 끈을 놓지 않았다는 것을 말해 준다.

오광운(1689~1745)은 유형원의 『반계수록』을 평가하는 자리에서 주자학이 "도(道)(고귀한 삶)의 문제에 집중하느라 기(氣)(물질적 삶)의 문제를 소홀히 했다"면서, 기 회복의 필요성을 주장하였다. 한마디로 "도가 어찌 기를 떠나 홀로 실행될 수 있겠는가?"라는 것이 그의 생각이었다. 반면에 오늘날 우리는 물질적 삶의 문제가 고귀한 삶의 문제를 압도하는 시대를 살고 있다. 먹고사는 문제가 과학 · 기술 · 경제 · 부 · GDP · 연봉 · 강남 아파트 등등 다양한 이름과 거룩한 얼굴로 우리의 의식세계 전반에 침투해 있고 우리의 생활세계 곳곳을 점령하고 있는 것이 현실이다. 오광운의 말을 빌리자면 오늘날 우리는 "기의 문제에 집중하느라 도의 문제를 소홀히 하고 있다." 당연히 먹고사는 문제에서 자유로울 수는 없지만, 아니 먹고사는 것이 중요하지만, 그렇다고 고귀한 삶의 문제가 방치돼도 좋을 만큼 가벼운 것은 아니다. 마냥 배부른 돼지로 살 수 없기 때문이다. 21세기를 사는 우리가 조선 후기 실학자들의 성찰, 즉 기의 문제에 고심하면서도 도의 문제를 소홀히 하지 않았던, 역으로 도의 문제에 고심하면서도 기의 문제를 소홀히 하지 않았던 도기병진道器竝進의 사유를 되짚어 보아야 하는 이유가 바로 여기에 있다. "기가 어찌 도를 떠나 홀로 성취될 수 있겠는가?"

이 책을 내놓으면서 감사를 드려야 할 분들이 너무도 많다. 먼저 필자가 공부의 길로 들어선 이래로 지도편달을 해 주신 선생님들, 그리고 학문 공동체의 장에서 같이 공부하고 의견을 나누었던 여러 선후배 및 동료 학자들께 감사를 드린다. 아울러 이 책을 쓰면서 참고한 수많은 자료들의 저자들, 특히 부주의와 게으름 탓으로 미처 각주를 달지 못한 자료들의 저자들께 이 자리를 빌려 송구함과 고마움의 뜻을 동시에 표한다. 또한 출판 시장의 극심한 불황에도 기꺼이 출판을 맡아 주신 예문서원의 오정혜 사장님께도 감사의 말씀을 드린다.

2020년 10월
김용헌

제1장 최한기의 삶과 그의 시대

1. 최한기의 시대

1) 기학과 대동의 세계평화론

최한기崔漢綺(1803~1877)는 19세기가 시작될 무렵인 1803년에 개성에서 태어나 주로 서울에서 독서와 저술 활동을 하다가 75세의 나이로 세상을 떠난 재야 학자이다. 실학의 완성자로 일컬어지는 정약용丁若鏞(1762~1836)이 장기를 거쳐 강진에서 유배생활을 시작한 지 2년 후에 최한기가 태어났으며, 그가 태어난 지 2년 후에는 북학파의 거장이자 위대한 문학가인 박지원朴趾源(1737~1805)이 세상을 떠났다. 그 2년 후에는 박지원의 손자이자 개화파의 선구자로 알려진 박규수朴珪壽(1807~1877)가 태어났다. 한편 최한기가 세상을 떠나기 한 해 전인 1876년에 조선은 일본과 병자수호조약을 체결하고 문호를 열었다. 최한기는 실학사상이 무르익을 즈음에 이 땅에 왔다가 개항기가 시작될 때 이 땅을 떠난 것이다.

최한기는 '실학사상과 개화사상을 이어주는 가교자'로 널리 알려져 있다.[1] 하지만 '가교자'라는 평가만으로는 그의 깊은 통찰력과 방대하

---

1) 이우성, 「최한기」, 『한국근대인물백인선』(『신동아』 1970년 1월호 부록, 동아일보사, 1970), 14쪽. 이 글은 약간의 보완을 거쳐 『이을호박사정년기념 실학논총』(전남대학교 호남문화연구소, 1975)에 「혜강 최한기」라는 제목으로, 『한국의 역사상』(창작과

면서도 일관된 학문체계를 설명하는 데 많은 한계가 있다. 현재 확인된 것만으로도 30여 종을 넘나드는 그의 저서들은 철학·경학·경세학·역사와 같은 전통 학문은 물론이고 천문학·과학·수학·농학·기계학·의학·지리학 등 흔히 잡학으로 분류되었던 분야까지 망라되어 있다. 더더욱 시공간적으로 동양의 고전적 지식에다 서양의 근대 과학적 지식까지 아우르고 있다는 것을 감안하면 그의 학문이 얼마나 폭넓었는지 알 수 있다. 게다가 그 저술들의 내용은 잡다한 지식을 나열하거나 새로운 정보를 소개하는 수준이 아니라 일관되게 '운화기運化氣'2)의 존재론과 '추측推測'의 인식론3)이라는 그의 확고한 철학적 토대 위에 구축되었다는 점에서 조선 후기에 등장한 탈주학적 사유의 정점이라고 해도 전혀 지나치지 않다. 그 철학과 학문을 최한기는 스스로 기학氣學이라고 불렀다.

더욱이 그는 대외정책과 관련하여 보통의 개항론자나 개화론자들처럼 단순히 문호 개방이나 서기西器 수용을 통해 부국강병에 이르는 단선적인 길을 모색하는 데 그치지 않았다. 그가 구상한 동서 관계의 이상적인 모습은 동서양을 불문하고 지구상의 모든 나라가 평화롭게 교류하고 모든 사람이 화목하게 지내는 통일적 소통의 세계이다. 요컨대 그의 동서소통론은 동도서기론의 기저에 자리한 자국중심주의 내지 동양중심주의적 사고에서 벗어났을 뿐만 아니라 급진적인 개화론이 빠지기

비평사, 1982)에 「최한기의 생애와 사상」이라는 제목으로 재수록되었다.

2) 운화는 기가 지닌 운동성의 네 측면을 가리키는 活·動·運·化의 줄임말로서 운동과 변화를 뜻하는 최한기 기학의 고유한 용어이다.

3) 추측은 경험에 기초한 합리적인 추론과 판단이라는 뜻으로 역시 최한기 인식론의 고유한 용어이다.

쉬운 맹목적인 서구추수주의에서 탈피하여 세계 각국의 상호 존중과 전 인류의 평화로운 관계를 지향한다는 특징이 있다. 그의 시야는 이미 일국을 벗어나 전 세계를 향해 열려 있었던 것이다.[4]

최한기에게 중요한 것은 동양의 것이냐 서양의 것이냐가 아니라 전세계의 것, 즉 보편적으로 통용될 수 있는 것이냐 하는 것이었다.[5] 동양과 서양을 나누어 동양은 존귀하고 서양은 비천하다는 식의 주장은 어리석은 사람들의 주장일 뿐이다. 그의 시대에 진정 필요한 것은 우리만이 우월하다는 아집이 아니라 전 세계를 하나의 평화공동체로 여기는 탈중심주의적 사고, 예컨대 내가 새롭게 밝힌 것이 있으면 다른 사람에게 전달하고 다른 사람이 밝힌 것이 있으면 채택해서 쓰는 열린 자세이다.[6]

여기서 주목해 보아야 할 것은 최한기가 오륜이라는 다섯 가지 전통적인 윤리 덕목에다 전 세계인의 평화로운 관계를 뜻하는 새로운 덕목, 즉 조민유화兆民有和를 추가했다는 점이다. 오륜의 실현은 물론 전 세계인이 대립과 갈등을 극복하고 평화의 실효를 거두어야 한다는 것이 이

---

4) 『承順事務』(『增補 明南樓叢書』5), 「中西通用氣數道理」, 343쪽, "畢竟中西相取善法, 西之善法行於中, 而損益焉, 中之善法行於西, 而變通焉, 是爲統一四海之承順事務也."
   이 책에서 주로 활용한 최한기 저술은 『明南樓全集』 1~3(여강출판사, 1990)이며, 여기에 수록되지 않은 것은 『增補 明南樓叢書』 1~5(성균관대학교 대동문화연구원, 2002)를 활용하였다. 그 이외에 『明南樓叢書』 1~5(성균관대학교 대동문화연구원, 1971)를 참고하였다.

5) 그는 오직 전 세계를 헤아리는 사람만이 동서의 같고 다른 점을 참조하고 남북의 풍속을 비교하여 전 세계에 통용될 수 있는 보편 법칙을 알 수 있다고 강조하였다. 『人政』(『明南樓全集』 2), 권1, 「推擴測人」, 29b, "惟天下之測人, 東西異同արற和, 而見其一統, 南北風俗比較, 而知其一般."

6) 『承順事務』, 「中西通用氣數道理」, 343쪽, "迂儒之說, 以中西各分彼此, 貴此而賤彼, 尊此而卑彼, 彼有善法, 必曰我國已有此說, 我之善法, 必隱匿而不欲漏傳於彼, 由於自己無見得, 而自狹所見, 無明知, 而自昏所知. 見大體者, 必懷包億兆, 一視宇內, 心有發明, 必欲傳達於人, 人之所明, 必欲取用於己."

땅에서 19세기 한가운데를 살다 간 최한기의 시대적 통찰이자 철학적 문제의식이었던 것이다.[7] 이는 자국중심주의적 사고에서 탈피하여 전 세계의 문화적 소통과 전 인류의 하나 됨을 지향한다는 점에서 대동人同의 세계평화론이라고 할 만하다.[8]

2) 천주교의 확산과 박해

정치사적 관점에서 보면, 조선의 19세기는 정조(재위 1777~1800)의 죽음과 함께 시작되었다고 해도 과언이 아니다. 다양한 정치 세력 사이에서 적절히 균형을 유지하던 정조가 1800년 6월에 갑자기 세상을 떠나자 노론 벽파로 불리는 수구파의 반격이 시작되었고, 흔히 청남계로 분류되는 남인 시파를 겨냥하여 천주교 탄압이 대대적으로 진행되었다. 그 결과 1801년 신유박해로 권철신權哲身·이승훈李承薰·최창현崔昌顯·정약종丁若鍾 등 수많은 천주교도들이 처형되거나 옥사했으며, 한때 천주교에 관심을 보였던 이가환李家煥은 장살 당했고 이기양李基讓은 그 이듬해

---

7) 『人政』, 권18, 「畎畝敎法兆民有和」, 39a, "五倫之敎, 至矣盡矣, 而推擴天下, 自有萬國咸和. 父子有親, 君臣有義, 夫婦有別, 長幼有序, 朋友有信之下, 添一兆民有和一句, 以著五倫通行, 兆民致和之實效."

8) 『氣學』(『明南樓全集』 1), 권1, 39a, "見聞漸博, 取捨在實. 簡策搜閱, 尋其氣化之端, 事物經驗, 取其氣化之合. 積累之功, 成人氣之運化, 推達之效, 及天地之運化, 遠國之人, 無異同國之人, 異邦之俗, 可歸大同之俗.";『氣學』, 권1, 54ab, "人我雖分, 自有所同, 卽天人運化之氣. 擧此而措處事務, 人與我同, 亦我與人同, 施之於一國, 一國之人可與同, 施之於天下, 天下之人可與同.……是謂大同." 최한기가 대동의 평화가 가능하다고 여겼던 것은 자연세계와 인간세계의 운동변화(天人運化), 즉 자연 영역에서의 운동변화(天地運化)와 인간 영역에서의 운동변화(人氣運化)에 보편 법칙이 있다는 존재론적 전제에 기초하고 있다. 그 보편 법칙을 찾아내기만 하면, 인간의 삶의 방식도 통일될 수 있다는 것이 그의 생각이었다.

에 유배지에서 사망하였다. 다행히 정약용과 그의 둘째 형 정약전丁若銓은 간신히 극형을 모면하고 유배형에 처해졌다. 이 당시 300명 이상이 목숨을 잃었다는 것은 서양의 종교가 이미 조선사회에 광범위하게 뿌리를 내렸다는 것을 방증한다.[9] 1803년 최한기가 이 땅에 태어났을 때 천주교로 표상되는 서구 문명은 단순히 서적이나 전문을 통해서나 접할 수 있는 간접적인 대상이 아니라 엄연히 조선사회가 직접 마주한 현실이었다.

1835년 겨울 프랑스의 피에르 모방(Pierre Philibert Maubant) 신부가 중국을 거쳐 정하상丁夏祥·조신철趙信喆 등의 안내로 조선에 입국해 활동할 무렵에[10] 최한기는 기학의 토대 위에서 그의 고유한 경험주의 인식론을 담아낸 문제의 저작 『기측체의氣測體義』를 마무리하기 위해 고투하고 있었다.[11] 1836년 그의 나이 34살 때였다. 이 책에서 그는 엘카노(嘉奴)[12]의 세계 일주를 천지개벽에 비유하면서, 이로 인해 지구가 둥글다는 것이 입증되고 동서의 경계가 무너져 자유로운 왕래가 가능해진 현실에

---

9) 『증보 한국천주교회사』에 의하면, 당시 천주교도들이 1만여 명이었고 그 가운데 300명 이상이 순교하였다. 유홍렬, 『증보 한국천주교회사』 상(가톨릭출판사, 1994), 137쪽.

10) 한국교회사 최초의 서양인 천주교 신부인 그가 5명의 조선 교우와 더불어 양력 1836년 1월 12일 밤에 중국 국경의 관문인 변문의 검문소를 돌파하여 그다음 날인 13일(음력 1835년 11월 24일) 밤 의주에 입성한 후 그달 말에 서울 정하상의 집에 도착하였다. 유홍렬, 『증보 한국천주교회사』 상, 293~297쪽.

11) 최한기는 1836년 2월에 『추측록』(6권 3책)을, 5월에 『강관론』(4권 1책)을, 8월에 『신기통』(3권 2책)을 각각 마무리한 후 그해 10월에 『신기통』과 『추측록』을 합하여 『기측체의』라는 이름을 붙였다.

12) 엘카노(Juan Sebastian Elcano)는 1519년 8월 대서양을 가로질러 동남아시아로 가는 항로를 개척하기 위해 스페인의 세비아를 출발한 마젤란 원정대의 일원으로, 마젤란의 죽음에도 불구하고 세계 일주를 완주한 18명 중에 한 사람이다. 처음 5척의 배와 241명의 인원으로 출발한 마젤란 원정대는 3년 만인 1522년 9월에 귀향했을 때 향신료를 실은 배 1척과 그 배에 탄 18명의 원정대원이 고작이었다.

찬사를 보냈다.[13] 동서의 장막이 걷힘으로써 오랜 어둠을 뚫고 새 세상이 열렸다는 것이다. 이에 대해 그는 "세상을 운영하는 방식이 크게 변하여 여러 나라의 산물이 서로 유통되고, 전 세계에 여러 학문과 사상이 뒤섞이고, 육지의 시장이 변하여 바다의 시장이 되고 육지의 전쟁이 변하여 바다의 전쟁이 되었다"면서, "이러한 변화에 대처하는 방법은 변한 것을 가지고 변한 것에 대처해야지 변하지 않은 것을 가지고 변한 것에 대처해서는 안 된다"고 설파하였다.[14]

사실 최한기의 저술 활동은 훨씬 이전에 시작되었다. 그는 28세(1830) 때에 이미 23권 10책으로 이루어진 방대한 농서 『농정회요農政會要』를 편찬했으며, 32세(1834) 때에는 『육해법陸海法』(1책)을, 33세(1835) 때에는 『소모素謨』(1책)와 『의상리수儀象理數』를 연이어 집필하는 등 젊은 시절부터 왕성한 저술 활동을 하였다. 이 무렵 주목되는 점은 32세 때 최한기가 친구 김정호金正浩에게 「청구도제靑邱圖題」[15]를 써 주었을 뿐만 아니라 그에게 판각을 의뢰하여 장정부莊廷敷의 『지구도地球圖』를 중간重刊했다는 사실이다.[16] 문일평의 전문에 따르면, 최한기는 김정호의 유일한 마음

---

13) 『神氣通』(『明南樓全集』 1), 권1, 「天下敎法就天人而質正」, 15a, "盖天下之周通, 粤在大明弘治年間, 歐羅巴西海隅布路亞國人嘉奴, 始圜地球, 是乃天地之開闢也."

14) 『推測錄』(『明南樓全集』 1), 권6, 「海舶周通」, 63b, "自明代以後, 洋舶周行大地. 【……今則海道益習, 侔船自東往西, 或由西返東, 周地而返, 計不過八九月之間, 卽可周行全地, 皆前人開創之功也.】 沿海諸處, 羅列市埠, 收聚健勇, 設置鎭守, 寓兵於商, 而爲天下之難禦. 於是人世營濟, 至於一變, 物産交通於萬國, 諸敎混殽于天下, 陸市變爲海市, 陸戰變爲水戰. 處變之道, 固宜將其變以禦其變, 不宜以不變者禦其變."

15) 김정호의 『청구도』에 붙인 서문이다.

16) 『五洲衍文長箋散稿』 下, 권38, 「萬國經緯地球圖辨證說」, 180~185쪽, "近者(純廟甲午), 崔上舍漢綺家, 始爲重刊中原莊廷敷搨本, 傳行于世, 圖說則未克劂焉. 予從他得其說, 恐其遺佚, 鈔辨之【崔上舍家住京師南村倉洞, 甲午以棗木板模刻晉陵莊廷敷地球搨本, 而金正皡剞劂焉.】…… 崔上舍重刊地球圖時, 何不竝說劂之也? 圖與說竝行, 然後圖狀可悉矣. 且圖不陽鐫, 變作陰刻, 球黑書白, 而漫漶糊塗, 不得明淨, 是可欠也." 이처럼 이규경은 "최한기 집안에서 처음으

18

의 벗으로서 두 사람이 서약하기를 최한기는 천문을 맡고 김정호는 지리를 맡아 각자 매진하도록 했다고 한다.[17]

3) 아편전쟁과 중국의 굴욕

1839년 기해년에 피에르 모방 등 세 명의 프랑스 신부를 비롯해 수십 명이 넘는 천주교도들이 조선 땅에서 잇달아 처형되거나 옥사할 때,[18] 중국의 광동廣東에서는 도광제道光帝가 파견한 흠차대신 임칙서林則

로 장정부(莊廷敷은 莊廷敷의 오류이다)의 탑본을 중간하여 세상에 유통시켰다"면서, 최한기가 "갑오년에 대추나무로 장정부의 『지구도』 탑본을 판각했는데, 김정호가 그것을 새겼다"고 부연하였다. 다만 그 중간의 주체가 누구인지는 다소 논란이 있다.(그 논란의 구체적인 내용은 양보경, 「최한기의 지리사상」, 『진단학보』 81, 진단학회, 1996, 283쪽에 간략하게 정리되어 있다.) 왜냐하면 현존하는 『지구도』에 쓰여 있는 "泰然齋重刊"이라는 글귀의 태연재가 김정호의 당호일 가능성이 없지 않고, 그렇다면 김정호가 중간 주체일 수 있기 때문이다. 하지만 이규경은 최한기와 왕래를 하는 사이였을 뿐만 아니라 그 『지구도』의 문제점을 잘 파악하고 있었다. 다시 말해 그는 최한기가 『지구도』를 판각할 때 '설명(說)'을 새기지 않았다거나 양각을 하지 않고 음각을 해서 명확하지 않다는 문제점을 지적할 만큼, 그의 언급이 매우 구체적이고 또 그 문제점 때문에 그에 대한 「변증설」을 썼다는 것을 감안하면, 결정적인 반대 증거가 없는 한 최한기가 중간하고 김정호가 새겼다는 그의 기록을 받아들이는 것이 좋을 듯하다. 게다가 현존하는 『지구도』가 「지구전도」와 「지구후도」 두 장만이 아니라 「황도북항성도」 및 「황도남항성도」와 함께 4장 8면으로 이루어진 책자라는 점, 그리고 최한기가 세계지리와 서구 천문학 모두에 큰 관심과 해박한 지식을 지녔다는 점을 더하면, 이 『지구도』를 재간행한 사람, 적어도 김정호와 공동으로 재간행한 사람이 최한기일 가능성이 더욱 높아진다. 최한기가 천문을 맡고 김정호가 지리를 맡도록 했다는 문일평의 전언에 따라 지구도와 항성도를 김정호와 최한기가 나누어서 재간행을 했다고 볼 수도 있으나 「지구후도」와 「황도남북항성도」의 왼쪽 아래에 각각 "道光甲午(孟秋), 泰然齋重刊"이라고 쓰여 있기 때문에 지구도와 항성도의 재간행 주체를 별개로 보기는 어렵다. 한편 양보경에 따르면, 『지구도』의 두 천문도는 "1742년(영조 18)에 천문관 김태서와 안국빈 등이 청에 사신으로 가서 선교사 쾨글러(Ignatius Kögler, 戴進賢)가 1723년에 만든 『黃圖總星圖』를 직접 배워서 만든 신법 천문도를 목판 인쇄한 것이다." 양보경, 「최한기의 지리사상」, 283쪽.
17) 문일평, 『조선명인전』 3(조선일보사 출판부, 1939; 『호암문일평전집』 5, 민속원, 2001), 405쪽.

徐(1785~1850)가 영국 상인들에게서 몰수한 아편 2만여 상자를 불태웠다. 그 이듬해 4월에 영국 의회의 파병 승인으로 마침내 아편전쟁이 시작되었고, 1842년 6월에는 근대식 전함과 대포를 앞세운 영국 군대가 상해上海를 점령한 데 이어 남경南京까지 진격하였다. 이에 전 세계의 종주국을 자처해 온 중화의 나라는 홍콩(香港)을 넘겨주고 광주廣州・하문廈門 등 5개 항구를 여는 것 등을 조건으로 한 불평등조약을 맺었다.19) 그해 2월 최한기는 테렌츠(J. Terrenz, 鄧玉函)의 『기기도설奇器圖說』(1627) 등을 바탕으로 일상에서 사용되는 기계들의 구조와 작동 원리를 그림과 함께 소개한 책 『심기도설心器圖說』을 썼다.20) 이 책을 쓰면서 그가 기대한 것은 기계를 만들어 사용함으로써 노동력을 절감하고 경우에 따라서는 힘을 전혀 쓰지 않고도 일이 이루어지도록 하는 것이었다.21) 그의 나이가 불혹일 때였다.

제1차 아편전쟁의 소식이 전해지자 서양에 대한 위기의식이 조선 지식인들 사이에 확산되었다. 낙학 계열의 정통 유학자인 유신환兪莘煥(1801~1859)은 영국 군대가 뱃머리를 돌려 우리나라를 침략할지 모른다

---

18) 기록에 따라 차이가 보이기 하지만 기해박해를 전후해서 희생된 천주교인들은 모방・샤스탕(Jacques-Honore̱ Chastan)・앵베르(Laurent-Marie-Joseph Imbert) 등 3명의 프랑스 신부를 비롯해 정하상・조신철・劉進吉 등 100여 명 남짓 된다. 유홍렬, 『증보 한국천주교회사』 상, 352~436쪽.

19) 청은 그 이후 1844년에 미국・프랑스와 연이어 불평등조약을 체결하는 등 점차 몰락의 길을 걷기 시작하였다.

20) 『心器圖說』(『明南樓全集』 3), 「心器圖序」, 499쪽, "今所集錄, 儘是日用中雜器." 최한기는 『심기도설』에서 起重 11圖, 引重 4도, 轉重 2도, 取水 9도 등 50개가 넘는 기계의 그림을 수록하였다. 이 가운데 51개를 테렌츠의 『기기도설』에서, 2개를 王徵의 『제기도설』에서, 3개를 鄂爾泰・張廷玉 등의 『수시통고』에서 인용했으며, 「新製衡搾圖」와 이에 대한 설명은 최한기의 창작이다.

21) 『心器圖說』, 「心器圖序」, 499쪽, "日用常行之中, 自有倍其功而省人力者, 又有不用力而全其功者, 簡拔於諸書, 名以心器圖."

면서 정해현(定海縣)[22]에서 서남풍을 타면 3일 만에 우리나라 연안에 이르게 될 것이라고 우려했을 정도로 서양을 직접적인 위협의 대상으로 인식하였다.[23] 이러한 위기의식은 1830년대부터 시작된 이양선의 잦은 출몰과 맞물리면서 크게 증폭되었을 것으로 보인다.[24] 예를 들어 1846년(헌종 12) 프랑스 동양함대 사령관 세실(Thomas Cecille)이 군함 3척을 이끌고 충청도 홍성 연안의 외연도(外煙島)[25]에 와서 기해박해(1839) 때 프랑스 신부 3명을 살해한 책임을 묻는 편지를 주민들에게 남겼고, 다음 해에 회답을 받기 위해 라 피에르 대령을 파견한 사건을 들 수 있다.[26] 이 일련의 사태를 두고, 최한기와도 친분이 있었던 이규경(李圭景, 1788~?)은 그들이 지금(1847) 여러 척의 배에 병기를 싣고 들어와 압박하는 것은 침략할 구실을 찾으려는 간사한 술책이라고 경고하였다.[27] 그는 해외 통상을 통해 가난을 극복해야 한다고 주장한[28] 진보적인 지식인이었음에도 이

---

22) 중국 浙江省 동북부 근해에 있는 섬.

23) 『鳳棲集』, 권3, 「送人如燕序」, 4b~5b, "上之六年冬十月, 某官某公, 以行人如淸. 先是, 使者自淸還言, 西洋咕喇, 據澳門, 蜂屯浙江江蘇之間, 淸人患之, 調發關東兵以萬數, 不能與之角.……其勢或旋轤而向我, 浙之台州, 新羅航海之路也, 自定海縣, 乘西南風掛帆, 三日可到加浦, 加浦驚則紅衣黑山, 非我之有也, 此亦我之所不可不慮也." 노대환, 「19세기 전반 서양 인식의 변화와 서기수용론」, 『한국사연구』 95(한국사연구회, 1996), 125쪽.

24) 한반도 연안에 이양선이 출몰하기 시작한 것은 1830년대부터이다. 1832년 6월에 67명의 선원을 태운 영국 선박이 충남 홍주 해안의 작은 섬 古代島에 정박한 후 통상을 요구했으나 거절당하였다. 7월에도 작은 배 한 척이 태안의 주사창리 앞 포구에 와 며칠 머물다가 소 2마리와 돼지 4마리 등 식료품을 구하여 갔다. 『純祖實錄』 32권, 순조 32년(1832) 7월 21일(을축).

25) 현재 충청남도 보령시에 속한 섬.

26) 『憲宗實錄』 13권, 헌종 12년(1846) 6월 23일(병자).

27) 『五洲衍文長箋散稿』 下, 권53, 「斥邪敎辨證說」, 712쪽, "以事機看之, 則前年抑投不捧之書, 稱以明年更到討答, 留約而去者, 將欲諸難之漸. 今衆多船壓境, 船載兵器, 下陸設幕, 鑄兵擣藥者, 將欲示疆持久之意.……其意不在糧船, 都在於嘗試, 如不副所請, 則威脅肆毒, 構釁作梗之姦計也. 末梢所爲, 已見於昨年投書之末, 朝廷將何處置, 殊可悶也."

28) 『五洲衍文長箋散稿』 上, 권32, 「與番舶開市辨證說」, 935쪽, "與異國開市交易, 有無相資,

사건을 목도한 후 서구에 대해 호시탐탐 침략의 기회를 노리는 불순한 존재로 인식하기 시작한 것이다.

동아시아의 전통 강국인 청이 서구 열강의 대표 격인 영국에 무릎을 꿇은 사건은 당시 중국의 지식인들에게 씻을 수 없는 굴욕을 안겨 주었다.29) 그 결과 위원魏源(1794~1857)의 『해국도지海國圖志』30)와 서계여徐繼畬(1795~1873)의 『영환지략瀛環志略』(1850)31)과 같은 일종의 세계지리서가 탄생하였다. 이 두 책 가운데 조선 학자들에게 특히 큰 영향을 준 것이 『해국도지』이다.32) 이 책은 중국이 아편전쟁에서 패배한 후에 그 패배에 대한 반성의 결과로 나온 것으로, 서양 각국의 지리·문화적 특성은 물론 정치제도를 비롯한 각국의 현황, 나아가 군함이나 대포의 제조법

何害之有. 中國與萬邦互相交通, 而貿遷有術, 故大爲公私之利, 家國贍裕, 而獨我東慮其有構釁招兵, 不敢生意, 故號爲實宇至弱奇貧之國."

29) 李澤厚는 아편전쟁의 충격과 그 영향에 대해서 "아편전쟁은 중국 근대사의 장막을 정식으로 걷어 올렸다. 그에 따라 중국 인민은 외국 침략자와 투쟁을 개시했다. 이때부터 외래의 침략과 모욕에 반항하는 것은 중국 근현대사사의 가장 중요한 주제가 되었고, 여러 세대 사람들의 행위와 활동 그리고 사상을 지배하고 그것에 영향을 주었다"라고 하였다. 李澤厚, 『중국근대사상사론』(임춘성 옮김, 한길사, 2005), 101쪽.

30) 위원은 아편전쟁 직후인 1842년에 林則徐의 『西洲志』 등을 기초로 『해국도지』 50권을 완성했는데, 이 책은 1847년에 60권으로, 1852년에 100권으로 증보되었다. 魏源 著, 「魏源與海國圖志」, 『海國圖志』(李巨瀾 評注, 中州古籍出版社, 1999), 19~23쪽.

31) 『영환지략』(10권 6책)은 1843년에 시작하여 1848년에 완성되었으며, 『해국도지』와는 달리 순수 세계지리서라는 것이 일반적인 평가이다. 이에 대해 이원순은 "『영환지략』은 저자가 原序에 밝히고 있듯이 지도에 대한 정확한 지식과 세계 각국에 대한 지리적 소개를 의도한 것이기에 해방론 따위의 기사는 없다"라고 하였다. 이원순, 「최한기의 세계지리인식의 역사성—혜강학의 지리학적 측면—」, 『역사문화지리』 4 (한국문화역사지리학회, 1992), 18쪽.

32) 허전의 기록에 의하면, 『해국도지』가 우리나라에 들어온 것은 1844년에 북경에 사신으로 갔다 그 이듬해 봄에 귀국한 권대긍이 구해온 것이 처음이며 헌종도 이 책을 열람했다고 한다. 『性齋集』, 권16, 「海國圖誌跋」, 4b, "海國誌五十篇, 淸內閣中書魏源所輯也.……史野權尙書大肯, 以使事至燕京, 得此書而還. 憲廟聞之, 遂命進覽, 以御筆題其函而還之." 이광린, 「『해국도지』의 한국 전래와 그 영향」, 『전정판 한국개화사연구』(일조각, 1999), 3~5쪽 참조.

등 선진 기술에 이르기까지 다양하고 풍부한 정보를 담고 있다. 더욱이 "오랑캐의 우수한 기술을 배워서 그들을 제압하려는 목적으로『해국도지』를 지었다"는 언급에서 확인되듯이,『해국도지』는 본질적으로 서구의 군사적 침략에 어떻게 대처해야 승리할 수 있느냐 하는 관점에서 기술되었다는 특징이 있다.[33] 한마디로 제이制夷의 문제의식 내지 해방海防의 의도가 두드러진 책이라고 할 수 있는데, 그 이후 역사가 그 책의 의도대로 흘러가지는 않았다. 청은 1857년에 시작된 제2차 아편전쟁에서도 영국과 프랑스의 연합군에 패배를 거듭하다 1860년에는 북경 외곽의 황실 정원인 원명원圓明園이 불타는 등 큰 피해를 입고 또다시 무릎을 꿇어야 했다. 서구의 기술을 배워 서구를 제압한다는 이이공이以夷攻夷 전략이 그다지 성공적이지 못했던 것이다.[34]

1857년 제2차 아편전쟁이 시작되던 해에 최한기는 학자로서 완숙기인 55세 중년의 나이였다. 이 해에 완성한 책이 세계지리서인『지구전요地球典要』(13권 7책)[35]와 그의 기학을 집약한『기학氣學』(2권)이다.[36] 그는

---

33) 魏源,『海國圖志』,「海國圖志原敍」(中州古籍出版社, 1999), 67쪽, "是書何以作? 曰, 爲以夷攻夷而作, 爲以夷款夷而作, 爲師夷長技以制夷而作."

34) 이러한 흐름은 그 이후에도 지속된다. 제2차 아편전쟁에서 패배한 후, 청나라는 중체서용론을 이론적 기반으로 曾國藩(1811~1872)·李鴻章(1823~1901) 등 이른바 양무파 관료들이 중심이 되어 야심차게 추진한 양무운동에도 불구하고 동아시아의 패권을 두고 일본과 벌인 청일전쟁(1894)에서 북양함대가 괴멸되는 등 패배하였다.

35) 노혜정의 확인에 의하면, 현존하는『지구전요』는 6종의 필사본이다. 이 가운데『명남루전집』이나『증보 명남루총서』에 수록된 것은 국립중앙도서관 소장본으로서 표지의 제목이『地球典要』로 되어 있다. 하지만 6종 가운데 3종은『地球典要』이고『地理典要』로 되어 있는 1종도『地球典要』를 수정한 흔적이 있다.(노혜정,『지구전요』에 나타난 최한기의 지리사상」, 한국학술정보주, 2005, 98쪽) 게다가 그의 주저인『기측체의』·『인정』·『기학』은 물론이고『지구전요』의 본문에서도 '地球'라고 쓰고 있다. 원본이 확인되지 않은 상황에서 현재 일반적으로 통용되는 글자인 '球'자로 표기하는 것이 적절할 듯하다.

『기학』에서 지구의 회전이나 기기의 실험을 통해 기氣의 체와 용이 다 밝혀졌다면서, 자신의 기학을 세상에 드러내면 천하의 사람들이 모두 감복하여 취해서 쓸 것이라고 자부하였다.37) 『지구전요』는 주로 『해국도지』와 『영환지략』을 기초로 편찬된 책이지만 서양을 바라보는 관점만큼은 매우 우호적이고 낙관적이었다.38) 그는 전 세계의 모든 나라가 평화롭게 교류하고 모든 사람이 화목하게 지내는 통일적 소통의 세계가 가능하다고 굳게 믿었고, 그 믿음을 기학의 토대 위에서 학문적으로 입증하기 위해 노력하였다.39) 사실 세계지리서인 『지구전요』가 태양계의 구조와 천체운행에 대한 논의로 시작되고40) 지도 이외에 23개의 역

---

36) 최한기는 이에 앞서 『宇宙策』(12권 6책)을 썼으나 이 책의 현존 여부는 확인되지 않는다.

37) 『氣學』, 「氣學序」, 1b~3a, "挽近, 地球之運轉已顯, 諸器之試驗備盡, 於是氣之體用, 維積累而得驗, 氣之運化, 須實踐而的覩.……不言則已, 言之, 則天下人取用, 不發則已, 發之, 則宇內人感服者, 其維氣學乎."

38) 『지구전요』에서 최한기가 직접 쓴 것은 「서」(7절)와 「범례」(13항목)이며, 천문학과 지구과학과 관련된 정보는 베누아(Michel Benoist, 蔣友仁)의 『지구도설』(1767)을 이용하였다. 잘 알려져 있듯이 『지구도설』은 코페르니쿠스의 태양중심설을 동양사회에 공식적으로 소개한 최초의 책이다. 한편 『지구전요』의 대부분을 차지하는 세계지리 부분은 주로 『해국도지』와 『영환지략』을 이용했고, 그 이외에 일본에 관한 정보는 신유한의 『해유록』을 참조하였다. 『地球典要』(『明南樓全集』 3), 「凡例」, 4a~5b, "從古論地球之書, 多說各國疆域風土物産人民政俗沿革之類, 而地球之全體運化, 惟地球圖說畧明之, 故採錄于卷首.……海國圖志, 出於初創, 阜集西士之荒誕神異, 諸書之隨間輒錄, 要無遺迭, 未得綱領者, 易致眩惑. 瀛環志略, 出於挽近, 規整漸就端緒, 未免太簡, 玆庸參酌二書, 務採實用, 導達氣化, 使煩簡得中, 刪翼隨宜. 盖不出二書之外, 不必逐懸冊名, 惟日本事蹟, 頗多踈畧, 故傍採於海游錄."

39) 『지구전요』와 『기학』은 물론 그보다 2년 후에 완성된 저서인 『인정』과 『운화측험』에서도 크게 지적할 만한, 서구에 대한 부정적인 인식이 발견되지 않는다. 그만큼 이 시기에 그가 가졌던 세계정세에 대한 전망은 매우 낙관적이었는데, 이와 같은 관점은 만년 저술인 『성기운화』(1867)나 『승순사무』(1868)에서도 크게 달라지지 않는다. 다만 『어양론』이라는 저술이 있었던 것으로 확인되는데, 이는 아마도 병인양요와 신미양요를 거치면서 형성된 서구에 대한 위기의식 내지 방어의식의 관점에서 쓴 책으로 생각된다.

40) 『지구전요』 권1은 「七曜次序」・「諸曜經各不同」・「地半徑差」 등과 같이 천문학서인 『지

상도曆象圖가 첨부되어 있다는 것41)은 그의 미래 전망이 단순히 서구의 침략에 어떻게 대응할 것인가 하는 좁은 틀에 갇혀 있지 않았다는 것을 의미한다.42) 어쩌면 바다 건너 저 멀리 영국과 프랑스 군함에서 발사되는 대포소리가 그에게는 침략과 정복의 경고가 아니라 교류와 희망의 메시지로 들렸을지 모른다.43)

구도설』에서 발췌한 것이 대부분이며, 그 이외에 「潮汐」과 「論氣化」 두 항목이 첨가되어 있다. 이 두 항목은 기화, 즉 기의 운동변화로 우주의 운행 및 자연현상을 설명한 것이다.

41) 『지구전요』 권13에는 23개의 역상도와 41개의 세계지도 및 각국 지도가 수록되어 있다.

42) 최한기는 젊은 시절부터 그의 일차적인 학문적 관심사를 이 세계를 있는 그대로 인식하는 것에 두었다. 이 세계의 운행 법칙을 있는 그대로 파악해야 그에 걸맞은 합리적인 실천을 할 수 있다고 판단했기 때문이다. 그의 생각에 따르면, 지구를 포함한 이 우주의 운행과 그 법칙은 특정한 나라와 특정한 지역에만 적용되는 것이 아니라 지상에 사는 사람이면 누구나 공유하는 공통의 지반이다. 그는 그 공통의 지반을 정확하게 파악하면, 그것에 기초해서 전 세계인이 인정할 보편적인 삶의 방식을 찾아낼 수 있다고 믿었다. 그래서 그에게 무엇보다 중요한 것은 이 우주가 어떤 상태로 존재하고 어떤 법칙에 따라 운동하는지를 파악하는 일이었다. 반면에 서양의 침략을 어떻게 막을 것인가 하는 것은 그에게 매우 부차적인 문제였을 뿐이다. 그가 32세 때 김정호와 더불어 지구도(「지구전도」·「지구후도」)와 천문도(「황도북항성도」·「황도남항성도」)를 함께 판각한 것이나 세계지리서인 『지구전요』를 우주설로 시작한 것은 이러한 맥락에서 이해할 수 있다.

43) 최한기가 『기학』과 『지구전요』를 완성하기 51년 전인 1806년 10월 어느 날 나폴레옹의 군대가 대포를 앞세워 예나로 밀려올 때 헤겔(Georg Wilhelm Friedrich Hegel)은 그 대포소리를 들으며 『정신현상학』을 탈고하고 있었다. 예나에 입성하는 나폴레옹을 보면서 그가 "나는 말을 탄 세계정신을 봤노라"고 했다고 하듯이, 그는 나폴레옹 군대의 대포소리를 통해 이성의 자기 전개로서의 역사의 종결을 인식하고, 그 인식을 절대지, 즉 절대정신의 실현을 목도하고 이해한 총체적이고 보편적인 지식으로 확신했지만, 그 역사의 전개 과정에서 동방세계는 인류 역사의 제1단계, 다시 말해 역사의 완성을 위해서 극복되어야 하고 극복될 수밖에 없는 최유년기에 지나지 않았다. 헤겔 역시 편협한 서구주의의 오만에서 발생한 오리엔탈리즘의 마법을 비껴갈 수는 없었다. 헤겔의 『정신현상학』에 등장하는 "왜 최초의 인정투쟁으로 시작했던 역사가 나폴레옹 전쟁으로 귀착되는가"의 문제는 알렉상드르 꼬제브, 『역사와 현실의 변증법—헤겔 철학의 현대적 접근—』(설헌영 옮김, 한벗, 1981), 65~114쪽이 상세하다.

1860년 영국과 프랑스의 연합군에 의해 원명원이 불탈 때 58세의 최한기는 그의 인간학과 경세학을 포괄적으로 다룬 『인정人政』을 완성했으며,[44] 바뇨니(Alponse Vagnoni, 高一志)의 『공제격치空際格致』를 기반으로 기학의 자연학을 다룬 『운화측험運化測驗』(2권)을 집필하였다.[45] 최한기는 『인정』의 서문에서 "정政이란 바로잡는다는 뜻이니, 사람의 행위가 바르지 못한 것을 막고 천도의 바름을 본받아 따르게 하는 것"이라면서, 전 세계의 인민을 통찰하고 때로 지역의 풍속을 관찰하여 정치의 방법을 세우면 "내 몸처럼 백성을 편안하게 하고 백성을 기르고 백성을 가르칠 수 있다"고 설파하였다.[46] 그는 유학자답게 안민安民·양민養民·교민敎民의 방법을 고민하면서, 그 관심의 폭을 일국에 가두지 않고 전 세계로 확장했던 것이다.[47]

---

44) 『인정』의 「測人門」(6권)·「敎人門」(6권)·「選人門」(6권)은 1859년에, 「用人門」(6권)은 1860년에 완성되었다.

45) 『공제격치』는 선교사 바뇨니가 1633년에 쓴 책으로 먼저 아리스토텔레스의 4원소설과 지구설을 소개하고 이에 기초하여 자연현상을 설명한 책이다. 다분히 전근대적인 형이상학과 자연학적 지식으로 채워져 있는 저술이지만, 최한기는 이 책 가운데 기의 층위(氣帶), 즉 대기층에서 벌어지는 기상현상을 기의 작용으로 설명한 부분에 주목하고 그 기의 작용을 일반화하여 자신의 기학을 입증하는 근거로 활용하였다.

46) 『人政』, 「人政序」, 1ab, "政者正也, 禁遏人爲之不正, 效順天道之正, 統察宇內人民, 而政之大體克擧, 時觀一隅風俗, 而政之弛張有術. 見識到此, 可以論天人之政, 亦可以行天人之政, 安民以爲安身, 養民以爲養身, 敎民以爲身敎."

47) 그는 또 "천지의 법칙을 기준으로 人政을 세운다면 억조의 백성이 모두 편안하지만 人爲로 인정을 세운다면 대다수의 사람이 위태롭다"고 하여 누군가 자의적으로 만들어 낸 원칙이나 가치에 따른 정치가 아니라 검증 가능한 객관 법칙에 따른 정치를 해야 한다고 역설하였다. 『人政』, 「人政序」, 3a, "準天地而立人政, 億兆咸寧, 從人爲而立人政, 羣情惟危."

4) 병인양요와 척화 의식 강화

　중국과 일본에 비해 조선은 19세기 중반을 넘어설 때까지도 서구 열강의 공세로부터 자유로웠다. 실질적으로 조선의 군대가 서구의 군대와 직접 맞닥뜨려 전투를 벌인 것은 1866년 병인양요에 와서이다. 병인양요는 프랑스 선교사 9명을 비롯해 천주교도 수천 명이 학살된 것에 대한 보복으로 프랑스의 인도차이나함대 사령관 피에르 로즈(Pierre Roze) 제독이 7척의 함대와 600명의 해병대를 이끌고 강화도와 그 인근 지역을 침략한 사건이다. 당시 조선의 군민은 우수한 무기로 무장한 적군에 끈질기게 맞섰고 그 과정에서 적지 않은 희생을 치렀지만, 결국 그들을 패퇴시킴으로써 흥선대원군이 주도한 척사위정斥邪衛正의 분위기가 더욱 고조되었다.48) 이 시기 보수적인 유림의 분위기는 "(서양 오랑캐의) 그 끝없는 욕심은 우리나라를 속국으로 만들고, 우리의 국토를 착취하고, 우리의 관리들을 노비로 삼고, 우리의 부녀자들을 약탈하고, 우리의 백성들을 금수로 만들려는 것"이라면서 "만약 통상의 문을 열면,…… 2~3년이 지나지 않아 전하의 백성들은 서양인으로 변화되지 않을 사람이 거의 없을 것이니, 전하께서는 장차 누구와 함께 임금 노릇을 하시겠습니까?"라고 했던 기정진奇正鎭(1798~1879)의 상소문에서 잘 드러난다.49)

---

48) 신미양요가 끝난 후 조선 정부는 전국 곳곳에 척화비를 세웠다. 이 척화비에는 병인양요 이래로 대외정책의 기치였던 "양이가 침입하는데 싸우지 않으면 화친이니, 화친을 주장하는 것은 매국이다"(洋夷侵犯, 非戰則和, 主和賣國)라는 글귀가 새겨져 있다. 하지만 1873년 12월 흥선대원군의 실각과 함께 시작된 고종의 친정 체제는 1876년에 일본의 강압으로 흔히 강화도조약으로 불리는 불평등조약, 즉 병자수호조약을 체결하여 부산·원산·인천 3개의 항구를 여는 등 문호를 개방했고, 이로써 조선은 세계무대에 등장하게 된다.

1866년 프랑스 군대가 강화도를 점령하고 약탈을 자행한 후 퇴각한 직후에 최한기는 『신기천험身機踐驗』(1866)과 『성기운화星氣運化』(1867)를 잇달아 완성하였다. 『신기천험』은 1839년부터 중국에서 활동한 영국 런던 선교회의 선교사 홉슨(B. Hobson, 合信, 1816~1873)의 저서인 『전체신론全體新論』(1851)·『내과신설內科新說』(1858)·『서의약론西醫略論』(1857)·『부영신설婦嬰新說』(1858)·『박물신편博物新編』(1855) 등 5권을 종합해 편찬한 근대적인 의서이자 해부학서이다.[50] 『성기운화』의 토대가 된 책은 19세기 천문학사에서 탁월한 학자의 한 사람으로 평가받는 허셜(John Frederick William Herschel, 候失勒)의 저서를 한역한 『담천談天』(1859)으로서 뉴턴 역학의 원리를 기초로 천체운행을 설명하는 등 19세기 중엽까지 서구 근대 천문학이 거둔 성과를 망라한 최신 천문학서였다.[51]

조선의 입장에서 보면 병인양요는 바다 건너 남의 이야기였던 아편전쟁과 질적으로 달랐다. 적의 함대가 한강을 거슬러 양화진과 서강까지 출현하기도 했으며, 비록 짧은 기간이었지만 강화도가 점령되었고 그 과정에서 적지 않은 병사들이 목숨을 잃었다. 그 풍전등화의 위기 상황에서 재야학자의 한 사람에 불과한 최한기가 할 수 있는 일이란 그리 많지 않았을 것이다. 아무튼 전선의 포화에도 불구하고 그는 서구

---

49) 『蘆沙集』, 권3, 「丙寅疏」, 2b, "夫豈有他故哉? 其無厭之谿壑, 欲附庸我國家, 帑藏我山海, 奴僕我衣冠, 漁獵我小艾, 禽獸我生靈耳. 萬一開交通之路, 則彼之所營, 件件如意, 次第無碍, 不出二三季, 殿下赤子, 不化爲西洋者, 無幾, 殿下將誰與爲君乎?'

50) 『身機踐驗』(『明南樓全集』 1), 「身機踐驗序」, 2ab, "今取全體新論內科外科婦嬰醫治, 循其脈絡而施法, 因其運化而調和, 成一醫書, 名曰身機踐驗."

51) 『담천』의 원저는 허셜이 1851년에 쓴 *Outlines of Astronomy*이다. 이 책은 1859년에 와일리(A. Wylie, 偉烈亞力)와 李善蘭에 의해 『談天』이라는 제목으로 한역되었다.(劉金沂·趙澄秋, 『中國古代天文學史略』, 河北科學技術出版社, 1990, 216~220쪽)

의 의학 서적이나 천문학 서적을 탐독하고 그 내용을 소개하는 작업을 계속하였다. 물론 서구의 근대 과학적 성과를 있는 그대로 받아들이기보다는 자신의 철학인 기학의 틀로 재해석하여 수용하는 비판적인 태도를 일관되게 견지했고,[52] 그러한 만큼 그의 서구 근대 과학 수용은 한계가 있었던 것이 사실이다.[53]

하지만 최한기는 자신의 기학을 입증하고 체계화하는 데 서구 근대 과학의 성과를 적극 활용하였다. 이를테면 "운동변화 하는 기는 지원地圓에서 사람들이 처음 보았고, 다음에 지전地轉에서 밝혀졌고, 마침내 청몽淸蒙에서 다 드러났다"고 말한 것이 하나의 예이다.[54] 그는 기학의 대전제인 기의 존재와 그 기의 운동 방식을 서구의 지구구형설·지전설·청몽기설을 끌어들여 입증하는 전략을 취한 것이다. 기본적으로 서구의 과학기술적 지식을 참된 것으로 신뢰했다는 의미이다.[55] 이와 같은 신뢰는 객관세계를 있는 그대로 인식하고, 그 인식을 토대로 인류의 보편적인 삶의 방식을 설계하고 실천해야 한다는 자신의 철학적 문제의식을 서구 근대의 과학적 지식이 상당 정도 충족시킨다는 판단이 없었다면 불가능했을 것이다.

---

52) 특히 서학서의 기저에 자리한 신학적 요소는 철저히 배제하였다.
53) 예를 들어 천체들 사이에서 작용하면서 천체들의 운행을 교란시키는 힘을 그 자체로 받아들이지 않고 그 힘의 배후에 기를 상정하고 그 기의 운동으로 천체들 사이의 영향 관계를 설명한 것은 뉴턴이 극복하고자 한 데카르트 등의 기계론적 설명 방식(Mechanical Philosophy)과 유사하다.
54) 『氣學』, 권2, 41a, "活動運化之氣, 人始見於地圓, 次明於地轉, 畢露於淸蒙."
55) 『承順事務』, 「中西通用氣數道理」, 343쪽, "西方氣數之學, 入於中國已過三百餘年, 器械驗試, 多所啓發, 數明而氣明, 氣明而數明, 將器而用氣, 用氣而驗, 比諸中國自古流傳氣數之說, 其所詳於中國者, 由於將器驗氣, 得氣形質, 分條致用, 在器變通, 誠是凡人意思之所不到, 至於千里鏡, 窺察人目所不見, 制度漸致奇巧, 以遠照淸明爲勝, 能察星林之運化."

5) 메이지유신과 일본의 침략적 근대화

한편 페리(Matthew Calbraith Perry) 제독이 이끄는 미국 함대가 잇달아 무력시위를 하자 일본이 미국과 화친조약을 맺고 문호를 개방한 것은 1854년의 일이었다. 그 후 존왕양이파는 서구에 맞서는 길을 택했지만, 1862년 서구와의 전투에서 연이은 패배를 통해 서구의 불가항력적인 힘을 경험하면서 개국론으로 선회했고 마침내 사쓰마(薩摩) · 조슈(長州) · 도사(土佐) 번藩을 중심으로 도쿠가와 막부를 타도하고 왕정복고를 단행하였다. 260년간 지속되어 온 막부체제가 1868년에 이르러 이른바 메이지유신(明治維新)으로 막을 내린 것이다. 이 시기를 전후해서 일본의 대외정책과 관련하여 주목해야 할 것이 해외사절단 파견이다.

1860년에 77명으로 구성된 사절단이 워싱턴에 파견된 이래로 1867년 막부가 무너질 때까지 6차례 사절단이 파견되었다. 그 가운데 제2차 사절단에는 후쿠자와 유키치(福澤諭吉) · 미쓰쿠리 슈헤이(箕作秋坪) · 후쿠치 겐이치로(福地源一郎) 등의 난학자蘭學者 같은 서양에 정통한 사람들도 참가했으며, 후쿠자와가 귀국 후에 쓴 보고서 『서양사정西洋事情』은 일본인들의 서양 인식에 커다란 영향을 주었다. 또한 1871년에서 1873년에 이르는 21개월 동안 이와쿠라 도모미(岩倉具視)가 이끈 이와쿠라 사절단은 오쿠보 도시미치(大久保利通) · 기도 다카요시(木戸孝允) · 이토 히로부미(伊藤博文) 등 신정부의 지도자들에게 미국을 포함해 세계 각국의 문물을 시찰할 기회를 제공하였다.[56]

---

56) 마리우스 B. 잰슨, 『일본과 세계의 만남』(장화경 옮김, 소화, 1999), 68~122쪽 참조.

일본 정부는 여러 차례 해외사절단을 서구에 파견함으로써 견문의 확대를 꾀했고, 결과적으로 전근대적 사유의 계몽주의적 전환이라는 최소한의 성과를 거두었다. 1873년에 결성된 메이로쿠샤(明六社)가 그 본보기이다. 모리 아리노리(森有禮)·후쿠자와 유키치(福澤諭吉) 등 10명의 계몽사상가들이 조직한 이 단체의 활동에 대해서 가노 마사나오(鹿野政直)는 "'민심의 개혁'을 향해서 계몽사상가들은 두 가지 활동에 분투했다"면서, 하나는 서구의 문물을 소개하고 도입하는 것이고 다른 하나는 사람들의 정신적 기풍을 개조하려고 한 것이라고 파악하였다.57) 이제 서구적 근대화는 일본의 공공선이었다. 이와 관련해 외무대신 이노우에 가오루(井上馨, 1835~1915)는 "우리 제국 및 백성을 변화시켜서 마치 유럽의 나라와 같게, 마치 유럽의 백성과 같게 바꾸는 것뿐이다. 이것은 유럽적인 하나의 새로운 제국을 동양에서 만들어 내는 것이다"라고 기록하였다.58) 1887년에 쓴 이 기록은 극단적인 서구추수주의 의식을 극명하게 보여 준다.

그 시작부터 "일본의 근대화는 결국 편향적인 것이었다."59) 이에 대해 오카 요시타케(岡義武)는 개국 이래 일본의 최대 과제는 민족의 독립을 지키는 것이었고, "그 일차적인 과제가 해결되자 일본은 태도를 바꾸어 제국주의적 팽창을 열렬히 도모하였다"고 요약하였다.60) 하지만 그의 언급에서 오히려 주목해야 할 것은 "아직 민족 독립을 확립하는 데 전력을 다하고 있었던 시기에 실제로는 이미 아시아 대륙으로의 팽

---

57) 가노 마사나오(鹿野政直), 『근대 일본사상 길잡이』(김석근 옮김, 소화, 2004), 42~43쪽.
58) 마리우스 B. 잰슨, 『일본과 세계의 만남』(장화경 옮김), 115쪽에서 재인용.
59) 오카 요시타케(岡義武), 『근대 일본 정치사』(장인성 옮김, 소화, 1996), 106쪽.
60) 오카 요시타케(岡義武), 『근대 일본 정치사』(장인성 옮김), 106쪽.

창 의지가 성장하고 있었다"는 대목이다. 일본의 팽창 의지가 단순히 근대화의 산물이 아니라 근대화 이전부터 이미 일본사회에 내장되어 있었다는 뜻이다. 실제로 그 내장의 증후는 곳곳에서 발견된다. 훗날 일본 군국주의의 정신적 기둥으로 평가받는 요시다 쇼인(吉田松陰)이 1856년에 "북해도를 개척하고, 류큐를 편입, 조선을 빼앗고, 만주를 꺾고 지나支那를 누르고 인도에 다다르고, 그렇게 함으로써 진취적 자세를 펴고…… "라고 하여 아시아 침략 사상을 설파한 것이 한 예이다.61) 그 침략 의지가 구체화된 것이 1873년의 정한논쟁征韓論爭과 그 이듬해에 감행된 대만 정벌이라는 것은 잘 알려진 사실이다. 아무튼 안타깝게도 메이지유신 이후 일본의 근대화 노력은 전근대적인 일본중화주의와 결합하면서62) 침략적 근대화의 길로 이어졌다. 이는 서구적 근대화의 파괴적인 형태로서 일본 역사의 비극이다.63)

---

61) 홍순호, 「정한론—근대 일본의 침략사상과 조선정벌정책」, 『정치외교사논총』 14(1996), 43쪽 참조.

62) 가노 마사나오는 19세기 초반 일본 의식의 고양, 그리고 그것의 부정적 확대재생산에 대해서 다음과 같이 말하였다. "페리의 내항은, 고양되기 시작하던 그 같은 '일본' 의식을 끓어오르게 했다. 위기감에 뒷받침되어 있던 만큼, 그런 '일본' 의식은, 때로는 실체를 넘어 비대해져, 미토가쿠(水戸學)에 제시되어 있던 '황국' 의식・'신주' 의식으로 격발되었다. 세계, 다시 말해서 수평 방향으로의 개안은, 의지해야 할 축으로서의 수직 방향 다시 말해서 역사에 대한 관심을 불러일으켰으며, 영광의 '上世'나 독자성의 체현자로 볼 수 있는 '천황'에 대한 우러름을 강화시켰다. 그리하여 '천하'와 '異國'이라는 평상심의 관계는 '황국'과 '이적'이라는 긴장감을 내포한 관계로 바뀌었다. 존왕양이사상으로 응집된 그 의식은, 얼마 후 천황을 상징으로 하는 메이지유신을 초래했으며, 천황제 국가를 만들어 내는 데 에너지원이 되었다. 그것은, 나중에 사람들이 국가에 얽매게 되는 소지를 굳게 해 주었다." 가노 마사나오(鹿野政直), 『근대 일본사상 길잡이』(김석근 옮김), 33~34쪽.

63) 일본제국주의의 강점에 맞서 한평생 독립운동에 헌신했던 백범 김구는 「나의 소원」의 한 대목에서 다음과 같이 말하였다. "나는 우리나라가 세계에서 가장 아름다운 나라가 되기를 원한다. 가장 부강한 나라가 되기를 원하는 것은 아니다. 내가 남의 침략에 가슴이 아팠으니, 내 나라가 남을 침략하는 것을 원치 아니한다. 우리의 富力

일본에서 메이지유신이 단행된 1868년에 최한기는 『승순사무承順事務』
(1책)를 저술했으며, 그 이듬해에는 『향약추인鄕約抽人』(1책)을 썼다. 그는
『승순사무』의 서문에서 승순사무의 뜻을 "하늘과 사람의 운화를 승순承
順하여 사무를 성취하는 것이다"라고 정리하였다.[64] 자연세계와 인간세
계의 변화 법칙을 잘 파악하여 그 법칙에 따라 실천해야만 실제 효과를
거둘 수 있다는 뜻이다. 그의 승순이 사무와 결합되면서 타자에의 순응
이라는 소극적인 의미를 넘어 타자의 적극적인 활용과 이용을 함축하
는 개념으로 거듭났다는 것을 재차 확인할 수 있다.[65] 하지만 병인양요
를 겪었으면서도 일촉즉발의 세계정세에 대한 전망과 실효성 있는 대
책은 여전히 보이질 않는다. 오히려 그는 『향약추인』에서 유교적 향촌
자치 조직인 향약의 효율적인 운영을 통해 사회 안정과 민생 증진을

은 우리의 생활을 풍족히 할 만하고, 우리의 强力은 남의 침략을 막을 만하면 족하
다. 오직 한없이 가지고 싶은 것은 높은 문화의 힘이다. 문화의 힘은 우리 자신을
행복 되게 하고, 나아가서 남에게 행복을 주겠기 때문이다. 지금 인류에게 부족한
것은 무력도 아니오, 경제력도 아니다. 자연과학의 힘은 아무리 많아도 좋으나, 인류
전체로 보면 현재의 자연과학만 가지고도 편안히 살아가기에 넉넉하다. 인류가 현
재에 불행한 근본 이유는 仁義가 부족하고, 자비가 부족하고, 사랑이 부족한 때문이
다. 이 마음만 발달이 되면 현재의 물질력으로 20억이 다 편안히 살아갈 수 있을
것이다. 인류의 이 정신을 배양하는 것은 오직 문화이다. 나는 우리나라가 남의 것
을 모방하는 나라가 되지 말고, 이러한 높고 새로운 문화의 근원이 되고, 목표가
되고, 모범이 되기를 원한다. 그래서 진정한 세계의 평화가 우리나라에서, 우리나라
로 말미암아서 세계에 실현되기를 원한다." 김구, 「나의 소원」, 『백범일지』(도진순
주해, 돌베개, 1997), 431쪽.

(64) 『承順事務』, 「承順事務序」, 323쪽 위, "凡政事之沿革, 盡是承順, 大氣運化, 天之事務, 政敎
運化, 人之事務, 天人事務, 皆以承順成就, 錫名之義, 承天順人, 行事成務也."

(65) 그는 또 『승순사무』의 서문 첫머리에서 "학문이 사무에 있으면 참된 학문이 되고
사무에 있지 않으면 헛된 학문이 된다"면서, 인생에서 꼭 갖추어야 할 사무로 典禮·
刑律·田賦·財用·學校·文藝·武備·士農工商·器皿·歷象·數學·動役·御衆을 꼽았
다. 『承順事務』, 「承順事務序」, 322쪽 위, "學問在事務, 爲實學, 不在事務, 爲虛學問. 典禮
刑律田賦財用學校文藝武備士農工商器皿歷象數學動役御衆, 乃人生事務所當備也."

도모할 수 있는 방법을 모색하는 모습을 보였다.

6) 신미양요와 병자수호조약

1871년 미국의 아시아함대 사령관 로저스(J. Rodgers)가 군함 5척과 1230명의 병력을 이끌고 강화도를 공격하였다. 5년 전에 조선 군민들의 공격으로 대동강에서 불타 버린 제너럴셔먼호 사건을 응징하고 조선과 통상 관계를 수립하려는 의도였다. 칠순을 눈앞에 둔 69세의 노학자 최한기도 급박한 위기 상황으로부터 자유롭지만은 않았다. 강화 진무사 정기원鄭岐源(1809~1886)은 서양 사정에 해박했던 최한기에게 가끔 사람을 보내 대책을 논의했으며, 심지어 자문을 하는 참모 역할을 맡아 달라고 요청하기도 하였다.[66] 정기원이 그에게 보낸 서찰에는 다음과 같은 내용이 적혀 있다.

> 양이가 침범했으나 아직 섬멸하지 못했습니다. 비록 관리가 아니더라도 누군들 적개심을 품지 않겠습니까? 더욱이 선생님께서는 일찍부터 경륜이 있는 책략을 지니셨으니 원칙과 형식만 고집할 때가 아닐 것입니다. 이에 지난날 친분이 있었던 사이가 아님에도 사람을 보내 소식을 전하니 예의 없음을 용서하시고 곧바로 오셔서 간절한 소망을 풀어 주시는 것이 어떻겠습니까? 간혹 선생님의 일로 흥선대원군께 편지를 올려 "군영으로 맞아들이되 반드시 나의 뜻임을 알리고 일마다 상의하라"는 치침을 받았으니, 이는 단지 저 한 사람의 생각만이 아닙니다.

---

66) 李建昌, 「惠岡崔公傳」(『明南樓全集』 1), 3쪽, "西夷再犯江都也. 鄭留守歧源, 素與惠岡, 善亟遣使議事.……鄭公以狀其報朝廷, 將以白衣贊軍謀. 惠岡辭曰, 是未之學也."

깊이 헤아려 서두르시면 좋겠습니다.[67]

최한기는 미국 군대와의 전투를 진두지휘하던 정기원과 편지를 통해 대책을 논의했을 뿐만 아니라, 당시 최고 실력자인 홍선대원군의 허락 아래 정기원으로부터 참모 역할을 제의받을 정도로 신미양요에 개입했던 것이다. 물론 노쇠하고 잘 배우지 못했다는 등의 이유를 들어 완곡하게 거절했기 때문에 그가 군영에서 적군을 대면하는 일은 없었다. 하지만 그는 그 거절의 편지에서 "만약 조금이라도 도움이 되는 계책이 있다면 어찌 어양禦洋의 계책을 올리지 않겠습니까?"라며 서울에 머물면서 나랏일에 미력이나마 보태겠다는 뜻을 전하였다.[68] 최한기에게도 서양이 방어와 제어의 대상으로 구체화되는 순간이었고 그 결과가 『어양론』을 낳았던 것으로 생각된다. 아쉽게도 이 책은 이름만 보일 뿐 지금으로서는 그 소재를 알 수 없다.

최한기는 71세가 되던 1873년에 『재교財敎』를 썼다. 현재 확인된 바로는 그의 마지막 저술이다. 이 책 역시 남아 있지 않아 그 내용을 직접 확인할 수 없으나, 그의 제자 김수실金秀實의 평가가 전해져 그 내용을 짐작할 수 있다. 김수실은 이 책에 대해 "재물을 쓰는 사람이 이 책을 읽으면 이익을 쫓아 의리를 배신할 근심이 없어질 것이다. 뿐만 아니라

---

67) 鄭岐源, 「五月十望日江華鎭撫使鄭岐源與家大人書」, 『崔柄大亂筆隨錄』(『增補 明南樓叢書』 5), 400쪽, "洋夷犯境, 未卽剿滅, 雖無官守之人, 孰不欲敵愾? 況座下, 夙蘊經綸之策, 則此非膠守常例之時, 果不以往日無雅拘, 玆以走足委報, 幸須恕其坐屈之嫌, 卽圖命駕, 以解如渴之望, 如何如何? 間以座下事, 書稟雲宮, 至承期於邀接于營中, 必以我意諭之, 隨事商議之敎, 則此不但己見而已. 深量無至虛徐, 幸甚."

68) 『崔柄大亂筆隨錄』, 「家大人答鄭岐源書」, 400쪽, "生年方六十九, 精力衰耗, 平日所營, 漸到昏迷, 自然勢也.……若有一毫補益之策, 豈不伏達禦洋之策?" 서울에 머물면서 돕겠다는 뜻인데, 실제로 그는 정기원의 질의에 답하기도 하였다.

도덕을 논하는 학생·사대부 역시 읽을 가치가 있다"라고 하였다. 요컨대 "천하에 재물을 쓰지 않는 사람이 없으므로 이 세상 사람은 누구나 이 책을 읽을 수 있다"는 것이 그의 결론이었다.[69] 최한기의 마지막 저술은 물질적 삶과 도덕적 삶을 어떻게 조화시킬 것인가에 그 초점이 있었던 것이다.

1876년 일본이 한 해 전에 있었던 운요호사건을 빌미로 강화도 앞바다에서 무력시위를 하면서 조선 정부를 압박할 때에 그의 아들 최병대崔柄大(1819~1888)가 전직 사간원 정언으로서 외적을 방어할 대책을 마련할 것을 촉구하는 상소를 했다가 유배를 가게 되었다.[70] 이때 최한기는 아들에게 "네가 언론으로 죄를 얻은 것은 영광이라고 할 수 있으니, 화복은 걱정할 일이 아니니다"라고 위로하였다.[71] 최병대가 유배를 간 지 두 달도 안 돼서 우리나라 최초의 근대적 불평등조약인 병자수호조약이 체결되었다.[72] 그리고 한 해 후인 1877년 6월 21일에 최한기는 수많은 저술과 기학이라는 이름의 학문과 사상체계를 남긴 채 세상을 떠났다. 그의 나이 75세였다.

---

69) 金秀實, 「癸酉五月上澣書金秀實財敎後」, 『崔柄大亂筆隨錄』, 401쪽, "先生今著財敎, 以中正仁義之道, 寓敎於一切財用上, 溯源委推本末, 引事利導, 靡不畢說, 非徒用財者, 讀此書, 無趨利背義之患, 談道德學士大夫, 亦可讀矣. 天下無不用財之人, 則天下之人, 可讀此書也夫."

70) 崔柄大, 「丙子丁月初三日以前啣上疏」, 『崔柄大亂筆隨錄』, 405쪽 위, "內而郊坰, 明火强盜, 攘竊不戢, 外而畿沿, 駕海異船, 碇泊有日.……講明治平之道, 商確備禦之策, 扶樹綱紀, 以一民志,……"

71) 李建昌, 「惠岡崔公傳」(『明南樓全集』 1), 3쪽, "倭船窺仁川, 惠岡子柄大上疏, 言不可以恃和撤備. 大臣劾奏遠配, 惠岡送之, 無難色曰, 汝能以言獲罪, 可謂榮矣. 禍福, 非所恤也."

72) 최병대에게 유배형이 내려진 것은 1월 8일이고 병자수호조약이 체결된 것은 2월 26일이다.

2. 연구사를 통해 본 최한기의 삶과 철학

1) 1,000여 권의 저서를 남겼다는 신화

지금까지의 연구에 의하면, 최한기는 자가 지로芝老이고 호가 혜강惠岡(崗)·패동浿東이며 그 이외에 기화당氣和堂과 명남루明南樓라는 당호가 있다. 그는 대대로 개성에 거주해 왔던 삭녕최씨 집안에서 1803년 최치현崔致鉉과 청주한씨의 아들로 태어나, 곧바로 종백부 최광현崔光鉉의 양자로 입양되었다. 직계 조상 10여 대에 걸쳐 문과 급제자가 없을 만큼 한미한 집안이었으나, 그의 증조부·양조부·양부 3대가 무과에 급제함으로써 그는 큰 어려움 없이 학문 활동을 할 수 있는 양반 신분과 경제적 기반을 유지할 수 있었다. 더욱이 26세에 요절한 친부 최치현도 10권의 시고詩稿를 남긴 지식인이었으며, 어린 시절 최한기에게 영향을 주었을 외조부 한경리韓敬履(1766~1827)는 개성의 유학자 조유선趙有善(1731~1809)의 문인으로 3책의 『기곡잡기基谷雜記』를 남겼다.[73] 이러한 학문적 배경 속에서 최한기는 23세 때 생원시에 합격했으나 과거에 뜻을 접고 독서와 저술에 매진하면서 일생을 보냈다. 주요 저술로는 『기측체의』(1836)·『의상리수』(1839)·『습산진벌』(1850)·『지구전요』(1857)·『기학』(1857)·『인정』(1860)·『운화측험』(1860)·『신기천험』(1866)·『성기운화』(1867)·『승순사무』(1868) 등이 있다.

이처럼 왕성한 학문 활동과 방대한 저술에 비하면, 최한기라는 인물

---

73) 권오영, 『최한기의 학문과 사상 연구』(집문당, 1999), 37쪽.

과 그의 학문은 우리 역사에서 크게 주목받지 못했던 것이 사실이다. 다만 눈여겨볼만한 것은 1910년대에 조선광문회에서 최한기의 『인정』과 『성기운화』를 간행하려고 한 계획이다.[74] 일제강점기에 최남선(1890~1957)이 주도하고 장지연·유근·이인승·김교헌 등이 참여한 조선광문회는 옛 문헌의 보존과 옛 문화의 선양을 위해 조직된 문화단체로서 『삼국사기』·『삼국유사』·『동국통감』 등 우리나라 역사서와 『산림경제』·『지봉유설』·『성호사설』·『열하일기』와 같이 조선 후기에 새로운 지식과 사상을 담은 문제적 저술 등 20여 종의 고전을 간행하였다. 최한기의 두 책이 실제로 간행되지는 않았지만, 간행 계획만으로도 1910년대 초반에 고전 간행을 통해 민족문화를 보존하고 선양하고자 했던 일군의 지식인들에게 최한기의 저술이 매우 중요하게 인식되었다는 것만큼은 분명하게 확인할 수 있다.

그럼에도 불구하고 최한기라는 인물과 그의 학문에 대한 정보는 매우 부족했고 그나마 정확하지도 않았다. 일제강점기 때 간단하게나마 최한기를 소개한 책은 1919년 조선총독부에서 일본어로 펴낸 『조선도서해제』이다. 이 책에는 최한기가 삭녕최씨이자 최항崔恒의 후손으로서 사마시에 합격했으며 『지구전요』·『신기통』 등 1,000여 권의 저술이 있다는 등의 간단한 정보가 소개되어 있다.[75] 그러나 이미 이우성이 지적했듯이[76] 이 기록은 전문傳聞에 기초한 것으로 그의 자를 운로芸老로, 몰

---

74) 조선광문회에서 발행한 소책자 『조선광문회고백』(1914년 4월 이전에 간행된 것으로 보인다)에는 「조선광문회간행서목개요」라는 이름 아래 최한기의 『인정』과 『성기운화』를 비롯해 180여 종의 도서 목록이 수록되어 있다. 천관우, 「실학 개념 성립에 관한 사학사적 고찰」, 『이홍식박사 회갑기념 한국사학논총』(1969).

75) 조선총독부 편, 『朝鮮圖書解題』(조선총독부, 1919), 111쪽.

년을 1879년으로 기록하는 등 오류가 있으며, 1,000여 권의 저술이 있었다는 것도 매우 많다는 뜻의 다소 과장된 표현인 듯하다.[77]

일제강점기의 저명한 언론인이자 역사가였던 문일평(1888~1939)도 막연하게 최한기를 엄청난 양의 저술을 남긴 인물로 묘사하였다. 『대동여지도』를 편찬한 김정호(?~1864)를 조선의 명인 가운데 한 사람으로 소개하는 글에서 김정호의 유일한 마음의 벗(心友)으로 최한기를 꼽고, 그에게 300책의 저술이 있다고 간단하게 기술한 것이 그것이다.[78] 그에게 최한기는 많은 저술을 남겼음에도 김정호의 친구 정도로 인식되고 있었던 것이다. 최한기의 저서가 1,000여 권에 이른다는 신화는 최남선에게서도 발견되는데, 그는 해방 직후인 1947년에 간행한 『조선상식문답속편』[79]에서 우리나라의 최대 저술로 최한기의 『명남루집明南樓集』 1,000권을 꼽고 그 저술들이 간행되지 않은 채 사방에 흩어져 있어 앞으로 어떻게 될지 모르겠다고 안타까워하였다.[80] 일찍이 조선광문회에서 최

---

76) 이우성은 『조선도서해제』의 최한기 관련 기술을 조작된 계보의 유행이나 전문에 의한 오기 등 때문에 그대로 신뢰할 수 없다고 하였다. 이우성, 「최한기의 가계와 연표」, 『유홍렬박사 화갑기념논총』(탐구당, 1971), 611~612쪽; 『한국의 역사상』(창작과비평사, 1982), 127~131쪽.

77) 아들 최병대가 쓴 최한기의 묘지명 「여헌산소묘지명」에는 최한기의 저술이 수백 권에 이를 정도로 많다고 하였다. 崔柄大, 「礪峴山所墓誌銘」, 『崔柄大亂筆隨錄』, 417쪽 아래, "立言著書, 老益癠解, 多至數百卷."

78) 문일평, 『조선명인전』 3(조선일보사 출판부, 1939; 『호암문일평전집』 5, 민속원, 2001), 405쪽.

79) 최남선은 1937년 1월 30일부터 9월 22일까지 160회에 걸쳐 『매일신보』에 조선의 문화에 대한 다양한 정보를 연재했는데, 1946년에 이 글들을 토대로 출판한 『조선상식문답』이 호응을 얻자 그 이듬해에 학술과 문예를 주 내용으로 한 『조선상식문답속편』을 새롭게 발표하였다.

80) 최남선은 이 책의 한 항목에서 "우리나라(震域)의 최대 저술은 무엇입니까"라는 질문을 던지고는 조선시대의 개인 문집의 큰 것으로 "송시열의 『송자대전』 215권 102책, 정조의 『홍재전서』 184권 100책, 서명응의 『보만재총서』 수백 권, 정약용의 『여

한기의 저서를 간행할 계획을 세웠다는 것으로 볼 때, 당시 최남선은 최한기라는 인물 및 그의 학문과 관련하여 가장 풍부한 정보를 가지고 있었던 사람 가운데 하나였을 것이다.[81] 그럼에도 그가 최한기에 대한 더 이상의 정보를 제공하지 않았다는 것은 그에 대한 정보가 그만큼 제한적이었다는 것을 뜻한다. 이처럼 일제강점기는 물론 해방 직후까지도 최한기는 막연히 엄청나게 많은 저술을 남긴 대단한 학자로 인식되었을 뿐 그의 삶과 학문은 미지의 상태로 있었다.[82]

2) 1960년대 남·북한의 연구

최한기의 저술과 그 저술에 담긴 철학사상에 대한 전문적인 연구는 1960년 북한에서 나온 『조선철학사(상)』이 처음이다.[83] 이 책은 정진석

유당집』 500권(「자찬묘지명」에 의거함), 성해응의 『연경재전집』 160권이 있다"면서도 "그 최대한 것은 최한기(혜강)의 『명남루집』 1000권이니 아마 이것이 진역 저술상에 있는 최고 기록이요 또 新舊學을 溝通한 그 내용도 퍽 재미있지만 다만 그 대부분이 미간으로 있고 원본조차 사방에 산재하여 장차 어떻게 될지 모르는 상태에 있음은 진실로 딱한 일이다"라고 하였다. 최남선, 『조선상식문답 속편』(동명사, 1947), 260~262쪽.

81) 『인정』과 『성기운화』를 간행하려고 계획한 것이나 "新舊學을 溝通한 그 내용도 퍽 재미있지만"이라고 한 것으로 보아 최남선이 적어도 『인정』과 『성기운화』를 간단하게나마 읽었을 것으로 생각된다.

82) 이는 구자균의 『조선평민문학사』(1948)에서도 확인된다. 이 책은 1936년에 경성제국대학 법문학부 조선어문학과의 졸업논문인 「胥吏詩人을 중심으로 하여 본 근대 委巷文學」을 보완하여 1948년에 출판한 책이다. 그는 이 책에서 최한기를 衰頹時代 시인의 한 사람으로 소개했는데, 최한기(1803~1879)의 자가 지로, 호가 혜강이라는 것, 시를 잘 지었으며 학문이 넓고 견식이 높았다는 것, 그리고 『지구전요』·『신기통』·『심기도설』·『소차유찬』·상소문 등 그의 편저가 거의 일천여 권이나 된다는 것이 그 내용의 전부이다. 그를 시인의 한 사람으로 꼽은 것이 특이하지만, 그렇게 판단한 구체적인 근거는 제시되지 않았다. 구자균, 『조선평민문학사』(문조사, 1948), 126쪽.

83) 정진석·정성철·김창원, 『조선철학사(상)』(사회과학원 역사연구소, 1961). 이 책은

등 3인의 공동 작업으로 이루어졌는데, 그들은 최한기를 "이조 말기에 이르러 광범히 수입된 서구라파 자연과학을 토대로 하여 훌륭한 유물론적 유기론 철학을 수립한 학자"로 규정하였다. 그 이름도 생소했던 최한기가 마침내 근대적인 학문의 장에 한 사람의, 그것도 훌륭한 철학자로 등장한 것이다. 다만 그들이 볼 수 있었던 최한기의 저작은 『신기통』과 『추측록』 두 권뿐이었다.

그 후 최한기에 주목한 사람은 재일동포 학자 김철앙金哲央이었다. 그는 『조선철학사(상)』을 통해 최한기를 처음 접한 뒤에 도쿄의 동양문고東洋文庫에 소장된 『인정』을 발굴하여 그 내용을 1963년에 열린 조선학회朝鮮學會에 발표하였다.[84] 박종홍이 「최한기와 경험주의」를 발표하여 우리 학계의 관심을 끈 것은 그로부터 2년이 지난 1965년이었다.[85] 남한에서 이루어진 최초의 전문적인 최한기 연구인 셈인데, 그의 연구를 촉발한 것은 역설적이게도 북한의 『조선철학사(상)』이었다. 김철앙의 증언에 의하면 이 무렵 일본을 방문한 박종홍이 그를 통해 최한기를 알게되었고, 그 결과 「최한기의 경험주의」가 탄생할 수 있었던 것이다. 이 논문에서 박종홍은 최한기의 인식론을 상세히 분석하여 로크(John Locke)의 이론과 유사한 경험주의로 규정하였다.[86] 이로써 남한의 학계는 최

1960년에 처음 간행되었으며, 남한에서는 1988년에 『조선철학사(상)』(이성과현실사)과 『조선철학사연구』(광주)라는 제목으로 출판되었다. 이 가운데 필자가 참고한 것은 1961년도에 간행된 『조선철학사(상)』 제2판을 도서출판 광주에서 재간행한 후자이다.

84) 「최한기의 『인정』과 그의 교육 사상」이 그것이다. 이 글은 그다음 해인 1964년에 출간된 『조선민주주의인민공화국 창건 15주년 기념 논문집(사회과학편)』에 수록되었다. 金哲央, 「解放後50年間朝鮮南北における思想史研究の動向(下)」, 『東アジア研究』 第38號(大阪經濟法科大學 アジア研究所, 2003).

85) 같은 해 일본에서는 유영묵이 「최한기의 개화사상」이라는 개설적인 글을 도쿄에서 우리말로 간행되던 월간잡지 『漢陽』(『漢陽』 4-6, 한양사, 1965)에 발표하였다.

한기의 철학 연구에서 북한 학계와 균형을 맞출 수 있었다.

이렇듯이 1960년대 초중반에 최한기의 철학은 기를 유일한 실체로 여긴 유물론적 유기론으로 규정되거나 인식에서 감각경험을 중시한 경험주의 인식론으로 파악됨으로써 남북한 모두에서 주자학과 전혀 다른 진보적이고 선진적인 철학으로 평가받았다. 하지만 최한기의 철학적 문제의식과 그 철학의 내용을 밝히는 데 큰 성과를 거둔 것에 비해 그의 개인적인 삶은 여전히 베일에 가려 있었다. 사실 1960년대 후반까지 최한기가 어떤 사람이고 어떻게 살았는지를 보여 주는 직접적인 자료가 거의 없었다. 온전한 시문집이 없었던 탓에 그의 삶에 대한 다양한 정보를 제공해 줄 수 있는 그의 연보나 행장은 물론이고 그가 주고받은 편지 한 통 발견되지 않았기 때문이다.

독창성과 완결성 모두에서 당대 최고 수준의 저술인 『기측체의』와 『인정』을 비롯해 그의 저술들이 속속 발견되었으나, 『기측체의』는 존재론과 인식론을 다룬 순수철학서에 가까우며 『인정』 역시 넓은 의미에서 정치철학과 정치방법론을 논한 전문 학술서인 관계로 최한기의 개인적 삶을 엿볼 만한 정보가 거의 담겨 있지 않았다. 그 이외에 그때까지 새롭게 발견된 그의 저술들도 별로 다르지 않았다.[87] 다만 그가 김

---

86) 박종홍, 「최한기의 경험주의」, 『아세아연구』 8-4(아세아문제연구소, 1965).

87) 이 무렵에 최한기의 저서들은 속속 실물이 발견되거나 그 이름이 밝혀지기 시작하였다. 박종홍은 「최한기와 경험주의」에서 그가 파악한 최한기의 저술 목록과 소장처를 명시하고, 경우에 따라서는 그 내용을 짤막하게 소개하였다. 이 목록에 올라 있는 최한기의 저술은 『청구도제』를 포함해서 모두 15종인데, 그 소장처가 확인된 것은 『육해법』(1834)·『청구도제』(1834)·『만국경위지도』(1834)·『추측록』(1836)·『강관론』(1836)·『신기통』(1836)·『감평』(1838)·『심기도설』(1842)·『소차유찬』(1843)·『습산진벌』(1850)·『지구전요』(1857)·『인정』(1860)이며, 그 이외에 『농정회요』(『심기도설』 이전)·『의상리수』(1839)·『우주책』(『지구전요』 이전)은 제목만 확인되었을 뿐

정호의 『청구도』에 붙인 「청구도제」는 그가 김정호와 가까운 친구 사이라는 것을 직접 증언해 주는 귀중한 자료였다.[88] 또한 이규경의 『오주연문장전산고五洲衍文長箋散稿』에 최한기와 관련된 기록이 산재해 있었으나 그 내용이 소략했고 그마저도 충분히 활용되지 못하였다.

그 결과 최한기의 신분은 오랫동안 중인으로 여겨지는 것이 보통이었다. 예를 들어 구자균은 1948년에 출간한 『조선평민문학사』에서 최한기를 「제5기 쇠퇴시대 중 기타의 시인」 항목에서 위항시인委巷詩人 계열의 김석준金奭準 · 최성학崔性學 · 최성환崔瑆煥 등과 함께 다루었다.[89] 박종홍의 「최한기의 경험주의」도 최한기의 삶에 대해서만큼은 『조선도서해제』를 넘어서지 못할 만큼 빈약했다.[90] 이우성도 1968년에 발표한 글에서 김정호를 소개하면서, "중인 출신으로 추정되는 대학자이며 부자인 최한기와 교분이 두터웠던 것으로 생각되지만"[91]이라고 하여, 최한기

현존 여부를 알 수 없는 책이었다. 박종홍, 「최한기의 경험주의」, 32~34쪽.

88) 이 글에서 최한기는 김정호를 벗으로 칭하였다. 「靑邱圖題」(『明南樓全集』 1), "金友正浩, 年自童冠, 深留意於圖志, 歲久搜閱, 詳諸法之輸贏."

89) 구자균, 『조선평민문학사』(문조사, 1948), 126쪽. 김준석과 최성학은 역관으로서 김정희−이상적 문하를 출입했으며, 중인 가문 출신으로 무과에 급제한 최성환은 김정호와 함께 『여도비지』를 편찬하기도 하였다. 최한기와 최성환(1813~1891)의 관계를 간접이나마 짐작해 볼 수 있는 기록이 이규경의 『오주연문장전산고』에 나온다. 이 기록에 따르면, 서울에 살던 최성환이 이규경의 조부 이덕무의 『士小節』 3권을 2권으로 편집하여 활자본으로 간행했으나 그 사실을 멀리 충주에서 살던 이규경으로서는 알 도리가 없었다. 그런데 1853년 가을에 최한기가 찾아와서 간행 사실을 알려 주었고 다음 해 봄에는 1질을 보내 주기까지 하였다. 최한기와 최성환이 어떤 형태로든 교류가 있었던 셈이다.(『五洲衍文長箋散稿』 上, 권24, 「士小節分編刻本辨證說」, 704쪽, "我王考炯菴先生, 著士小節三卷, 曰士典, 曰婦儀, 曰童規, 未及刊行, 鈔寫相傳. 都下崔都事瑆煥, 分編作二卷, 以鑄字印行矣. 余寅忠州絶英德山三田里, 未能知. 癸丑秋, 京中崔上舍漢綺來訪, 傳其擺印. 甲寅春, 委送一秩, 可見舊誼之深, 感不容言.")

90) 최한기의 생몰연대를 『조선도서해제』에 따라 1803년에 태어나 1879년에 사망한 것으로 잘못 기술한 것이 그 예이다.

91) 이우성, 「이조후기의 지리서 · 지도—상업의 발달과 지리학의 대두—」, 『한국사의 반

를 중인 출신으로 추정하였다.[92]

　『오주연문장전산고』는 최한기의 인물됨을 파악하는 데 큰 도움을 주는 정보가 적지 않다. 이 책에서 최한기는 대체로 박학다식한 사람으로 그려지고 있는데, 먼저 눈에 띄는 것은 최한기가 충주로 자신을 찾아와 만났을 뿐만 아니라 둘 사이의 옛정이 깊다고 기록했을 정도로 두 사람이 긴밀한 사이였다는 점이다.[93] 또한 앞에서도 살핀 것처럼 1834년에 『지구도』를 김정호에게 의뢰하여 판각했다는 기록은 최한기와 김정호의 긴밀한 관계를 증언해 준다.[94] 이 이외에도 그 책에는 최한기가 서울 남촌의 창동에 살았다는 것[95], 사마시에 합격하고 경전·역사·예서·율려·수학·역상에 두루 밝아 이에 관한 저술을 남긴 박학다식한 학자라는 것[96], 『해국도지』·『완씨전서阮氏全書』·『영환지략』·『수산각총서壽山閣叢書』 등 희귀한 서적들이 그의 집에 소장되어 있었다는 것[97]

성』(역사학회 편, 신구문화사, 1969), 192쪽. 이 글은 『교양』 5호(1968)에 발표된 것을 『한국사의 반성』에 재수록한 것이다.

92) 후에 이우성은 구자균의 『조선평민문학사』의 기록과 이병도·박종화 두 원로 학자의 구전에 따라 최한기를 중인 출신으로 추정했다고 밝혔다. 이우성, 「최한기의 가계와 연표」, 『유홍렬박사 화갑기념논총』(탐구당, 1971), 612쪽.

93) 『五洲衍文長箋散稿』 上, 권24, 「士小節分編刻本辨證說」, 704쪽, "癸丑秋, 京中崔上舍漢綺來訪, 傳其擺印. 甲寅春, 委送一秩, 可見舊誼之深, 感不容言."

94) 『五洲衍文長箋散稿』 下, 권38, 「萬國經緯地球圖辨證說」, 180쪽, "近者 (純廟甲午), 崔上舍漢綺家, 始爲重刊中原莊廷鑨搨本, 俾行于世, 圖說則未克劌焉. 予從他得其說, 恐其遺失, 鈔辨之.(崔上舍家住京師南村倉洞, 甲午以棗木板模刻晉陵莊廷鑨地球搨本, 而金正皥劌劂焉.)"

95) 『五洲衍文長箋散稿』 下, 권38, 「萬國經緯地球圖辨證說」, 180쪽, "崔上舍家住京師南村倉洞."

96) 『五洲衍文長箋散稿』 上, 권24, 「士小節分編刻本辨證說」, 704쪽, "崔漢綺, 字芝老, 朔寧人, 司馬. 才藝出類, 嘗著通經通史禮書及律數曆象等書, 滙集彙考, 强記博學, 非俗士可比也."

97) 『五洲衍文長箋散稿』 上, 권19, 「中原新出奇書辨證說」, 576쪽, "海國圖志(五大州諸國事實, 趙領相寅永及崔上舍漢綺, 收藏于家), 阮氏全書, 瀛圜志略, 壽山閣叢書(阮氏全書, 壽山閣叢書, 趙領相, 崔上舍家藏, 瀛圜志略, 崔上舍家收藏云), 彙刻書目(崔上舍借見他人所藏云), 此皆海內奇書也."

등 최한기와 관련된 다양한 정보가 수록되어 있다. 그럼에도 1960년 후반까지도 이 자료는 효과적으로 활용되지 못하였다.[98]

3) 『명남루총서』의 간행과 「최한기의 가계와 연표」(1971)

최한기 연구의 전기가 된 것은 모두 5권으로 된 『명남루총서明南樓叢書』의 간행이다. 최남선이 우려했던 대로 최한기의 저술들은 소실되거나 여기저기 흩어져 있다가 1971년에 와서야 다섯 권의 총서로 영인되어 일반인들에게 공개되었다. 성균관대학교 대동문화연구원에서 간행한 『명남루총서』(1971)가 그것인데, 이 총서는 그때까지 발굴된 자료에다 이우성의 해제 「명남루총서 서전敍傳」을 덧붙인 것으로 최한기의 연구를 활성화하는 데 크게 기여하였다.[99] 이우성은 『전집』 대신에 『총서』로 이름을 정한 이유에 대해 "혜강의 전집이 이미 모두 산일되어, 현재

---

98) 『오주연문장전산고』의 기록을 간단하게나마 활용한 사람은 박종홍과 이우성이다. 박종홍은 『오주연문장전산고』의 「만국경위지구도변증설」에서 최한기가 32세 때 『만국경위지구도』를 김정호에게 판각을 의뢰하여 중간했다는 기록을 확인하고, 이를 1965년에 쓴 「최한기의 경험주의」 33쪽에 인용하였다. 이우성의 경우에는 1970의 「최한기」(『한국근대인물백인선』)에는 이규경과의 관계나 『오주연문장전산고』에 대한 언급이 없다. 그가 이규경과 『오주연문장전산고』를 언급한 것은 「최한기의 가계와 연표」(1971)에 와서이다. 하지만 이 글에서도 최한기가 "이규경의 『오주연문장전산고』에서 한두 번 간단하게 언급된 바가 있었을 뿐"이라고 되어 있을 뿐 더 이상의 구체적인 내용이 언급되어 있지 않다.(이우성, 「최한기의 가계와 연표」, 『유홍렬박사 화갑기념논총』, 612쪽) 한편 그가 같은 해에 쓴 「명남루총서 서전」에는 좀 더 구체적으로 "『오주연문장전산고』 속에 혜강의 장서에 관한 기록이 있음으로 하여 서얼계寒士인 이규경과 지면이 있던 사이였음을 알 수 있을 따름이다"라고 되어 있다.(이우성, 「명남루총서 서전」, 『명남루총서』 1, 성균관대학교 대동문화연구원, 1971)

99) 여기에는 『신기통』·『추측록』·『인정』 등 박종홍이 「최한기의 경험주의」에서 보고한 저술들 이외에 그 이후 새로 발굴된 저술, 『명남루수록』(저술 연도 미상)·『육해법』(1834)·『심기도설』(1842)·『신기천험』(1866)·『성기운화』(1867) 등이 포함되어 있다.

국내 국외에 전존(傳存)해 오는 것은 거의 다 수록했지만, 역시 전집이라고 할 수는 없겠기 때문이다"100)라고 하였다.101) 아직 발굴하지 못한 저술이 많다는 뜻이었다.

최한기의 가계와 생애에 대한 본격적인 연구는 이우성에 의해 이루어졌다. 그는 1970년을 전후해서 최한기의 저술 간행과 그의 사상을 밝히는 데 힘썼는데, 1970년과 그 이듬해에 「최한기」와 「최한기의 가계와 연표」를 잇달아 발표하였다.102) 그가 이 연구에 임하면서 가졌던 의문은 『조선도서해제』의 기록대로 최한기가 과연 세조 때 영의정을 지낸 최항의 후손으로 양반계층에 속했을까 하는 것이었다. 당시 학자들이 보통 이 의문을 공유했던 것은 다음 두 가지 때문이었다. 첫째, 최한기가 양반계층이었다면 당시 양반 지식인들의 저서나 문집에 당연히 그의 이름이 등장해야 하는데, 서얼계 한사(寒士)인 이규경의 『오주연문장전산고』를 제외하면 그 어디에도 그의 이름이 보이지 않는다. 둘째, 최한기가 양반계층이었다면 그들과 사우 관계를 맺었을 것이므로 그의 저서에 그들의 이름이 나와야 하지만, 기껏해야 서민 출신인 김정호의 『청구도』에 붙인 서문 정도가 있을 뿐이다.103)

---

100) 이우성, 「명남루총서 서전」, 『명남루총서』 1(대동문화연구원, 1971).
101) 그 이후 1985년에 『기학』(1857)과 『운화측험』(1860) 등 새로 발견된 자료를 추가해 『명남루전집』 3권을 여강출판사에서 간행하였다. 1990년에는 『명남루전집』의 재판이 역시 여강출판사에서 출판되었는데, 여기에는 이건창의 「혜강최공전」과 이에 대한 이우성의 해설이 첨부되어 있다. 현재 최한기 전집의 최종적인 형태는 2002년에 성균관대학교 대동문화연구원에서 간행한 『증보 명남루총서』 5권이다. 이 총서는 기존의 『명남루전집』에다 1999년에 발견되어 최한기 연구에 새로운 전기를 마련한 『소모』(1835)·『승순사무』(1868)·『향약추인』(1870)·『재교』(1873)·『혜강잡고』·『최병대란필수록』 등을 추가했으며, 그 외에 1981년에 아세아문화사에서 별도로 간행된 적이 있는 『농정회요』(1830)를 포함하고 있다.
102) 이우성, 「최한기의 가계와 연표」, 『유홍렬박사 화갑기념논총』(탐구당, 1971).

이에 따라 이우성은 장서각 소장의 『문보文譜』와 국립도서관 소장의 『삭녕최씨세보』를 근거로 최한기의 가계를 밝히고, 새롭게 발굴된 최한기의 저술들을 활용하여 최한기의 생애를 정리한 연표를 만들었다. 결과적으로 이 글에서 최한기의 사회적 지위는 최항의 15세 후손으로서 양반 신분을 보유했으나 사회적 처지가 실제로 중서층中庶層과 별로 다르지 않은 궁반한족窮班寒族으로 자리매김되었다.[104) 이러한 판단은 그의 직계 조상 10여 대에 걸쳐 한 사람의 문과 급제자도 배출되지 못했다는 사실에 근거한 것이다. 더욱이 그때까지 최한기가 교유했다고 확인된 사람이 서얼 출신 학자인 이규경과 평민 집안의 지리학자인 김정호 정도였다는 것도 판단의 단서가 되었다.[105)

이우성이 작성한 최한기 연표는 최한기의 생애나 저술 활동과 관련된 궁금증을 상당 정도 해소해 주었다. 주요 내용을 정리하면, 최한기는 1803년 최치현과 청주한씨 사이에서 태어나 종백부 최광현의 양자로 들어갔으며, 그의 나이 10살 때인 1812년에 생부 최치현이 26세의 나이로 세상을 떠났다. 그 후 반남박씨 박종혁朴宗爀의 딸과 결혼하여 17세(1819)에 장남 병대柄大를 낳았다. 23세 때 생원시에 합격했으며, 60세 때인 1662년에 맏아들 병대가 문과에 합격하는 영광을 누렸다. 70세가 되던 해인 1872년에는 최병대가 조정의 시종지신侍從之臣[106)이었던 관계로 통

---

103) 이우성, 「최한기의 가계와 연표」, 『유홍렬박사 화갑기념논총』(탐구당, 1971), 612쪽.
104) 이우성, 「최한기」, 『한국근대인물백인선』(동아일보사, 1970), 12쪽; 이우성, 「최한기의 가계와 연표」, 『유홍렬박사 화갑기념논총』(탐구당, 1971), 613쪽.
105) 이 이외에 이우성은 최한기의 생부가 시집(詩稿) 10권을 낼 정도의 식자층이었고 양부도 무과 출신 군수였으나 문집 1권을 남길 만큼 일정하게 문식이 있었다는 것을 근거로 최한기가 학자가 될 만한 조건이 나쁘지 않았다고 판단하였다. 이우성, 「최한기」, 『한국근대인물백인선』(동아일보사, 1970), 12~13쪽.

정通政에 올라 첨지僉知[107]에 임명되었다.[108] 그리고 1877년 6월 21에 75세의 나이로 세상을 떠나 개성의 선영에 안장되었다.[109] 연표에는 이 이외에 그때까지 파악된 저술과 그 저술을 쓴 시기가 정리되어 있는데, 이는 박종홍이 「최한기의 경험주의」에서 보고한 자료에다 그 이후 새로 발견된 자료가 추가된 것이다. 이 연표는 이후 이우성 자신을 비롯하여 금장태·권오영 등에 의해 수정과 보완이 거듭되면서 최한기의 생애와 학문 활동을 이해하는 데 준거 역할을 했으며, 최근에는 야규 마코토(柳生眞)가 지금까지의 연구 성과를 망라하여 연표를 만들었다.[110]

하지만 1970년대까지도 최한기라는 인물과 그의 삶에는 여전히 공백이 많이 남아 있었다. 예를 들어 최한기가 30대 젊은 시절에 서울 남촌南村의 창동倉洞(남대문 부근)에서 살았으며[111] 40대 후반에는 송현松峴의 상동尙洞(광화문 동편)에 살았다는 것을 확인했으나 그의 출생지는 물론 선

---

106) 임금을 시종하는 신하로서 홍문관, 사헌부, 사간원, 예문관 등의 관원을 통칭하는데, 이 당시 최병대는 홍문관 정언이었다.

107) 이우성은 "통정·첨지란 것은 상당한 양반이면 달갑게 받지 않는 보잘것없는 직함"이라고 하였다. 이우성, 「최한기」, 『한국근대인물백인선』, 12쪽.

108) 『승정원일기』에 따르면, 최한기가 통정에 오른 것은 72세 때인 1874년 7월이며, 첨지에 임명된 것은 73세 때인 1875년이었으므로 수정되어야 할 것으로 보인다.(『承政院日記』, 2803책[탈초본 130책], 고종 11년 7월 12일 임자 30/45 기사, "生員崔漢綺年七十二, 今超通政, 侍從臣(?)正言崔炳大父加資事, 承傳.";『承政院日記』, 2810책[탈초본 131책], 고종 12년 2월 6일 갑술 24/39 기사, "兵批, 再政, 許煚爲忠3捌將, 李載驥爲禁衛把摠, 金信默爲守門將, 同知單高貞鎭, 僉知三單, 李乾夏·沈宜東·崔漢綺, 大護軍金元植, 副護軍李源珪.")

109) 이우성은 최한기의 몰년을 1879년으로 기록한 『조선도서해제』가 전문에 의한 오기로 판단하고, 『삭녕최씨세보』에 따라 1877년으로 수정하였다.

110) 금장태, 「해제」, 『국역 인정』 1(민족문화추진회, 1980), 3쪽; 금장태, 「최한기의 생애와 저술」, 『한국실학사상연구』(집문당, 1987), 238~241쪽; 권오영, 『최한기의 학문과 사상 연구』(집문당, 1999), 382~384쪽; 야규 마코토(柳生眞), 『최한기 기학 연구』(경인문화사, 2008), 337~340쪽.

111) 『五洲衍文長箋散稿』 下, 권38, 「萬國經緯地球圖辨證說」, 180쪽, "崔上舍家住京師南村倉洞."

대의 거주지조차도 파악하지 못한 상태였다. 다만 그의 역대 선영이 개성과 고양 등지에 있었고 그 자신도 개성에 묻혔다는 것 등을 근거로 서울의 북쪽, 근기近畿 어느 곳이 선대의 생활 근거지일 것이라고 추측하였을 뿐이다.[112]

4) 「혜강최공전」의 발견(1990)

최한기 연구사에서 중요한 사건 가운데 하나는 이건창李建昌(1852~1898)이 쓴 「혜강최공전惠岡崔公傳」의 발견이다. 이 글은 이건창의 미발간 필사본인 『명미당산고明美堂散稿』 권10에 실려 있던 것으로 1990년 5월에 열린 「제4회 동양학 국제학술회의」에서 이우성이 처음 공개함으로써 세상에 그 모습을 드러냈으며,[113] 이로 인해 최한기라는 인물의 모습도 많은 부분 베일을 벗을 수 있었다. 이 자료를 통해 먼저 확인할 수 있었던 것은 최한기가 우리나라에 들어온 중국의 신간 서적 중에 읽지 않은 것이 없을 정도로 지적 욕구가 강했고 그 욕구를 뒷받침할 만한 경제적인 여유가 있었다는 점이다. 이 글에 따르면, 최한기는 좋은 책이 있다는 소문을 들으면 비싼 값을 아끼지 않고 그것을 구입하여 읽었으며, 시간이 지나서는 헐값으로 팔았기 때문에 그의 집에 책장수들이 다투어 왔을 정도였다.[114] 그가 그저 책 모으기를 좋아하는 수집가가 아니

---

112) 이우성, 「최한기」, 『한국근대인물백인선』, 12쪽.
113) 이우성, 「혜강 최한기의 사회적 처지와 서울 생활―최한기 연구서설의 일단―」, 『제4회 동양학국제학술회의 논문집』(성균관대학교 대동문화연구원, 1991). 「혜강최공전」은 이건창의 간행 문집인 『명미당집』에 빠져 있는데, 이에 대해 이우성은 이건승이 처음 유고를 정리할 때 빼버린 것인지, 아니면 중국 南通에서 출판할 때 김택영이 삭제한 것인지 알 수 없다고 하였다.

라 새로운 지식에 목말라하는 독서광이었던 것이다. 그의 지적 욕구 내지 책 사랑은 다음 일화에서도 확인된다. 책을 사는 데 너무 많은 돈을 쓴다고 누군가 우려하자 최한기는 "만약 책 속의 사람이 같은 시대에 살았다면 비록 천릿길이라도 나는 반드시 그를 찾아가 만날 것입니다"라면서, "지금 나는 가만히 앉아서 그를 만날 수 있으니, 비록 책을 사는 데 비용이 많이 든다고 하더라도 먹을 것을 싸들고 멀리 찾아가는 것보다 낫지 않겠습니까?"라고 답하였다.[115]

그의 지독한 책 사랑은 책을 사느라 가세가 기울어 말년에 집을 팔고 도성 밖으로 나가 셋집을 얻어 살았다는 서글픈 장면을 연출하기에 이른다.[116] 누군가 그 딱한 사정을 보고 귀향해서 농사를 지으며 살라고 권유하자 최한기는 굶주리더라도 천박하게 살지 않겠다며 학문의 의지를 불태웠다.

> 그렇게 사는 것도 내가 원하는 것이지만, 나는 그보다 더 간절히 원하는 것이 있습니다. 나의 식견을 넓히고 지혜를 계발하는 것이 그것인데, 이를 위해서는 오직 책에 의존할 수밖에 없습니다. 책을 구하기에는 서울보다 편리한 곳이 없습니다. 어찌 굶주리는 고생이 싫다고 스스로 천박한 삶을 선택하겠습니까?[117]

---

114) 李建昌, 「惠岡崔公傳」, 1쪽, "家素裕, 聞有好書, 不吝厚價, 購之. 閱旣久, 則輕價鬻之. 以是, 國中書儈, 爭來求售. 燕都坊局, 新刊之書, 甫東來, 未有不爲惠岡所閱."

115) "或言求書費多者, 惠岡曰, 仮令此書中人, 幷世而居, 雖千里, 吾必往. 今吾不勞而坐致之, 購書雖費, 不猶愈於齎量而適遠乎?"

116) 李建昌, 「惠岡崔公傳」, 1쪽, "惠岡家, 亦以此旁落, 賣舊第, 僦居都門外."

117) 李建昌, 「惠岡崔公傳」, 1~2쪽, "有勸惠岡歸鄕治農事. 惠岡曰, 此吾所欲也. 然所欲有大於此者, 博我聞見, 改我智慮, 惟郡書是賴. 求書之路, 莫便於京, 安可憚飢餓之苦而自就寡陋哉?"

「혜강최공전」을 곧이곧대로 믿을 수 있는지는 의문이 있을 수 있지만,[118] 그가 말년에 곤궁하게 살았던 것만큼은 분명하다. 추후에 밝혀진 것처럼 그는 노년에 이르러 여러 차례 자신의 책이나 물품을 전당포에 저당 잡히고 돈을 빌려 썼기 때문이다.[119]

「혜강최공전」에는 이 이외에도 최한기의 사회적 지위나 대인 관계와 관련하여 몇 가지 중요한 내용이 기록되어 있다. 이 글에 따르면 당대 최고의 정치적 실세들인 조인영趙寅永(1782~1850)과 홍석주洪奭周(1774~1842)가 각각 최한기에게 영예로운 자리를 제안했으나 그는 받아들이지 않았다. 조인영은 헌종 연간에 영의정을 지내는 등 풍양조씨 세도정치를 이끌던 당대 정계의 최고 실력자 가운데 한 사람이었다. 이 당시 조인영은 장차 최한기를 유일遺逸의 선비로 선발하기 위해 그에게 사람을 보내 서울을 벗어나 살도록 권유하였다. 아마도 조인영은 재집권을 노리는 안동김씨 세력을 제어하고 자신들의 권력 기반을 공고히 하려는 목적으로 지지 세력의 확대를 의도했던 것으로 보인다. 아무튼 그의 제의를 받은 최한기는 "이름을 훔쳐 벼슬에 나아가는 것은 내가 할 수 있는 일이 아니다"라는 이유로 거절하였다. 그래도 조인영은 그를 끌어

---

118) 이건창은 최한기의 저술에 관한 정보를 잘 알고 있었으며, 간단하나마 그 내용의 핵심도 정확히 짚었다고 평가할 수 있다. 그가 제목을 밝힌 최한기의 저술은 『기측체의』를 비롯해 19종에 이르며, 그 가운데는 우리가 이전에 알지 못했던 『字說類編』・『鄕約』・『財敎』・『改量論』・『方里表』・『通經考』・『正史』 등이 포함되어 있다. 특히 그 내용에 대해 "대개 선유들이 밝히지 못한 것이어서 나의 어리석음으로는 감히 말할 수 있는 것이 아니다"라면서도, "혜강의 저서를 보니 오직 '기를 미루어 리를 헤아림'을 말한 것이다"라고 정리한 것은 그가 최한기의 주요 저술을 직접 읽었고 그 핵심을 정확하게 파악하고 있었다는 것을 뜻한다. 李建昌, 「惠岡崔公傳」, 4~5쪽, "觀惠岡之書, 專言推氣以測理者, 盖先儒之所未發, 而以余之愚, 不敢遽有所云. 第備著其名目, 以附紀事之左, 曰氣測體義,……."

119) 『崔柄大亂筆隨錄』, 「柴草買入及貸錢記」, 421~428쪽.

들이기 위해 재차 사람을 보내 과거를 볼 생각이 없는지 물었으나 역시 최한기는 "공부를 한 지 오래되었다"며 사양하였다.[120]

한편 호서의 송우암宋尤菴 서원[121]의 유생들이 의심스러운 일이 있어 그 해결을 위해 당시 좌의정이던 홍석주에게 질의를 한 적이 있다. "모름지기 예禮에 해박한 선비가 유사有司가 되어야 해결할 수 있다"고 판단한 홍석주는 최한기를 마침 공석이던 노량鷺梁 사상사四相祠[122]의 유사에 앉히고 화양서원의 일을 겸하도록 함으로써 문제를 해결하고자 하였다.[123] 이에 그는 호서 유생들에게 최한기를 날마다 찾아가 사귄 후 자신의 뜻을 넌지시 전달하도록 했으나, 그 뜻을 전해들은 최한기는 정색을 하고 "홍공은 훌륭한 재상인데, 어찌 잇속으로 사람을 유혹합니까?"라면서 거절하였다. 비록 한미한 집안의 사람이어서 감히 이름 있는 가문과 나란히 할 수는 없지만 대대로 내려온 혼인 관계를 사람들이 잘 알고 있다는 것이 그가 밝힌 구체적인 이유였다.[124]

최한기가 홍석주의 제의를 거절한 것은 가문의 정치적 색깔 때문이

---

120) 李建昌, 「惠岡崔公傳」, 2쪽, "趙相國寅永, 將選遺逸士, 使人諷惠岡, 盍移寅郊畿之外. 惠岡曰, 竊名以干進, 吾不能也. 趙公固思惠岡, 復遣人, 問可應科學否. 惠岡謝曰, 不挾筍, 久矣."

121) 송우암 서원은 송시열을 모신 화양서원으로서 호서 사람을 넘어 노론의 이념적 중심지였다.

122) 신임옥사 때 희생된 이른바 노론 사대신, 즉 이이명·이관명·조태채·김창집을 모신 사충서원을 가리킨다. 영조 원년(1725)에 서울시 동작구 노량진에 세워졌으나, 1924년에 지금의 서울시 용산구 보광동으로 옮겨졌다가 1968년에 지금의 하남시 상산곡동으로 이전되어 오늘에 이르고 있다.

123) 李建昌, 「惠岡崔公傳」, 2쪽, "湖西宋尤菴書院, 諸儒有疑事, 來質于洪相國奭周. 洪公曰, 此須有博禮之士, 爲有司, 然後議可定也. 會鷺梁四相祠, 有司缺, 洪公欲以惠岡爲鷺梁有司, 仍兼湖西院事, 以決其疑. 鷺梁有司者, 一時人所稱極選也. 然顧不知惠岡意, 乃令湖西儒, 日往視惠岡, 久乃微示洪公所指."

124) 李建昌, 「惠岡崔公傳」, 2쪽, "惠岡正色曰, 洪公賢宰相也, 奈何以利勢誘人哉? 吾雖寒微, 不敢齒名族, 世有姻婭, 塗人耳目, 幸復察之. 言者憮然去."

었던 것으로 보인다.[125] 누군가 "그대는 평생에 당색에 관해 말하지 않았는데 지금 어찌 그토록 화를 냅니까?"라고 물은 것이 그 방증인데, 이에 최한기는 "선대로부터 조종에 현달한 적은 없으나 개인적으로 전해들은 것이 있으니, 어찌 나의 대에 이르러 변할 수 있겠습니까?"라면서, "유사 직을 사양한 것이 당색 때문인 것처럼 보이지만 유사 직을 받아들이면 당색이 아니겠습니까?"라고 답하였다.[126] 어떤 선택이든 당색으로부터 자유로울 수 없는 것이 현실이라는 뜻이다. 아마도 그의 가문은 신임의리辛壬義理를 완고하게 고수한 노론 강경파와 정치 노선이 달랐고, 그 당색이 그의 운신의 폭을 제약했던 것으로 생각된다. 그가 평소에 자신의 당색을 뚜렷하게 드러내지는 않았지만, 사충서원의 유사가 되는 것이 적절하지 않다는 것만큼은 분명하게 의식하고 있었던 것이다.[127]

「혜강최공전」은 신미양요 때 최한기의 행적과 관련하여 중요한 정보를 제공해 준다. 이 글에 따르면, 신미양요가 발발하자 평소에 알고 지낸 강화진무사 정기원이 그에게 급히 사람을 보내 대책을 의논하였다. 하루는 적군이 갑자기 모래를 운반하여 배에 싣는 장면이 목격되었

---

125) 이우성은 최한기의 앞 언급을 비롯해 몇 가지 근거를 들어 "그를 하위 양반으로 보아 이른바 궁반한족으로 그의 사회적 처지가 중서층과 별로 다를 바 없다고 말했던 것은 좀 지나친 것이 아닌가 하는 생각이 있어 왔다"라고 하여 종전의 견해를 수정하였다. 이우성, 「혜강 최한기의 사회적 처지와 서울 생활―최한기 연구서설의 일단―」, 『제4회 동양학국제학술회의논문집』, 256쪽.

126) 李建昌, 「惠岡崔公傳」, 3쪽, "或問, 子平生不言黨目, 今胡斷斷乃爾? 惠岡曰, 自先人以來, 雖不顯於朝, 私相傳聞, 則有之矣, 焉可至吾而變也? 且吾辭之者, 信似乎黨矣, 而使吾樂而趨之, 夫獨非黨也歟?"

127) 이우성은 "분명한 것은 그가 집권층과 동색(노론)이 아니며 따라서 우암의 대의를 紹述하는 학통과도 아무런 연결이 없었다는 것이다"라고 하였다. 이우성, 「명남루전집 재판에 부쳐」, 『明南樓全集』 1(여강출판사, 1990), 9쪽.

는데, 아무도 그 까닭을 알지 못했다. 그 소식을 들은 최한기는 물이 부족해 바닷물을 정화하려는 것이라면서, 그들이 물을 얻기 어려워 곧 물러날 것이라고 예견하였다. 과연 며칠 뒤 그의 말대로 적들이 물러났다. 정기원이 조정에 장계를 올려 이를 보고하고는 그를 백의로서 군 작전을 돕는 일을 맡기고자 하였으나, 최한기는 "군 관련 일을 배우지 못했다"면서 사양하였다.[128] 최한기는 당시 정승의 반열에 있던 조인영·홍석주로부터 직위를 제의받았을 뿐만 아니라 당시 최고의 무신 중의 한 사람인 정기원으로부터 군무와 관련된 자문을 요청받을 정도로 제법 알려진 학자였다.

또 「혜강최공전」에는 병자수호조약 체결 직전에 일본 선박이 인천仁川을 엿볼 때 아들 병대가 "화친을 믿고 방비를 거두어서는 안 된다"는 내용의 상소를 했다가 대신들의 탄핵으로 유배를 갔다고 기록되어 있다.[129] 일본 군함 운요호(雲揚號)의 일부 병사가 강화도에 상륙하려고 하자 초지진을 방어하던 조선의 군대가 공격을 했고, 이 사건을 빌미로 일본이 그 이듬해(1876) 초에 강화도에 군함 6척을 파견하는 등 조선 정부에 책임자 문책과 개국을 강요할 즈음이었다. 이때 최한기는 유배 가는 아들을 떠나보내면서도 못마땅한 기색 없이 "네가 언론으로써 죄를 얻었으니 영광이라고 할 수 있으며, 화복은 걱정할 바가 아니다"라고 위로하였다.[130] 지식인, 특히 전직 언관으로서 해야 말을 했을 뿐이니, 그 결과에 대해 일희일비하지 말라는 의미이다.

---

128) 李建昌, 「惠岡崔公傳」, 3쪽, "西夷再犯江都也. 鄭留守歧源, 素與惠岡, 善函遣使議事……鄭公以狀具報朝廷, 將以白衣贊軍謀. 惠岡辭曰, 是未之學也."

129) 李建昌, 「惠岡崔公傳」, 3쪽, "倭舶覘仁川, 惠岡子柄大, 上疏言不可以恃和撤備. 大臣劾奏遠配."

130) 李建昌, 「惠岡崔公傳」, 3쪽, "惠岡送之, 無難色曰, 汝能以言獲罪, 可謂榮矣. 禍福, 非所恤也."

이렇듯이 이건창이 쓴 「혜강최공전」은 비록 몇 쪽 안 되는 짧은 글이지만 최한기의 삶과 관련해 유익한 정보들을 제공해 주었다. 이 자료를 통해 우리는 최한기가 한평생 중국의 신간 서적들을 구입해 읽으면서 학문 활동을 했으며 노년에 곤궁하게 살았다는 것, 조인영·홍석주·정기원 등 실력자들과 간접적이나마 관계가 있을 정도로 알려진 인물이었다는 것, 신미양요를 전후해서 서양을 적대적으로 인식하는 어양의 관점을 가졌다는 것 등을 알 수 있었고, 이로써 어렴풋하게나마 최한기라는 인물의 실체를 그릴 수 있게 되었다.

5) 『기곡잡기』·『초암집』·『중경집』 등 관련 문헌 분석(1992)

최한기의 가계 및 생애와 관련하여 두드러진 성과는 권오영에 의해 이루어졌다. 권오영은 1992년에 발표한 「최한기의 사우와 가문의 내력」[131]에서 관련 족보들 외에 한경리韓敬履의 『기곡잡기基谷雜記』와 김헌기金憲基(1774~1842)의 『초암집初庵集』, 그리고 1855년(철종 6)에 간행된 개성부 읍지인 『중경지中京誌』를 비롯해 다양한 관련 자료들을 찾아서 최한기의 가계와 사승 관계에 대해 한층 풍부하고 정확한 사실을 밝혀냈다. 그는 우선 역대 『삭녕최씨세보』를 검토하여 최한기가 고려 평장사 최천로의 후손으로서 삭녕최씨이긴 하지만 그동안 알려진 것과는 달리 최항의 혈손이 아님을 확인하였다. 그의 연구에 따르면 최한기 가문이 최항의 후손으로 입적된 것은 1957년에 간행된 『삭녕최씨세보』이다.[132] 이 이

---

131) 권오영, 「최한기의 사우와 가문의 내력」, 『한국학보』 68(일지사, 1992). 이 논문은 약간의 보완을 거쳐 권오영, 『최한기의 학문과 사상 연구』(집문당, 1999)에 편입되었다.

외에도 그는 최한기의 생가와 양가, 외가, 처가는 물론 그의 가문과 통혼한 집안을 폭넓게 검토함으로써 최한기 집안의 사회적 지위를 파악하는 데 큰 도움을 주었다.

그의 연구에 따르면, 최한기의 가문은 고조로부터 12대 조부에 이르기까지 8대를 문·무과는 물론 생원·진사과 합격자를 한 사람도 배출하지 못한 한미한 양인 가문이었다. 그의 가문이 양반 반열에 속하게 된 것은 그의 증조부 최지숭崔之嵩과 그의 동생 최지종崔之宗이 무과에 급제하면서부터였다. 특히 1796년(정조 20)에 종2품 가의대부 동지중추부사에 임명된 최지종은 그의 가문의 신분 상승에 결정적인 역할을 하였다. 그 이후 최지숭의 아들 최배관崔配觀과 그 아들이자 최한기의 양부인 최광현崔光鉉이 연이어 무과에 급제하면서 그의 가문은 그 시대에 대표적인 무과 집안으로 자리를 잡았으며, 최한기 대에 이르러서는 최한탁·최한형 등 생원시 합격자를 배출하였다. 권오영은 이러한 연구를 바탕으로 최한기 가문의 사회적 지위에 대해 "평민에서 무과(최지숭·최지종·최배관·최광현)로, 무과에서 생원(최한탁·최한형·최한기)으로, 생원에서 다시 문과(최병대)로 부단히 상승하여 가고 있다"고 결론지었다.[133]

권오영의 연구에서 더욱 주목되는 것은 최한기의 사승 관계가 어느 정도 밝혀졌다는 점이다. 그의 연구에 의하면 최한기에게 영향을 끼쳤으리라고 생각되는 스승은 외조부이자 유학자인 한경리와 그 시기 개성지역의 최고 학자로 평가받는 김헌기이다.[134] 한경리는 최한기의 생

---

132) 권오영, 『최한기의 학문과 사상 연구』, 26쪽.
133) 권오영, 『최한기의 학문과 사상 연구』, 27~37쪽.
134) 권오영, 『최한기의 학문과 사상 연구』, 56~59쪽.

부 최치현과 부자간의 정의로 지냈으며 사우 간의 관계까지 겸했을 만큼 돈독한 사이였으며, 최한기의 양부 최광현과도 그의 별장 귀경헌歸耕軒을 방문하여 시를 지어줄 만큼 가깝게 지냈다.135) 한경리가 세상을 떠나자 최한기는 그의 문집 『기곡잡기』를 김헌기의 도움을 받아 편찬한 후 「기곡잡기발基谷雜記跋」(1836)을 붙였다.136)

한편 김헌기의 문집인 『초암집』에는 김헌기가 1830년에 최한기에게 보낸 편지 1통이 수록되어 있다. 저술이 학문의 급선무가 아니라면서, 학문이 성숙된 후에 책을 간행하도록 권유하는 편지였다. 아마도 최한기가 어떤 책을 간행하려고 초고를 보내왔던 모양인데, 김헌기는 그에게 다시 사서와 정자程子·주자朱子 등 여러 선생들의 설을 공부하여 근본적인 의미를 정확하게 파악한 후에 그 초고를 재검토해 갈고닦아야지 서둘러 간행해서는 안 된다고 충고하였다.137) 역시 도학자적 풍모를 지닌 50대 후반의 노학자와 탈주자학적 문제의식을 지닌 20대 후반의 신진 학자 사이에 놓인 간극을 읽을 수 있는 대목이다. 아무튼 최한기는 한경리와 김헌기를 모두 선생으로 칭하고 자신을 소자小子로 낮췄는데, 이는 그가 그 두 학자를 선생의 예로 대했다는 방증이다.138)

이렇듯이 최한기의 성장 과정에서 일정하게 영향을 끼쳤을 한경리와 김헌기는 조유선趙有善(1731~1809)의 제자였고, 조유선은 김원행金元行

---

135) 권오영, 『최한기의 학문과 사상 연구』, 31쪽~32쪽.
136) 『基谷雜記』, 「基谷雜記跋」, 권오영, 『최한기의 학문과 사상 연구』, 40쪽.
137) 『初庵全集』, 권4, 「與崔進士漢綺」, 9ab, "著述本非爲學之急務. 但旣做得許大功夫, 且留爲巾衍之物, 更取見行四書程朱諸先生說, 實下功夫, 見得義理歸趣, 然後回頭看取此書, 自見得失, 到此政好商量眞實學問, 即此書亦得漸次修改, 可至完好時下, 愼勿遽入梨棗也."
138) 권오영, 『최한기의 학문과 사상 연구』, 57쪽.

(1702~1772)의 문하에서 공부를 하였다. 이러한 맥락에서 보면 최한기의 학맥이 한경리와 김헌기를 통해 조유선, 더 나아가 낙학의 종장인 김원 행으로 거슬러 올라가는 셈이다.[139] 다만 이와 같은 학문적 계보가 그의 수학 과정에서 학문적 토대로 작용했으리라는 것은 충분히 짐작할 수 있지만, 그렇다고 최한기의 탈주자학적인 학문과 사상이 단순히 그의 학맥적 기원인 낙학으로 환원된다고 보기는 어렵다. 더욱이 그가 조인영이나 홍석주 등과 일정한 거리를 두었다는 점, 그의 가문이 정통 노론 계열이 아니었다는 점, 게다가 그의 집안이 오랫동안 무과 집안이었다는 점 등으로 판단할 때 그에게 과연 낙학의 학맥을 계승했다는 자아의식이 있었는지는 의심의 여지가 있다. 실제로 최한기의 저술에서는 이와 관련된 그 어떤 언급도 발견되지 않는다. 오히려 그의 철학

---

139) 김헌기는 "명덕 본심의 설은 이이가 『성학집요』에서 밝혔다"면서 우리나라에서 바꿜 수 없는 이론이라고 높이 평가하였다.(『初庵全集』, 권3, 「答許允衡大學問目」, 37b, "明德本心之說, 栗谷旣著之於聖學輯要, 此固吾東方不易之論.") 게다가 그는 리기선후의 문제와 관련해 리기의 논리적 선후와 현실적 무선후를 주희의 정설로 파악했는데, 이 역시 이이의 리기론을 충실하게 계승한 것이다.(『初庵全集』, 권6, 「理先氣後說」, 31ab, "理不離氣也, 而常爲氣之本者也, 故由不離而言, 則無先後之可分, 由爲本而言, 則有先後之可指. 蓋氣也者, 其然之跡也, 理也者, 所以然之故也. 其然者, 顯指夫目前之跡, 故可言後, 所以然者, 深原其所從之本, 故可言先. 然所以然者, 卽存乎其然之中, 蓋卽其然, 而推原之云耳, 非外其然而別有所指也.……故朱子曰, 理氣本無先後之可言, 但推上去時, 却如理在先氣在後相似.") 그는 또 김창협이 인물성이론의 입장에서 송시열에게 질의한 「상우재 문목」에 대해 "김창협의 뜻은 기를 겸하여 말하면 부여받은 리에 치우침과 온전함이 있고, 기를 떠나서 말하면 오성을 온전히 하지 않은 사물이 없다는 것"이라고 풀이하였다. 당연히 그는 호학에서 김창협의 「상우재문목」을 인물성이론의 증거로 삼는 것에 대해 옳지 않다고 반박하였다.(『初庵全集』, 권3, 「答金止菴」, 25b~28b, "下示渼翁集中所辨農翁語, 已與高意相符, 願得他日一見, 以釋此昏蒙之見, 則豈不厚幸. 但尋常間妄言, 則竊謂農翁之意, 蓋以爲蒹氣而言, 則所稟之理, 有偏有全, 離氣而言, 則無物不全五性云耳.……然則爲湖論者之持農翁此說, 以爲己證, 固不患其辨析之無說也, 而三淵與渼上之有所云云, 未知其如何也.") 이렇게 보면, 김헌기는 이이의 학설을 따르면서도 김창협에서 김원행으로 이어지는 낙학을 계승한 전형적인 주자학자였다.

이 전통 주자학의 심학적 편향에 대한 비판적 문제의식에서 출발한다
는 점을 감안하면, 한경리·김헌기와 최한기 사이에 있었던 학문적 수
수 관계는 낙학의 학맥이라는 통시적 관계보다 개성지역 사회의 지식
인 집단이라는 공시적 공간에서 의미를 갖는다고 보아야 할 것이다.

6)『혜강잡고』등 미발간 초고본의 발견(1999)

최한기 연구에 새로운 전기가 마련된 것은 1999년 최한기의 종가에
서 『혜강잡고惠岡雜藁』[140)]·『소모』·『승순사무』·『향약추인』을 비롯해
그의 아들 최병대의 초고[141)] 등 새로운 자료가 대거 발견되면서이다.
이 가운데『혜강잡고』에 들어 있는 제문·기記·서序 등과 최병대가 쓴
최한기 묘지명, 즉「여현산소묘지명礪峴山所墓誌銘」등은 최한기의 삶과
인간적인 면모를 파악할 수 있는 더없이 귀중한 자료이다. 이러한 자료
들을 통해 그동안 불모지로 남아 있던 최한기의 구체적인 삶의 모습과
그의 내면세계에 접근하는 일이 어느 정도 가능하게 되었다.[142)]

예를 들어 최한기가 1803년 10월 26일에 태어나 1877년 6월 21일에
세상을 떠났다는 기록을 통해 생몰의 날짜까지 정확하게 파악할 수 있

---

140) 『혜강잡고』는 최한기 문집의 초고에 해당하는 것으로 그의 일반 편저들과 달리 최
　　한기 자신의 생활과 삶의 정황을 알 수 있는 내용이 들어 있어 최한기 연구에 기초
　　가 되는 자료이다. 본래 제목이 없었으나 實是學舍에서『혜강잡고』라는 제목을 붙여
　　간행하였다.(『增補 明南樓叢書』5,「해제」참조)

141) 최병대가 손으로 쓴 잡기장으로 제목이 없었으나 실시학사에서『崔柄大亂筆隨錄』으
　　로 명명하여『증보 명남루총서』에 수록하였다.(『增補 明南樓叢書』5,「해제」참조)

142) 이들 자료에 대해서는 권오영이「새로 발굴된 자료를 통해 본 혜강의 기학」,『혜강
　　최한기』(청계, 2000)에서 상세하게 분석하였다.

었다.[143] 그 이외에도 75세에 이를 때까지 최한기의 삶에 많은 굴곡이 있었다는 것을 확인할 수 있다. 예를 들어 34세 되던 해인 1836년에는 14살의 나이에 세상을 떠난 둘째 딸을 위해 제문을 지었으며,[144] 52세 되던 해에는 맏딸이 결혼한 지 18년 만에 세상을 떠나자 역시 제문을 지어 아픈 마음을 달랬다.[145] 그는 또 60세 되던 해에 장남 최병대가 문과 급제를 하는 영광을 누리기도 했으나 노년의 삶은 자신이 쓴 책이나 물품을 전당잡히고 돈을 빌려 써야 했을 만큼 곤궁하였다. 최병대가 작성한 가계부에는 1874년에서 1876년 사이에 13차례에 걸쳐 『기측체의』·『인정』·『농정회요』·『지구전요』 등의 책을 비롯해 안경이나 관복 같은 물품을 전당잡히고 돈을 빌려 쓴 것으로 기록되어 있다.[146]

또한 신미양요 때 최한기와 정기원이 주고받은 편지도 발견되어 이건창의 「혜강최공전」이 사실에 근거한 것임을 확인할 수 있었다.[147] 정기원은 최한기에게 보낸 서찰에서 "양이가 침범했으나 아직 물리치지 못했으니, 비록 관직에 있지 않은 사람일지라도 누군들 맞서 싸우려고 하지 않겠습니까?"라면서 즉시 군영으로 와서 경륜이 있는 계책을 펴달

---

143) 崔柄大, 『崔柄大亂筆隨錄』(『增補 明南樓叢書』 5), 「礦峴山所墓誌銘」, 417쪽, "我先考惠岡先生, 姓崔貫朔寧, 諱○○字○○, 生於純廟癸亥十月二十六日, 卒于光緖丁丑六月二十一日, 享年七十有五."

144) 『惠岡雜藁』(『增補 明南樓叢書』 5), 「祭次女文」, 378~379쪽.

145) 『惠岡雜藁』, 「祭長女李○○文」, 389쪽.

146) 『崔柄大亂筆隨錄』, 「柴草買入及貸錢記」, 421~428쪽. 1870년대 최한기 집안의 물품 전당 내역은 권오영의 「새로 발굴된 자료를 통해 본 혜강의 기학」(『혜강 최한기』), 37쪽에 일목요연하게 표로 정리되어 있다.

147) 1999년에 새로 발견된 자료 가운데 하나인 「정기원이 최한기에게 보낸 편지」에 의하면, 정기원은 최한기에 관한 일을 홍선대원군에게 편지로 품의한 후 홍선대원군의 뜻에 따라 그를 초빙하는 내용의 편지를 최한기에게 보냈다. 鄭岐源, 「五月十望日江華鎭撫使鄭岐源與家大人書」, 『崔柄大亂筆隨錄』, 400쪽, "間以座下事, 書稟雲宮, 至承期於邀接于營中, 必以我意論之, 隨事商議之敎, 則此不但己見而已."

라고 요청하였다. 물론 그 요청은 정기원의 개인적인 판단에 따른 것이 아니라 당시 조정을 이끌던 흥선대원군의 제가를 받은 것이었다. 그 서찰에 따르면, 정기원의 건의를 받은 흥선대원군은 "꼭 그를 영중營中으로 맞아들이되 반드시 나의 뜻임을 밝히고, 일마다 그와 상의하라"는 지시를 내렸다.[148)

최한기는 정기원의 요청을 받은 후 "누추한 곳에 살면서 세상 근심을 잊고 지내느라 널리 알려지지 않았는데, 갑자기 편지를 받으니 고맙고 두렵다"면서[149) 다음과 같이 답하였다.

> 저는 나이가 69세로 정력이 쇠약하여 평소에 경영하던 것도 점점 혼미해졌으니 자연스러운 현상입니다. 다만 평생 독실하게 좋아한 것은 오직 고금의 서적을 열람하여 옛날을 계승하여 지금을 밝히고 옛날을 소급하여 새로운 것을 안 덕분에 약간의 저술이 있으나 어찌 감히 세상에 쓰일 것이 있겠습니까?…… 저의 거취는 마땅히 일의 손익을 따져 따르거나 따르지 않는 것을 정해야 합니다. 일신의 거취는 계산할 것이 못되지만 일의 손익은 어찌 큰 것이 아니겠습니까? 만약 조금이라도 도움이 되는 계책이 있다면 어찌 어양의 계책을 올리지 않겠습니까?[150)

---

148) 鄭岐源, 「五月十望日江華鎭撫使鄭岐源與家人書」, 『崔柄大亂筆隨錄』, 400쪽, "洋夷犯境, 未卽剿滅, 雖無官守之人, 孰不欲敵愾? 況座下, 凤蘊經綸之策, 則此非膠守常例之時, 果不以往日無雅爲拘, 玆以走足委報, 幸須恕其坐屈之嫌, 卽圖命駕, 以解如渴之望, 如何如何? 間以座下事, 書稟雲宮, 至承期於邀接於營中, 必以我意諭之, 隨事商議之敎, 則此不但己見而已, 深量無至虛徐, 幸甚."

149) 『崔柄大亂筆隨錄』, 「家人答鄭岐源書」, 400쪽, "匏係窮巷, 消遣世慮, 未嘗見知於賢大夫矣. 忽伏承先頤之敎, 感悚交迸.……生衰症日甚, 奄若隆廢, 足迹不出門者, 殆近數十年, 家間冗務, 猶未免聽于子孫, 亦已久矣, 他何敢陳說?"

150) 『崔柄大亂筆隨錄』, 「家人答鄭岐源書」, 400쪽, "生年方六十九, 精力衰耗, 平日所營, 漸到昏迷, 自然勢也. 但平生獨好, 惟悅覽古今書籍, 沿古而明今, 溯舊而知新, 畧有著述, 詎敢望爲

이처럼 최한기는 자신이 나이가 들었을 뿐만 아니라 자신의 학문이 세상에 쓸모가 없다는 이유를 들어 군영에 나아가는 것을 정중하게 거절하였다. 그러면서도 그는 조금이라도 이익이 된다면 어양의 계책을 올리겠다는 뜻을 피력하였다. 집에 머물면서 자문을 하겠다는 일종의 타협안인 셈이다. 서책을 참고하는 데는 군영에 있는 것보다 서울에 있는 것이 더 유리하며, 군사 상황은 훈련된 군사와 장수의 책략으로 수시로 조처하는 것이지 서생이 논할 것이 아니며, 쇠약한 기력으로 군영에서 바쁘게 근무하다가 쇠약한 정신을 더욱 소모하면 약간의 지혜마저도 다 소모되어 아무런 이익이 없으리라는 것이 그 이유였다.[151]

또한 아들 최병대가 1876년 병자수호조약 직전에 올린 상소문도 발견되었다.[152] 그는 이 상소문에서 "경기 연해에 바다를 건너온 이양선이 정박한 지 며칠 되지만 그 어떤 방어책이 나왔다는 소식을 듣지 못했다"면서 "근심할 일이 아니라고 여겨서 그러한 것이 아니라면 반드시 아무 일이 없을 것이라고 믿어서 그러한 것입니까"라고 질타한 후, 나라를 편안하게 할 방도를 강구하고 외적을 방어할 대책을 마련할 것을 촉구하였다.[153] 이날 고종은 유념하겠다는 비답을 내렸으나 며칠이 지

世所用?……若於斯擇取差錯, 其於利鈍, 何哉? 生之居留, 當從事之損益, 以定從違矣. 一身去留, 雖不足計, 事之損益, 豈非大乎? 若有一毫補益之策, 豈不伏達禦洋之策?'

151) 『崔柄大亂筆隨錄』, 「家大人答鄭岐源書」, 400쪽, "間或對人論說, 亦出於敵愾之心, 至於在營在京, 論其優劣, 書冊參考之節, 在京優於在營, 日後若有可聞之機, 可疑之端, 逐條下示, 則不知爲不知, 知之爲知, 如有必用之策, 當盡誠力詳陳耳……"

152) 최병대가 상소를 한 것은 1876년 1월 3일이었는데, 『고종실록』에도 그 상소문의 일부가 기록되어 있다. 『高宗實錄』 13권, 고종 13년(1876) 1월 3일(을미).

153) 崔柄大, 「丙子丁月初三日以前啣上疏」, 『崔柄大亂筆隨錄』, 405쪽 위, "內而郊坰, 明火强盜, 攘竊不戢, 外而畿沿, 駕海異船, 碇泊有日, 守土之臣, 固當隨分策應, 而事係非常, 禁暴防患, 豈可循例專責於分憂之地也耶. 臣未敢知廊廟勝算有定策, 而仄聽累月, 尙未聞命一將發一卒, 防守要害, 以備不虞, 倘不歸之不足憂而然歟, 必無事而然歟?……講明治平之道, 商確備禦之

나지 않아 고종의 생각이 바뀌었다. 영의정 이최응李最應이 전임 관리가 상소하는 것은 불법이며 상소의 내용도 조정을 희롱했다는 이유로 유배에 처하자고 건의하자 고종이 윤허를 했고, 결국 최병대는 익산으로 유배를 가게 되었다.[154] 최병대가 "화친을 믿고 방비를 거두어서는 안 된다"는 내용의 상소를 했다가 대신들의 탄핵으로 유배를 갔다는 「혜강 최공전」의 기록이 사실에 근거한 것임을 확인할 수 있다.

3. 최한기 철학과 학문에 대한 연구

1) 1960·70년대 연구

최한기의 학문과 철학에 대한 본격적인 연구는 1960년에 정진석·정성철·김창원이 북한의 사회과학연구원에서 출간한 『조선철학사(상)』에서 처음 이루어졌다. 이 책은 변증법적 유물론 및 역사적 유물론에 기초하여 유물론과 관념론의 투쟁이라는 관점에서 우리나라 철학사를 기술했다는 특징이 있다. 정진석 등은 이 책에서 최한기를 "봉건 이조 말기에 이르러 광범히 수입된 서구라파 자연 과학을 토대로 하여 훌륭한 유물론적 유기론 철학을 수립한 학자"로 규정하고, 최한기 철학의

策, 扶樹綱紀, 以一民志,……"

154) 『崔柄大亂筆隨錄』, 405쪽 아래; 『高宗實錄』 13권, 고종 13년(1876) 1월 8일(경자), "領議政李最應曰, 前銜陳疏, 法禁也, 前正言崔柄大, 肆然投疏, 疏辭張皇, 顯有戲弄廟堂, 事體所在, 可謂無忌憚也, 施以竄配之典, 何如? 允之."

계급적 성격을 "당시의 진보적 도시 평민 계층의 이익을 대변"했다거나 "그의 철학에는 부르주아적 사상의 맹아가 반영되어 있다"고 파악하였다. 그들이 『조선철학사(상)』을 쓰면서 참고한 자료는 최한기의 초기 저술인 『신기통』과 『추측록』이 전부인데, 그들은 이 두 책을 근거로 최한기의 학문과 철학에서 주자학 교조주의에 대한 반대, 기를 유일한 실체로 인정하는 유기론, 운동과 정지의 변증법적 통일, 인식의 감성적 단계와 논리적 단계의 통일, 무신론 등의 다양한 특성을 추출해 냈다.[155]

북한 학계에서 이루어진 이러한 성과는 그 이후 북한의 조선철학사 연구에 계승되었다. 정성철의 『실학파의 철학사상과 사회정치적 견해』(1974)와 『조선철학사 2』(1987), 그리고 최봉익의 『조선철학사상사 연구』(1975)와 『조선철학사개요』(1986) 등이 우리가 접할 수 있는 북한 학계의 주요한 성과이다. 이 가운데 '주체사상에 의한 『조선철학사』(1962)의 지양'이라는 부제를 달고 있는 『조선철학사개요』에서는 최한기를 "유교 성리학을 반대하고 기일원론 철학과 실학사상을 발전시켜 실학사상과 부르주아 계몽사상 사이에 다리를 놓는 역할을 한 진보적인 사상가"로 규정하였다.[156] 또 "지배적 사상 도구였던 리학에 대립하여 기학이라는

---

155) 이 책에서는 이황을 "리기이원론에서 출발하여 리일원론에 떨어진 객관적 관념론자였다"고 규정하고 "그 후 300년간 이조 봉건 지배 계급의 통치 이데올로기로 복무하였다"고 평가하였다.(정진석·정성철·김창원, 『조선철학사(상)』, 사회과학원 역사연구소, 1961; 『조선철학사연구』, 광주, 122~136쪽) 이이에 대해서는 "이황과 마찬가지로…… 리기이원론에서 출발하여 결국은 리의 제일차성을 주장하는 객관적 관념론에 떨어졌다"면서도 "일련의 독창성 비판성으로 하여 기일원론적 견해에 가까이 접근하였던 것이다"라고 하여 상대적으로 긍정적인 평가를 했으며, 그의 개혁론을 "다분히 인민적 이해를 반영하였음에도 불구하고,…… 봉건적 모순을 개혁으로써 완화시켜 봉건제도 자체의 영원한 존속을 기도한 중소지주 계급의 이해를 대변하는 이론"으로 규정하였다. 『조선철학사연구』(광주), 136~155쪽.
156) 최봉익, 『조선철학사개요』(사회과학출판사, 1986; 한마당, 1989), 269쪽.

새로운 유물론적 철학사상을 내놓음으로써 우리나라 봉건 말기 유물론적 철학사상 발전에 기여하였다"고도 하였다.[157] 주체사상이 확립되면서 조선철학사를 파악하는 주된 관점이 마르크스-레닌주의에서 주체사상으로 바뀌었으나, 최한기의 철학에 대한 구체적인 이해는 크게 달라지지 않은 셈이다. 다만 『조선철학사(상)』에서는 최한기를 실학사상가에 포함시키지 않고 봉건 이조 말기 유기론 철학에 포함시킨 반면에 그 이후의 책들은 실학자의 범주에 포함시켰다는 차이가 있다.

앞에서도 언급한 것처럼 우리 학계에서 최한기 철학에 대한 연구논문을 처음 발표한 학자는 박종홍이다. 1965년에 발표한 「최한기의 경험주의」가 그것인데, 그는 이 논문에서 최한기의 인식론을 상세하게 분석하고, 로크(John Locke)의 이론과 유사한 경험주의로 규정하였다.[158] 최한기가 경험에 의존하지 않은 지식, 즉 선천적인 지식을 부인했다는 것이 주요한 논거였는데, 경험에 의존하지 않는 지식을 부정했다는 것은 지식의 기원을 경험으로 상정했다는 뜻이다. 박종홍은 인간의 인식과 관련하여 경험하는 주체(신기), 경험되는 객체(외계), 그리고 주체와 객체를 연결하는 매개체(감각기관)와 같은 개념을 동원하여 경험을 분석하였다. 아울러 로크의 '백지', 베이컨(Francis Bacon)의 '시장의 우상', 오컴(William of Ockham)의 '유명론'과 면도날(razor), '논리실증주의', 듀이(John Dewey)의 'to try'와 'habit'[159] 등의 개념을 빌려와 최한기 인식론이 지닌 경험주의적

---

157) 최봉익, 『조선철학사개요』, 269쪽.
158) 박종홍, 「최한기의 경험주의」, 『아세아연구』 8-4(아세아문제연구소, 1965).
159) 박종홍, 「최한기의 경험주의」, 『아세아연구』 8-4, 21쪽. 최한기가 추측의 반복과 누적으로 추측이 익숙해지면 즉각적인 인식이 가능하다고 여겼는데, 이를 체인이라고 하여 강조하였다. 이에 대해 박종홍은 "John Dewey가 지적이며 행동적인 To try와

성격을 부각시키기도 하였다.[160]

더 나아가 그는 최한기의 철학이 갖는 의미에 대해 "혜강은 전통적인 유학사상을 실증적 과학적인 근대화와 관련시켜 새로운 태도로 발전시킴으로써 그 근본정신을 시대적으로 살리려 하였다"면서 "서양의 과학기술을 도입 섭취할 정신적 자세와 기본적인 철학적 이론을 천명하였다"고 평가하였다.[161] 그는 또 최한기가 "실학파 사상가들로 흔히 저지르기 쉬운 백과사전적인 지식의 나열이나 지엽적인 형식의 나열을 지양하고 일관된 원리에 입각하여 자각적인 연구의 활로를 개척하려고 노력한 공은 그 의의가 크다"면서, "한국의 정신적 근대화가 보통 생각하는 것 이상으로 이미 초미의 긴급한 과제로서 원리적인 깊이에 있어서 다루어졌음을 짐작하기에 족하다"고 총평하였다. 이처럼 박종홍은 최한기 철학의 유학적 기반을 염두에 두면서도 서양 근대 인식론의 틀로 최한기의 철학을 분석하고, 서양의 과학기술을 수용할 철학 이론을 천명함으로써 철학적인 원리의 차원에서 근대화의 길을 모색했다는 데서 최한기 철학의 사상사적 의의를 찾았다.

박종홍의 「최한기의 경험주의」는 우리 학계에 최한기의 철학을 최초로 소개한 논문을 넘어 최한기의 인식론을 명료화하고 그 이론이 지닌 근대적 성격을 부각시키는 데 강점을 발휘했고, 그 이후 최한기 철학의 연구에 큰 영향을 미쳤다는 의미가 있다. 이 논문을 통해 최한기는 로크와 비견되는 경험주의 철학자로 알려지게 되었고, 더 나아가 '전통

동시에 그의 누적에 의해 생기는 habit에 관심을 기울였음이 연상된다"고 하였다.
160) 박종홍, 「최한기의 경험주의」, 『아세아연구』 8-4.
161) 박종홍, 「최한기의 경험주의」, 『아세아연구』 8-4, 32쪽.

적인 유학사상을 실증적이고 과학적인 근대화와 관련시켜 새로운 태도로 발전시킨' 인물로 이해되었다. 주지하다시피 조선 후기 실학자들에 대한 연구가 대부분 그러하듯이 최한기 연구 역시 그 출발부터 근대주의적 경향을 강하게 띠었다. 이른바 근대주의적 연구 방법은 조선의 철학사적·사상사적 맥락에 위치한 최한기의 본래 모습을 제대로 드러내는 데 분명 많은 한계가 있을 수밖에 없다. 하지만 조선 후기 역사에서 근대의 싹을 찾아내고자 했던 6~70년대 한국학 연구의 시대적 흐름을 충족시키는 데는 매우 효과적인 방법이었다고 평가할 수 있다.

최한기와 그의 저술에 관한 간단한 소개는 이돈녕에 의해서도 이루어졌다. 그는 『창작과 비평』의 1969년 가을·겨울호에 '실학의 고전' 시리즈의 일환으로 수록된 「혜강 최한기」에서 최한기의 저술과 철학을 소개하고 최한기 저술의 일부를 뽑아 번역하였다.[162] 이 글에서 그는 본체론과 인식론 같은 순수철학이론에서부터 사회정치사상에 이르기까지 최한기의 사상을 정리하였다. 예를 들어 최한기를 "당시대의 대변적인 학풍이었던 실학에 적극 호응하였고, 새로운 역사의식의 발현자였던 중인 계층의 의식 대변자"로 규정하기도 했고, 도시시민학자로 파악하기도 하였다. 최한기의 철학에 대해서는 "전래의 유기론적 계보를 그의 철학적 전통으로 제휴하고 당시의 현상적인 사조를 정리 수용하려는 신시대정신의 학풍을 구현하길 바랐다"고 하였다. 그 주장이 다소

---

162) 『창작과비평』 4-3(통권 15호), 1969년 가을·겨울(창작과비평사). 이 번역은 『신기통』·『추측록』·『인정』·『강관론』의 핵심 내용의 일부를 번역한 것으로 20쪽이 채 안 되는 적은 분량이지만 최한기 저술의 최초 번역이라는 의미가 있다. 한편 이 글은 1973년에 역사학회의 이름으로 간행된 『실학연구입문』(일조각, 1973)에 수정과 보완을 거쳐 「최한기의 「명남루집」」이라는 제목으로 다시 수록되었다.

거칠고 선언적이기는 하지만 발표된 잡지의 대중성을 감안하면 당시 최한기의 철학을 널리 알리는 데 일조했을 것으로 생각된다.163)

박종홍과 더불어 최한기 연구를 선도한 학자는 이우성이다. 최한기 저술의 간행과 그의 가계 및 생애를 밝히는 데 큰 성과를 거둔 이우성은 이를 기반으로 그의 사상사적 위치를 밝히려는 시도를 하였다. 그는 「최한기」(1970)라는 짤막한 글에서 최한기의 역사관을 진보주의로 규정하고, 이에 기초해서 최한기가 선행 실학파 학자들이 아직 지니고 있었던 상고적 의식의 잔재를 완전히 청산해 버렸다고 이해하였다. 더 구체적으로는 최한기가 국가 사이의 봉쇄적이고 고립적인 태도를 지양하고 널리 문호를 열어 문화 교류를 활발하게 해야 한다고 주장한 것, 농민·수공업자·상인의 경제적 형편의 개선과 아울러 신분적 제약을 철폐할 것을 여러 차례 언급한 것 등을 근거로 최한기의 이론과 학문을 '진보적 도시평민층의 이익을 옹호'하는 것이자 '시민적 입장에 한 걸음 더 나아간 실학'으로 파악하였다. 실학사상을 계승하면서도 그것에 머물지 않고 개화사상으로 인식의 지평을 진전시켜 나갔다는 의미이다. 이에 대해 그는 "'실학사상과 개화사상의 가교자', 이것이 최한기의 사상사적 위치"라고 정리하였다.164)

이우성은 1975년에 「최한기」(1970)를 보완하여 『실학논총』에 「혜강

---

163) 이돈녕, 「혜강 최한기」, 『창작과비평』 4-3, 743~745쪽. 박종홍도 『창작과비평』 5-1 (통권 16호) 1970년 봄호에 '실학의 고전' 9로 「최한기」를 발표했는데, 이는 이전의 논문 「최한기의 경험주의」를 대중적인 언어로 풀어쓴 것이다.

164) "다산을 마지막으로 한 선행 실학자들의 사상을 계승하면서 그것을 더욱 전진적으로 전개시켜 다음에 올 개화사상에 연결시키는 교량적 역할을 수행했던 것이다. '실학사상과 개화사상의 가교자', 이것이 혜강의 사상사적 위치인 것이다." 이우성, 「최한기」, 『한국근대인물백인선』, 14쪽.

최한기』를 수록하였다. 이 글에서 그는 '실학사상과 개화사상의 가교자'라는 최한기의 사상사적 위치를 거듭 확인하면서도, 그 위치를 실학의 맥락에서 좀 더 구체적으로 진전시켰다. "최한기는 우리나라 선현들의 기철학氣哲學을 계승하여 고도로 발전시킨 동시에 실학파 학자들이 도입해 놓은 서양의 과학 지식을 극대화시켰다"고 전제하고, "종래의 실학이 유교경전의 연역을 바탕으로 한 '경학의 실학'이었음에 대하여 혜강의 실학은 '역산물리'에 바탕을 둔 '과학의 실학'이라고 하겠다"라면서 최한기의 사상을 실학사상의 큰 전회라고 평가한 것이 그것이다.[165] 최한기의 학문은 과학의 '실학'이라는 점에서 실학이긴 하지만 동시에 '과학'의 실학이라는 점에서 '경학'의 실학을 넘어서고 있으며, 그 넘어섬이 곧 개화사상으로 이어지게 된다는 뜻으로 이해된다.

'실학사상과 개화사상의 가교자'라는 이우성의 규정은 다소 선언적이긴 하지만 박종홍의 '경험주의 인식론'이라는 규정과 더불어 오랫동안 최한기의 철학과 사상을 이해하는 중요한 잣대 역할을 하였다. 철학자 박종홍이 최한기의 철학이 지닌 경험주의적 성격에 주목하여 그것과 서양의 근대 인식론과의 연계성에 초점을 맞추었다면, 역사학자 이우성은 최한기의 가계와 생애를 밝히는 데 힘을 기울임과 동시에 조선 후기의 사상사적 맥락에서 최한기의 사상을 이해하려 했다는 특징이 있다. 이러한 차이에도 불구하고 두 학자의 공통점은 최한기의 철학과 사상에서 발견되는 근대적인 특성을 추출해 내고, 그 특성을 기반으로 최한기를 이해했다는 점이다.

---

165) 이우성, 「혜강 최한기」, 『이을호박사정년기념 실학논총』(전남대학교 호남문화연구소, 1975).

이 이외에도 70년대에 나온 연구로는 최민홍의 「최한기 경험론」(1976), 박성래의 「한국 근세의 서구과학 수용」(1978), 이원순의 「혜강 최한기의 교육관 서설」(1979), 윤사순의 「기측체의 해제」(1979)가 있다. 이 가운데 최민홍의 글은 박종홍 연구를 이어 최한기 인식론의 경험론적 성격을 조망한 것이며,166) 이원순의 연구는 최한기의 연구가 교육 분야로 확대되었다는 의미가 있다. 박성래의 글은 최한기의 과학사상에 대한 연구의 시작으로서 그 이후 활발하게 전개된, 최한기의 과학사상 연구의 길잡이가 되었다. 그는 이 글에서 최한기의 사상을 "개항 이전에 도달한 사상으로서의 동도서기론"으로 규정하기도 하였다.167)

윤사순은 이미 조선 성리학의 특성과 실학의 철학적 성격을 광범위하게 연구한 바 있으며, 그 연구들을 토대로 최한기 학문의 철학적 특징을 밝히려는 시도를 하였다. 연구 결과 그는 최한기의 학문이 유학을 토대로 하면서도 성리학과 달리 명칭·명분·형식보다는 내용·실질·실제를 중시하고 더 나아가 사무를 중시한 실학이라고 파악하고, 그 고유한 특징으로 진보관,168) 진보관을 바탕으로 한 위민·민본설, 기일원론, 운화의 철학 등을 꼽았다.169) 이로써 최한기 학문의 실학적 성격은 물론 최한기 실학의 고유한 특징이 분명해졌으며, 결과적으로 최한기의

---

166) 최민홍, 「최한기 경험론」, 『한국철학연구』 6(1976).
167) 박성래, 「한국 근세의 서구과학 수용」, 『동방학지』 20(1978).
168) 그는 최한기의 진보관에 대해 "도의의 문제라면 진보를 말하기 어려울지 모르지만 역산·물리와 같은 器世界의 이법문제라면 시대에 따라 진보하는 것이 엄연한 사실이라는 뜻이다. 이로써 그의 실용에 입각한 前進的 문호 개방론의 이면에 진보관이 깃들어 있음을 알 수 있다"고 하였다. 윤사순, 「해제」, 『국역 기측체의』 1(민족문화추진회, 1979), 13쪽.
169) 윤사순, 「해제」, 『국역 기측체의』 1, 6~18쪽.

철학과 학문이 명확하게 조선 후기의 실학사적 맥락에 자리매김되는 성과를 거두었다.

윤사순의 연구에서 특히 주목되는 것은 "혜강(최한기)이 도대체 『기측체의』를 통하여, 인식론적 성향이 짙은 통과 추측 등의 용어를 그의 철학의 중심 개념으로 사용하는 까닭은 무엇일까?"라는 질문이다.[170] 최한기가 경험주의로 평가되는 통과 추측의 이론을 제기하여 얻고자 했던 효과가 무엇인지를 질문했던 것이다. 이에 대해 그는 최한기의 철학을 운동과 변화를 뜻하는 운화의 철학으로 규정하고, 그 철학의 궁극적 목표가 "인류사회의 역사적 운행(統民運化)이 우주자연의 운동변화(大氣運化)에 조화"되는 것에 있다고 파악하였다. 결국 운화의 철학에서 "인간은 대기운화의 원리 또는 법칙을 깨닫지 않으면 안" 되므로 통과 추측의 이론이 필요했다는 것이 그의 결론이다.[171] 윤사순은 최한기의 인식론을 향해 '도대체 왜?'라는 질문을 던짐으로써, 다시 말해 최한기 인식론의 내용을 넘어 그 인식론의 '의미'를 물음으로써 최한기 철학 연구에서 해결해야 할 근본적인 화두를 남긴 것이다.

2) 1980 · 90년대 연구

80년대는 최한기에 관한 석사학위 논문이 양산되기 시작한 시대이다. 최도완의 「혜강 최한기의 교육사상 연구」(1982)를 필두로 손병욱의 「혜강 최한기의 기철학에 관한 연구」(1983) 등 82년부터 86년까지 매년

---

170) 윤사순, 「해제」, 『국역 기측체의』 1, 22쪽.
171) 윤사순, 「해제」, 『국역 기측체의』 1, 22~23쪽.

한두 편씩 나오다 87년에 4편, 88년에 1편, 89년에 4편, 그래서 80년대에 모두 17편의 논문이 나왔다. 90년대에는 더욱 가속화되어 32편의 석사학위 논문이 나온 것으로 파악되고 있다. 80년대 중반부터 최한기 붐이라고 할 수 있을 정도로 많은 석사학위 논문이 쏟아져 나왔음을 알 수 있다.

이렇게 80년대 들어 최한기의 연구가 많아진 것은 한국철학을 전공하는 대학원 학생 수가 많이 늘어났고, 그때까지만 해도 그에 대한 연구가 미개척지로 남아 있었다는 것이 그 요인이 될 것이다. 그러나 80년대에 젊은 지식인들이 지녔던 사회변혁의식을 빼놓고는 최한기 연구를 촉진시킨 결정적인 요인을 논할 수 없을 것이다. 게다가 최한기의 주요 저술이 번역됨으로써 최한기의 원전에 쉽게 접근할 수 있는 길이 열렸다는 것도 언급하지 않을 수 없다.[172] 민족문화추진회에서 1979년에 출판한 『국역 기측체의』[173]와 그 이듬해에 출판한 『국역 인정』은 최한기가 개발한 독특한 용어는 물론 서양 과학과 관련된 전문적인 개념을 잘 소화해 낸 역작으로 그 이후 최한기의 사상과 학문에 대한 연구가 활성화되는 데 크게 기여하였다.[174]

---

172) 『국역 기측체의』 1~2(민족문화추진회, 1979).

173) 『국역 인정』 1~5(민족문화추진회, 1980).

174) 그 이후 1992년에 손병욱이 최한기의 주저 가운데 하나인 『기학』(여강출판사, 1992; 이후 2004년에 개정판이 통나무에서 출판됨)을 번역하고 2014년에 이종란이 『기학』의 자매편이라고 할 수 있는 『운화측험』(한길사, 2014)을 번역함으로써 역시 최한기의 사상과 학문을 연구하는 데 큰 도움을 주고 있다. 한편 2008년에는 『신기천험』이 안상우·권오민·윤석희·황재운·노성완에 의해서 번역되어 그의 의학 사상에 대한 면밀한 접근이 가능하게 되었다. 『국역 신기천험』(안상우·권오민·윤석희·황재운·노성완 옮김, 한국한의학연구원, 2008). 이 책은 한국한의학연구원(http://kiom.re.kr/)에서 구축한 한의학고전DB(https://mediclassics.kr/)에서 이용할 수 있다.

80년대부터 최한기에 대한 연구를 지속적으로 해 온 중견 학자로는 금장태를 들 수 있다. 그는 「인정 해제」(1980) 등 여러 편의 논문을 통해 최한기 학문의 철학적 내용을 천착하여, 그것이 지닌 시대적 한계에 유의하면서도 근대적인 성격을 추출하는 데 힘을 기울였다. 먼저 「인정 해제」에서 『인정』의 체계와 내용을 상세하게 분석하고 최한기의 철학을 인도철학人道哲學이라는 관점에서 이해했으며,175) 「혜강 최한기 철학의 근대적 성격」(1985)에서는 최한기 철학이 지닌 근대적 성격으로 '탈경학적 · 비신비적 · 과학적 합리성의 추구'를 꼽았다.176) 또 「기철학의 전통과 최한기의 철학적 특성」(1989)에서는 서경덕 · 임성주 · 방이지 · 대진 등 유학적 전통 속에서 발견되는 기철학과의 비교를 통해 최한기 기철학의 특성을 드러내는 시도를 하였다.177)

최한기에 관한 연구는 90년대 들어 양과 질에서 비약적인 성장을 하였다. 최한기를 전공하는 소장 학자들이 대거 등장함으로써 최한기 연구에 한 단계 진전을 이룰 수 있었다. 90년대 들어 특히 주목되는 것은 최한기를 연구 대상으로 한 박사학위 논문이 여러 편 발표되었다는 점이다. 박사학위 논문은 이미 80년대에 정화영의 「최한기의 실학적 교

---

175) 이와 관련해 그는 "『인정』은 사회 · 우주 · 역사를 포괄하고 하늘과 인간을 일괄시키면서 인간의 정치적 질서와 도덕적 완성을 성취할 수 있는 원리를 모색하고 정립시키는 전체적 통일의 체계로서 제시하고 있음을 알 수 있다"면서, "이것은 최한기 철학을 구현하는 체계이며, 이 체계를 꿰뚫고 있는 이념은 한마디로 '인도'라고 지적할 수 있을 것이다"라고 하였다. 금장태, 「해제—최한기의 「인정」과 인도철학—」, 『국역 인정』 1(민족문화추진회, 1980), 11쪽.
176) 금장태, 「혜강 최한기 철학의 근대적 성격」, 『제3회 국제학술회의논문집』(한국정신문화연구원, 1985).
177) 금장태, 「기철학의 전통과 최한기의 철학적 특성」, 『동양학』 19(단국대학교 동양학연구소, 1989).

육사상 연구」(1986)와 유영만의 「최한기의 사회개혁사상과 복지사상에 관한 연구」(1987)가 나왔는데, 90년대 들어서 황경숙의 「혜강 최한기의 사회사상 연구」(1992)를 필두로 이현구·권오영·손병욱·신원봉·허남진·김용헌·이종란·조동섭·김병규·이주석의 논문이 잇달아 쏟아졌다. 이렇게 최한기를 연구한 박사학위 논문이 양산되었다는 것은 곧 최한기의 전문 연구가들이 대거 등장한 것은 물론 연구 주제와 분야도 다양해졌다는 것을 뜻한다.

최한기의 사회사상에 대한 연구 역시 활발하게 이루어졌는데, 신해순[178]·황경숙·정구선[179]·김병규[180] 등의 연구가 그것이다. 이들의 연구는 내적인 편차가 있긴 하지만, 최한기를 사민평등론을 주장한 근대 지향적인 사상가이면서도 축첩제와 노비제 등을 인정함으로써 전근대적인 한계를 지닌 사상가로 파악했다는 점에서는 대체로 일치한다. 이 시기 최한기의 사회사상에 대한 연구는 근대주의적 관점이 매우 뚜렷한 분야 가운데 하나였다. 그 가운데 신해순의 「최한기의 사민평등사상연구」(1989)는 최한기의 사회사상에 대한 본격적인 연구의 효시라는 점에서 의미가 있다.[181] 이 논문은 최한기의 신분사상을 근대주의적인 관점에서 접근한 논문이다. 신해순은 이 논문에서 최한기의 사민평등

---

178) 신해순, 「최한기의 사민평등사상」, 『국사관논총』 7(국사편찬위원회, 1989); 신해순, 「최한기의 상업관」, 『대동문화연구』 27(대동문화연구원, 1992).
179) 정구선, 「최한기의 관리등용제도 개혁안—천거제론을 중심으로—」, 『동국사학』 27(동국역사문화연구소, 1993).
180) 김병규, 「혜강 최한기의 사회경장관」, 『동서사학』(한국동서사학회, 1996); 김병규, 「혜강 최한기의 사회사상」, 『동양철학연구』 18(동양철학연구회, 1998).
181) 신해순은 이 논문에서 최한기의 사민평등사상에 대해 노비와 축첩제를 인정하는 등 일정한 한계가 있으나 중세적 불평등사회를 지양하고 근대적 평등사회를 지향하려는 진보적인 성향을 가진 사상으로 파악하였다.

사상에 대해 노비와 축첩제를 인정하는 등 일정한 한계가 있으나 중세적 불평등사회를 지양하고 근대적 평등사회를 지향하려는 진보적인 성향을 가진 사상으로 파악하였다.

황경숙은 그의 학위논문의 연장선상에서 최한기의 사회사상에 초점을 맞춘 연구 논문을 여러 편 발표하였다. 특히 「혜강 최한기 사상의 근대적 성격」(1995)은 최한기 사상의 근대적인 성격을 추출해 낸 논문이라는 점에서 근대주의적인 관점의 전형이라고 할 만하다. 황경숙은 근대의 특성으로 "봉건적인 구습을 탈피하려는 인간적인 자아 각성, 진보적인 사회의식, 개방성"을 들고, 최한기의 학문관·인간관·상업관·정치관에 나타난 근대적인 성격을 두루 조망하였다.[182] 근대 비판적 관점에서 보자면 이 논문은 문제설정 자체가 잘못되었다는 비판을 받을 수 있지만, 근대주의를 넘어서기 위해서도 근대적인 성격은 어떤 형태로든 정리될 필요가 있다는 점에서 의미가 있다.

최한기의 가계와 사우 관계를 밝히는 데 두드러진 성과를 거둔 권오영은 그 외에도 사회정치사상(「최한기의 정치관」[1990]), 과학사상(「최한기의 기설과 우주관」[1991]) 등 다방면에서 많은 논문을 발표하였다. 그의 연구는 최한기의 저술에 대한 분석에만 그치지 않고 최한기와 관련된 자료들을 발굴하고 분석하는 데 집중력을 발휘하였다. 예를 들어 「최한기의 서구제도에 대한 인식」(1991)은 최한기의 『지구전요』를 상세하게 분석하여 그가 서구의 지리와 제도에 대해 어디까지 인식하고 있는가를 추적한 논문이다. 이 논문에서 그는 최한기가 주로 『해국도지』와 『영환지략』에

---

182) 황경숙, 「혜강 최한기 사상의 근대적 성격」, 『한국사회사학회논문집』 47(한국사회사학회, 1995).

의거해서 서구의 정치제도, 경제제도와 무역 활동, 형정제도, 교육제도, 군사제도를 상세하게 파악하여 이를 『지구전요』에 수용했다는 것을 밝히고, 최한기가 "세계의 보편성과 특수성을 모두 수용하는 태도를 가지고 있었다"고 이해하였다. 이를 기초로 그는 최한기가 "서양인을 배척의 대상인 오랑캐가 아니라 우리와 똑같은 사람으로서 우리가 알아야 하고 소통해야 할 대상으로 파악"했다고 결론지었다.[183]

신원봉은 「최한기의 기학 연구—사상형성과정을 중심으로—」(1989)[184]에서 서학과 유학의 결합을 통해 기학이라는 최한기 특유의 철학이 형성된 것으로 파악하였다. 이에 대해 그는 "최한기의 사상 형성 과정이 유학을 바탕으로 하여 서학의 두 측면 중 종교적 측면을 배척하고 과학적 측면을 수용하는 과정에서 그 개략적 틀이 형성되어 점차 기학으로 체계화되어 갔음을 밝힌" 것이라고 정리하였다. 그의 학위논문인 「혜강의 기화적 세계관과 그 윤리적 함의」(1993)는 "최한기의 사상이 동서융합의 과정에서 체계화되었다는 관점 하에 주로 사상사적 방법으로써 그의 세계관과 윤리관에 나타난 사유 방식의 전환을 밝히고자" 한 논문이다. 이 논문에서 그는 기화적 세계관에 나타난 사유 방식의 전환에 대해 '추상적 세계로부터 구체적 세계로의 전환', '주관적 세계로부터 객관적의 세계로 전환', '정체적 세계로부터 발전적 세계로의 전환'으로 정리하였다.[185]

183) 권오영, 「최한기의 서구 제도에 대한 인식」, 『한국학보』 62(일지사, 1991).
184) 신원봉, 「최한기의 기학 연구—사상형성과정을 중심으로—」, 『논문집』 4(한국정신문화연구원 한국학대학원, 1989).
185) 신원봉, 「혜강의 기화적 세계관과 그 윤리적 함의」(한국정신문화연구원 박사학위논문, 1993).

허남진은 「혜강 과학사상의 철학적 기초—기학과 학의 의미를 중심으로—」(1991)에서 최한기 학문관의 특징과 그의 사상의 바탕이 되는 기氣 개념의 특징을 분석하였다. 이 논문에서 두드러진 특징은 최한기의 기철학을 "개항 이전에 도달한 동도서기사상의 철학적 모태"라는 것을 인정하면서도 동도보다는 서기에 더 무게를 두고 최한기의 사상을 이해했다는 점이다. 이러한 이해는 최한기의 기 개념에 대한 분석에 근거한 것인데, 예를 들어 최한기가 전통적인 기 개념에 수를 연결시켜 과학적 지식과 조화될 수 있는 길을 모색했다는 것과 같은 것이다. "최한기의 기철학은, 가치론 중심이며 직관적인 방법에 의존하는 성리학적 사고에서 탈피하여 근대적인 사유방식으로 나아가는 과정에서 체계화된 의미 있는 사상체계"라고 한 언급에서도 서기를 중심으로 최한기의 사상을 이해하려는 태도가 잘 드러난다.[186] 그는 이러한 연구 등을 기초로 학위 논문인 「조선후기 기철학 연구」(1994)에서 임성주·홍대용·최한기의 철학을 비교 검토하고 조선 후기에 등장한 일련의 기철학을 성리학적 세계관에서 벗어난 새로운 세계관의 정립을 위한 일단의 과정으로 파악하기도 하였다.[187]

이현구는 최한기의 과학사상에 깊은 관심을 가지고 연구함으로써 최한기의 과학사상의 전모를 드러내는 데 기여하였다. 그는 학위논문인 「최한기 기학의 성립과 체계에 관한 연구」(1993)에서 한역 서학서에 들어 있는 서양 과학이 최한기의 학문에 어떻게 침투해 들어갔고 변용

---

186) 허남진, 「혜강 과학사상의 철학적 기초—기학과 학의 의미를 중심으로—」, 『과학과 철학』 2(통나무, 1991).
187) 허남진, 「조선후기 기철학 연구」(서울대학교대학원 박사학위논문, 1994).

되었는지를 분석하였다. 특히 최한기의 『신기천험』과 흡슨의 『전체신론』에 대한 비교 분석은 그 치밀함이 돋보이는데, 그는 이러한 분석을 통해 『성기운화』나 『신기천험』 등이 한역서학서의 내용을 수용한 것이긴 하지만 그 수용에는 나름대로 일관된 편집 원칙이 있었다는 것을 밝혔다. 창조주에 의한 설명과 같이 기독교 신학의 세계관과 관련된 내용을 삭제하지 않으면 자신의 철학인 기학의 입장에서 바꿔 소개했다는 것이 그것이다. 이와 같은 실증적인 연구를 바탕으로 그는 "(최한기의) 기학은 유학의 덕치주의 전통과 실학의 경세론을 계승하면서 과학기술을 이 체계에 융합시키려는 이론적 작업이었다"고 결론짓고, 최한기의 철학체계 형성에 크게 작용한 연원으로 실학의 전통, 기철학의 전통, 서양 근대과학의 영향을 들었다.[188]

손병욱은 80년대 중반에 「혜강 최한기에 있어서의 인식의 문제」(1984)를 발표한 이래로 주로 최한기 철학의 구조와 기학적 특성에 대한 연구를 해 왔다. 그는 1992년에 최한기의 난해한 저서 가운데 하나인 『기학』을 번역했으며, 이를 기초로 「혜강 최한기 철학의 기학적 해명」(1993)을 발표하여 최한기 기학의 이론적 구조를 밝히는 데 일정한 성과를 냈다.[189] 그는 또 「혜강 최한기 기학의 철학적 구조」(1998)에서 기학이 유기체적 자연관에 입각한 구조, 탈주자학적인 구조, 그리고 천인일치적 깨달음을 추구하는 구조로 되어 있다고 파악하였다.[190]

김용헌은 실학의 발전사라는 맥락에서 최한기의 철학을 파악하려는

---

188) 이현구, 「최한기 기학의 성립과 체계에 관한 연구」(성균관대학교 박사학위논문, 1993).
189) 손병욱, 「혜강 최한기 철학의 기학적 해명」, 『유교사상연구』 6(1993).
190) 손병욱, 「혜강 최한기 기학의 철학적 구조」, 『동양철학연구』 18(1998).

시도를 하였다. 그는 1987년에 쓴 석사학위 논문에서 주자학의 인식방법론을 심학적 방법론으로 파악하고, 최한기의 방법론을 심학적 방법론과 대비되는 실학적 방법론으로 규정하였다. 최한기가 인식대상을 마음 내지 마음의 리가 아니라 마음 바깥에 실재하는 객관세계로 상정하고, 그 객관세계를 인식하는 방법론으로 추측론을 제시했다는 것이 그 요점이다.[191] 그는 또 「최한기의 서양과학 수용과 철학 형성」(1995)에서 김석문·이익·홍대용·정약용·최한기의 서양 과학기술의 수용 양상을 검토하고, 최한기에 이르러 자연과학적 지식 내지 자연과학적 탐구 방법을 밑받침하는 철학 이론이 마련되었다고 결론지었다. 실학은 최한기에 이르러 비로소 실학의 문제의식에 걸맞은 철학체계, 즉 존재론과 인식론을 토대로 한 이론체계를 갖추게 되었다는 뜻이다.[192]

한편 기존 연구의 한계를 의식하고 최한기의 철학을 새로운 관점으로 보려는 연구들이 속속 출현하였다. 김용옥은 『독기학설讀氣學說』(1990)에서 최한기의 사상적 맥락을 '실학'이라는 틀로 파악해 왔던 기존 연구들을 비판하고, 실학을 역사적 실체가 아니라 후대에 조작된 픽션이라고 규정하였다. 한마디로 "실학이라는 실체를 존재론적으로 설정하여 조선사상사의 방대한 조류를 묶어 놓고 그 묶음 안에 들어오는 모든 사람과 사상의 상호관계를 실학이라는 개념의 매개를 통하여 동질적으로 운운하는 방식"은 타당하지 않다는 것이다. 그 대신에 그는 '실학의 실성實性의 세 모우멘트의 반전'이라는 보편사론적 입론을 제시한 후,

---

191) 김용헌, 「최한기의 철학사상에 관한 연구—실학적 방법론을 중심으로—」(고려대학교대학원 석사학위논문, 1987).
192) 김용헌, 「최한기의 서양과학 수용과 철학 형성」(고려대학교대학원 박사학위논문, 1995).

제1장 최한기의 삶과 그의 시대 79

이에 근거하여 최한기의 사상을 '경학으로부터의 근원적 탈피를 표방하는 제3의 반전'에 귀속시키고 그 반전의 핵심을 '윤리에서 물리로의 전회'로 파악하였다.[193] 그의 연구는 논란의 여지에도 불구하고 실학에 경도된 최한기 연구, 더 나아가 조선 후기 사상사 연구에 재검토를 촉구한 글로서 연구사적 의미가 크다.

이종란이 1994년에 발표한 「최한기의 인식이론의 성격」은 최한기 인식론을 경험주의로 이해했던 기존의 연구들을 염두에 둔 논문이다. 이종란은 "최한기의 인식이론을 경험론으로 단정할 경우에 경험은 곧 일반 인식이 되는데, 그것으로 어떻게 초감각적인 사물의 법칙이나 속성 등의 보편성을 발견할 수 있을지 의문이 된다"고 전제하고, 그의 인식론을 경험론으로 규정하는 것은 적절하지 않다고 비판하였다.[194] 오히려 최한기 인식방법이 근대 과학적인 입장에 상당히 접근해 있다는 것이 이종란의 주장이다. 하지만 박종홍을 비롯해 최한기의 인식론을 경험론으로 이해한 연구자들은 대부분 최한기의 인식론 체계에서 경험을 인식 일반이 아니라 인식의 출발로 보았을 뿐이라는 반론이 있을 수 있다. 그럼에도 불구하고 이 논문은 경험주의라는 규정에 압도되어 최한기 연구에서 경험주의로 환원될 수 없는 다양한 요소들이 배제되는 문제를 해결하려는 비판 의식을 읽을 수 있다는 점에서 의미가 있다.

최영진은 「최한기 이기론에 있어서의 리의 위상」(1995)에서 최한기 철학에서 차지하는 리理의 위상을 재검토한 후 "최한기에 있어서 리의 실재성이 부정될 수 없다는 결론에 도달하였다"고 하여, 최한기의 존재

---

193) 김용옥, 『독기학설』(통나무, 1990).
194) 이종란, 「최한기의 인식이론의 성격」, 『동서철학연구』 11(동서철학회, 1994).

론을 주기론, 유기론, 기일원론 등으로 파악한 기존 연구들과 완전히 배치되는 주장을 펼쳤다. 다만 그 역시 "최한기에 있어서 '근거로서의 리', 즉 '리선기후'적 위상이 부정된 것은 분명하다"고 하여, 최한기의 리가 주희의 리와 다르다는 것을 인정하였다. 그럼에도 그의 결론은 "존재의 운동법칙·인식의 원리 및 가치의 기준·규범원리로서의 리는 그의 사상체계를 구성하는 주요 개념으로 위치 지워져 있다"는 것이었다. 결과적으로 이 논문은 최한기의 철학에 대한 기(氣) 편향적 인식에 제동을 걸고 그의 철학에서 리를 재검토해야 할 필요성을 환기시켰다는 의미가 있다.

이상에서 보듯이 90년대 연구의 특징은 최한기로 박사학위를 받은 본격적인 의미의 최한기 전문가들이 등장했다는 것이다. 그 결과 최한기의 우주관·의학·수학·지리학 등 다양한 분야에서 전문적인 연구가 이루어질 수 있었다.[195] 『과학 사상』 1999년 가을호(제30호)에 「최한기의 과학 읽기」라는 제목의 최한기 특집이 꾸며진 것은 최한기의 과학사상 연구가 일정한 궤도에 올랐다는 것을 말해 준다.[196] 이들 연구자들은 최한기의 저술뿐만 아니라 그것의 원천이 된 한역서학서까지 분석함으로써 최한기의 사상을 동서문명의 교류라는 거시적인 안목으로 바라볼 수 있었다. 또한 최한기를 고립적으로 다루기보다는 사상사적 맥락에

---

195) 허남진의 「혜강 과학사상의 철학적 기초」(1991), 권오영의 「최한기의 기설과 우주관」(1991), 여인석과 노재훈의 「최한기의 의학사상」(1993), 양보경의 「최한기의 지리사상」(1996), 최원석의 「최한기의 기학적 지리관」(1996), 김용헌의 「최한기의 서양우주설 수용과 기학적 변용」(1996) 등이 있다.
196) 여기에는 이현구의 「최한기의 기학과 근대과학」, 박권수의 「최한기의 천문학 저술과 기륜설」, 신동원의 「최한기의 농학」 등 최한기의 과학기술 관련 논문 7편이 수록되었다. 그때까지 연구된 최한기의 과학 사상을 망라한 것으로 평가할 수 있다.

서 최한기를 이해하려는 시도가 다양하게 등장하였다. 전통적인 기철학과 비교하여 최한기를 기철학의 발전선상에서 파악하거나 다른 실학자들과 비교함으로써 최한기를 실학의 발전선상에서 파악한 것이 그것이다. 주자학과의 비교를 통해 최한기의 사상을 사유체계나 세계관의 패러다임적 전환으로 이해하는 것 역시 사상사적 이해 방식이다. 이러한 연구 방식은 특정한 문제의식에 의거하여 최한기의 학문을 분석해나갔다는 점에서 최한기 연구 수준을 한층 진전시켰다고 평가할 수 있다. 게다가 최한기의 학문에 대한 기존의 주된 연구 경향, 즉 경험주의·기일원론·실학 등의 코드로 최한기를 이해한 기존 연구를 비판적으로 검토한 논문들이 나왔다는 것 역시 최한기를 이해하는 데 다양한 관점을 제공했다는 측면에서 그 의미가 작지 않다.

제2장 실증과 실용의 실학적 학문관

1. 최한기 학문의 일반적 성격

최한기의 저술 가운데 현재 그 제목이 확인되는 것은 약 30여 종이
다.[1] 그중에서 특히 『기측체의』는 그가 젊은 시절에 지녔던 탈주자학적
문제의식을 도전적으로 담아낸 역작이다. 최한기는 34세 되던 해인
1836년 2월과 8월에 『추측록』(6권 3책)과 『신기통』(3권 2책)을 각각 탈고한
후, 그해 10월에 이 두 책을 합쳐 『기측체의』라는 제목을 붙였다.[2] 어떤
사상가이든 초기 저술에는 보통 그의 원초적인 문제의식이 담겨 있기
마련인데, 『기측체의』 역시 기氣의 존재론과 경험주의 인식론으로 대표
되는 최한기 철학의 핵심 내용이 분명하고 체계적으로 기술되었다는
점에서 그의 대표 저술이라고 할 만하다. 게다가 훗날 중국 북경의 인
화당人和堂에서 간행했을 만큼 이 책은 최한기 자신에게도 의미가 남다
른 저작이었다고 생각된다.[3] 『기측체의』의 서문이 최한기 철학의 기본

---

1) 최한기의 저술 목록은 권오영, 「새로 발굴된 자료를 통해 본 혜강의 기학」, 『혜강
   최한기』(청계, 2000), 50~56쪽에 정리되어 있다.
2) 『기측체의』에서 氣는 神氣를, 測은 推測을 뜻하므로, 『기측체의』는 "신기와 추측에
   대한 올바른 이해" 정도의 의미이다.
3) 권오영은 『기측체의』가 북경에서 간행된 때를 1836년이 아니라 『기학』(1857)과 『인
   정』(1859~1860)이 완성되기 전인 1850년대 중반 이전으로 추정하였다.(권오영, 「새
   로 발굴된 자료를 통해 본 혜강의 기학」, 『혜강 최한기』, 66~72쪽) 이 책이 1836년
   에 일단 완성된 후 간행되기까지 대략 20여 년의 간극이 있는 셈이다. 게다가 현존

방향을 읽는 데 중요한 자료가 되는 것은 이러한 이유에서이다.

최한기는 그 서문에서 주공과 공자가 시대를 초월해 인류의 영원한 스승일 수 있는 까닭을 다음과 같이 밝혔다.

> 주공과 공자가 백세의 스승이 되는 까닭은 주공과 공자의 높은 이름 때문도 아니고 그들의 얼굴과 기풍 때문도 아니다. 하물며 그들의 거처·동작·의복·궁실, 그리고 그들이 살았던 시대 때문이겠는가? 그것은 오로지 입강立綱·명륜明倫·수신·치국의 도에 대하여 옛날과 현재를 참작하고 내용과 형식을 덜고 보태어 그 도를 밝히고 그 올바름을 실천함으로써 후세 사람들에게 하늘과 사람이 늘 실행하는 올바른 도리를 준수할 것을 가르쳤기 때문이니, 이것이야말로 그들이 백세의 스승이 되는 까닭이다.[4]

여기에서 두 가지 사실을 확인할 수 있다. 첫째, 최한기는 주공과 공자를 인류의 영원한 스승으로 인정하였다. 최한기가 주공과 공자의 도를 누구나 배우고 실천해야 한다고 여긴 것은 그가 유가의 사상과 학문에서 벗어나려고 적극적으로 의도하지 않았다는 것을 함축한다. 그는 유술儒術이 백성을 이끌고 나라를 운영하는 올바른 방법이라고 여

하는 『기측체의』의 것과 다른 「추측록서」 2편이 새로 발견된 점을 감안하면, 『기측체의』가 1836년에 완성된 후에도 부분적인 수정이 이루어졌을 가능성을 배제할 수 없다. 그럼에도 불구하고 그가 『기학』과 『인정』에서 강조한 활동운화의 개념이 『기측체의』에 명확하게 제시되지 않았다는 점에서 『기측체의』가 『기학』과 『인정』을 집필하기 이전에 최종적으로 완성된 것이 분명하며, 따라서 그의 초기 문제의식을 담고 있는 저작이라는 사실에는 변함이 없다.

4) 『神氣通』, 「氣測體義序」, 1ab, "周公孔子所以爲百世師者, 不在於周公孔子之尊號, 又不在於容儀身彩, 況復在於居處動作衣服宮室及所遇之時乎? 亶在於立綱明倫修身治國之道, 參酌乎古今, 損益乎質文, 明其道, 正其誼, 以詔後世, 遵守天人常行之宜. 此所以爲百世師也."

졌다. 이는 인도人道, 즉 사람이 살아가야 하는 올바른 방식과 관련지어 유학을 이해했다는 것을 의미한다. 그의 주장에 따르면 유술은 인도를 밝히고 인·의를 가르치며 기강을 세우고 충절을 높이는 등의 방법을 통해 백성들을 도덕적인 인간으로 만들고, 더 나아가 백성들을 하나로 이끌 수 있는 유일한 통치 방법이다.5) 모든 관료와 온 백성이 일치 협력하여 올바른 정치를 펴고 좋은 세상을 만들어 가는 데 유술이 없어서는 안 되는 이유가 여기에 있다.6) 다만 "어리석은 유자들과 통속적인 선비들이 과격한 주장을 하고 의리를 엄격하게 적용하는 탓에 도리어 백성을 이끄는 도를 손상시켜 죽은 법으로 만드는"7) 것이 문제일 뿐이다.

둘째, 최한기는 주공과 공자가 제시한 도 자체보다 그들이 그 도를 획득한 방법에 주목하였다. 그는 주공과 공자가 오랜 세월 동안 스승의 지위에 있을 수 있었던 중요한 원인이 고금을 참작하고 내용(文)과 형식(質)을 수정한 것에 있다고 여겼다.8) 주공과 공자가 제시한 도 자체보다 그 도를 획득하고 현실에 맞게 수정한 과정과 방법이 더 중요하다는 뜻이다. 최한기는 주공과 공자의 도를 있는 그대로 답습하기보다는 그 도를 현실에 맞게 고치고 바꾸는 데 관심을 가졌던 셈인데, 이런 측면에

---

5) 『人政』, 권11, 「儒術」, 45b, "儒術乃統民運化之道也. 明人道而講仁義, 立紀綱而尙忠節, 貴廉讓以避爭奪, 賤貪鄙以遠恥辱, 開政敎之導化, 重生靈之褒貶, 百王損益, 統貫沿革, 世或汚隆, 而斯道長存, 統群生歸一統, 非此術, 何以成哉?"

6) 『人政』, 권11, 「儒術」, 45b, "至於百官萬姓, 同寅協恭, 制化政敎, 因治而慮亂, 因亂而圖治, 不可無儒術. 雖古之所無, 宜倡於今, 況自堯舜周孔以來, 統民制治, 皆尊此術乎."

7) 『人政』, 권11, 「儒術」, 46a, "但迂儒俗士, 過激其論, 刻薄其義, 反傷統民之道, 以爲死法, 不達運化之爲活法. 治平世界, 此術在上, 糜爛邦國, 此術在下."

8) 이에 대해 그는 "후세에 주공과 공자를 스승으로 삼는 사람은 당연히 참작하고 수정한 것을 스승으로 삼아야지, 어찌 참작하지 않고 수정하지 않은 것을 스승으로 삼아야겠는가?"라고 하였다. 『神氣通』, 「氣測體義序」, 1b, "後之師周孔者, 惟當師其參酌損益之所在, 豈惟師其所不在也?"

서 그의 학문은 주공과 공자의 도에 대한 맹목적인 추종도 아니며 선진 유학으로의 단순한 회귀도 아니다.

최한기는 주공과 공자의 자취를 고집스레 지키고 개선할 줄 모르는 교조주의적 태도를 다음과 같이 비판하였다.

> 나라의 제도와 풍속은 고금이 다르고 역산曆算과 물리는 후세로 올수록 더 밝아졌으니, 주공과 공자가 통달한 큰 도를 배우는 사람은 장차 주공과 공자가 남긴 자취를 고집스레 지키고 변통하는 것이 없어야 하겠는가? 아니면 주공과 공자가 통달한 것을 본받되 변화하는 것이 있어야 하겠는가?9)

이 인용문에는 기존 학문에 대한 최한기의 불신과 그에 따른 변혁의식이 담겨 있다. 최한기가 주공과 공자의 도를 추구함과 동시에 변화를 강조한 것은 역사의 변화 내지 지식의 진보에 대한 믿음이 있었기 때문이다. 그는 제도나 풍속처럼 인간이 만든 문화는 시간에 따라 변화하기 마련이며 역법의 계산과 사물의 이치처럼 인간이 터득한 자연과학적 지식은 시간이 지날수록 성장한다고 믿었다. 이에 대해 그는 "옛날에 밝혀지지 않았던 것이 혹 지금에 와서 밝혀지기도 하고 옛날에는 합당했던 것이 지금에 와서 어긋나기도 한다"10)고 정리하였다. 물론 문화와 지식이 변화하는 만큼 그 변화에 걸맞게 삶의 방식도 당연히 변화

---

9) 『神氣通』, 「氣測體義序」, 1b, "至於國制風俗, 古今異宜, 歷算物理, 後來益明, 則師周孔之通達大道者, 將膠守周孔之遺蹟, 而無所變通耶, 抑將取法周孔之通達, 而有所沿革耶?"

10) 『神氣通』, 「氣測體義序」, 3a, "古所不明, 或明乎今, 古之攸宜, 或違於今矣. 今之所尙, 或不逮於古, 今之所明, 或出於古人所棄."

해야 한다는 것이 그의 결론이었다. 이는 전통 유학자들이 하늘의 불변성을 근거로 도의 불변성을 당연한 것으로 받아들였던, 자연주의에 기초한 원리주의적 사고방식과 다른 면모이다.[11]

최한기가 지식의 진보를 언급했을 때 염두에 둔 것은 기氣에 대한 지식이다. 그는 이 세상의 모든 존재가 기의 작용으로 생겨나고, 그렇게 생겨난 존재들의 운동과 변화 역시 기의 작용이라고 이해하였다. 따라서 이 세계에서 벌어지는 온갖 현상과 그 법칙을 알기 위해서는 기를 알지 않으면 안 되는데, 주자학을 비롯해 기존의 학문과 철학은 대부분 기를 제대로 알지 못한 탓에 이 세계를 잘못 인식하고 잘못 설명해 왔다고 최한기는 지적하였다. 이를테면 주자학에서는 리理라는 궁극적인 원리로 이 세계를 설명하고 천주교는 신이라는 궁극적인 존재로 이 세계를 설명하지만, 이는 자연현상이 기의 운동과 변화임을 몰랐기 때문에 발생한 잘못이라는 것이다.

동시에 그는 인류가 다양한 경험과 학문적 탐구를 통해 기에 대한 인식이 축적됨에 따라 기의 존재와 그 특성을 점차 명확하게 알게 되었다고 확신하였다. 예를 들자면 대기의 존재로 빛의 굴절 현상을 설명한 것이나 공기를 이용해 증기기관을 만든 것은 기의 존재와 그 특성을 정확하게 파악한 결과물이라는 것이다. 결과적으로 객관 존재의 이치를 탐구하는 사람들에게는 탐구 결과의 옳고 그름을 판정할 준거가 마련됨으로써 옳고 그름을 둘러싼 분란이 종식되었으며, 실천하는 사람들에게는 실천의 도구가 생겨 잘못되는 일이 거의 없어졌다고 그는 여겼

---

11) 『前漢書』, 「董仲舒列傳」, "道之大源, 出於天, 天不變, 道亦不變."

다.[12) 기가 인식의 옳고 그름을 판단하는 준거이며 기를 이용한 기기를 만들어 실천의 도구로 활용할 수 있다는 뜻이다.

최한기가 『기측체의』를 쓴 것도 기에 대한 관심 때문이었다. 그는 "기의 체體를 논하여 『신기통』을 짓고 기의 용用을 밝혀 『추측록』을 지었다"[13)고 밝혔는데, 여기서 기는 신기神氣를 뜻하며 체와 용은 본질과 작용이라는 말로 바꾸어 이해해도 별 무리가 없다. 그러므로『신기통』이 신기의 본질을 논한 글이라면,『추측록』은 신기의 작용을 논한 글인 셈이다. 일단 제목만으로 보자면, 신기는 그 본질이 통通[14)이고 추측推測의 작용을 한다고 추론할 수 있다. 최한기가 이렇게 기에 관심을 가졌던 것은 인간의 삶이 기와 뗄 수 없는 관계를 맺고 있다고 생각했기 때문이다. 이와 관련해 그는 "비록 이 기를 버리려고 해도 버릴 수 없으며 지식을 얻는 것도 이 기를 통하는 데서 나오지 않은 것이 없다"[15)고 하였다. 기는 언제 어디에나 존재하며 그 기를 인식함으로써 지식을 얻는다는 뜻인데, 최한기의 사상체계에서 존재론과 인식론을 관통하는 존재가 바로 기라는 것을 알 수 있다.

기의 본질과 작용을 논한 『기측체의』는 주공·공자의 도와 어떤 관계가 있을까? 최한기는 주공과 공자의 학문을 한마디로 "실리實理, 즉

---

12) 『神氣通』, 「氣測體義序」, 1b~2a, "蓋天地人物之生, 皆由氣之造化, 而後世之閱歷經驗, 漸明乎氣. 究理者有準的, 而熄其紛紜, 修行者有津梁, 而庶無違越."
13) 『神氣通』, 「氣測體義序」, 2a, "論氣之體, 而著神氣通, 明氣之用, 而撰推測錄."
14) '통'의 일차적인 의미는 '막히지 않고 통한다'라고 할 때의 통, 즉 소통의 의미이다. 최한기는 이 세상의 모든 기가 기본적으로 서로 소통한다고 여겼다. 당연히 인간의 기와 사물의 기 사이에도 소통이 이루어지는데, 그는 인간이 대상을 지각하고 인식하는 과정을 인간의 신기와 대상의 신기가 소통하는 과정으로 이해하였다.
15) 『神氣通』, 「氣測體義序」, 2a, "雖欲捨是氣, 而不可得, 拔萃知識, 無非出於通是氣也."

실재하는 리를 좇아 지식을 확충함으로써 나라를 다스리고 천하를 평안하게 하는 데 나아가기를 바라는 것"[16]이라고 규정하였다. 이처럼 주공과 공자가 추구한 학문의 목적을 치국과 평천하에 있다고 파악한 것은 경세의 학문을 지향한 조선 후기 실학자들의 일반적인 학문 경향과 맥락을 같이 한다. 다만 최한기의 경우에 주목되는 것은 치국·평천하의 수단으로써 '실리를 좇아 지식을 확충한다'(從實理而擴其知)는 일종의 지식 획득 방법론을 제시했다는 점이다. 치국·평천하의 전제 조건이 될 만큼 실리實理의 추구와 지식의 확충은 그에게 중요한 의미를 지닌 것이었다.

최한기는 이어서 다음과 같이 말하였다.

기는 실리實理의 근본이고 추측은 지식을 확충하는 요체이다. 이 기에 근거하지 않으면 탐구한 것이 모두 헛되고 괴이한 리이며, 추측에서 나온 것이 아니면 인식한 것이 모두 근거 없고 증험할 수 없는 말일 뿐이다. 그래서 근고近古의 잡학이나 이설은 제거하려 하지 않아도 저절로 제거될 것이다.[17]

실리는 실재하는 리라는 의미로서 헛되고 괴이한 리와 상대되는 말이다. 이 두 리의 구분점은 바로 기에 있다. 최한기에 따르면 이 세상에 실제로 존재하는 것은 기와 그 기로 이루어진 형질이어서 기와 형질 이외에 존재하는 것은 없다.[18] 반면에 리는 기가 지닌 이치·성질·속

---

16) 『神氣通』, 「氣測體義序」, 2b, "周孔之學, 從實理而擴其知, 以冀進乎治平."

17) 『神氣通』, 「氣測體義序」, 2b~3a, "氣爲實理之本, 推測爲擴知之要. 不緣於是氣, 則所究皆虛妄怪誕之理, 不由於推測, 則所知皆無據沒證之言. 近古之雜學異說, 不期祛而自祛."

성·조리이므로 기의 리가 아닌 리는 모두 실제로 존재하는 리가 아니라 잘못 인식하거나 날조한 리일 뿐이다. 최한기에게 있어 기는 객관 존재이며 리는 그 객관 존재의 법칙인 셈이다. 요컨대 논리적으로 기에 앞서 존재하면서 기를 규율하는 근본 원리로서의 리라는 것은 인간이 만들어 낸 허구일 뿐이다. 따라서 기를 버려두고는 실리를 얻을 방법이 없으며, 실리를 얻기 위해서는 기를 탐구해야만 한다. 주공과 공자가 추구했던 실리도 역시 바로 기의 리이다. 이렇게 해서 기는 최한기 인식론의 핵심 개념으로 자리를 잡았는데, 이는 "천지와 인간과 만물의 생성이 모두 기의 조화에서 말미암는다"[19]고 한 최한기 존재론 내지 생성론의 당연한 귀결이다.

최한기는 이와 아울러 지식의 확충 방법으로서 추측을 제시하였다. 지식의 확충은 새로운 지식의 획득을 통해 이루어지므로 추측은 넓은 의미에서 새로운 지식의 획득 방법이라고 할 수 있다. 최한기는 지식의 확충이나 새로운 지식의 획득이 추측을 통해 이루어져야 한다고 역설하였다. 추측에 의거하지 않은 지식은 근거가 없는 것이고 증험할 수 없는 것이라고 생각했기 때문이다. 이 추측론은 최한기 고유의 인식방법론으로서 특히 궁리설窮理說이나 양지설良知說과 같은 전통 유학의 심학적 방법론[20]을 대체하는 대안으로 제시되었다는 점에서 사상사적 의미가 매우 크다.[21]

---

18) 형질도 기로 이루어졌기 때문에 넓은 의미에서 기에 포함된다.
19) 『神氣通』, 「氣測體義序」, 1b~2a, "蓋天地人物之生, 皆由氣之造化."
20) 여기에서 심학은 정주리학과 육왕심학을 가리지 않고 유학 중에서 마음을 위주로 한 학문을 가리키는 개념으로 사용한다.
21) 『推測錄』, 권6, 「窮理不如推測」, 29b, "察窮理之弊, 專主乎我, 大學說格物, 而不言窮理者,

추측은 추推라는 미룸의 단계와 측測이라는 헤아림의 단계로 이루어져 있다. 새로운 지식의 획득은 최종적으로 헤아림, 즉 판단의 형태로 이루어지기 마련인데, 그 판단이 정확한 판단이 되기 위해서는 믿을 만한 판단 근거가 있어야 한다는 것이 추측론의 요점이다.[22] 이미 획득한 확실한 지식에 근거할 때 새로운 지식의 획득이 가능하며, 그래서 필요한 것이 기존의 지식을 모으고 분석하는 과정, 즉 미룸의 과정이다. 결국 최한기의 인식론에서 추측이란 합리적인 추론과 판단이라고 할 수 있다. 여기서 당연히 전제되어야 하는 것이 경험이다. 왜냐하면 지식의 확실성은 감각경험으로부터 출발하기 때문이다. 그의 인식론에서 경험은 한마디로 인식의 기원이자 인식의 확실성을 보증하는 준거이다.[23] 객관 존재에 대한 경험과 이에 기초한 합리적 추론을 통한 참된 인식이라는 최한기 인식론의 기본틀은 바로 객관 존재에 대한 실증적인 인식 또는 존재 인식의 객관성이라는 그의 인식론적 문제의식의 결과물이다.

최한기의 추측은 기의 존재와 밀접한 관련이 있다. 앞에서 언급한 것처럼 모든 존재가 기로 이루어져 있고 모든 현상이 기의 작용으로 발생하므로 존재에 대한 인식은 최종적으로 기를 인식하는 것으로 귀결되기 때문이다. 최한기가 말하는 추측이란 객관 존재인 기를 인식하는, 더 정확히 말해 기의 법칙(理)을 인식하는 방법인 셈인데, 그는 기의

可見其義."; 『推測錄』, 권1, 「愛敬出於推測」, 29a, "是以愛親敬兄, 實出於積年染習之見聞推測矣. 所謂愛敬出於良知良能者, 特擧其染習以後而言也, 非謂染習以前之事也."

22) 『推測錄』, 권6, 「窮理不如推測」, 29b, "務窮理者, 以爲萬理皆具於我心, 猶患我究之未盡. 務推測者, 推其前日見聞臭味觸之氣, 而測其可否, 於此可則止之, 否則變通其推, 期測其可."

23) 『神氣通』, 권1, 「經驗乃知覺」, 41b, "神氣者, 知覺之根基也. 知覺者, 神氣之經驗也. 不可以神氣謂知覺也, 又不可以知覺謂神氣也. 無經驗, 則徒有神氣而已. 有經驗, 則神氣自有知覺耳. 經驗少者, 知覺亦少. 經驗多者, 知覺亦多."

법칙을 실제로 존재하는 법칙이라는 뜻에서 실리라고 불렀던 것이다. 이렇듯이 기와 추측은 최한기 철학이론의 두 가지 핵심 축이다. 그가 앞의 인용문에서 잡학이나 이설[24]이 자연스럽게 사라지게 될 것이라고 확신했던 것은 그것들이 기에 의거하지 않고 추측에 근거하지 않은, 결과적으로 존재를 정확하게 반영하지 않은 것이기 때문이다.

『기측체의』서문에서 또 눈여겨보아야 할 것이 다음 단락이다.

> 주공과 공자는 대대로 스승으로 받드는 분들로서 그 위대한 덕성과 큰 업적은 과연 후세에 밝혀지기를 기다리는 것이 있으니, 실용에 도움이 되면 나무꾼의 말이라도 취하여 썼지 일찍이 후세의 말이라고 해서 버린 적이 없다. 그러나 만약 주공과 공자의 도에 도움이 되지 않는다면 교묘하고 아름다운 말일지라도 취하여 써서는 안 된다.[25]

여기에서 최한기는 후세의 말 중에서 취해야 할 것과 버려야 할 것을 가르는 기준 두 가지를 제시하였다. 실용에 도움이 되는 말과 주공·공자의 도에 도움이 되는 말이 그것인데, 이 기준을 충족시킨다면 나무꾼의 말이라도 채택해서 써야 하지만 그렇지 않은 경우에는 아무리 그럴듯한 말이라도 버려야 한다. 주공·공자의 도에 도움이 되는 것과 실용에 도움이 되는 것이 별개의 것이 아닌 셈이다. 이는 최한기가 실용성, 즉 실질적인 유용성을 가치판단의 주요 기준으로 삼았다는 것을 의

---

24) 잡학과 이설에는 방술·도교·불교·서교는 물론이고 심지어는 심학·리학까지 포함된다.

25) 『神氣通』, 「氣測體義序」, 3b, "周公孔子, 百世師之, 盛德大業, 果有俟於後世之所明, 有補於實用, 則雖蕘說而取用, 未嘗以後世所言抋棄之. 若無補於周孔之道, 雖巧言善辭, 不可取用."

미한다.

지금까지 『기측체의』 서문을 중심으로 최한기 철학의 문제의식과 그의 학문이 지닌 성격을 검토해 보았다. 이를 정리하면 다음과 같다.

첫째, 최한기는 주공과 공자를 인류의 영원한 스승으로 인정하였다. 그에게는 주공과 공자가 제시한 도가 도의 표준이었으며 주공과 공자의 학문이 학문의 표준이었다. 아울러 최한기가 유술을 정치 운영의 올바른 방법으로 여긴 것은 그의 철학과 학문이 기본적으로 유학의 틀에서 벗어나지 않는다는 것을 함축한다.

둘째, 최한기는 주공과 공자의 도를 따라야 하는 것이 당연하지만, 시대에 따라 제도와 풍속이 다르고 인간의 지식이 진보하므로 현실에 맞게 개선할 것은 개선하고 바꿀 것은 바꾸어야 한다고 주장하였다. 그의 철학적 문제의식이 기존의 지배적인 유학, 즉 주자학에서 머물지 않고 그것을 극복하는 길을 모색하는 데 있었음을 확인할 수 있다.

셋째, 최한기는 주공과 공자의 학문이 지닌 목적이 치국·평천하에 있다고 여겼으며 주공과 공자의 도를 실용이라는 관점에서 이해하였다. 이는 그의 사상과 학문을 조선 후기에 등장한 새로운 경향의 사상과 학문, 즉 실학의 맥락에서 이해할 수 있다는 것을 의미한다.

넷째, 최한기는 이 세상의 모든 존재가 기의 변화에 의해 생겨나며 인간의 참된 지식도 기를 인식함으로써 획득된다고 보았다. 그의 철학 체계에서 리는 기의 속성 내지 법칙인 반면에 기는 최한기 학문의 존재론과 인식론을 관통하는 핵심 범주이므로 그의 학문을 기학으로 규정 짓는 데 무리가 없다. 이는 리를 최고 범주로 하는 주자학 이론의 극복이라는 의미가 있다.[26]

다섯째, 최한기는 경험에 기초한 추측의 방법을 통해서 확실한 지식이 획득된다는 추측론을 제시하였다. 추측에 의거하지 않은 인식은 근거가 없고 실증할 수 없다는 주장인데, 이는 최한기 고유의 인식방법론으로서 궁리설이나 양지설과 같은 기존 유학의 심학적 방법론을 대체하는 것이다.

요컨대 최한기의 학문은 존재론의 측면에서 기학이며, 그 기학은 주공과 공자의 도를 지향하는 유학의 범주에서 벗어나지 않는다. 동시에 그의 학문은 존재론적 최고 범주로서 리의 존재를 부정한 것은 물론 리의 인식방법론인 궁리설을 부정했다는 점에서 탈주자학적이며, 학문의 준거로서 실용과 실증이라는 기준을 제시했다는 점에서 조선 후기의 실학 발전사의 맥락에서 이해할 수 있다.

2. 최한기 학문의 실학적 성격

1) 조선 후기 실학의 두 가지 특성

기의 존재론과 추측의 인식론은 최한기의 학문체계, 즉 기학의 두 축이다. 최한기의 기학에서 기가 존재 자체라면 추측은 그 존재를 인식하는 방법이다. 여기서 주목해야 할 것은 그의 기학을 관통하고 있는

---

26) 최한기는 이때까지만 해도 기학이라는 명칭을 사용하지 않았다. 그가 자신의 학문을 기존의 학문과 구별하여 명시적으로 기학이라고 칭한 것은 『기학』을 쓸 무렵인 50대 중반이다.

철학적 문제의식이다. 왜냐하면 최한기가 구상한 기의 존재론과 추측의 인식론은 그 기저에 참된 학문의 확립이라는 근원적인 문제의식이 자리하고 있기 때문이다. 그의 학문적 관심은 현실에 쓸모 있는 학문을 하는 데 있었고, 그러한 문제의식이 기의 존재론과 이에 기초한 추측의 방법론을 낳았다고 보는 것이 최한기 학문에 대한 올바른 이해이다.

조선 후기 실학의 특성에 대해서는 다양한 논의가 있어 왔다. 일찍이 천관우는 실학의 특성을 자유성(實正) · 과학성(實證) · 현실성(實用)으로 정리한 적이 있다.[27] 이어서 이우성은 실학파를 시간적인 추이를 고려하여 3개 학파로 구분하고 그 특성을 각각 경세치용 · 이용후생 · 실사구시로 파악했으며,[28] 윤사순은 박학의 정신 · 실제성의 중시 · 고증의 방법을 실학의 특성으로 제시하였다.[29] 여기에서 경세치용 · 이용후생 · 실제성은 실용으로, 실사구시 · 고증은 실증으로 대체할 수 있다. 오늘날 실학 연구에 크게 기여한 세 학자가 제시한 실학의 특성은 표현상의 차이가 있지만 기본적으로 실용과 실증이 그 핵심이라는 점에서 크게 다르지 않다.

앞에서 살펴보았듯이 최한기는 참된 학문이 충족해야 할 조건으로 실증과 실용이라는 두 가지 기준을 제시하였다. 게다가 그는 천문학 · 기용학器用學 · 경세학 · 지리학 · 의학 · 농학 · 수학 등 실증과 실용의 요건을 충족시킬 수 있는 분야에서 수많은 저술을 남겼다. 물론 그의 저

---

27) 천관우, 「반계 유형원 연구(하)—실학발생에서 본 이조사회의 일단면—」, 『역사학보』 3(1952), 135~139쪽.
28) 이우성, 「실학연구서설」, 『실학연구입문』(일조각, 1973), 5~6쪽.
29) 윤사순, 「실학사상의 철학적 성격」, 『아세아연구』 56호(고려대학교 아세아문화연구소, 1976).

술에 담긴 내용이 실제로 실증과 실용의 조건을 얼마나 충족시킬 수 있느냐 하는 문제는 논의의 여지가 있는 것이 사실이다. 하지만 분명한 것은 그가 실증과 실용이라는 참된 학문의 기준을 세우고, 그 기준에 따라 나름대로 일관된 학문 작업을 했다는 점이다. 이런 측면에서 최한기는 참된 학문의 기준을 제시한 철학자이자 실제로 그 기준에 맞추어 새로운 학문을 한 학자라고 할 수 있다. 따라서 조선 후기 실학의 발전 맥락에서 최한기의 철학과 학문을 검토하는 것은 얼마든지 가능하며 또 의미 있는 일이다. 경세치용 및 이용후생을 내용으로 하는 실용의 추구와 실사구시를 표방하는 실증의 방법[30]이라는 측면에서 최한기의 철학과 학문을 살펴볼 수 있다는 의미이다.

다만 최한기가 박학을 호의적으로 여기지 않은 것은 약간의 해명이 필요하다. 최한기는 광범위한 독서를 통해 여러 분야에서 해박한 지식을 소유했고 그의 학문 역시 박학의 특성을 지녔음에도 박학 자체가 참된 학문일 수 없다고 여겼다. 물론 그 역시 박학이 일처리의 거울이 된다고 하여 박학의 가치를 일정하게 인정한 것은 사실이다. 하지만 그에게 중요한 것은 거울이 아니라 거울의 실질적인 활용이었다. 근본적으로 최한기는 일을 하는 데 효력을 발휘해야 진정한 학문이라는 실용의 학문관을 지니고 있었다. 그가 일하는 데 도움이 되지 않는 세속적인 박학을 쓸모없는 박학이라고 비판한 것도 실용의 학문관에 근거한 것이다. 박학의 실질적인 가치는 박학 자체에 있지 않고 일을 하는 데 얼마나 쓸모 있느냐 하는 실용성 여부에 달려 있다는 것이 그의 생각이

---

30) 실증은 그 목적이 있는 그대로의 사실, 즉 객관 존재와 그 법칙을 밝히는 데 있으므로 인식의 객관성이라는 개념으로 대체할 수 있다.

었다.[31] 그의 관점에서 보면, 세속의 박학은 남에게 보이기 위한 지식이거나 과거시험을 위한 지식으로서 인간의 삶과 직접적인 관련이 없는 지식이었다. 따라서 최한기가 박학을 비판한 것은 박학 자체에 대한 비판이라기보다는 세속적인 박학의 비실용성에 대한 비판이라고 이해하는 것이 적절하다.

조선 후기의 실학은 17세기 중기에 시작되어 19세기 중반까지 이어졌던 현실 중심의 새로운 경향의 사상과 학문을 가리킨다. 유형원이나 박세당 등에서 구체적으로 표출되기 시작한 실학적 문제의식은 성호학파와 북학파로 이어지고, 마침내 최한기와 같은 걸출한 이론가가 배출되기에 이른다. 그들은 정도의 차이가 있지만 저마다 각자의 처지에서 실학의 문제의식을 가지고 실학의 학문을 한 사람들이다. 물론 그들의 학문적 성향과 이론적 기반이 같지만은 않았고, 이에 따라 그들의 학문을 단일한 범주로 묶는 것에 무리가 없지 않은 것도 사실이다. 그러나 그들은 도학적 가치와 심학적 학문방법론에 과도하게 매몰된 그 시대의 지배적인 학문 풍토를 비판하고 실증성과 실용성을 참된 학문의 준거로 설정했다는 공통의 문제의식이 있었다.[32]

---

31) 『人政』, 권11, 「博學」, 41b, "然則行事, 爲博學之實, 博學爲行事前鑑. 行事無可觀可聞, 博學雖多, 竟何補益. 世俗之博學, 矜於訓詁, 摘其章句, 論事必稱古文蹟之多援, 著述則必考出處而論評. 是雖無實用之博覽. 然國俗尙此, 可得祿仕, 亦無效於治民矣."
32) 실학에 대한 논의는 김용헌, 『주자학에서 실학으로—조선후기 서양 과학기술의 수용과 주자학적 사유의 균열—』(고려대학교 민족문화연구원, 2019), 15~89쪽이 상세하다.

2) 최한기 학문의 실학적 특성

(1) 실증의 정신

최한기 학문의 실학적 성격은 우선 그가 실을 중시했다는 데서 찾을 수 있다. 실은 허와 대비되는 개념으로 '실제로 존재하는 것'을 의미한다. 반면에 허는 사람들이 실제로 존재한다고 믿고 있으나 실제로 존재하지 않는 것이다. 실제로 존재하지 않는 것임에도 누군가 그것을 인식했다면, 그 인식은 착각이거나 날조된 것에 불과할 뿐 참된 인식이 아니다. 최한기의 주장에 따르면 실제로 존재하는 것은 인식 가능하며, 그것에 대한 인식의 옳고 그름을 곧바로 판단할 수 있다. 실제로 존재하는 것이 인식의 옳고 그름을 판별하는 준거가 되기 때문이다.[33] 반면에 실제로 존재하지 않는 것에 대한 주장은 옳고 그름의 준거가 없기 때문에 옳고 그름을 확정할 수 없다.[34] 존재하지 않는 것에 대한 언명은 옳고 그름을 판가름할 수 없는 헛소리라는 것인데,[35] 검증가능성檢證可能性 (verifiability)이 없는 명제는 무의미하다는 논리실증주의(logical positivism)의

---

33) 물론 인식의 준거가 되는 '실제로 존재하는 것'을 어떻게 인식하느냐 하는 문제는 여전히 남아 있다. 논리적으로 보자면 '실제로 존재하는 것'을 인식하는 순간, 그것은 실제로 존재하는 것이 아니라 '인식된 존재'가 된다. 최한기는 검증을 참된 인식의 중요한 요건으로 보면서도, 검증의 준거가 되는 '실제로 존재하는 것'을 어떻게 알 수 있느냐 하는 문제를 심각하게 검토하지 않았다.

34) 최한기는 "실로 실을 비교하면 경중과 장단이 곧바로 판명되어 저절로 시비를 다툴 일이 없으나, 허로 허를 비교하면 각자 자기의 견해를 주장하여 시비를 확정하기 어렵다"고 하였다. 『人政』, 권11, 「學問虛實」, 13b, "以實較實, 輕重長短, 立判顔前, 自無是非之端, 以虛較虛, 各肆己見, 是非難定."

35) 그는 "헛된 것(虛)을 좇아 근본을 세우면 함부로 헤아려 힘써 여러 가지의 말을 하게 마련이다"라고 하기도 하였다. 『人政』, 권11, 「本立無他」, 10a, "從虛立本, 勢固有揣度勉强, 多般說話. 踐實承順, 但恐有違, 何論立本與不立本哉? 此外無可立之本, 捨此皆假虛之本."

구획기준區劃基準36)을 연상시킨다.37) 최한기가 "허무학의 폐단은 준거가 없는 곳으로 빠지게 되므로 그 폐단을 구제하기 어렵다"고 했을 때,38) 그가 던진 메시지는 검증할 수 없는 진술들로 이루어진 학문은 참과 거짓을 판단할 경험적 준거가 없고, 더 나아가 검증할 수 없다는 의미에서 온갖 무의미한 언설을 만들어 내게 되고 결과적으로 결코 그 혼란이 종식되지 않는다는 것이었다.

최한기는 실학과 허학에 대해 "한결같게 실을 좇아 이루어진 것은 실학문實學問이 되고, 허를 따라 쓸데없이 늘어놓은 것은 허학문虛學問이 된다"면서 "허와 실이 갈라지는 것은 신기神氣가 인식한 근원에 달려 있다"39)고 하였다. 여기서 신기는 인간의 마음 내지 인식주체를 지칭하므로 이 언급은 인식주체가 무엇을 인식했느냐에 따라 허학과 실학이 갈

---

36) 주지하다시피 20세기 초반에 일련의 논리실증주의자들은 진술(언명, statement) 내지 명제의 유의미성을 판단하는 기준으로 검증가능성을 제시하였다. 단순하게 말해서 경험에 의해 검증할 수 없는 없는 진술은 의미 없는 진술이라는 주장이다. 이에 대해 신중섭은 "논리실증주의자들은 현대의 기호논리학을 개념적 도구로 사용하여 구획기준의 역할을 할 수 있는 유의미성의 기준으로서 '검증가능성'을 제시하였다"고 정리하였다. 그는 또 "논리실증주의의 검증가능성에 의하면, 유의미한 명제는 원리적으로 관찰에 의해서 확인될 수 있는 '원자적 사실'을 기술하는 요소명제나 원자명제의 진리함수이다"라면서, "논리실증주의의 의미기준에 의하면 경험에 의해서 언명의 진위를 결정할 수 없는 형이상학적 언명이나 종교적·윤리적 언명은 무의미한 언명이다"라고 하였다. 신중섭, 「구획기준의 문제」, 『포퍼』(신일철 편, 고려대학교 출판부, 1990), 42쪽.

37) 박종홍은 최한기의 검증 중시 사상을 "현대의 논리적 실증주의(Logical positivism) 내지 논리적 경험주의(Logical Empiricism)가 검증 불가능한 문장을 무의미한 것이라고 하여 일축하는 태도와 그 근본적인 요구에 있어서 일맥상통하다고 하겠다"고 하였다. 박종홍, 「최한기의 경험주의」, 『아세아연구』 8-4(아세아문제연구소, 1965), 20쪽.

38) 『人政』, 권13, 「諸學之弊」, 19ab, "虛無學之弊, 馳騖於無準的之地, 其弊難救."

39) 『人政』, 권11, 「學問虛實」, 13b, "若夫學問一款, 從實得來, 爲實學問, 從虛餖飣, 爲虛學問, 虛實之判, 在於神氣見得之源." 여기서 신기는 인간의 마음을 지칭하므로 신기가 견득한 근원에 달려 있다는 것은 마음, 즉 인식주체가 무엇을 인식했느냐에 달려 있다는 뜻이다.

린다는 의미이다. 다시 말해 실제로 존재하는 것을 밝힌 학문은 실학이고 실제로 존재하지 않는 것을 제멋대로 늘어놓은 학문은 허학이라는 것이다. 결국 허학이라는 것은 존재하지 않는 것, 즉 인간의 경험 세계를 넘어서는 것을 추구하는 학문이다. 예를 들자면 방술·잡학·도교·불교·서교는 물론이고 심지어 심학·리학 등이 허학에 속한다. 이와 관련해 최한기는 다음과 같이 말하였다.

> 외도·이단과 방술·잡학은 터무니없이 허황된 말과 미묘하고 신통한 술책으로 반드시 천지조화의 시작에 대해 간곡하게 말하고 책에 기록한다. 그래서 '선천지先天地·후천지後天地'를 말하고, '산하대지가 공허하다'고 하고, '신천神天이 곧 천지와 만물을 만들었다'고 말한다. 하지만 이것은 모두 마음대로 어림짐작한 데서 나온 것이지 몸소 그 시작과 끝을 관찰하거나 실제의 자취를 증험한 것이 아니다. 후세 사람들이 그 단서를 따라 점차 견강부회를 했으니, 혹은 말을 더 보태기도 하고 혹은 자획을 덧붙이기도 하여 간지·부적·주술·귀신·화복이 전해 내려온 지 이미 오래되었다. 이처럼 수천 년 동안 허망한 사람이 허망한 사람에게 전수함으로써 그 설들이 나타났다 사라짐이 무상하고 여러 가지로 변해 왔기 때문에 사람들은 세상에 성실한 도가 있다는 것을 알지 못한다.[40]

여기에서 거론된 외도와 이단은 도교·불교·기독교 등을 말하며,[41]

---

40) 『人政』, 권8, 「敎學虛實」, 23ab, "凡外道異端, 方術雜學, 皆以玄闊勝大之言, 微妙神通之術, 必擧天地造化之始, 丁寧說到, 登諸紙墨. 有曰先天地後天地, 曰山河大地虛空, 曰神天乃造天造地造萬物, 是皆出於意思揣度, 非躬覩始終, 訂驗實跡. 後人因其端, 而漸次傳會, 或以言說增演, 或以字畫添附, 以至干支符呪, 鬼神禍福, 流傳已久. 數千年之間, 虛妄人, 傳授虛妄之人, 起滅無常, 變改多端, 不知世間有誠實之道."

방술과 잡학은 간지·부적·주술·귀신·화복 등에 대한 담론을 지칭한다. 최한기의 관점에서 보면, 이것들은 실제로 경험하지 않은 것이나 검증할 수 없는 것을 진리라고 호도하는 학문이라는 공통점이 있다. 그것들은 관찰과 경험에 근거하지 않고 마음대로 어림짐작한 것이므로 터무니없고 허황된 것이다.

최한기는 또 중고의 학문에 대해 "흔히 무형의 리와 무형의 신을 종지로 삼아 그것을 심오하고 고매한 것으로 여기고, 반대로 형체가 있는 물체와 증거가 있는 사실을 근본으로 삼는 것을 천박하고 보잘 것 없는 것이라고 했다"[42]고 지적하였다. 형체가 있는 것과 형체가 없는 것을 대비하여 중고의 학문을 비판한 것이다. 형체가 있고 증거가 있는 것을 근본으로 한 학문은 성실하고 형체가 있는 학문이다. 반면에 형체가 없는 것을 근거로 형체가 없는 것을 헤아리는 것은 허황된 학문이다.[43] 최한기의 입장에서 보자면, 실제로 존재하는 것은 형체가 있는 존재이며, 형체가 있는 존재는 인식이 가능하다. 더욱이 형체가 있는 존재에 대한 언명은 참과 거짓을 검증할 수 있다. 왜냐하면 언명이 기술하고 있는 존재 자체가 그 언명의 참과 거짓을 판정하는 준거이기 때문이다.[44]

---

41) 『氣學』, 권1, 14b, "外道之學 因人之好生惡死, 趨吉避凶之情, 設長生久視之術, 輪廻報應之談, 靈魂不滅之言."

42) 『氣學』, 「氣學序」, 1a, "中古之學, 多宗無形之理, 無形之神, 以爲上乘高致, 若宗有形之物, 有證之事, 以謂下乘庸品."

43) 『氣學』, 권1, 20ab, "人心推測, 若推無形而測無形, 是乃虛荒也.……推有形而測有形, 乃誠實有形之學也."

44) 최한기는 학문을 허무학, 성실학, 운화학으로 구분하기도 한다.(『人政』, 권13, 「諸學之弊」, 19ab, "一切學問, 莫不有弊. 虛無學之弊, 馳騖於無準的之地, 其弊難救. 誠實學之弊, 漸篤於自縛束之境, 其弊難解. 運化學之弊, 在於違越, 而救弊至易.") 운화학은 기학의 다

최한기는 허학과 실학을 가르는 궁극적 기준의 하나로 증험을 제시하였다. 경험적으로 증험할 수 없는 것에 대한 논의는 근거가 없는 것이고, 결과적으로 그것은 허학일 수밖에 없다는 것이 그의 주장이다. 경험할 수 있는 것만을 학문의 대상으로 삼아야 한다는 것인데, 그가 기존의 학문을 비판한 것도 증험할 수 없다는 측면에 초점을 맞추었다. 그래서 그는 알 수 있는 원인에 대해서는 누적된 경험을 통해 인식할 수 있지만, 알 수 없는 원인은 고심해서 탐구하더라도 몸만 초췌해지고 무익할 뿐 아니라 도리어 허무하고 황당한 곳으로 빠지기 쉽다고 경계하였다. 알 수 없는 것에 대해서 자의적인 판단을 해서는 안 된다는 것이다. 이를테면 사람은 천체운행과 만물의 생성에 의존하고 따를 뿐이지 그 운행과 생성의 궁극적인 원인을 따질 수 없고, 인간의 신체도 습관에 따라 신체를 활용할 뿐 그 작용의 궁극적인 원인은 알기 어렵다. 한약 재료인 대황과 부자의 경우에도 그것이 지닌 차고 더운 성질에 따라 복용할 뿐이지 그것이 왜 차고 더운지는 알 수 없으며, 금석金石·토목土木·금수禽獸·어별魚鼈도 그 성질에 따라 활용하지만 그 성질의 원인은 알 수 없다.[45)]

　　물론 최한기가 직접적인 경험으로 얻은 지식만을 참된 지식으로 간

른 이름으로서 기의 운동변화를 대상으로 한 학문을 뜻하며, 성실학은 그 운화학에 근거해서 이루어진 실천의 학문을 뜻한다.(『人政』, 권9, 「虛無誠實學」, 1a, "人生於世, 自有所當行之人道. 自修齊至治平, 承順運化, 爲誠實之學.") 허무학과 성실학의 구분은 운화학에 기초했는지의 여부에 달려 있는 셈이다.

45) 『人政』, 권8, 「敎學虛實」, 23a, "學有誠僞, 而敎有虛實, 從其顯著之誠實事物, 須用而已. 可知之所以然, 得之於積累經驗, 以爲變通之方, 多在於人造人爲之事物. 不可知之所以然, 苦心究索, 非但勞憔無益, 反易陷於虛無荒誕. 大則有天地運化之氣, 排布星曜, 化生萬物, 但當資賴依據, 承順遵行, 不可究其所以然. 至近切用之一身形體, 但當隨習須用, 固難究其所以然. 至於大黃之寒, 附子之熱, 但當從其寒熱而服之, 不可究其寒熱之所以然. 金石土木, 禽獸魚鼈, 莫不皆然."

102

주한 것은 아니다. 한 사람의 경험은 시공간적으로 매우 제한적일 뿐만 아니라 다분히 주관적이기 때문에 보편적인 지식의 획득을 위해서는 경험의 유한성과 주관성을 극복할 수 있는 방법이 필요하다. 이에 대해 최한기는 "미룸이 없는 헤아림은 지식으로 여길 수 없고 증험이 없는 헤아림도 지식으로 여길 수 없다"[46]고 하였다. 경험적 근거와 합리적 추론에 근거하지 않은 판단은 참된 지식이 아니라는 의미이다. 참된 지식은 경험과 이에 기초한 추론을 통해서 획득된다는 것이 최한기 인식론의 핵심인 셈이다.

다음의 인용문은 증험에 대한 최한기의 생각을 잘 드러내 준다.

> 마음의 추측은 근거와 증험이 없으면 헛된 것에 빠지기 쉽다. 근거를 미루어 근거할 수 있는 것을 헤아리고, 증험을 미루어 증험할 수 있는 것을 헤아리는 것이 곧 준거가 있는 추측이다. 만약 근거 없이 단지 추측의 심리心理에 의존한다면 크게는 천지의 시작과 끝을 헤아리고 작게는 성명性命의 은미함을 헤아린들 어찌 그 실상이 그러하다는 것을 입증할 수 있겠는가.[47]

최한기가 말하는 추측은 추론에 의거한 판단이라는 뜻이다. 당연히 근거와 증거를 기초로 추론하고 판단해야 한다. 하지만 여기서 더 중요한 것은 근거할 수 있는 것을 헤아리고 증험할 수 있는 것을 헤아려야 한다는 대목이다. 결국 충분한 근거와 입증된 증거를 가지로 추측을 하

---

46) 『推測錄』, 권1, 「所知無幾」, 48b, "無推之測, 不以爲知, 無驗之測, 亦不以爲知."

47) 『人政』, 권9, 「依據證驗」, 14ab, "心之推測, 不有依據證驗, 易入于虛雜, 推依據測可依據者, 推證驗測可證驗者, 是乃有準的推測也. 若無依據, 而只將推測之心理, 大而測天地之始終, 細而測性命之微奧, 詎證其實然?"

되, 그 추측의 결과가 올바른지 검증할 수 있는 것을 추측할 때 비로소 준거가 있는 추측이 된다는 의미이다. 근거와 경험에 기초하지 않은 추론과 판단은 주관적이고 자의적이며, 결과적으로 객관적인 준거가 없고 증험할 수 없는 상상의 산물에 지나지 않는다.

최한기는 준거가 없는 추론과 판단을 '마음의 리에 의한 자의적인 인식'(心理揣度)이라고 불렀다. 인간의 마음 밖에 존재하는 객관세계의 운동변화를 살피지 않고 단지 마음의 리만으로 이 세상을 헤아리는 것은 객관 존재를 있는 그대로 인식하는 것이 아니라 오히려 객관 존재를 주관적으로 규정(排布)하고 일방적으로 재단하는 것이다. 따라서 그 결과를 구체적인 일과 다른 사람에게 적용해 보면 착오가 많고 부합하는 것이 적다.[48] 구체적인 일과 다른 사람에게 적용해 본다는 것은 인식의 결과를 검증(證驗)해 본다는 것을 의미한다. 한 사람의 추측은 그것이 설사 어떤 근거에 기초한 추측이라고 하더라도 그 근거가 잘못된 것일 수 있고 추론 과정이 잘못되었을 수도 있다. 그래서 최한기는 올바른 인식(通)과 잘못된 인식(不通)을 스스로 단정하고 스스로 만족해서는 안 된다고 역설하였다. 자신의 인식 결과에 대한 과도한 확신은 결과적으로 독단에 빠질 우려가 있으므로 먼저 나의 인식을 다른 사람들의 인식과 비교하여 잘못된 인식을 올바른 인식으로 수정할 필요가 있다는 것이다. 나의 인식과 일치하는 인식이 많아지면 많아질수록 그 인식의 개연성이 높아지기 때문이다. 이를 다른 사람을 통한 간접적인 증험이라고 부를 수 있다. 물론 다른 사람들의 인식과 비교를 해도 분명하지 않

---

48) 『人政』, 권9, 「依據證驗」, 14b, "不顧運化, 而只以心理, 究索宇內, 是自排布自主張, 及其施諸事加諸人, 多差誤少符合, 以其在外者皆是運化, 而推將心理揣度也."

을 경우에는 사물에서 직접 증험해야 하는데, 요점은 객관 존재와 인간의 인식이 정확히 일치하는, 다시 말해 인식주체가 객관 존재를 정확하게 인식하는 데까지 이르러야 한다는 것이다.[49]

잘 이루어진 인식(通)이라고 해도 그 인식을 자신해서는 안 되고 반드시 다른 사람과 사물의 신기에 증험해야 하며, 한 부분이 부합하거나 일시적으로 조응한다고 해서 그 증험을 자신해서는 안 된다. 모름지기 기질이 서로 통하되 처음부터 끝까지 어긋남이 없는가를 여러 번 시험하여 잘못된 것은 그 인식을 수정하고 잘된 것은 그 인식을 더 확대하는 것이 바야흐로 증험이라고 할 수 있다. 만약 증험하기만 하고 수정하지 않고 더 확대하지 않는다면 어찌 증험이라고 할 수 있겠는가?[50]

이처럼 최한기는 잘된 인식이라고 하더라도 그 인식의 올바름을 자신해서는 안 되고 다른 사람과 사물을 통해서 검증해야 한다고 주장하였다. 이어서 그는 검증을 반복할수록 확증의 정도가 높아진다는 것, 검증을 통해 잘못된 인식임이 확인되면 그 인식을 포기하고 새로운 인식을 해야 한다는 것, 그리고 여러 차례 검증하여 올바른 인식으로 인정되면 그것을 근거로 인식의 지평을 더 넓혀 나가는 것이 바람직하다는 것을 강조하였다. 일부가 부합하거나 일시적으로 맞아떨어진다고 해서 그 증험을 확신해서는 안 되고 여러 번에 걸쳐 시험하여 잘못된 것은

---

49) 『神氣通』, 권1, 「物我證驗」, 19a, "通與不通, 豈可自斷自足? 必須驗之於人, 以通其所不通, 猶未釋然, 又須驗之於物, 要無違於天人之神氣相通也."

50) 『神氣通』, 권1, 「物我證驗」, 19b, "善者得之, 亦不可自信其通, 必須驗之于人與物之神氣, 不可以一隅之合, 一時之應, 自信其驗. 須以氣質相通, 終始無違者, 屢試屢驗, 惡者失之, 變改其通, 善者得之, 益廣其通, 方可謂證驗也. 若證之驗之, 而未有變改, 未有益廣, 烏得謂證驗哉?"

고치고, 옳은 것은 더 넓혀 가야 한다는 것이다. 이렇듯이 최한기는 증험을 통해 잘못된 인식을 수정하고 올바른 인식을 확장함으로써 객관존재에 대한 정확하고 확실한 인식에 접근해야 함을 역설했다는 점에서 실증의 정신에 기초한 탐구의 태도를 지녔다고 평가할 수 있다.51)

(2) 실용의 정신

최한기가 말하는 실實의 내용은 무엇일까? 앞에서 살핀 것처럼 최한기는 기존의 학문을 허무학과 성실학으로 나누어 설명하였다. 그는 "옛날부터 전해오는 학문은 허무한 것과 성실한 것이 있다"면서, "허무를 배우기를 원하는 사람은 그 허무가 실효는 없고 헛된 거짓임을 모르고 도리어 그것을 최고의 큰 도로 여기는데, 장차 무슨 쓰임이 있겠는가?"52)라고 비판하였다. 그는 또 "수신·제가로부터 치국·평천하에 이르기까지 객관 존재의 운동변화에 따르는 것이 성실한 학문"이라면서, 성실학을 배우면 스스로 무궁한 쓰임이 있다고도 하였다.53) 여기서 허무학은 허학/허학문에 해당하고 성실학은 실학/실학문에 해당한다고 보아도 크게 틀리지 않는다. 이처럼 최한기는 실효·쓰임과 같은 개념을 동원하여 실학을 정의했는데, 이에 따르면 현실에 실제로 쓰일 수 있고 실질적인 효과를 발휘할 수 있는 학문이 곧 실학이다. 실증과 더불어 실질

---

51) 물론 최한기의 구체적인 탐구 결과가 그 자신에게 제시한 실증의 기준을 실제로 얼마나 충족하느냐 하는 것은 별개의 문제이다.

52) 『人政』, 권9, 「虛無誠實學」, 1a, "自古流傳之學, 有虛無誠實. 願學虛無者, 不知其虛無之無實效有妄誕, 反以爲無上大道, 將焉用哉?"

53) 『人政』, 권9, 「虛無誠實學」, 1a, "人生於世, 自有所當行之人道. 自修齊至治平, 承順運化, 爲誠實之學, 得之於身, 而身有榮焉. 敎之於人, 而人有惠焉. 不學此, 無以爲人, 學此, 自有無窮之用."

적인 쓰임, 즉 실용이 최한기가 주장하는 실학의 핵심 내용임을 확인할 수 있다.

최한기는 성실의 학문과 허위의 학문을 사람이 살아가는 데 유용한가 아니면 무용한가 라는 관점에서 판단하였다. 그의 정의에 따르면, 성실의 학문은 사람이 살아가는 데 유용한 것이며 허위의 학문은 헛된 그림자를 취한 무용한 헛소리이다.[54] 이러한 관점에서 최한기는 실학을 다음과 같이 정의하였다.

천하의 학문을 통틀어 시비를 따지고 우열을 정할 때는 천하의 민생에 실제로 쓰이는(實用) 것과 전 세계의 정치가 반드시 따르는 것으로써 기준을 삼아야 하니, 잡을 수 있는 형체가 있고 사물에 조처하여 증험할 수 있는 것이 실학이다. 이것은 버리려고 해도 버릴 수 없고 어긋나려 해도 어긋날 수 없다.…… 그러나 무형의 귀신설은 그 유래가 이미 오래되었고 온갖 일의 조짐을 보이지 않는 귀신에 귀속시키며, 무형의 리설理說은 중고中古 때에 나타나서 수많은 변화를 모두 무형의 리에서 찾는다. 이 두 설의 전해 받고 익힌 바가 이미 널리 퍼져 천하 사람의 이목을 물들였다. 그것을 늘리고 보태는 이야기가 세대를 거듭할수록 깊어졌으나, 그것을 물리치는 이론은 최근에 와서야 점차 치열해졌다.[55]

최한기는 백성들의 삶과 현실 정치에 실제로 쓸모가 있느냐 하는

---

54) 『人政』, 권12, 「古今學問遷移」, 1a, "學有誠實虛僞. 誠實者, 人道運化, 有用事物也. 虛僞者, 襲取光影, 無用空談也."

55) 『氣學』, 권1, 16ab, "統天下學問, 是非論定優劣, 以天下民生所實用, 四海政治所必由, 有形可執, 處物可驗, 爲實學. 欲捨而不能捨, 欲違而不能違.……但緣無形鬼神之說, 其來已久, 凡事兆朕, 皆歸屬於晦昧之鬼神, 無形理之說, 發於中古, 萬端變化, 皆究乎無形之理. 此二說, 傳習已廣, 染着於天下人之耳目. 增衍之談, 隨代轉深, 辨斥之論, 從近漸熾."

것과 경험할 수 있고 증험할 수 있느냐 하는 것을 학문의 시비와 우열을 판가름하는 기준으로 제시하였다. 실용과 실증이라는 기준으로 학문의 시비와 우열을 판단해야 한다는 것이다. 물론 최한기가 상황에 따라 실용과 실증을 따로 언급하지 않고 혼용한 것은 그의 사유 속에서는 실용과 실증이 명확하게 구분되지 않았음을 뜻한다. 민생에 유용한 것이라면 증험 가능하고, 증험할 수 있는 것이라면 민생에 유용하다는 것이 그의 생각이었던 것이다. 최한기가 실용을 중시했다는 것은 다음의 예문에서 잘 드러난다.

> 바다로 선박이 두루 오가고 서적이 서로 번역되고 눈과 귀로 견문이 전달되고 있으니, 법제의 훌륭함, 도구의 이로움, 토산의 우수함이 참으로 우리보다 나은 것이 있으면, 나라를 다스리는 도리로 보아 마땅히 취해서 써야 한다.…… 필경 승리와 패배가 풍속이나 예교禮教에 있지 않다. 오직 실용을 힘쓰는 사람은 이기고 허를 숭상하는 사람은 패하며, 남에게 취하여 이익을 삼는 사람은 이기고 남을 그르다 하여 고루한 것을 지키는 사람은 패한다.…… 그중에서도 측량과 계산의 학문, 윤기輪機【화력이나 수력으로 바퀴를 돌려 직물을 짜는 기계】·풍차風車【목화씨를 제거하는 기계】·선박·대포 등의 기계는 실용의 측면에서 더욱 좋은 것들이다.…… 그러므로 서양의 종교가 천하에 만연함을 걱정해야 할 것이 아니라 실용적인 것을 다 취해 쓰지 못함을 걱정해야 한다.[56]

---

56) 『推測錄』, 권6, 「東西取捨」, 61ab, "海舶周遊, 書籍互譯, 耳目傳達, 法制之善, 器用之利, 土産之良, 苟有勝我者, 爲邦之道, 固宜取用.……畢竟勝絀, 不在於風俗禮教, 惟在於務實用者勝, 尙虛文者絀, 取於人而爲利者勝, 非諸人而守陋者絀.……學之測量計算, 器之輪機【以水力火力轉輪機而織布】風車【所以去棉核】船制砲式, 乃實用之尤善也.……是以西教之蔓延天下, 不須憂也, 實用之不盡取用, 乃可憂也."

이 인용문에서 확인할 수 있듯이 최한기는 서구와의 통상과 이로 인해 파생되는 문화 교류와 과학기술의 수용을 적극적으로 주장하였다. 특히 측량과 계산의 학문, 방직기·목화씨를 제거하는 기계·선박·대포 등의 기계를 실용의 측면에서 더욱 좋은 것이라는 이유로 적극적으로 도입해야 한다고 주장한 것이나 실용을 풍속과 예교보다 우위에 둔 것은 주자학의 명분론적 사고에서 벗어나 실용성을 새로운 가치의 기준으로 설정했다는 것을 의미한다. 이는 최한기가 명분과 형식보다는 실용과 실효를 더 중요하게 여겼다는 뜻인데, 이 일련의 실용 중시의 사고는 예교 중심의 주자학적 기존 질서를 극복하려는 개혁사상의 일단이라고 해야 할 것이다.

실용을 중시하는 최한기의 실학적 학문 경향은 사무를 중시하는 데서도 드러난다. 그는 배우는 것이 세상의 사무와 무관한 것이라면 허무하고 괴탄한 학문이라고 규정하였다.[57] 그의 주장대로 세상의 사무와 무관한 학문이 헛된 것이라면, 세상의 사무와 관계가 있는 학문이야말로 실학이 아닐 수 없다. 최한기는 사무와 학문의 관계를 "온갖 사무가 모두 참되고 절실한 학문이니, 사무를 버리고 학문을 구하는 것은 허공에 달아 놓은 학문이다"라고 단언하였다.[58] 일을 하는 데 쓸모가 있는 학문이 바로 최한기가 말하는 실학인 것이다.[59] 그의 주장에 따르면 사

---

57) 『人政』, 권9, 「敎通事務」, 3b, "若所學無關於人世事務, 是虛無怪誕之學."
58) 『人政』, 권11, 「事務眞學問」, 1b, "凡百事務, 皆是眞切學問, 捨事務而求學問, 乃懸空底學."
59) 『人政』, 권8, 「行事敎」, 42b, "若不以行事爲敎, 天下之敎, 皆虛而無用也." 윤사순은 최한기 학문이 유학을 토대로 하면서도 성리학과 달리 명칭·명분·형식보다는 내용·실질·실제를 중시하고 더 나아가 사무를 중시한 실학이라고 파악하였다. 윤사순, 「해제」, 『국역 기측체의』(민족문화추진회, 1979), 9~11쪽.

무와 관계가 없는 학문은 서로 경전을 인용하여 자신이 옳다고 주장하기 때문에 끝내 우열이 판가름 나지 않는다. 반면에 사무와 관계가 있는 학문은 사무를 처리하는 것으로 학문의 우열을 증험할 수 있다.[60] 최한기는 우열을 판가름할 수 있는지의 여부가 실학과 허학을 가르는 중요한 차이라고 여겼던 것이다. 사무와 관계된 학문은 그 사무에 적용해 보면 우열과 성패를 판단할 수 있지만 사무와 관계되지 않은 학문, 예를 들어 경전을 전거로 한 학문의 경우에는 우열과 성패를 판단할 객관적인 기준이 없으며, 결국 현실에 아무런 효용이 없음에도 불구하고 경전의 권위를 빌려 자기주장의 진리성을 고집하는 독단에 빠지기 십상이다.

사무는 구체적으로 무엇을 의미할까? 최한기는 사·농·공·상과 군인이 맡은 일을 하는 것은 모두 학문의 실제 자취이므로 그 일들을 얼마나 잘 처리하는지를 관찰하면 그 학문의 성패와 우열을 판단할 수있다고 여겼다. 반면에 고담준론의 겉치레만을 익혀 문자 탐독을 사업으로 삼고 문호를 통해 주고받는 사람들은 일을 맡겨도 제대로 처리하지 못하고 남을 가르치게 해도 제대로 하지 못한다. 그와 같은 사람들은 이름으로는 비록 학문을 한다고 하지만 사무를 처리하는 데 어둡고 남에게 보탬을 주는 것도 적다.[61] 사·농·공·상과 군인은 정치와 교육·농업·공업·상업·국방에 종사하는 사람들이므로 그가 말하는 실

---

60) 『人政』, 권12, 「以行事辨學問」, 10a, "學問優劣, 但以言說爭辨, 彼此引據經傳, 何嘗有一言之負哉? 常以措畫事務, 決處疑難, 各陳所學, 證驗在前, 違合立判."
61) 『人政』, 권11, 「事務眞學問」, 1b~2a, "士農工商將兵之類, 皆是學問之實跡, 觀其行事措施, 可占其學問成否優劣. 至若徒習虛套高談峻論, 以文字爲事業, 以門戶爲傳受, 使之任事, 未見安穩區處, 使之敎人, 不能開闢條理, 名雖學問, 罔昧事務措畫, 亦鮮補益於人."

학이란 곧 국가의 통치 행위나 개인의 생산 활동에서 좋은 효과를 발휘하는 학문이라는 것을 알 수 있다.

이러한 기준으로 보면, 문자에 얽매인 기존의 지배적인 학문은 실학의 기준을 온전하게 충족시키기가 어렵고, 결과적으로 매우 제한적인 의미만을 갖게 된다. 이에 대해 최한기는 "세상에서 이른바 학문이 고명하다는 사람은 오직 경전과 역사서에서 그 글의 뜻을 논할 뿐, 나라를 다스리고 제도를 만드는 데 이르러서는 거의 소홀하게 빠뜨리는 것이 많다"[62]고 지적하였다. 대신 그는 나라를 다스리는 데 꼭 필요한 학문의 대상으로서 토지의 넓고 좁음과 백성의 많고 적음, 세금의 출납과 예산의 액수, 관직 제도와 임용의 기준, 길흉 대사와 의식의 예법, 죄와 허물을 판정하는 법률, 그 시대의 뛰어난 인재에 대한 정보, 지역마다 물산의 풍부하고 부족함을 꼽았다. 이와 같은 것을 대략 알아야만 남의 말을 들을 수 있고 남에게 말을 할 수도 있다는 것인데, 만약 이런 것을 알지 못하면 학문이라고 할 수 없다는 것이 그의 생각이었다.[63] 최한기가 실학이라고 했던 학문은 곧 경세치용의 학문이었던 셈이다.[64]

또한 최한기는 가마솥을 예로 들어 학문을 설명하기도 하였다. 그의

---

62) 『人政』, 권12, 「經邦治學」, 6b~7a, "世所謂學問高明之人, 惟於經傳史策, 論其文義, 至於經邦制度, 率多忽略."

63) 『人政』, 권12, 「經邦治學」, 6ba, "國家之土地廣狹, 人民多寡, 賦稅出納, 經用之數, 職官制度, 黜陟之典, 吉凶大事, 儀節之禮, 上下罪過, 比擬之律, 當世人品之賢俊, 各處物産之豊薄, 大略斟酌, 可聽人之言論, 亦可以向人說話, 若罔昧不識, 何可以學問爲哉?"

64) 최한기는 그의 만년 저술인 『승순사무』에서 "학문이 사무에 있으면 실학문이 되고 사무에 있지 않으면 허학문이 된다"면서, 인생에서 꼭 갖추어야 할 사무로 典禮·刑律·田賦·財用·學校·文藝·武備·士農工商·器皿·歷象·數學·動役·御衆을 꼽았다. 『承順事務』, 「承順事務序」, 322쪽 위, "學問在事務, 爲實學, 不在事務, 爲虛學問. 典禮刑律田賦財用學校文藝武備士農工商器皿歷象數學動役御衆, 乃人生事務所當備也."

주장에 따르면 성실의 학문은 솥을 만들 쇠의 품질이 지닌 성질, 쇳물을 틀에 부어 솥을 만드는 방법, 불기운의 적절함 여부, 물건을 삶아 익히는 절차를 논하여 천하에 통용되는 것을 가르친다. 최한기가 말하는 성실의 학문이라는 것은 솥을 만들거나 솥을 사용하는 데 필요한 지식에 관한 학문이다. 객관 사물에 대한 실증적인 지식인 동시에 현실 생활에 직접적으로 쓸모가 있는 지식을 다루는 것이 성실의 학문인 셈이다. 반면에 허무의 학문은 형이상의 영역에서 솥의 궁극적인 원인을 논하거나 허虛와 공空의 관점에서 솥의 특성을 논하거나 상제에게 제사지내고 부엌 신에 기도하는 것을 논하여 같은 무리끼리 그 습속을 전한다는 특징이 있다. 아울러 그는 박문博文의 학문에 대해서 솥을 찬양하는 글귀들을 모으고 암송하는 것으로 쓸데없이 서적을 보탤 뿐이라고 비판하였다.[65] 이에 따라 최한기는 쓸데없이 공허한 학문과 화려하게 꾸미는 학문을 제거해야 한다면서, "그것을 그대로 두면 한갓 시비의 분쟁을 더하고, 그것을 익히면 고생만하고 정력을 낭비할 뿐이다"라고 경고하였다.[66]

최한기가 재용財用, 즉 살림살이의 중요성을 강조한 것도 실학의 실용중시사상과 맥락을 같이한다. 그는 살림살이를 사람이 살아가는 데 없어서는 안 되는 것이라고 여겼다. 아무 일도 하지 않는 사람도 옷을

---

65) 『人政』, 권12, 「以器喩學」, 8b, "就釜鼎而論學問, 誠實之學, 論其鐵品彊柔, 範鎔制度, 火候得失, 烹飪節次, 敎天下之通用. 虛無之學, 論其鑄鼎之前, 銷鼎之後, 所以然之理, 用其中虛, 撑之下空, 寓虔誠於享上帝, 設禱禳於祀竈神, 從其類而傳習. 博文之學, 掇拾款識之篆, 傳誦讚襄之辭, 繹學前代沿革, 比擬大小輕重, 職品以多少爲等級, 國錄以奠安爲鞏固, 但添書籍而已."
66) 『人政』, 권12, 「以器喩學」, 8b~9a, "開前程於誠實之學, 宜推明者, 運化之氣(用), 鎔鐵精麤之氣(品), 範土疏密之制, 火候調停之候(節), 烹飪生熟之化, 飮食順逆之義. 宜除却者, 無用空虛之論, 浮華文飾之節, 存之, 徒增是非之紛爭, 習之, 浪費勤苦之精力."

입지 않거나 먹지 않고 살아갈 수 없는 만큼 물적 재화의 사용은 인간의 삶에 꼭 필요하며, 따라서 무엇인가 하고자 하는 사람은 당연히 물정을 헤아리고 시세를 관찰하는 등 물적 재화를 넉넉하게 확보해 그것을 적절히 사용하기 위한 노력을 하지 않으면 안 된다. 이에 대해 그는 "나라에는 나라의 살림살이가 있고 집안에는 집안의 살림살이가 있다"면서 "빈부와 성쇠는 물론 모든 일의 성공과 실패가 이것에 달려 있다"고 강조하였다. 한마디로 살림살이에 대한 가르침이 당장에 제일 급한 일이라는 것인데, 그럼에도 크고 작은 일을 하는 사람이 살림살이를 모르는 것은 참으로 민망한 일이 아닐 수 없다는 것이 최한기의 생각이었다.[67] 그는 물적 재화를 넉넉하게 마련하는 것은 물론 그것을 효율적으로 관리하고 사용하는 경제활동 내지 재정관리가 집안 살림이나 국가 운영에 필수적이라고 여겼던 것이다. 이처럼 최한기가 물질적 재화의 확보 및 사용의 중요성을 새삼 강조하고 이에 대한 가르침이 아주 절실한 것이라고 여긴 것은 현실 생활에 쓸모 있는 학문을 참된 학문으로 간주한 실용적인 학문관의 맥락에서 이해할 수 있다.

---

67) 『人政』, 권8, 「財用」, 22ab, "財用, 乃天下人民所資生. 昧於此, 則不可以制天下之民産, 病於此, 則適足爲自戕害之思慮. 縱使無爲, 絲身縠腹, 固所難免, 況有爲者, 多少接濟, 遠近周通, 自有物情之揣度, 時勢之觀察, 豈可無素所講究? 經傳史策, 皆有財用之典則, 國有國之財用, 家有家之財用, 以爲貧富盛衰, 而凡事皆之興廢.……財敎本末條目, 論說詳備, 非往古之泛論, 乃方今之切務. 高尚廉夫, 恥論財用, 不須論也. 大小有爲, 不識財用, 誠可悶也. 自己財不識, 頗鮮及人之害, 人之財不識, 何以立於世乎?"

제3장 주자학 비판과 기학의 형성

1. 기학의 문제의식과 목적

1) 기학의 문제의식

최한기는 서양 문물 중에 우리 것보다 나은 것이 있다고 여겼으며, 우리보다 나은 것이 있으면 그것이 무엇이든 수용해야 한다고 역설하였다. 그는 중국에 입국한 선교사나 중국인이 쓴 수많은 책들을 접했고, 이를 통해 엘카노(嘉奴)의 세계 일주[1]와 그 이후에 전개된 서구 열강의 동양 진출에 대해서 다양한 정보를 가지고 있었다.[2] 이 정보를 바탕으로 그는 자신의 시대를 동서소통의 시대, 즉 바다로 선박이 오가고 서적이 번역되며 눈과 귀로 견문이 전달되는 시대로 파악하였다. 19세기 초 중반까지도 여전히 세계 인식의 이분법적 틀인 화이론과 그 파생물인

---

1) 엘카노(Juan Sebastian Elcano)는 대서양을 가로질러 몰루카 제도(향료 제도)에 가기 위해 1519년 8월 스페인의 세비아를 출발한 마젤란 원정대의 일원이었다. 당시 원정 대의 선단을 구성했던 5척의 배 가운데 1척의 선장이었던 그는 마젤란의 전사 이후 에 대원들을 이끌고 세계 일주를 완주하였다. 처음 5척의 배와 241명의 인원으로 출발한 마젤란 원정대는 3년 만인 1522년 9월에 세비아로 귀항했을 때 향신료를 실은 배 1척과 그 배에 탄 18명의 대원, 그리고 현지에서 고용한 약간의 원주민이 전부였다.

2) 『推測錄』, 권2, 「地球右旋」, 5b~6a, "地體圓, 而所包蒙氣, 隨日光而生耀如珠, 姑謂之地 球. ……大地同海, 本一圓球(正德以前, 葡萄牙人嘉奴, 始圜地而返, 則地球之明, 自此始, 而後 百餘年, 圖入中國), 自是圖入中國, 始疑而次信之, 漸知其爲不易之論."

조선중화의식을 답습하던 조선사회의 정치·문화적 현실을 감안하면 그의 시대인식은 매우 선진적이었다.[3] 최한기가 서구 문물 가운데 법제·기기·토산과 같이 우리보다 나은 것은 당연히 취해서 써야 한다고 주장한 것은 그와 같은 시대 인식이 있었기 때문에 가능했다고 할 수 있다.[4]

최한기의 관심이 단지 서양과의 교역이나 서구 문물의 수용에 머문 것은 아니다. 자신의 시대를 동서문명의 교류가 본격화되는 역사적 전환기로 파악한 지식인으로서 최한기가 가졌던 궁극적인 관심은 동양과 서양을 아우르는 보편적인 철학체계 내지 학문체계를 세우는 데 있었다. 개인의 편협한 경험에서 얻은 생각은 물론이고 한 집안이나 한 나라에서 시행되어 온 관례라고 해서 반드시 전 세계에 통용될 수 있는 것은 아니라고 여겼기 때문이다. "전 세계가 공유하는 공통의 토대에 따라 전 세계가 공유할 수 있는 사상과 정책을 시행해야 전 세계를 다스릴 수 있다"는 것이 그의 신념이었다.[5] 이렇듯이 최한기는 전 세계에 보편적으로 통용될 수 있는 철학과 학문을 구상했고, 그 결과 기氣의 존재론이라는 토대 위에 인식론·가치론·학문방법론을 포괄하는 거대한 철학체계, 즉 기학氣學을 형성할 수 있었다. 따라서 그의 사상을 단순

---

3) 서구 열강이 신대륙은 물론 아프리카, 인도, 동남아시아를 거쳐 중국으로 식민 지배와 경제적 수탈을 확대해 가는 상황에서 이와 같은 낙관주의적 서구 인식 또는 시대 인식은 표피적이라는 비판에서 자유로울 수 없다.

4) 『推測錄』, 권6, 「東西取捨」, 61a, "海舶周遊, 書籍互譯, 耳目傳達, 法制之善, 器用之利, 土産之良, 苟有勝我者, 爲邦之道, 固宜取用."

5) 『明南樓隨錄』(『明南樓全集』 1), 301쪽 아래, "治天下, 可因天下所同之源, 以施天下所同之敎, 以行天下所同之化, 方可以治天下矣. 若不擧天下之所同, 而欲得一國一家已行之規例, 又欲以一事一物自得之推測, 俱不可以施行於天下. 縱或以威力强施, 不可達於半天下, 豈望其有實效乎."

히 서구문물수용론나 해외통상론으로 규정하는 것은 부분적으로만 타당하다.

보편적인 학문을 지향한 최한기의 학문이 기학으로 귀결된 것은 당연한 일이다. 그는 전 세계가 공유하는 가장 기초적인 존재 지반을 기의 운화, 즉 기의 운동변화라고 파악하였다. 그의 견해에 따르면, 이 세계 그 어디에도 기의 운동변화가 없는 곳이 없고 그 어떤 존재도 기의 운동변화가 관철되어 있지 않은 것이 없으므로 이 세상 사람은 한순간도 기의 운동변화에 기초해 살아가지 않는 때가 없다.[6] 다시 말해 누구나 기 안에서 태어나 기 안에서 살다가 기 안에서 죽게 마련이며, 살아가는 동안 기에 의존하지 않고 기를 활용하지 않는 사람은 없다.[7] 사람의 생사·영욕·질병·우환을 포함해서 만물의 변화는 모두 기의 작용이라는 의미이다. 한마디로 기는 존재의 알파요 오메가인 셈이다. 그럼에도 불구하고 지금까지 기를 제대로 인식하지 못했기 때문에 기를 중요하게 여기지 않았고, 결과적으로 이 세상에 기학이라는 이름의 학문이 없었다. 사람이 나서 죽을 때까지 늘 접하고 활용하면서도 그 존재를 알지 못하는 역설, 이것이 최한기가 기학을 구상하게 된 문제의식이었다.[8]

---

6) 『明南樓隨錄』, 301쪽 아래, "神氣運化, 非獨天下所同, 至於萬事萬物, 始終條理, 首尾脈絡, 原成一體, 撼一隅, 則四隅自動, 一人和, 則萬姓趨應, 天下所同, 更無他可比擬之事物. 況是宇內億兆, 自初習染, 平生資賴, 未有一息之間斷."

7) 『氣學』, 「氣學序」, 2b, "古人未嘗不乘氣而生死, 因氣而須用,……"

8) 『人政』, 권13, 「見氣識氣」, 20b~21a, "萬物造化, 皆是氣之所能, 而人於死生榮辱疾病憂患, 未嘗歸怨於氣歸功於氣, 以其不見氣不識氣也. 祀典所載, 天日月地山川風雲雷雨, 皆列香祝, 於氣未有等秩之定禮儀之設, 以其不見氣不識氣也. 聖學道學理學心學禪學儒學佛學天學之類, 皆有倡名, 惟氣未有學官之稱敎師之號, 以其不見氣不識氣也."

2) 기학의 목적

　최한기가 구상한 새로운 학문은 기존의 학문을 지양하고 통일하려는 야심찬 의도에서 나왔다.

　유교의 도 가운데 윤리·강상과 인·의를 취하고 귀신과 재앙·상서에 관한 것을 가려내며, 서양의 학문 중에서 역산과 기설을 취하고 괴이하고 헛된 화복설을 제거하며, 불교의 가르침 중에서 허무를 실유로 바꾸어 셋을 화합하여 하나로 하되 옛것을 기본으로 삼아 새로운 것으로 개혁하면 진실로 전 세계에 시행될 수 있는 가르침이 될 것이다.[9]

　이 인용문만으로 판단하자면 최한기가 구상한 학문이 유교·서학·불교를 절충한 것으로 비칠 수도 있고,[10] 동서를 화합한다는 측면에서 훗날 등장하는 동도서기론과 유사한 논리로 보이기도 한다. 하지만 최한기가 제시한 새로운 학문은 단순히 기존의 학문을 절충하거나 종합하는 선에서 그친 것이 아니며, 더욱이 단순한 절충과 종합을 그가 의도

---

9) 『神氣通』, 권1, 「天下敎法就天人而質正」, 15b, "儒道中取倫綱仁義, 辨鬼神災祥, 西法中取歷算氣說, 祛怪誕禍福, 佛敎中以其虛無, 換作實有, 和三歸一, 沿舊革新, 寔爲通天下可行之敎."

10) 이 인용문에 의하면 최한기의 학문이 유교·서학·불교를 절충하고 통합한 것(和三歸一)으로 보일 수 있으나, 최한기의 사상 전체에서 보면 불교는 기본적으로 통합의 대상이라기보다는 비판의 대상이었다는 것을 감안할 필요가 있다. 위 인용문에서 말한 것처럼 허무를 실유로 바꾸면 불교의 근본 교의인 공의 사상을 부정하는 것이고, 결과적으로 공의 사상이 부정된 불교 교의는 진정한 불교 교의일 수 없다. 이와 관련해 최한기는 위 인용문에 앞서 "불교는 허를 숭상하니 논할 만한 것이 못된다"고 하였다.(『神氣通』, 권1, 「天下敎法就天人而質正」, 15a, "佛敎尙虛, 無足論也.") 다만 불교의 자비는 유교의 仁愛와 마찬가지로 사람이 살아가는 데 큰 쓰임새가 있다고 불교의 긍정적인 측면을 일정하게 인정하였다. 『神氣通』, 권3, 「人物慈愛」, 6b, "聖學以仁愛爲宗, 佛氏以慈悲爲心, 善惡交契, 以相親相愛, 濟其所營, 慈愛之道, 乃人物之生, 始終大用也."

했던 것도 아니다. 그가 의도한 통일이라는 것은 자신의 확고한 철학적 토대에 기초해서 기존의 학문을 해체하고 새로운 학문체계를 건설하는 것이었다. 그의 학문이 기존 학문의 한계를 비판하고 극복한다는 성격이 강한 것은 이러한 이유에서이다. "기학으로 천하의 견문을 크게 뒤흔들어 눈과 귀를 새롭게 하고, 천하의 학문을 통일하여 구습을 씻어 버린다"[11]는 말은 기학의 취지가 무엇인지를 극명하게 보여 준다. 그의 기학은 전 세계 사람들의 낡은 생각과 구태의연한 습속을 타파하려는 거대한 기획의 결과물인 셈이다. 그의 관심사는 동양과 서양의 통일에 있지도 않았고 유교와 서학과 불교의 종합에도 있지 않았다. 그의 관심사는 오직 전 세계에 통행될 수 있는 보편적인 지식과 실천 방식의 발견이었다. 그가 "동양이 서양의 서적에서 취해야 할 것은 전 세계에 통행될 수 있다고 입증된 보편적인 가르침이고, 취하지 말아야 할 것은 더럽고 비루한 습속이나 황당하고 헛된 가르침이다"라면서 서양도 마찬가지라고 했던 것도 보편적인 지식과 이에 기초한 보편적인 삶의 방식이라는 그의 궁극적인 문제의식에서 나온 것이다.[12]

최한기는 또 자신의 학문체계인 기학의 목적이 세상의 병통을 고치려는 것이라면서 다음과 같이 말하기도 하였다.

인간이 없더라도 천지운화天地運化는 스스로 있고 내가 없더라도 통민운화統民運化는 스스로 있다. 그러므로 나의 존재 여부는 진실로 천인

---

11) 『人政』, 권9, 「元有氣學」, 12b, "以氣學掀撼天下之聽視, 以新耳目, 一統天下之學問, 以湔習染."
12) 『運化測驗』(『明南樓全集』1), 「運化測驗序」, 1b~2a, "其次千年, 四海周通, 書籍互傳. 東國之取西國書籍, 在於測驗宇內可通行之運化政敎, 不取其汚陋俗習荒誕敎文. 西國之取東國書籍亦然."

운화天人運化와 무관하다.[13] 그러나 옛날부터 오늘에 이르기까지 대기가 지닌 활동운화의 본성을 알지 못했기 때문에 자의적이고 의심스러운 설과 외도·방술의 말이 백성들을 여러 가지로 병들게 했고 사람을 해치는 일도 적지 않았다. 이것은 모두 천·리·신과 같이 어둡고 헤아리기 어려운 단서와 성인·현인·달인들이 상황에 따라 했던 유익한 말을 끌어들여 그 설을 부연하고 그 술수를 멋대로 실행한 것이다. 그래서 나는 기학을 창시하여 세상의 병통을 고치고자 한다. 모름지기 공자가 성과 천도를 말하지 않은 것과 다르긴 하지만 지금의 시대 상황으로 볼 때 시의적절한 것이다.[14]

최한기의 주장에 따르면 자연세계는 물론 인간세계도 나의 존재 여부와 상관없이 스스로 존재하고 작동한다. 이는 자연과 인간세계가 나의 마음과 상관없이 객관적으로 존재하며, 동시에 그 존재는 운동과 변화를 본질로 한다는 것을 의미한다. 이것이 하늘과 사람의 운동변화, 즉 천인운화天人運化이다. 물론 그 존재와 운동의 기저에는 끊임없이 운동변화 하는 기가 자리하고 있다. 이를테면 천체의 운행은 천체를 감싸고 있는 기의 운행으로 빚어지는 현상이고 인체의 생로병사도 몸을 채

---

13) 최한기의 기학에서 운화는 活動運化의 줄임말로서 존재의 운동과 변화를 포괄적으로 지칭한다. 최한기는 천지를 포함한 이 세상의 모든 존재를 운동과 변화의 관점에서 파악하고, 그 특성을 활동운화 또는 운화로 개념화하였다. 또한 최한기는 運을 周旋으로 풀이했는데, 이는 천체의 회전과 같은 일종의 회전운동을 뜻하므로 '운화'를 '운행과 변화'로 번역하는 것이 더 적절할 때가 있다. 따라서 천지운화는 천지의 운행과 변화를 가리키고, 통민운화는 인간사회의 운행과 변화를 포괄하는 개념이다. 천인운화는 글자 그대로 하늘과 인간의 운화를 아울러 이르는 말로서 자연세계와 인간세계의 운행·변화 전체를 가리킨다.

14) 『氣學』, 권2, 43b, "除了人, 天地運化自在, 除了我, 統民運化自在, 則有我無我, 實無關於天人運化. 然自古及今, 不識大氣活動運化之性, 揣摩疑惑之說, 外道方術之言, 病民多端, 害人不鮮. 皆是人據於天字理字神字, 晦昧難測之端, 聖人賢人達人, 隨機有爲之言, 附演其說, 肆行其術. 故倡其氣學, 要醫世病, 須異於夫子不言性與天道, 以時考之, 自有攸宜."

우고 있는 기의 운행 과정이다. 여기에서 관건은 자연과 인간사회의 운행 법칙을 정확하게 인식하고, 그 인식을 통해 파악한 법칙에 따라 실천하는 것이다.[15]

문제는 기의 존재와 그 특성을 제대로 알지 못하는 사람들이다. 이에 대해 최한기는 천지자연이 운동변화 하는 원인이 기라는 사실을 몰랐기 때문에 천·리·신과 같이 허구적인 존재를 근본 존재로 상정하고 천지자연의 운동변화를 설명했다고 지적하였다. 대기의 활동운화를 제대로 인식하지 못한 기존의 학설과 종교는 잘못된 이론을 만들고, 허구적인 개념과 성현의 말씀을 끌어들여 그 이론을 정당화함으로써 사람들을 병들게 했다는 것이다. 최한기가 기학을 만든 것은 기존의 잘못된 철학과 학설이 초래한 병통을 고치겠다는 분명한 의도가 있었다.

최한기는 이 세상의 존재들과 그 존재들의 운동을 근본적으로 기의 운동변화로 이해하였다. 언뜻 전통적인 기론과 비슷해 보이기도 하지만, 그가 자신의 학문을 기학이라고 칭한 것은 그가 제시한 학문의 핵심을 기라고 파악했기 때문이다. 『기학』의 서문에는 책의 제목을 '기학'이라고 붙인 이유가 다음과 같이 설명되어 있다.

기의 성질은 원래 활동운화 하는 것으로 우주 안에 가득 차서 터럭만큼의 빈틈도 없으며 온갖 별들을 밀어 돌리고 만물 생성의 무궁함을 드러낸다. 그 맑고 투명한 형질을 보지 못한 사람들은 공이라고 했고 허라고 하였다. 오직 그 조화造化의 변함없음을 깨달은 사람은 도라고 했고 성이라고 했으며, 그 원인을 구하려고 한 사람은 리라고 했고 신

---

15) 『人政』, 「人政序」, 3a, "準天地而立人政, 億兆咸寧, 從人爲而立人政, 羣情惟危."

이라고 하였다. 근래에 지구의 공전이 밝혀졌고 여러 기구의 시험이 충분히 이루어졌다. 이에 기의 본체와 작용이 누적된 경험을 통해 증험되었고 기의 운화가 실천을 통해 정확하게 파악되었다. 온갖 변화가 모두 기의 쌓임으로 말미암은 것이고 천체들이 서로 밀고 회전하는 것도 기의 운행을 탄 것이니, 바야흐로 우주에는 오직 이 기만 있을 뿐 이 이외에 달리 빈틈없이 완비된 것이 없다는 것을 믿게 되었다. 비교할 수 있고 헤아릴 수 있는 사람은 이것으로써 배우되 앞의 기를 미루어 뒤의 기를 증험하고 이 기로써 저 기를 증험하여, 부합하면 스스로 깨닫는 것이 있어 즐거워한다. 그 가운데 고생하여 깨달은 사람은 즐거움이 깊고 유추하여 널리 헤아릴 수 있으며, 우연히 깨달은 사람은 즐거움이 얕고 간혹 변통하는 데 장애가 있다. 이것이 기학이라는 제목을 내건 이유이다. 서로 공부하기를 권면하여 쉬지 않고 노력한다면 더욱 밝혀지는 것이 있을 것이다.16)

이 세상의 모든 존재는 기로 이루어져 있고 모든 현상은 기의 운동 이므로 인간의 지식도 기를 인식하고 증험함으로써 형성되며, 따라서 기를 공부하고 기를 밝혀야 한다는 의미이다. 최한기의 기학은 55세 중년의 나이에 이루어진 『기학』에서 구체화되었지만, 그는 젊은 시절부터 기에 대한 깊은 통찰을 했고, 그 결과 그의 기학은 34세 때 쓴 『신기통』 과 『추측록』에 이미 그 뼈대가 확립되어 있었다. "기의 본체를 논하여

---

16) 『氣學』, 「氣學序」, 1ab, "夫氣之性, 元始活動運化之物, 充滿宇內, 無絲毫之空隙, 推轉諸曜, 顯造物之無窮. 不見其瀅澈之形質者, 謂空謂虛, 惟覺其陶鑄之常行者, 謂道謂性, 欲求其所以 然者, 曰理曰神. 挽近, 地球之運轉而顯, 諸器之試驗備盡, 於是氣之體用, 由積累而得驗, 氣之 運化, 須實踐而的覩. 萬端變化, 皆由氣之蘊蓄, 相推迭旋, 亦乘氣之活動, 方信宇宙惟有此氣, 更無他完備無欠. 可比可擬者, 學此可學, 推前氣而驗後氣, 將此氣而證彼氣, 得其符合, 自有覺 而悅樂. 辛苦而覺者, 悅樂深, 可推類而測博, 偶然而覺者, 悅樂淺, 或有碍於變通. 此所以旣揭 氣學之標題. 勸勉相修, 進進不已, 益有所明."

『신기통』을 지었고 기의 작용을 밝혀『추측록』을 지었다"[17]고 한 데서 알 수 있듯이 그의 초기 저술인『신기통』과『추측록』은 한마디로 기에 관한 연구서이다. 그는 일찍부터 기의 존재와 작용에 대해 연구했고, 그 결실이『신기통』과『추측록』이었던 것이다. 이처럼 최한기가 젊은 시절부터 기에 관심을 갖고 기에 관한 책을 썼던 이유는 천지와 그 안에 존재하는 모든 존재를 기의 조화로 생겨난 것으로 생각했기 때문이다.[18]

이 생각은 평생토록 변하지 않았다. 최한기는 58세 때 완성한『인정』에서 다음과 같이 말하였다.

> 전 세계의 온갖 현상들을 포괄적으로 살펴보면, 사람과 사물이 가득 차 있고 그들이 생겨났다 사라지는 것은 대기운화大氣運化로 인한 다양한 변화가 아닌 것이 없다. 비록 미세한 사물일지라도 이 기화를 떠나서 이루어지는 것은 없다. 운화를 아는 사람은 전 세계를 평안하게 하는 도를 논함으로써 전 세계인으로 하여금 이미 파악한 기화를 따르고 운화교運化敎의 들어맞음에 감복하도록 할 수 있다.[19]

---

17) 『神氣通』, 「氣測體義序」, 2a, "論氣之體, 而著神氣通, 明其之用, 而撰推測錄."
18) 『神氣通』, 「氣測體義序」, 1b~2a, "盖天地人物之生, 皆有氣之造化."
19) 『人政』, 권9, 「敷運化乎宇內」, 158쪽 위, "統察宇內範圍排布, 人物彌滿, 生息起滅, 莫不因大氣運化而千變萬化. 雖微細事物, 未有捨此氣化而作成者. 識運化者, 可以論乎宇內之道, 使宇內人, 因已習染之氣化, 感服運化敎之符驗." 「敷運化乎宇內」는『인정』이 판각된 후에 급히 추가된 것으로 보인다.『인정』권9의 1a(판심의 쪽수, 영인본 쪽수로는 159쪽하단)는「虛無誠實學」으로 시작되는데, 「敷運化乎宇內」는 虛無誠實學 앞에, 즉 판심의 쪽수가 없는 면(영인본 쪽수로는 158쪽에서 159쪽 상단까지)에 있으며 그것도 다른 글씨체로 되어 있다. 권9의 목차에서도 다른 항목의 제목들이 각각 한 행으로 되어 있는 것과 달리「敷運化乎宇內」는 한 행을 차지하지 못하고「誠實學」상단에 억지로 붙어 있는 형태, 즉 '敷運化乎宇內誠實學'으로 되어 있다. '虛無誠實學' 앞에 겨우 4글자가 들어갈 공간밖에 없었으므로 본래 있던 '虛無誠實學'의 '虛無'를 지우고 '敷運化乎宇內'를 추가했기 때문이라고 생각된다.

운화교는 기의 운동변화에 대한 가르침이라는 의미이다. 최한기는 미물을 포함한 이 세상의 모든 존재는 기의 운동변화를 떠나서 존재할 수 없다고 여겼다. 기의 운동변화에 따라 인간과 사물은 생겨났다 사라지는 과정을 반복한다는 것이다. 결국 인간을 알기 위해서는 인간의 운동변화에 결정적인 원인이 되는 기의 운동변화를 알지 않으면 안 된다. 따라서 기의 운동변화를 제대로 알아야 인간사회의 운동변화를 파악할 수 있고 세상을 평화롭게 만드는 방법을 논할 수 있으며, 결과적으로 전 세계 사람으로 하여금 기의 운동변화에 대한 가르침을 따르도록 할 수 있다. 이렇듯이 기는 최한기의 철학체계에서 존재론과 인식론은 물론 더 나아가 실천론을 관통하는 근본 존재이다.

2. 기존 학문에 대한 평가와 비판

1) 기존 학문의 근본 오류

최한기는 우리 앞에 펼쳐져 있는 광활한 우주가 형질을 가진 존재라는 것을 특히 강조하였다. 그 이유는 우주의 형질을 제대로 인식하지 못해 미혹된 설이 나온다고 여겼기 때문이다. 최한기는 이에 대해 "대체大體의 형질이 뚜렷이 드러나기 전에는 이 세상 모든 일의 진실한 도리를 남들에게 말할 수 없었다. 설사 말했다고 하더라도 잘못 보고 들은 것으로 모호한 말을 했고, 듣는 사람도 어리석은 견문으로 의혹을 덧붙여서 시비를 일으켰을 뿐이다"라고 하였다.[20] 여기서 대체란 우주공간을 가득 채운 대기를 가리키는데, 최한기는 그 대기가 형질이 있는 존재임을 강조한 것이다.[21]

최한기에 따르면 우주공간은 무형의 존재가 아니라 유형의 존재이다. 그는 이 우주를 아무것도 없는 텅 빈 공간이 아니라 대기가 가득차 있는 공간으로 여겼고, 더 나아가 자연과 인간을 포함해 이 세상 모든 존재가 겪는 생성·운동·변화·소멸의 과정은 끊임없이 운동하고 변화하는 대기의 품 안에서 이루어진다고 여겼다. 이러한 관점에서 보면 자연과 인간의 온갖 운동과 변화가 그것을 둘러싼 대기의 운행에 근거하고 있다는 사실을 알지 못했을 때는 근거 없는 억측으로 자연과 인간의 세계를 설명할 수밖에 없었다. 따라서 이 우주에서 벌어지는 다양한 현상을 제대로 이해하기 위해서는 그 현상의 원인인 (대)기의 존재를 직시해야 한다는 주장이 가능하다.

최한기가 파악한 기는 우주를 빈틈없이 채우고 있으면서 끊임없이 운동변화 하는 존재이다. 앞에서도 살핀 것처럼 최한기는 기의 운동성을 활동운화 네 글자로 규정하고, 많은 경우에 편의상 운화로 칭하였다. 경우에 따라서는 기의 활동운화를 전통적인 용어인 기화로 줄여 부르

---

20) 『明南樓隨錄』, 294쪽 위, "人體形質, 未暢露之前, 不可以天下萬事眞實道理, 向說於諸人, 縱得向說, 只以迷昧所見, 俗習所聞, 做出模糊說話, 聽之者亦以顓蒙見聞, 徒添疑惑, 轉成是非矣."

21) 최한기는 전통적인 기론이 기를 무형의 존재로 인식한 것으로 파악하였다. 사실 한당시대를 거치면서 확립된 중국의 전통적인 기론에서 기 내지 대기를 무형의 존재로 보았다는 것은 전통적인 기론에 대한 정확한 이해라고 할 수는 없다. 아무튼 최한기는 기의 유형성이 최근에 와서, 그것도 서구의 영향으로 밝혀졌다고 생각한 것만은 분명한데(『氣學』, 권2, 41a, "活動運化之氣, 人始見於地圜, 次明於地轉, 畢露於淸蒙."), 이처럼 최한기가 기의 유형성을 강조한 것은 자신의 기학과 전통적인 기론의 차이를 부각시키려는 의도에서 나온 것으로 생각된다.

기도 하였다. 그의 주장에 따르면 우주를 가득 매운 기가 온갖 천체를 회전시킬 뿐만 아니라 만물을 생성하는(造物) 역할을 한다. 다만 기의 형질이 맑고 투명해 기가 감각기관에 잘 포착되지 않는다는 문제가 있다. 그 결과 기의 형질을 보지 못한 사람들은 그것을 공이나 허라고 했고, 만물이 끊임없이 생성된다는 것을 깨달은 사람은 도나 성이라고 했으며, 그 원인을 구하려고 한 사람은 리나 신이라고 하였다.[22] 이처럼 최한기는 불교와 도가의 형이상학은 물론 전통적인 기론이나 주자학의 형이상학까지도 비판했는데, 그들이 기의 두 가지 속성, 즉 형질이 있다는 속성과 활동운화 한다는 속성을 알지 못한 탓에 기의 인식이 불완전했고, 결과적으로 기의 성질에 불과한 도·성·리·신을 실체화했다는 것이 그 비판의 요지이다.[23]

최한기는 『기학』의 서문을 다음과 같은 글로 시작하였다.

중고中古의 학문은 흔히 무형의 리와 무형의 신을 근본으로 삼아 이것을 심원하고 고매한 것으로 여긴 반면에 유형의 물체와 증거가 있는 일을 근본으로 삼는 것을 천박하고 보잘것없는 것으로 여겼다. 그 이후로 어떤 사람은 유형의 사물로써 무형의 신·리를 비유했고, 또 어떤 사람은 무형의 신·리를 끌어다 억지로 유형의 사물에 맞추었다. 어떤 사람은 무형의 것에 매달려 황당무계한 곳으로 들어갔고, 어떤 사람은 유형의 것에 매몰되어서 자질구레한 것을 가지고 다투었다. 이렇게 하여 유형과 무형 사이에서 억측과 의혹이 이르지 않은 곳이 거의 없었

---

22) 『氣學』, 「氣學序」, 1ab, "夫氣之性, 元始活動運化之物, 充滿宇內, 無絲毫之空隙, 推轉諸曜, 顯造物之無窮. 不見其瀅澈之形質者, 謂空謂虛, 惟覺其陶鑄之常行者, 謂道謂性, 欲求其所以然者, 曰理, 曰神."

23) 『氣學』, 권1, 5a, "蓋氣之明曰靈, 氣之能曰神, 氣之條理曰理, 氣之經驗曰知, 氣之循環曰變化."

다. 경험을 두루 해 보고 난 다음에야 점차 밝아져 여러 가지 이름의
학문이 깨달음에 따라 나누어지고 스스로 문호를 세워 융성하기도 하
고 쇠퇴하기도 하였다. 그 이유는 대개 이 기의 근본이 드러났으나 그
것을 깨닫지 못했고, 기의 근본이 밝혀졌으나 그것을 활용하지 못했기
때문이다.[24]

　　중고의 학문은 형질이 있는 기를 알지 못했기 때문에 신이나 리와
같은 무형의 존재를 상정해 이 세계를 설명하는 잘못을 범했다는 것이
중고의 학문에 대한 최한기의 일반적인 평가이다. 그의 주장에 따르면,
우주에 충만해 있는 기가 모든 존재를 감싼 채 끊임없이 운동변화 하는
데, 지구·해·달·별과 같은 천체들도 그 기에 의지해 운행하고 풍·
우·한·서도 그 기로 인해 발생한다. 천체의 운행, 계절의 순환, 그리고
기상의 변화와 같은 자연의 운행은 모두 기의 활동운화로 일어나는 현
상이라는 것이다. 그러나 옛날 사람들은 그와 같은 자연현상의 원인이
기라는 것을 제대로 알지 못했고, 근래에 와서야 기를 경험적으로 확인
하고 활용하게 되었다는 것이 최한기의 생각이었다.[25]
　　최한기 학문의 성격은 그가 기존의 학문을 어떻게 평가했느냐를 통
해서도 알아볼 수 있다. 최한기에 의하면 크고 작은 옛 학문은 저마다

---

24) 『氣學』, 「氣學序」, 1a, "中古之學, 多宗無形之理, 無形之神, 以爲上乘高致, 若宗有形之物,
　　有證之事, 以謂下乘庸品. 子玆以降, 或將有形之事物, 而譬諭無形之神理, 又或以無形之神理,
　　而牽合有形之事物, 或偏酷於無形, 而入于荒誕, 或埋沒捺有形, 而爭于微細. 有形無形之間, 揣
　　摩疑惑, 殆無不屈. 閱歷經驗, 從後漸明, 學之殊號, 從其所覺而分裂, 自立門戶而盛衰. 蓋由於
　　此氣之本著, 而末及見得, 本顯而未能推用也."
25) 『氣學』, 권1, 5b, "總包萬有, 運化無窮, 地月日星, 賴此斡旋, 風雨寒暑, 由此發作. 上古人未
　　及之, 次古人所疑惑, 中古人所揣摩, 近古人所試用. 天下人所通行, 是乃古今人協力抽拔, 遠近
　　人相證闡明, 其名曰氣."

이름이 있고 저마다 능한 것이 있다고 주장하지만, 그중에는 민생에 보탬이 되는 것이 있는가 하면 해가 되는 것도 있으며 경우에 따라서는 손해도 이익도 없는 것이 있다. 당연히 잘 골라 써야 하지만, 문제는 그것이 말처럼 쉽지 않다는 것이다. 최한기는 기존의 학문들이 혼란스러워진 것은 후세 사람들이 제멋대로 보태고 늘어서 마침내 그 학문들의 근본 취지를 잃어버렸기 때문이기도 하지만, 원천적으로 학문 자체에 이미 혼란의 원인이 내재해 있었기 때문이라고 지적하였다.[26] 그렇다면 기존의 학문이 본래 지니고 있었다는 한계란 무엇일까? 앞에서 살펴본 것처럼 최한기는 기존의 학문이 지닌 근본적인 문제점으로 기를 제대로 알지 못했다는 점을 들었다. 기존의 학문들은 운화의 형질을 보지 못한 채 물화物化, 즉 겉으로 드러나는 물질 변화의 자취만을 보고, 그 안에 그렇게 되는 원인이 있다고 짐작하였다. 그 결과 공·허·리·신이라는 개념을 상정하고 그것으로 자연현상을 해명했는데, 그 개념들은 모두 무형의 것에다 이름을 붙였다는 공통점이 있다.[27]

최한기가 기를 제대로 이해하지 못하고 기를 제대로 활용하지 못했다고 비판한 학문은 구체적으로 어떤 것일까? 그의 분석에 따르면, 온갖 조화가 대기의 운화에 의해 발생하는 것임을 알지 못하고 그 조화의 원인을 엉뚱한 것에서 구하는 사람들은 네 가지 유형이 있다. 조화의

---

26) 『氣學』, 권1, 5ab, "以其覺悟, 受敎傳業曰學. 自古及今, 有無虛實, 微細事務, 莫不有學之稱號, 各自鳴其所能. 有補於民生者, 有害於民事者, 無損益於民道者, 雜錯紛紜, 苟善取用, 皆爲我之勸懲, 惟恨倡之者, 微發其端, 傳之者, 各將己意, 增衍附翼, 至失本旨. 究其所由, 則所擧之本源, 或瓿漏贅肬有可執者, 或有無虛實得其偏滯, 或務勝喜奇漸趨深刻, 或泛濫況忽難以摸采. 末流之弊姑捨, 錯亂之源, 已自權輿. 學之立本, 顧不重且難哉."

27) 『人政』, 권12, 「言行不同」, 14b, "必也未及見運化之形質, 而但見物化變遷之實迹, 疑於其中有所以然者, 曰空曰虛曰理曰神, 皆從無形而定名."

원인을 무형의 신과 리에서 구하는 사람, 심기心氣의 허령에서 구하는 사람, 문헌과 언행에서 구하는 사람, 방술의 견강부회에서 구하는 사람이 그 네 가지 유형이다. 이들은 대기의 운화를 모른다는 공통점이 있다.[28] 그는 또 노자의 무, 불교의 공, 심학과 리학의 리에 대해 운화의 기를 보지 못한 사람들이 잘못 설정한 무형의 존재라고 비판하였다. 그의 주장에 의하면, 형질의 기는 쉽게 볼 수 있지만 운화의 기는 보기 어렵기 때문에 옛사람들은 유형과 무형으로써 형질과 운화를 분별하는 오류를 범하였다.[29] 그 결과 노자의 무와 석가의 공[30]은 모두 무형으로 도道와 학學을 삼았고, 심학과 리학은 다 같이 무형의 리로 마음의 습염習染[31]을 깊이 궁구하고 무형과 유형의 사이에서 힘을 쏟았다는 것이다.

최한기는 『기학』에서 기를 형질의 기와 운화의 기로 나누었다. 지구·달·태양·만물의 몸 같은 것이 형질의 기라면, 비 내리거나 햇빛이 비치는 것, 바람이 불거나 구름이 일어나는 것, 춥고 더움, 건조함과 습함 같은 것이 운화의 기이다.[32] 겉으로 드러나는 것으로 판단하자면,

---

28) 『氣學』, 권1, 32a, "千萬造化, 皆是有形大氣所爲, 而或求之于無形之神理, 非大氣之運化, 錯認一也. 或求之于心氣虛靈, 非大氣之運化, 錯認二也. 或求之于載籍言行, 非大氣之運化, 錯認三也. 或求之于附會方術, 非大氣之運化, 錯認四也."

29) 『氣學』, 권1, 6b, "形質之氣, 人所易見, 運化之氣, 人所難見. 故古人以有形無形, 分別形質運化. 老氏之空, 佛氏之無, 皆以無形爲道爲學, 至於心學理學, 俱以無形之理, 潛究在心之習染, 用功於無形有形之間."

30) 원문에는 '노씨의 공'과 '불씨의 무'로 되어 있으나 이는 공과 무가 서로 바뀐 것으로 보인다.

31) 마음의 습염이란 글자 그대로 마음의 물듦이란 뜻으로 마음이 경험적으로 습득한 관념 내지 지식을 의미한다. 최한기의 관점에서 보면 마음이 지닌 지식은 경험을 통해 습득한 것, 다시 말해 물적 근거가 있는 것임에도 불구하고 리학과 심학은 그 지식을 경험과 무관한 선험적인 리, 즉 마음에 내재한 무형의 리로 환원해 설명한다는 문제가 있다.

32) 『氣學』, 권1, 6ab, "氣有形質之氣, 有運化之氣. 地月日星萬物軀殼, 形質之氣, 雨暘風雲寒暑

일정한 형체를 지닌 것이 형질의 기라면 끊임없이 운행하고 변화하는 것이 운화의 기이다. 하지만 운화의 기가 형질이 없는 것이 아니며 형질의 기가 운화하지 않는다고 할 수도 없다는 점에서 형질의 기와 운화의 기라는 명칭을 탄력적으로 이해할 필요가 있다.[33] 확실한 것은 최한기의 기학에서 형질의 기가 되었든 운화의 기가 되었든 모든 기는 형질이 있는 존재라는 것이다. 최한기는 이를 유형의 기라고 하였다.[34] 심지어는 사람의 신기도 유형의 기로 파악할 만큼 최한기는 기의 유형성을 강조하였다.[35]

물론 형질이 있는 존재라고 했을 때, 그 형질은 반드시 고정된 모양을 지닌 물체만을 뜻하는 것은 아니다. 기는 끊임없이 운동변화 하는 특성을 지녔고, 더욱이 그 내용물의 밀도가 매우 낮고 투명하기 때문에 인간의 감각기관에 잘 포착되지 않는다. 그럼에도 분명한 것은 기가 공간을 점유하고 있다는 점이고, 그런 점에서 물질과 다르지 않다는 것이다. 굳이 데카르트의 용어를 빌리자면 기 역시 공간을 점유한 물질, 즉 연장적延長的 실체이다.[36] 다만 운화의 기는 형질의 기와 달리 눈에 잘 보이지 않기 때문에 옛사람들은 그것을 무형의 존재로 잘못 생각하였다. 그래서 그들은 텅 빈 우주공간에서 온갖 다양한 현상들이 일어난다

　　燥濕, 運化之氣也. 形質之氣, 由運化之氣而成聚, 大者長久, 小子卽散, 無非運化氣之自然也."
33) 『人政』, 권8, 「無言有言」, 28a, "但說天地化生, 而不見運化有形之氣."
34) 『人政』, 권5, 「氣之有形無形」, 26a, "蓋天地間, 有形之氣, 充滿無一毫空隙, 有形之萬物, 繼承無一息間斷, 欲求無形, 而不可得也."
35) 『人政』, 권10, 「有而無無」, 14a, "人之神氣, 卽瀅明靈澈, 有形之氣, 從九竅而通達天地萬物有形之氣."
36) F. 코플스턴, 『합리론』(김성호 옮김, 서광사, 1994), 197쪽, "깊이와 넓이 그리고 깊이로 이루어지는 연장성이 물질적 실체의 본성을 구성한다."

고 여겼고, 그 다양한 현상들의 원인을 실제로 존재하는 기에서 구하지 않고 무·공·리·신과 같은 허구적인 존재, 심지어 방술과 같이 자의적으로 만든 방법에서 구하는 잘못을 범했다는 것이다.[37] 한마디로 옛사람들은 운화 역시 기의 운화임에도 불구하고 무형의 것으로 오해했고, 이로 인해 이 세계의 배후에 이 세계를 규율하는 무형의 존재가 따로 있다고 상정할 수밖에 없었다는 비판이다.

2) 기존 학문에 대한 비판

기존 학문에 대한 최한기의 비판은 다섯 가지 범주로 나누어 살펴볼 수 있다. 첫째, 도가와 불교에 대한 비판이다. 최한기는 노자와 선불교 학문의 핵심을 각각 무위와 무물無物로 파악하였다. 그의 분석에 의하면 도가는 무위를 종지로 삼았기 때문에 무위를 얻는 것이 도의 성취이며, 불교는 무물을 종지로 삼았기 때문에 무물을 인식하는 것이 도의 성취이다. 이에 대해 최한기는 나의 몸이 존재한다는 경험적인 사실을 근거로 반박하였다. 이미 나의 몸이 존재하므로 몸이 없는 것이 아니고, 따라서 무위를 실천할 수도 없고 물이 없을 수도 없다는 논리가 그것이다.[38] 이러한 비판은 노자와 석가가 기를 제대로 알지 못했다는 것으로

---

37) 『氣學』, 권1, 6ab, "氣有形質之氣, 有運化之氣. 地月日星萬物軀殼, 形質之氣, 雨暘風雲寒暑燥濕, 運化之氣也. 形質之氣, 由運化之氣而成聚, 大者長久, 小子卽散, 無非運化氣之自然也. 形質之氣, 人所易見, 運化之氣, 人所難見, 故古人以有形無形分別質質運化. 老氏之空, 佛氏之無, 皆以無形爲道學, 至於心學理學, 俱以無形之理, 潛究在心之習染, 用功於無形有形之間. 然其實運化之氣, 形質最大, 充塞宇內, 範圍天地, 涵養萬有, 透徹膚隨. 軀築輔藩, 則堅固無比, 相迫冷熱, 則矗嶂斯發, 是乃有形之明證也."

38) 『推測錄』, 권5, 「老佛學推測」, 35b, "夫老學以無爲爲宗, 而禪學加一層, 以無物爲宗, 以其宗

귀결된다. 이와 관련해 최한기는 "노자의 무와 불씨의 공은 대개 형질이 없고 막힘이 없는 것만을 보고 기가 우주에 가득 차서 만물을 만드는 것을 보지 못했기 때문이니, 참으로 그럴 만한 까닭이 있다"면서 다음과 같이 말하였다.

노자가 말한 '유는 무에서 생긴다', '찰흙을 빚어 그릇을 만들어 그 없음(無)을 사용한다'는 등의 말에서 무를 기로 바꾸면 뜻이 통한다. 불씨가 말한 '산하대지의 텅 빈 공空', '극락조가 허공에 날아올라 스스로 즐긴다'[39]의 공을 모두 기로 바꾸면 역시 의미가 통한다. 처음에 조금 차이가 난 것 때문에 마침내 큰 차이가 생겼으니, 성실誠實・진정眞正한 기를 도리어 공적과 허무로 만들고 말았다.[40]

둘째, 방술학과 외도학에 대한 비판이다. 최한기는 객관적인 근거 없이 마음대로 꾸며낸 것인 동시에 증험할 수 없는 것이라고 비판하였다. 그의 견해에 따르면 대기의 운화에 근거하지 않고 다만 개인의 편벽된 생각에 따라 가르침과 학문을 세운 것이 곧 방술학이고 외도학이

旨. 究其所謂成道, 得其無爲者, 見其無物者, 卽其成道也.……旣有吾身, 實非無身, 豈可以有行無, 亦豈可非無而爲無."

39) 頻哿空甁: 迦陵頻伽의 줄임말. 迦陵頻伽는 불교의 전설 속에 나오는 좋은 소리를 내는 새의 이름으로, 梵語 kalavinka의 音譯이다. 『正法念處經』의 觀天品에, "迦陵頻伽는 그 소리가 아름답고 묘하여 婆求鳥의 소리와 같아 대중들이 듣고는 좋아하는데, 허공으로 날아올라 스스로 즐긴다"고 하였다. 金塤, 『국역 잠곡유고』(한국고전번역원), 권1, 「贈德海上人」의 번역자 주석 참고.

40) 『推測錄』, 권2, 「老氏無佛氏空」, 17b~18a, "老子之無, 佛氏之空, 蓋見無形質無窒礙, 未見其充塞宇宙裁和萬物, 良有以也. 始自未達一間, 終致空寂虛無之科. 老子所謂, 有生於無, 搏埴以爲器而用其無等語, 以其無字, 換作氣字, 乃不害義也. 佛氏所謂, 山河大地之虛空, 頻哿空瓶之空, 皆以氣字換之, 義亦無不可也. 始緣毫釐之差, 而終致千里之繆, 以此誠實眞正, 反作空寂虛無也."

다. 이것들은 사람들이 생사와 질병, 부귀와 빈천, 선을 상주고 죄를 벌 줌 등을 좇거나 피하고자 하는 욕심 때문에 생긴 것으로 옛사람의 한두 마디 말을 억지로 끌어와서 앞뒤를 꿰어 맞추고 일의 실마리를 의혹하여 천간 · 지지와 상생 · 상극의 설을 만들고 부적 · 주술과 기도 · 양제禳除를 만들어 반드시 보이지 않는 귀신에 의탁한다는 특징이 있다. 이에 대해 그는 "설사 부적과 주술이 영험이 있다고 하더라도, 만약 감응하는 귀신이 형질도 없고 소리와 냄새도 없고 흔적도 없다고 말한다면 그 귀신이 감응하는 것도 당연히 형질이 없고 소리와 냄새가 없고 흔적이 없으며, 만약 형질이 있고 소리와 냄새가 있고 흔적이 있다고 말한다면, 어디에서 그것을 보고 증험할 수 있는가?"라고 비판하였다.[41]

방술학과 외도학은 오늘날 일반적으로 미신 또는 유사과학이라고 하는 것을 통칭한다. 천간 · 지지, 상생 · 상극, 부적 · 주술, 기도 · 양재 등이 방술학의 구체적인 사례라고 할 수 있는데, 최한기에 따르면 이와 같은 술법들의 기저에는 화복설과 귀신설 등과 같은 잘못된 믿음이 자리하고 있다. 이와 관련해 그는 또 "참된 지식을 얻지 못한 사람은……알 수 없는 귀신에게 화복을 구하고 근거 없는 화복으로 귀신을 숭상한다. 그래서 그것을 입증하기 위해 밝히기 어려운 옛날의 괴이한 일들을 끌어다 붙이고, 그 방법을 밝히기 위해 부적 · 주문 · 간지 같은 것을 나열하여 드디어 방술이 만들어졌다"[42]고 하였다.

---

41) 『氣學』, 권1, 7b~8a, "不由大氣之運化, 只從私意之趨避, 別立敎文, 是謂方術學外道學. 因衆庶之生死疾病, 富貴貧賤, 賞善罰罪, 趨避之慾, 牽合古人一二文字, 附演前後, 疑惑事端, 干支生克, 符呪禱禳, 必歸托於晦昧之鬼神. 設使符呪有靈驗, 感應聽從之鬼神, 若云無形質無聲臭無痕迹, 則其所感應聽從, 亦當無形質無聲臭無痕迹矣. 若云有形質有聲臭有痕迹, 當從何處, 見之驗之哉."

한편 외도학에 대해 그는 "귀신이나 화복으로 백성을 꾀는 것이 외도와 이단"[43]이라고 했으며, "외도의 학문은 사람이 삶을 좋아하고 죽음을 싫어하며 길함을 추구하고 흉함을 회피하는 감정을 이용하여 불로장생술·윤회응보설·영혼불멸설을 내세웠다"[44]고 비판하기도 하였다. 그의 관점에서 보면 태어나 자라고 늙고 죽는 과정은 대기의 운동 변화로 인한 것이므로 인간의 힘으로 피할 수 없는 필연의 영역이고 자연의 영역이다.[45] 귀신도 인간의 영역에 관여하는 영적 존재가 아니라 자연의 법칙에 따라 모이고 흩어지는 기에 불과하며 화복이라는 것도 인간 스스로 초래한 것이지 간지·부적·주문 같은 방술이나 주술적 방법으로 바꿀 수 있는 것이 아니다.[46] 한마디로 방술학과 외도학은 기가 인간의 기복적 행위와 관계없이 자신의 법칙에 따라 운동하고 변화한다는 객관적인 사실을 알지 못한 데서 기인한 것이다.

셋째, 기독교와 이슬람교에 대한 비판이다. 최한기가 "운화의 기를 벗어나 천박하고 비루한 일을 받들어 행하는 것으로는 서양학과 천방학天方學이 있다"[47]고 했을 때, 서양학은 기독교를 가리키고 천방학은

---

42) 『推測錄』, 권2, 「鬼神禍福」, 25a, "未有實得者, 必以虛妄爲事, 不自知其已陷虛妄, 乃反以實得者爲劣, 求禍福於鬼神之不可知, 尙鬼神於禍福之無根着. 欲實其驗, 傅會古昔難明之蹟, 欲明其法, 排列符呪干支之類, 遂成方術, 人多沈惑, 作俑之害, 已無及矣."

43) 『推測錄』, 권2, 「鬼神禍福」, 25b, "凡敎法之不以實事勸懲, 乃以鬼神禍福誘民者, 所以爲外道異端也."

44) 『氣學』, 권1, 14b, "外道之學, 因人之好生惡死, 趨吉避凶之情, 設長生久視之術, 輪廻報應之談, 靈魂不滅之言."

45) 『氣學』, 권1, 14b, "生長老死, 大氣所運, 逃避不得."

46) 『推測錄』, 권2, 「鬼神禍福」, 25a, "燎原之火, 如欲撲滅, 自有本末之可求. 本者, 一氣之聚散, 是眞鬼神, 自召禍福, 是實禍福. 如有得於此, 疑惑沈溺, 庶不爲患. 末者, 干支符呪, 元無可據. 苟求乎此, 禍福鬼神, 自綻虛妄. 然愚迷之病不去, 疑惑沈溺, 終身難脫, 禍福之召, 不知在我, 有時禱禳, 亦難去絶."

47) 『氣學』, 권1, 8b, "踰越運化之氣, 服行賤陋之事, 西洋學天方學, 是也."

이슬람교를 가리킨다. 최한기는 기독교나 이슬람교도 무형의 신천神天을 섬기거나 사후 영혼의 안락을 기대하는 것이므로 운화의 기를 벗어났다는 점에서 방술학이나 외도학과 다르지 않다고 여겼다. 그의 주장에 따르면 기독교에서 섬기는 신천은 가장 높은 종동천에 거처하면서 천지만물을 창조했고, 처음도 끝도 없고 형질도 없는 존재이며 유일한 신이다.[48] 기독교의 신은 유일신으로서 만물의 창조주이자 무형의 존재이고 영원한 존재라는 것이다. 하지만 그의 관점에서 보면 무형의 신이 존재한다는 주장은, 더욱이 그것이 천지만물을 창조했다는 주장은 운화의 기를 완전히 벗어난 것이다. 이에 대해 그는 "신이라는 것은 운화의 능함을 가리키니, 운화의 기가 곧 신이다"[49]라고 전제하고 다음과 같이 말하였다.

운화의 유형 안에서 신을 구하지 않고 운화의 무형 위에서 신을 구하려고 하는 것은 천지의 운화를 시계에 빗대고 신을 시계 제작자에 빗대는 것과 같다.…… 천지운화의 기는 원래 활동하는 존재로서 여러 별들의 운행이 스스로 질서정연하고 대기의 광활한 운화가 스스로 만물을 빚어낸다. 어찌 반드시 다른 것에 기대어 회전하고 밖의 것을 빌려 변화하겠는가?[50]

---

48) 『氣學』, 권1, 8b, "西洋學, 所事之神天無形, 居於最上之宗動天, 造天造地造萬物, 此神外, 更無可事之神. 天地有始終, 神天無始終, 天地有形, 神天無形, 是乃踰越之大端也."
49) 『氣學』, 권1, 8b, "神者, 乃指其運化之能, 故運化之氣, 卽是神也."
50) 『氣學』, 권1, 8b~9a, "不求神於運化有形之中, 欲求神於運化無形之上, 是猶天地運化, 譬時辰儀, 以神譬制作之人.……且天地運化之氣, 元來活動之物, 諸曜運轉, 自成機括, 大氣包化, 自生陶鑄, 何必待他而周旋, 借外而行化也."

최한기에 의하면 우주공간의 천체들은 스스로 일정한 질서에 따라 운행하며 대기의 운화는 스스로 만물을 빚어내는 것이지 기독교의 신과 같은 외부의 존재가 따로 있는 것이 아니다. 자연의 운행과 생성은 그 배후나 너머에 그 운행과 생성을 가능하게 하는 신적 존재가 있는 것이 아니라 자기 내적인 질서에 따라 작동하는 그 자체로 완결된 체계라는 것이다. 따라서 예배가 기의 운동변화, 즉 자연의 질서에 보답하고 감사하는 마음에서 나왔다면 괜찮을 수도 있지만 이와 달리 기독교의 예배는 신을 섬김으로써 죄를 면하고 복을 구하거나 천당에 오르고 지옥을 피하려는 계책일 뿐이므로 잘못된 것이다.

최한기는 이슬람교의 예배에 대해서도 "천방교는 예배를 자주 하는 것을 귀하게 여겨 매일 다섯 차례의 예배가 있으며 매월 매년 정기적으로 수행하는 무수한 예배가 있어서 사후 영혼의 안락을 도모한다"면서, "이는 불교에서 차원 낮은 인과응보설로써 권유하여 불교가 일어나기를 기대하는 것과 같으며 신선술에서 기를 단련하여 육체를 벗어나 하늘로 올라간다고 하는 것과 같으니, 천하고 비루한 행위"라고 비판하였다.[51] 기독교와 이슬람교에 대한 최한기의 비판은 결국 천지만물의 생성과 운행이 대기의 활동운화로 이루어지고 인간의 혼도 사후에는 본래의 기로 돌아간다는 객관적인 사실을 알지 못했다는 것으로 모아진다. 그 결과 그들은 무형의 신을 설정하여 천지만물의 생성과 운행을 설명하고, 더 나아가 예배와 같은 신의 숭배를 통해 사후의 안락을 도모하는 천박함을 보였다는 것이다.[52]

---

51) 『氣學』, 권1, 9ab, "天方敎, 以多行禮拜爲貴, 每日有五時禮拜, 每月每歲, 有隨行之無數禮拜, 以要死後靈魂之安樂, 是將佛家勸誘下等之報應, 要作仙術鍊氣脫殼而升天, 是乃賤陋之行也."

넷째, 심학과 리학에 대한 비판이다.[53] 최한기는 심학에 대해 "심학을 전공하는 사람은 인간의 감각기관을 비루하고 지엽적인 것으로 생각하여 성명의 리를 탐구한다"[54]고 규정하였다. 심학에 대한 이러한 규정은 인식론의 측면에서 행해진 것으로, 인간의 지식이 감각기관을 통해서 외부 대상을 받아들이는 데서 출발한다는 경험주의적 인식론에 의거한 비판이다.[55] 최한기의 입장에서 보자면, 심학이 감각기관을 비루한 것으로 여기고 마음에 내재한 성명의 리를 탐구한 것은 마음 밖에 실제로 존재하는 기의 운화를 알지 못했기 때문이다.[56] 리학도 마찬가지인데, 그가 "운화를 알지 못하여 생각을 지키는 것을 거경이라고 여

---

52) 이에 대해서는 "모두 이 세상 사람들의 삶을 위해 인도의 떳떳하고 변함없는 사무를 행해야 마땅하다. 수신·제가·치국·평천하를 차례대로 하고 옛 성현을 이어받아 후학들을 계발해 주는 일도 오히려 여가가 없을까 걱정인데, 하물며 알 수 없는 일을 근거로 증험할 수 없는 일을 해야 하겠는가? 이러한 잘못은 모두 운화의 신이 운화의 기에 내재하며 사후의 혼이 운화의 기로 돌아간다는 사실을 알지 못한 탓에 발생한 것이다"라고 하였다. 『氣學』, 권1, 9b, "俱以世間同胞之生, 當行人道經常之務, 修齊治平, 次第逐擧, 繼往開來, 猶恐不暇給, 況以不可知之事, 行不可驗之事乎. 是皆由於運化之神, 不知在運化之氣, 死後之魂, 不知還運化之氣."

53) 최한기가 말하는 심학과 리학은 오늘날 육왕심학과 정주리학과 정확하게 대응하지는 않는다. 최한기의 경우에 심학은 마음의 학문이라는 뜻이고 리학은 리의 학문이라는 뜻인데 이 두 학문은 상당 부분 외연이 겹친다.

54) 『神氣通』, 「神氣通序」, 2ab, "專攻心學之人, 以諸竅諸觸爲卑屑, 而貪究性命之理." 심학에 대한 비판은 도교 의술 관상에 대한 비판으로 이어지는데, 그의 비판은 본문의 인용문에 이어서 다음과 같이 계속된다. "淸淨守眞하는 사람은 보고 듣는 것을 정기를 소모하는 것이라고 생각하여 귀머거리나 소경의 행세를 기꺼이 하며, 의서의 변설에는 외부에 나타난 질병을 장부나 혈맥에서 일어난 것이라고 서로 맞지도 않게 억지로 끌어다 대며, 相書에서 말하고 있는 形貌와 格局이나 혈색과 태도로 사람의 곤궁 영달과 장수 단명을 점치고자 하는 것 등등은 모두 지나치거나 미치지 못하는 잘못을 면할 수 없다."

55) 이러한 비판은 양지와 양능을 선험적인 능력으로 여기는 설에 대한 비판에서 더 명확하게 드러난다. 『推測錄』, 권1, 「愛敬出於推測」, 29a, "所謂愛敬出於良知良能者, 特擧其染習以後而言也, 非謂染習以前之事也."

56) 『人政』, 권9, 「成心」, 17a, "未見得於天人運化, 勢將惟心是師."

기거나 고문을 토론하는 것을 궁리라고 여기는 것은 잡초를 기르는 것"[57]이라고 혹평한 것이나 "기의 형질이 밝게 드러나기 전에는 성·리·허라는 글자로 기의 그림자와 메아리를 표현하여 배움을 삼고 가르침을 삼았다"[58]고 지적한 것은 리학이 기를 제대로 파악하지 못했다는 비판이다.

다섯째, 기존의 기론에 대한 비판이다. 기로 만물의 생성과 소멸을 설명하는 기론은 한나라 시대 이래로 성행한 동아시아의 전통적인 존재론이다. 기론은 한·당시대를 거치면서 음양오행설이나 천인감응설 등과 결합함으로써 이 세계의 기원뿐만 아니라 현실세계의 다양한 현상을 설명하는 이론으로서 동아시아의 전통사회에서 광범위한 영향력을 행사하였다. 특히 도학이 제 모습을 갖추기 시작하는 북송대에 이르러 장재의 기론은 기질의 성[59]이나 심통성정心統性情[60] 등과 같이 도학의 중요한 이론적 장치가 되는 개념들을 배태함으로써 도학의 존재론적 원리로서 기능하기도 하였다. 하지만 정이와 주희 계열의 리본체론이 도학의 존재론으로 자리 잡음으로써 주자학의 이론체계에서 기는 리보다 하위에 있는 부차적인 존재로 격하되었다. 정주학이 주류 철학으로 자리를 잡은 조선에서도 서경덕을 비롯한 몇몇 예외를 제외하면 대개 리본체론이 도학의 철학이론으로 자리매김되었던 것도 사실이다.

---

57) 『人政』, 권9, 「稊稗五穀」, 27b, "不識運化, 而操持念頭, 以爲居敬, 討論古文, 以爲窮理, 是養稊稗者也."

58) 『人政』, 권9, 「性理皆是氣」, 20b, "氣之形質未暢露之前, 以性者理者虛者, 成言氣之影響, 以爲學以爲敎."

59) 『張子全書』, 권2, 『正蒙』, 「誠明」, 18b~19a, "形而後, 有氣質之性, 善反之, 則天地之性存焉. 故氣質之性, 君子有弗性者焉."

60) 『張子全書』, 권14, 「性理拾遺」, 2a, "張子曰, 心統性情者也."

그러나 주지하다시피 정주학 또는 주자학의 리본체론의 경우에도 리와 기 두 범주로 존재와 가치의 세계를 설명하기 때문에 기에 대한 담론이 매우 풍부하다.

최한기는 기존에 있었던 기의 담론에 그다지 호의적이지 않았다. 그의 주장에 따르면 우리나라 사람의 저술은 진부한 것을 주워 모은 것이 많고 기화를 논한 것이 없었으며, 간혹 기를 언급했더라도 대체가 간략하고 세부적인 사항이 모호하여 실용에 힘쓰는 사람들이 취하지 않았다.[61] 기에 관한 논의가 간혹 있긴 했지만 너무 간략하고 모호하여 실제로 쓸모가 없었다는 뜻이다. 그는 또 "기존의 기설은 대부분 형기와 혈기를 가리킨 것이고 천지 사이에 충만해 있으면서 운행변화하는 기를 가리킨 적이 없었다"면서, "그 결과 리를 말한 것이 많고 기를 말한 것이 적었다"고 한계를 지적하였다.[62] 천지만물의 운행변화의 원인이 운행변화하는 기임을 몰랐기 때문에 그 원인을 가공의 존재인 리에서 찾는 오류를 범했다는 비판이다. 이것은 최한기의 기학과 전통적인 기론 사이에 다른 점이 있다는 것을 의미한다. 적어도 최한기는 자신이 말하는 기와 전통적인 기 사이에는 학문적인 성격을 바꿀 만한 본질적인 차이가 있다고 생각했음이 분명하다.

옛 기설과 지금의 기설이 완전히 달라진 원인을 최한기는 어떻게 파악하였을까? 이에 대해 최한기는 "옛사람의 지식은 매번 사람의 일을 위주로 법을 만들고 천을 헤아렸지, 기화를 표준으로 사람의 일을 변통

---

61) 『明南樓隨錄』, 306쪽 아래, "東方人著述, 率多陳腐之掇拾, 未有氣化之言論. 間或語及于氣, 而大體忽略, 小節糢糊, 固爲務實用者所不取."

62) 『人政』, 권10, 「古人形氣血氣」, 8a, "古人所云氣, 多指形氣血氣, 未嘗指的天地間充滿運化之氣. 故言理多, 而言氣少."

하지 않았다. 이것이 옛날과 지금의 기설이 완전히 달라진 원인이다"[63]
라고 정리하였다. 옛사람들은 주관적인 방법으로 객관세계를 인식했다
는 것인데, 사실 객관세계를 주관적으로 인식하는 것은 객관세계에 대
한 참된 인식이 아니라 객관세계에 대한 주체의 일방적인 규정이라고
하는 것이 더 적절하다. 객관세계를 정확하게 인식하기 위해서는 인식
주체의 주관적이고 자의적인 판단에 의존해서는 안 되고 객관세계에
대한 관찰과 경험을 광범위하게 모아 객관세계에 대한 판단 자료로 삼
아야 한다.

  그러나 최한기의 관점에서 보면 옛사람들이 드물게나마 기를 말한
것은 "모두 이 형질이 있는 신기[64]로 천하의 견문을 합치고 천하의 경
험을 모아 온갖 사물의 참된 운화를 추출한 것이 아니었다."[65] 이전에
있었던 기의 담론은 객관적인 경험에 기초하지 않았고, 결과적으로 다
분히 주관적이고 자의적이었다는 것이다. 이는 주관적인 편견으로 객
관세계를 일방적으로 재단해서는 안 되며, 인간의 마음을 인식주체로
삼고 경험을 매개로 해서 객관세계를 정확하게 인식해야 한다는 의미
를 함축한다. 이러한 조건을 충족할 때 객관 존재인 기의 형질과 운화
를 제대로 인식할 수 있고, 그 인식을 근거로 기를 효과적으로 제어하고
활용할 수 있다는 것이 최한기가 『기학』을 통해 던진 메시지이다.

---

63) 『氣學』, 권1, 25ab, "古人知識, 每以人事爲主, 而設法測天, 不以氣化爲標準, 而變通人事,
   此所以古今氣說之判異也."
64) 형질이 있는 신기란 인간의 마음을 가리킨다.
65) 『明南樓隨錄』, 296쪽 아래, "古人雖或有言氣, 皆非此有形質之神氣, 合天下之聞見, 會天下
   之經驗, 抽出萬事物之運化眞的也."

3. 주자학적 학문관의 해체

1) 마음에서 객관존재로의 전환

전통적인 주자학자들이 지녔던 궁극적인 학문적 관심사는 물리적 대상세계가 아니라 인간의 내면세계였다. 이는 개인의 이익(利)보다 도덕적 정당성(義)을 우위에 두는 유교의 도덕주의와 그 연장선에 있는 심학적 전통의 산물이다. 심학적 전통에서는 당연히 감각적 인식(見聞之知)보다 도덕적 인식(德性之知)을 우위에 둔다. 장재張載를 예로 들어 보자. 그가 감각기관과 외물과의 접촉, 즉 감각경험으로부터 인식이 시작된다고 여긴 것은 감각으로부터 비롯되는 감성적 인식을 하나의 인식으로 인정했다는 것을 의미한다.[66] 하지만 나의 감각에 기초한 감성적 인식은 공간적 한계 때문에 천하의 사물을 다 인식할 수 없으며,[67] 자기중심성의 한계 때문에 보편적 인식에 이를 수 없다는 문제가 있다. 결국 장재는 이 세계를 통일적으로 인식하는 보편적인 인식에 이르기 위해서는 '마음을 다함'(盡心)이나 '마음을 크게 함'(大心)과 같은 심학적 방법이 필수적이라고 역설하였다.[68] 전체를 하나로 아우르는 통일적 인식

---

66) 『張子全書』, 권2, 『正蒙』, 「大心」, 21b, "人謂己有知, 由耳目有受也. 人之有受, 由內外之合也."; 『張子全書』, 권2, 『正蒙』, 「太和」, 2a, "有識有知, 物交之客感爾."
67) 『張子全書』, 권12, 「語錄抄」, 9a, "若只以聞見爲心, 但恐小却心. 今盈天地之間者, 皆物也. 如只據己之聞見, 所接幾何, 安能盡天下之物, 所以欲其盡心也."
68) 『張子全書』, 권2, 『正蒙』, 「大心」, 21a, "大其心, 則能體天下之物. 物有未體, 則心爲有外. 世人之心, 止於聞見之狹. 聖人盡性, 不以見聞梏其心, 其視天下, 無一物非我, 孟子謂盡心則知性知天, 以此. 天大無外, 故有外之心, 不足以合天心. 見聞之知, 乃物交而知, 非德性所知. 德性所知, 不萌於見聞."

은 너와 나의 분리를 전제한 감각적 인식으로는 도달할 수 없으며 오직 덕성에 기초한 도덕적 인식을 통해서만 가능하기 때문이다. 비록 장재는 감성적 인식(견문지지)과 도덕적 인식(덕성지지)의 이질성을 인지하고 도덕적 인식으로부터 감성적 인식을 분리해 내긴 했으나, 동시에 감성적 인식을 극복해야 할 부정적 대상으로 파악하고 도덕적 인식의 우위를 유지함으로써 결과적으로 대심大心과 진심盡心 같은 심학적 방법으로 회귀했던 것이다.[69]

여기서 심학이란 마음 바깥에 있는 객관세계보다 마음의 내면세계를 위주로 한 학문을 통칭하는데, 육왕계열의 심학은 물론 정주계열의 리학理學도 '심학'에서 벗어나지 않는다. 잘 알려진 대로 육구연陸九淵은 참된 인식의 대상, 즉 리가 마음 안에 있다고 하여 마음의 공부를 강조했으며,[70] 독서처럼 사물의 리를 탐구하는 궁리공부는 지리하고 번잡한 것에 지나지 않는다고 여겼다.[71] 왕수인王守仁 역시 "마음이 곧 리이다"라는 전제 아래 "마음 바깥에 사물이 없고 마음 바깥에 리가 없다"고 하여, 존재와 그 존재의 리를 마음 안으로 끌어들였다.[72] 요컨대 육왕심학에서 참다운 인식은 마음 안에서 이루어질 수밖에 없으며, 따라서 육

---

69) 김용헌, 「최한기의 철학사상에 관한 연구—실학적 방법론을 중심으로—」(고려대학교대학원 석사학위논문, 1987), 3~6쪽.

70) 『陸九淵集』, 권11, 「與李宰」, 149쪽, "天之所以與我者, 卽此心也. 人皆有是心, 心皆具是理, 心卽理也. 故曰, 理義之悅我心, 猶芻豢之悅我口. 所貴乎學者, 爲其欲窮此理, 盡此心也."

71) 『陸九淵集』, 권36, 「年譜」, 491쪽, "朱以陸之敎人爲太簡, 陸以朱之敎人爲支離, 此頗不合. 先生更欲與元晦辯, 以爲堯舜之前何書可讀? 復齋止之."

72) 『王陽明全集』, 권1, 「傳習錄」 上, 2쪽, "心卽理也. 天下又有心外之事, 心外之理乎?"; 『王陽明全集』, 권4, 「與王純甫」 二(癸酉), 8쪽, "夫在物爲理, 處物爲義, 在性爲善, 因所指而異其名, 實皆吾之心也. 心外無物, 心外無事, 心外無理, 心外無義, 心外無善. 吾心之處事物純乎理, 而無人僞之雜, 謂之善, 非在事物有定所之可求也. 處物爲義, 是吾心之得其宜也, 義非在外可襲而取也."

왕심학이 인식론 내지 공부론의 영역에서 물리적 대상세계를 소홀히 한다는 것은 지극히 자연스럽다.[73] 한편 정이程頤와 주희의 격물치지설은 리를 마음 바깥에 있는 사물에 내재시킴으로써 외물에 대한 탐구의 길을 마련했다는 점에서 육왕심학과 결이 다르긴 하지만,[74] 그 탐구 역시 궁극적 인식에 이르는 과정일 뿐이며 인식의 궁극적인 대상을 마음의 리로 설정했다는 점에선 육왕심학과 본질적으로 다르지 않다.[75] 결과적으로 주자학의 공부론은 객관주의적인 성격을 지녔음에도 불구하고 동시에 존심存心과 같은 마음의 공부를 강조하는 심학의 특성을 지니고 있다.[76]

조선 유학에서 활성화된 사단칠정설이나 인심도심설도 결국 마음에 내재한 도덕적 본성을 어떻게 확충하고 실천할 것인가에 그 초점이 있었기 때문에 주자학의 심학적 경향의 대표적인 결과물이라고 할 수 있

---

73) 『王陽明全集』, 권7, 「象山文集序」, 59~60쪽, "聖人之學, 心學也.……世儒之支離外索於刑名器數之末, 以求明其所謂物理者, 而不知吾心卽物理, 初無假於外也."; 『王陽明全集』, 권2, 『傳習錄』 中, 28쪽, "夫物理不外吾心, 外吾心而求物理, 無物理矣."

74) 『大學章句』, 「格物致知補亡章」, "蓋人心之靈, 莫不有知, 而天下之物, 莫不有理, 惟於理有未窮, 故其知有不盡矣."

75) 『朱子語類』(『朱子語類大全』 辛卯入梓 嶺營藏板), 권5, 「性理」 二, 4b, "所覺者, 心之理也. 能覺者, 氣之靈也."(節); 『大學章句』, 經1章, "明德者, 人之所得乎天, 而虛靈不昧, 以具衆理, 而應萬事者也. 但爲氣稟所拘, 人欲所蔽, 則有時而昏. 然其本體之明, 則有未嘗息者. 故學者, 當因其所發, 而遂明之, 以復其初也."; 『孟子集註』, 「盡心」 上, "此, 言理之本然也. 大則君臣父子, 小則事物細微, 其當然之理, 無一不具於性分之內也.……此章, 言萬物之理, 具於吾身, 體之而實, 則道在我而樂有餘, 行之以恕, 則私不容而仁可得."

76) 『朱子語類』, 권9, 「學」 三, 9a, "一心具萬理, 能存心而後, 可以窮理."(季札); 『朱子語類』, 권9, 「論知行」, 9a, "心包萬理, 萬理具于一心. 不能存得心, 不能窮得理, 不能盡得心."(揚) 이와 관련하여 주희는 내면의 리에 대한 탐구를 60~70%, 외면의 리에 대한 탐구를 30~40% 정도 하는 것이 좋다는 견해를 밝히기도 하였다. 『朱子語類』, 권18, 「大學」 五, 22b, "要之, 內事外事, 皆是自己合當理會底. 但須是六七分去裏面理會, 三四分去外面理會方可. 若是工夫中半時, 已自不可, 況在外工夫多, 在內工夫少耶? 此尤不可也."(廣)

다. 조선 후기의 인물성동이론이 인간의 범위를 넘어 자연세계에까지 관심 영역을 확대한 것은 사실이지만, 이 역시 자연세계 자체에 대한 객관적인 탐구라기보다는 동물도 인간과 마찬가지로 도덕적 본성을 타고났느냐의 여부가 주된 관심사였다. 그러므로 인물성동이론에서 발견되는 자연 본성에 대한 담론도 천리라는 도덕원리의 인식과 실천이라는 주자학의 근본 관심사에서 벗어나지 않는다. 이러한 학문 경향으로 인해 조선 주자학은 육왕심학과의 뚜렷한 이론적 차이에도 불구하고 심학적인 성격이 크게 강화되었으며, 실제로 조선의 주자학자들은 자신들의 학문을 마음의 학문이라는 뜻으로 심학이라고 지칭하였다.[77]

실용적이고 실증적인 학문을 추구했던 최한기로서는 마음 바깥에 실재하는 존재를 대상으로 하는 새로운 인식방법론 내지는 학문방법론을 모색할 필요가 있었다. 최한기가 양지설과 궁리설로 대표되는 심학적 방법론을 비판하면서 선택한 전략은 이들의 인식론적 전제를 공격하는 것이었다. 최한기에 따르면 인간의 마음은 본래 아무런 색이 없는 우물물과 같아서 그 어떤 관념이나 선험적인 리가 내재해 있지 않다. 색을 첨가함에 따라 우물물이 물들여지는 것처럼 인간의 마음도 경험에 의해 지식이 획득되고 축적될 뿐이다.[78] 이러한 관점에서 보면 어린 아이가 부모를 사랑하고 동생이 형을 공경하는 것도 인간이면 누구나

---

77) 이황은 심학에 대해 "심학은 아무리 단서가 많다 해도 요점을 총괄하여 말하면 인욕을 막고 천리를 보존하는 두 가지 일에 지나지 않는다"라고 규정하였다. 여기서 심학은 당연히 주자학이다. 『退溪集』, 권37, 「答李平叔」, 28b, "大抵心學雖多端, 總要而言之, 不過遏人欲存天理兩事而已."

78) 『推測錄』, 권1, 「本體純澹」, 16b~17a, "心之本體, 譬如純澹之井泉. 就井泉而先添靑色, 次添紅色, 稍俟而觀之, 靑色泯滅, 紅色漸迷, 黃色尙存, 所存黃色, 亦非久泯滅……然則純澹者, 井泉之本色也, 添色者, 井泉之經驗也. 添色雖泯, 純澹之中, 經驗自在, 至于積累, 推測自生."

타고나는 양지와 양능의 산물이 아니라 태어난 후에 축적된 견문과 추측의 결과물이다.[79] 온갖 리가 마음속에 갖추어져 있다는 맹자와 주희의 언급 역시 사유작용을 찬미한 것이지, 리의 선험적 내재성을 의미하는 것이 아니다.[80]

이처럼 최한기가 리의 선험적 내재성을 극구 부정한 것은 그것이 결국 사물을 도외시하고 오직 나에게서 모든 것을 구하는 주관주의 내지 심학주의에 빠지게 된다는 우려 때문이었다.

사람들은 혹 인의예지가 본래 나의 성에 갖추어져 있다고 여겨 결국 사물을 버려두고 단지 나에게서 구하는 폐단이 있으니, 어찌 구하여 얻는 방법을 논할 수 있겠는가? 예를 들어 금과 옥을 모으는 사람은 그것들을 스스로 쌓고 쌓아 얻기 마련인데, 누구나 그것을 할 수 있는 것은 아니다. 만약 "누구에게나 금과 옥을 모으는 방법이 있다"고 하면 옳지만, "누구에게나 본래부터 축적된 금과 옥이 있는데 그것을 사용할 줄 모른다"고 하면 옳지 않다. 그러므로 맹자는 "사람은 모두 요순이 될 수 있다"고 했지, "사람은 모두 요순이지만 요순의 도를 실행할 줄 모른다"라고 하지 않았다.[81]

---

79) 『推測錄』, 권1, 「愛敬出於推測」, 29a, "是以愛親敬兄, 實出於積年染習之見聞推測矣. 所謂愛敬出於良知良能者, 特擧其染習以後而言也, 非謂染習以前之事也."

80) 『推測錄』, 권1, 「萬理推測」, 20b~21a, "心者, 推測事物之鏡也. 語其本體, 純澹虛明, 無一物在中. 但見聞閱歷, 積具成習, 推測生焉.……孟子曰, 萬物皆備於我矣, 朱子曰, 其衆理應萬事. 此皆贊美推測之大用也, 決非萬物之理素具於心也. 後人或隱僻解之, 以爲先天之理無物不具, 惟責究於氣質之蔽, 此亦出於推文誤測, 而門路判異."

81) 『推測錄』, 권3, 「仁義禮智」, 8b, "人或以爲仁義禮知, 素具於我性, 其流之弊, 遺物而只求於我, 烏可論其求得之方也? 如收聚金玉者, 自有積累而得, 非人人所可能也. 若謂人皆有收聚金玉之方則可, 若謂人皆有素積之金玉, 而不得須用, 則不可. 故孟子曰, 人皆可以爲堯舜, 不曰人皆是堯舜, 而不能行堯舜之道."

금과 옥을 모으는 사람은 그것을 외부로부터 획득하지 않으면 안 된다. 그 사람에게 금과 옥이 본래 없었기 때문이다. 최한기의 관점에서 보면, 인의예지 역시 일정한 실천을 통해 획득하는 것이지 태어날 때부터 완성된 형태로 마음 안에 갖추어져 있는 것이 아니다. 주희처럼 인의예지를 인간의 타고난 본성으로 상정하면, 자칫 외물을 버려둔 채 인의예지를 나에게서 찾게 되고 결과적으로 인의예지를 성취하지 못하는 폐단이 발생한다. 사람은 인의예지의 본성을 갖춘 도덕적 완성체로 태어나는 것이 아니라 후천적인 학습과 실천을 통해 인의예지의 덕성을 성취해 가는 존재일 뿐이라는 뜻이다. 맹자가 "사람은 모두 요순이다"라고 하지 않고 "사람은 모두 요순이 될 수 있다"고 한 까닭도 여기에 있다.

이렇게 리의 선험적 내재성이 부정되면 그 리에 대한 인식의 원천은 마음이 아니라 마음 바깥의 객관세계일 수밖에 없으며, 따라서 인간의 지식은 감각기관과 외부 대상과의 만남, 즉 감각경험을 통해서 획득될 수밖에 없다.[82] 최한기의 인식이론에서 참다운 지식은 경험으로부터 출발한다. 보고 듣고 냄새 맡고 하는 감각경험이 없다면 참된 인식이 불가능하다. 경험과 무관하게 얻은 지식은 거짓이고 환상일 뿐이다. 그래서 그는 물리적 대상세계에 대한 탐구 없이 마음속의 리를 드러내기 위해 마음공부에만 매달리는 전통 성리학자들의 학문에 대해 불교의 돈오설에 가깝다고 비판하였다.[83] 최한기의 저술이 인간의 마음보다

---

82) 『推測錄』, 권1, 「推物理明己德」, 14a, "心未與物接, 心自是心, 物自是物. 及其與物交接, 是乃推心在物, 而物之理可驗"; 『神氣通』, 권1, 「收得發用有源委」, 35b, "有能不由諸竅諸觸, 而通達人情物理者乎? 又能不由諸竅諸觸, 而收聚人情物理, 習染於神氣者乎?"

83) 『推測錄』, 권1, 「開發蔽塞」, 14a, "若謂以利欲所蔽, 未顯我心素具之理, 平生用力, 要除利欲,

마음 바같의 존재에 집중된 것도 마음 바같에 있는 대상세계를 지식의 원천으로 상정한 결과이다.[84) 이러한 측면에서 최한기의 학문은 인간의 마음으로부터 마음 바같에 있는 객관 존재로의 전환이라는 의미가 있다.[85)

2) 경전에서 자연으로의 전환

동양의 전통사회에서는 일반적으로 사서오경과 같은 경전經典이 진리의 기준으로 인정되어 왔고, 그래서 경학이 학문의 가장 기본적인 방법 가운데 하나였다. 조선의 주자학계도 예외가 아니어서 경전 및 경전에 대한 주희의 주석이 그 권위를 누려 왔다. 그러므로 조선시대 주자학자들이 학문을 연구하는 핵심은 경전을 읽고 해석하는 것이었고, 사단칠정논변이나 인물성동이논변을 비롯한 각종 이론 논쟁에서 경전과

冀得一朝豁然貫通, 殆近於禪家頓悟之說也."

84) 최한기는 "만약 소리·색깔·냄새·맛·촉감을 떠나면, 하는 일(事業)에 통하는 것이 없어 살아가지 못할 것이다"라고 하여, 외부 세계의 감각적 성질과 그에 대한 인식이 필수적이라는 것을 분명히 하였다. 『神氣通』, 권3, 「不通偏通周通」, 19a, "如能離乎聲色香味諸觸, 事業無所通, 而不可生矣."

85) 김용헌은 「최한기의 철학사상에 관한 연구—실학적 방법론을 중심으로—」에서 주자학의 인식방법론, 나아가 학문방법론을 심학적 방법론으로 파악하고, 그 특징을 인식의 궁극적인 목적을 마음 안에 있는 온갖 리를 꿰뚫음으로써 내 마음의 전체 대용이 밝아지지 않음이 없는 경지로 상정한 것을 들었다. 반면에 최한기에 대해서는 마음 바같에 존재하는 객관세계의 인식을 인식의 목적으로 상정하고, 그 방법으로 감각경험과 이에 기초한 추측을 제시함으로써 마음에 매몰된 심학적 방법에서 벗어났다고 이해하였다. 그리고 그 추측의 방법을 심학적 방법과 대비되는 실학적 방법론으로 규정하고, 최한기에 이르러 실학은 실학의 정신에 걸맞은 방법론과 철학적 기초를 갖출 수 있었다고 평가하였다.(김용헌, 「최한기의 철학사상에 관한 연구—실학적 방법론을 중심으로—」, 고려대학교대학원 석사학위논문, 1987) 이를 마음으로부터 객관세계로의 전환, 주관주의로부터 객관주의로의 전환, 심학적 방법론으로부터 실학적 방법론으로의 전환이라고 부를 수 있을 것이다.

주희의 주석은 그것의 옳고 그름을 판가름하는 진리의 잣대 역할을 하였다. 특히 조선 중기를 지나면서 한층 강화된 교조적 주자주의는 이른바 사문난적이라는 경직된 학문 이데올로기를 만들어 내기도 하였다.[86]

최한기 역시 성인은 물론 성인이 쓴 경전의 권위와 가치를 부정하지 않았다. 그는 젊은 시절에 이미 자신이 터득한 경전 관련 지식을 정리하여 『통경고通經考』[87]를 썼으며, 33세 때는 경전과 역사에 대한 통찰을 담은 『소모素謨』를 저술하였다. 여기에서 그는 "성인의 경전을 연구하여 인의仁義의 근본과 말단을 통달한다"면서 "성인의 경전은 옛 성인이 가르치고 다스린 모범이다"라고 했으며, 또 "위대하구나, 육경의 가르침이여.…… 그 쓰임이 무궁하다"고 극찬하기도 하였다.[88] 다만 그는 성인의 한계와 경전의 오류 가능성을 열어 놓았다는 점에서 보통의 주자학자들과 뚜렷하게 구별된다. 이 점은 그가 '유행의 리'(流行之理)와 '추측의 리'(推測之理)를 구분하여 기존의 학문을 비판한 데서 분명하게 드러난다.[89] 그의 철학에서 유행의 리는 자연의 영역으로서 필연적인 법칙의

---

86) 이에 대해 최한기는 "혹 經傳 가운데서 후세에 꼭 취해 쓸 필요가 없는 한두 글자의 명목을 들어 자기의 사욕에 따라 그 설을 부연하여 도리어 사람의 일을 해치기도 한다"라고 지적하였다. 『明南樓隨錄』, 296쪽 위, "或因經傳一二字名目, 不宜取用於後世者, 以自己私欲, 溥演其說, 反害人事."

87) 현재 이 책의 서문인 「통경서」가 남아 있다.(『惠岡雜藁』, 「通經序」, 381~382쪽) 이에 대해 이건창은 최한기가 "『십삼경주소』에서 중요한 것을 모아 『통경고』를 찬술하였다"고 기록하였다. 李建昌, 「惠岡崔公傳」(『明南樓全集』 1), 4쪽, "又取十三經註疏, 撮其要領, 述通經考."

88) 『素謨』(『增補 明南樓叢書』 1), 225쪽 위, "研究聖經, 達仁義之原委,……聖經者, 固聖賢所以敎治之範圍也.";『素謨』, 222쪽 아래, "大哉, 六經之有敎也, 顯仁足以利物, 藏用足以獨善, 王公欽明, 化成天下, 臣僚克念, 格感君上, 其敎有適, 其用無窮."

89) 『推測錄』, 권2, 「天人有分」, 25b, "氣質之理, 流行之理也, 推測之理, 自得之理也. 未有習之初, 只此流行之理, 旣有習之後, 乃有推測之理. 若謂推測之理出於流行之理, 則可, 若謂推測之理卽是流行之理, 則不可. 旣無分於推測流行, 則推測之或誤者, 必歸諸天理, 天理之純澹者, 難

세계인 반면, 추측의 리는 사유의 산물로서 인간의 영역이다.[90] 그는 리학의 리나 태극의 리 등 모든 책에서 논한 리는 유행의 리가 아니라 추측의 리라고 규정하였다. 그 리는 객관 존재 자체가 아니라 인간 사유의 산물이라는 것이 그 요점이다.[91] 따라서 공부하는 사람이 궁극적인 준거로 삼아야 할 것은 책에 나오는 추측의 리가 아니라 객관 존재의 법칙인 유행의 리이다.[92]

최한기는 유행의 리와 추측의 리를 구분함으로써 주자학에 대한 비판을 효과적으로 진행할 수 있었다. 두 리를 분리함으로써 얻을 수 있는 주자학 비판의 효과는 두 가지로 나누어 볼 수 있다. 첫째, 그가 리학의 리나 태극의 리를 추측의 리라고 단언한 것은 그 리를 유행의 리와 부합하는지 증명해 보아야 한다는 뜻이고, 여기에는 주자학의 리가 객관 존재의 정확한 반영이 아니라 사유의 산물이라는 것을 드러내려는 의도가 있었다. 이러한 작업을 통해서 그는 주자학에서 천리로 객관화

得其涵養."

90) 유행의 리는 후기에 運化의 리로 대체되는데, 운화는 운동변화의 뜻이므로 그 의미가 크게 달라진 것은 아니다.(『人政』, 권9, 「理就氣上認」, 24b, "理須就氣上認取, 天地流行之理, 卽運化氣之條理.") 다만 유행의 리라는 용어가 주자학에서 널리 사용되었고 그 유행의 의미도 자칫 리의 유행이라는 뜻으로 받아들여질 여지가 없지 않았던 것이 사실이다. 따라서 최한기가 그것을 운화의 리로 대체한 것은 그 리가 '기 운화'의 리라는 것을 분명히 함으로써, 다시 말해 리가 운동변화의 주체가 아니라 운동변화하는 기의 운동변화 법칙이라는 것을 분명히 함으로써 리라는 용어 자체에 남아 있을 수밖에 없는 주자학적 색채를 지우려는 의도가 있었다고 생각된다.

91) 『推測錄』, 권1, 「推測以流行理爲準」, 23b, "天地萬物流行之理, 付諸健順化育之中, 非人之所能增減. 若夫推測之理, 自有生熟得失之分, 可以裁制變通. 理學之理, 太極之理, 凡載籍之論理者, 儘是推測之理也. 推測之理, 以流行之理爲準的, 流行之理, 以氣質爲分別."

92) 『推測錄』, 권1, 「自然當然」, 35b~36a, "自然者, 天地流行之理也. 當然者, 人心推測之理也. 學者, 以自然爲標準, 以當然爲功夫. 自然者, 屬乎天, 非人力之所能增減, 當然者, 屬乎人, 可將此而做功夫也. 當然之外, 又有不當然者, 如仁外有不仁. 故捨其不當然, 而取其當然. 且當然之中, 又有優劣純駁, 則講磨切磋, 要以自然爲標準, 是乃功夫之正路也."

됨과 동시에 절대화된 도덕규범이 사유의 산물이라는 것을 폭로할 수 있었다. 둘째, 객관 존재의 리, 즉 유행의 리를 인식하기 위해서는 마음 안에서 머물러서는 안 되고 외부 세계로 나가야 한다는 것을 설득력 있게 주장할 수 있었다. 이것은 그가 물리의 관찰을 추측의 소재로 삼고 물리의 익힘을 추측의 범위로 삼은 것에서 잘 드러난다.[93] 결국 최한기의 주장은 마음의 리에서 벗어나 객관세계의 리를 인식의 대상으로 삼아야 한다는 것으로 모아진다.

최한기가 객관 존재를 궁극적인 인식대상으로 설정한 것은 '자연의 경전'(天經)과 '성인의 경전'(聖經)을 대비하여 논한 대목에서 분명하게 드러난다.

> 활용에 이르러서는 실제로 접하고 있는 천경天經의 물리를 관찰해야 하고 경전 문구의 인용은 다만 증거의 의미를 지닐 뿐이다. 경전의 뜻과 사리가 맞지 않는 곳은 경전의 뜻에 결함이 있는 것이니, 어찌 분별 없이 사리를 버려서야 되겠는가? 오직 이 무언의 경전은 갖추지 않은 일이 없고 갖추지 않은 물건이 없으니, 한 해와 한 세대로 권卷과 질帙을 삼고 소리와 색깔로 문리文理를 삼아, 밤낮으로 항상 읽는 것과 자나 깨나 늘 경험하는 것을 앞뒤로 참고하면 자연히 증거 삼기에 충분할 것이다. 성경聖經도 또한 이 천경 중에서 뽑아 책을 만든 것이니, 만약 뽑아 만든 책에서 상고할 것이 없으면 천경 전체에서 고증해야 한다. 혹시 천경과 성경에 모두 보이지만 서로 같지 않은 것이 있으면, 사람의 추측이 어긋난 것이다. 만약 사람의 추측에 착오가 없다면, 이 유일한 천경 전체에서 어느 것인들 상고할 수 없겠는가? 농부가 천경

---

93) 『推測錄』, 권2, 「推測以流行理爲準」, 23b~24a, "靜觀物理, 以爲推測之資, 貫熟物理, 以爲推測之範圍, 反將推測符驗于物理, 過者抑退, 不及者企就."

을 잘 읽으면 훌륭한 농부가 되고 기술자가 천경을 잘 알 수 있으면 뛰어난 기술자가 될 것이다. 그러므로 똑같은 유학자라도 천경에서 얻은 것이 있는 사람이라야 성경을 체인할 수 있다.[94]

최한기는 성인이 쓴 경전을 객관세계의 재현(representations)으로 이해하였다. 성경이란 성인이 자연의 경전을 읽고 파악한 내용을 기술한 것이라는 뜻이다. 이는 인식주관 바깥에 객관세계가 당연히 존재한다고 상정하고, 그 존재를 정확하게 재현한 것이 진리라는 소박한 반영론 내지 진리대응설의 진리관을 바탕에 깔고 있다. 이러한 관점에서 보면 경전의 내용은 그 자체로 진리이거나 성인의 말씀이기 때문에 진리인 것이 아니라 객관 존재와의 일치에 의해서 그 진리성이 확보될 수 있을 뿐이다. 아무리 경전이라고 하더라도 객관세계를 취사선택해서 기술했기 때문에 당연히 누락된 것이 있을 수밖에 없고 심지어는 재현의 오류 때문에 객관 존재와 어긋나는 것이 있기 마련이다.[95] 따라서 진리의 기

---

94) 『推測錄』, 권6, 「聖經本於天經」, 2b~3a, "及其須用, 所値之天經物理, 先爲可察之機, 經文援引, 惟是證據之義, 而經義與事理不合處, 乃經義之有闕也, 豈可泯事理, 而無區劃哉? 惟此無言之經, 無事不備, 無物不具, 以歲代爲卷帙, 以聲色爲文理, 日夜之所常讀, 動靜之所玩閲, 前後參互, 自足援證. 聖經亦自斯經中抽繹成篇, 則無所稽於抽繹之篇者, 須考證於天經之全部, 或其見于兩經, 而有所不同者, 人之推測差異也. 如使人之推測無差誤, 惟一全部, 何往無稽哉? 農夫善讀天經爲上農, 工匠能識天經爲良工. 故均是儒也, 有得于天經者, 可以體認聖經."

95) 이를 성인과 경전의 상대화라는 의미로 읽을 수 있다. 이에 대해 그는 "천지에 대한 논설과 기화와 형질에 대한 것은 근세에 밝혀진 것이므로, 중국의 옛 성인이 말한 적이 없다고 해서 천하 사람들이 즐겨 쓰는 것을 폐기할 수 없다. 이는 실로 천지의 운화는 때에 따라 마땅한 것이 있기 때문이다"라고 하였다.(『明南樓隨錄』, 294쪽 위, "氣化形質, 近世之所明, 不可以中國古聖言之所未有廢, 此宇內億兆之樂取用, 是實天地運化隨時有宜也.") 성인과 경전에 부여된 절대적 권위를 인정하되, 그 권위를 탄력적으로 받아들이는 태도는 정약용에게서도 엿보인다. 그는 『상서』 「대우모」에 나오는 인심도심설의 진위 여부에 대해 『논어』나 『상서』에 나온다고 더 존중할 것도 아니고 『순자』나 『도경』에서 나왔다고 업신여길 것도 아니라고 하였다. 어떤 글이나 학설

준 역시 경전의 내용이 아니라 객관세계이어야 하며, 공부의 일차적인 대상도 객관세계 자체여야 한다. 이러한 의미에서 자연은 진리의 준거 역할을 하는 진정한 경전, 즉 천경이다. 그가 성인의 경전보다 자연의 경전을 읽어야 한다고 강조한 데는 이러한 이유가 있다. 이는 진리의 근거와 학문의 대상이 성인의 경전으로부터 그 경전 바깥에 있는 진정한 의미의 경전, 즉 자연으로 전환된다는 의미가 있다.[96] 경전으로부터 자연으로의 전환, 이를 최한기 용어로 표현하면 성경聖經으로부터 천경 天經으로의 전환이다.[97]

이는 이익의 태도를 연상시킨다. 이익은 "무릇 기수器數의 방법은 후대 사람이 더 정교하다"라고 전제하고, "비록 성인의 지혜라고 하더라도 미진한 것이 있으므로 후대 사람은 그것을 바탕으로 더욱 연구하면 시간이 갈수록 더 정밀해지게 마련이다"라는 견해를 보였다.[98] 물질세

의 가치는 그것이 어떤 책에 나오느냐가 아니라 사람의 도와 하늘의 뜻에 부합하는 지에 달려 있다는 뜻이다. 『與猶堂全書』제2집, 권32, 『梅氏書平』, 권4, 「閻氏古文疏證 抄」, 25ab, "原夫允執厥中者, 堯舜禹秉德傳道之要旨也, 人心道心, 五帝以來, 省心察性之玄 訣也. 出於論語, 而未必加尊, 出於荀子, 而未必可侮, 揭於尙書, 而未必威重, 採於道經, 而未 必荒唐. 唯其至理協於人道, 妙悟符於天綽, 斯當奉之爲天球弘璧, 豈得以梅書之歸僞, 而竝棄 此皇皇聖言乎?"

96) 여기서 자연은 인간과 대립되는 의미의 자연, 즉 인간 이외의 존재를 통칭하는 개념 이 아니라 인간의 주관적인 세계와 대립되는 객관적인 존재를 포괄하는 개념이다. 다시 말해 최한기가 天經이라고 했을 때 그 天은 인간의 인식에 포착되기 이전에 객관적으로 존재하는, 따라서 인간의 주관과 편견에 의해 가공되지 않은, 그러면서 인간의 인식주관(마음) 바깥에 있으면서 운동변화(運化) 하는 존재를 통칭하는 개념 이다. 이런 의미에서 인간사회나 인간의 역사도 일정하게 운동변화 하는 객관 존재 일 수 있고 또 그렇기 때문에 그 법칙(流行之理 또는 運化之理)이 인간의 마음에 의해 인식될 수 있다.

97) 이우성은 "종래의 실학이 유교경전의 연역을 바탕으로 한 '경학의 실학'이었음에 대 하여 혜강의 실학은 '역산물리'에 바탕을 둔 '과학의 실학'이라고 하겠다"라면서, 최 한기의 사상을 실학사상의 큰 전회라고 평가하였다. 이우성, 「혜강 최한기」, 『이을 호박사 정년기념 실학논총』(전남대학교 호남문화연구소, 1975).

계의 법칙으로 제한하긴 했지만, 성인의 지혜에도 한계가 있다는 지적은 성인과 경전에 대한 비판적 성찰이라는 점에서 획기적인 발상의 전환이라고 할 만하다. 이와 같은 사고의 전환은 현실에 쓰임새가 있는 학문이 참된 학문이라는 실학적 학문관이 그 기저에 자리하고 있었기 때문에 가능했다고 해야 할 것이다. 아무튼 지식의 진보와 성인의 한계에 대한 믿음은 경전이 진리의 유일한 원천이 아닐 수 있다는 유연한 사고를 낳았고, 당연히 서양의 과학기술에 대한 그의 관심을 증폭시키는 요인으로 작용했을 것으로 보인다.

하지만 이익이 서구의 과학적 성과를 매우 신뢰했음에도 불구하고[99] 그것을 수용하는 그의 자세에는 다른 일면이 발견된다. 서구 천문학의 성과를 동양의 전통과 화해시키려는 태도가 그것인데, 『중용』의 한 구절을 근거로 자사子思가 이미 지구구형설을 언급했다고 확신한 것이 하나의 예이다.[100] 이와 같이 보수적인 일면은 그가 지전설과 관련하여 성인의 말씀과 과학적 지식이라는 두 가지 선택지에서 성인의 말씀을 선택하는 데서 극명하게 드러난다. 이익은 고민 끝에 『주역』의

---

98) 『星湖僿說』, 권2, 「天地門」, ‘曆象’, 43ab, “凡器數之法, 後出者工, 雖聖智有所未盡, 而後人因以增修, 宜其愈久而愈精也.”

99) 이익은 또 “지금 시행되고 있는 시헌력은 곧 서양사람 탕약망이 만든 것으로 역법의 극치이다. 일·월식의 예측이 틀린 적이 없으니 성인이 다시 태어난다고 하더라도 반드시 이것을 따를 것이다”라고 하여 시헌력의 정확성과 가치를 인정하였다. 한마디로 중국의 역법이 서양의 역법에 미치지 못한다는 것이 이익의 판단이었다. 『星湖僿說』, 권2, 「天地門」, ‘曆象’, 43b, “今行時憲曆, 卽西洋人湯若望所造, 於是乎曆道之極矣. 日月交蝕, 未有差謬, 聖人復生, 必從之矣.”; 『星湖僿說』, 권1, 「天地門」, ‘中西曆三元’, 47a, “西國之曆, 中華殆不及也. 泰西為最, 回回次之.”

100) 『星湖全集』, 권55, 「跋職方外紀」, 24a, “子思子語地曰, 振河海而不洩. 蓋非海之負地, 卽地之載海, 溟浡之外, 水必有底, 底者皆地, 故謂收載而不洩也. 子思已十分說與, 而後人罔覺, 及西洋之士詳說以左契之, 俗見猶以爲訝, 不可卒了也.”

"하늘의 운행은 군건하다"(天行健)는 구절을 근거로 지전설을 받아들이지 않았는데, 이때 동원된 논리가 "성인은 모르는 것이 없으니, 이 한 구절은 신뢰할 수 있다. 그것을 따른다"[101]라는 것이었다. 이는 이익이 기존의 학문 풍토에 대한 비판적 문제의식을 가졌고 이에 기초해 여러 측면에서 대담한 발상의 전환을 했음에도 불구하고 여전히 유교의 성인-경전의 지식체계를 벗어나지 않았음을 의미하고, 이는 그가 주자학의 리기론적 틀 안에서 머물렀던 것과 무관하지 않다.

반면에 최한기는 "성인을 스승으로 삼는 것이 운화를 스승으로 삼는 것보다 못하다"고 하여 존재론적·인식론적 층위에서 명확하게 객관세계를 성인보다 우위에 두었다. 성인의 도라는 것도 역시 객관 존재로부터 터득한 것이기 때문에 우리가 보고 배워야 할 것은 궁극적으로 성인이 아니라 객관 존재의 운동변화라는 뜻이다. 최한기의 주장에 의하면, 성인은 원래 천지의 운화를 스승으로 삼아 도학을 이루어 교화를 백성에게 베풀고, 정치를 할 만한 사람을 등용하여 태평시대를 연 사람이다. 그런데 후세에 성인을 배우는 사람들은 성인의 행동만을 본받을 뿐이지, 성인이 객관세계의 운동변화를 인재 등용과 정치의 근본으로 삼은 것은 본받지 않는다. 결국 이로 인해 경전의 글귀 해석과 고증에 매달려, 그 폐단이 천도를 해치고 성학聖學을 어기는 데까지 이른다는 것이 최한기의 비판이었다. 이와 관련해 최한기의 결론은 운동변화 하는 기를 스승으로 삼아 배워야 한다는 것이었는데, 사람이 살면서 항상 접하고 날마다 사용하는 것이 기이기 때문에 기의 운화를 버리고 스승

---

101) 『星湖僿說』, 권3, 「天地門」, '天行健', 15a, "然乾之象曰, 天行健. 聖人無所不知, 此一句爲可信, 且從之."

으로 삼을 대상을 따로 구할 필요가 없다는 것이 그 이유였다.[102]

최한기 학문관의 무게중심이 마음과 경전에 대한 탐구로부터 현실에 실재하는 객관세계에 대한 탐구로 전환되었다는 것은 "운화를 알지 못한 채 생각에 매달리는 것을 거경居敬이라고 여기거나 고문을 토론하는 것을 궁리窮理라고 여기는 것은 바로 잡초를 기르는 것이다"[103]라는 비판적 언급에서도 확인된다. 반복하지만, 여기서 운화는 기의 운화로서 객관 존재의 운동변화를 지칭한다. 그러므로 이 언급은 객관 존재에 대한 직접적인 연구를 하지 않고 생각이나 경전에만 매몰된 공부 방식에 대한 비판이다. 이렇듯이 최한기의 학문은 인간의 심성세계를 천착하거나 성인의 경전과 그 주석서에 매몰된 통속적인 유자들의 경직된 학문 태도에서 탈피하여 경전 바깥에 실재하면서 그 경전의 인식론적 원천인 자연세계에 대한 탐구를 필수적인 연구 대상으로 설정했다는 특성이 있다.

3) 도에서 기로의 전환

오광운吳光運(1689~1745)은 유형원柳馨遠(1622~1673)의 『반계수록磻溪隨錄』

---

102) 『人政』, 권25, 「師運化」, 30ab, "師聖人, 不如師運化. 聖人, 元來師天之運化, 而成道學, 敷教化於天民, 擇其可治安者, 用之以躋邪隆. 後之學聖人者, 只師聖人動靜施爲, 不師其運化承順, 爲用人治安之本源, 穿鑿於經文解釋, 支離於考證通訪, 末流之弊, 至於害天道而違聖學, 顧念所由來所變遷, 杳然其遠, 雖若不可還原. 然推究人生所常濡所日用, 莫非運化氣之所使, 以此爲師爲學, 顧不易耶? 目所見耳所聞, 皆是運化之跡, 聖人學愚夫行, 無非運化之事, 豈可捨此, 而別求所師?"

103) 『人政』, 권9, 「稊稗五穀」, 27b, "不識運化, 而操持念頭, 以爲居敬, 討論古文, 以爲窮理, 是養稊稗者也. 旣識運化, 而不事充養, 化及於人, 是五穀不熟者也."

을 평가하는 글에서 "정주程朱는 도道를 상세하게 다룬 반면에 기器를 소홀히 했다"고 하여 주자학의 한계를 지적하였다. 그의 분석에 따르면, 도가 날로 상실되어 가는 절박한 상황에서 정주와 같은 현인이 취한 전략은 도를 회복하는 일에 전념하는 것이었는데, 도가 밝아지면 기器 역시 자연스럽게 회복되리라는 믿음이 있었기 때문이다.[104] 하지만 정주 이후로 도가 밝아지지 않았다고 할 수 없으나 기의 세계가 별 볼일 없는 것은 예나 지금이나 마찬가지라는 것이 오광운이 목도한 안타까운 현실이었다. 정주 이래로 도의 담론들이 난무해 왔고 그 결과 도덕과 예제의 영역에서 일정한 성과가 없지 않았으나 퇴락한 형이하의 세계, 즉 물질적 삶의 영역은 여전히 암울하다는 뜻이다. 이에 대해 그는 "도가 어찌 기를 떠나 홀로 실행되겠는가?"라고 하여, 실제로 물질적 삶이 회복되지 않은 것은 물론 도덕적 가치마저도 제대로 실현되지 않았다고 결론지었다.[105]

오광운의 결론은 도덕적 삶을 실현함으로써 물질적 삶까지 회복하겠다는 정주의 기획이 실패했다는 선고인 동시에 물질적 삶의 회복 없이는 도덕적 삶 자체가 불가능하다는 선언이다. 삼대 정치의 구현은 도의 회복을 통해 기器를 회복하는 단선적인 길로는 불가능하며 도의 회복과 기器의 회복이라는 두 가지 길, 이른바 투 트랙의 결합을 통해서만 가능하다는 통찰인 셈이다.[106] 이를 도기병진론道器竝進論이라고 부를 수

---

104) 吳光運, 「隱錄序」, 『磻溪隱錄』, 1b~2a, "夫以程朱之大賢, 慨然有意於三代之治, 而其所論著, 詳於道而闕於器, 何也? 蓋其時視孟子之時, 又益降矣, 道之喪也日遠, 故諸君子之心, 汲汲皇皇於斯道, 而於器則未遑焉. 蓋其意以爲道明則器自復爾."
105) 吳光運, 「隱錄序」, 『磻溪隱錄』, 권1, 2a, "然程朱以後, 道不可謂不明, 而器之蕩然者自如, 道何嘗離器而獨行哉?"

있는데, 주자학에 비추어 유형원의 학문이 지닌 특성, 더 나아가 17세기 이래로 민생 문제의 해결이라는 문제의식에서 출발한 실학의 특성을 적절하게 포착한 것으로 도라는 주자학적 가치에 묻힌 기器의 재발견이자 기器의 복권이라는 의미가 있다.[107]

최한기의 학문 역시 기器의 복권이라는 측면에서 살펴볼 수 있다. 여기서 기器는 기氣의 세계이자 물物의 세계이고 물질적 삶의 영역이다. 그의 학문적 관심사가 일차적으로 기器의 세계에 있었다는 것은 격물학格物學을 강조하면서 격물학을 재규정한 것에서 확인된다. 그는 격물학을 경험에 기초해서 만물의 다양한 특성을 연구하고 활용하는 학문으로 규정하였다. 그의 격물설의 기본 전제는 만물의 물리적·생물학적 특성이 종류마다 다르고 자연환경 역시 곳에 따라 다르다는 점이었다. 결국 어떤 사물을 적절히 활용하기 위해서는 그 사물이 지닌 특성과 그것이 놓인 환경을 잘 파악해야 하는데, 그것이 곧 그가 말하는 격물이다. 반면에 주자학의 궁리설처럼 헛된 리를 궁구하고 천착하는 것은 격물의 공담일 뿐이다.[108]

최한기는 기器의 세계를 탐구하는 학문으로서 역수학曆數學·물류학

---

106) 오광운이 도보다 器가 본질적으로 더 중요하다든가, 기를 회복하면 도가 자연스럽게 밝아진다고 여긴 것은 아니다. 이에 대해서 오광운은 후대 군자가 기의 문제에 급급한 것도 시대 상황이 그것을 필요로 하기 때문이라는 견해를 보였다. 이는 도와 기가 다 필요하다는 것, 하지만 기의 문제가 시급하다는 것 두 가지를 함축한다.

107) 김용헌, 『주자학에서 실학으로—조선후기 서양 과학기술의 수용과 주자학적 사유의 균열—』(고려대학교 민족문화연구원, 2019), 68~75쪽.

108) 『氣學』, 권1, 10b, "萬物産於地面者, 因種類之脉絡, 乘氣化之資育, 各具其質, 各邃其氣, 遍天下而土宜不同, 隨民事而取用有異. 然强柔精麤分別於種類之氣, 春夏秋冬運化於循環之氣, 不必究其各殊之所以然. 但當從其經驗而要適用, 是乃格物學也. 窮理而穿鑿, 格物之空談, 絜氣化而措施, 格物之實踐已."

物類學 · 기용학器用學 세 가지를 꼽기도 하였다. 역수학에 대해서는 "사람이 지면에서 마땅히 증험해서 밝히고 시험해서 밝혀야 할 것은 지구의 역수曆數"라면서, 구체적인 예로 해와 달의 높고 낮음과 멀고 가까움, 남과 북으로 접근하고 멀어짐, 차고 기움과 일월식의 현상 등을 들었다.109) 물류학은 수화水火 · 금석 · 곡물 · 채소 · 초목 · 금수 · 벌레 · 물고기 등을 종류에 따라 분류하고 모양 · 색깔 · 맛 등을 비교하고 측정하여 적절한 것을 골라서 활용하는 것은 물론 여러 일의 성공과 실패, 이익과 손해, 인류의 지혜와 어리석음, 현명함과 우매함에 이르기까지 모두 조목에 따라 구별하는 것이다.110) 기용학은 기氣를 이용하고, 지키고, 증험하고, 시험하고, 저울질하고, 헤아리고, 변통하는 것에서 나온 것으로, 한갓 공허하게 기를 논하는 것과 비교하면 조처할 방법이 있으므로 유용하게 활용하여 삶을 윤택하게 한다.111)

이렇게 최한기의 학문은 기용器用, 즉 기를 이용한 기구 내지 기계의 제작과 활용으로까지 확대되고 있다. 하지만 최한기가 기용학이라고 했을 때 그 기器의 진정한 의미는 단순히 기구를 뜻하는 데 머물지 않고 이 세계의 물적 존재 전체를 지칭한다. 이와 관련해 그는 천지인물이 모두 기器임에도 불구하고 사람들이 그것들을 기器라고 여기지 않기 때

---

109) 『氣學』, 권1, 26ab, "歷數學, 以地球爲本, 地球未顯, 歷數未校. 地球漸明, 歷數漸詳. 人在地面, 所當驗而明之, 試而通之者, 地球之歷數. 至於日月, 高低遠近, 南北進退, 朔望掩食, 雖能推算, 尙多未盡."

110) 『氣學』, 권1, 26b~27a, "物類學, 非但以水火金石穀菜草木禽獸蟲魚, 類聚群分, 形色氣味, 比較測驗, 隨宜取用, 至於事類之成敗利鈍, 人類之知愚賢蠢, 亦皆條別."

111) 『氣學』, 권1, 27ab, "器用學, 實出於用氣衛氣驗氣試氣稱氣量氣度氣變通氣. 比諸徒言其氣無所着手, 快有措施力略, 利用厚生. 烹飪熬炙, 用釜鼎之火氣,……又推達於天之爲器, 則天氣運化, 可以範圍矣. 器用之學, 實爲氣化之欐柄, 豈可以工匠之習而忽哉?"

문에 진정한 기器의 쓰임을 논하지 못한다고 비판하였다.112) 이 세상의
물적 존재는 다 기器이고 그 기는 일정한 쓰임새가 있기 때문에 그 기의
이치를 잘 파악하여 활용해야 하지만, 그렇게 하지 못한다는 뜻이다.
여기서 기器는 물적 존재이고 활용의 대상일 뿐 주자학에서 말하는 형
이상학적 본체로서의 리나 도를 내재한 존재가 아니다. 이는 격물의 궁
극적인 대상이 기의 배후에 있는 형이상의 도 내지 리가 아니라 형이하
의 기器 내지 그 기의 물리적 성질이라는 것을 의미한다.

최한기가 "격물·궁리를 학문으로 삼는 사람은 기수器數를 자잘한
말단으로 여기기 때문에 그것을 연구하여 알려고 하지 않을 뿐만 아니
라 추측의 의기儀器까지 소홀히 한다"면서, "이미 형이하의 기器를 잃었
으니, 어찌 형이상의 리를 인식하는 데 잘못이 없겠는가?"라고 지적한
것도 그 방증이다.113) 이는 천체 관측과 관련한 언급이지만, 이를 일반
화하면 통상적인 주자학자들은 물적 존재의 수학적 성질과 법칙을 말
단으로 여겨 연구하지 않는 것은 물론 천체 관측 도구를 소홀히 하기
때문에 결과적으로 자연의 운행 법칙을 제대로 파악하지 못하는 문제
가 있다는 뜻이 된다.114) 최한기가 "서양의 종교가 천하에 만연함을 격

---

112) 『推測錄』, 권6, 「器用學」, 67ab, "蓋天是器也, 地亦器也, 人亦器也, 物亦器也. 世之愚夫, 惟
知釜鼎栻棬之爲器, 而不知釜鼎栻棬之理, 故輒賤棄器用之學矣. 稍有知覺究解者, 纔得水火器
舟車制之妙, 以爲工作之督府, 利益之美源, 曾不思天地人物亦是器也, 烏可論其眞器之用也."

113) 『推測錄』, 권6, 「無形儀器」, 70a, "夫以格物窮理爲學者, 以器數爲瑣屑, 不肯究解, 幷與推測
之儀器而忽略, 旣失於形下之器, 則倘無闕於形上之理乎?" 여기서 의기는 천체를 모형화
한 선기옥형과 같은 천체 관측 기구를, 추측의 의기는 마음으로 그린 우주 모형을
뜻한다. 의기를 활용한 관찰과 합리적인 추론, 그리고 그 추론에 의한 더 나은 의기
의 제작과 활용, 그리고 수학적 방법 등이 서로 어우러질 때 천체의 구조와 그 운행
법칙을 정확하게 파악할 수 있다는 의미이다.

114) 주희 역시 모든 사물에 리가 내재해 있으므로 그 리의 탐구, 즉 궁리를 공부의 필수
과정으로 여겼다는 점에서 그의 공부론은 육왕심학의 주관주의 공부론과 일정하게

정할 것이 아니라 실용적인 것을 다 받아들이지 못함을 걱정해야 한다"
고 하면서 서구의 과학기술을 수용할 것을 설파한 것도 민생을 중시하
고, 기의 세계를 중시한 사고의 일환이다.[115] 최한기의 서구문물수용론
은 기본적으로 실용의 관점에 기초해 있다. 최한기가 서양의 측량학·
계산학·선박·대포 등을 일차적인 수용 대상으로 파악한 것은 그것들
이 실용의 측면에서 특히 중요하다고 생각했기 때문이다. 사실 최한기
는 실용을 단순히 문물 수용의 기준만이 아니라 학문의 우열을 가르는
기준으로 설정했을 만큼 최한기 사상체계에서 실용, 나아가 물질적 삶

구별된다. 하지만 주희가 상정한 리는 온갖 사물에 내재하면서도 인간의 마음 안에도
존재한다는 특징이 있다.(『朱子語類』, 권5, 「性理」 二, 4b, "所覺者, 心之理也. 能覺者,
氣之靈也."[節]) 이렇게 되면 주희의 격물치지설에서 외물의 탐구는 豁然貫通이라는 일
종의 인식론적 비약을 통해 내 마음 안에 있는 리의 인식, 나아가 천리로 불리는 보편
적인 원리의 인식이라는 궁극적 목적에 종속되게 된다.(『朱子語類』, 권9, 「學」 三, 9a,
"心包萬理, 萬理具于一心, 不能存得心, 不能窮得理, 不能盡得心."[揚]; 『大學章
句』, 「格物致知補亡章」, "⋯⋯大學始教, 必使學者, 卽凡天下之物, 莫不因其已知之理, 而益
窮之, 以求至乎其極. 至於用力之久, 而一旦豁然貫通焉, 則衆物之表裏精粗, 無不到, 而吾心
之全體大用, 無不明矣. 此謂物格, 此謂知之至也.") 따라서 주자학의 격물치지설은 사물
의 리를 탐구한다는 객관주의적인 성격을 지녔음에도 불구하고 동시에 存心과 같은
마음의 공부를 강조하는 심학주의 내지 주관주의적인 경향을 띠며, 결과적으로 최한
기가 지적했듯이 형이하의 세계를 소홀히 하는 경향이 있었다. 이와 관련하여 주희는
내면의 리에 대한 탐구를 60~70%, 외면의 리에 대한 탐구를 30~40% 정도 하는 것
이 좋다는 견해를 밝히기도 하였다. 내면과 외면 공부가 반반인 것도 이미 좋지 않
지만 내면 공부를 적게 하고 외면 공부를 더 많이 하는 것은 더욱 불가하다는 것이다.
『朱子語類』, 권18, 「大學」 五, 22ab, "要之, 學者用功, 六分内面, 四分外面便好, 一半已難,
若六分外面, 則尤不可."(士毅); "要之, 内事外事, 皆是自己合當理會底. 但須是六七分去裏面
理會, 三四分去外面理會方可. 若是工夫中牛時, 已自不可, 況在外工夫多, 在內工夫少耶? 此
尤不可也."(廣) 김용헌, 『주자학에서 실학으로─조선후기 서양 과학기술의 수용과 주
자학적 사유의 균열─』(고려대학교 민족문화연구원, 2019), 240~252쪽 참조.

115) 『推測錄』, 권6, 「東西取捨」, 188쪽 위, "海舶周遊, 書籍互譯, 耳目傳達, 法制之善, 器用之利,
土産之良, 苟有勝我者, 爲邦之道, 固宜取用.⋯⋯畢竟勝紕, 不在於風俗禮敎. 惟在於務實用者
勝, 尚虛文者紕. 取於人而爲利者勝, 非諸人而守陋者紕. 西方諸國, 以器械之精利, 貿遷之贏羨,
始得周行天下.⋯⋯學之測量計算, 器之輪機(以水力火力轉輪機, 而織布)風車(所以去棉核)船制
艦式, 乃實用之尤善也.⋯⋯是以西敎之蔓延天下, 不須憂也, 實用之不盡取用, 乃可憂也."

이 갖는 의미는 매우 컸다.[116]

4) 윤리에서 물리로의 전환

최한기는 하늘과 땅을 헤아리는 것이 실로 모든 지식의 핵심이라고
하여 천지에 대한 이해가 중요하다는 것을 강조하였다. 그가 천지의 인
식을 강조한 것은 모든 존재가 천지 안에 있기 때문이며, 모든 현상이
천지 사이에 충만해 있는 기의 운행에 의거하기 때문이다.[117] 이것은
최한기가 중시한 지식이 곧 자연을 대상으로 한 것임을 의미한다. 동시
에 그는 천지에 대한 이해를 바탕으로 인간이 따라야 할 규칙을 마련해
야 한다면서, 『주역』의 "천지와 더불어 그 덕을 함께한다"는 구절을 인
용하였다.[118] 그가 자연의 인식을 중시하는 것은 그것이 인간의 실천과
밀접한 관계가 있기 때문이다. 그러나 자연과 인간의 실천 사이의 관련

---

116) 『氣學』, 권1, 205쪽 위, "統天下學問是非, 論定優劣, 以天下民生所實用, 四海政治所必由."
　　최한기가 71세가 되던 해인 1873년에 쓴 『재교』의 성격에서도 이를 확인할 수 있다.
　　그의 제자 김수실은 이 책을 평가하는 글에서 "학생과 사대부들이 날마다 도학을
　　논하고 재물과 이익을 말하는 것을 부끄럽게 여겨 귀천이 두 갈래로 나누어졌다"고
　　지적하고, 우리가 살아가는 데는 도덕과 경제 두 가지가 다 중요하다고 강조하였다.
　　이어서 그는 『재교』에 대해 "일체의 財用마다 中正仁義의 도가 무엇인지 가르치되
　　근본과 말단을 아울러 상세하게 밝혀 일이 잘 되도록 하는 것에 대해 말하지 않는
　　것이 없다"면서, "천하에 재물을 쓰지 않는 사람이 없으므로 누구나 이 책을 읽을
　　가치가 있다"고 정리하였다. 요컨대 김수실은 道學・仁義와 財利・財用을 대립 항목
　　으로 파악하고, 후자의 필요불가결함을 강조함으로써 양자가 모두 중요하다는 것을
　　역설하고, 이를 충족시키는 책이 바로 최한기의 『재교』라고 평가하였다. 金秀實, 「癸
　　酉五月上澣書金秀實財敎後」, 『崔氏大亂筆隨錄』(『增補 明南樓叢書』 5), 401쪽.
117) 『推測錄』, 권2, 「大象一氣」, 1a, "天包地球, 萬物不外範圍之中, 氣運理隨, 萬事皆由周旋之
　　機. 故先推大象, 以爲纖悉之效則, 須因一氣, 以探條理之委曲. 揆天度地, 實爲識見之大頭腦."
118) 『推測錄』, 권2, 「大象一氣」, 1ab, "天地大象也. 大象內所有諸物, 皆隨大象之範圍而化成, 則
　　學者極功, 在於範圍天地, 而動靜施爲, 皆有所順之效則爾. 周易云與天地合其德者."

성을 이해하는 방식에서 최한기는 주자학자들과 구별되는 점이 있다.

앞에서 말한 것처럼 도학·리학·예학·심학이라는 용어로 정리되는 주자학의 학문은 인간의 마음에 내재해 있는 도덕적 본성의 실현을 위한 공부라는 성격을 지니고 있다. 자연에 대한 접근 방식도 이러한 성격에서 크게 벗어나지 않는데, 자연에 대한 도덕적 이해가 그 전형이다. 물론 도덕적 자연관은 자연을 '생生'의 관점에서 이해하는 유학 일반의 것이므로 주자학 고유의 것이라고 할 수는 없다.[119] 자연의 법칙을 도덕적인 의미로 윤색해서 인간의 영역에 끌어들였다는 데 유가사상의 특징이 있기 때문이다.[120] 하지만 그와 같은 특징이 주자학에서 크게 증폭되었다는 것을 부정하기는 어렵다. 인간의 본질인 인의예지의 성이 곧 리라는 이른바 성즉리설은 도덕법칙과 자연법칙을 통일적으로 파악하려는 의식과 연계되어 있으며, 여기에는 인간의 도덕법칙을 자연법칙으로 정당화하고 자연법칙을 도덕적 측면에서 이해한다는 이중적인 의미가 있다.[121] 이런 측면에서 유교사상에서 제시한 천인합일이나

---

119) 『周易』,「繫辭 下」, 1장, "天地之大德曰生."

120) 김충열, 『중국철학산고』 1(온누리, 1988), 77쪽.

121) 최한기의 시대에 이르기까지도 조선 유학자들의 관심을 끌었던 인물성동이론이라는 것도 이러한 지적 분위기의 산물이라고 할 수 있다. 물성을 인성과 다르다고 이해한 인물성이론도 사물이 도덕적 본체, 즉 천명과 일정한 관계를 맺고 있다고 본다는 점에서 인물성동론과 본질적으로 다르지 않다. 인물성이론은 사물에 현실적으로 오상이 다 갖추어져 있지는 않다고 하더라도 그것은 어디까지나 기질의 영향 때문일 뿐이라고 주장한다. 사물도 발생 근원을 추적해 올라가 보면 천명 내지 천리라는 도덕적 본체에 이르게 된다는 것이다. 그러므로 사물에 대한 인물성이론의 이해가 전적으로 사물에서 도덕성을 배제하는 방식인 것만은 아닌 셈이다. 사물도 도덕적인 본성을 가졌느냐 하는 논제 설정 자체가 사물과 인간을 一理, 즉 하나의 리에 의거해서 통일적으로 파악하려는 의식과 무관하지 않다. 『南塘集』, 권11,「擬答李公擧」, 9b, "理本一也, 而有以超形氣而言者, 有以因氣質而名者, 有以雜氣質而言者. 超形氣而言, 則太極之稱是也, 而萬物之理同矣. 因氣質而名, 則乾順五常之名是也, 人物之性不同矣. 雜氣質而言, 則善惡之性是也, 人人物物又不同矣."

천인합덕의 경지는 자연이 지닌 도덕적 본성과 일치하는 경지로 바꾸어 이해해도 큰 무리가 없다.

인간의 영역과 자연의 영역을 연속적으로 사유하는 자연 이해는 자연에 대한 객관적인 탐구를 어렵게 하므로 근대 과학의 발생이나 수용에 걸림돌로 작용할 여지가 없지 않다. 최한기는 자연에 대한 객관적인 인식의 측면에서 주자학적 자연관이 지닌 한계를 직시하고 그 대안을 모색하였다. 결과적으로 그는 자연을 도덕적인 시각으로 이해하지 않았다. 그의 주장에 따르면, 하늘은 만물을 낳는 데 뜻을 두지 않으며 땅도 만물을 기르는 데 마음을 두지 않는다. 만물 스스로가 하늘의 힘을 빌려 생겨나고 땅의 힘을 빌려 자라날 뿐이다.[122] 천지의 생의生意를 부정하는 이 대목은 "천지는 어질지 않다"는 도가의 자연관을 연상시킨다.[123] 노자와 마찬가지로 최한기는 만물이 생겨났다가 소멸되는 것은 저절로 그렇게 되는 것이라고 여겼다. 따라서 그가 『주역』에서 인용한 '천지와 더불어 그 덕을 함께한다'는 말은 자연과의 도덕적 합일이 아니라, 자연에 대한 정확한 파악과 이에 근거한 적절한 실천이라는 측면에서 해석되어야 마땅하다.[124]

자연에 대한 정확한 파악이란 곧 자연의 이치에 대한 정확한 인식을 뜻한다. 최한기는 자연의 이치라는 뜻으로 '물리物理'라는 용어를 사용하

---

122) 『推測錄』, 권2, 「人物賴氣而生」, 9a, "天無意於生物, 物自賴而生焉, 地無意於成物, 物自賴而成焉. 所謂天地以生成物爲心者, 專主於在人物而參贊化育也, 豈是天地之浩大排布, 專爲生成物一款."

123) 『道德經』 5장(『老子翼』, 권1, 9~10쪽), "天地不仁, 以萬物爲芻狗. 聖人不仁, 以百姓爲芻狗." 이에 대해 王弼은 "天地任自然, 無爲無造, 萬物相治理, 故不仁也"라고 풀이하였다.

124) 『推測錄』, 권5, 「無輔於理無益人巧」, 21a, "但人之行事, 以順天理爲善, 以乘天時爲利, 則其實用之不可違者, 如斯而已."

였다. 최한기가 상정한 일차적인 인식대상은 물리였다.[125] 물리의 정확한 인식이 최한기 학문의 관건인 셈인데, 이렇게 물리가 학문의 핵심 분야로 부각된 것만으로도 학문관의 의미 있는 변화이다. 물리를 학문의 대상으로 상정한 것은 자연과학이나 기술학이 잡학이라는 위상에서 벗어나 지배적인 학문으로 부상될 수 있는 장을 마련했다는 의미가 있기 때문이다. 여기서 한 가지 검토해야 할 것은 그 물리라는 것이 과연 도덕성이 탈각된 리인가 하는 점이다. 최한기가 말하는 리를 다시 한 번 살펴보자.

> 기라는 것은 천지를 가득 채우고 끊임없이 순환하는데, 모이고 흩어지는 것이 때(時)가 있어서 그 조리를 리라고 한다.[126]

> 기의 운동과 변화에는 모두 일정한 법칙이 있어서 빠르고 느린 것에 자연히 차이가 있다. 크게는 다섯 행성의 운행에서 작게는 일상적인 일에 이르기까지 실로 평범한 헤아림이나 억측으로 다 알 수 있는 것이 아니다. 그래서 수를 셈하는 학문으로 기의 운동을 헤아리는데, 리가 그 가운데 있어서 한번 더하고 한번 빼는 것이 리가 아닌 것이 없다. 리를 탐구하는 것이 이것보다 정밀한 것이 없으며 사물을 재고 헤아리는 것이 이것을 벗어나지 않는다.[127]

---

125) 『推測錄』, 권2, 「推測以流行理爲準」, 23b~24a, "靜觀物理, 以爲推測之資, 貫熟物理, 以爲推測之範圍, 反將推測符驗于物理, 過者抑退, 不及者企就."
126) 『推測錄』, 권2, 「大象一氣」, 1b, "氣者, 克塞天地, 循環無虧, 聚散有時, 而其條理, 謂之理也."
127) 『推測錄』, 권2, 「數理」, 15ab, "氣之運動迭興, 皆有攸軌, 疾速徐遲, 自有其差, 大而五緯之躔, 小而日用之事, 實非凡計臆度所能盡也. 於是, 有算數之學, 以齊氣之運動, 而理在其中, 一加一減, 無非理也. 究理精緻, 無過於此, 事物裁度, 不外于是."

첫 번째 인용문에서 기가 모이고 흩어지는 때가 있다고 한 것은 기의 움직임이 무질서한 것이 아니라 일정한 규칙이 있다는 것으로 이해된다. 기의 조리로서의 리는 바로 그 규칙성을 지칭한다. 두 번째 인용문에서도 역시 기의 운동이 지닌 일정한 법칙을 리라고 하고 있다. 더욱이 수를 셈하는 학문, 즉 수학이 그 리를 인식하는 데 꼭 필요한 학문적 도구라고 여긴 것은 그 리를 수학적 방법의 대상으로 파악했다는 것을 의미한다. 이는 그가 위 인용문에 이어서 "수가 아니면 기의 양적 성질을 파악할 수 없고 가감승제의 계산을 할 수 없다"면서 "모든 일을 비교하고 모든 사물을 헤아리는 것이 모두 수에서 출발한다"고 한 것에서 재확인할 수 있다.[128] 물론 그가 수학을 강조한 것은 물리적 자연세계, 즉 기의 세계에 수적 법칙이 있다는 생각에 기초한 것이다. 따라서 수학의 계산은 사유를 통해 이루어지지만 그 수학의 법칙 내지 계산은 기의 실제 모습을 정확하게 반영해야 올바른 것이 된다. 이에 대해 그는 "기를 따라서 수를 고치는 것은 수학의 살아 있는 방법인 반면에 기를 버리고 수를 믿는 것은 수학의 죽은 방법이다"라고 하였다.[129]

이렇게 최한기가 리를 도덕원리가 아니라 자연법칙으로 이해했다는 것은 『추측록』의 「기를 미루어 리를 헤아린다」(推氣測理)에서 다루고 있는 내용에서 분명하게 확인된다. 여기에서 리의 구체적인 내용으로 제시된 항목이 지구구형설, 지전설, 해와 별의 타원 궤도, 별의 운행 속도, 밀물과 썰물의 원인, 낮과 밤 또는 겨울과 여름이 생기는 원인, 바람이 생기

---

128) 『推測錄』, 권2, 「數理」, 15b, "氣之積分, 非數, 無以漆流上下, 理之加減, 非數, 無以推移乘除. 至於比例諸事, 料度諸物, 皆從數起, 而査驗之精密, 尤有定法."
129) 『星氣運化』(『明南樓全集』3), 「凡例」, 85쪽, "可知數學, 寔人之心計. 遵氣而改數, 卽數學之活法, 捨氣而信數, 乃數學之死法."

는 원인과 같은 것들이다. 이 항목들은 자연현상에 대한 기술이자 그 현상의 원인에 대한 기술이다. 최한기가 기를 미루어 리를 헤아린다고 했을 때 그 리는 자연의 존재 및 운행 법칙이고, 따라서 당연히 도덕적 성격이 배제된 리이다. 요컨대 최한기가 상정한 물리라는 것은 수학적 방법으로 파악할 수 있고 도덕적 성격이 탈각된 자연법칙의 리였다.[130]

그렇다면 왜 자연의 성질과 법칙을 정확하게 인식해야 할까? 이 질문에 대해 최한기는 "사람의 일은 오직 사물을 제어하고 조작하는 방법이 기수氣數에 맞아야 하니, 사용에 편리한 것은 기수에 맞고 불편하여 사용하기 어려운 것은 기수에 맞지 않는 것이다"라고 하였다.[131] 자연의 수학적 성질과 법칙을 정확하게 인식하고 활용할 때 편리하고 유용하다는 의미이다. 여기에는 도덕성을 매개로 인간과 자연을 연속적으로 파악하고 자연과 인간의 도덕적 합일을 인식과 실천의 최고 경지로 파악하는 통일적 사유[132]가 개재되어 있지 않다. 최한기가 자연에 대한

---

130) 이는 주자학의 특징인 규범과 자연의 연속성의 해체라는 맥락에서 이해할 수 있다. 마루야마 마사오(丸山眞男)는 "주자학의 리는 물리임과 동시에 인간의 도리이며, 자연임과 동시에 당연이다"라는 전제 아래 주자학에서 "사물이 이치는 인간의 도리에, 자연법칙은 도덕규범에 완전히 종속되어 있으며, 그 대등함이 인정되어 있지 않다"고 파악하고(마루야마 마사오, 『일본정치사상사』, 김석근 옮김, 통나무, 1995, 131쪽) 그 연속성의 분해 과정으로 도쿠가와시대의 일본사상사를 조망하였다. 이와 관련해 야규 마코토(柳生眞)는 최한기가 "원래 거역하는 것이 불가능한 자연의 섭리와 인위적으로 만들어진 사회적인 규칙인 도리 사이를 분명히 구별한 것이다"라면서, "이와 같은 구별은 마루야마 마사오가 『일본정치사상사연구』에서 지적한바, 에도시대 일본의 유학자 이토 진사이(伊藤仁齋)나 오규 소라이(荻生徂來)가 주자학의 리 또는 도의 관념을 해체하고 자연계의 물리와 인간계의 도리를 분리한 것과 일맥상통하다"고 하였다. 야규 마코토(柳生眞), 『최한기 기학 연구』(경인문화사, 2008), 189쪽.

131) 『明南樓隨錄』, 305쪽 위, "以成物言之, 物有形質材料, 而強柔精麤分焉, 滋養成就, 而活澁利鈍在焉, 運化隨時, 而用捨各有宜焉, 莫非因氣化而成毀. 人事惟將制造法式, 但適氣數, 便利須用, 自合氣數, 頑鈍難用, 不合氣數矣."

132) 『中庸章句』 20장, "誠者, 天之道也, 誠之者, 人之道也.……誠者, 眞實無妄之謂, 天理之本然

탐구와 자연법칙에 대한 인식을 강조한 것은 자연과의 도덕적 합일이 아니라 자연의 객관적인 성질과 법칙을 정확하게 인식하고 그 인식에 기초해서 적절하게 실천해야 하며, 또 그렇게 할 때 인간의 삶이 순조롭고 풍요로워진다는 문제의식의 발로였다.

이 지점에서 최한기는 객관 법칙에 대한 정확한 인식과 그 법칙에 따른 실천을 승순承順으로 개념화하였다. 예를 들어 봄에 곡식을 심고 가을에 거두며 여름에 베옷을 입고 겨울에 갓옷을 입는 것은 자연의 질서에 승순하는 것이다.[133] 이처럼 자연법칙에 승순하는 것은 그렇게 하는 것이 삶을 효과적으로 운용할 수 있는 방법이기 때문이다. 다만 객관 법칙에 승순해야 한다는 승순론은 언뜻 타자에의 순응과 복종을 강요하는, 다시 말해 피동적인 삶의 방식을 요구하는 것으로 비칠 수 있다. 하지만 그는 승순과 사무를 결합함으로써 승순에 보이는 타율적이고 당위론적인 색채를 주체적이고 적극적인 것으로 전도시켰다. 사무와 결합된 승순은 객관 법칙을 따른다는 복종의 의미를 넘어 그 복종을 통해 현실에서 실제 효과를 거둔다는 의미를 함축한다. 그가 『승순사무承順事務』의 서문에서 "하늘과 사람의 사무는 모두 승순으로 성취하는 것이니 그 이름 지은 뜻이 객관 존재인 하늘과 사람의 운화를 승순하여 사무를 성취하는 데 있다"고 한 것은 승순과 사무의 관계를 간명하게 보여 준다.[134] 그의 승순이 사무와 결합되면서 객관 법칙에의 순

也. 誠之者, 未能眞實無妄, 而欲其進實無妄之謂, 人事之當然也."

133) 『人政』, 권8, 「運化敎」, 15a, "春耕秋穫, 夏葛冬裘, 自有承順節序, 渴飮飢食, 好順惡逆, 誰能違越範圍?"

134) 『承順事務』, 「承順事務序」, 323쪽 위, "凡政事之沿革, 盡是承順, 大氣運化, 天之事務, 政敎運化, 人之事務, 天人事務, 皆以承順成就, 錫名之義, 承天順人, 行事成務也."

응이라는 소극적인 의미가 아니라 객관 법칙을 활용하여 객관 대상을 적절하게 이용함으로써 인간의 목적을 성취할 수 있다는 적극적인 의미를 지닌 것으로 거듭났다는 것을 확인할 수 있다.[135]

4. 기의 존재론과 실증주의적 문제의식

1) 기의 존재론

(1) 존재로서의 기

동양 전통사회에서 기는 인간과 인간을 둘러싸고 있는 환경 전체를 설명하기 위한 가장 원초적이고 보편적인 개념이다.[136] 늦어도 한나라 시대에 이르러서는 기의 존재론이 확립되었으며, 이때 기는 현상세계의 모든 존재뿐만 아니라 그것의 시원을 설명해 주는 근본 범주의 지위를 갖는다. 현상의 존재들은 모두 원기元氣라고 불리는 시원적인 기로부터

---

135) 최한기의 사상이 지닌 역사적 성격과 관련해 김용옥과 신원봉의 견해가 주목된다. 김용옥은 최한기의 사상을 이른바 '실학의 實性'의 세 모우멘트의 반전 가운데 '경학으로부터의 근원적 탈피를 표방하는 제3의 반전'에 귀속시키고, 그 반전의 핵심을 '윤리에서 물리로의 전화'라고 파악하였다.(김용옥, 『독기학설』, 통나무, 1990, 36~56쪽) 신원봉은 「혜강의 기화적 세계관과 그 윤리적 함의」(1993)에서 최한기의 기화적 세계관이 "기존의 세계관에 대한 끊임없는 회의와 대안모색의 결과 정립된 것"이라면서 그의 기화적 세계관에 나타난 사유 방식의 전환을 '추상적 세계로부터 구체적 세계로의 전환', '주관적 세계로부터 객관적 세계로 전환', '정체적 세계로부터 발전적 세계로의 전환' 세 가지로 정리하였다. 신원봉, 「혜강의 기화적 세계관과 그 윤리적 함의」(한국정신문화연구원 한국학대학원 박사학위논문, 1993), 103~142쪽.
136) 김용옥, 「기철학이란 무엇인가」, 『도올논문집』(통나무, 1991), 23쪽.

생겨난다는 것이 그것이다. 이렇게 되면 물질, 정신, 생명은 모두 기의 변화 과정에서 형성되는 일시적인 산물일 뿐이다. 물론 기는 물질과 마찬가지로 공간을 점유하는 성질을 가지고 있기 때문에 서양의 영혼과 같은 정신적 실체도 아니고 이데아나 형상과 같은 순수 추상적 존재도 아니다. 그렇다고 기를 서양철학에서 말하는 물질과 같은 것으로 볼 수도 없다. 중국의 기 개념과 서양의 물질 개념은 비교하는 대상의 모형에 차이가 있기 때문이다.[137]

서양의 고대철학자들은 고체를 모형으로 삼아 객관 존재를 이해하였다. 이를테면 더 이상 나눌 수 없는 최소의 물질적 존재가 원자이고 그 원자들의 결합에 의하여 존재들이 생겨난다고 설명하는 원자론이 그 전형이다. 반면에 중국 고대철학자들은 기체를 모형으로 삼았는데, 고체에 비추어 기체의 두드러진 특성은 개체로 분할되지 않는다는 점이다. 기체를 모형으로 한 존재 이해는 단절이 없는 연속체로서의 기 개념을 등장시켰던 것이다.[138] 장입문張立文은 기의 구체적 특징으로 일체의 천지만물에 관통해 있는 가입성可入性, 일체를 자신 속에 포괄하고 있는 포괄성, 다른 사물 속으로 삼투하거나 다른 사물의 성분을 흡수하는 삼투성을 들었는데, 이 세 가지 특성은 모두 기가 지닌 연속성의 하위적 특성이라고 할 수 있을 것이다.

기氣는 최한기의 철학에서도 그의 철학체계 전체를 관통하는 가장 기초적이고 본질적인 존재이다. 최한기도 자신의 학문을 도학 · 리학 · 심학과 구별하여 기학이라고 칭하고, 그 기학을 통해 기존의 잘못된 학

---

137) 張立文 주편, 『기의 철학』 상(김교빈 외 옮김, 예문지, 1992), 54쪽.
138) 張立文 주편, 『기의 철학』 상(김교빈 외 옮김), 55쪽.

문을 일신하고자 하였다.[139] 최한기가 자신이 새롭게 구축한 학문의 본질적인 성격을 규정짓는다고 여겼을 만큼, 기는 최한기 철학의 존재론적 토대였다. 그의 주장에 따르면, 이 세계에 존재하는 것들은 기가 아닌 것이 없으며 존재하는 것들의 온갖 작용은 기의 운동과 변화가 아닌 것이 없다. 이를테면 하늘에 떠 있는 천체들의 회전운동이나 만물의 탄생과 소멸의 과정도 모두 기의 작용이 빚어내는 현상이다. 심지어는 한 몸의 인의예지와 희로애락도 모두 신묘한 기의 작용으로 인해 존재하고 발생한다. 그래서 그는 "어디를 간들 기가 아닌 것이 있으며 어느 것인들 기가 아닌 것이 있겠는가?"라고 말할 수 있었다.[140] 반면에 그의 이론체계에서 리는 기 안에서 유행하며, 기가 밝아지면 밝아지고 기가 어두워지면 어두워지는 존재로 상정된다.[141] 리는 기에 내재하는 부차적인 존재이므로 기의 인식을 통해서만 인식될 수 있다는 뜻이다.

최한기가 바라본 우주는 실재하는 기와 그 기의 운동변화가 빚어내는 온갖 물적 존재, 즉 유형의 존재들의 집합이다. 이 세계는 노자와 석가의 경우에서처럼 무無나 공空과 같은 관념적인 인식틀에 기초해 파악된 허구적인 존재가 아니며, 그렇다고 주희가 말하는 것처럼 천리라고 불리는 우주적 원리에 의해 규율되는 수동적인 존재도 아니다. 이 세계를 넘어서는 무도 없고 공도 없으며, 이 세계를 있게끔 하는 본체 내지 근본 원리로서의 리도 없다. 이 세상의 모든 존재는 기에서 생겨

---

139) 『人政』, 권9, 「元有氣學」, 12b, "以氣學掀憾天下之聽視, 以新耳目, 一統天下之學問, 以漸習染."
140) 『人政』, 권10, 「古人形氣血氣」, 8a, "滿天之遲速斡運, 無非此氣之陶鑄, 萬物之生長老死, 皆是此氣之資賴, 一身之仁義禮智喜怒哀樂, 俱由神氣而發用, 何往而非氣, 何擧而非氣也."
141) 『人政』, 권10, 「古人形氣血氣」, 8a, "理在氣中而流行, 氣明則理明, 氣昏則理昏. 患氣之不知, 不患理之不知."

나 기 안에서 운동변화 하다가 기로 되돌아갈 뿐이다. 달리 표현하면 기는 존재의 시작이자 존재의 과정인 동시에 존재의 종말이기도 하다. 다만 그 기는 다음과 같이 처지와 움직임에 따라 부르는 이름이 다를 따름이다.

기는 하나이다. 하지만 처지에 따라 이름이 각기 다르다. 전체를 가리 켜 천이라 하고, 주재를 가리켜 제帝라 하고, 유행을 가리켜 도라 하고, 사람과 만물에 부여한 것을 가리켜 명이라 하고, 사람과 만물이 부여 받은 것을 가리켜 성이라 하고, 몸을 주관하는 것을 가리켜 심이라 한 다. 또 움직임에 따라 각자 명칭이 있다. 기가 펴지면 신神이고 굽히면 귀鬼이며, 화창하면 양이고 움츠리면 음이며, 가면 동動이고 오면 정靜 이다.[142]

처지에 따라 이름이 다르다는 것은 똑같은 물임에도 그것이 처한 위치에 따라 바다·강·시내·샘과 같이 이름이 다른 것처럼 기가 처한 위치에 따라 그 기를 부르는 이름이 다르다는 것이다. 움직임에 따라 각자 명칭이 있다는 것은 동일한 사람임에도 집에 있으면 주인이지만 나가면 나그네이고, 고급 수레를 타고 면류관을 쓰면 재상이지만 농기 구를 잡으면 농부이듯이 움직임의 상태에 따라 역시 기의 이름이 다르 다는 뜻이다.[143] 천天·제帝·도道·명命·성性·심心·신神·귀鬼·양陽·

---

142) 『推測錄』, 권2, 「一氣異稱」, 12b, "氣卽一也, 指其所而名各殊焉. 指其全體謂之天, 指其主宰 謂之帝, 指其流行謂之道, 指其賦於人物謂之命, 指其人物稟受謂之性, 指其主於身謂之心. 又 指其動而各有稱焉, 伸爲神, 屈爲鬼, 暢爲陽, 斂爲陰, 往爲動, 來爲靜."

143) 『推測錄』, 권2, 「一氣異稱」, 12b~13a, "指其所而名各殊者, 如水之衆流所歸謂之海, 合於山 野間謂之江, 注於谿谷謂之溪, 出於井嵌謂之泉. 指其動而各有稱者, 如人之在家爲主人, 出行爲 遊客, 服軒冕爲卿宰, 把未耟是農大."

음陰·동動·정靜은 그 이름이 서로 다르지만 모두 기를 지칭한다는 점에서 다르지 않다는 것인데, 이 세상 존재 가운데 기 아닌 것이 없고 그저 하나의 기를 양태에 따라 부르는 이름이 다를 뿐이라는 주장이다. 요컨대 최한기는 주희의 이론체계에서 리 범주에 속하면서 기 범주보다 우월한 지위에 놓인 천·도·명·성[144]을 기의 특정한 처지나 양태로 재배치함으로써 주희의 리본체론을 와해시켜 버렸다.

사실 주희의 이론체계에서 기는 리와 더불어 이 세계를 설명하는 두 가지 근본 범주 가운데 하나임이 분명하지만, 다른 측면에서 보면 기는 리의 명령을 수행하는 도구적 존재이기도 하다. 대개의 경우 주희의 기는 소이연자所以然者로서의 리를 실현하거나 소당연자所當然者로서의 리를 실천해야 한다는 점에서 리에 종속된 존재이고,[145] 따라서 그 자체만으로는 독립적인 지위를 확보하기 어려운 측면이 있었던 것이 사실이다.[146] 그 결과 주희의 철학에서 기는 적어도 논리적인 수준에서

---

144) 『朱熹集』, 권58, 「答黃道夫」, 2947쪽, "理也者, 形而上之道也, 生物之本也. 氣也者, 形而下之器也, 生物之具也."; 『朱子語類』, 권5, 「性理」 二, 1b, "性卽理也. 在心喚做性, 在事喚做理."(燾)

145) 『大學或問』(『朱子全書』 6), 「大學或問」 上, 512쪽, "至於天下之物, 則必各有所以然之故, 與其所當然之則, 所謂理也." 주희의 리를 소이연과 소당연의 통일이라는 관점에서 파악한 연구로는 윤사순의 「존재와 당위에 관한 퇴계의 일치시」가 있다. 윤사순은 주자학의 소이연과 소당연을 각각 존재로서의 자연법칙과 당위로서의 규범법칙으로 파악하고 "소당연과 소이연은 한 리의 두 표현으로서 서로 일치하는 것"이라고 하였다.(윤사순, 「존재와 당위에 관한 퇴계의 일치시」, 『한국유학사상론』, 열음사, 1986, 80~81쪽) 한편 오하마 아키라(大濱晧)는 소당연의 법칙(所當然之則)을 임금의 어짊, 어버이의 자애로움과 같은 인륜의 법칙으로, 소이연의 까닭(所以然之故)을 임금은 어질어야 하고 어버이는 자애로워야 하는 근본 이유로 이해하였다. 오하마 아키라(大濱晧), 『범주로 보는 주자학』(이형성 옮김, 예문서원, 1997), 66쪽.

146) 이러한 경향의 극단적인 형태는 리의 지위를 고양하려는 의식이 강했던 퇴계학파 학자들이나 18세기에 척사위정을 주창한 학자들에게서 발견된다. 이들은 리와 기 사이에 상하 수직적 위계를 명확하게 부여하였다. 예를 들어 정시한은 "리는 항상

리보다 시간적으로 뒤에 있는 존재일 뿐만 아니라[147] 악의 잠재적인 원천으로서 극복되어야 할 존재이기도 하였다.[148] 그러나 최한기의 기학에서는 리가 기의 조리 내지 속성으로 그 위상이 추락한 반면에 기는 현실에 실재하는 구체적인 존재인 동시에 만물 생성의 원천으로 자리매김되었다. 이러한 변화는 형이상의 세계로부터 형이하의 세계로, 관념의 세계로부터 실재의 세계로의 존재론적 전환을 의미하는 동시에 학문 방법의 전환을 암시하는 것이다.

최한기는 이 우주를 하늘과 땅, 그 안에 가득 찬 기, 그리고 기 안에 있는 만물이라는 세 층위로 구성된 구조로 파악하였다. 여기에서 기는 온 우주에 충만해 있기 때문에 한 터럭의 빈틈도 없다.[149] 다시 말해 기는 그 어떤 틈도 들어가지 않는 곳이 없으므로 기 없는 공간이란 있을 수 없다. 만물은 그렇게 충만한 기 안에 존재한다. 비유하자면 연못에 있는 물체가 물에 흠뻑 젖어 있듯이 만물은 우주를 가득 채운 기에 젖어 있다.[150] 최한기는 이에 대해 다음과 같이 말하기도 하였다.

주인이 되고 기는 항상 보조가 된다"고 했으며, 기정진은 "기 역시 리 안의 일(理中事)이니 이 리가 유행하는 손발이다"라고 하였다. 『愚潭集』, 권9, 「壬午錄」, 29b, "朱子雖在氣中, 理自理氣自氣, 不相夾雜之謂性云者, 以其理氣妙合之中, 理常爲主, 氣常爲輔, 雖在氣中, 不囿於氣, 命氣而不命於氣之云爾, 非以爲理氣各在一處, 而不相妙合也."; 『蘆沙集』, 권16, 「猥筆」, 27b, "理之尊無對, 氣何可與之對偶? 其闊無對, 氣亦理中事, 乃此理流行之手脚. 其於理本非對撤, 非偶非敵, 而對擧之何哉?"

147) 『朱子語類』, 권1, 「理氣」上, 3a, "或問, 必有是理, 然後有是氣, 如何? 曰, 此本無先後之可言. 然必欲推己所從來, 則須說先有是理."(人傑); 『朱子語類』, 권1, 「理氣」上, 3b, "或問, 理在先, 氣在後. 曰, 理與氣, 本無先後之可言. 但推上去時, 却如理在先, 氣在後相似."(祖道)

148) 『朱子語類』, 권4, 「性理」一, 16a, "天地間, 只是一箇道理. 性便是理, 人之所以有善有不善, 只緣氣質之稟, 各有淸濁."(去僞); 『朱子語類』, 권4, 「性理」一, 17b, "人之性皆善, 然而有生下來善底, 有生下來便惡底, 此是氣稟不同."(璘)

149) 『推測錄』, 권2, 「積漸生力」, 28a, "天下無無氣之空隙, 器質無非氣之凝聚,……"

150) 『推測錄』, 권2, 「人物潛於氣」, 17a, "無物不洽, 無隙不透, 如潛淵諸物, 莫不漬濕."

(기는) 천지에 충만하고 그 안의 물체를 푹 적시고 있다. 모이고 흩어지는 것이나 모이지도 않고 흩어지지도 않는 것은 모두 기가 아닌 것이 없다. 내가 태어나기 전에는 천지의 기만 있었으며, 내가 처음 태어날 때 비로소 형체의 기가 생겨났고 내가 죽은 뒤에는 다시 천지의 기가 된다. 천지의 기는 크고 오래도록 존재하며 형체의 기는 작고 잠시 머무르다 없어진다.[151]

이렇게 최한기는 우주에 기가 충만해 있는 것으로 보고, 그것을 천지의 기 또는 천지의 신기라고 불렀다. 그 기는 모이고 흩어지는 성질을 가지고 있다. 기가 모이면 형질(質)과 모양(形)을 갖춘 하나의 형체가 되며, 이처럼 형체를 이룬 기가 형체의 기이다. 인간을 포함해 눈에 보이는 물체는 천지의 기가 응취되어 만들어진 형체의 기인 것이다. 형체의 기는 영원히 존재하는 천지의 기와 달리 일정한 시간 동안만 존재하는 일시적인 존재이다. 기가 모여 특정한 형체를 지닌 존재가 되지만, 그 형체는 시간이 지나면 다시 흩어져 천지의 기로 돌아가기 때문이다.[152] 그의 관점에서 보면 존재의 생성과 소멸이라는 것은 기의 모임과 흩어짐인 셈이다.

그렇다고 형질이나 형체만으로 하나의 개체가 완결되는 것이 아니다. 최한기의 기학에서 사물의 생성은 기와 형질의 합으로 이루어진다. 기가 모여서 이루어진 형질에다 기 자체가 더해져서 하나의 사물이 된다는 것으로 기가 모여서 형질이 이루어지면 그 형질 안에는 당연히

---

151) 『神氣通』, 권1, 「天人之氣」, 1a, "充塞天地, 漬洽物體, 而聚而散者, 不聚不散者, 莫非氣也. 我生之前, 惟有天地之氣, 我生之始, 方有形體之氣, 我沒之後, 還是天地之氣. 天地之氣, 大而長存, 形體之氣, 小而暫滅."

152) 『推測錄』, 권2, 「氣聚生散死」, 8a, "質者, 氣之成形也. 生氣之聚, 死氣之散."

천지의 기가 내재하게 된다는 의미이다. 이렇게 개별 사물에 내재하는 기가 형체의 기 또는 형체의 신기이다. 논리적으로 보자면 기가 응취하여 형질이라는 기麤가 되고 그 기麤 안에 다시 천지의 기가 내재함으로써 비로소 하나의 개체가 된다고 할 수 있다. 이에 대해 최한기는 "천하의 모든 개개의 사물은 기와 형질이 서로 합해져 생긴 것"이라면서, "처음에는 형질이 기로 말미암아 생기고 다음에는 기가 형질로 말미암아 스스로 그 사물을 이루어 각각 제 기능을 드러낸다"고 하였다.[153]

이렇듯이 최한기는 모든 사물이 기와 형질의 합으로 이루어져 있다고 여겼다. 게다가 최한기의 기학에는 형질 자체도 기가 응취된 결과물이므로 결국 모든 존재는 기 하나로 환원된다. 요컨대 기는 현실적으로 만물을 이루고 있는 재료인 동시에 생성론의 측면에서는 만물이 생성되는 출발점이자 만물이 되돌아가는 귀착지이다. 또한 기는 존재론의 측면에서 그 존재가 다른 어느 것으로도 환원되거나 소급되지 않으면서 현실의 존재를 존재하게 하는, 즉 현실 존재의 본래 모습이다. 결국 최한기의 기학에서 기는 다양한 양태로 드러나는 구체적인 사물임에도 불구하고 언제나 기로서 자기 동일성을 유지하는 존재론적 본체이기도 하다.

(2) 속성으로서의 리

주희의 이론체계에서 리는 기와 더불어 이 세상의 모든 존재와 현상

---

153) 『神氣通』, 권1, 「氣質各異」, 7b, "天下萬殊, 在氣與質相合, 始則質由氣生, 次則氣由質而自成其物, 各呈其能."

을 설명하는 근본 범주로서 존재론적 본체이자 생성론적 근원이라는 위상을 지닌다. 이에 대해 주희는 "리는 형이상학의 도로서 사물을 낳는 근본이며, 기는 형이하의 물질(器)로서 사물을 생성하는 도구"라고 규정하였다.[154] 동시에 주희의 리는 현실의 존재보다 먼저 존재하면서[155] 현실의 존재를 그렇게 존재하도록 한 원인(所以然之故)이자 개개의 존재에 내재하면서 그 존재를 그 존재이게끔 하는 본질(性)이며, 존재마다 당연히 실천해야 할 일종의 도덕적 규범(所當然之則)이기도 하다.[156] 반면에 최한기는 "리학의 리나 태극의 리 등 책에서 논한 리는 모두 추측의 리이다"라고 하여, 주희가 상정한 리가 실재하는 리가 아니라 사유의 산물이라고 선언하였다.[157] 주자학에서 만물의 생성론적 근원이자 존재론적 본체로 상정된 리는 한마디로 원본이 없는 허구라는 것이다.

최한기가 파악한 리는 과연 어떤 것일까? 최한기는 먼저 "리는 기의 조리이다"라고 규정하고, "조리는 기와 떨어져 있지 않으니 리는 항상 기 안에 있으면서 기를 따라 운행한다"고 정리하였다. 리는 기 작용의 필연적인 질서라는 뜻이다. 이에 대해 그는 더 구체적으로 "기가 1분分을 운행하면 리도 1분을 운행하고 기가 한 바퀴를 운행하면 리도 한

---

154) 『朱熹集』, 권58, 「答黃道夫」, 2947쪽, "天地之間, 有理有氣. 理也者, 形而上之道也, 生物之本也. 氣也者, 形而下之器也, 生物之具也."
155) 『朱子語類』, 권1, 「理氣」 上, 1b, "未有天地之先, 畢竟也只是理. 有此理, 便有此天地. 若無此理, 便亦無天地, 無人無物, 都無該載了. 有理便有氣, 流行發育萬物."(淳)
156) 『大學或問』 下, 526~527쪽, "天道流行, 造化發育, 凡有聲色貌象而盈於天地之間者, 皆物也. 旣有是物, 則其所以爲是物者, 莫不各有當然之則, 而自不容已,……是皆必有所當然之則, 自不容已, 所謂理也."
157) 『推測錄』, 권2, 「推測以流行理爲準」, 23b~24a, "天地萬物流行之理, 付諸健順化育之中, 非人之所能增減. 若夫推測之理, 自有生熟得失之分, 可以裁制變通. 理學之理, 太極之理, 凡載籍之論理者, 儘是推測之理也. 推測之理, 以流行之理爲準的, 流行之理, 以氣質爲分別. 靜觀物理, 以爲推測之資, 貫熟物理, 以爲推測之範圍. 反將推測, 符驗于物理, 過者抑退, 不及者企就."

바퀴를 운행한다"고 부연하면서, 그 리를 천기天氣가 유행하는 리라고 하였다.158) 여기서 기의 운행이란 기의 공간적인 움직임(一分/一周)을 가리킨다. 한편 그가 "기는 천지에 가득 차 있다"면서, "그 기의 순환은 어그러짐이 없고 취산(모이고 흩어짐)은 일정한 때가 있으니 그 조리를 리라고 한다"고 말한 것은 기 운행의 시간적인 법칙성에 대한 언급이다.159) 이 경우에 리는 기의 순환과 취산에 보이는 시간적인 질서를 의미한다. 최한기의 철학에서 기가 시공간의 장에서 운동변화 하는 존재라면, 리는 그렇게 운동변화 하는 기의 시공간적인 법칙으로 상정되어 있다는 것을 확인할 수 있다.160)

한편 주희가 상정한 리는 이 세계를 구성하는 온갖 존재들이 따라야 하는 일종의 외재적 법칙이다. 물론 그 역시 리가 기 없이 존재하지 않

---

158) 『氣學』, 권1, 13b, "氣之條理爲理, 條理卽氣也. 常在氣中, 常隨氣運而行, 氣運一分, 理運一分, 氣運一周, 理運一周, 是謂天氣流行之理也.";『人政』, 권8, 「理卽氣」, 51a, "理卽氣之條理也. 言氣則理在其中, 言理則氣隨至焉."

159) 『推測錄』, 권2, 「大象一氣」, 1b, "氣者, 充塞天地, 循環無虧, 聚散有時, 而條理謂之理也. 氣之所敷, 理卽隨有. 擧其全體, 而謂之氣一, 則理亦是一也, 擧其分殊, 而謂之氣萬, 則理亦是萬也.";『人政』, 권12, 「理學有實據」, 11a, "氣有形質, 運化萬物, 推測此氣, 累證驗於此氣, 先後緩急, 聚其合以爲理, 卽氣之條理也."

160) 다만 법칙이라는 것은 내재적일 수도 있고 외재적일 수도 있기 때문에 일반화해서 일률적으로 말할 수는 없다. 외재적인 법칙의 경우에 그 법칙은 이 세계의 바깥에 있으면서 현실의 존재들을 규율하고 통제하는 일종의 절대자의 얼굴을 하고 있는 것이 보통이다. 반면에 현실의 온갖 존재들은 그 절대자의 명령에 복종하거나 그 절대자가 상정한 이상적인 모습을 구현하려는 지향성을 지닌 존재로 자리매김된다. 외재적 법칙을 상정한 예로는 이 세계 바깥에 이데아 내지 신을 참된 존재이자 궁극적인 목적으로 설정하고 그것을 통해 이 세계를 설명한 플라톤적 사유나 기독교적 사유를 들 수 있다. 한편 개별 사물을 뜻하는 "제일실체를 본래적이고 근원적인 뜻의 존재라고 주장함으로써 플라톤에서 결정적으로 떨어져 나온"(요한네스 힐쉬베르거, 『서양철학사』 상권, 강성위 옮김, 546쪽) 아리스토텔레스는 내재적인 법칙을 상정한 경우이다. 다만 아리스토텔레스도 에이도스(형상)를 개체에 내재시킴으로써 플라톤과 다른 면모를 보이지만, 그 형상이라는 것이 결국 개체로 실현되는 형이상학적 원리라는 점에서 플라톤의 이데아론적 전통에서 자유롭지 않다.

는다고 하여 리가 기에 내재한다는 것을 강조했지만, 그 리가 어디에 있느냐와 상관없이 현실 존재와 구별되면서 현실 존재를 규율하는 독립된 존재라는 점에서 외재적인 법칙의 성격을 갖는다는 것을 부정할 수 없다. 주희의 철학에서 리는 실제로 존재하는 객관 실재이자 기보다 존재론적 우위에 있는 본체로 상정되어 있다. 그래서 주자학자들은 리와 기가 떨어져 있지 않다는 것을 당연하게 여기면서도 리와 기가 섞이지 않는다는 리기불상잡의 원리를 끊임없이 강조하였다. 리가 현실적으로 기의 몸을 빌려 존재할 수밖에 없지만[161] 그렇다고 기의 속성으로 해소될 수 없는 독립적인 실체이자 기의 현실적인 모습을 가능하게 하는 형이상학적 본체라는 것이 그 주장의 요지이다.[162]

최한기 역시 "기를 말하면 리가 그 안에 있고 리를 말하면 기가 따라 이른다"고 하여,[163] 기가 있으면 리가 있고 리가 있으면 당연히 기가 있다고 여겼다. 천지자연의 운동과 변화에는 항상 리가 내재해 있다는 것인데, 글자 그대로 보면 리와 기가 서로 떨어져 존재하지 않는다는 것을 강조한 주희의 리기불상리론과 크게 달라 보이지 않는다. 하지만 최한기가 리를 기의 조리라고 한 것은 단순히 리가 기 안에 있다거나 리와 기가 서로 떨어져 존재하지 않는다는 것만을 의미하지 않는다. 그가 리를 기의 조리라고 규정하고 주희의 리를 허구라고 비판했을 때

---

161) 『朱子語類』, 권1, 「理氣」 上, 3a, "理又非別爲一物, 卽存乎是氣之中. 無是氣, 則理亦無掛搭處."(人傑)
162) 『朱熹集』, 권58, 「答黃道夫」, 2947쪽, "天地之間, 有理有氣. 理也者, 形而上之道也, 生物之本也. 氣也者, 形而下之器也, 生物之具也."; 『中庸章句』, 제25장, "天下之物, 皆實理之所爲, 故必得其理, 然後有是物, 所得之理旣盡, 則是物亦盡而無有矣."
163) 『人政』, 권8, 「理卽氣」, 51a, "理卽氣之條理也. 言氣則理在其中, 言理則氣隨至焉."

의도한 것은 리가 기로부터 독립된 독자적인 존재가 아니라는 것이었다. 여기서 리는 기가 특정한 방식으로 작동하도록 능동적인 힘을 발휘하는 주체가 아니라 도리어 기에 의존함으로써 존재가 확보되는 부차적인 존재이고, 그런 점에서 리는 엄밀한 의미에서 객관 존재가 아니라 객관 존재의 속성 내지 법칙을 지칭한다. 이에 대해 그는 "기가 움직이면 리도 움직이고 기가 고요하면 리도 고요하며, 기가 흩어지면 리도 흩어지고 기가 모이면 리도 모인다. 리는 기보다 앞선 적도 없고 기보다 뒤선 적도 없다. 이것이 곧 천지유행의 리이다"라고 하였다.[164]

최한기의 기학에서 리와 기는 언제 어디서나 함께 하는, 진정한 의미에서의 시공간적인 한 몸이다. 여기서 한 몸이라는 것은 주희의 리기론에서처럼 독립된 두 실체의 결합을 의미하는 것이 아니라 실체와 속성의 관계에 있다는 뜻이다.

> 기를 도라고 여기면 도는 근거가 있고, 기를 리라고 여기면 리는 형체가 있다. 그러므로 기의 운화가 도이고 기의 조리가 리라고 말하는 것이다. 기에 의거하지 않고 도와 리를 구하면 반드시 탐색할 방향이 없어 지나치면 허무에 빠지고, 못 미치면 저속한 것에 빠진다.[165]

최한기의 기학에서 리는 기에 내재한 속성이나 기가 운행하는 법칙

---

164) 『推測錄』, 권2, 「流行理推測理」, 13a, "理是氣之條理, 有氣必有理, 無氣必無理, 氣動而理亦動, 氣靜而理亦靜, 氣散而理亦散, 氣聚而理亦聚. 理未嘗先於氣, 亦未嘗後於氣. 是乃天地流行之理也."

165) 『人政』, 권9, 「道理卽氣」, 10b~11a, "以氣爲道, 則其道有質, 以氣爲理, 則其理有形. 故曰, 氣之運化爲道, 氣之條理爲理. 道與理不由氣而求之, 必無摸着方向, 過則入於虛無, 不及則隱於卑瑣."

을 의미한다. 그래서 그는 기를 도라고 여기고 리라고 여겨야 한다고
말할 수 있었다.166) 기의 운동변화가 도이고 그 법칙이 리라는 것이 그
의 생각이었다. 주자학에서는 보통 리와 기를 두 가지 실체로 상정하고
그 둘의 관계를 주종 관계 내지 체용 관계로 파악하였다. 그래서 조선
의 주자학자들은 리와 기를 구분하지 않거나 리를 기로 환원하는 기
중시의 사고를 극도로 경계하였다. 이와 관련해 이황은 "리가 홀로 움
직일 수 없기 때문에 리를 말할 때 먼저 기를 말한다고 해서 그 뜻이
기를 리로 여기고 그것들을 뭉뚱그려 하나의 설로 만들려고 한 것이
아니다"라고 했고, 김창협도 "리가 비록 기 바깥에 있는 존재는 아니지
만 곧바로 기를 리라고 해서는 안 된다"고 강조하였다.167) 리의 우월적
지위를 인정하지 않고 리와 기의 경계를 허무는 일종의 기 중시 사고에
대한 경계이자 비판인 셈인데, 이러한 맥락에서 보면 '기를 리라고 여겨
야 한다'거나 '기의 조리가 리이다'라는 선언은 주자학의 리기론을 뒤집
는 발상의 전환이 아닐 수 없다.

　　주희의 리기론에 비추어 최한기의 리기론이 지닌 두드러진 특징은
주희가 상정한 리기의 관계를 완전히 전도시켰다는 데 있다. 최한기는
기가 있으면 리가 있다고 했을 뿐 리가 있기 때문에 기가 있다고 여기
지 않았다. 그가 "리를 말하면 기가 따라 이른다"고 말한 경우가 없지는

---

166) 기를 도로 여긴다는 표현은 주자학에서 노장의 기 중시적 사유를 비판할 때 흔히
　　등장한다. 『三峯集』, 권10, 「心氣理篇」, 8a, "老不知氣本乎理, 而以氣爲道."; 『密菴集』, 권
　　14, 「自警編」 上, 24a, "老莊以氣爲道而無性, 釋氏以氣爲性而無理, 儒者以理爲性而道器辨."
167) 『退溪集』, 권32, 「答禹景善」, 3a, "蓋理不能獨行, 故將說理處, 先說氣, 其意非以氣爲理, 而
　　袞作一片說也."; 『農巖集』, 권32, 「雜識」, 16a, "理雖非有一箇物事立於氣外, 亦不可直以氣
　　爲理. 於此思之又思, 其庶免於世儒承襲之見乎."

않으나, 그것은 리를 말하면 그 리가 기의 리이므로 당연히 리라는 말에 기가 포함되어 있다는 의미이지 주희의 경우처럼 리가 독립된 실체라 거나 기보다 논리적으로 선행하는 존재라는 의미가 아니다. 최한기는 또 주희가 강조한 "리에 동정이 있기 때문에 기에 동정이 있다"[168]는 테제에도 동의하지 않았다. 그는 리를 온갖 운동의 궁극적인 원인 내지 궁극적인 주체로 상정한 주자학의 리의 동정 테제를 거부하고, "기가 움직이면 리도 움직이고 기가 고요하면 리도 고요하다"고 하여 기를 운동의 주체로 파악하였다. 리기 관계의 무게중심이 리에서 기로 이동한 셈인데, 이를 리주기종理主氣從으로부터 기주리종氣主理從으로의 전환이라고 할 수 있을 것이다.[169] 정리하면, 최한기의 철학 이론에서 이 세계에

---

168) 주자학에서 리의 동정의 문제는 많은 논란을 일으킨 주제이다. 리의 동정이 리의 무조작이라는 기본 원칙과 충돌하기 때문인데, 그렇다고 리의 동정을 인정하지 않으면 리의 능동성은 물론 리의 주재성도 확보되지 못할 우려가 있다. 주희가 "리에 동정이 있기 때문에 기에 동정이 있다"고 한 것은 리의 실질적인 동정을 인정한 것이 아니므로 무조작의 원칙과 충돌하지 않으면서 리의 주재성을 확보할 수 있는 묘안이었다. 『朱熹集』, 권56, 「答鄭子上」, 2871쪽, "理有動靜, 故氣有動靜. 若理無動靜, 則氣何自而有動靜乎?"

169) 리주기종의 테제는 조선 주자학에서 理帥氣卒・理主氣輔・理將氣卒・理主氣資・理帥氣役・理主氣僕 등 다양한 표현을 낳았는데, 그 핵심은 리는 명령을 내리는 존재이고 기는 명령을 수행하는 존재라는 것이다.(『退溪續集』[『增補 退溪全書』 3], 권8, 「天命圖說」, 13b, "理爲氣之帥, 氣爲理之卒.";『愚潭集』, 권4, 「與李翼升」, 3a, "理譬則將也, 氣譬則卒徒.";『愚潭集』, 권9, 「壬午錄」, 29b, "以其理氣妙合之中, 理常爲主, 氣常爲輔, 雖在氣中, 不囿於氣, 命氣而不命於氣之云爾, 非以爲理氣各在一處, 而不相妙合也.";『大山集』, 권17, 「答柳叔遠」, 17b~18a, "理不外氣, 言氣則理固在其中. 然理爲主而氣爲資, 其可舍理而獨言氣乎.";『華西集』, 권11, 「答柳稺程」, 49b, "蓋理爲氣帥. 故言帥則不必言卒, 而卒在其中也.";『華西集』, 권12, 「答柳稺程」, 10a, "自此物方生之時而言, 則理爲氣帥, 氣爲理役, 其曰上下者, 有尊卑之意.";『蘆沙集』, 권16, 「猥筆」, 27b, "氣之順理而發者, 氣發卽理發也, 循理而行者, 氣行卽理行也. 理非有造作自蠢動, 其發其行, 明是氣爲, 而謂之理發理行何歟? 氣之發與行, 實受命於理, 命者爲主, 而受命爲僕. 僕任其勞, 而主居其功, 天之經, 地之義.") 이 가운데 기정진의 理主氣僕論에 따르면 실제로 운동하는 주체는 기이지만 리에 순응하여 운동하는 것이므로 그 운동의 실질적인 주체는 리이다. 그래서 그는 氣發과 氣行이 곧 리발이고 리행이라고 하였다. 기가 리의 명령을 받아 작동하므로 리가

실제로 존재하는 것은 기와 그 기의 운동변화로 빚어지는 다양한 존재와 현상일 뿐이며 리는 기로 이루어진 온갖 존재들이 지닌 다양한 특성을 지칭한다. 따라서 리는 이 세계에 그 자체로 실재하는 실체도 아니며 기의 다양한 모습으로 자신을 드러내는 본체도 아니다. 그의 기학이 주자학의 리본체론과 뚜렷하게 구별되는 것이 바로 이 지점이다.

2) 실증주의적 문제의식

최한기는 인간이 경험할 수 있는 것은 기와 그 기의 속성일 뿐이라고 여겼다. 더 정확하게 말하자면 경험할 수 있는 것은 기 및 기의 운동변화이며, 그 경험을 통해 기의 속성과 운동변화의 법칙을 인식할 수 있다는 것이 그의 생각이었다. 물론 기가 지닌 속성과 기가 운동변화하는 법칙이 곧 그가 말하는 리이다. 결국 리는 기의 리이므로 그 리를 직접적으로 인식하는 것이 불가능하며 언제나 기를 매개로 인식할 수밖에 없다. 이러한 관점에서 보면 기의 법칙인 리를 실체화하여 만물의 본체로 상정하고, 그 본체를 인식하고 실천하는 것을 공부의 목적으로 설정한 주희의 이론은 헛된 그림자를 쫓는 것에 불과하다.

최한기는 촛불이 밝게 빛나는 현상에 대한 이해 방식을 예로 들어 주리主理의 사고와 주기主氣의 사고가 어떻게 다른지를 설명하였다. 그의 설명에 따르면, 리를 위주로 하는 사람(主理者)은 "촛불 안에 본래 사물을 비추는 리가 있다"고 말하는 반면에 기를 위주로 하는 사람(主氣者)

주인이고 기는 하인인 셈이고, 그렇다면 실제로 일을 하는 것은 기일지라도 주인인 리가 그 공을 차지하는 것이 당연하다는 논리이다.

은 "불꽃의 밝음이 곧 사물을 비추는 기이다"라고 말한다. 당연히 "주리主理는 추측의 헛된 그림자이고 주기主氣는 추측의 참된 실천이다"라는 것이 그의 결론이다.170) 존재하지도 않는 리를 실체화하여 촛불 안에 내재시킨 후, 그 리를 촛불이 밝게 빛나는 현상의 원인으로 지목한 것은 있지도 않는 그림자를 좇는 허구적인 인식이라는 것이다. 촛불이 밝게 빛나는 것은 기의 작용으로 빚어지는 현상이므로 기 자체로 설명해야 마땅하다는 의미이다.171)

최한기의 비판은 리를 기에서 독립된 객관 실체로 상정한 주자학의 리실재론에 대한 비판에서 그치지 않는다. 그는 전통적인 귀신설의 신은 물론이고 천주교나 이슬람교의 신 역시 기가 지닌 속성에 지나지 않는 것을 실재화 내지 실체화한 것이라고 비판하였다. 그의 견해에 따르면 신이라는 것은 본래 기가 운화하는 능력을 지칭하므로 기로부터 독립된 별개의 존재가 아니라 운화하는 기가 곧 신이다.172) 그럼에도 신을 이 세계 바깥에 기와 별개로 있는 최고 존재로 상정하고, 그것에다 천지만물을 창조하고 인간의 운명을 좌우하는 권능을 부여하고 섬김으로써 사후에 영혼의 안락을 구하는 것은 운화의 기를 벗어난 것이자

---

170) 『推測錄』, 권2, 「主理主氣」, 27b, "燭中自有照物之理, 主理者之言也. 火明乃是照物之氣, 主氣者之言也. 主理者, 推測之虛影, 主氣者, 推測之實踐也."

171) 리를 궁극적 실재 내지 만물의 본체가 아니라 기에 내재된 조리로 상정한 리기론은 인식에서 경험을 중시하는 경험주의적 방법론과 밀접한 관련이 있다. 리가 기 안에 있음에도 기를 벗어나서 리를 찾는 것은 헛된 그림자를 찾는 격이기 때문이다. 그러나 흔히 기철학자로 알려져 있는 장재·서경덕·임성주의 경우에서 볼 수 있듯이, 기론이 반드시 경험주의적 방법론을 함축하는 것은 아니다. 따라서 최한기 기학의 두드러진 점은 단순히 기를 존재의 본체로 상정한 기본체론을 넘어 그 기가 지닌 경험주의적 성격 그리고 그와 연계된 경험주의적 인식론에 있다고 해야 할 것이다.

172) 『氣學』, 권1, 8b, "神者, 乃指其運化之能, 故運化之氣, 卽是神也."

천박하고 비루한 일을 받들어 행하는 것이다.[173] 최한기의 관점에서 보면 주자학이나 천주교는 기의 조리나 능력에 지나지 않는 것을 실체화하여 이 세계를 지배하는 최고 존재로 설정했다는 공통점이 있다.

옛사람들이 리라고 한 것은 이 기의 추측을 가리키며 신이라고 한 것은 이 기의 영명을 가리킨다. 그러나 평생 탐구한 것이 신과 리에 지나치게 빠져 점차 기와 단절된 채 학설을 정립하였다. 후세에 그것을 추종하는 사람들은 그 사람을 독실하게 스승으로 삼고 스스로 얻은 것을 보태어 마침내 이 기와의 사이에 겹겹이 관문을 설치했으며 점차 저속해져 괴이하고 황당무계함이 이르지 않은 곳이 없었다. 이 폐단을 제거하고 참된 안목을 열려면 당연히 지금의 운화를 표준과 스승으로 삼고 지구·달·해·별에 승순承順하고 만사만물에 증험해야 진정한 대도를 인식하여 어기거나 넘어서지 않을 수 있다. 그러므로 형질이 없는 리의 학설은 기의 형질이 있음을 보지 않았기 때문에 억측하고 의혹했으며, 형질이 없는 신의 학설은 기의 형질이 있음을 넘어섰기 때문에 견강부회했다는 것을 알 수 있다.[174]

최한기에 이르러 리나 신은 더 이상 기를 주재하거나 창조하는 일차

---

173) 『氣學』, 권1, 8b, "西洋學, 所事之神天無形, 居於最上之宗動天, 造天造地造萬物, 此神外, 更無可事之神. 天地有始終, 神天無始終, 天地有形, 神天無形, 是乃踰越之大端也."; 『氣學』, 권1, 8b, "踰越運化之氣, 服行賤陋之事, 西洋學天方學, 是也."; 『氣學』, 권1, 9ab, "天方敎, 以多行禮拜爲貴, 每日有五時禮拜, 每月每歲, 有隨行之無數禮拜, 以要死後靈魂之安樂, 是將佛家勸誘下等之報應, 要作仙術鍊氣脫殼而升天, 是乃賤陋之行也."

174) 『運化測驗』, 권2, 33b, "古人之曰理, 指此氣之推測也. 曰神, 指此氣之靈明也. 平生講究, 狃於神理, 漸與氣自隔截以立敎. 後之尊尙者, 篤師其人, 又添自得, 乃與此氣, 便成重關, 漸致低下, 神怪荒誕, 無攸不屈, 欲去斯弊, 開眞眼目, 當以方今運化爲準爲師, 承順乎地月日星, 證驗于萬事萬物, 見得眞正大道, 違越不得. 可認無形理之敎學, 由於不見氣之有形, 而揣摩疑惑也, 無形神之敎學, 由於逾越氣之有形, 而傅會牽合也."

적인 존재가 아니라 기에 종속된 부차적인 존재가 되었다. 사실 최한기의 철학적 문제의식은 참된 지식이 경험에서 시작된다는 경험주의적 인식론으로부터 출발하며, 그의 경험주의적 인식론은 최종적으로 참된 지식은 경험적으로 검증되어야 한다는 주장으로 이어진다. 이 경우에 어떤 지식의 옳고 그름을 판정하는 최종적인 준거는 객관 존재 자체가 된다. 따라서 경험에 기초하지 않는, 다시 말해 검증할 수 없는 지식이나 이론은 주관적인 편견과 제한된 지식으로 만들어 낸 허구이지 객관 존재의 세계를 적확하게 반영한 것이 아니다. 그의 관점에서 보면 주희가 리를 만물의 근원과 본체로 상정한 것이나 기독교에서 신을 천지만물의 창조주로 설정한 것은 경험적으로 검증할 수 없기 때문에 다분히 초월적이고 형이상학적인 허구에 지나지 않는다. 이렇듯이 최한기는 경험 가능한 현실세계의 배후에 초월적 원리나 존재를 상정하여 이 세계를 설명하는 형이상학적인 태도를 배격하고, 이 세계를 그 자체로 인식하고 설명하려고 했다는 점에서 일종의 실증주의적 문제의식을 지녔다고 할 수 있다.

이 세계를 그 자체로 인식하고 설명한다는 것은 구체적으로 무엇을 의미할까? 이와 관련해 다음의 인용문은 그의 인식방법론 내지 학문방법론의 단초를 엿볼 수 있는 근거가 된다.

진실로 기를 밝히면 리는 절로 그 안에 있다. 그러나 먼저 리를 궁구하기에 힘쓰면 기가 오히려 숨어서 준거할 바가 없다. 리는 무형이지만 기는 자취가 있다. 그런 까닭에 그 자취를 따르면 리가 자연히 드러나 찾을 수 있는 단서가 있지만, 그 자취를 버리고 무형에서 구하면 드러난

기는 도리어 은미해지고 이른바 리는 막연하고 준거가 없게 된다.[175]

주돈이가 태극으로부터 음양과 오행을 거쳐 만물의 생성에 이르는 과정을 도식화하고, 다시 정이와 주희가 그 태극을 리로 해석하면서 궁극적 존재 원리로서의 리와 그 원리의 실현자로서의 기라는 두 범주로 이루어진 주자학의 존재론 및 생성론의 틀이 확립되었다. 존재론은 "이 세상에 존재하는 존재자들은 어떻게 존재하고, 그것들의 본질은 무엇일까?"라는 질문에 대한 해명이다. 물론 이러한 질문은 다분히 형이상학적인 질문이고, 따라서 그에 대한 대답도 초경험적인 성격을 띠는 것이 보통이다.

장재·서경덕·임성주와 같은 성리학자들의 기론[176]은 비록 기를 중심으로 만물의 존재와 생성을 설명했지만 그 기론의 기본적인 문제의식은 전형적인 주자학자들의 리본체론과 크게 다르지 않다. 성리학의 기론[177]은 만물의 발생 과정, 그 중에서도 특히 발생 근원에 초점을 맞춘 존재론이라는 성격이 강하다. 이와 같은 기론은 이 세계를 만물이

---

175) 『推測錄』, 권2, 「理在氣中」, 14a, "苟明乎氣, 則理自在其中矣. 先務究理, 則氣反隱而罔準. 理無形, 而氣有跡, 故循其跡, 則理自顯, 而有可尋之緒矣. 捨其跡, 而求諸形, 則顯著之氣, 反歸隱微, 所謂理者, 漠無準的."

176) 임성주 존재론을 기철학이라고 할 수 있느냐 하는 문제는 논란의 여지가 있다. 전통적으로 그의 리기론은 주로 「녹려잡지」를 근거로 유기론 또는 기일원론으로 규정되어 왔으나, 이와 달리 그의 리기론에서 리가 단순히 기의 속성으로 환원되지 않는다는 것을 근거로 전통적인 학설을 반박하는 주장이 설득력 있게 제기되고 있다. 이에 대해서는 다음의 글들이 참고가 된다. 이상익, 「녹문 임성주 성리학의 재검토」, 『철학』 50(한국철학회, 1997); 홍정근, 「녹문과 노사의 리일분수설에 대한 이해」, 『동양철학연구』 18(동양철학연구회, 1998); 손흥철, 『녹문 임성주의 삶과 철학』 (지식산업사, 2004).

177) 홍대용·정약용·최한기 등 실학자들의 기론과 구분하기 위해 편의상 성리학의 기론이라고 하였다.

생성되기 이전의 세계와 생성된 이후의 세계로 분리하는 것이 자연스러운데, 이런 구조가 뚜렷하게 드러나는 것이 서경덕의 선천과 후천이라는 개념이다.[178] 그가 파악한 우주인식체계에서 후천이 현실세계라면 선천은 현실세계 이전의 세계이다. 그리고 동정·음양·오행과 같은 범주는 바로 선천의 세계와 후천의 세계, 다시 말해 원초적인 기의 세계와 현실 존재의 세계를 매개해 주는 개념적 장치들이다. 여기서 이전이라는 말은 단순히 시간적인 선행만을 의미하지 않는다. 그것은 그저 현실세계에 시간적으로 선행하는 세계, 그래서 시간이 흐르면 자연히 현실세계로 변화하는 세계가 아니라 형이상학적 본체의 세계이기도 하다. 이런 측면에서 성리학적 기론의 기는 리본체론자의 태극에 대응하는 개념이라고 할 수 있다.

기의 모임과 흩어짐으로 만물의 생성과 소멸을 설명하는 최한기는 이와 같은 전통적인 기론자들의 문제의식을 안고 출발하였다. 그의 우주론에서 일관되게 관철되고 있는 것은 이 우주는 애초부터 기로 가득차 있다는 것이며, 이런 측면에서 보면 최한기의 기론은 장재·서경덕·임성주의 성리학적 기론과 다르지 않다. 그러나 최한기는 경험되지 않으면서 존재한다는 것을 철저하게 부정했으며, 이는 극단적으로 말해서 경험으로 환원되지 않는 것은 존재하지 않는다는 의미이다.[179] 어찌

---

178) 『花潭集』, 권2, 「原理氣」, 11b~12b, "太虛湛然無形, 號之曰先天. 其大無外, 其先無始, 其來不可究, 其湛然虛靜, 氣之原也.……濂溪於此不奈何, 只消下語曰無極而太極, 是則先天, 不其奇乎, 奇乎奇. 不其妙乎, 妙乎妙, 倏爾躍, 忽爾闢, 孰使之乎? 自能爾也, 亦自不得不爾. 是謂理之時也. 易所謂感而遂通, 庸所謂道自道, 周所謂太極動而生陽者也. 不能無動靜, 無闔闢, 其何故哉? 機自爾也.……一氣之分, 爲陰陽, 陽極其鼓而爲天, 陰極其聚而爲地, 陽鼓之極, 結其精者爲日, 陰聚之極, 結其精者爲月, 餘精之散, 爲星辰, 其在地, 爲水火焉. 是謂之後天, 乃用事者也."

됐든 현실세계 이전의 세계 또는 현실세계 너머의 세계를 따로 상정하는 것은 최한기의 경험주의 인식론과 어울리지 않는 것만큼은 분명하다. 그렇다면 최한기의 기에는 형이상학적 성격이 약화되었으리라는 추론이 가능하다. 다음의 인용문은 이러한 추론이 틀리지 않았음을 보여 준다.

크게는 천지운화의 기가 여러 별들을 배포하고 만물을 화생化生시키는데, 사람은 다만 그것에 의존하고 따를 뿐 그 원인을 따질 수 없다. 또 가장 가깝고 절실한 인간의 신체도 단지 습관적으로 활용할 뿐 그 원인을 탐구하기는 매우 어렵다. 대황의 찬 성질과 부자의 더운 성질의 경우에도 다만 차고 더움에 따라 복용할 뿐, 그것이 차고 더운 원인은 탐구할 수 없다. 금석·토목이나 금수·어류도 모두 그렇다. 그런데 외도·이단과 방술·잡학은 터무니없이 허황된 말과 미묘하고 신통한 술책으로 반드시 천지조화의 시작점을 들어 반복해서 말하고 책에 기록하였다. 그래서 '선천지·후천지'를 말하고, '산하대지가 공허하다'고 말하고, '신천神天이 곧 천지를 만들고 만물을 만들었다'고 말했으나, 이것은 모두 자기 마음대로 어림짐작한 데서 나온 것이지 몸소 그것의 발생과 종말을 관찰하거나 실제 사취를 증험한 것은 아니다.[180)]

---

179) 그렇다고 최한기의 주장을 모두 경험으로 환원할 수 있는 것은 아니다. 예를 들어 그가 당연한 것으로 상정한 기의 존재론은 물론 이에 기초해 구축된 그의 인체론이나 우주론이 그의 생각처럼 경험에 의해 검증된 것이라고 하기는 어렵다.

180) 『人政』, 권8, 「教學虛實」, 23ab, "大則有天地運化之氣, 排布星曜, 化生萬物, 但當資賴依據, 承順遵行, 不可究其所以然. 至近切用之一身形體, 但當隨習須用, 固難究其所以然. 至於大黃之寒, 附子之熱, 但當從其寒熱而服之, 不可究其寒熱之所以然. 金石土木, 禽獸魚鼈, 莫不皆然. 凡外道異端, 方術雜學, 皆以宏闊勝大之言, 微妙神通之術, 必擧天地造化之始, 丁寧說到, 登諸紙墨. 有曰先天地後天地, 曰山河大地虛空, 曰神天乃造天造地造萬物, 是皆出於意思揣度, 非躬覘始終訂驗實跡."

최한기는 운동하고 변화하는 기의 작용으로 천체가 운행하고 만물이 생성된다고 여겼다. 하지만 그가 말하는 기의 작용은 현상에 대한 기술일 뿐이지 만물 생성의 궁극적인 원인에 대한 설명은 아니다. 최한기는 그 궁극적인 세계, 즉 소이연의 세계는 알 수 없다는 입장을 보였다. 인간의 인식이 미칠 수 없는 영역이라는 의미이다. 그래서 최한기는 선천과 후천을 나누는 소옹과 서경덕의 견해, 산하대지를 허와 공의 관점으로 보는 노자와 석가의 견해, 그리고 신이 천지만물을 창조했다는 기독교의 견해를 비판하였다. 이러한 이론은 현실세계 배후에다 인식 불가능한 존재나 원리를 당연한 것으로 설정했다는 공통점이 있다.

최한기가 기로써 존재를 설명하면서 강조한 것은 그 기가 형질을 가지고 있다는 점과 그 기로 인해 우주의 모든 존재가 생겨나고 운행하고 변화해 간다는 점이다. 현실의 온갖 존재들은 다양한 모습을 지닌 채 운행하고 변화하지만, 그것들은 본래 모습이 기라는 공통점이 있다. 달리 말하면 이 세계에는 기가 존재하고, 그 기는 활동운화라는 운동 과정을 통해 스스로 다양한 형태로 변모하면서 이 세계의 온갖 운행과 변화를 연출한다는 것이다. 그와 같은 기의 변화 과정, 즉 활동운화의 과정은 기의 내적 운동 과정일 뿐 그 배후나 너머에 그 운동과 변화를 추동하는 원인이 따로 존재하지 않는다.[181] 이 세상에는 기와 그 기의

---

181) 이것은 최한기의 기가 현상세계 자체를 설명하는 경험적이고 자연과학적인 개념이라는 성격이 같다는 것을 의미한다. 이런 측면에서 최한기의 주된 관심사는 우주발생론이나 존재의 본체를 해명하는 형이상학에 있었다기보다는 경험 가능한 현실세계의 모습과 그 법칙에 있었다고 해야 할 것이다. 그가 자신의 기가 기존 학자들의 기와 달리 유형의 존재임을 일관되게 강조한 이유가 여기에 있다. 그럼에도 불구하고 철학자로서 최한기는 자신의 문제의식을 정당화할 수 있는 존재론적 근거를 확보하는 것이 중요했기 때문에 그의 기학은 기본적으로 존재론적 성격을 띨 수밖에 없었다.

다양한 양태들 이외에는 존재하는 것이 없다는 뜻이다. 요컨대 최한기는 다양하고 변화무쌍한 이 세계를 기의 다양한 모습으로 이해한 셈이다. 이런 측면에서 최한기의 기학을 기본체론氣本體論으로 규정지어도 큰 무리가 없다고 여겨진다.[182] 특히 최한기가 이 세계를 '기를 도구로 한 리의 드러남' 내지 '리의 규율에 의한 기의 작용'으로 파악한 주자학의 리본체론을 비판하고 그 대안으로 기학을 제시했다는 점을 감안하면, 기본체론이라는 규정은 조선 후기의 사상사적 맥락에서 그 의미가 충분해 보인다.

---

182) 사실 기본체론이라는 규정은 최한기의 기론을 설명하는 데 적절하지 않은 측면이 있다. 그는 기라는 본체를 상정하고 그 본체가 현실의 다양한 양태로 자신의 모습을 드러낸다는 식의 이원론적 설명을 하지 않았기 때문이다. 그는 본체와 현상이라는 이중 구조로 이 세계를 설명하지 않았고, 그런 점에서 그가 이 세계를 설명하는 방식은 다분히 평면적이다. 최한기의 기론에서 기는 생성론적 기원이나 존재론적 본체로 상정되었다기보다는 현실세계를 구성하는 구체적인 존재로 상정되어 있다. 그가 생각하는 존재라는 것은 우리가 보고 듣고 만지면서 살아가는 이 세계가 전부이다. 그리고 이 세계는 기(운화의 기)와 그 기의 모임으로 이루어진 형질(형질의 기)이 있을 뿐이다. 따라서 우리가 찾아야 하는 것은 이 세계의 배후나 너머에 있으면서 천지만물로 자신의 모습을 드러내는 형이상학적 본체가 아니다. 최한기의 철학에서 그런 존재는 없다. 그래서 최한기의 기는 결코 주자학의 리나 기독교의 신과 대척점에 있는 존재일 수 없다. 최한기의 존재론을 기본체론이라고 규정하는 것이 적절하지 않은 이유가 여기에 있다. 다만 최한기의 기론은 일차적으로 주자학의 리본체론을 부정하고 극복하는 이론으로 정립된 것이므로 주자학의 리본체론과의 대비를 통해 그 특성을 명확하게 하는 것은 사상사적 맥락에서 의미가 있다.

제4장 서양 과학기술의 수용과 기학적 변용

1. 서양 우주설의 수용과 기화론적 우주관

1) 우주설의 수용

(1) 지구구형설의 수용

우주설은 최한기가 심혈을 기울여 공부하고 연구했던 분야 가운데 하나로서 그의 학문체계, 즉 기학의 형성과 밀접한 관련이 있다. 서구 자본주의의 침략적 성격이 극명해지던 시대에 활동했음에도 불구하고 동양과 서양을 아우르는 보편적인 철학체계에 골몰했던 최한기로서는 중국을 중심으로 한 폐쇄적인 세계관과 그 기저에 자리한 전통적인 우주관에서 벗어나 새로운 세계관과 이를 밑받침할 새로운 우주설을 구축하는 것이 긴요한 일이었다. 물론 새로운 우주설의 구축은 서구 우주설을 수용하고 활용하는 작업이기도 하였다. 그 결과 그의 우주설은 지구 중심의 지전설에서 태양중심설로 변모해 갔는데, 그 변화의 과정은 전통적인 세계관에 대한 성찰 과정인 동시에 서학 수용을 통한 과학적 지식의 확장 과정이었다고 할 수 있다.

어떤 문명이든 그 기저에는 일정한 우주관이 자리하고 있으며 사람들의 사고는 비록 의식적이지는 않더라도 그 우주관의 토대 위에서 형성되는 것이 보통이다. 특히 이 세계를 총체적으로 성찰하는 철학적 사유는 당연히 우주관과 긴밀하게 연계되어 있고, 따라서 우주관의 변화는 그 위에 구축되어 있던 기존의 지배적인 철학적 사유에 균열을 초래하기 마련이다. 조선 후기에 유입되기 시작한 서구의 지구구형설과 지구자전설 그리고 태양중심설은 주자학적 지식체계에 익숙해 있던 조선의 지식인들에게 커다란 지적 충격이 아닐 수 없었다. 서구의 새로운 우주설이 유입됨에 따라 동아시아의 전통적인 우주관에 기초해 있던 주자학적 가치체계 및 사고체계가 흔들린 것은 너무도 당연한 일이었다.

천원지방(하늘은 둥글고 땅은 모나다)과 천동지정(하늘은 움직이고 땅은 고요하다)은 오랫동안 동아시아의 전통사회를 지배해 온 우주관의 기본 전제이다. 17세기에 들어서 한역서학서가 유입되면서 그 두 가지의 우주론적 전제가 도전받기 시작했고, 그에 따라 정도의 차이는 있지만 나름대로 대안 마련에 고심했던 선진적인 사상가들이 등장하였다. 김만중(1637~1692) · 김석문(1658~1735) · 이익(1682~1764) · 홍대용(1731~1783) · 최한기 등이 그들이다. 최한기가 코페르니쿠스의 태양중심설을 수용한 것은 물론 뉴턴 역학에 기초한 천체운행론을 수용함으로써 정점에 달한 조선 후기의 서양 우주설 수용 과정은 당연히 주자학적 세계관에 대한 성찰과 맞물려 있었다. 따라서 조선 후기에 지속적으로 서구의 우주설을 수용하는 한편 새로운 대안 우주설을 모색해 간 과정은 단순히 객관 존재에 대한 참된 인식이나 진리에의 접근이라는 차원을 넘어 그 우주설과 연계된 새로운 철학체계의 모색이기도 했다는 점에서 의미가 더욱 크다.

지구의 형체에 대한 동아시아의 전통적인 견해는 천원지방설이었으나,[1] 17세기 초 마테오 리치의 세계지도를 비롯해 한역서학서가 전래되면서 지원설, 즉 지구구형설이 유입되기 시작하였다. 이에 따라 서양의 지구구형설이 천원지방설을 바탕으로 한 전통적인 세계관과 직접적으로 충돌했으리라는 것을 어렵지 않게 짐작할 수 있다. 예를 들어 숙종 9년(1683)에 서양의 역법이 매우 세밀하다는 견해를 표명했던 최석정崔錫鼎(1646~1715)도 지구구형설에 대해서만큼은 완전한 신뢰를 보이지 않았다. 그는 숙종 34년(1708)에 쓴 글에서 "서양 학자들의 학설은 '땅이 둥글다'는 것을 중심으로 하였다"고 전제한 후, "그 설이 황당무계하고 이치에 어긋나는 것이지만 학술의 전수에는 경솔하게 깨트릴 수 없는 것이 있으니 잠시 보존하여 이를 널리 알려 두는 것이 마땅하다"고 하였다.[2] 숙종 46년(1720)에 북경을 방문했을 때 사우레즈(J, Saurez, 蘇霖)와 쾨글러(Ignatius Kögler, 戴進賢)를 만나 필담을 나눈 이이명李頤命(1658~1722)도 그들에게 보낸 편지에서 지원설에 대한 의문점을 질의하였다.[3] 유입된 지 한 세기가 지난 18세기 초까지도 조선 지식인들 사이에서 지원설의 의문점이 말끔하게 해소되지 않았다는 것은 그만큼 천원지방의 관념이 견고

---

1) 『周髀算經』 下, 10b, "方屬地, 圓屬天, 天圓地方."
2) 『明谷集』, 권8, 「西洋乾象坤輿圖二屏總序」, 33ab, "今西士之說, 以地球爲主, 其言曰, 天圓地亦圓, 所謂地方者, 其德方云爾.……其說宏闊矯誕, 涉於無稽不經, 然其學術傳授, 有自有不可率爾卞破者, 姑當存之, 以廣異聞." 최석정은 서양인들이 "하늘이 둥글면 땅도 둥글다"면서 천원지방의 '지방'을 "땅의 도가 고요함을 주로 하고 그 덕이 바르다는 말이다"라고 풀이한 것을 잘 알고 있었다. 마테오 리치가 『건곤체의』의 「천지혼의설」에서 "땅을 모나다고 하는 것은 그 덕이 고요하여 움직이지 않는 성질을 말한 것이지 그 형체를 말한 것이 아니다"라고 한 바 있다. 『乾坤體義』 上, 「天地渾儀說」, 1a, "地與海本是原形, 而合爲一球, 居天球之中, 誠如鷄子黃在靑內. 有謂地爲方者, 語其德靜而不移之性, 非語其形體也."
3) 『疎齋集』, 권19, 「與西洋人蘇霖戴進賢」, 2b, "地球, 東人亦曾見其圖說矣. 從古論天地之形者, 皆言天圓而地方, 獨此法, 以爲地亦從天而圓, 中高而四邊平. 不知緣何推測若是, 乃用天度畫地里也. 周髀雞子黃之說, 稍近于此, 亦不以天度定地里. 至若諸巴之地, 必非今人所目見, 又何以知其如此乎?"

했다는 것을 말해 준다.

반면에 일찍부터 지구구형설을 당연한 것으로 받아들인 학자들이 없지 않았다. 예를 들어 김만중은 지구구형설의 이치와 근거가 확실하다면서 그것을 의심하는 사람들을 견문이 좁은 사람이라고 비판하였다.[4] 지구구형설의 난점은 어떻게 지구의 아래쪽 면에 생물체가 살 수 있는지 설명하기 어렵다는 점이다. 김만중은 그와 같은 난점 때문에 지구구형설을 의심하는 사람들이 있음을 증언하면서, 그들을 우물 안 개구리나 여름벌레에 비유하였다.[5] 그 이후 김석문은 지구구형설과 지구자전설을 주요 내용으로 하는 독창적이고 매우 정교한 우주설을 제시하기에 이르렀다.[6] 18세기에 이익은 땅의 형체를 둥근 탄환에 빗대어 설명했으며,[7] 지구의 아래쪽에서도 사람이 떨어지지 않는 것을 설명하기 위해 지심론地心論을 제시하였다.[8] 홍대용도 지구구형설을 정당화하려는 노력을 기울였으며,[9] 아울러 상하의 형세(上下之勢)라는 개념과 '근

---

4) 『西浦漫筆』下, 581쪽, "惟西洋地球說, 以地準於天, 畵地爲三百六十度. 經度視南北極高下, 緯度驗之於日月蝕, 其理實, 其術核. 非但不可不信 亦不容不信也. 今之學士大夫 或以其地形球圍生齒環居爲疑, 此則井蛙夏虫之見也. 朱文公曰, 今坐於此, 但謂地不動, 安知天運於外, 而地不隨之以轉耶? 大知達觀, 何嘗如此."

5) 『西浦漫筆』은 김만중이 숙종 15년(1689) 정월에 유배지 남해에서 쓴 것으로 알려져 있다. 정규복, 「서포집해설」, 『西浦集·西浦漫筆』(통문관, 1971).

6) 김석문이 『易學二十四圖解』를 쓴 것은 1697년이다.

7) 『星湖僿說』, 권2, 「天地門」, '地厚', 9a, "地如彈丸. 以北極言, 則北走二百五十里, 而極高一度, 南走二百五十里, 而極低一度, 此不可誣也."; 『星湖僿說』, 권2, 「天地門」, '日出入', 20a, "地形如彈丸, 人居外面, 各履地戴天, 故人之自已居處最高."

8) 『星湖僿說』, 권2, 「天地門」, '地毬', 53b, "此宜以地心論從. 一黙地心, 上下四旁, 都湊向內, 觀地毬之大, 懸在中央, 不少移動, 可以推測也."

9) 대략 다음 세 가지로 정리된다. 만물의 형태는 둥글기 때문에 네모난 것이 없으며, 월식 때 달을 가린 땅의 그림자가 둥글며, 땅이 평평하다면 태산과 같이 큰 산이나 바다 건너에 있는 나라가 한눈에 보여야 하는데 그렇지 않다는 것이 그것이다. 『湛軒書』上, 內集, 권4, 『毉山問答』, 19a~21a.

본이 같으면 서로 감응한다'는 사물의 이치를 도입해서 둥근 지구의 표면 어디에서도 사람이 추락하지 않고 살 수 있다고 주장하였다.[10]

최한기 역시 지구가 둥글다는 것을 다음과 같이 몇 가지 방식으로 정당화하였다. 첫째, 월식 때 달을 가린 지구의 그림자가 둥글므로 지구가 둥글다는 것을 알 수 있다. 둘째, 북으로 갈수록 북극이 더 높아지고 남으로 멀리 갈수록 남극이 땅 위로 떠올라 북극과 다름이 없으므로 지구의 몸체가 남북으로 둥글다는 것을 알 수 있다. 셋째, 해가 뜨고 지는 것이 동서에 따라 이르고 늦는 차이가 있는 것으로 보아 지구의 몸체가 동서로 둥글다는 것을 알 수 있다.[11] 지구구형설에 대한 최한기의 정당화가 기본적으로 서학서에 기초한 것인 만큼 홍대용의 것과 크게 다르다고 할 수는 없다. 다만 지구구형설과 관련해서 최한기에게 발견되는 특이한 점은 엘카노(J. S. Elcano, 嘉奴)의 세계 일주를 여러 차례 언급했다는 점이다. 그가 세계 일주를 강조한 것은 그것이 지구가 둥글다는 것을 입증해 주는 직접적인 증거라고 여겼기 때문이다.

땅덩이는 둥글고 그것을 둘러싸고 있는 대기(蒙氣)는 햇빛을 받아 구슬처럼 빛난다. 그러므로 그것을 지구라고 한다.…… 대지는 바다와 함께 본래 하나의 구를 이루고 있다. 【정덕(1506~1521) 이전에 포르투갈 사람 엘카노가 처음으로 지구를 빙 돌아왔는데, 이것으로부터 지구가 밝혀지기 시작한 이후 백여 년 만에 지도가 중국에 들어왔다.】 이 지도가 중국에 들어오자 처음에는

---

10) 『湛軒書』, 內集, 권4, 『毉山問答』, 20b~21a.
11) 『推測錄』, 권2, 「地體蒙氣」, 3ab, "夫地體之圓可驗者, 非特一二, 而大槪論之. 月爲之影所蔽, 而爲月食. 影者, 隨形而生失, 形方者影方, 形圓者影圓. 今看月食所蔽之地影常間, 則可知地體之圓. 且以南北極出入地推之, 向北愈深, 而北極愈高, 向南漸遠, 而南極之出地上, 與北極無而, 亦可知地體南北之圓. 又以日出入早晩, 有東西之差, 則亦可知地體東西之圓也."

의심하다가 차츰 믿게 되었고, 점차 그것이 바뀔 수 없는 이론임을 알게 되었다.[12]

1836년 이전에 최한기는 엘카노가 세계 일주를 했으며, 이로 인해 지구가 둥글다는 것이 직접적으로 입증되었다는 것을 알고 있었다. 나아가 최한기는 엘카노의 세계 일주를 천지개벽에 비유하기도 하였다.[13] 엘카노의 세계 일주로부터 무역을 하는 선박이 널리 통행하고 사신들이 잇달아 파견되었으며 진기한 산물과 편리한 기계가 멀리 전파되었기 때문이다.[14] 최한기가 엘카노의 세계 일주를 격찬한 것은 그로 인해 지구가 둥글다는 사실이 입증되었다는 것을 넘어 전 세계가 소통되었다는 데 있었던 것이다.

이와 같이 지구구형설에 대한 최한기의 이해에는 단순히 객관적 사실에 대한 과학적 인식을 넘어서 급변하는 국제 정치상황에 대한 대응이라는 실천적인 관심이 개재되어 있었다. 그는 엘카노가 최초로 지구를 일주했음을 밝히고는 다음과 같이 말하였다.

명나라 이후에 서양의 배가 지구를 두루 운행한다.【…… 지금은 바닷길이 더욱 익숙해져 서양의 배가 지구를 동에서 서로 돌기도 하고 서에서 동으로 돌기도 하는데, 불과 8~9개월이면 지구를 완전히 돌 수 있으니 모두 앞사람이 개척한 공이다.】

---

12) 『推測錄』, 권2, 「地球右旋」, 5b, "地體圓, 而所包蒙氣, 隨日光而生耀如珠, 姑謂之地球.…… 大地同海, 本一圓球【正德以前, 葡萄牙人嘉奴, 始圜地而返, 則地球之明, 自此始, 而後百餘年, 圖入中國】, 自是圖入中國, 始疑而次信之, 漸知其爲不易之論."

13) 『神氣通』, 권1, 「天下敎法就天人而質正」, 15a, "盖天下之周通, 粤在大明弘治年間, 歐羅巴西海隅布路亞國人嘉奴, 始圜地球, 是乃天地之開闢也."

14) 『神氣通』, 권1, 「天下敎法就天人而質正」, 15a, "自妓以降, 商舶遍行, 使价遞傳, 物産珍異, 器械便利, 傳播遐邇. 禮俗敎文, 爲播越傳說者所附演, 無非城內之乳也."

그래서 연해지방의 여러 곳에 무역항이 늘어섰고 건장한 용사를 모아 그곳에 군부대를 설치하고 병사를 상선에 배치하여 천하의 견고한 방어지가 되었다. 이에 세상을 경영하는 방식이 크게 변하여 여러 나라의 산물이 서로 유통되고, 전 세계에 여러 종교와 사상이 뒤섞이고, 육지의 시장이 변하여 바다의 시장이 되고 육지의 전쟁이 변하여 바다의 전쟁(水戰)이 되었다. 이러한 변화에 대처하는 방법은 마땅히 변한 것을 가지고 변한 것에 대처해야지 변하지 않은 것을 가지고 변한 것에 대처해서는 안 된다.[15]

최한기가 지녔던 현실 인식의 기본적인 문제의식은 변화된 현실을 직시하지 않으면 안 된다는 것이었다. 변화된 현실이란 서양의 배가 동양으로 진출함으로써 동서 교역이 이루어지고 동서의 문화가 서로 섞이게 된 것을 말한다. 이러한 변화에 대처하는 방법은 변화에 걸맞은 새로운 것이어야 한다. 서양의 문물을 배척하고 옛 전통만을 고집한다면, 그것은 올바른 대응 방법일 수 없다. 비록 서양의 것이라 할지라도 훌륭한 제도, 우수한 기구, 양호한 토산품 등 진실로 우리보다 나은 것은 나라를 다스리는 도리로 보아 당연히 취해서 써야 한다는 것이 최한기의 생각이었다.[16]

---

15) 『推測錄』, 권6, 「海舶周通」, 63b, "自明代以後, 洋舶周行大地. 【……今則海道益習, 伴船自東往西, 或由西返東, 周地而返, 計不過八九月之間, 卽可周行全地, 皆前人開創之功也.】 沿海諸處, 羅列市埠, 收聚健勇, 設置鎭守, 寓兵於商, 而爲天下之難禦. 於是人世營濟, 至於一變, 物産交通於萬國, 諸敎混殽于天下, 陸市變爲海市, 陸戰變爲水戰. 處變之道, 固宜將其變以禦其變, 不宜以不變者禦其變."

16) 『推測錄』, 권6, 「東西取捨」, 61a, "海舶周遊, 書籍互譯, 耳目傳達, 法制之善, 器用之利, 土産之良, 苟有勝我者, 爲邦之道, 固宜取用."

(2) 지구자전설의 수용

지구구형설에 이어 동양의 전통적 세계관에 충격을 준 것은 지구가 움직인다는 지전설이었다. "하늘은 움직이고 땅은 움직이지 않는다"는 천동지정설은 천원지방설과 더불어 동양인들이 우주에 대해 가지고 있었던 기본적인 생각이었지만, 17세기 후반의 김석문이나 18세기의 홍대용과 같은 학자는 지전설을 자신의 우주설에 흡수했을 정도로 지전설에 대한 이해가 심화되어 갔다. 1836년의 최한기도 지구 자전에 대한 확신을 가지고 있었다. 그는 『추측록』에서 지전설에 대해 다음과 같이 말하였다.

훌륭하다. 지구에 대한 설이여! 천지의 정체를 밝혔고 천년의 몽매를 일깨웠다. 역가曆家가 천체는 왼쪽으로 돈다고 한 것은 다만 계산을 간편하게 하기 위해 그랬을 뿐이니, 학자는 반드시 지구가 오른쪽으로 돈다는 것을 알아야 천체운행의 연관성을 알게 된다. 지구는 둥근데 그것을 싸고 있는 몽기蒙氣가 해의 빛을 받아 구슬처럼 빛나니, 이것을 지구라고 한다. 명 신종(1573~1619) 연간에 서양 사람이 처음 세계지도를 헌상했는데 지면을 오대주로 나누었다.…… 내지는 바다와 함께 본래 하나의 둥근 모습을 하고 있는데【명나라 武宗 이전에 포르투갈 사람 엘카노가 지구를 일주하고 돌아왔는데, 땅이 둥근 것이 분명해진 것은 이때부터이며, 그 후 1백여 년 뒤에 지구도가 중국에 들어왔다.】, 이 지도가 중국에 들어온 후 처음에는 의심을 하다가 다음에는 믿게 되고 점차 그것이 바뀔 수 없는 주장임을 알게 되었다. 그러나 역법 계산의 여러 설에 구애되어 땅이 움직인다는 이치를 석연하게 여기지 않았다. 서양에는 땅이 움직인다는 역법이 있어 시행된 지 오래되었는데 중국에도 그 설을 이해하는 사람이 있었다. 그러나 땅이 움직인다고 가정하고 일월과 오성의 움직임을 징험하는 것과 땅이 움직이지 않는다고 가정하고 일월과 오성의 움직임을 징험하는 것을 비교하면 꼭 맞지 않은 것 같으나, 실제로는 하늘의 하루 운행을 땅의 하루 운행으로 바꾼 데 불과하다. 이렇게 말하는 것만으로는 도움이 되지 않겠지만, 그 이치는 강구하지 않을 수 없다. 별의 운행은 지구에서 멀수록 그 움직임이 느리고 지구에 가까울수록 그 움직임이 빠르다. 지구가 날마다 돌고 있다는 주장이 실로 이치에 맞다. 조수의 원리에서 그 움직임이 더욱 분명하게 드러난다.[17]

이 글에서 최한기는 지구가 둥글다는 것 이외에 지구가 날마다 오른쪽으로 돈다는 것을 명확히 하였다. 그는 천체가 남북극을 축으로 하루에 한 번씩 왼쪽으로 돈다는 전통적인 좌선설을 폐기하고 지구가 오른쪽으로 자전한다는 지전설을 채택했던 것이다. 그의 주장에 따르면, 지원설이 중국에 유입되어 점차 정설로 인정을 받게 된 것과는 달리 지전설은 역법 계산의 여러 설에 구애되어 쉽게 받아들여지지 않았다. 다시 말해 역법의 전문가들이 역의 계산을 간편하게 하기 위해 천체의 좌선을 고집했다는 것이다. 그의 말대로 지구의 자전과 하늘의 회전을 서로 바꾸어도 역의 계산에는 크게 문제가 되지 않는다. 따라서 겉보기 현상과 어긋나는 지구의 자전을 상정하기보다는 눈에 보이는 대로 천체의

---

17) 『推測錄』, 권2, 「地球右旋」, 5a~6a, "至哉, 地球之論! 明天地之正體, 晳千古之長夜. 歷家雖謂天體左旋, 特爲入算之簡便, 學者須知地球右旋, 乃見斡運之連綴. 地體圓而所包蒙氣, 受日光而生耀如珠. 故謂之地球. 萬曆時, 西人始進地球圖, 蓋以地面, 分爲五大洲.……大地同海, 本一圓球【正德以前, 葡萄牙人嘉奴, 始圓地而返, 則地球之明, 自此始. 而后百餘年, 圖入中國.】, 自是圖之入中國, 始疑而次信之, 漸知其爲不易之論. 然猶拘於歷算諸說, 而未釋然于地運之理也. 西洋有地運歷, 行之已久, 中華亦有理其說者. 然以地之動, 驗七曜之動, 比諸以地之靜, 驗七曜之動, 雖若參齊, 其實不過以天之一日一周, 換作地之一日一周耳. 言之雖無補, 其理不可不講求矣. 凡諸曜之行, 遠於地, 則其動也遲, 近於地則其動也速. 地球日周之論, 實爲理勝也. 且於潮汐之理, 其動尤爲端的."

회전을 전제하고 그 운행을 관측하고 기술하는 것이 여러모로 편리한 것이 사실이다.[18]

최한기는 34세 때인 1836년 『신기통』과 『추측록』을 쓸 무렵까지만 해도 지구중심설만큼은 그대로 고수하고 있었다. 그의 우주설을 좀 더 구체적으로 살펴보자.

> 경성이 가장 높아 동쪽으로 가는 것이 가장 느리고【70년에 1도의 차가 생긴다】, 토성이 다음으로 높아 동쪽으로 가는 것이 다음으로 느리고【매일 평균 운행이 2분 남짓이다】, 목성이 다음으로 높아 동쪽으로 가는 것이 조금 빠르고【매일 평균 운행이 5분이다】, 화성이 다음으로 높아 동쪽으로 가는 것이 좀 더 빠르고【매일 평균 운행이 31분이다】, 해와 금성·수성이 그다음으로 높아 동쪽으로 가는 것이 더욱 빠르고【해는 평균 운행이 매일 59분이고 금성·수성은 해의 둘레를 돈다】, 달이 제일 낮아 동쪽으로 가는 것이 가장 빠르니【하루에 13도 남짓 운행한다】, 이것이 느리고 빠름이 높고 낮음에서 생긴다는 것이다.[19]

---

18) 최한기는 『신기통』에서도 지구의 일주운동과 천체의 일주운동은 동정이 바뀐 것에 불과하다면서 지구 자전의 증거로 다음 세 가지를 제시하였다. 첫째, 潮水와 汐水는 항상 지구를 끼고 왼쪽에서 끌고 오른쪽에서 밀어 달과 상응하는데, 달이 높은 곳에 이르면 조수가 감소하고 달이 낮은 데 이르면 석수가 넘친다. 둘째, 해·달·별들 중에 낮은 것은 운행이 빠르고 높은 것은 운행이 느리다. 셋째, 바다에 뜬 돛단배가 서쪽으로 향하면 운행이 쉽고 동쪽으로 향하면 어렵다. 그는 이 세 가지의 증거를 제시하면서 지구의 몸체가 둥글다는 것만이 분명해진 것이 아니라 지구가 운행한다는 것도 더욱 분명해졌다고 확신하였다. 『神氣通』, 권1, 「地體及諸曜」, 25a, "潮汐水常挾地球, 左挈右推, 與月相應, 至於月高而潮減, 月低而汐溢, 是爲地運之一證也. 諸曜中低者運速, 高者運遲, 地運之二證也. 海舶之風帆, 向西則易, 向東則難, 地運之三證也. 以地之一日一周, 較諸天之一日一周, 是乃動靜相換也. 非獨地體之圓球有所明, 抑亦地運益有所明也. 旣有得於地之體用, 則萬物萬事之推移變通, 庶有其方."

19) 『推測錄』, 권2, 「諸曜遲疾可測所以然難知」, 2b, "經星最高, 東行最遲【七十年, 差一度】, 土星次高, 東行次遲【每日平行, 二分餘】, 木星次高, 東行漸速【每日平行, 五分】. 火星次高, 東行又速【每日平行, 三十一分】. 日與金水星次高, 東行又速【日平行, 每日五十九分,

200

최한기가 이 글에서 언급한 우주 구조는 하루에 한 바퀴씩 자전하는 지구를 중심으로 달·태양·화성·토성·항성(經星)이 돌고, 금성·수성은 태양 주위를 도는 형상이다. 여기에 제시된 천체의 운행은 지구를 포함한 태양계의 행성들이 태양을 중심에 두고 공전하기 때문에 관찰되는 겉보기 운동을 기술한 것이다.[20] 이렇듯이 1836년 무렵에 최한기는 지구 중심의 자전설을 신뢰하고 있었다.

여기서 의문점은 최한기의 지구중심자전설이 무엇의 영향인가 하는 것이다. 먼저 생각해 볼 수 있는 것이 베누아(Michel Benoist, 蔣友仁)가 1766년에 간행한 『지구도설地球圖說』이다. 최한기가 1857년에 쓴 『지구전요地球典要』에는 메르센(Marin Mersenne)의 지구자전설과 코페르니쿠스(Nicolaus Copernicus)의 태양중심설 등 4개의 우주 모형이 소개되어 있는데, 최한기 스스로 『지구도설』에서 채록한 것이라고 밝히고 있다. 하지만 『기측체의』는 『지구도설』에서 정설로 인정한 코페르니쿠스의 태양중심설[21]을 언급하지 않고 있다. 이는 『기측체의』를 쓸 때까지만 해도 그가 『지구도설』을 보지 못했다는 것을 방증한다. 그렇다면 그의 지구자전설이 형성되는 데 영향을 미친 것은 다른 것에서 찾아야 한다.

그다음 생각해 볼 수 있는 것은 김석문이나 홍대용 등 조선 학자들의 영향이나[22] 다른 한역서학서의 영향이다.[23] 이 문제를 해명하기 위

金水星繞日而行】. 月最低而東行亦速【日行十三度餘】. 是遲疾生於高低也."

20) 경성이 70년에 1도씩 옮겨 간다는 것은 지구의 세차운동에 의해 관찰되는 현상이다.

21) 『地球圖說』, 「七曜序次」, 8a～12a, "歌白尼置太陽于宇宙中心, 太陽最近者水星, 次金星, 次地, 次火星, 次木星,……. 歌白尼論諸曜, 以太陽靜地球動爲主. 人初聞此論, 輒驚爲異說, 蓋止恃目證之. 故今以理明之.……"

22) 최한기 이전에 이미 김석문이나 홍대용 등이 지구가 자전한다는 견해를 피력한 바 있다.

해 그의 지구자전설을 그 이전에 이미 조선 학계에 널리 유포된 티코 브라헤의 우주체계는 물론 지구자전설의 선구로 알려져 있는 김석문과 홍대용의 우주체계와 비교해 볼 필요가 있다. 최한기는 지구를 중심으로 달·해와 화·목·토성이 공전하며 해를 중심으로 수·금성이 공전한다고 이해하였다.[24] 이러한 배치는 화·목·토성의 궤도의 중심을 태양으로 설정한 티코 브라헤[25]나 홍대용[26]의 것과 다르며 김석문[27]의

---

23) 서양이든 동양이든 할 것 없이 전통적인 우주체계는 정지해 있는 지구를 우주의 중심에 두고 하늘이 회전하는 것이었다. 1767년『지구도설』이 나오기 이전의 한역서학서들 역시 이러한 전통적인 우주체계에서 벗어나지 않고 있다. 다만 한역서학서에는 가끔 지구가 움직인다는 설이 비판의 대상으로 언급되고 있다. 뒤에서 살펴보게 될『오위역지』가 대표적인 경우라고 할 수 있는데, 1633년에 간행된 바뇨니의『공제격치』도 그중 하나이다. 이 책에서 바뇨니는 "상고에 어떤 사람은 땅이 물에 떠 있는 것이 배와 같다고 생각하였다. 어떤 사람은 또 땅이 항상 움직이며 돌고 하늘은 항상 조용히 정지해 있으나 사람들이 깨닫지 못하고 도리어 하늘이 돌고 땅이 정지해 있다고 잘못 여긴다고 생각하였다"라고 하여 간접적이나마 땅의 운동을 언급하였다.(『空際格致』上,「地性之靜」, 15a~16a, "上古或擬, 地浮水中猶舟. 然或又憶, 地恒運旋, 天恒寧靜, 而居民不覺, 反謬爲天旋地靜矣. 重土又有曰, 地有四遊升降. 然諸說者之類, 一剖自明.……至論不動之所以然, 古今各有定說.……") 비록 이러한 언급은 소략할 뿐만 아니라 부정적인 맥락에서 언급된 것이긴 하지만 천동에서 지동으로의 발상 전환을 가능하게 하는 하나의 계기가 될 수 있었다. 이처럼 간헐적으로 지전설이 동양사회에 이설로 소개되긴 했지만 17~18세기에 선교사들이 한역서학서를 통해 공식적으로 소개한 우주설은 지구의 자전을 인정하지 않는 프톨레마이오스나 티코 브라헤의 천문학체계였다. 코페르니쿠스의 학설이 로마교황청으로부터 공식적으로 해금된 후에 베누아의『지구도설』(1767)에서 지전설과 태양중심설이 정설로 인정받을 수 있었다.

24) 이때 지구가 우주의 정중앙은 아니다. 왜냐하면 최한기는 해와 별의 궤도가 모두 타원이라고 보았기 때문이다.

25) 『五緯曆指』(『新法算書』, 권36), 권1,「周天各曜序次」, 4b, "新圖, 則地球居中, 其心爲日月恒星三天之心. 又日爲心, 作兩小圈, 爲金星水星兩天. 又一大圈, 稍截太陽本天之圈, 爲火星天. 其外又作兩大圈, 爲木星之天土星之天."(지구는 한가운데에 있으며 그 중심은 일·월·항성 세 하늘의 중심이 된다. 또 태양을 중심으로 두 개의 작은 원이 있으니, 금·수성 두 하늘이다. 또 하나의 큰 원이 태양의 본 하늘의 원을 약간 가로지르면서 화성의 하늘을 이루고 있다. 그 밖에 또 두 개의 큰 원이 있으니, 목성의 하늘과 토성의 하늘이다.)

26) 홍대용은『의산문답』에서 다음과 같은 우주체계를 제시하였다. "다섯 개의 행성은

것과 비슷하다. 그렇다고 최한기의 우주설이 김석문의 영향으로 이루어졌다고 보기는 어렵다. 왜냐하면 그는 수많은 서학서를 직접 읽었고 그것을 통해 얻은 정보를 그의 저술 곳곳에 수록하고 있기 때문이다. 이를테면 "역산曆算의 여러 설에 구애되어 땅이 움직인다는 이치를 석연하게 여기지 않았다. 서양에는 땅이 움직인다는 역曆이 있어 시행된 지 오래되었는데 중국에도 그 설을 이해하는 사람이 있었다"[28]와 같은 구절이다. 반면에 김석문에 대한 언급은 보이지 않는다. 그렇다면 최한기의 지전설이 서양 우주설의 영향으로 이루어졌다고 보는 것이 적절하다.

그다음, 『추측록』에는 "해와 별의 궤도가 모두 타원이라 천체가 원

해를 싸고 있으니 해가 중심이 된다. 해와 달은 지구를 싸고 있으니 지구가 중심이 된다. 금성과 수성은 해 가까이 있으므로 지구와 달은 금성 및 수성의 궤도 밖에 있고, 화성·목성·토성은 해에서 멀리 있으므로 지구와 달이 그 궤도 안에 있게 된다."(『湛軒書』, 內集, 권4, 『醫山問答』, 22b) 이것은 태양계 내부의 구조만을 언급한 것인데, 이것만으로 보자면 티코 브라헤의 것과 같고 김석문의 것과 다르다. 하지만 그는 잘 알려진 대로 지구의 자전을 인정했다(『湛軒書』, 內集, 권4, 『醫山問答』, 19a)는 점에서 김석문과 같고 티코 브라헤와 다르다. 물론 김석문의 우주설에 견주어 홍대용의 우주설이 갖는 두드러진 특색은 무한우주에서 찾아야 할 것이다. 김석문은 태극을 궁극적 존재로 인정했기 때문에 우주설에서도 태허 바깥에 태극천을 따로 상정했고, 결과적으로 그의 우주는 태극천 안에 한정된 유한한 우주의 형태를 띠게 되었다. 김석문과 홍대용의 우주설은 理論과 氣論이 우주설에 투영되었을 때 생겨날 수 있는 중요한 차이를 보여 준다. 김용헌, 『주자학에서 실학으로—조선후기 서양 과학기술의 수용과 주자학적 사유의 균열—』(고려대학교 민족문화연구원, 2019), 409~416쪽.

27) 『역학이십사도해』에 실려 있는 김석문의 우주체계를 대략 추출해 내면 다음과 같다. 김석문은 하늘을 9층으로 나눈다. 천심, 즉 하늘의 중심에서 지구까지 제1천, 지구에서 달까지가 제2천, 수성과 금성을 끼고 있는 태양(수성과 금성은 태양 주위를 돈다)까지가 제3천, 화성, 목성, 토성을 거쳐 경성(항성)에 이르게 되면 제7천, 그 바깥의 태허까지가 제8천, 그리고 태허 바깥이 태극천이다.(『易學二十四圖解』, 「總解」, 7쪽) 김용헌, 『주자학에서 실학으로—조선후기 서양 과학기술의 수용과 주자학적 사유의 균열—』, 287~342쪽.

28) 『推測錄』, 권2, 「地球右旋」, 6a, "然猶拘於歷算諸說, 而未釋然于地運之理也. 西洋有地運歷, 行之已久, 中華亦有理其說者."

이 아님을 알 수 있고, 동지와 하지에 해와의 거리가 멀기도 하고 가깝기도 하므로 지구가 하늘 한가운데 있지 않는 것도 믿게 된다"29)고 하여 타원궤도설이 언급되어 있다는 것에 주목할 필요가 있다. 타원궤도설은 쾨글러(戴進賢)의 『역상고성후편』(1742)에 소개되어 있고, 최한기 역시 이 책을 잘 알고 있었다.30) 그러나 이 책은 케플러(Johannes Kepler)의 타원궤도설을 그대로 소개하지 않고 지구중심설을 전제로 수용했다는 한계가 있었다. 더 정확하게 말하자면 그 책의 타원궤도설은 케플러의 타원운동론을 증명한 카시니의 설을 수용한 것이지만 어디까지나 지구중심설의 기초 위에서였다. 쾨글러의 타원궤도설은 코페르니쿠스의 발전이었던 케플러의 것이 아니라 지구중심설로 변형된 타원궤도설이었던 것이다. 아무튼 여기서 『역상고성후편』이 최한기에게 끼친 영향만큼은 분명하게 확인할 수 있다.

(3) 태양중심설의 수용

① 『지구전요』(1857)와 『기학』(1857)

최한기는 그의 나이 55세 때인 1857년(철종 8)에 두 권의 책을 썼다. 『지구전요』와 『기학』이 그것인데,31) 이 두 책이 완성된 1857년을 기점

---

29) 『推測錄』, 권2, 「日星道楕圓」, 8a, "日星行道, 俱是楕圓, 則可知天體非楕圓, 冬夏二至, 其有遠近, 則方信地球亦非居中."

30) 『推測錄』, 권2, 「日星道楕圓」, 8a, "日星行道, 俱是楕圓, 則可知天體非楕圓, 冬夏二至, 其有遠近, 則方信地球亦非居中. 歷象考成後編, 西人噶西尼法蘭德等, 察於歷象, 精於測驗, 諸曜行道, 以楕圓驗諸曜實測而多合, 則不可以歷家之巧算論之而已, 可知天體之非平圓也. 又所謂地半徑者, 卽地心與日天心相差之分數, 而地心近於冬至, 遠於夏至, 則可知地球非在天之正中." 타원궤도설은 쾨글러의 『역상고성후편』에 실린 카시니(噶西尼)·플램스틸(法蘭德) 등의 타원궤도설을 받아들인 것이다.

31) 『지구전요』의 서문은 5월에, 『기학』의 서문은 8월에 쓰였으므로 일단 『지구전요』가

204

으로 최한기의 우주설에는 중요한 변화가 일어나기 시작하였다. 결론부터 말하자면 최한기는『지구전요』에서 지구 중심의 자전설과 태양중심설을 소개했으며 이를『기학』에서도 언급하였다. 그의 우주설은 이 두 저술을 쓸 무렵에 지구 중심의 지전설에서 태양중심설로 바뀌기 시작했던 것이다.[32]

『지구전요』는『해국도지』등 여러 지리서의 내용을 자신의 관점에서 체계적으로 정리한 세계 인문·자연 지리서이다. 그가 이 책을 쓰면서 주로 참고한 책은 위원魏源의『해국도지』와 서계여徐繼畬의『영환지략』이며, 그 이외에 일본에 관한 정보는 신유한申維翰의『해유록海遊錄』을 참조하였다.[33] 다만 전체 13권 가운데 제1권은 세계 지리의 토대가 되는 우주설 내지 지구설을 다루고 있는데, 주로 베누아의『지구도설』을 채록한 것이다.[34] 그 중에서 우주 구조 및 천체운행과 직접적으로 관련된

먼저 완성되고 이어서『기학』이 완성된 것으로 보인다. 그러나 무시해도 좋을 만한 짧은 시간 간격인 만큼 이 두 책은 동일한 시기에 나온 것으로 보아도 좋을 것이다. 오히려 이 두 책의 차이는 시기보다 성격에서 찾아야 한다.『지구전요』는 편집서의 성격이 강한 반면에『기학』은 최한기 고유의 창조적인 저술이기 때문이다. 물론『지구전요』에 수록된 자료는 자신의 관점에 따라 취사선택된 것이고, 경우에 따라서는 최한기 자신의 생각이 첨가되기도 했으므로『지구전요』역시 최한기의 독자적인 문제의식이 곳곳에 투영되어 있다는 것을 부정할 수는 없다. 하지만 그와 같은 문제의식이 하나의 철학체계로 일관되게 서술된 것은『기학』으로 보아야 할 것이다.

32) 최한기의 철학체계는『신기통』과『추측록』, 즉『기측체의』에서 이미 완성되었다. 그 이후에 나온『기학』이 중요한 철학적 저술로 평가받고 있으나, 이 책은『기측체의』이후 더욱 폭넓게 섭렵한 서양 문물을『지구전요』등으로 정리한 후, 그것을 기초로『기측체의』의 철학체계를 더욱 풍부하게 하려는 의도로 저술한 것이라고 할 수 있다. 최한기의 말년 저서인『승순사무』역시『기측체의』의 문제의식의 진전과 확대라는 맥락에 위치한 저술이다.

33)『地球典要』(『明南樓全集』3),「凡例」, 4a, "海國圖志, 出於初創, 阜集西士之荒誕神異, 諸書之隨聞輒錄, 要無遺失, 未得綱領者, 易致眩惑. 瀛環志略, 出於挽近, 規整漸就端緒, 未免太簡. 玆庸參酌二書, 務採實用, 導達氣化, 使煩簡得中, 刪冀蕗宜, 盖不出二書之外, 不必逐懸冊名, 惟日本事蹟, 頗多疏畧, 故傍採於海游錄."

내용은 『지구도설』의 「칠요차서七曜次序」에 소개된 4개의 우주 모형, 즉 프톨레마이오스·티코 브라헤·메르센·코페르니쿠스의 우주설이다.35) 최한기는 이 항목을 다음과 같이 『지구전요』에 수록하였다.

첫 번째는 프톨레마이오스가 논하였다. 지구가 육합의 중심이고 지구 주위에 있는 달·수성·금성·태양·화성·목성·토성·항성은 각자 본 륜本輪이 있는데, 모두 실체여서 서로 통하지 않고 서로 접해 있다. 본 륜 외에 또 균륜均輪이 있으니, 칠정은 각자 균륜의 세계에서 운행하며 균륜의 중심은 또 본륜의 세계에서 운행한다. 그러나 이 이론은 칠정 이 운행하는 이치를 밝히기에 부족하며, 지금은 따르는 사람이 없다.36) 두 번째는 티코 브라헤가 논하였다. 지구가 우주의 중심이고 지구 주 위의 달·태양·항성이 각자 본륜이 있어서 지구를 따라 돈다. 수성· 금성·화성·목성·토성 등 오성의 본륜은 태양을 중심으로 하고 있으 며 본륜 위에 모두 균륜이 있다.37) 세 번째는 메르센이 논하였다. 지구가 우주의 중심인데, 본래의 자리

---

34) 최한기는 『지구전요』의 「범례」에서 "예로부터 지구를 논한 책들이 대부분 각국의 강역·풍토·물산·인민·정치·풍속·연혁 등을 설명하고 있으나 지구의 전체 운 화는 오직 『지구도설』만이 대략 밝히고 있으므로 책의 첫머리에 채록한다"고 하였 다.(『地球典要』, 「凡例」, 4a, "從古論地球之書, 多說各國疆域風土物産人民政俗沿革之類, 而 地球之全體運化, 惟地球圖說畧明之. 故採錄于卷首.") 『지구도설』은 모두 21항목으로 되 어 있다. 이 가운데 『지구전요』에 동일한 제목으로 옮긴 것이 10항목이고 다른 항목 에 포함되거나 두세 항목씩 묶어서 새로운 이름이 붙여진 것이 9항목이다. 한편 「곤 여전도설」·「객성」·「혼천의」 등 3항목이 빠지는 대신에 「조석」과 「논기화」 등 2항 목이 새로 추가되었다.

35) 『地球圖說』, 「七曜序次」, 8a~9b.

36) 『地球典要』, 권1, 「七曜次序」, 12b, "第一, 多祿畝, 論地爲六合之中心, 地周圍太陰水金太陽 火木土及恒星, 各有本輪, 俱爲實體, 不相通而相切. 本輪之外, 又有均輪, 七政各行于均輪之 界, 而均輪之心, 又行于本輪之界. 然此論不足以明七政運行之諸理, 今人無從之者."

37) 『地球典要』, 권1, 「七曜次序」, 12b, "第二, 的谷, 論地爲六合之中心, 地周圍太陰太陽及恒星, 各有本輪, 隨地旋轉. 水金火木土五曜之本輪, 則以太陽爲心, 而本輪之上, 俱有均輪."

에서 떨어지지 않고 매일 남북극을 축으로 한 바퀴 돈다. 지구 주위에 달·태양·항성이 돌고, 태양 주위에 수성·금성·화성·목성·토성의 바퀴(輪)가 돈다.[38]

네 번째는 코페르니쿠스이다. 그는 태양을 우주의 중심에다 놓았다. 태양에서 제일 가까운 것이 수성이고 그다음은 차례대로 금성·지구·화성·목성·토성이다. 달의 본륜은 지구를 돈다. 토성 곁에는 다섯 개의 작은 별이 있어서 토성을 돌며 목성 곁에는 네 개의 작은 별이 있어서 목성을 도는데, 각기 본륜이 있어서 본성本星을 돈다. 이 여러 바퀴에서 가장 먼 것이 경성천으로 항상 고요하고 움직이지 않는다.[39]

최한기는 이 네 가지 설을 차례로 소개하고는, 앞의 세 가지는 지구가 움직이지 않는다고 전제한 이론인 반면에 네 번째 것은 지구가 움직인다고 전제하고 구성한 이론이라고 규정한 후, 계산이 정밀하고 이치에도 어긋나지 않는 것이 후자라면서 중국과 서양의 엄밀한 천문학자들은 코페르니쿠스의 우주체계로 천체의 운동을 추산한다고 밝혔다.[40] 이러한 평가는 『지구도설』의 평가를 재구성한 것이긴 하지만 최한기가 태양 중심의 지동설을 지지했다는 뜻이다.

최한기는 코페르니쿠스의 설이 옳다는 증거로서 『지구도설』에 따라

---

38) 『地球典要』, 권1, 「七曜次序」, 12b~13a, "第三, 瑪爾象, 論地爲六合之中心, 不距本所, 而每日旋轉一周于南北兩極. 地周圍太陰太陽及恒星旋轉, 太陽周圍水金火木土之輪轉." 마지막 글자인 '轉'은 『지구도설』에 없는 것인데 최한기가 추가하였다.

39) 『地球典要』, 권1, 「七曜次序」, 13a, "第四, 歌白尼, 置太陽于宇宙中心. 太陽最近者水星, 次金星, 次地, 次火星, 次木星, 次土星. 太陰之本輪繞地球, 土星旁有五小星繞之, 木星旁有四小星繞之, 各有本輪, 繞本星而行. 距斯諸輪最遠者, 乃經星天, 常靜不動."

40) 『地球典要』, 권1, 「七曜次序」, 13a, "以上四宗說內, 上三家以地靜立法, 下一種以太陽靜地球動立法, 而推算旣多密合于理, 亦屬無礙. 凡中西精求天文者, 並以歌白尼所輪序次, 推算諸曜之運動."

다음과 같이 3가지를 제시하였다. 첫째, 배가 바다 위를 갈 때 배 안의 물건들이 움직이지 않는 것으로 보이므로 배가 간다는 것을 깨닫지 못하고, 해안의 산이나 섬을 보면 움직이는 것처럼 보이므로 도리어 그것들이 운동한다고 의심한다. 둘째, 태양이 한자리에 고정되어 있고 지구가 서에서 동으로 자전하면 태양이 동에서 떠서 서로 지는 것처럼 보인다. 셋째, 지구는 달이나 오성과 같이 태양의 빛을 받아서 빛을 낸다. 그러므로 지구를 중심에 두는 것보다는 태양을 중심에 두는 것이 이치에 맞는다.41) 하지만 문제는 이러한 논거가 태양 중심의 지동설을 입증하는 데 충분하지 않다는 것이다. 첫 번째 논거는 좌표에 따른 운동의 상대성을 말한 것이고 두 번째는 운동의 상대성을 지구 자전에 적용한 것이다. 세 번째도 그럴 듯한 추론의 형태를 하고 있기는 하지만, 그렇다고 전제로부터 필연적으로 결론이 도출되는 논리적 추론은 아니다.

이렇게 보면, 이 세 가지 논거 가운데 어느 것도 지동설을 입증하는 결정적인 증거가 되지는 못한다. 절대적인 좌표계를 확보하지 않은 상황에서 지구의 절대 운동을 실증하기란 사실상 불가능하기 때문인데, 결과적으로 최한기는 이 세 가지 논거에도 불구하고 지동설을 흔쾌히 받아들이기보다는 다소 주저하는 모습을 보였다. 태양중심설은 현실적으로 경험적 증거를 확보할 수 없다는 데 그의 고민이 있었던 것이다. 이러한 고민의 모습은 『기학』에도 나타나고 있다.

천하의 사물을 고요히 바라보면 한순간도 고요히 멈추어 있는 것이 없

---

41) 『地球典要』, 권1, 「七曜次序」, 13b~14b.

다. 항성은 세차의 운행이 있고, 토성은 28년에 일주하는 운행이 있고, 목성은 12년에 일주하는 운행이 있고, 화성은 3년에 일주하는 운행이 있고, 금성과 수성은 1년에 태양을 일주하는 운행이 있다. 달은 1달에 지구를 일주하는 운행이 있고 태양과 지구는 자전의 운행이 있다. 태양은 25일에 한 번 자전하고 지구는 1일에 한 번 자전한다.[42)]

이 단락을 보면, 다섯 행성이 태양을 중심으로 공전하고 지구가 하루에 한 번씩 자전한다는 것을 최한기가 받아들인 것으로 보인다. 하지만 그는 태양과 지구의 관계를 분명하게 언급하지 않았다. 이것은 태양이 지구를 중심으로 회전하느냐, 아니면 지구가 태양을 중심으로 회전하느냐 하는 문제를 그가 의도적으로 회피하고 있다는 인상을 준다. 왜냐하면 윗글에 이어서 "태양이 1년에 황도를 일주한다는 것이 전해 내려오는 역법이고 지구가 1년에 황도를 일주한다는 것이 근세에 드러난 것이니, 그렇고 그렇지 않음을 어떻게 증험하겠는가?"[43)]라고 말하고 있기 때문이다. 물론 지구가 황도를 움직인다는 설이 근세에 드러났다고 한 것으로 보아 최한기가 지동설을 선호했으리라고 짐작할 수는 있다. 그러나 천동설과 지동설의 옳고 그름을 증험할 수 없다고 여긴 것은 실증할 수 없는 문제에 그가 신중하게 접근했다는 것을 말해 준다. 그의 조심스러운 자세는 다음에서도 나타난다.

42) 『氣學』, 권1, 40b, "靜觀天下事物, 無一刻之靜定. 經星有歲差之運, 土星有二十八年一周之運, 木星有十二年一周之運, 火星有三年一周之運, 金星水星有一年一周於太陽之運, 太陰有一月一周於地球之運. 太陽及地球有自轉之運, 太陽二十五日一自轉, 地球一日一自轉."
43) 『氣學』, 권1, 40b, "太陽之一年一周黃道, 流轉之歷法, 地球之一年一周黃道, 近世之所發, 將何以驗其然不然也."

상고에는 지구가 움직이지 않는다는 것으로써 역을 만들었으니 형세가 혼천渾天이 하루에 일주하는 것이다. 중고에는 지구가 자전한다는 것으로써 역을 논했으니 경성천이 움직이지 않는 것이다. 근고에는 지구가 황도를 따라간다는 것으로써 계산했으니 태양이 우주의 중심에 있는 것이다. 천체의 범위가 어찌 이처럼 변했겠는가? 당연히 옛날이나 지금이나 배열된 것은 일정하지만 사람들이 보고 밝힌 것이 각기 달라서 동動과 정靜이 서로 바뀌고 공전이 서로 바뀐 것이다. 그렇지만 후세 사람이 절충하거나 논박하여 바로잡기에는 증명할 수 있는 실질적인 근거가 없다.[44]

이 글에서 최한기는 우주설이 혼천설에서 지구 중심의 지전설로, 다시 태양 중심의 지동설로 바뀌었다고 말하고 있다. 그는 우주설의 역사적 변천 과정을 정확하게 파악하고 있었던 것이다. 그럼에도 불구하고 그가 태양 중심의 지동설에 전폭적인 신뢰를 보이지 않은 것은 현실적으로 태양계의 운행 방식을 입증할 만한 직접적인 증거가 없다고 판단했기 때문이다.

② 『인정』(1860)과 『운화측험』(1860)

현실적으로 지동설을 인정하면서도 그것을 증험할 수 없다는 데서 오는 지동설에 대한 최한기의 조심스러운 태도는 3년 후인 1860년에도 계속 유지된다. 1860년은 그의 주저 가운데 하나인 『인정人政』[45]과 『운

---

44) 『氣學』, 권1, 12a, "上古以地靜造歷, 勢將以渾天一日一周, 中古以地轉論歷, 勢將以經星天爲不動, 近古以地循黃道立算, 勢將以太陽居宇宙之中. 天體範圍, 豈有若是變改? 當有古今一定排布, 而人見之究明各異, 有此動靜相換輪轉互易. 後人之折中駁正, 未有明證之實據."

45) 『인정』은 총 25권으로 구성된 방대한 책이다. 이 책의 「범례」에 의하면 『인정』의 초고가 이루어진 것은 1851년이다. 하지만 「측인문」·「교인문」·「선인문」의 「서」는

화측험運化測驗』이 완성된 해이다. 최한기는『운화측험』의 서문에서 "자전으로 인해서 낮과 밤이 생기고 공전으로 인해서 사계절이 생긴다"[46]고 말하고 있는데, 그가 지동설을 인정하고 있다는 것을 단적으로 보여주는 대목이다. 더욱이 그는 이 책에서「지체윤전地體輪轉」이라는 항목을 마련하여 지구의 공전에 대해 비교적 상세하게 설명하였다. 예를 들어 그는 지구가 황도를 따라 하루에 1도를 가며, 마침내 360도를 가게 되면 사계절이 차례로 왔다 간다고 하여 사계절의 변화를 지구의 공전운동으로 설명하였다.[47] 아울러 그는 태양 중심의 지동설에 대해 지구 중심의 지전설과 동과 정이 서로 바뀐 것일 뿐 원근의 차이가 조금도 없다고 했는데,[48] 이 언급은 지동설이 결코 황당무계한 것이 아니라는 점을 강조하는 맥락에서 나온 것이다.

지동설에 대한 그의 우호적인 자세는 지동설의 변호라는 더 적극적인 형태를 띠기도 하였다. 사실 전통적인 관점에서는 지구가 제자리에 있지 않고 태양 주위를 회전한다면 지구의 극과 하늘의 극(天極)이 조응하지 않아야 마땅한데, 실제로 그와 같은 부조응 현상이 관찰되지 않는

1859년에 쓰였으며「용인문」의「서」와 이 책 전체의「서」및「발문」은 1860년에 쓰였기 때문에『인정』이 완성된 것은 1860년이라고 해야 할 것이다. 다만『신기천험』(1866)이나『성기운화』(1867)와 같은 책이『인정』에 언급된 것으로 보아,『인정』은 1860년 이후에도 부분적인 수정이 있었던 것으로 생각된다. 더군다나 1838년에 쓴『감평』이 권7에 수록된 것을 감안하면, 오늘날 우리가 보고 있는『인정』은 최한기가 거의 평생에 걸쳐 완성한 작품이라고 할 수 있다.

46)『運化測驗』,「運化測驗序」, 2a, "自地球闡明以後, 可測驗之氣數, 漸次啓發. 自轉而爲晝夜, 輪轉而爲四時."

47)『運化測驗』, 권1,「地體輪轉」, 33b, "太陽處宇宙之中, 全體自轉【日內黑影, 二十五日四十八刻一周.】, 地循黃道, 一日行一度, 至成三百六十度, 以成地面四時之序."

48)『運化測驗』, 권1,「地體輪轉」, 33b, "比於地居天中而靜, 日周黃道之歷, 只是動靜相換, 遠近之差, 無少異焉."

다고 비판할 수 있다.49) 이 비판에 대해 최한기는 황도와 적도의 거리가 하늘까지의 거리에 비해 작은 점에 지나지 않으므로 하늘의 극과 지구의 극은 오차가 드러나지 않는다고 변호한 후, 이것을 안다면 지구의 공전을 어찌 의심하겠는가 라고 반문하였다.50) 한편 지구의 공전에 대한 믿음은 당연히 지구가 우주 중심에서 움직이지 않는다는 설에 대한 비판적인 인식을 동반한 것이다. 이와 관련해 그는 천동설이 나온 지 오래되었으나 입증하기 어려운 학설이고 대부분 억지스러운 말에 근거했으며, 혹 신을 도입하기까지 하는 등 활동운화 하는 기를 알지 못했다는 식의 매우 비판적인 평가를 하였다.51) 그가 천동설을 이와 같이 비판한 것은 지구의 자전과 공전 법칙만이 천기와 지기의 상호작용에 의해 작동하는 천체운행을 제대로 파악할 수 있다는 인식에 기초한 것이다.52)

그럼에도 불구하고 같은 책에서 최한기는 지동설에 대한 확신을 유

---

49) 지구가 공전을 한다면 지구의 위치가 바뀌므로 이에 따라 지구에서 관찰되는 항성의 위치가 변화해야 한다.(태양의 위치가 변화하는 것처럼.) 하지만 지구의 공전에 따른 항성의 변화는 쉽게 관찰되지 않는다는 문제가 있었다. 이와 같은 관찰의 한계는 실제로 코페르니쿠스 설을 반박하는 주요한 근거였다. 그러나 최한기가 지적한 것처럼 지구의 공전으로 인해 생기는 지구의 이동 거리에 비해 지구와 항성 간의 거리가 아주 멀기 때문에 지구의 공전에도 불구하고 항성의 위치 변화는 육안으로 확인하기 어렵다.

50) 『運化測驗』, 권1, 「地體輪轉」, 33b~34b, "……若以此地極圈, 而置于經星天之上, 便是微點也. 黃赤兩圈在於天內, 爲至小, 特以人目視之爲大, 故黃赤大距二十三度半, 移置于兩極之遠, 烏見其有差也. 地極之與天極實無差, 而人目自有遠近之謬, 推測又有大小之異也. 見到於此, 有何疑於地球輪轉也."

51) 『運化測驗』, 권1, 「地體輪轉」, 34b, "地靜居中之說, 流傳頗久, 難證之說, 多出牽合固必之言. 或涉神異, 何以見得活動之氣."

52) 『運化測驗』, 권1, 「地體輪轉」, 34b, "惟此地球兩轉之法, 可以見天氣地氣之和應活動, 又可以掀起宇內講究之才."

보하는 언급을 하고 있어 그의 우주설에 대한 판단을 어렵게 한다. 지정地靜의 역법은 해가 황도를 따라가는 것으로 계산하는 반면에, 지운地運의 역법은 해가 하늘의 중심이고 지구가 황도를 따라가는 것으로 계산한다고 하여 지구중심설과 태양중심설을 구분한 후, 아직 어느 것이 옳은지 확정되지 않았다고 결론지은 것이 그것이다.[53] 그는 『인정』에서도 다음과 같이 말하였다.

> 해가 돈다고 하면 그 형세가 지구는 움직이지 않는 것으로 하고 계산을 해야 하며, 지구가 돈다고 하면 해는 움직이지 않는 것으로 하고 계산을 해야 한다. 이것이 두 가지 역법이 생기게 된 까닭이다.……
> 그중에 한쪽만을 고집해 지키는 것보다는 차라리 두 가지 학설을 취해 서로 참고하여 두루 통하는 것이 낫다.[54]

이 인용문은 지구중심설을 바탕으로 하는 역법과 태양중심설을 기반으로 한 역법을 두고 최한기가 취한 조심스러운 태도를 분명하게 보여 준다. 이러한 태도는 우주설의 측면에서 오히려 퇴보라고 평가할 수 있을지 모르지만, 철학의 측면에서 보면 증험을 중시하는 사고의 결과라고 평가할 수 있다. 천체의 운행에 대해 그가 가졌던 기본적인 생각은 그것을 측량하고 계산할 수 있을 뿐 직접 경험할 수는 없으므로 신중한 자세로 접근해야 한다는 것이었다.[55]

---

53) 『運化測驗』, 권1, 「氣之活動」, 29a, "地靜歷法, 以日循黃道立算, 而一年一周, 地運歷法, 以日在天之中心, 地循黃道立算, 而一年一周, 是乃姑未質正之大端也."

54) 『人政』, 권8, 「歷」, 16b, "太陽運轉, 則勢將以地靜立算, 地球運轉, 則勢將以太陽靜立算. 此所以歷法有二也.……與其膠守一偏, 寧取兩說以爲參驗周通."

55) 『人政』, 권8, 「數學」, 21a, "黃赤經緯, 諸曜行道, 最難究解, 自古及今, 議論不一. 諸均輪之

③ 『신기천험』(1866)과 『성기운화』(1867)

최한기는 64세 때인 1866년에 홉슨(Benjamin Hobson, 合信, 1816~1873)의 저서들을 기반으로 그의 의학사상과 신체관을 정리하여 『신기천험身機踐驗』을 썼다. 그가 이 책을 쓰면서 참고한 책은 『전체신론全體新論』(1851)을 비롯한 허설의 의서 5종인데, 이것들은 서양 의학이 거둔 의학적 성과와 해부학적 지식을 망라하고 있었다. 특히 최한기의 자연관과 관련하여 주목되는 것은 물리·화학 광학·역학 등 19세기 초까지 서양 과학계가 거둔 성과를 소개한 『박물신편博物新編』(1855)으로서 이 책은 최한기의 과학적 인식의 지평을 넓히는 데 큰 도움을 주었다.

최한기의 『신기천험』에는 "역대 이래로 명확하게 징험된 것이 많았다"면서, 지구의 두 가지 운동에 대해서 명확하게 언급한 대목이 나온다. "역상曆象은 천체의 운화를 밝혔고 지구는 두 가지 회전을 한다는 것이 드러났는데, 근세 천여 년 동안 그토록 기뻐한 사람이 많았던 것은 실상이 명확히 드러났기 때문만이 아니라 진실로 수천 년 동안 억지로 짜 맞춘 허황된 설의 폐해를 걷어냈기 때문이다"라는 것이 그것이다.[56] 여기서 그가 말한 두 가지 회전이란 지구의 자전과 공전임이 분명하다.

최한기는 65세 때인 1867년에 허설(John Frederick William Herschel, 候失勒)의 『담천談天』[57]을 토대로 『성기운화星氣運化』를 완성하였다. 『담천』은 19세

變爲楕圓, 地體靜而或謂兩轉. 天度應有一定之規, 而不可階昇歷驗, 只從測量立算."

56) 『身機踐驗』, 권2, 「身機總論」, 35a, "歷代以降, 多所驗明, 曆象闡其運化, 地璆著其兩轉, 迨近千百年, 固多悅樂之人, 非獨爲其實象之著顯, 寔爲其卸脫數千載虛無傅會之蒙蔽."

57) 『담천』의 원저인 *Outlines of Astronomy*는 허설이 1851년에 쓴 책으로 1859년 와일리(A. Wylie, 偉烈亞力)와 李善蘭에 의해 한문으로 번역되어 출판되었다. 劉金沂·趙澄秋, 『中國古代天文學史略』(河北科學技術出版社, 1990), 216~220쪽.

기 중엽까지 서구 근대 천문학이 거둔 성과를 상세하게 소개한 책으로 뉴턴(奈端) 역학의 원리를 기초로 천체운행을 설명했다는 특징이 있다. 이 책이 전제하고 있는 우주설이 태양중심설임은 물론인데, "항성과 태양은 움직이지 않고 지구와 오성이 함께 태양을 돈다. 그러므로 1년이라는 것은 지구가 태양을 일주하는 것이고 하루의 밤낮이라는 것은 지구가 한 번 자전하는 것이다"라는 말로 이 책은 시작된다.[58]

최한기는 『담천』을 통해서 당대 서양 과학의 최신 성과를 흡수할 수 있었다. 그는 『성기운화』의 서문에서 허셜의 『담천』 18권을 읽었다는 것을 밝히고 그 책의 요점을 다음과 같이 4항목으로 요약하였다. 첫째, 수천 년 동안의 실제 관측에서 나온 것으로 증거가 있는 것이지 헛된 설이 아니다. 둘째, 망원경이 점차 정밀해져서 새롭게 관측된 것이 많다. 셋째, 명확하게 말하고 있지는 않지만 기륜氣輪을 제기했고, 그 결과 후학들은 충만한 신기의 활동운화를 믿게 될 것이다. 넷째, 「섭동攝動」편에서 모든 별들이 일통운화一統運化한다는 것을 밝혔다.[59] 최한기가 『담천』을 이렇게 긍정적으로 평가한 것은 그 스스로 『담천』의 내용을 적극적으로 수용한다는 의미이다.

최한기가 언급했듯이 『성기운화』가 밝힌 핵심적인 개념은 기륜이다.[60] 이 책을 쓸 무렵에는 지구의 자전과 공전의 문제가 그에게 주요 관심사가 아니었다. 그는 이미 지구의 자전과 공전을 당연한 것으로 전제하고 있었기 때문이다. 이와 관련해 그는 「범례」에서 지구의 자전과

---

58) 『談天』, 「序」, 1a, "西士言天者曰, 恒星與日不動, 地與五星俱繞日而行. 故一歲者, 地球繞日一周也, 一晝夜者, 地球自轉一周也."
59) 『星氣運化』, 「星氣運化序」, 83쪽.
60) 『星氣運化』, 「凡例」, 85쪽 위, "衆星氣輪, 實爲此書之闡明宗旨."

공전은 이미 자신의 『지구전요』에 실려 있다는 것과 최근의 천문학자들은 대부분 이 법을 따르고 있다고 밝히고 있다.[61] 태양 중심의 지동설에 대해 확고한 믿음을 가졌다는 것인데, 이러한 변화는 『박물신편』이나 『담천』 등을 통해 서구 근대 과학의 최신 성과를 받아들인 결과라고 해야 할 것이다.

2) 기륜설과 기화론적 우주관

(1) 기륜설

최한기의 우주설은 지구 중심의 지전설에서 태양 중심의 지동설로 변화했으며 그 변화 과정은 곧 서양 천문학의 수용 과정이기도 하였다. 최한기가 제시한 천체의 구조와 운행에 관한 이론이 형성되는 데 지속적인 영향을 미친 것은 서구의 천문학적 성과인 셈이다. 하지만 그가 서양의 우주설을 일방적이고 맹목적으로 흡수한 것만은 아니다. 일종의 주체적인 수용 태도인데, 그의 최종적인 우주설이 담긴 『성기운화』에서도 이를 엿볼 수 있다. 앞에서 언급한 것처럼 『성기운화』는 서구 천문학이 19세기 중엽까지 거둔 최신 성과를 담은 『담천』을 토대로 쓰인 책이다. 하지만 최한기는 『성기운화』를 집필하면서 자신의 기학적 우주론을 확고하게 견지한 것은 물론이고 자신의 우주설과 어긋나는 내용에 대해서는 과감하게 비판하는가 하면 『담천』의 내용을 자신의 우주설을 입증하는 근거로 활용하기도 하였다.

---

61) 『星氣運化』, 「凡例」, 85쪽 위, "地之自轉輪轉, 旣載於地球典要, 而挽近諸歷家, 多宗此法."

최한기는 서양의 천문학적 성과에 대체로 만족해하면서도 서양 천문학이 신기의 활동운화, 즉 기의 운행과 변화만큼은 밝히지 못한 것으로 생각하였다.

지구의 자전과 공전은 이미 『지구전요』에 실려 있는데, 최근의 역가는 대부분 이 법을 따른다. 『박물신편』과 『담천』과 같은 책들도 모두 이 설을 부연하였다. 오직 충만한 신기의 활동운화를 충분히 밝히지 못했기 때문에, 뒷사람을 인도하여 계단을 밟아 올라가 하늘을 보게 할 수 없었고 역학曆學을 깨워 맥락을 찾도록 할 수 없었다. 이제 먼저 지구 곁의 기륜에 대해서 말하면, 지구를 겹겹이 둘러싸고 있고 지구에서 멀수록 넓어져 사방으로 별들의 기륜과 접하며 전체가 하나의 틀을 이룬 채 운화한다. 뭇 별들의 기륜은 실로 이 책이 천명한 종지이니, 후에 역법을 연구하는 사람들이 기륜으로 측험測驗을 반복하면 반드시 들어맞는 것이 많고 이 책이 미치지 못한 것을 드러낼 수 있을 것이다.[62]

서양의 천문학이 밝히지 못한 신기의 활동운화는 구체적으로 기륜의 형태를 하고 있다. 기륜은 글자 그대로 기의 바퀴이다. 지구의 회전에 따라 지구를 둘러싸고 있는 기도 같이 돌기 때문에 거대한 기의 바퀴가 형성되는데, 이것이 곧 지구의 기륜이다. 기륜설은 기설氣說과 지전설이 결합된 형태이므로 젊은 시절부터 기설과 지전설을 견지한 최한기가 기륜설을 제시한 것은 당연한 일이다. 그는 기륜을 다음과 같이

---

62) 『星氣運化』, 「凡例」, 85쪽 위, "地之自轉輪轉, 旣載於地球典要, 而挽近諸歷家, 多宗此法. 博物新編及譚天諸書, 皆推演此說. 惟於充滿神氣活動運化, 未克探源據委, 以導後人踊階覘天, 以開歷學推尋脈絡. 今先擧地傍氣輪, 層疊累包, 愈遠愈廣, 至於四闤, 接連諸星氣輪, 統體成機, 以行運化. 衆星氣輪, 實爲此書之闡明宗旨, 以後究曆諸人, 擧氣輪而積累測驗, 必多契合, 可發此書所未及."

설명하였다.

> 지구의 몸체는 지기地氣가 둘러싸고 있다. 그 색은 푸르고 푸른데, 멀
> 고 높을수록 그 색이 더욱 푸르며 가깝고 얕을수록 그 색이 더욱 엷다.
> 높이는 대략 일백오십 리이다. 그 바깥에는 점차 맑은 기가 둥글게 여
> 러 겹 둘러싸고 있다. 이것을 기륜이라고 한다. 지구를 따라 회전하면
> 서 감싸고 있는데, 드높게 쌓여서 그 높이가 약 지구 반경의 수천 배가
> 되니 여러 별들의 기륜과 서로 끌어당기면서 움직인다.[63]

　지구를 둘러싸고 있는 기는 지구에서 멀어질수록 맑아진다. 그 기가
여러 겹 둘러싸고 있다고 한 것으로 보아 맑음의 정도가 같은 기를 하
나의 층으로 파악한 것으로 보인다. 이렇게 지구를 여러 겹 둘러싸고
있는 기가 기륜인데, 이 기륜은 그 반경이 지구 반경의 수천 배가 될
정도로 크므로 다른 천체를 둘러싸고 있는 기륜과 접한다.

　기륜은 『지구전요』에서 밀물과 썰물 현상을 설명할 때 등장했던 개
념이다. 지구의 기륜과 달의 기륜이 서로 접하면서 돌아가는데, 접한
부분으로 들어가는 기는 수렴되므로 조수를 일으키고 접한 부분에서
나오는 기는 발산되므로 석수를 일으킨다는 것이 그것이다.[64] 이처럼
지구와 달을 각기 둘러싼 채 회전하는 기의 접촉으로 조수를 설명한
것은 그의 초기 저술인 『추측록』에서도 발견된다. 다만 『추측록』에서는

---

63) 『星氣運化』, 권1, 「地氣數」, 96쪽 아래, "地球體傍, 有地氣蒙包. 其色靑而藍, 愈遠愈高, 其
　　色愈藍, 愈近愈薄, 其色愈淺. 高約一百五十里, 其外有漸淸之氣, 鐶包累重, 是名氣輪, 隨地轉
　　而圍包, 積至曠遠, 高約地半徑累千倍, 與諸星氣輪, 相攝動矣."
64) 『地球典要』, 권1, 「潮汐」, 24ab. 『지구전요』의 권1은 『지구도설』을 옮긴 것이지만 「조
　　석」은 『지구도설』에 없는 부분이다.

기륜이라는 용어 대신에 피륜被輪이라는 용어를 쓰고 있다는 차이가 있다.[65] 용어의 차이가 있긴 하지만 기륜이라는 개념 차체는 최한기가 일찍부터 지니고 있었다는 것을 알 수 있다.

최한기에 의하면 기가 우주에 빈틈없이 차 있고 그 기는 끊임없이 운행하고 변화한다. 그리고 모든 물체는 그 운화하는 기를 타고 운행한다. 그는 『운화측험』에서 우주의 운행과 기의 관계를 다음과 같이 그리고 있다.

해와 달과 별은 기에 의존해 운행하고 회전하는데, 멀고 가까운 곳이나 위와 아래 할 것 없이 각기 궤도를 따라가되 뜨지도 않고 가라앉지도 않는다. 이것은 곧 여러 겹 둘러싼 기 덕분이니, 경중청탁이 있어 각기 해·달·별의 몸체와 딱 들어맞는다. 그래서 월천의 기는 달을 싣고 운행할 수 있고, 일천의 기는 해를 싣고 운행할 수 있고, 화성·목성·토성·항성천의 기는 화성·목성·토성·항성을 싣고 운행할 수 있다. 마치 배가 바다에서 운행하고 사람이 육지에서 가는 것이 서로 바뀔 수 없는 것과 같다. 그 경중청탁의 기수氣數를 대략 헤아리면 이와 같을 뿐이다.[66]

해와 달과 별이 하늘에서 떠가는 데는 일정한 설명이 필요하다. 최

---

65) 『推測錄』, 권2, 「潮汐生於地月相切」, 7a, "夫諸曜之運轉, 其傍之氣, 亦隨而轉, 以成被輪, 而月最近於地. 故地之被輪, 與月之被輪, 相切而旋入切處, 氣斂而吸, 水應其吸而動, 是謂潮也. 兩被輪出切處, 氣放而噓, 水亦應其噓而動, 是謂汐也."

66) 『運化測驗』, 권1, 「氣之層包」, 6a, "日月星賴氣而運轉, 遠近上下, 各循軌轍, 不浮不沈. 是乃層包之氣, 有輕重清濁, 與日月星之體, 各適其宜. 月天之氣, 可載運月體, 日天之氣, 可載運日體, 火木土經星天之氣, 可載運火木土經星之體, 如船運於海, 人行於陸, 不可換易. 其輕重清濁之氣數, 大略測驗, 不過如是而已."

한기는 우주의 운행을 일관되게 기의 운화로 설명하였다. 그의 설명에 따르면 지구를 비롯해서 모든 별은 기가 둘러싸고 있고 그 별들은 자신을 둘러싸고 있는 기에 의존하여 운행을 한다. 이렇게 하나의 천체와 그 천체를 둘러싸고 있는 기가 하나의 하늘을 이루는데, 그 기의 경중청탁이 자신의 천체를 실어 나르기에 알맞기 때문에 그 천체는 자신의 운행 궤도에서 이탈하지 않고 안정된 운행을 지속할 수 있다.

한편 최한기는 무거운 천체가 가벼운 기의 하늘을 떠간다는 것은 합리적인 설명이 아니라는 의심에 대해 무거운 배가 바다에서 운행하는 것을 들어 반박하였다. 그의 해명에 따르면 작은 웅덩이의 물에 잔이 뜨지 않는다고 바다에서 배가 뜨는 것을 의심하는 것은 쌓인 물의 큰 힘을 모르는 것이다. 그는 얕은 물에서는 가벼운 잔도 뜨지 않으나 깊은 물에서는 무거운 배가 뜬다는 경험적 사실을 근거로 물도 바다처럼 많이 모이면 배를 띄울 수 있는 힘이 생긴다고 추론하였다. 마찬가지로 기가 매우 약하긴 하지만 많이 두텁게 쌓인 기의 힘은 지구는 물론 해·달·별을 싣고 운행할 수 있다는 것이다.[67]

(2) 기륜설에 의한 뉴턴 역학의 수용

최한기는 『성기운화』에서 뉴턴의 만유인력을 자신의 기륜설로 재해석하는 모습을 보였다. 『성기운화』가 상당 부분 의존하고 있는 『담천』은 뉴턴의 만유인력의 법칙과 운동법칙으로 천체의 운행을 설명한 근

---

67) 『運化測驗』, 권1, 「氣之性情」, 27b, "或以拗堂水之膠盃, 疑惑大洋海之運舶, 以其不知積水之大力也. 況積氣之力, 載運地月日星而運化乎."

대적 천문서이다. 예를 들어 "뉴턴은 우주에 있는 모든 물체의 각 질점質點(material particle)은 서로 끌어당기며 그 힘은 질량에 정비례하고 서로의 거리의 제곱에 반비례한다고 말했다"와 같은 구절은 뉴턴의 만유인력의 법칙을 직접 소개한 것이다.[68] 질량이 있는 두 물체 사이에는 서로 끌어당기는 힘이 존재하며 그 힘의 크기는 두 물체의 질량에 비례하고 두 물체의 중심 간의 거리의 제곱에 반비례한다는 것이 만유인력의 법칙의 요지이다. 뉴턴은 만유인력의 법칙과 자신의 세 가지 운동법칙으로 지구 표면에 낙하하는 물체, 투사체, 하늘의 천체 등 모든 형태의 운동은 물론이고 케플러가 발견한 행성의 운동법칙을 효과적으로 설명할 수 있었다.

『담천』에서 특히 집중적으로 거론된 것은 섭동攝動(perturbation) 현상이다. 태양계의 행성들은 기본적으로 태양과의 힘 관계를 통해 타원을 그리며 움직이지만 그 타원 궤도가 완전한 타원은 아니다. 그 이유는 한 행성의 궤도가 다른 행성들의 인력으로 인해 변화를 일으키기 때문인데, 이를 섭동이라고 한다. 이와 같이 태양계 천체의 운행 궤도에 일종의 교란 현상이 발생하는 것에 대해 허셜은 섭력攝力이 그 원인이라고 밝혔는데, 섭력은 바로 뉴턴의 만유인력을 의미한다. 이를테면 행성과 달의 축시경위도차逐時經緯度差에 관해서 언급한 다음의 구절을 들 수 있다.

---

68) 『談天』, 권8, 「動理」, "奈端言, 天空諸有質物, 各點具互相攝引, 其力與質之多少有正比例, 而與相距之平方有反比例." 『談天』의 원전인 John F. W. Herschel의 *Outlines of Astronomy*에 나오는 원문(372쪽)은 다음과 같다. "Every particle of matter in the universe attracts every other particle, with a force directly proportioned to the mass of the attracting particle, and inversely to the square of the distance between them."

앞사람은 다만 그것(행성과 달의 축시경위도차)이 당연히 그러하다는 것만을 알고 무엇 때문에 그러한지 알지 못하였다. 뒷사람이 섭력으로 그것을 거듭 해명했는데, 처음에는 섭력과 부합하지 않은 것 같으나 자세히 고찰하면 역시 섭력에 근본한다는 것을 알게 되니 섭력의 이치는 더욱 확고하여 바꿀 수 없다.[69]

이와 같이 『담천』은 천체의 운행을 뉴턴의 이론으로 설명하였다. 그런데 문제는 천체와 천체 사이의 관계를 설명하기 위해 도입된 만유인력의 실체가 눈에 보이지 않는다는 점이다. 사실 뉴턴 역학에 기초한 근대 역학은 자연현상에 일정한 규칙성 내지 인과 관계가 있다고 전제하고 그 규칙성 내지 관계를 수학적으로 기술함으로써 자연현상을 설명하고 예측하는 데 뛰어난 성과를 거두었다. 흔히 케플러의 법칙이나 뉴턴의 법칙 등으로 불리는 자연법칙이 그것인데, 근대 역학은 이러한 법칙들을 통해서 천체의 운행을 포함해 자연의 운동 방식을 훌륭하게 기술하고 그 운동의 미래를 효과적으로 예측할 수 있었다.[70] 다만 수학적으로 표현된 자연법칙은 이와 같은 강점에도 불구하고 그 운동 방식의 물리적 원인을 설명하는 데 한계가 있었던 것도 사실이다.[71] 최한기가 서구 근대 천문학의 성과를 있는 그대로 받아들일 수 없었던 것도 이러한 이유에서이다. 그로서는 두 물체 사이의 인력이 물질적 매개 없

---

69) 『談天』, 권14, 「逐時經緯度差」, 1쪽, "前人但知其當然, 未知其所以然. 後人用攝力遞解遞明, 初若與攝力不合, 細攷之, 知亦本于攝力, 而攝力之理, 愈確不可易已."
70) 그 결과 근대 역학은 자연의 신성, 마력, 정령 등 초자연적 관념 내지 형이상학적 개념이 개입할 여지를 최소화했다고 할 수 있다.
71) 뉴턴은 데카르트의 소용돌이 이론과 같이 실험과 관찰로 입증할 수 없는 가설을 세워 자연현상의 본질이나 원인을 설명하기를 거부하고, 눈에 보이는 현상을 있는 그대로 수학적으로 기술하는 방법이 참된 과학의 방법이라고 생각하였다.

이 작용한다는 것을 납득하기 어려웠고, 그래서 천체들 사이의 영향 관계를 인과론적으로 설명해 줄 이론적 장치가 필요했던 것이다. 그의 관점에서 보면, 서구의 근대 천문학은 '어떻게'(how)라는 질문에 대해서는 매우 탁월한 답변을 했지만 '왜'(why)라는 질문에는 만족스러운 답변을 제시하지 못했다는 한계가 있었다.

최한기는 우주를 여러 별들이 독자적으로 움직이는 것이 아니라 서로 연결되어 상호작용을 하면서 움직이는 것으로 이해하였다.[72] 이러한 이해는 별들의 움직임을 일차적으로 힘의 관계라는 관점에서 이해하고 있음을 보여 준다. 그러나 최한기는 행성과 행성 사이의 관계를 서로 영향을 미치는 힘으로만 설명하는 데 그치지 않고, 그러한 상호관계의 물리적 원인이 무엇인지 질문을 던졌다. 천체가 서로 영향을 미치면서 운행하는데, 그 운행의 원인이 무엇이냐 하는 것까지 고려해 넣었다는 것이다. 최한기로서는 천체의 운행과 그 운행의 물리적 원인 사이에 인과론적 설명이 필요했고, 결과적으로 그는 『담천』에 소개된 섭동 현상을 기륜의 상호작용 때문에 발생하는 것으로 이해하였다.

섭동은 끌어당기면서 움직이는 것이다. 여러 행성들은 서로의 거리가 멀거나 가깝기도 하고 서로의 위치가 높거나 낮기도 하지만 각자 기륜이 있어 서로 접촉하고 서로 간섭하며 그로 인해 밀고 당기는 형세를 이루니, 운행의 더디고 빠름은 그러하지 않을 수 없는 작동 기제 때문이다. 다만 여러 별들이 빛나고 넓게 나열되어 있는 것만을 보고 운화하는 기륜의 활동이 밀고 당기는 것을 보지 못하면서 어찌 만물이 운

---

72) 『星氣運化』, 「星氣運化序」, 83쪽 위, "諸行星之聯綴成體, 攝動推轉,……."

동변화 하는 맥락을 알 수 있겠는가? 이미 조화의 실제 자취를 보지 못하고 항상 신기의 범위를 의심한 탓에 주재자가 만물을 창조했다는 설로서 어리석은 사람들을 속인다. 오직 이 섭동의 이론만이 별들이 상호작용하는 기수를 처음 드러냈다.[73]

최한기에 의하면 이 우주는 기로 가득 차 있어 조금의 빈틈도 없고 지구 주위에도 역시 기가 둘러싸고 있다. 그 기는 지구로부터 멀어지면 멀어질수록 점점 맑아지는데, 땅에서 올라오는 유기遊氣로 인해 지구에 접해 있는 기가 가장 탁하다. 그래서 그 기를 지구를 둘러싸고 있는 순서대로 탁한 기(蒙氣), 약간 탁한 기, 약간 맑은 기, 아주 맑은 기로 구분할 수 있다. 이처럼 지구를 둘러싸고 있는 기가 기륜인데, 기륜의 반지름은 지구 반지름의 천백 배나 될 정도로 크기 때문에 달이나 태양을 둘러싸고 있는 기륜과 부분적으로 접할 수밖에 없다. 기륜은 그 안의 천체와 함께 회전하므로 접한 상태에 있는 기륜은 밀고 당기면서 서로에게 영향을 미친다. 이에 대해 기륜의 "윗면이 수축하고 좌우 면이 팽창하면 오목하게 되고, 아랫면이 돌출되고 좌우 면이 줄어들면 볼록하게 된다. 이로 인해 별들의 궤도에 변화가 생긴다"고 하였다.[74]

최한기로서는 행성과 행성 사이에 아무 것도 없는 텅 빈 공간임에도 불구하고 그것들이 서로 영향을 미친다는 것은 생각할 수조차 없는 것

---

73) 『星氣運化』, 「凡例」, 86쪽 위, "攝動者, 引持而動也. 諸行星相距, 雖有遠近高低, 各自有氣輪, 相切相攝, 因成推挽之勢, 行動遲速, 由於不得不然之機會. 但見諸星光暎色耀廖廓羅列, 不見運化氣輪之活動推挽, 何能知萬物運化之脈絡? 旣無見乎陶均之實跡, 常有惑於神氣之範圍, 主宰造物之說, 所以証愚也. 惟此攝動之論, 實倡起諸星相應相感之氣數."

74) 『星氣運化』, 「凡例」, 86쪽 위, "若夫諸星軌度, 舒縮屈曲, 進退遲速, 上面縮而左右面伸, 以成攝凹, 下面突而左右面狹, 以成攝凸, 有減而必有補, 有遲而必有速, 指發攝力之星, 對受攝力之星, 會短差之餘, 成長差之微.……"

이었다. 서로 떨어져 있는 두 물체가 서로에게 영향을 미칠 수 있다면, 어떤 형태로든 서로 연결되어 있어야 한다는 것이 그의 기본적인 생각이었다. 그가 우주공간에 기라는 물질이 있다고 상정할 수밖에 없었던 것은 이러한 이유에서이다. "만약 기륜이 없다면 멀리 있는 별들이 무엇을 통하여 당기고 밀겠는가?"[75]라는 반문은 그의 생각을 잘 보여 준다. 이렇게 되면 천체의 운행은 물론 천체 사이에 작용하는 만유인력 역시 기의 운동이 낳은 효과이며, 결과적으로 최한기는 뉴턴 역학에 기초한 서구의 근대 천문학을 온전하게 이해하지 못한 셈이다.

최한기의 입장에서는 천체와 천체 사이에서 작용하는 인력을 경험 가능한 것으로 환원할 필요가 있었다. 그렇지 않으면 인력이라는 것이 무형의 인력이 되고 마는데, 경험할 수 없는 무형의 것이 그 자체로 존재한다는 것을 최한기로서는 인정하기 어려웠다. 사실 직접 연결되지 않은 채 멀리 떨어져 있는 천체들 사이에서 일어나는 상호작용의 원인을 합리적으로 설명하는 것은 쉬운 일이 아니며, 뉴턴도 물체 사이에 작용하는 힘을 만유인력과 그 법칙으로 설명하고 계산했을 뿐 그 힘의 원인에 대해서는 자연 내적인 설명을 하지 않았다.[76] 최한기에게는 이

---

75) 『星氣運化』, 권10, 「氣輪攝動」, 153쪽 아래, "若無氣輪, 則在遠之二三星體質, 綠何而牽引推拒哉?"
76) 뉴턴의 역학은 만유인력으로 물체의 운동을 기술했을 뿐 만유인력의 원인 내지 본질을 상정하지 않았기 때문에 당시 기계적 철학자들로부터 마술적 세계관과 다르지 않다는 비판을 받았다. 이에 뉴턴은 자신의 방법론과 철학을 자세히 서술하면서, "중력의 본질에 대해서는 '나는 가설을 세우지 않는다'라는 말로 비판을 회피했다." (홍성욱·이상욱 외, 『뉴턴과 아인슈타인, 우리가 몰랐던 천재들의 창조성』, 창비, 2004, 25쪽) 뉴턴의 관점에서 보면 기륜을 상정하여 천체와 천체 사이에 작용하는 힘을 설명한 최한기는 오히려 검증되지 않은 가설을 세운 기계적 철학자와 같은 부류인 셈이다.

것이야말로 서양 천문학 이론의 공백이고 불완전성이었다. 바로 이 지점에서 등장한 것이 기륜의 이론이다.

> 앞사람은 다만 섭력으로 해명할 줄은 알았으나 별들의 기륜이 활동운화의 큰 범위가 된다는 것을 알지 못하였다. 기륜으로써 섭력을 밝히면 섭력이 보편적인 섭력이 되고, 섭력으로써 기륜을 추론하면 기륜이 계산 가능한 기륜이 된다. 천력天曆의 살아 있는 법을 연구하는 사람은 기륜을 좇아 학문에 들어가고, 인력人曆의 죽은 법을 추구하는 사람은 섭력을 좇아 힘을 쓴다.[77]

이 글은 최한기가 『담천』의 「축시경위도차」를 『성기운화』에 옮기면서 새롭게 추가한 내용이다. 여기에서 최한기는 서양 천문학이 행성과 달의 시간에 따른 섭동차를 섭력으로 해명할 줄만 알았지 그 섭력의 원인이 기륜이라는 것을 알지 못했다고 지적하였다. 일찍이 기륜으로 밀물과 썰물의 현상을 설명했던 최한기가 그것을 더욱 일반화해서 기륜으로 만유인력을 설명하는 데까지 이른 것이다. 주지하다시피 만유인력은 물체와 물체 사이에 있는 힘의 관계를 수학적으로 설명하는 개념이다. 하지만 뉴턴의 역학을 온전하게 이해할 수 없었던 최한기는 그 힘의 원인을 기륜에 두었고, 그래서 그는 별들이 상호작용을 하면서 운행하는 것을 알고자 하면 먼저 기륜을 알아야 한다고 주장하였다.[78] 천

---

77) 『星氣運化』, 권12, 「經緯度差」, 172쪽 위, "前人但知有攝力, 遞解遞明, 不知有諸星氣輪, 爲活動運化之大範圍. 以氣輪明攝力, 則攝力爲全體之攝力, 以攝力推氣輪, 則氣輪爲立算之氣輪. 究天曆之活法者, 從氣輪而入學, 求人曆之死法者, 循攝力而用功."

78) 『星氣運化』, 「星氣運化序」, 83쪽 위, "地居宇內, 卽諸行星之等列. 欲知諸行星之聯綴成體, 攝動推轉, 先明地體之內發身熱之蒸散, 外裹層疊之氣輪, 與上下左右遠近隱顯諸星, 各具廣包

력天曆의 살아 있는 법(活法), 즉 천체운행의 객관 법칙을 연구하는 사람은 기륜을 좇아 학문에 들어가야 한다는 의미이다.

최한기는 근대 천문학이 천체운행의 자취를 해명하는 데는 계산에 밝은 교력巧曆의 기발한 계산이라고 할 수 있을 만큼 탁월한 성과를 거두었으나, 보기 어려운 실상에 대해서는 만유인력의 법칙으로 설명했을 뿐 제대로 밝히지 못한 한계가 있다고 여겼다.[79] 그래서 그는 "이 책(『성기운화』)을 읽는 사람은 당연히 행성의 기륜에 의거해 기화를 증험하는 데까지 이르러야 한다"면서, "두 설이 부합하지 않는 곳에서는 절력切力 (tangential force)과 법력法力(normal force)의 계산을 버릴지언정 이 기륜의 실제 자취를 버려서는 안 된다"고 단언했던 것이다.[80] 만유인력의 법칙과 이에 기초한 정교한 계산법보다 기륜의 인식이 더 본질적이라는 의미이다. 이상에서 알 수 있는 것처럼 최한기는 서양의 천문학, 특히 뉴턴의 이론을 근간으로 한 천체 역학을 수용하면서도, 한 걸음 더 나아가 기로써 천체운행의 근본 원인까지도 해명하려는 시도를 하였다.[81] 이처럼 기의 운화로 천체의 모든 현상을 설명하는 최한기의 우주관을 기화론적 우주관 내지 기운화론적 우주관이라는 용어로 정리할 수 있을

之氣輪, 互攝交感, 此提彼挈, 勢不得暫時停息, 機自成一統循軌. ……"

79) 『星氣運化』, 「凡例」, 86쪽 위, "惟此攝動之論, 實倡起諸星相應相感之氣數, 大有功效, 猶有一間之未達. 常從切力法力, 帶徑率橫率, 繞心曲線, 用明橢圓變移之差度, 可謂巧曆奇算, 實象之固然, 有難的覩, 盖從各星軌度之內, 指示攝動之理也."

80) 『星氣運化』, 권10, 「氣輪攝動」, 155쪽 아래, "讀是編者, 當以諸行星氣輪爲主, 以達氣化之証驗, 至於兩說之不相合處, 寧捨切力法力之算數, 不可廢此氣輪之實跡."

81) 이것은 데카르트의 소용돌이 이론과 유사한 측면이 있다. 데카르트는 천체 사이의 원격 작용을 설명하기 위해서 천체 사이에 매질(에테르)을 설정하고는 그 매질의 소용돌이에 의해서 천체가 운행한다는 이론을 폈다. 태양계는 그 매질이 태양을 중심으로 소용돌이를 일으키므로 행성이 태양을 중심으로 운행한다는 것이다.

것이다.[82)]

(3) 기화론적 우주관의 의미

17세기 초부터 한역 서학서가 유입되면서 서학은 천주교와 과학기술이라는 두 가지 측면에서 조선사회에 개입하기 시작하였다. 이 시기는 조선왕조의 주자학적 지배 형태가 점점 한계의 싹을 드러내던 때였던 만큼 그 대안을 모색하는 일이 절실하였다. 특히 양란과 그 이후 현실화된 명의 폐망과 새로운 패자인 청의 부상, 그리고 그 틈을 비집고 유입된 서학은 조선 지식인들에게 화이론적 세계관과 그 기저에 자리한 주자학적 이념을 재검토하는 계기가 되었다. 재검토 결과 당시 주류 지식인들 사이에서는 주자학의 이념과 예제를 강화함으로써 지배 체제의 온존을 도모하려는 주자학적 명분론 내지 의리론이 대세를 이루었으나, 현실 개혁에 뜻을 둔 사람들에게는 서학, 그중에서도 과학기술 분야가 큰 관심의 대상이 되었다. 특히 서구 역법의 원리를 파악하여 자체적으로 역서를 제작하고자 했던 조선 정부의 지속적인 노력과 맞물리면서, 서구의 천문역법서와 세계지리서는 점차 조선 지식인들에게 세계 인식의 틀을 변화시킬 만큼 지적·문화적 충격을 주었다.

앞에서 살펴보았듯이 최한기의 우주설은 초기에 지구구형설 및 지

---

82) 기화론적 우주관이란 천체의 운행을 기의 운동변화로 설명하는 우주관을 의미한다. 최한기는 기의 운동변화를 활·동·운·화 네 가지로 구분해서 설명했는데, 이 네 글자를 줄여서 운화라고 했고 더 줄여서 화로 칭하였다. 다만 기화라는 용어는 이미 기론적 전통에 있었던 동양사회에서 오랫동안 써 왔던 용어이므로 이와 차별화하기 위해 최한기가 즐겨 사용한 운화를 이용하여 기운화론적 우주관이라고 해도 좋을 것이다. 아무튼 최한기의 기화는 기의 활동운화를 뜻하므로 전통적인 기론의 기화와 일정하게 차별화된다.

구자전설을 내용으로 한 지구중심설에서 후기의 태양중심설로 변화해 갔다. 이는 기본적으로 서양의 우주설을 수용한 결과인데, 여기서 주목해야 하는 것은 그가 태양중심설과 만유인력의 개념을 우리나라에서 최초로 도입했다는 점이다. 당연히 서구 근대의 천체물리학적 성과를 얼마만큼 정확하게 이해했느냐의 문제가 남아 있지만, 그가 당시 서양 과학의 최첨단 성과를 인지하고 받아들인 매우 선진적인 과학사상가였다는 평가만큼은 크게 잘못되지 않았다. 한편 최한기는 모든 존재와 현상을 기로 설명하는 기의 철학을 일관되게 견지하였다. 이것은 그가 존재에 대한 전통적인 설명 방식을 어떤 형태로든 수용하여, 그것을 자신이 구상한 학문체계의 존재론적 토대로 삼았다는 뜻이다. 물론 그의 기학이 형성되는 데는 서양 과학의 영향이 적지 않았다는 것을 부정할 수 없으며, 특히 몽기蒙氣의 개념은 그의 기 개념이 주자학의 리기론적 틀을 넘어서는 데 결정적인 역할을 하였다. 하지만 최한기의 기와 전통적인 기 사이에 보이는 이질성에도 불구하고 모든 존재와 현상을 기로 설명한다는 발상 자체는 동양의 기론적 사유의 연장선상에 있다고 해야 할 것이다.

　요컨대 최한기는 자신의 기학 이론에 기초해서 서양의 과학적 성과를 수용하기도 하고 그 한계를 지적하기도 하는 주체적인 태도를 보였다. 천체의 운행이나 조수의 원인뿐만 아니라 천체 사이에 작동하는 만유인력이나 그로 인해 발생하는 섭동의 현상도 그 원인을 기의 운화에 둔 것이 그 예이다. 물론 근대 과학의 입장에서 보면 기나 기륜으로 천체의 운행을 설명한 것은 전혀 설득력이 없고, 그러한 만큼 그의 서양 과학 수용의 불철저함 내지 근대 과학에 대한 이해 수준의 저급함을 드러내는 것으로 평가될 수 있다. 하지만 역설적으로 그의 우주 이해 방식이 서양 과학의 설명 방식과 어긋나기 때문에 오히려 그는 서양 근대 과학의 단순한 수용자 내지 불철저한 수용자라는 위치를 넘어설 수 있다. 최한기는 일관되게 자신의 철학적 기초 위에서 서구의 과학적 성과를 선택적으로 수용했으며, 그렇게 수용한 성과를 자신의 학문을 입증하는 전거로 활용하기도 하였다. 이는 그의 서양 과학 수용이 단순히 서양 과학에 대한 맹신에 따른 것이 아니라 객관 존재의 기초 위에 보편적인 학문의 정립이라는 그 자신의 확고한 철학적 문제의식 속에서 이루어졌다는 것을 의미한다.

2. 기계론적 신체관의 수용과 기화론적 신체관

1) 초기 저술에 나타난 의학관

(1) 내외상응론에 대한 우호적인 평가

최한기는 64세 때인 1866년 인간의 신체와 의학을 포괄적으로 다룬 『신기천험身機踐驗』(8권 3책)을 완성하였다.[83] 그는 이 책을 저술하기 훨씬

---

83) 여인석·노재훈은 『인정』의 「측인문」에 『신기천험』이 언급되어 있다는 것을 근거로 『신기천험』의 저술 연대가 『인정』보다 앞선다고 보았다. 이들의 주장에 의하면, 『인정』의 서문이 1860년에, 「측인문」의 서문이 1859년에 쓰였기 때문에 『신기천험』의 저술 연대가 1859년 이후로 넘어갈 수 없다. 그리고 『신기천험』이 저본으로 삼고 있는 흡슨의 저술 가운데 『내과신설』과 『부영신설』이 1858년에 간행되었으므로 『신기천험』의 저술 시기가 1858년 이전으로 내려갈 수 없다. 결국 『신기천험』의 저술 시기를 1858년 아니면 1859년인 셈이다.(여인석·노재훈, 「최한기의 의학 사상」, 『의

전부터 의학의 중요성을 잘 인식하고 있었다. 예를 들어 34세 때 저술인 『신기통』에서 그는 의업醫業이 농·공·상업과 더불어 일상생활에 관계된 것으로서 지혜로운 사람들이 항상 강구하는 것이라고 하였다.[84] 이 시기에 최한기는 동양의 전통의학이 한열寒熱·풍담風痰이나 온량溫凉·보사補瀉 등의 개념을 통해 병의 원인을 진단하고 치료한다고 이해하였다. 『추측록』에서 "사람의 병을 치료할 때는 먼저 병의 근원이 되는 한열·풍담을 관찰하고 그에 따라 여러 약으로 온량·보사하는 것"이라고 한 것이 그것인데, 이와 관련하여 그는 "이것이 제대로 되면 다소 병을

사학』제2권 제1호, 1993) 그런데 최한기가 「측인문」의 서문을 쓴 것이 1859년 2월이므로 「측인문」의 본문은 늦어도 1859년 2월 이전에 쓰인 셈이다. 그렇다면 중국에서 1858년에 간행된 책들을 읽고 그것을 바탕으로 『신기천험』을 쓴 후, 그것을 다시 『인정』에서 언급했다는 것은 현실적으로 매우 어려운 일이다. 따라서 『신기천험』은 그것의 서문이 쓰인 1866에 완성되었고, 『인정』에 언급된 『신기천험』은 그 이후에 새로 삽입된 것으로 보는 것이 더 설득력이 있다. 실제로 우리가 보고 있는 『인정』은 최한기의 수교본으로 생각되는 일본 동양문고 소장의 필사본을 영인한 것으로 군데군데 최한기가 손수 첨삭한 조항과 정정한 자구가 보인다. 1971년 대동문화연구원에서 간행한 『명남루총서』의 『인정』에는 이를 바탕으로 교정표를 만들었는데(여강출판사의 『명남루전집』에는 이 교정표가 빠졌다), 이 교정표에는 『성기운화』(1867)가 새로 첨가된 것으로 되어 있다. 즉 『성기운화』를 완성한 1867년 이후에 『성기운화』의 책명을 『인정』의 본문 속에다 첨삭해 넣은 것이다. 그렇다면 『신기천험』이라는 책명도 1867년 이후에 첨삭되었을 가능성을 배제할 수 없다. 다만 이 교정표에는 『신기천험』이 새로 첨가되었다는 것을 명시하지 않았다. 그것은 아마도 『신기천험』을 언급한 문장, 즉 "『신기천험』에 상세하게 보인다"(詳見身機踐驗)는 문장이 한 단락이 끝나는 행의 빈칸에 들어 있어서 새로 첨가되었음을 알아볼 수 있는 특별한 표시가 나지 않기 때문일 것이다. 『인정』은 한 행에 21글자가 들어가게 되어 있는데, 그 행은 본래 "醫者之附會虛無" 7글자뿐이어서 "詳見身機踐驗" 6글자가 들어갈 수 있는 공간이 충분하다. 따라서 그 6글자를 행간이나 여백에 쓸 필요 없이 앞에 나오는 7글자에 곧바로 이어서 쓸 수 있었고, 그 결과 새로 첨가한 6글자가 본래의 원문인 것처럼 보인다. 그러나 자세히 보면 이 6글자의 필체나 크기가 다른 글자와 다르다는 것을 확인할 수 있는데, 이는 이 6글자가 새로 추가된 것임을 말해 주는 것이다. 『人政』, 권1, 「醫亦測人」, 28a, "若夫五行生克, 附于臟腑藥材, 干支循環, 定其壽天疾病, 非特無關於執證得失, 可測醫者之附會虛無. 詳見身機踐驗."

84) 『神氣通』, 권1, 「神氣感應」, 20a, "農工商醫之事, 卽日用所關, 而明慧者, 常所講究也."

낫게 할 수 있으나 잘못되면 도리어 해가 된다"[85]고 하여 전통의학의 효능과 폐해를 아울러 거론하였다.

최한기는 또 신체 내부의 장부와 신체 외부로 나타나는 증상을 연계하여 병증을 파악하는 동양 전통의학의 내외상응이론 내지 내외상응관계론을 경우에 따라 호의적으로 평가하는 면모를 보이기도 하였다.

폐는 코에 응하고, 심장은 혀에 응하고, 비장은 입에 응하고, 위는 잇몸에 응하고, 간은 눈에 응하고, 신장은 인후와 귀에 응하니, 외면에 드러난 것으로 안에 있는 장부를 헤아린다.······ 폐는 피부에 응하니 피부가 두터운 사람은 대장이 두터우며, 심장은 맥에 응하고 소장이 그에 응한다. 비장은 살에 응하니 넓적다리 살이 굳고 큰 사람은 위가 두텁다. 간은 손톱에 응하니, 손톱이 두텁고 누런 사람은 쓸개가 두터우며 검고 무늬가 많은 사람은 쓸개가 맺혀 있다. 신장은 뼈에 응하니, 결이 세밀하고 피부가 두터운 사람은 삼초와 방광이 두텁고, 피부가 팽팽하고 털이 없는 사람은 삼초와 방광이 급하다. 이것이 바로 내외가 상응하는 대략이다.······ 색을 욕구하는 것은 신장의 기운이 왕성하기 때문이요, 늙어서 색을 좋아함이 줄어드는 것은 신장의 기운이 미약해지기 때문이다. 화를 잘 내는 사람은 간에 사邪가 있고, 일을 함부로 하는 사람은 담이 비껴 있다.[86]

---

85) 『推測錄』, 권6, 「醫國醫家」, 24b, "治人之病, 先察病原之寒熱風痰, 以試諸藥之溫凉補瀉, 得其宜, 則差可少病, 失其宜, 則反有害焉."

86) 『推測錄』, 권5, 「內臟應外面」, 37ab, "肺應鼻心應舌, 脾應口胃應牙齦, 肝應目腎應喉耳. 以其顯於外面者, 測其在內之臟.······肺應皮, 皮厚者, 大腸厚, 心應脈, 小腸應之矣. 脾應肉, 肉䐃堅大者胃厚, 肝應爪, 爪厚色黃者膽厚, 色黑多紋者膽結也. 腎應骨, 密理厚皮者, 三焦膀胱厚, 皮急無毫毛者, 三焦膀胱急. 是乃內外相應, 其槩如此. 而欲味者胃緩而舌縱也, 不欲食者胃滿塞而舌痺也. 欲色者腎氣隆也, 老而減好色者腎微也. 善怒者肝邪也, 敢事而橫作者膽衡也, 難開以言者, 心內隱于肺中也, 易恐以言者, 心下而外出也, 操守不一者, 心偏傾也."

최한기는 오장육부와 신체 외부의 관계를 구체적으로 적시하고, "밖에 나타난 것으로 안에 있는 장부를 헤아린다"거나 "내외가 상응하는 대략이다"라고 한 것에서 알 수 있듯이 내외상응이론의 핵심을 정확하게 파악하고 있었다. 게다가 그는 "「영추靈樞」가 나온 이후로는 의가醫家들이 논하는 것이 모두 이 설을 높이는데, 자못 이치에 가깝기 때문이다"라고 하여, 그 이론이 믿을 만한 연원과 어느 정도 합리성을 갖춘 것으로 평가하였다.[87] 그가 내외상응이론을 긍정적으로 보았던 것은 그 이론이 '겉으로 드러난 현상은 그 이면에 그 현상을 야기한 물질적 원인이 있다'는 그의 인식론적 관점과 일정하게 부합하기 때문이다. 이에 대해 그는 "(겉으로 드러난) 신체 작용(動用周旋)은 형체에서 생기는데, 형체가 각기 다르므로 작용도 또한 다르다. 내장은 외면과 상응하므로 외면을 미루어 내장을 헤아릴 수 있다"고 하였다.[88]

이처럼 최한기는 몸, 특히 오장육부가 몸의 건강과 질병은 물론 칠정과 같은 감정 작용을 좌우하는 중요한 원인이라는 것을 인정하였다. 하지만 그는 "추측을 잘하는 사람은 형체에 근거하여 변통하되 형체에 얽매이지 않는다"고 하여, 몸의 작용이나 정신 작용이 몸의 상태에 의해서 결정된다는 일종의 결정론적 사유가 지닌 한계를 아울러 지적하였다.[89] "죽을 때까지 고치기 어려운 여러 병이나 때에 따라 치우치는 칠정은 반드시 이 오장이 잘못된 데서 말미암은 것"이지만, "마음이 형체의 주인이 되어 추측의 변통이 있게 되면, 형체에 지배되지 않는다"

---

87) 『推測錄』, 권5, 「內臟應外面」, 37b, 醫家所論, 自靈樞以後, 皆尊此說, 以其頗近理也."
88) 『推測錄』, 권5, 「內臟應外面」, 36b, "動用周旋, 生於形體, 形體各異, 動用亦異. 內臟應於外面, 推外面而可測其內臟."
89) 推測錄』, 권5, 「內臟應外面」, 36b~37a, "然善推測者, 因形體而有變通, 不爲形體所牽制."

는 것이 그 요점이다.[90] 비록 인간의 건강과 질병, 나아가 감정 표현의 적절함 여부가 몸, 특히 오장육부의 기질적 특성에 따라 결정되는 측면이 있지만, 마음이 몸의 상태를 잘 파악하고 대처하면 건강과 칠정을 적절히 조절할 수 있다는 의미이다.

(2) 내외상응론에 대한 부정적인 평가

최한기가 내외상응론을 긍정적으로 평가하기도 했지만, 사실 전통의학에 대한 그의 견해는 부정적인 측면이 훨씬 강하였다. 그가 『신기통』의 서문에서 "의서에서 논한 설은 외부에 나타난 질병을 장부와 혈맥에다 억지로 갖다 붙인다"[91]고 한 것은 바로 내외상응론에 대한 직접적인 비판이다. 더 나아가 그는 인체의 내부 장부와 외부가 일대일의 상응관계가 있다는 상응관계론을 직접 거론하면서 그 한계를 비판하기도 하였다. 그의 주장에 의하면 한나라 시대에 와서 형벌로 죽은 사람의 시신을 해부하여 상세하게 관찰한 결과가 전해오고 있으나, 그것은 모두 사체의 장부와 경락을 대상으로 한 것이기 때문에 산 사람의 몸에서 실제 작용을 파악하는 데는 한계가 있었다. 예를 들어 "먹고 마시면 배고픔과 배부름이 달라지고, 기뻐하거나 화를 내면 어떤 장부가 움직이고 어떤 장부가 고요하며, 병이 들면 허실과 한열이 각기 오르내리는" 실상을 제대로 파악하지 못했다는 것이다.[92] 동양의 전통의학이 당

---

90) 『推測錄』, 권5, 「內臟應外面」, 37b, "諸病之終身難療, 七情之隨處有偏, 必由於五臟之過也. 然心主於形, 而有推測之變通, 不爲形體所役."

91) 『神氣通』, 「神氣通序」, 2b, "醫書辨說, 以發外之疾病, 附會於臟腑穴脈."

92) 『神氣通』, 권1, 「神氣由臟腑而有異」, 28b~29a, "醫書云, 肺應鼻, 心應舌, 脾應口, 胃應牙齦, 肝應目, 腎應喉耳, 自靈樞以後, 皆尚此說. 至漢令太醫院醫, 驗視刑戮之人, 身體脈絡, 無

연한 것으로 받아들이는 신체 내외부의 일대일 상응관계는 사체를 부검하여 얻은 것이므로 살아 있는 신체의 생생한 작동 기제를 정확하게 포착한 것이 아니라는 뜻이다.

이와 관련해 최한기는 "신기神氣의 구체적인 작용은 포착하기 어려운 면이 있다"면서도, 신기가 힘을 눈에 집중했을 때 간의 경락만이 홀로 응하는 것이 아니라 다른 장부도 함께 응한다고 주장하였다. 한 몸의 기가 눈에 모이면 간장은 줄기가 되고 나머지 장부는 가지와 잎이 되어, 보는 기능이 이루어진다는 의미이다.[93] 그는 인간의 몸이 신기의 주관 아래 몸의 각 부분이 유기적으로 연계되어 작동한다고 이해하였다. 이러한 견해는 몸 안의 장부와 외부의 기관을 일대일 대응관계로 이해하는 전통의학의 관점을 자신의 신기론神氣論으로 수정한 것이다.[94] 최한기가 동양 전통의학의 내외상응론을 일면 수긍하면서도 결국 부정적으로 인식한 것은 그것이 신기의 존재와 작용을 제대로 이해하지 못했다고 여겼기 때문이다. 신기를 근간으로 한 그의 존재론이 그의 신체관 내지 의학사상에도 일관되게 관철되고 있다는 것을 확인할 수 있다.

인간의 몸에 대한 그의 신기론적 이해는 오행론에 대한 비판과 어우러져 다음과 같은 비판을 낳았다.

不詳察, 斤重大小, 雖有詳傳, 是皆驗視死人之臟腑經絡而已, 非得見生人之臟腑, 飮食則飢飽有異, 喜怒則某臟動, 某腑靜, 疾病則虛實寒熱, 各有低仰矣."
93) 『神氣通』, 권1, 「神氣由臟腑而有異」, 29ab, "神氣之管涉, 自有不可模着者.……方其神氣之注力于目也, 豈獨肝經應之, 而其餘臟腑, 皆不應哉? 一身之氣, 輻湊於目, 則肝爲株, 而其餘臟腑爲枝葉, 以成視. 故視不可以兼聽."
94) 최한기가 동양 전통의학, 그중에서도 침구학의 기론 내지 경락 이론을 얼마나 정확하게 이해했는지, 그리고 최한기의 신기론이 그 이론들과 어떻게 차별화되는지는 더 많은 연구가 필요하다.

의서에서 눈을 논한 것은 풍담과 한열뿐이다. 그것을 저술한 사람이나 계승한 사람이 모두 얼굴에 있는 눈만을 눈으로 여기고, 몸 안에 스스로 신기의 눈이 있음을 알지 못하였다.…… 풍담과 한열은 먼저 신기의 눈에 침범해서 얼굴의 눈에 미치니, 눈의 상태와 눈병의 근원은 모두 신기에 달려 있다.…… 의서에서는 장부와 맥락은 물론 약의 성질과 기미를 모두 오행에 배속하여 보補와 설洩을 시행한다. 이것은 곧 사람 신체의 형질 이외에 거짓되고 헛된 방법을 덧붙여 눈과 귀를 어지럽히는 것이고, 알 수 있는 형질을 도리어 어둡게 하는 것이다. 어느 겨를에 신기를 논하겠는가?[95)]

오행론은 음양론과 더불어 동양의학에서 인체를 구성하는 부분들의 상호관계를 설명하는 핵심 이론이다. 문제는 현상만 보일 뿐 그 현상을 설명하는 관계, 이를 테면 상생·상극의 관계란 것이 눈에 보이는 실체가 아니라는 점이다. 반면에 최한기는 경험으로 확인할 수 있는 형질의 영역만을 신뢰할 수 있는 것으로 인정했고, 그가 인간의 몸 안에 존재한다고 상정한 신기도 무형의 존재가 아니라 경험 가능한 형질을 지닌 존재이다. 따라서 병의 진단과 치료 역시 경험 가능한 형질의 영역에서 이루어져야 한다는 것이 최한기의 일관된 생각이었다. 하지만 그의 관점에서 오행론에 근거한 진단과 치료 방법은 형질의 영역을 벗어나는 것이고, 결과적으로 인간의 경험을 넘어서는 담론인 셈이다. 존재론의 영역에서 이미 오행론을 부정한 최한기가 의학의 영역에서 오행의 방

---

95) 『神氣通』, 권2, 「相人醫人之神眼」, 10ab, "醫書之論眼, 在於風痰寒熱. 述作之人, 傳習之人, 皆以在面之眼爲眼, 不識身體之內, 自有神氣之眼.……風痰寒熱, 先侵於神氣之眼, 而施及于在面之眼, 則眼相眼病之根源, 俱在於神氣.……醫書之臟腑脈絡, 藥性氣味, 俱屬于五行, 以施補洩. 此乃人身形質之外, 添附假虛之法, 眩惑視聽, 反晦可知之形質, 何暇論神氣哉."

법론을 부정한 것은 지극히 당연한 귀결이다.

최한기는 또 인간이 지닌 수명의 한계, 나아가 의학의 한계를 분명하게 직시하였다. 그는 인간의 수명에 한계가 있기 때문에 아무리 편작扁鵲과 같이 뛰어난 의사라고 하더라도 수명의 한계를 연장시킬 수 없다고 여겼다. 훌륭한 의사가 약을 짓더라도 다만 병을 적게 할 수 있을 뿐, 수명의 한계를 다하여 죽어 가는 생명을 이어 줄 수는 없으므로 수명의 한계 자체를 연장하려는 시도는 이치에 맞지 않다는 것이다. 예를 들어 방술에 빠진 사람들은 오장육부를 오행에 분속하고 그에 따라 약을 써서 상생·상극하도록 함으로써 부족한 것을 보충하고 지나친 것을 억제하면 항상 오장육부가 조화롭게 되고 수명을 늘일 수 있다는 잘못된 믿음을 가지고 있다. 최한기는 이에 대해 신농의 의술을 오히려 의심 받게 하는 것으로 병을 치료하는 근본 방법을 정밀하게 살피지 못한 것이라고 비판하였다.96) 이와 같은 비판은 57세 때 저술인 『인정』에서도 계속되는데, "오행의 생극론을 오장육부와 약재에 적용하고 간지干支의 순환으로 수명과 질병을 결정하는 것은 진단의 잘잘못과 무관할 뿐 아니라 의사의 억지와 관념성을 헤아릴 수 있게 해 준다"고 한 것이 그 예이다.97)

최한기가 동양의 전통의학을 비판할 수 있었던 것은 질병과 의학에

---

96) 『推測錄』, 권6, 「醫國醫家」, 24b~25a, "良醫制藥, 只可少病, 不可添續漸盡之命.……治人之病, 先察病原之寒熱風痰, 以試諸藥之溫涼補瀉, 得其宜, 則差可少病, 失其宜, 則反有害焉. 至於命壽之有分, 雖扁鵲不得續其斷, 而足其不給. 或有沈惑於方術者, 乃以臟腑分屬五行, 乃用藥而使相生克, 補不足而抑有餘, 常使臟腑和均, 至於延齡益壽. 是反使神農餘術, 貽疑於後世, 烏得精察於療病之原也."

97) 『人政』, 권1, 「醫亦測人」, 28a, "若夫五行生克, 附於臟腑藥材, 干支循環, 定其壽夭疾病, 非特無關於執證得失, 可測醫者之附會虛無."

대한 그 나름의 확고한 신념이 있었기 때문에 가능했다고 할 수 있다. 그는 처음 형질을 받을 때, 다시 말해 생명이 잉태되는 순간부터 병의 근원이 시작된다고 여겼다. 그의 주장에 따르면 생명이 잉태될 때 장부와 혈맥이 고르지 못해 한 부분이 제 기능을 발휘하지 못하면 태반 안에서 이미 병이 생긴다. 이것을 천병天病이라고 하는데, 선천적인 장애를 뜻한다. 신체를 온전히 갖추고 태어났더라도 그 신체가 약한 경우에는 어린 시절이나 젊은 시절에 병이 생기며, 충분하게 강하지 않아 쉽게 시드는 경우에는 노년에 병이 생긴다. 이것들은 모두 타고난 형질의 병으로서 치료할 수 없다. 반면에 타고난 형질이 완전한 사람이 후천적인 요인으로 얻는 병이 있는데, 외감外感·내상內傷·풍담·한열의 발생이나 벌레에 의한 손상·종기·골절·타박상·자상刺傷·화상과 같은 것이다. 이러한 병들은 약을 쓰지 않아도 시간이 지나면 저절로 낫는다.[98]

　　최한기의 견해에 따르면 선천적인 신체장애나 약한 신체 때문에 생긴 기질적인 병은 타고난 것이므로 치료할 수 없는 반면에, 건강한 신체를 가지고 태어났음에도 후천적인 요인 때문에 일시적으로 얻은 병은 약을 쓰지 않아도 저절로 회복된다. 이처럼 선천적인 원인 때문에 생긴 병은 치료할 수 없고 환경적인 요인으로 얻은 병은 저절로 치유된다면, 의학적인 치료는 전혀 의미가 없는 것일까? 최한기의 답변은 섭생과 치료에 다양한 방법을 강구하고 약제를 가감해서 처방하면 환자의 마음을 위안시키고 옆에서 지켜보는 사람들의 안타까운 마음을 풀어 주는

---

98) 『神氣通』, 권3, 「疾病難得變通」, 27b, "疾病之作, 究其源, 則由於稟質之初. 臟腑血脈, 不得均適, 有所偏廢, 則發於胎中, 謂之天病. 若其體而微, 則發於少壯之年, 若有不足易萎, 則發於衰暮之歲. 此皆稟質之病, 不可以醫藥治療也. 至若稟賦完全, 而外感內傷風痰寒熱之作息, 諸蟲諸腫折觸鍼灸之類, 多有勿藥之效, 待時之差."

효과가 있다는 것이었다. 결과적으로 의학적인 처방과 치료는 병의 회복을 이삼일 빠르게 하는 정도일 뿐이지 타고난 신체와 형질에 본질적인 변화를 주지 못한다. 의학적인 치료는 심리적 안정을 제공하는 것 이외에 자연 치유 능력으로 인해 어차피 나을 병을 며칠 더 빨리 회복되도록 도와주는 것일 뿐, 끊어진 목숨을 살리거나 죽은 시체를 일으켜 세울 수는 없다는 것이다.[99] 전통의학을 매우 비관적으로 본 셈인데, 그가 파악한 전통의학의 본질적인 문제는 장부와 기혈의 상세한 작동 방식을 올바로 알지 못한다는 것으로 모아진다. 한마디로 전통의학은 겉으로 드러난 증상만으로 약을 처방하여 잘 알지도 못하는 장부의 질병을 고치려고 하는 문제가 있다는 것이다.[100]

2) 『신기천험』에 나타난 의학관

(1) 홉슨의 의학서와 『신기천험』

최한기는 64세 때인 1866년에 그의 기학에 기초한 기화론적 신체관과 의학관을 정리하여 『신기천험』을 집필하였다. 이 책은 최한기 스스로 '지었다'고 하지 않고 편수編修나 편차編次라고 했듯이, 그의 독창적인 저술이라기보다는 홉슨(Benjamin Hobson, 合信, 1816~1873)의 저서들을 저본으로 하여 편찬한 일종의 편집서이다.[101] 영국 출신의 의사이자 선교사인

---

99) 『神氣通』, 권3, 「疾病難得變通」, 27b~28a, "然攝養之方, 治療之術, 自有神氣之變通, 藥餌 之加減, 以愚病者之神氣, 以解待傍之燥悶, 何以能續其斷, 而起其僵乎? 醫方治療之變通, 在 於差復之二三日進退, 不在於稟質之自有攸定."

100) 『神氣通』, 권3, 「疾病難得變通」, 28a, "臟腑之所以然, 遊注之詳細節, 旣無眞的之揣得, 疾病 之作, 只見發外之動容, 欲將酸苦辛鹹之數盃湯劑, 要變通不能詳知之臟腑疾病, 豈可必也?"

홉슨은 20여 년 동안 중국에 머물면서[102] 천주교 관련 서적을 포함해 모두 19종에 이르는 책을 출간하는 등 왕성한 집필 활동을 하였다.[103] 그 책들 가운데『신기천험』의 기초가 된 것은 홉슨의 5종 의학서라고 불리는『전체신론全體新論』(1851)·『내과신설內科新說』(1858)·『서의약론西醫略論』(1857)·『부영신설婦嬰新說』(1858)·『박물신편博物新編』(1855)이다.[104] 앞의 4권은 서양 의학 일반에서부터 산부인과·소아과에 이르기까지 서양 의학의 다양한 내용을 소개한 책인데, 특히『전체신론』은 인체의 구조와 각 기관을 세밀하게 묘사한 삽화들이 첨부된 해부학 및 생리학 전문서로서 동아시아사회에 인체의 해부학적 지식을 알리는 데 기여하였다. 마지막의『박물신편』은 물리·화학·광학·역학 등 19세기 초까지 서양

---

101) 『身機踐驗』,「身機踐驗序」, 2ab, "今取全體新論·內科·外科·婦嬰·醫治, 循其脈絡而施法, 因其運化而調和, 成一醫書, 名曰身機踐驗."

102) 그는 1939년에 런던선교회에 의해 마카오 병원(澳門敎會醫院)에 파견되었으며, 그 이후 주로 홍콩과 光州에서 활동하다 1857년에 上海로 이주했으나 그 이듬해에 건강이 악화되어 영국으로 돌아갔다. 홉슨의 생애에 대해서는 박상영·권오민·안상영·안상우,「Benjamin Hobson의 생애에 관한 연구」,『한국한의학연구원논문집』제14집 2호 통권 23호(한국한의학연구원, 2008)가 상세하다.

103) 홉슨이 쓴 19권의 저술 목록은 박상영·권오민·안상영·안상우,「Benjamin Hobson의 생애에 관한 연구」, 24쪽에 정리되어 있다.

104) 홉슨의 저술과 최한기의『신기천험』에 대한 비교 연구는 이현구와 여인석·노재훈에 의해 이루어졌다. 이현구는『신기천험』의 권1·권2와 홉슨의『전체신론』을 글자 수까지 세어 가면서 상세하게 비교·검토하였다. 그 결과『전체신론』의 전체 글자 수 28,503자 중에 3,121자가 삭제되는 대신에 2,420자가 새롭게 추가되었으며, 결과적으로『신기천험』권1·권2의 27,324자 중에 약 8%를 최한기가 직접 썼다는 것을 확인하였다.(이현구,「최한기 기학의 성립과 체계에 관한 연구」, 성균관대학교 박사학위논문, 1993) 여인석·노재훈은『전체신론』과 그것의 저본인 홉슨의 저술 5권을 자세하게 대조한 후, "그(최한기)는『신기천험』의 실제적인 내용들을 모두 홉슨 의서의 내용으로 채워 놓고 있으며 다만 그것을 운화기 이론에 따라 기학의 체계 내에서 다시 위치시킴으로써 그 내용들에 새로운 의미를 부여하는 것으로 만족하고 있다"면서 "최한기의 의학사상은 존재하지만 최한기의 의학은 존재하지 않는다"는 견해를 피력하였다. 여인석·노재훈,「최한기의 의학 사상」, 1993, 78쪽.

과학계가 거둔 성과를 소개한 책이다.[105)

최한기는 홉슨이 영국의 의사로서 상해上海에서 20년 동안 진료 활동을 하면서 중국인의 체질과 약재의 효능을 대략 깨달아 『전체신론』·『내과신설』·『서의약론』·『부영신설』 등의 책을 썼다고 알고 있었으며, 그 책들을 쓴 뜻이 중서中西 화해의 시대에 중국에 유익한 것이 있으면 숨기거나 아끼는 것이 없도록 함으로써 서로 본받도록 하는 데 있었다고 이해하였다.[106) 최한기가 『신기천험』을 쓴 것도 홉슨의 취지에 공감해서인데, 다만 홉슨의 책에 담긴 내용을 있는 그대로 가져오지 않고 자신의 관점에 따라 뺄 것은 빼고 고칠 것은 고쳐서 수록하였다.[107) 적어도 그의 의식 속에는 그 책을 편찬한 목적이 서구 의학을 일방적으로 받아들이는 데 있었다기보다는 동서 의학을 소통시키려는 데 있었다.[108) 이에 따라 그는 이 책의 서문과 「범례」에서 동서 의학에 대한 견해를 제시했으며, 본문에서도 자신의 생각을 덧붙이거나 새로운 항목을 추가했기 때문에 이 책은 단순히 홉슨의 의서 내용을 채록한 편집서의 성격을 넘어선다.[109)

---

105) 이 책들은 나중에 합쳐져서 『合信醫書 5종』이라는 제목으로 출판되었다.

106) 『身機踐驗』, 「凡例」, 4ab, "英國醫師合信, 來留上海, 施診二十年, 略悉華人體質, 藥料功用, 著全體新論, 內科新說, 西醫略論, 婦嬰新說等書. 其意蓋欲正當中西和好, 苟有益於中土之事, 無所秘惜, 互相師效."

107) 최한기는 이와 관련해 "서교의 오래된 잘못을 깎아 냈으며 언제나 기화에 순응해야 한다는 것을 밝혔으며, 내·외과의 치료 방법을 합하고 중국과 우리나라 땅의 재료를 보태서 『신기천험』을 편찬했다"고 밝혔다. 『身機踐驗』, 「凡例」, 4b, "醫學爲人最切也, 爰感其志, 刪西敎之齬髟, 明氣化之隨事承順, 合内外科之施治, 附華東之土宜材料, 編次是書."

108) 『身機踐驗』, 「凡例」, 4b, "……編次是書, 一避掠美, 一裨互通."

109) 金哲央은 "대기운화의 형질의 규명을 목적으로 하는 최한기가 자신의 유물론, 무신론의 입장에서 홉슨의 저작이 담고 있는 과학적인 내용은 요약하고, 때로는 연관 항목 안에서 적극적으로 자신의 주장을 전개하고, 곳곳에 보이는 창조주의 공덕을 찬양한 기독교선교 부분을 날카롭게 선별해 내서 삭제하였다"고 평가하였다. 金哲

최한기가 『신기천험』의 대부분을 서양의 의학이나 해부학적 성과를 소개하는 데 할애하면서도 일관되게 견지했던 기본적인 관점은 그 자신의 기학적 세계관이었다. 그래서 그는 자신의 기학적 세계관에 어긋나는 것을 삭제하거나 자신의 세계관에 맞게 수정할 수 있었다. 이를테면 계절별로 많은 병을 논하는 대목에서 "천시天時 때문에 발생하는 것이 있다"는 구절을 "대기大氣의 운화 때문에 발생하는 것이 있다"로 수정한 것이 한 예이다.110) 이처럼 최한기가 발병의 원인 가운데 하나로 무형의 시간 대신에 대기의 운동변화를 지목한 것은 계절의 변화를 비롯한 이 세상의 모든 현상을 기의 작용으로 설명하는 기학적 세계관이 반영된 것이다.

최한기가 흡슨의 『전체신론』을 『신기천험』에 옮기면서 완전히 삭제한 항목으로는 「조화론造化論」이 있다. 「조화론」은 조화造化, 즉 창조주가 흙을 빚어 아담을 만들고 다시 그의 갈비뼈로 이브를 만든 이야기로 시작되어 인체의 특성과 작동을 조화의 힘으로 설명하는 것으로 끝나는 항목이다. 따라서 인격신의 존재를 인정하지 않는 최한기로서는 창조론으로 인간의 탄생과 그 특성을 설명한 「조화론」111)을 당연히 받아들이기 어려웠다. 그 대신 최한기는 「신기총론」이라는 새로운 항목을

央, 『人物近代朝鮮思想史』(웅산각출판사), 95쪽.(이현구, 「최한기 기학의 성립과 관계에 관한 연구」, 66쪽에서 재인용)

110) 『身機踐驗』, 권3, 「總論病原及治法」, 5ab, "病有因於人事者, 知覺不明, 無以承順氣化, 喜怒過度, 飢飽不適, 交接雜亂, 以致戕害之類, 是也. 有因大氣運化者, 春夏多溫熱, 秋多瘧痢, 冬多肺病, 是也."

111) 『全體新論』, 권10, 「造化論」, 14a～16a, "原始造化, 撮土爲人, 命曰亞當. 取亞當一脇, 附之以肉, 又成一女. 賦之以明靈之性, 予之以生育之權, 使相配合, 是爲人類之祖……人之外貌, 如此不同致, 若臟腑功用, 衆血運行, 無所差異. 吁伊, 誰之力歟? 奈何受造蒙恩者, 而竟未之思也."

추가해 인간의 탄생 원리와 인체의 작동 방식을 포괄적으로 기술하였다.[112] 그의 주장에 따르면 인간의 몸은 천지의 신기운화神氣運化를 바탕으로 부모의 신기운화身氣運化를 이어받아 형성되었고, 그렇게 탄생한 몸의 각종 기관은 마음대로 변화시킬 수 없는 일정한 질서에 따라 작동한다.[113] 『전체신론』의 기저에 자리한 신의 창조론이 기의 운화론으로 대체된 것이다.

사실 기독교 신학적인 의미에서 창조주를 인정하지 않는 것은 최한기의 기학만이 아니라 동양 고대의 기론적 세계관에 보이는 일반적인 특징이다. 본래부터 있던 원초적인 기의 자기 전개로 천지만물의 생성을 설명하는 우주발생론에서는 창조주로서의 신이 개입될 여지가 없어 보이는 것이 사실이다. 이에 대해 모트(F. W. Mote)는 "그들(중국인들)은 이 세계와 인간을 창조된 것이라고 보지 않았다. 즉 이 세계와 인간이 그 바깥에 창조자, 신, 궁극적 원인이나 의지 따위가 없는, 그래서 스스로 자기 생성하는 우주의 중심 부분을 이루고 있다고 보았다"고 정리하였다.[114] 니담(J. Needham)도 중국인들이 파악하고 있는 이 우주의 질서정연함이 지고의 창조자 – 입법자의 명령에 의한 것이 아니라 '명령자 없는 질서정연한 의지들의 조화'라고 규정하였다.[115] 창조주로서의 신 그리

---

112) 「身機總論」·「諸器致用」·「萬物運化皆攝醫學」이 최한기가 새롭게 추가한 항목이다. 여인석·노재훈, 「최한기의 의학 사상」, 68~71쪽.

113) 『身機踐驗』, 권2, 「身機總論」, 33b~35b, "資賴天地神氣運化, 承順父母身氣運化, 有此身之成機. 驗時儀之輪齒, 詎可謂其活動, 水火機之管舌, 何足及此生氣? 運化之方, 因其模範而灌籠, 骨肉血脈, 元無增損加減, 運動功用, 自有氣化印板. 先於身機, 有氣化脈絡, 萬物之稟賦已定, 後於身機, 有百體攸司, 萬事之功用皆同.……"

114) F. W. 모트, 『중국의 철학적 기초』(김용헌 옮김, 서광사, 1994), 31쪽.

115) J. Needham & Wang Ling, *Science and Civilization in China*, 2권(Cambridge: Cambridge Univ. Press, 1956), 287쪽.

고 입법자로서의 신이 없다는 것은 이 우주가 그 자체로 자기 완결적이라는 것을 함축하며, 나아가 피조물로서의 지배 대상이라는 관념이 성립할 수 없게 만든다. 이와 관련해 두웨이밍(杜維明)은 기의 연속성과 그로 인한 존재의 연속성에 대한 믿음이 중국적 자연관의 가장 근원적인 특성이라고 파악하고, 이로 인해 창조 신화가 부재한다는 견해를 보였다.116) 존재의 연속성에 대한 인정이 그들로 하여금 자연을 '비인격적 우주 작용의 포괄적인 조화'로 보게 했고, 결과적으로 기독교식의 창조 신화가 없다는 것이다.117)

---

116) Tu Wei-Ming, "The Continuity of Being: Chinese Visions of Nature", *Confucian Thought: Selfhood As Creative Transformation*(State University of New York Press, 1985), 38쪽. "자발적으로 자기 생성하는 생명 과정으로서의 유기체적 과정은 연속성, 전체성, 역동성이라고 하는 세 가지의 기본적인 요소를 드러낸다. 바위에서 하늘까지 존재의 모든 양상들은 大化(great transformation)라고 종종 불리는 하나의 연속체를 구성하는 부분들이다. 그 어떤 것도 이 연속체에서 벗어나지 않기 때문에 존재의 사슬은 끊어지지 않는다. 연결은 우주의 그 어떤 주어진 짝들 사이에서도 언제나 발견된다.…… 정신 생리학적 재료인 기는 어느 곳에나 있다. 그것은 장재 철학에서 존재의 근원인 太虛(great void)까지도 채우고 있다. 존재의 모든 양상들 안에 기의 연속적 존재는 모든 것을 하나의 과정의 전개로서 함께 흐르도록 만든다. 그 어떤 것도, 심지어는 전능한 창조주도 이 과정 바깥에 있지 않다." 중국의 자연관의 특징을 존재의 연속성에서 찾고 있는 이 논문은 J. Baird Callicott와 Roger T. Ames가 편집한 *Nature in Asian Traditions of Thought*(State University of New York Press, 1989)에도 수록되어 있다.

117) Tu Wei-Ming, "The Continuity of Being: Chinese Visions of Nature", *Confucian Thought: Selfhood As Creative Transformation*(State University of New York Press, 1985), 36쪽. "중국의 신화에서 없는 것은 창조 신화가 아니라 기독교식의 창조 신화이다. 그러나 중국인들은 인간 역사의 여러 민족들의 경우처럼 존재의 연속성을 자명한 참이라는 것을 인정하는 데서 중국적 자연관이 생겨났다고 보았다. 이러한 기본적인 믿음의 명백한 결과는 이른바 자발적으로 자기를 생성하는 생명 과정이라고 하는 모든 것을 포괄하는 자연이다. 엄격하게 말해서 그들이 우주발생론을 유기체적 과정으로 받아들일 수밖에 없는 것은 창조된 우주 밖에 있는 신의 관념을 가지고 있지 않기 때문이 아니다. 오히려 그들이 우주를 연속적인 창조성의 전개로 인식하기 때문에 그것은 '신의 손에 의해서나 신에 의지에 의해서 무로부터 창조된다는 개념들, 그리고 기계론적, 목적론적, 신학적 우주론들과 같은 것들을 생각할 수 없다. 창조 신화가 없다

아무튼 최한기는 창조를 뜻하는 조화를 비롯해 영혼·신령과 같이 기독교 신학적인 용어들을 생략하거나 운화나 기화와 같은 기학적인 용어로 수정하였다. 예를 들어 보면, 홉슨은 『부영신설』에서 사람의 생식 능력을 신이 준 것으로 설명했지만 최한기는 그 내용을 "운화하는 대기로 인해 남녀가 각각 생육生育의 기능을 갖추었다"로 바꾸었다.118) 인간의 생식 능력은 신이 준 것이 아니라 기의 운행 과정에서 형성된 것이라는 뜻이다. 또한 홉슨이 『전체신론』의 「뇌위전체지주론腦爲全體之主論」에서 영靈 또는 영혼이 뇌 안에 있다는 언급을 반복한 반면에119) 최한기는 그 항목을 『신기천험』의 「뇌위일신지주腦爲一身之主」에 수록하면서 영이나 영혼이라는 용어는 물론 그와 관련된 내용을 누락시키고 옮기지 않았다.120) 오히려 그는 뇌가 지각을 주관한다고 주장하는 사람들은 뇌 자체가 본래 지각 기능을 지니고 있다는 사실을 밝히지 못하고 영혼과 신명 등의 설로 견강부회할 뿐이라고 비판하였다.121) 이는 기독교 신학에서 상정한 영혼의 존재를 거부한 것으로, 최한기가 서구 의학의 뇌 이론을 받아들이면서도 영혼의 존재를 상정하고 이를 통해 정신

는 것보다는 중국인들이 존재의 연속성에 대한 인정이 그들로 하여금 자연을 '비인격적 우주 작용의 포괄적인 조화'로 보게 한다'라고 하였다.

118) 『身機踐驗』, 권7, 「論男女不能生育」, 35a, "運化大氣, 男女各具生育之機, 無或偏廢. 其有絶嗣者, 必自戕賊斲傷也. 不然則父母戕賊遺累也." 이에 대해서는 이현구, 『최한기의 기철학과 서양 과학』, 92~93쪽 참조.

119) 『全體新論』, 권3, 「腦爲全體之主論」, 1ab, "古人云, 人爲人爲萬物之靈, 萬事皆發於心, 實未知靈之在腦. ……蓋人之腦最大, 較萬物之腦, 或相倍徙, 足推人爲萬物之靈, 而其靈則在腦也. 或問, 腦卽人之靈魂否? 答曰, 腦非人之靈魂, 乃靈魂所用之機, 以顯其思慮行爲者耳."

120) 『身機踐驗』, 권1, 「腦爲一身之主」, 17a~24a. 다만 生靈과 最靈이라는 용어를 사용하고 있으나, 전자는 살아 있는 사람이라는 뜻으로 일반적으로 사용되던 말이며 후자는 신령하다는 뜻의 형용사로 사용되었다.

121) 『身機踐驗』, 권1, 「腦爲一身之主」, 18a, "凡論腦主知覺者, 多不究明乎腦質之固有是能, 乃以靈魂神明等說, 牽合傅會, 可見其人腦質之有欠."

작용을 설명한 영혼론만큼은 의도적으로 배제했다는 뜻이며, 결과적으로 신의 창조와 주재로 이 세계를 설명한 기독교 신학의 교의를 거부했다는 것을 의미한다.

(2) 인체에 대한 해부학적 이해와 기계론적 신체관

최한기는 『신기천험』을 쓰면서, 서양 의서 곳곳에 스며 있는 기독교의 창조설이나 영혼론과 관련된 내용을 누락시키거나 자신의 용어로 대체하였다. 그럼에도 불구하고 최한기가 서양 의학의 강점으로 꼽은 것은 해부학에 기반을 두고 있다는 점이었다. 그는 "부위를 모르면 병의 원인을 모르고 원인을 모르면 치료법도 알지 못한다"면서, 서양 의학은 인간의 신체를 해부하여 자세히 살핌으로써 몸 전체의 경락과 부위를 분명하게 관찰했다고 칭찬하였다.[122] 서양 의학은 해부를 통해 인체의 각 부위를 명확하게 알았기 때문에 병의 원인을 정확히 파악할 수 있었고, 그 결과 효과적인 치료법을 얻을 수 있었다는 것이다. 반면에 동양 의학은 해부학이 발달하지 않아 부위에 관해 어두운 것이 많을 뿐만 아니라 오행설이 혼미함을 가중시킨다고 비판하였다.[123]

최한기가 해부학을 높이 평가한 것은 인간의 신체를 하나의 기계로 이해하는 사고와 맞물려 있다. 그의 주장에 의하면 지구·달·태양·별들이 모여 일정한 질서에 따라 움직이는 하나의 몸체를 이루고 있듯이 인간 신체의 여러 기관들도 역시 일정한 기제를 지닌 하나의 몸체를

---

122) 『身機踐驗』, 「身機踐驗序」, 2a, "西醫以剖割詳稽之致, 明察全體經絡部位. 部位不明, 病源不明, 病源不明, 治法亦不明. 部位旣明, 病源可推, 病源的觀, 治法庶得其方."
123) 『身機踐驗』, 「身機踐驗序」, 2a, "擧此法, 較中國醫書, 部位多罔昧, 五行添昏迷."

이루고 있다. 인간은 백해百骸·구규九竅·장부는 물론 크고 작은 힘줄과 혈관이 하나의 틀과 하나의 몸체를 형성하여 지각과 운동이 가능해진다는 뜻이다.124) 수많은 부품이 결합되어 작동하는 기계에 빗대어 인간의 신체를 이해한 셈인데, 이를 일단 기계론적 신체관이라고 정리할 수 있다. 다음 인용문은 그의 기계론적 신체관을 극명하게 보여 준다.

> 대개 사람의 몸이 이루는 틀은 곧 시계의 톱니바퀴가 회전하고 증기기관의 관管과 밸브가 흡입하는 것과 같으니, 자연히 사람이 의식적으로 따를 수 있을 뿐이지 자기 마음대로 거스를 수 없다.125)

이러한 관점에서 보면, 인체의 구성 요소들이 결합되어 하나의 몸체를 이룬 채 지각하고 운동하는 것은 자명종의 톱니바퀴들이 맞물려 돌아가면서 일정한 시간에 따라 종을 치는 것이나 증기기관을 이용한 기계의 실린더나 밸브와 같은 장치들이 일정한 기제에 따라 작동하는 것과 같다. 기계의 부품들이 서로 맞물려 기계적으로 작동하는 것처럼 각종 기관이 어우러진 인체도 거스를 수 없는 필연 법칙에 따라 작용한다는 의미이다. 이처럼 인간의 몸을 구성 요소들의 기계적인 작용으로 설명하는 기계론적 신체관에 토대를 둔 의학에서는 무엇보다도 인체를 구성하는 기관 하나하나의 구체적인 특성, 이를테면 형태·위치·작용 방식과 같은 것을 파악할 필요가 있으며, 결국 해부를 통해 인체를 직접

---

124) 『身機踐驗』, 「身機踐驗序」, 1a, "日星地月, 統合而成機成體, 以行神氣運化, 萬事萬物, 生生無窮, 豈可擧一隅, 而指的全體大用哉?……人承神氣運化, 百骸九竅, 臟腑四肢, 鉅細筋管, 成機成體, 知覺運動生焉."

125) 『身機踐驗』, 「身機踐驗序」, 2b, "蓋人身成機, 卽驗時鍾之輪齒斡旋, 水火機之管舌吞吸, 自有人意思之所能承順, 又有人意思之所不能違逆."

관찰하는 것이 중요할 수밖에 없다. 이에 대해 최한기는 "인체의 내장 기관과 모든 부위들은 자명종의 내부에 들어 있는 톱니로 된 기계장치와도 같아서 열어서 직접 살펴보지 않으면 그 기능과 망가진 원인을 잘 모른다"고 하였다.[126]

시계와 같은 기계가 고장 났을 때는 먼저 어느 부분이 고장 났는지 또는 어떤 작동에 문제가 있는지를 확인한 후 고장 나고 문제 되는 부분을 수리하는 것이 보통이다. 물론 그것이 가능하기 위해서는 그 기계를 구성하고 있는 각종 부품의 형태와 위치, 그리고 기능을 알아야만 한다. 만약 인간의 몸이 기계와 유사한 구조이고 기계와 유사한 방식으로 작동한다면, 병을 고치는 것도 고장 난 기계를 수리하는 것과 크게 다르지 않을 것이다. 기계론적 신체관을 전제하고 있는 의학에서 해부학적 지식을 중요하게 여길 수밖에 없는 이유가 여기에 있다. 그래서 최한기는 "부위가 분명하지 않으면 병의 원인이 분명하지 않고, 병의 원인이 분명하지 않으면 치료 방법도 역시 분명하지 않다"고 했던 것이다.[127]

최한기가 인간의 신체를 하나의 기계로 이해하고 질병도 기계의 고장에 빗대어 이해한 것이나 그러한 이해를 바탕으로 인체에 대한 해부학적 접근을 높이 평가한 것은 인체와 질병에 대한 동양 의학의 전통적인 이해 방식과 다르다. 비록 책을 통한 것이긴 하지만, 최한기는 서양의 근대 의학적 성과를 접한 결과 인체에 대한 해부학적 이해와 이에 기초한 기계론적 신체관을 일단 긍정적으로 받아들였고,[128] 자신의 의

---

126) 『身機踐驗』, 권3, 「中西醫學」, 1b, "人身臟腑百體, 如鐘表輪機, 若不開拆看驗, 無以知其功用, 及致壞之由. 是以西國, 准割驗死者."

127) 『身機踐驗』, 「身機踐驗序」, 2a, "部位不明, 病源不明, 病源不明, 治法亦不明. 部位旣明, 病源可推, 病源的覿, 治法庶得其方."

학적 견해를 확립하는 데 이를 적절하게 활용했던 것이다.129)

이 지점에서 최한기의 서구 해부학의 수용이 일본의 경우와 몇 가지 점에서 대비된다는 점을 주목해 볼 필요가 있다. 일본의 스기타 겐파쿠(杉田玄白)와 마에노 료타쿠(前野良澤) 등이 1774년에 독일 의사 쿨무스(J. A. Kulmus)의 『해부도보解剖圖譜』(Anatomische Tabellen) 네덜란드어판을 일본 한문체로 번역하여 『해체신서解體新書』라는 제목으로 간행하였다. 우선 『해체신서』는 『신기천험』보다 100여 년 먼저 간행되었으며, 그 원본이 서양 언어이므로 번역 과정이 매개되었다는 점에서 『신기천험』과 그 성격이 다르다. 또한 스기타 겐파쿠와 그의 동료들은 의사라는 전문가 집단이었다는 점에서 최한기가 순수 학자였던 것과 대비된다. 게다가 의사라는 직업에 걸맞게 스기타 겐파쿠와 마에노 료타쿠는 1771년에 처형된 죄인의 신체 해부를 직접 관찰했으며, 이를 계기로 서양 해부학서의 정확성을 인지하고 번역했다는 점이 두드러진다. 이렇게 해부를 통해 인체의 내부를 직접 관찰했다는 것은 단순히 책의 설명과 해부도를 통해서 인체의 구조에 접근할 수밖에 없었던 최한기와는 다른 실증적 면모이다.130) 결과적으로 『신기천험』이 거의 지식인의 서재 안에서 머물

128) 『身機踐驗』, 「凡例」, 8a, "況西醫之全體部位, 氣血脈絡, 出於手探目證, 卽是水火機之運化生成也."

129) 홉슨의 의서에는 인체의 구조와 장부의 생김새를 그린 해부도가 책 곳곳마다 수록되어 있는데, 최한기는 이 그림들을 빠짐없이 모아 따로 1권을 만들었으나, 현재 남아있는 『신기천험』에는 보이지 않는다. 『身機踐驗』, 「凡例」, 8b, "腦骨筋管, 臟腑肢節, 諸圖散附各篇, 有難統會, 今別作一卷, 藏載無漏, 添錄末及詳指之名目."

130) 최한기는 인체를 직접 해부해 볼 생각을 하지 않았다. 이에 대해 그는 "이 의서를 밝게 이해하는 방법을 말하자면, 처음부터 끝까지 그림과 설명을 충분히 읽고 그 맥락을 따라 깊이 연구하여 관통하면 몸 전체를 직접 해부하여 살펴보는 것과 다르지 않을 것이다"라고 하였다. 『身機踐驗』, 「腦爲一身之主」, 23ab, "以此醫書究明言之, 熟讀首尾圖象與論說, 循其脈絡而推尋, 融會貫通, 無異於剖割全體之躬覩. 圖之未盡, 增損畵

렀던 것에 반해 『해체신서』는 그 이후 일본의 번역 운동을 촉진하고 실증적 연구를 촉발하는 등 그 사회적 파급 효과가 매우 컸다.[131]

그럼에도 불구하고 최한기의 『신기천험』이 갖는 의의는 『해체신서』가 원서의 내용을 정확하게 전달하는 것을 목적으로 한 것과 달리 자신의 확고한 철학, 즉 기학의 토대 위에서 서구 의학과 그 기저의 세계관을 비판적으로 검토하고 선택적으로 전달했다는 점이다. 한마디로 최한기의 『신기천험』은 의서를 넘어, 동서 의학의 차이와 문제점을 예리하게 분석한 것은 물론 인간의 신체, 나아가 이 세계에 대한 존재론적 통찰을 담은 철학서의 면모가 있다고 정리할 수 있다.

(3) 기화론적 신체관과 질병관

최한기는 서양 의학의 성과, 특히 해부학의 발전에 큰 공감을 보이면서도 서양 의학이 전제하고 있는 기계론적 신체관을 완전한 것으로 받아들이지는 않았다. 그는 기계적인 운동만으로는 이 우주의 질서정연한 운행을 설명할 수 없을 뿐만 아니라 인간 신체의 작용은 더더욱 설명할 수 없다고 여겼다. 그는 『신기천험』의 서문을 "해·별·지구·달 전체가 하나의 틀을 이루고 하나의 몸체를 이룬 채 신기의 운화를 실행하기 때문에 만사만물의 생성이 무궁하다"는 언급으로 시작하였

毫, 導人見之明, 說之未盡, 變通無碍, 著活動之氣, 至以醫書爲死法而作筌蹄." 이는 인체를 훼손할 수 없는 시대적 한계이자 실증 의식의 불철저함이나 의사가 아닌 인문학자의 한계라는 측면으로 이해할 수 있을 것이다.

131) 이에 대해 마리우스 B. 잰슨은 "스기타 겐파쿠와 그의 동료들에 의해 시작된 번역 운동과 그것으로 촉발된 교육 및 학문의 실증적인 연구의 융성은 이미 변하고 있었던 낡은 세계관의 붕괴를 촉진하는 매체로 작용하였다"고 평가하였다. 마리우스 B. 잰슨, 『일본과 세계의 만남』(장화경 옮김), 63쪽.

다. 이 글에 따르면, 지구와 달을 비롯해 하늘을 떠다니는 천체들은 저마다 자신의 주위를 감싼 기가 끌어당기기 때문에 스스로 그렇게 하지 않을 수 없는 신묘한 운행을 한다.[132]

최한기가 의학 내지 인체에 관한 저술인 『신기천험』을 우주론으로부터 시작한 것은 다분히 의도적이었다고 할 수밖에 없다. 그에게는 인간의 신체에 관한 학문인 의학을 기학 안에 끌어들임으로써 우주와 인간을 하나로 묶는 거대한 철학체계의 창출이라는 목적이 있었다. 무엇보다도 그는 온갖 천체들로 구성되어 있는 이 우주가 일정한 법칙에 따라 질서정연하게 움직이는 하나의 틀이자 몸체라고 이해했으며, 동시에 그 천체들이 신기의 운화에 의존해서 운행하고 그 운행의 필연성도 신기의 운화 때문이라고 파악하였다.

최한기는 한걸음 더 나아가 인간의 신체도 우주 운행의 연장선상에서 이해하였다. 그가 파악한 인간의 신체는 단순히 백해·구규·장부·사지·크고 작은 힘줄과 혈관이 하나의 틀을 이룸으로써 지각하고 운동하는 기계적인 존재가 아니라, 신기의 운화를 기반으로 형성되고 신기의 운화에 따라 작동하는 존재이다. 인간 신체의 모든 기관들이 하나의 틀을 이루고 있음과 동시에 기의 운동과 변화에 의존하여 작용한다는 뜻이다. 인간은 처음부터 끝까지, 근원에서 말단까지 기화에 의지하여 만물을 인식하고 만사를 실행하는 존재인 셈이다.[133] 더욱이 인체의 작

---

132) 『身機踐驗』, 「身機踐驗序」, 1a, "日星地月統合, 而成機成體, 以行神氣運化, 萬事萬物, 生生無窮, 豈可擧一隅而指的全體大用哉? 地因充滿神氣, 自行其運化之能, 月因推挽神氣, 自成其運化之能, 日以載轉神氣, 健行其運化之能, 五緯經星, 各因大氣運化, 行其所能. 遠大形質, 縱難得其細詳, 積氣牽製, 自有不得不然之神化."

133) 『身機踐驗』, 「身機踐驗序」, 1a, "人承神氣運化, 百骸九竅, 臟腑四肢, 鉅細筋管, 成機成體,

동은 충만한 신기의 운화를 따라 생장쇠로하고 그 과정에서 병들기도 하고 병들지 않기도 하는 것이기 때문에 그것을 마음대로 통제할 수 없다.[134] 기계론적 신체관과 기학적 세계관이 만나는 것이 바로 이 지점이다.

사람과 사물들은 각자 신기의 운화를 이어받아 형질을 이룬다. 사람과 사물들의 형질 안에는 또 신기가 있어 운화한다. 옛날부터 사람과 사물의 생성을 논한 사람들은 대개 기화를 제대로 알지 못했기 때문에 견강부회한 것이 많았다.[135]

사람은 천지에 있는 활동운화의 기를 이어받아 몸의 뼈·살·혈맥 등에 저장하므로 한 터럭이라도 활동운화의 기가 아닌 것이 없다. 외부에 접하고 사람과 사물에 응하는 것이 모두 활동운화의 기이니, 어찌 조금이라도 스스로 주관하는 것이 있겠는가?[136]

최한기의 견해에 따르면, 인간의 몸은 천지의 기를 이어받아 생겨났고, 그렇게 생겨난 인간의 몸 안에는 신기가 있어 활동운화 한다. 외부와 접하고 응하는 것은 모두 이 기의 필연적인 작용이므로 그것을 내 마음대로 통제하거나 조절할 수 없다.[137] 그럼에도 옛사람들은 기화 또

知覺運動生焉. 始終本末, 籍賴氣化, 通萬物, 攝萬事, 是由於稟氣同通氣同也."

134) 『身機踐驗』, 권8, 「諸氣致用」, 1a, "人物身機運化, 承順乎充滿神氣運化, 以爲生長衰老及病與不病, 不可以任意自主, 又不可以無器施用."

135) 『身機踐驗』, 권1, 「尻骨盤及足骨」, 37a, "神氣運化, 人與物類, 各自承順, 以成形質. 在形質中, 又有神氣, 隨運施化. 自古論人物生成之妙者, 蓋緣未達氣化, 以致多端傅會."

136) 『身機踐驗』, 권1, 「肌肉功用」, 39b, "蓋人承順天地活動運化氣, 貯於身骨肉血脈等類, 無一毫非活動運化氣. 接於外及應於人物, 皆是活動運化氣, 有何一分自主者也."

137) 최한기는 손발의 움직임과 같은 것은 마음대로 부릴 수 있으나(自主) 오장육부의

는 기의 운화라고 하는 기의 작용을 알지 못했기 때문에 억지로 갖다 맞춘 것이 많았다. 따라서 그는 기화를 제대로 알아야 한다고 했을 만큼 기의 운화는 그의 신체관에서 중요한 위상을 차지한다. 물론 기의 운화는 신체 각 부분의 기계적인 운동으로는 쉽게 해명되지 않는다. 다만 분명한 것은 이 운화하는 기가 뼈·살·혈맥 등과 같은 형질의 몸 안에 있으며 그것들과 명확하게 구분되는 존재라는 점이다. 이런 측면에서 모든 존재를 기의 운동변화로 이해하는 기학적 세계관은 기계론적 신체관과 충돌할 소지가 다분하다.

최한기 역시 서양의 신체관이 상정한 기계적 운동이 기의 활동운화를 온전하게 포착하지 못한 것은 물론 그 두 가지가 서로 상충되는 면이 있다는 것을 잘 인식하고 있었다. 그래서 그는 기학적 세계관과 기계론적 신체관을 연결할 수 있는 설명 장치가 있어야 한다고 여겼다. 최한기는 『신기천험』의 「범례」를 "천지 사이에는 오직 운화하는 신기의 형질이 있을 뿐이다"라고 하여 우주론적 언급으로 시작하였다.[138] 이 우

작용이나 혈액의 순환과 같은 것은 마음대로 부릴 수 없다고 여겼다. 인체를 기본적으로 신기의 작용으로 이해했고 동시에 그 신기는 일정한 질서에 따라 작용하므로 임의대로 통제할 수 있는 것이 아니라고 여겼던 것이다. 물론 그는 마음의 지각이 기화, 즉 객관 존재의 객관적인 운동과 변화를 따르지 않고 만사만물을 자의적으로 인식하는 것을 혹 '自主'라고 할 수 있을지 모르겠으나 '자주'라는 두 글자 때문에 큰 병통이 생긴다면서 경계하였다. 이는 그의 입장에서 보자면 인체의 운행을 자의적으로 인식하고 헛된 이치로 병을 치료하고자 하는, 그래서 그가 건강부회라고 비판한 일종의 주관주의적 신체관 내지 주관주의적 의학관에 대한 비판이라고 할 수 있다. 『身機踐驗』, 권1, 「肌肉功用」, 39ab, "人身有能自主者, 手足五官, 人得自主而用, 以應理外事者也.……蓋人承順天地活動運化氣, 貯於身骨肉血脈等類, 無一毫非活動運化氣. 接於外及應於人物, 皆是活動運化氣, 有何一分自主者也. 但心得知覺, 不循氣化, 萬事萬物, 惟意排布, 或可謂自主. 然自主二字, 易啓後人大病痛, 在醫學害不至深, 在諸學其病尤甚. 苟能專主神氣運化, 萬姓之病, 可以調治, 自主心得虛理, 欲解斯民之病, 難醫哉."
138) 『身機踐驗』, 「凡例」, 3a, "兩間惟有神氣運化之形質."

주에는 운동변화 하는 신기로 가득 차 있는데, 그 신기는 무형의 존재가 아니라 형질이 있는 유형의 존재라는 뜻이다. 이처럼 최한기가 기를 전통적인 의미의 기와 달리 유형의 존재로 파악한 것은 그 기의 작용을 기계적 운동의 원인으로 상정하려는 의도와 깊은 관련이 있었다.

최한기의 철학체계에서 기의 운동과 기계적 운동은 별개의 것이 아니라 원인과 결과로 설정되어 있다. 이에 따라 최한기는 기의 운화와 형질로써 천지의 도는 물론 사람의 도를 파악해야 한다고 역설했는데, 그렇게 하지 않으면 하늘의 도와 땅의 도를 재상災祥이나 화복에다 억지로 짜 맞추게 되며 수신·제가·치국·평천하를 제대로 실천할 수 없고 생장쇠로의 과정도 정상적으로 밟을 수 없기 때문이라는 것이 그 이유였다.[139] 이러한 관점은 "오직 이 기화가 의학의 핵심이다"라고 한 데서 확인되듯이 의학에도 그대로 적용되었다.[140] 그의 인간 이해가 단순히 기계론적 인간관에서 그칠 수 없었던 이유가 바로 여기에 있다. 그는 인간의 신체를 시계와 같은 기계에 빗대어 설명하긴 했지만, 그 설명이 완전하다고 여지기는 않았다.

> 천지의 신기가 운화하는 것에 의뢰하고 부모의 신기가 운화하는 것을 이어받아 이 몸의 온전한 기틀이 있게 되었다. 시계의 톱니바퀴가 어떻게 그 활동에 빗댈 수 있으며, 증기기관의 관과 밸브가 어떻게 이 살아 있는 기에 미칠 수 있겠는가?[141]

---

139) 『身機踐驗』, 「凡例」, 3a, "天道不知以運化形質究明, 則天道易入于災祥牽合. 地道不知以運化形質究明, 則地道易趨于禍福附會. 人道不知以運化形質究明, 則修齊治平, 何以遵形體運化而推擴, 生長衰老, 何以從形體運化而承順?"

140) 『身機踐驗』, 「凡例」, 3b, "至於醫治, 乃以我無病之形體運化, 施效於有病人之形體運化. 惟此氣化, 實醫學之頭腦."

시계의 톱니바퀴 축의 회전은 운화의 온전한 기틀에 빗대기에 충분하
지 않으며, 증기기관의 관과 밸브의 흡입은 정맥의 피가 스스로 올라
오는 것에 미칠 수 없다.[142]

최한기가 인체의 작용을 시계나 증기기관을 이용한 기계의 작동 방
식으로 설명하면서도 그것에 만족할 수 없었던 것은 바로 신기의 운화
때문이다. 기계의 작동은 각 부품들이 기계적인 법칙에 따라 움직이므
로 신기의 운화가 핵심인 인간의 신체 활동과 같지 않다는 것이다. 최
한기의 관점에 의하면, 인간의 몸은 각 기관들이 기계적으로 배치되어
기계적으로 작용하면서도, 몸 전체에 신경·혈액·신기가 분포되어 있
어 외부 대상에 대한 감응과 지각, 기혈의 유통, 영양분의 공급이 자연
스럽게 이루어진다는 점에서 단순히 기계적 운동을 하는 기계 장치로
환원될 수 없다.[143] 톱니바퀴들이 서로 맞물린 채 직접 운동을 전달하
는 기계 장치의 작동 방식은 인간의 몸 전체에 두루 작용하는 신경 전
달, 혈액의 흐름, 신기의 운행 등을 설명하는 데 적절하지 않다는 의미
이다.

이러한 관점에 따라 최한기는 『신기천험』에서 인간의 병을 체질의
병과 운용의 병 두 부류로 나누었다. 체질의 병은 원래 일정한 형체가

---

141) 『身機踐驗』, 권2, 「身機總論」, 34a, "資賴天地神氣運化, 承順父母身氣運化, 有此身之成機.
    驗時儀之輪齒, 詎可諭其活動, 水火機之管舌, 何足及此生氣?"
142) 『身機踐驗』, 「凡例」, 5b, "身運化, 固有天機, 自眩功用, 苟能貫澈乎腦筋血管, 瞭然於目. 驗
    時儀之輪輒斡旋, 不足諭其運化成機, 水火機之管舌呑吸, 何能及乎廻血自上?"
143) 『身機踐驗』, 「凡例」, 5b, "腦氣筋, 分佈於耳目口鼻, 以爲視聽臭味, 內而臟腑, 外而肢末, 腦
    筋密敷, 如木葉之佈筋紋, 無處不達, 動輒感應, 觸必有覺. 又有總血管廻血管, 導飮食消化之
    氣血, 週流上下, 灌漑膚肉, 藉養精液. 是則身運化固有天機, 自眩功用, 苟能貫澈乎腦筋血管,
    瞭然於目."

있는 부위와 경락이 완전하지 못한 것이고, 운용의 병은 기화의 순환에 이상이 있는 것이다.[144] 그러므로 병을 치료하기 위해서는 눈에 보이는 장부처럼 일정한 형체가 있는 형질만 알아서는 충분하지 않고 몸 안에서 운행하는 기화를 알아야만 한다.[145] 이는 서양 의학과 그 기저에 있는 해부학은 눈에 보이는 부분을 잘 파악했으나 눈에 보이지 않는 신기의 운화에 대해서는 제대로 알지 못했고, 그에 대한 치료법에도 어두웠다는 의미이다. 이에 대해서는 좀 더 구체적으로 다음과 같이 말하였다.

자명종이나 공기를 이용한 기계를 수리하는 사람은 먼저 몸통이 훼손되지 않았는지, 바퀴 축이 부러지지 않았는지, 기계 작동이 미끄러지거나 거칠지 않은지 살핀다. 만약 모두 결함이 없다면, 왜 회전이 신통치 않고 왜 속도가 맞지 않는지를 다시 연구하여 혹 지나친 것은 덜어내고 혹 부족한 것은 보태고 혹 막힌 것은 닦아 내어 정상을 회복하도록 힘쓴다. 병을 고치는 것도 이와 비슷해서 병을 치유하는 것이 우선인데, 병에는 두 가지 종류가 있다. 기화의 형질은 원래 정해진 것이므

---

144) 『身機踐驗』, 「身機踐驗序」, 2b, “治病類此, 以止病爲上, 而病有氣化形質之元定, 部位經絡完否各異, 有體質之病不病. 又有氣化循環之遷移, 生長衰老通變各殊, 有運用之病不病.” 이에 대해 최한기는 體質의 병과 功用의 병으로 나누어 설명하기도 한다. 체질의 병은 곧 타고나거나 태어나면서 잠재된 병으로 신경(腦筋)·혈관·장부·肢節에 이상이 있는 경우이다. 이것은 고치기 어려운 병이므로 살아가면서 체질의 변화를 기다려야 한다. 공용의 병은 살아가면서 얻게 되는 병으로 음식·거처·과로(勞焦)·부상(觸傷) 등의 문제로 체질이 약한 곳에 생기는 병인데, 혹 약을 쓰지 않아도 효험이 있는 경우도 있고 혹 약을 써서 효험을 보는 경우도 있다. 체질의 병은 타고난 기화와 체질로 인해 생기는 병이라면, 공용의 병은 음식 섭취와 같은 생활 방식 때문에 후천적으로 생기는 병에 해당한다. 『身機踐驗』, 「凡例」, 6b, “蓋體質之病, 卽氣化稟受之病, 腦筋血管臟腑肢節, 不得勻適, 或有一二過不及之病, 是難醫治, 可待生長衰老體質之變化矣. 功用之病, 卽運化失攝之病, 飮食居處勞焦觸傷, 亦因體質之不足處而發, 或有勿藥之效, 或得施藥之驗. 至於生死, 自有稟受之命.”
145) 『身機踐驗』, 「身機踐驗序」, 2b~3a, “達此有定之形質, 兼得轉移之氣化者, 可行治法.”

로 부위와 경락이 완전한지의 여부에 따라 체질의 병이 발생하기도 하고 발생하지 않기도 한다. 또 기화의 순환은 변화하는 것이므로 생장 쇠로가 잘 진행되느냐의 여부에 따라 운용의 병이 생기기도 하고 그렇지 않기도 한다. 일정한 형질을 알고 또 변화하는 기화를 아는 사람은 치료를 할 수 있다.[146]

이렇듯이 최한기는 인간의 신체와 질병을 해부학적 관점 및 기계론적 관점으로 이해하면서도 그 관점의 한계를 명확하게 인식하였다. 그 한계란 신기의 운화를 제대로 알지 못했다는 것인데, 신기의 운화를 중심으로 인체의 작용을 파악하는 기화론적 신체관은 기학적 존재론의 당연한 귀결이다. 따라서 최한기가 신체를 기계에 빗대어 이해한 기계론적 신체관은 신체의 작용이 일정한 질서에 따라 작동하는 메커니즘에 초점을 둔 이해 방식으로 기화론적 신체관의 하위 이론이라고 할 수 있다.[147]

(4) 지각의 주체에 대한 이해

최한기는 서양 의학의 설을 접한 후 지각의 주체가 무엇인지에 대해

---

146) 『身機踐驗』, 「身機踐驗序」, 2b～3a, "修理鍾表及氣機者, 先察函篋毀壞否, 輪軋折傷否, 機擺滑澁否. 若俱無欠損, 則更考究, 旋轉何以不靈, 遲速何以不準, 或損其有餘, 或補其不足, 或抉其碍滯, 務使復其常度. 治病類此, 以止病爲主, 而病有氣化形質之元定, 部位經絡, 完否各異, 有體質之病不病. 又有氣化循環之遷移, 生長衰老, 通變各殊, 有運用之病不病. 達此有定之形質, 兼得轉移之氣化者, 可行治法."

147) 여기서 기학적 신체론이란 최한기가 자신의 철학체계인 기학에 기초해 파악한 신체론이라는 의미이다. 따라서 기학적 신체론이라는 개념 속에는 인간의 신체를 기계적 작동 방식에 빗대어 이해하는 기계론적 신체관과 신기와 신체의 각 기관이 유기적으로 작동한다고 이해하는 기화론적 신체관을 포괄한다.

서 고심을 하게 된다. 그 고심의 흔적이 『신기천험』 곳곳에서 발견되는 데, 심이 지각을 주관한다는 전통적인 설과 뇌가 지각을 주관한다는 서양의 설에 대해 양비론적인 태도를 보인 것이 하나의 예이다. 그는 "종전에는 대기의 운화가 드러나지 않아 온갖 이치를 탐구할 때 억지가 많았다"면서, 구체적으로 "하늘에 대해서는 주재와 조물을 운운하고, 일과 관련해서는 귀신과 화복을 운운하고, 사람에 대해서는 마음이 지각을 주관한다고 말하거나 뇌가 지각을 주관한다고 말했다"고 지적하였다.[148] 마음이 지각을 주관한다는 설이나 뇌가 지각을 주관한다는 설이 모두 대기운화를 모르던 시절에 자의적으로 만들어진 설이라는 뜻이다. 이 두 설의 대안으로 최한기는 다음과 같은 견해를 제시하였다.

> 사람과 사물의 몸은 신경(腦筋)·골수와 혈맥·기관(氣管)이 틀을 이루고 몸체를 이루어 스스로 지각과 운동을 할 수 있고 고금의 대소 사무를 추측하여 인도의 실천을 다할 수 있다. 어찌 오로지 뇌가 지각을 주재한다는 것만을 믿고 마음이 지각을 주재한다는 것을 버릴 필요가 있겠는가? 또 어찌 마음이 지각을 주재한다는 것에 빠져 신경이 몸 전체에 퍼져 있어서 여러 감각기관이 움직이면 곧 감응한다는 것을 깨닫지 못해서야 되겠는가?[149]

최한기는 인체의 각종 기관들의 유기적 관계 속에서 지각과 운동이

---

148) 『身機踐驗』,「身機踐驗序」, 1ab, "從前大氣運化, 未及顯著, 凡百窮理, 多出牽合傅會. 在天而云主宰造物, 行事而云鬼神禍福, 在人而云心主知覺, 或云腦主知覺."
149) 『身機踐驗』,「身機踐驗序」, 1b, "人物形體, 腦筋骨髓, 血脈氣管, 成機成體, 自能知覺運動, 推測古今, 大小事務, 可盡人道之行, 何必專恃腦主知覺, 挤棄心主知覺? 又何必沈沒心主知覺, 而不悟腦氣筋之貫綴全體, 諸竅諸觸, 動輒感應哉."

발생한다고 파악하였다. 이것은 그의 기계론적이면서도 기화론적이었던 인체관의 당연한 귀결이라고 평가할 수 있다. 물론 최한기는 뇌의 중요성을 잘 인식하고 있었다. 그래서 그는 『전체신론』의 여덟 번째 항목인 「뇌위전체지주론腦爲全體之主論」을 『신기천험』에서 「뇌위일신지주腦爲一身之主」로 바꾸어 맨 앞에 배치하였다. 그만큼 인체에서 뇌가 차지하는 위상이 중요하다고 여겼던 것이다. 이 항목에서 최한기는 "뇌가 머리 안에 있으며 그 형질이 세밀하고 연하다"는 특성이 있다고 전제한 후에 뇌가 인식 기능을 주관한다는 견해를 피력하였다. 뇌가 "소리·색깔·냄새·맛·감촉의 신기를 쉽게 감통하며, 그 흔적을 저장하고 전후를 기억하여 사물을 헤아린다"는 것이다.[150]

이어서 그는 지각 작용과 뇌의 관계에 대해서 다음과 같은 견해를 덧붙였다.

인간에게 있어 지각의 발생과 기억의 능력은 뇌에서 증험할 수 있다. 무릇 뇌는 사람 몸의 신기가 응취하여 형질을 이룬 것이니, 귀·눈·입·코와 여러 촉각 기관에 신경이 널리 퍼져 있어 밖에 있는 신기의 소리·색·냄새·맛과 여러 촉감을 거두어들이며, 두세 번 반복하면 지각이 발생한다. 희로애락의 깊고 절실한 것은 신경의 받아들임도 깊어 뇌 안에 푹 젖어 들고 죽을 때까지 잊지 않는다. 그 뇌의 형질이 정밀하고 부드럽기 때문에 감통한 기가 쉽게 들어오는데, 소리·색·냄

---

150) 『身機踐驗』, 권1, 「腦爲一身之主」, 17a, "腦居頭顱之內, 形質精輭, 易感通於聲色臭味諸觸之神氣, 漬痕染跡, 記繹前後, 推測事物, 具此所能, 非骨肉血液臟腑之所可擬也." 최한기는 서구 의학에서 뇌와 영혼을 분리하고 뇌를 인식주체인 영혼이 거주하는 곳으로 상정한 것(『全體新論』, 권3, 「腦爲全體之主論」, 1ab, "……其靈則在腦也. 或問, 腦卽人之靈魂否? 答曰, 腦非人之靈魂, 乃靈魂所用之機, 以顯其思慮行爲者耳.")에 동의하지 않고 뇌의 형질 자체가 인식주체라고 파악하였다.

새·맛·여러 촉감이 들어온 정도의 얕음과 깊음, 정밀함과 성김에 따라 각기 아홉 쌍의 신경 가운데 해당 신경을 통해 뇌 안으로 침투하고 기억이 생겨난다.[151]

이 글에는 뇌가 지각과 기억의 주체 내지 장소라는 것이 분명하게 언급되어 있다. 이것으로 보면 지각에 대한 최한기의 사고는 일반 주자학자들의 지각론과 뚜렷하게 구별된다. 더욱이 그는 당시까지 알려져 있던 9쌍의 뇌신경을 알고 있었고, 그 뇌신경이 지각과 운동을 주관한다고 생각하였다. 이렇게 지각의 주체가 심으로부터 뇌로 바뀌어 가는 것은 사상사적 측면에서 볼 때 철학적 관심사가 도덕성 중심의 담론에서 이성 중심의 담론으로 전환되는 흐름과 맥락을 같이한다는 점에서 주목할 만한 것이다.

한편 최한기는 심이 지각을 주관한다는 설이 더 낫다는 의견을 피력하기도 하였다. 그는 "지각 작용이 생겨나는 근본 뿌리가 아직 확정되지 않았기 때문에 의학이 올바름을 얻지 못했다"면서, "뇌가 지각 작용을 주관한다는 주장은 오히려 인간의 신체가 하나의 틀을 이루고 있음을 알지 못하는 면이 있는 반면에 심이 지각 작용을 주관한다는 주장은 실제로 밝힐 만한 단서가 있다"고 하여 심주지각설心主知覺說을 우호적으로 평가하였다. 하지만 그는 자신이 말하는 심이 장부의 심이 아니라 신기神氣의 심이라는 것을 분명히 했고, 그 심을 중심重心의 심과 같다고

---

151) 『身機踐驗』, 권1, 「腦爲一身之主」, 23a, "生靈知覺之生, 記繹之能, 可驗于腦. 夫腦者, 人身神氣, 凝聚而成形質, 散佈腦氣筋於耳目口鼻諸觸, 收入在外神氣之聲色臭味諸觸, 至再至三, 知覺生. 喜怒哀樂感動深切者, 腦筋之吸引亦深, 漬染腦中, 終身不諼. 以其腦質精輭, 感通之氣易入, 聲色臭味諸觸, 隨所入淺深精麤, 各從九對中所司之筋, 而感透腦中, 記繹生焉."

부연하였다.[152]

  사실 최한기는 젊은 시절부터 심이 지각 작용의 주체라는 것을 부정하지 않았다. 다만 그가 상정한 심은 신기로서의 심이라는 점에서 전통적인 심과 차별화된다. 이와 관련해 그는 "옛날의 이른바 심체心體라는 것은 곧 신기이다"라고 명확히 했는데,[153] 이는 그가 전통적으로 정신 활동의 주체를 의미했던 심을 신기로 재해석해서 받아들였다는 것을 의미한다.[154] 이렇게 최한기는 신기로서의 심이 정신 작용의 주체라는

---

152) 『身機踐驗』, 「凡例」, 9b, "知覺運用, 所由生之本源未定, 醫學從此, 不得其正. 腦主知覺運用, 猶有成機之未達, 心主知覺運用, 實有可闇之端, 心非臟腑之心, 乃神氣之心, 如重心之心."

153) 『人政』, 권9, 「善惡虛實生於交接」, 2a, "古所謂心體, 卽神氣也."

154) 전통적인 기의 존재론에서는 본래 정신과 물질, 영혼과 육체가 질적으로 분리되지 않는다. 중국 고대인들이 본 우주는 그 자체 내에 물질세계와 정신세계가 다 같이 포괄되어 있어 양자가 한 덩어리로 혼연일체가 되어 있다. 이를 기의 연속성에 의한 존재의 연속성이라고 부를 수 있다. 반면에 유대교적인 전통은 말할 것도 없고, 오르페우스교적 사유를 그 저변에 깔고 있는 그리스적 전통에서도 영혼과 육체의 이분 의식이 명확하다. 이러한 이분 의식은 곧 영혼(정신)은 고귀한 것, 육체(물질)는 천박한 것이라는 의식으로 이어지는데, 인간의 육체를 영혼의 무덤 내지는 감옥으로 규정했던 플라톤에게서 그 전형을 발견할 수 있다. 현상세계와 이데아세계의 이분법은 바로 그러한 의식의 존재론적 투사였던 셈이다. 그리고 아리스토텔레스가 생명체를 식물, 동물, 인간으로 차등화해 이해했던 것이나 형상과 질료라는 범주로 존재를 설명했던 것, 다시 말해 존재를 순수 질료에서 순수 형상으로 발전해 가는 목적론적 과정으로 설명했던 것도 궁극적으로는 정신과 물질의 이분법에 근거한 것이다. 반면에 동양의 기론적 사고에서는 마음도 기라는 점에서 몸과 질적으로 구분되지 않는다. 예를 들어 주희는 마음을 기의 정수라고 하였다.(『朱子語類』, 권5, 「性理」 二, 4b, "心者, 氣之精爽."[節]) 결과적으로 인간의 몸은 마음을 가두고 있는 감옥이 아니라 마음이 자리하고 있는 집이며, 그렇기 때문에 몸이 없으면 마음이 있을 수 없다. 고대 중국인들이 몸을 얼마나 소중하게 여겼는지는 曾子의 일화에서 잘 드러난다. 증자는 병이 위중하자 제자들을 불러 다음과 같이 이야기하였다. "나의 발과 손을 보아라. 『시경』에 이르기를 '아주 조심조심하여 깊은 연못에 임한 듯이 하고 얇은 얼음을 밟는 듯이 하라'고 했으니, 이제야 나는 (이 몸을 손상시키지나 않을까 하는 근심을) 면한 것을 알겠다."(『論語』, 「泰伯」, "曾子有疾, 召門弟子曰, '啓予足, 啓予手. 詩云, 戰戰兢兢, 如臨深淵, 如履薄氷, 而今而後, 吾知免夫! 小子.'") 이에 대해 주희는 "증자는 평소에 '신체는 부모에게 받았으니, 감히 손상시킬 수 없다'고 여겼다. 그러므로 이때에 제자들에게 이불을 걷고 보게 한 것이다"라고 풀이하였다.(『論

견해를 『신기천험』에서도 확고하게 견지하였다. 인간의 신체는 각종 기관이 어우러져 하나의 틀을 이루고 있기 때문에 지각 작용을 뇌라는 단일한 기관의 기능으로 한정할 수 없다는 것이다. 다시 말해 인간의 정신 작용은 바로 신체의 전체적인 메커니즘 속에서 나오며, 그 메커니즘을 주관하는 것이 신기로서의 심이라는 것이다. 이때 뇌는 심의 하위 존재로서 인간의 신체를 구성하는 하나의 요소이다. 여기에서 유의해야 할 것은 최한기가 지각의 주체로 상정한 심은 '중심의 심과 같다'는 언급에서 알 수 있듯이 전통적인 의미에서의 심, 즉 한자리에 고정되어 있는 심이 아니라는 점이다.

전통적인 의미의 심은 일차적으로 장부의 심, 즉 심장을 가리킨다. 그리고 심장 안에 존재하면서 성性과 정情을 총괄하는 허령한 기가 주자학에서 말하는 심이고,155) 그 심이 지각 작용의 주체이다.156) 반면에 최

語集註』,「泰伯」, "曾子平日, 以爲身體受於父母, 不敢毁傷. 故於此, 使弟子開其衾而視之.") 부모로부터 받은 몸을 손상시켜서는 안 된다는 믿음은 기본적으로 효의 관점에서 이해해야 하지만, 더 근본적으로는 몸과 마음을 통일적 유기체로 파악하는, 결과적으로 몸을 중시하는 사고에 기반해 있다고 해야 할 것이다.

155) 주희는 정신 작용의 주체인 마음(심)의 신명이 심장 안에서 작용하는 것을 建陽의 현령이 항상 관청에 머물러야만 비로소 그 현을 관리할 수 있는 것과 같다고 하였다. 『朱子語類』, 권5,「性理」二, 7a, "問, 先生嘗言, 心不是這一塊. 某竊謂, 滿體皆心也, 此特其樞紐耳. 曰, 不然. 此非心也, 乃心之神明升降之舍. 人有病心者, 乃其含不寧也. 凡五臟皆然. 心豈無運用, 須常在驅殼之內? 譬如此建陽知縣, 須常在衙裏, 始管得這一縣也."(義剛)

156) 물론 그 심의 기에는 리가 내재해 있고 관점에 따라서는 심의 작용이 리의 주재 아래 이루어진다고 볼 수 있기 때문에 심의 작용을 단순히 기의 작용으로 치환할 수 없는 측면이 있다. 그럼에도 심의 실질적인 작용은 운동성을 지닌 기의 작용이라고 해야 할 것이다. 아무튼 중요한 것은 주자학에서는 마음의 기와 몸의 기가 질적으로 동일한 기임에도 불구하고 양자를 구분하는 것이 일반적이다. 이는 주희가 明德과 氣稟을 대립적으로 파악하는 것에서 확인되며,(『大學章句』, 經1章, "明德者, 人之所得乎天, 而虛靈不昧, 以具衆理, 而應萬事者也. 但爲氣稟所拘, 人欲所蔽, 則有時而昏. 然其本體之明, 則有未嘗息者. 故學者, 當因其所發, 而遂明之, 以復其初也.") 그 극단적인 형태가 이간의 未發心體純善論에서 발견된다. 그는 미발일 때 마음의 본체가 순선하다는

한기가 말하는 신기의 심은 한 물체의 무게중심이 고정되어 있지 않고 놓인 상황에 따라 부단히 이동하는 것처럼 인간의 몸 전체를 흘러 다니면서 갖가지 기관과 유기적인 관계를 통해 온갖 상황에 대처하는 주체이다.[157] 최한기는 인간의 몸은 신기의 주관 아래 몸의 각 부분이 유기적으로 연계되어 작동한다고 이해했던 것이다. 그의 관점에서 보자면, 한자리에 고정된 심은 뇌가 그러하듯이 신체를 구성하는 하나의 기관에 지나지 않는다.

요컨대 최한기는 인간의 신체를 두 가지 측면에서 이해하였다. 인간의 신체는 각종 기관이 어우러져 있으며 그 기관들은 일정한 메커니즘에 의해서 기계적으로 움직인다는 것이 그 첫째이다. 동시에 인간의 신체는 온몸을 운화하는 신기가 온갖 기관과 유기적인 관계를 유지하면서 작동하는 유기체이므로 그 작용을 단순히 기계적인 운동으로 환원할 수 없다는 것이 그 둘째이다. 이 가운데 첫째는 일종의 기계론적 신체관으로서 서양의 근대 의학과 신체관을 수용한 결과이며, 둘째는 전통적인 기론의 계승이자 그의 기학에 바탕을 둔 것으로 기화론적 신체관 내지 기운화론적 신체관이라고 할 수 있다.[158]

것을 입증하기 위해 몇 가지 논거를 제시했는데, 그 가운데 하나가 이른바 明德主宰說이다. 명덕이 주재하면 심장 안에 있던 혈기가 심장 밖으로 물러나 심장 안에는 순선한 기만 남게 되며, 바로 이 상태가 진정한 미발이라는 것이 그 요점이다.(『巍巖遺稿』, 권12, 「未發辨」, 26b, "明德本體, 則聖凡同得, 而血氣淸濁, 則聖凡異稟. 明德卽天君也, 血氣卽氣質也. 天君主宰, 則血氣退聽於百體, 而方寸虛明, 此大本所在, 而子思所謂未發也. 天君不宰, 則血氣用事於方寸, 而淸濁不齊, 此善惡所混, 而德昭所謂未發也.")

157) 예를 들어 그는 신기가 힘을 눈에 집중했을 때 간의 경락만이 홀로 응하는 것이 아니라 다른 장부도 함께 응한다고 주장하였다. 『神氣通』, 권1, 「神氣由臟腑而有異」, 29ab, "方其神氣之注力于目也, 豈獨肝經應之, 而其餘臟腑, 皆不應哉? 一身之氣, 輻湊於目, 則肝爲株, 而其餘臟腑爲枝葉, 以成視. 故視不可以兼聽."

158) 최한기가 인간의 신체가 기계적인 법칙에 따라 작동하는 기계와 유사하다고 여긴

3) 동서 의학에 대한 평가와 기학적 특성

『신기천험』은 최한기의 기학적 관점이 일관되게 관철되어 있긴 하지만 기본적으로 서양 의학을 소개한 책이다. 그가 『신기천험』을 통해 서양 의학을 소개했다는 것은 그만큼 서양 의학을 긍정적으로 이해했다는 의미이다. 반면에 그는 동양 의학의 장점에 대해서는 거의 언급하지 않았는데, "중국 의학을 서양의 치료법과 비교하면 온량溫凉·보사補瀉하는 데 그 땅에서 나는 재료가 있고 복용하는 탕제마다 연혁이 있다"159)는 정도가 긍정적인 언급이다.

최한기는 「중서의학」에서 중국 의학이 서양 의학에 비해 정밀하지 못한 원인 두 가지를 제시하였다. 첫째, 서양에서는 반드시 여러 번의 시험을 치른 후 의사가 되기 때문에 그 의술이 정교하지만, 중국의 의사는 공식적인 시험 없이 스스로 의사가 된다.160) 둘째, 서양에서는 나라에서 연고 없는 시신을 해부하여 학생들을 가르치도록 허락함으로써

것은 분명하며 이를 기계론적 신체관으로 개념화할 수 있다. 동시에 그 작동의 기저에 신기의 운화가 있기 때문에 신체의 작용 방식이 기계적인 메커니즘과 다르다는 것을 분명히 했다는 점에서 그의 신체관은 기계론적 신체관을 넘어 기화론적 신체관으로 규정해야 마땅하다. 그렇다고 해서 그가 기계론적 신체관을 완전히 폐기한 것이 아니며, 그의 기계론적 신체관과 기화론적 신체관이 반드시 대립되는 것도 아니다. 왜냐하면 그의 관점에서 보면, 신기의 운화를 축으로 이루어지는 인간 신체의 유기적인 작용은 그 내부에 기계의 작동 방식에 비견되는 일정한 질서를 포함하고 있기 때문이다. 이런 측면에서 최한기의 기계론적 신체관은 기화론적 신체관에 포섭되는 개념이라고 할 수 있다.

159) 『身機踐驗』, 「身機踐驗序」, 2a, "學中醫而較西治, 則溫凉補瀉, 自有土宜材料, 習用湯劑, 各循沿革."

160) 『身機踐驗』, 권3, 「中西醫學」, 1ab, "況中國醫學, 不如西國之崇獎, 其故有二. 西國醫士, 必須歷經考試, 取列有名, 方韂行世, 其貴如中國擧人進士之名. 其法略如中國考取文士之例, 所以習之者, 精益求精. 中國醫士, 人自爲之, 不經官考, 不加顯榮. 此不精之故一也."

장부와 혈맥에 대한 해부학적 지식이 풍부한 반면에, 중국의 의사는 해부학적 지식이 없으므로 어디에서 발병했는지를 알지 못한다.[161] 이처럼 최한기는 의사를 선발하는 자격시험이 없다는 제도적인 문제점과 인체 해부를 통한 직접적인 관찰을 용인하지 않는 교육문화의 문제점 때문에 중국 의학이 정밀하지 않다고 지적하였다.[162]

최한기가 중국 의학 자체에 대해 비판한 것 중에 두드러진 것은 음양오행론, 그중에서도 오행론에 대한 비판이다. 오행론은 음양론과 더불어 동양 의학의 신체관은 물론 병의 진단과 치료 및 처방에서 근간을 이루는 근본 이론이다. 그의 분석에 따르면, 중국 의학은 한 가지 병을 논하면 반드시 음양오행에 얽매여 한 가지 약을 쓸 때마다 반드시 성질·맛·색깔·냄새로써 오행의 상생과 상극에 분배하여 장부를 보사補瀉하는 자료로 삼고 또한 맥리脈理를 추상적으로 논하고 신무神巫를 망령되게 일삼는 문제가 있다. 기본적으로 중국 의학은 신체 각 부위의 기능을 모르기 때문에 신기의 운화를 논할 겨를이 없으며, 결과적으로 의학은 말단의 기술이 되고 의사는 천한 직업인이 되었다는 것이다.[163] 결국 동양 의학이 서양 의학에 비해 갖는 약점은 해부학의 미발달과 오행론

---

161) 『身機踐驗』, 권3, 「中西醫學」, 1b, "人身臟腑百體, 如鍾表輪機. 若不開拆看驗, 無以知其功用, 及致壞之由. 是以西國准試驗死者, 凡老人院, 瘋狂院, 聾啞等院, 遇有死者, 無收葬人, 許醫局剖割, 而敎生徒. 驗畢令作作, 殮葬如法. 故西醫皆明臟腑血脈之奧. 華人智醫, 無此一事, 雖數十年老醫, 不知臟腑何形, 遇奇驗不治之証, 終亦不明病源何在. 此不精之故二也."

162) 『신기천험』의 「중서의학」은 홉슨의 『서의약론』의 「중서의학론」에다 『서의약론』의 「의학총론」의 일부와 『내과신설』의 「病原及治法」의 앞부분을 덧붙인 것이다. 따라서 「중서의학」에 담긴 동서 의학에 대한 평가는 기본적으로 홉슨의 것을 차용한 것이다.

163) 『身機踐驗』, 권3, 「中西醫學」, 2ab, "中國醫書, 方論浩繁. 有一病而列方數十者, 有一方而藥品十餘味者, 有億兆病證, 妄列治法, 就論一病, 必浮動, 陰陽五行, 繼繞不休, 每用一藥, 必以性味色臭, 分配五行生克臟腑補瀉, 更或高談脈理, 妄事神巫. 至於部位功用, 茫然不知, 神氣運化, 何暇議到? 是以遺風弊俗, 視醫學爲末技, 待醫士如賤工."

으로 모아지는데, 다음의 인용문은 이것을 압축적으로 표현해 준다.

> 서양의 의사는 해부를 하여 자세히 살핌으로써 몸 전체의 경락과 부위
> 를 명확하게 관찰하였다. 부위가 분명하지 않으면 병의 원인이 분명하
> 지 않고 병의 원인이 분명하지 않으면 치료법도 또한 분명하지 않다.
> 부위가 분명해지면 병의 원인을 추론할 수 있고 병의 원인을 정확히
> 파악하면 치료법도 거의 방책을 얻는다. 이 법으로 중국의 의서를 비
> 교하면 부위에 대해 어두운 것이 많을 뿐만 아니라 오행이 혼미함을
> 보탠다.[164]

> 중국의 의서는 기화와 맥락에 어두워 오로지 방술의 견강부회만을 믿
> 는다.…… 그래서 인체의 부위 및 맥락과 점점 멀어지고 진단과 투약
> 이 모두 방술을 좇아 다섯 가지 맛의 약을 오행에 배속하고 장부를
> 오행에 배속하였다. 이로써 상생·상극의 설이 생겼고 효과 여부도 역
> 시 방술로써 자신한다. 이것이 의술이 천한 기술로 전락하게 된 원인
> 이다.[165]

한마디로 동양 의학은 해부학이 뒷받침되지 않아 신체의 부위와 경
락을 제대로 파악하지 못했으며 기화에 어두워 오행론과 같은 방술에
의존한다는 것이다. 동양 의학에 대한 이러한 평가는 그의 기계론적 신
체관 및 기화론적 신체관에 근거한 것으로 오행론을 방술로 폄하하는

---

164) 『身機踐驗』, 「身機踐驗序」, 2a, "西醫以剖劊詳稽之致, 明察全體經絡部位. 部位不明, 病源不
明, 病源不明, 治法亦不明. 部位旣明, 病源可推, 病源的覩, 治法庶得其方. 擧此法, 較中國醫
書, 部位多罔昧, 五行添昏迷."

165) 『身機踐驗』, 「凡例」, 3b, "華夏醫書, 旣昧氣化脈絡, 惟恃方術傅會.……自與人身部位脈絡,
漸致隔遠, 執證施藥, 皆從方術, 以藥五味, 附于五行, 又以臟腑, 配之五行, 於是有相生相克之
說, 畢竟得效與否, 亦以方術自信, 此所以醫術爲賤技."

것은 동양 의학에 대한 불신이 그만큼 컸다는 방증이다.

최한기는 또한 동양 의학의 기본적인 진단 방법인 진맥과 그것의 이론적 근거인 맥론을 비판하였다. 그의 분석에 따르면 "중국의 의서들은 손목의 맥을 촌맥·관맥·척맥으로 구분하여 각각의 장부에 배당시키고는 세 손가락을 가지런히 갖다 대어 마침내 맥의 빈도(數)와 모양·맥의 거칠고 부드러운 정도(脈理)를 구분한다." 하지만 그는 "맥은 혈액에서 형성되고 혈액은 심장에서 발원하여 온몸의 동맥관 속으로 관통해서 흐르므로 심장이 한 번 뛰면 곧 맥도 한 번 뛸 뿐이다"라고 반박하였다. 맥은 심장 박동과 관련이 있을 뿐이지 오장육부와 필연적인 대응 관계가 없다는 뜻으로 이는 맥으로 병증을 진단하는 맥론의 허구성을 비판한 것이다.[166] 그는 또 진맥에 대해서 "대체로 진맥이라고 하는 것은 맥의 부浮·침沈·지遲·삭數을 구별하여 한열과 허실을 구별하는 데 지나지 않을 뿐"이라면서, "용렬한 의사는 진맥을 함에 망녕되게 망진望診·문진聞診·문진問診·절진切診의 공부 없이 맥으로 병증을 정확하게 알 수 있다고 여기니, 구습의 병폐로서 오로지 깨닫지 못한 탓이다"라고 비판하였다.[167]

한편 기계론적 신체관에서 보자면 해부학에 근거하고 있는 서양 의학은 별 문제가 될 것이 없다. 하지만 최한기는 중국과 마찬가지로 서양도 신기의 운화를 제대로 알지 못했다고 지적하였다.[168] 동서 의학에

---

166) 『身機踐驗』, 권2, 「血脈運行論」, 17a, "中國醫書, 腕脈分寸關尺, 以屬臟腑部位, 三指齊下, 竟作數樣脈理, 詎知脈形於血, 血源於心, 週身脈管, 流行貫通,(心經一跳, 卽脈一至) 並無有專屬一經之理."

167) 『身機踐驗』, 권2, 「血脈運行論」, 17ab, "凡切脈一道, 不過辨其浮沈遲數, 以定寒熱虛實而已. 若庸醫胗脈, 絶無望聞問切工夫, 妄謂據脈定症, 沿襲之弊, 惟在尙未覺悟耳."

제4장 서양 과학기술의 수용과 기학적 변용   267

대한 이러한 평가는 그의 기화론적 신체관, 나아가 기학적 세계관에 근거한 것이다.

> 서양 의서는 주재자가 만물을 창조한다는 뜻을 답습하여 인체에서 뇌수의 지각 작용과 혈맥의 순환을 매번 주재자의 신묘한 공덕으로 설명하는데, 천박한 것은 고사하고 도리어 신기의 형질과 운화의 맥락을 밝히는 데 해가 된다. 마땅히 경계해야 한다.[169)]

기학적 세계관에서 보았을 때 서양 의학의 가장 커다란 문제점은 인간의 신체를 설명하면서 신의 존재를 상정했다는 것이다. 최한기의 관점에서 보면, 기독교에서 상정한 신의 존재는 실제로 존재하지 않는 허구적인 존재일 뿐이다. 본래 존재하지 않는 것임에도 무형의 신이 존재한다고 상정한 후, 그것에다 만물을 창조하는 권능은 물론 만물의 작용, 심지어 인간의 신체를 주재하는 기능을 부여했다는 것이다. 이러한 판단에 따라 최한기는 조물(造物)·주재라는 신의 권능을 기화, 즉 기의 작용으로 대체하였다. 다시 말해 인간의 정신적인 작용은 뇌 안에 있는 영혼의 작용에 의해서 이루어지는 것이 아니라 신기의 운화가 뇌를 비롯한 인간 신체 전체와 어우러져 유기적으로 연출해 내는 현상이라는 것이다. 결과적으로 최한기는 헤아리기 어려운 무형의 조물·주재로 인간의 신체 작용과 정신 작용을 설명하는 기독교적 영혼관과 이와 결합

---

168) 『身機踐驗』, 「身機踐驗序」, 2a, "至於神氣運化, 因種脈而成形質, 疾病作息, 亦因神氣運化而轉移, 是則中西醫書, 俱未能特輩發明."

169) 『身機踐驗』, 「凡例」, 4a, "西洋醫書, 沿襲主宰造萬物之意, 人身腦髓靈覺, 血脈週行, 每稱主宰神妙功德, 卑屑姑捨, 反有害於氣神形質運化脈絡之究明, 是則當懲矣."

된 기계론적 신체관에서 벗어날 수 있었다.

최한기는 동서 의학에 대한 이러한 평가를 바탕으로 동서 의학의 융합을 조심스럽게 모색하였다. 앞에서도 거론한 것처럼 최한기는 기독교의 잘못된 교의를 깎아 내고 일마다 기화를 이어받았다는 것을 밝힘과 아울러 내·외과의 치료를 합하고 중국과 우리나라 땅의 재료를 보태서 『신기천험』을 편수하였다.170) 결과적으로 그는 이 책을 동양인이 읽으면 전해오는 방술의 건강부회가 무익할 뿐만 아니라 오히려 해가 된다는 것을 알게 되고, 서양인이 읽으면 신기의 형질과 운화의 맥락이 만물만사의 원류가 된다는 것을 깨닫게 된다고 여겼다.171) 최한기는 『신기천험』이 동양 의학과 서양 의학에 다 보탬이 된다고 확신했던 것이다.

최한기의 의학서에 나타나는 기학적 특성을 정리해 보면 다음과 같다.

첫째, 인간의 몸을 기계의 작동 기제에 빗대어 이해하는 기계론적 신체관이다. 인간의 몸도 기계와 마찬가지로 신체의 각 부위들이 하나의 틀을 이루고 필연적인 법칙에 따라 작동한다는 것인데, 서양의 기계론적 신체관에 영향을 받은 것이다.

둘째, 인간의 몸을 신기의 운화라는 관점에서 이해하는 기화론적 신체관을 들 수 있다. 기화론적 신체관은 기계론적 신체관과 상충되는 것처럼 보이기도 하지만, 인체의 필연적인 기제가 신기의 운화에 의해서 가능하다는 것을 감안하면 기계론적 신체관을 포괄하는 개념으로 이해

---

170) 『身機踐驗』,「凡例」, 4b, "爰感其志, 刪西敎之襲謬, 明氣化之隨事承順, 合內外科之施治, 附華東之土宜材料, 編次是書, 一避掠美, 一裨互通."
171) 『身機踐驗』,「凡例」, 4b, "是書, 以中西補益言之. 華人讀之, 有得知流來方術傳會, 非徒無益, 反有收害.……西人讀之, 憬悟神氣形質運化脈絡, 爲萬物萬事之源流."

해야 할 것이다. 이것은 우주론의 영역에서 천체의 필연적인 운행을 기의 운화로 설명한 것과 유사하다.

셋째, 해부학에 대한 적극적인 옹호이다. 이것은 경험을 인식의 출발로 보는 경험주의적 인식론과 증험을 진리의 기준으로 삼는 경험주의적 진리관이 투영된 것으로 그의 기계론적 신체관과 맞물려 있다.

넷째, 오행론을 이론적 토대로 삼고 있는 동양의 전통 의학에 대한 부정적 인식이다. 증험의 절차 없이 모든 존재를 오행에 귀속시키는 것은 그의 경험주의적 인식론에 어긋나는데, 의학의 영역에서도 예외가 아니다.

다섯째, 뇌를 정신 작용의 주체 내지 장소로 자리매김하였다. 뇌의 작용에 대한 분명한 인식은 이성적 인간관이 도출될 수 있는 계기로 작용할 수 있다는 의미가 있다. 하지만 여기에서도 신기의 개념이 여전히 존속되고 있을 만큼 그의 기학적 인간관은 견고하였다.

최한기는 서양의 근대 과학적 성과들이 유입되는 상황 속에서 그것들을 적극적으로 수용하고자 했고, 더 나아가 과학적 성과의 수용에 걸맞은 철학체계를 구성하고자 하였다. 그 결과 그는 기를 핵심 범주로 하는 기의 존재론과 경험을 지식의 기원으로 상정한 경험주의 인식론을 포괄하는 철학체계, 즉 기학을 만들어 냈다. 그는 서양 의학의 기계론적 신체관과 이에 기초한 해부학적 지식을 적극적으로 받아들이면서도, 기의 활동운화로 이 세계를 설명하는 기학적 틀을 한시도 놓치지 않았다. 한마디로 최한기는 서양 의학과 그 기저에 있는 기계론적 신체관을 기학이라는 틀로 수용했으며, 동시에 그와 같은 서양 의학의 수용은 그의 기학을 더욱 풍부하게 하는 요소로 작용했다고 정리할 수 있다.

3. 선진 기계의 수용과 기화론적 기계 이해

1) 관개를 비롯한 노동을 위한 기계

최한기의 저술 가운데 과학기술에 관한 것으로는 『농정회요』(23권 10 책), 『육해법』(2권 1책), 『의상리수』(제3권 1책만 남아 있음), 『심기도설』(1책), 『습산진벌』(5권 2책), 『운화측험』(2권 1책), 『신기천험』(9권 6책), 『성기운화』(12권 2책) 등이 있다. 과학기술 관련 저술이 8종에 50권이 넘을 만큼 과학기술에 대한 최한기의 관심은 매우 컸다. 게다가 세계지리서인 『지구전요』(13권 7책)[172]와 소실된 『우주책』(12권 6책)을 포함할 경우 최한기의 저술에서 넓은 의미의 과학기술을 대상으로 한 저술의 비중은 더욱 커진다. 더욱이 『기학』은 물론 『신기통』·『추측록』·『인정』 등 순수철학 내지 사회정치사상에 관한 책에도 과학기술과 관련된 내용이 상당수 포함되어 있음을 감안하면 과학기술에 대한 최한기의 관심사가 얼마나 컸는지 짐작할 수 있다.

최한기의 저술에는 기계에 대한 언급이 곳곳에 나오지만, 특히 기계를 집중적으로 거론한 책으로는 『농정회요』·『육해법』·『심기도설』이 있다. 『심기도설』의 서문에 "농기구는 이미 『농정회요』에 채록했다"[173]고 한 것으로 보아 『농정회요』에는 본래 농기구에 대한 상세한 소개가 있었던 것으로 보인다. 다만 현재의 『농정회요』[174]에는 그 내용이 보이

---

172) 특히 권1은 주로 우주설에 관한 내용이다.
173) 『心器圖說』(『明南樓全集』 3), 「心器圖序」, 499쪽, "諸器圖說浩汗, 不可殫載. 農器已採于農政會要. 挈水之庸常者, 詳載于陸海法."

지 않는데, 그 이유는 현재 결본인『농정회요』권1이나 권2에 수록되어 있었기 때문이다.[175] 그가 32세 때인 1834년에 쓴『육해법』은 물을 대는 데 늘 사용하는 기계들을 소개한 책이며,[176] 1842년의『심기도설』은 테렌츠(J. Terrenz, 鄧玉函)의『기기도설奇器圖說』[177] 등을 바탕으로 일상에서 사용되는 여러 기기들의 구조와 작동 원리를 소개한 책이다.[178] 이 책들을 쓰면서 그가 기대한 것은 노동력의 절감인데, 이에 대해 그는 기계를 제작하여 사용하면 힘을 덜 써도 그 효과가 배가 되는 경우도 있고 아예 힘을 쓰지 않더라도 일이 이루어지는 경우도 있다고 하였다.[179]

사실 최한기 이전에도 이미 여러 실학자들이 서양과 중국의 선진 농업기술과 농기구에 깊은 관심을 보였다. 농기구만 하더라도 이익은 "이로움은 물을 잘 이용하는 것보다 큰 것이 없으며, 물을 끌어올리는 효과적인 작업은 수차水車에 달렸다"고 하면서 "용미차龍尾車와 같은 양

---

174) 『농정회요』는 모두 23권 10책으로 되어 있으나 이 가운데 1책(권1·권2)이 결본이다.
175) 김용섭은 현재의『농정회요』에는 그 저본인『수시통고』의 항목마다 삽입된 農器圖가 생략되었다면서, "'농기를『농정회요』에 이미 채록했다' 하였으므로 모든 농기를 종합해서 '勸課門' 다음에 '農器門'으로서 수록했던 것이 아닐까 생각된다"고 추론하였다.(김용섭,『조선후기농학사연구』, 일조각, 1988, 434쪽) 최근에 발굴된『소모』에 들어 있는『농정회요』권1의 몇 조목을 보면, 김용섭의 추론이 틀리지 않았다는 것을 확인할 수 있다.『농정회요』의 「범례」에 "조목마다 흩어져 있는 器用의 도상이 실제로 두루 통하지 않는다는 문제가 있으므로 그것들을 합쳐서 도설의 권으로 만들어 제작자들이 비교하고 참고하기에 편리하도록 했다"고 되어 있다.『農政會要』(『增補明南樓叢書』 2), 3쪽, "諸條各有器用圖像, ……則散附各條, 實未周通. 今合爲圖說卷, 使依倣制作者, 比類參酌, 得盡便利."
176) 『心器圖說』, 「心器圖序」, 499쪽, "挈水之庸常者, 詳載于陸海法."
177) 『기기도설』은 테렌츠가 구술하고 王徵이 기록하여 1627년에 간행한 책이다. 이 책은 물리학 중에서도 특히 역학의 원리와 그 응용방법을 상세하게 그림으로 그리고 설명한 기술서이다. 강재언,『조선의 서학사』, 170쪽.
178) 『心器圖說』, 「心器圖序」, 499쪽, "今所集錄, 儘是日用中雜器."
179) 『心器圖說』, 「心器圖序」, 499쪽, "日用常行之中, 自有倍其功而省人力者, 又有不用力而全其功者, 簡拔於諸書, 名以心器圖."

수기는 서양에서 나온 것으로 그 유익함이 매우 큰데 우리나라에서는 아직 이것을 모른다"고 안타까워하였다.[180] 그의 안타까움 이면에는 "쓸모없는 물건을 유용하게 쓸 수 있게 한다면 백성이 굶주리고 추위에 떨 염려가 없다"는 생각이 있었다.[181] 안정복도 "물을 잘 이용하려고 한다면 수차보다 좋은 것이 없고 수차의 제작은 『태서수법泰西水法』보다 좋은 것이 없다"면서, "그 방법이 간단하고 실행하기 쉬우므로 마땅히 재능이 있는 사람으로 하여금 강구하여 실행하도록 해야 한다"고 주장하였다.[182]

박지원은 『과농소초』의 「농기」에서 뇌사耒耜·리犁·우耰 등 29종의 농기구를 소개했는데,[183] 그것은 농기구의 개량을 통해서 농업 노동력을 절약하고 그 경영을 합리화하려는 의도에서였다.[184] 그는 또 『열하일기』에서 용미차龍尾車·용골차龍骨車·항승차恒升車·옥형차玉衡車 등과 같은 관개를 위한 기계들을 소개하였다.[185] 한편 박제가는 『북학의』에서 중국은 "밭과 소와 사람과 도구의 도수가 서로 맞아떨어지고 또 심는 방법이 지극히 균일하여 겹치거나 비뚤어지지 않는다"면서, 선진적인 농업기술을 수용하자고 역설하였다.[186] 그는 또 거름을 만드는 법,

---

180) 『星湖僿說』, 권2, 「天地門」, '水利', 28ab, "利莫大於水利, 生民之命懸於衣食, 衣食繫乎水旱, ……挈水之功, 在乎水車, 如龍尾之制, 出自西洋, 其利博大, 我邦未之知也."

181) 『星湖僿說』, 권2, 「天地門」, '水利', 28b, "苟使無用之物歸之有用, 斯民豈有饑寒之患狀?'

182) 『與猶堂全書』 제5집, 『牧民心書』, 권7, 「戶典」, '勸農', 9a, "安順菴云, 欲興水利, 莫善於水車, 之制, 莫善於泰西水法. 其法簡而易行, 當令有巧識者, 講求而行之. 若水道低而田野高, 則置車于水口, 量定民戶, 使之運澂."

183) 『燕巖集』, 권16, 『課農小抄』, 46a~59b.

184) 김용섭, 『조선후기농학사연구』, 311쪽.

185) 『燕巖集』, 권12, 『熱河日記』, 「馹汛隨筆」, '車制', 5b~10a.

186) 『北學議』 外編, 「田」, 419쪽, "田也牛也人也器也, 尺寸相應, 又種法至均, 不疊不斜, 長則俱長, 短則俱短, 絶無參差."

뽕나무를 재배하는 법, 누에를 치는 법과 같은 농업기술은 물론 일종의 양수기인 길고桔槹·옥형玉衡·용미龍尾·통차筒車를 비롯해 수많은 농기계들을 소개하였다. 박제가가 농기계의 수용을 적극 주장한 것은 "이 10여 가지의 도구들을 한 사람이 사용하면 이로움이 열 배이고 온 나라에서 사용하면 이로움이 백배가 될 것"이라고 한 데서 확인되듯이 기계의 효용성에 대한 확신이 있었기 때문이다.[187] 그리고 그는 중국의 서광계徐光啓가 쓴 『농정전서農政全書』의 도식을 잘 보고 농기계를 골라 쓸 것을 권장하기도 하였다.[188]

서유구는 『임원십육지林園十六志』에서 중국과 서양의 농업기술을 소개하면서 땅을 갈고 고르는 기계, 수확하는 기계, 다듬는 기계 등 농기계를 상세히 소개했는데, 그가 주로 참고한 서적은 『기기도설』·『제기도설諸器圖說』·『태서수법』 등이었다.[189] 정약용은 "서광계의 『농정전서』의 「농기도보農器圖譜」에 열거된 농기구들이 모두 질박해서 제작하기 쉬운데도 우리나라 사람들이 강구하여 시행하지 않는다"면서, "수령들은 마땅히 그 「도보」를 살펴 기구를 제작하여 백성들이 사용하도록 해야 하며, 또 가래·호미·낫 등은 모양이 우리 것과 아주 다르므로 당연히 편리한지의 여부를 시험하여 구습을 버리고 선진 기술로 나아가야 한다"고 주장하였다.[190]

---

187) 『北學議』外編, 「農蠶總論」, 421쪽, "凡此十數者, 一人用之, 其利十倍, 通國用之, 其利百倍, 行之十年, 利不可勝用矣."
188) 『北學議』(進疏本), 「農器」, 446쪽, "農器, 當考徐光啓農政全書圖式, 擇用之."
189) 『林園十六志』, 「本利志」, 권12～권13. 권오영, 「혜강 최한기의 학문과 사상 연구」, 312쪽 참조.
190) 『與猶堂全書』 제5집, 『牧民心書』, 권7, 「戶典」, '勸農', 9a, "酉山筆談云, 徐玄扈農器圖譜, 所列農器, 皆質朴易造, 別無機牙刻鏤之巧, 而吾東之人, 猶不講行. 如人字杷·碌碡·礰礋·

조선 후기의 실학자들이 농업기술과 농기계에 많은 관심을 보인 것은 실용적인 학문관이 농업에 투사된 결과로서 농업을 기반으로 한 사회였던 만큼 지극히 자연스러운 일이다. 최한기가 농기계에 관심을 가졌던 것도 같은 맥락에서 이해할 수 있다. 그는 우리나라의 8도에 있는 보洑 · 언堰 · 파陂 · 방防은 대개 잘 관리되고 있으나 간혹 수척의 높이를 상실하고 도랑(溝洫)의 편리함도 누리지 못한 채 단지 용두龍斗와 호두戽斗만을 사용하는 경우가 있으며, 그 결과 노동의 효율성이 떨어져 힘들게 일해도 그 이익을 얻지 못한다고 파악하였다. 최한기가 『육해법』에서 물을 대는 기계를 소개한 것은 바로 이와 같은 문제를 해결하기 위해서였다.[191] 노동의 능률을 증진시킬 수 있는 기계, 특히 물을 농지에 효율적으로 끌어들이는 기계를 소개한 책이 『육해법』이다. 그는 이 책에서 관개의 중요성을 다음과 같이 정리하였다.

> 천하의 일에는 농업보다 큰 것이 없고 농업은 관개보다 앞서는 것이 없다. 관개는 오직 물을 끌어들이는 것을 다하는 데 있다. 물을 끌어들이는 방법은 모름지기 물의 성질로 인하여 그 이익을 얻어야 한다.[192]

이 인용문에 이어 최한기는 물이 담긴 그릇에 따라 변화하는 성질을

瓠種 · 耬車 · 砘車 · 秧馬 · 長鑱 · 愨刀 · 颺扇之類, 制皆至易, 用則至要, 牧宜按圖作器, 以授民用. 又如枕錥, 鋤鎌之等, 其形狀多與我絶殊, 宜亦試其便否, 去俗以就華也."

191) 『陸海法』(『明南樓全集』 3), 「陸海法序」, 2ab, "我東邦八域之內, 洑堰陂防, 雖多修保, 然或失於數尺之高, 而未開溝洫之利, 只用龍斗戽斗, 力多而功少, 雖丁壯疲勞於一畝之田, 未見其利. 今特多力搜摘簡拔挈水之器, 旣述舊而次列復隨宜而增解, 名之曰陸海法. 使灌漑之鈠益廣, 庶有資於農業云."

192) 『陸海法』, 「陸海法序」, 1a, "天下事莫大於農業, 農業莫先於灌漑. 灌漑惟盡於挈水, 擊水之道, 須因水勢, 乃得其利."

이용하여 물을 끌어들이는 방법을 제시하였다. 통조筒槽를 연결하여 물의 교량으로 삼고, 책방柵防을 쌓아 물의 용도甬道로 삼고, 갑閘으로써 호유戶牖로 삼고, 피陂로써 장원墻垣으로 삼는다는 것이 그것이다. 최한기에 의하면 이것들은 모두 물이 아래로 흐르는 자연적인 성질을 이용하여 물을 인도하는 것으로 보통 사람이 쉽게 알고 쉽게 시행하는 것이다.[193] 문제는 물보다 높은 곳에 있는 땅에 물을 대야 하는 경우이다. 물을 끌어올리기 위해서는 물의 자연적 성질에만 의존해서는 안 되기 때문이다. 이에 대해 그는 "만약 땅이 높고 물이 아래에 있다면 반드시 기계를 설치해서 물을 끌어올려야 한다"면서[194] 물을 끌어올릴 수 있는 다섯 가지 방법과 그 방법을 이용해 개발한 양수기 13종을 소개하였다.[195] 이 기계들은 서광계의 『농정전서』, 우르시스(Sabbathino de Ursis, 熊三拔)의 『태서수법』, 왕징王徵의 『제기도설』에서 발췌한 것이다.[196]

최한기의 『심기도설』에는 이 이외에 기중起重 11도圖, 인중引重 4도, 전중轉重 2도, 취수取水 9도 등 50개가 넘는 기계의 그림이 수록되어 있다. 이 가운데 51개가 테렌츠의 『기기도설』에서 인용되었으며, 2개가 왕징王徵의 『제기도설』에서, 3개가 악이태鄂爾泰・장정옥張廷玉 등의 『수시통고授時通考』에서 인용되었다.[197] 한편 『심기도설』에서 특이한 것은 최한기

---

193) 『陸海法』, 「陸海法序」, 1ab.

194) 『陸海法』, 「陸海法序」, 1b~2a, "若田高而水下, 必須設器械而挈之, 豈非智巧者所能得耶? 蓋水之性避高, 而今欲誘之使升, 其術有五."

195) 최한기가 제시한 다섯 가지 방법은 刮・驪・吸・汲・螺轉이며, 그가 소개한 양수기는 人踏轆車・水轉轆車・筒車・高轉筒車・驪轉筒車・刮車・桔橰・轆轤・龍尾車・玉衡車・恒升車・鶴飮・虹吸 등 13종이다. 『陸海法』, 「陸海法序」, 2a.

196) 『陸海法』, 「陸海法序」, 2a.

197) 『心器圖說』에 소개된 내용의 출처는 「심기도서」에서 최한기가 스스로 밝히고 있다. 『心器圖說』, 「心器圖序」, 499~500쪽.

자신이 창작한 기계가 소개되어 있다는 점인데,『심기도설』의 맨 마지막에 수록된「신제형착도新製衡搾圖」및 이에 대한 설說이 그것이다.198)

이상으로 볼 때 최한기가 소개한 기계는 스스로 고안하여 그린「형착도」를 제외하면, 모두『농정전서』·『태서수법』·『기기도설』·『제기도설』·『수시통고』등에서 발췌한 것으로 주로 중국에 전래된 서양 과학기술의 산물이었다. 하지만 최한기가 그 기계들을 그저 베끼기에만 급급했던 것은 아니다. 그는『심기도설』에서 경우에 따라 안按이라고 하여 자신의 견해를 첨부했으며, 그 책의 서문에서도 편집과 관련해 자신의 견해를 간명하게 밝혔다. 기중起重 11도와 인중引重 4도는 취할 만한 것이 없지만 보존하여 생각할 단서로 삼는다고 한 것이나199)『기기도설』의 전마轉磨 제14도와 제15도는 취할 만한 것이 없어서 삭제한다고 한 것200)이 그 예이다. 최한기가 수많은 기계를 소개하기에 앞서 그것들의 효용을 세밀하게 검토했다는 것을 알 수 있다.

『심기도설』에서 또 한 가지 주목할 만한 것은 박지원의『열하일기』가 인용되었다는 점이다. 최한기는『수시통고』의 면라도설麵羅圖說을 채록하면서『열하일기』의 내용을 덧붙였다.201) 이는 최한기와 박지원 사이의 관련성을 보여 주는 대목이라는 점에서 의미가 있다. 한편 최한기가 청나라의 대표적인 관찬 농서『수시통고』202)를 저본으로『농정회요』

---

198)『心器圖說』,「心器圖序」, 500쪽, "尾附新製衡搾圖, 卽余一得也." 이에 대한 도와 설은 『心器圖說』, 582~583쪽에 수록되어 있다.
199)『心器圖說』,「心器圖序」, 499쪽, "起重十一, 引重四, 須無可取, 姑存以寓起意之端."
200)『心器圖說』,「心器圖序」, 500쪽, "轉磨第十四第十五, 無可取刪之."
201)『心器圖說』, 576~577쪽, "按熱河日記, 篩麪之法, 密室中置三輪搖車, 其輪前兩而後一. 車上立四柱, 危置兩層大篩, 可容數石. 上篩注麪, 下篩空置, 以承上篩, 更繹細粉.……" 여기에서 인용된 것은『熱河日記』(『燕巖集』, 권12),「馹迅隨筆」, '車制', 8b~9a에 나온다.

를 편찬하면서도 항목마다 간단하게나마 조선 농서의 내용을 부기한 것도 눈길을 끈다.[202] 이때 최한기가 주로 인용한 책이 유중림의 『증보산림경제增補山林經濟』(1766)이고 간혹 서명응의 『고사신서攷事新書』가 활용되기도 하였다.[204] 이 역시 조선 후기 학문의 연속성이라는 측면에서 의미가 있다.[205] 최한기의 기학이 형성되는 데는 서학의 영향이 컸던 것이 사실이지만, 면면히 이어진 조선 학계의 지적 전통이 그 토대가 되었다는 점도 간과해서는 안 될 것이다.

---

202) 김용섭은 최한기가 『농정회요』를 편찬하면서 서광계의 『농정전서』가 아니라 『수시통고』를 저본으로 삼은 이유를 그 책이 지닌 3가지 특성에서 찾았다. 첫째, 『수시통고』는 『농정전서』를 비롯한 종래의 여러 농서와 그 농법을 새롭게 잘 정리하였다. 둘째, 『농정전서』가 농사·농정의 기본을 養民에 두었기 때문에 전제, 특히 井田考를 중시한 반면에 『수시통고』는 '敬授人時 農事之本'이라고 하여 授時를 농사의 기본으로 삼았는데, 이는 『수시통고』가 국가 차원에서의 생산의 계획적 운영을 농정의 기본으로 삼았다는 의미이다. 셋째, 『농정전서』에 비해 『수시통고』는 농민들이 잘 이용할 수 있는 치용 위주의 농서가 되도록 편찬되었다. 요컨대 『수시통고』는 청 왕조의 한족 지배와 지배층 입장에서의 농업 생산을 전제로 한 것이지만, 그런 가운데서 실용적이고 현실적일 수 있도록 편찬된 농서인 셈이다. 『수시통고』의 특성이 勸農과 실용성에 있다는 의미인데, 이와 같은 특성이 최한기의 農政觀과 학문관, 즉 수시를 통한 권농을 중시하는 농정관 및 실용을 중시하는 학문관과 잘 맞아떨어졌다는 것이 김용섭의 분석이다. 김용섭, 『조선후기농학사연구』, 435~438쪽.

203) 김용섭에 의하면, 최한기의 『농정회요』는 거의 같은 시기에 이루어진 서유구(1764~1845)의 『임원경제지』나 이지연(1777~1841)의 『농정요지』와 편찬 방법이 달랐다. 서유구와 이지연은 주로 조선 농서를 참고하고 중국 농서의 경우 실용화를 전제로 그 기술을 도입한 반면에 최한기는 조선 농서를 지극히 제한적으로만 활용하였다. 최한기가 『농정회요』에서 조선 농서를 활용한 방법은 『수시통고』를 인용한 다음 그 편의 말미에 부기하는 방식이었다. 김용섭, 『조선후기농학사연구』, 433~435쪽.

204) 그 이외에 「本朝田賦考」는 주로 서영보 등의 『만기요람』을 옮긴 것이다. 김용섭, 『조선후기농학사연구』, 435쪽.

205) 권오영은 "최한기의 일용 기계에 대한 인식은 그 앞 시기 실학자들의 과학기술에 대한 이해의 연장선상에서 살펴볼 필요가 있을 것 같다"면서, 박지원·정약용·서유구를 예로 들었다. 권오영, 『최한기의 학문과 사상 연구』, 349~352쪽.

2) 기를 증험하는 도구로서의 기계

최한기는 선진적인 기구 내지 기계가 노동력을 절감하고, 결과적으로 생산성을 증진시킨다고 여겼으며, 이에 따라 서구에서 개발된 다양한 기계를 적극적으로 소개하였다. 기계의 도입으로 인한 노동의 효율성을 재고하고 생산성을 향상시키겠다는 생각은 실용주의적인 학문관이 투영된 결과로서 조선 후기의 실학자들이 공유한 생각이었다. 그러나 기계를 바라보는 관점이라는 측면에서 최한기에게 유독 두드러진 특징이 있다. 여러 기기를 기의 존재를 입증하는 도구로 이해한 것이 그것이다.

기의 존재를 입증할 수 있는 도구라는 관점은 최한기의 거의 모든 저술에서 드러나고 있으나 특히 두드러진 것이 『운화측험』이다. 최한기는 1857년에 기학의 문제의식과 기학의 철학적 내용을 체계적으로 기술한 『기학』을 썼으며, 3년 후인 1860년에는 기학의 자연학적 내용을 담은 『운화측험』을 썼다. 『기학』이 기학의 철학적 저작이라면 『운화측험』은 기학을 밑받침하는 자연학 내지 자연과학 서적이라고 할 수 있다. 이 책의 54개 항목 가운데 28개 항목이 바뇨니(Alponse Vagnoni, 高一志)의 『공제격치空際格致』에 있는 내용이다. 대략 『운화측험』의 절반 정도가 『공제격치』의 것을 옮겨 온 셈인데, 주로 혜성·우레·번개·무지개·바람·안개·눈·얼음·온천·지진 등과 같이 자연현상을 설명한 항목들이다.

이 두 책은 절반 정도가 일치함에도 불구하고 결정적으로 다른 점이 있다. 『공제격치』는 기본적으로 아리스토텔레스의 4원소설과 이에 기반을 둔 자연학적 지식으로 채워져 있다는 특징이 있다. 구성의 측면에서도 『공제격치』는 상권에서 화火·기氣·수水·토土 4원소가 이 세계를 구성하는 근본 물질임을 먼저 논한 후 4원소설에 기초한 지구설을 소개하고 있으며,[206] 자연현상을 기술한 하권도 4원소인 화·기·수·토 네 영역으로 나누어져 있다. 사실 『공제격치』는 동양의 전통적인 기론에서 근본 존재로 상정해 왔던 기를 4원소 가운데 하나로 상대화함은 물론 역시 기론의 하위 이론인 오행설의 오류를 드러냄으로써 기론의 토대 위에 구성된 주자학의 리기론을 무력화하려는 의도가 있었다.

반면에 최한기는 『공제격치』의 내용을 『운화측험』에 상당 부분 인용하면서도 그 내용의 기초가 되는 4원소설을 배재하고, 그 대신 자신의 기학적 관점을 도입하였다. 그 결과 『운화측험』의 권1은 주로 기가 존재의 근본이라는 것을 논증하거나 기의 특성을 논한 글로 채워져 있다. 구체적인 자연현상을 기술한 권2는 『공제격치』에 크게 의존한 것이 사실이지만, 역시 기학적 관점이 일관되게 관철되었다는 점에서 권1의 연장이다. 결과적으로 『운화측험』은 『공제격치』의 형이상학, 즉 4원소설이 배제된 것은 물론 자연학적 지식도 기학적 관점으로 재해석되어 수록되었다는 특징이 있다. 이는 최한기가 『운화측험』의 의도에 말려들지 않고, 오히려 그 책을 기학이라는 자신의 철학체계를 견고히 하는 데 적극적으로 활용했다는 것을 의미한다.

앞에서도 언급한 것처럼 최한기가 『운화측험』(1860)을 쓴 것은 『기학』(1857)을 쓴 지 3년이 지나서였다. 최한기가 이미 『기학』에서 기학을 체계화한 이후에 이를 토대로 『운화측험』을 썼다는 뜻이다. 실제로 『운화

---

206) 그 대체적인 내용은 지구가 우주의 중심에 정지해 있고 그 형태는 둥글며, 안쪽에서 부터 차례로 흙(土)·물(水)·공기(氣)·불(火)의 층으로 이루어져 있다는 것 등이다.

측험』은 권1에서 기가 우주자연의 근본임을 재확인하고 기의 기본적인 특성을 논했으며, 이어서 권2에서 구체적인 자연현상을 기의 작용으로 설명하였다. 결국『운화측험』의 자연학도 그의 기학이라는 학문체계의 한 부분인 셈이고, 그러한 만큼 자연학의 영역에서도 그의 기학적 독자성이 일관되게 확보될 수 있었다. 다만『운화측험』권1의 기에 대한 설명이나 권2의 자연현상에 대한 기술이 서구의 자연학적 지식에 크게 빚지고 있다는 것을 부정할 수는 없다. 최한기 스스로도 자신의 기학을 입증하는 근거로 서양의 기설을 반복해서 끌어들였다는 것에서 확인되듯이, 최한기의 기학이 확립되는 데는 4원소설에 기초한 서양의 기설氣說이 큰 영향을 미친 것이 사실이다.

『운화측험』이『공제격치』와 차별화되는 내용은 크게 세 가지로 나누어진다. 하나는 대기운화大氣運化에 관한 것으로 별들의 운행과 같은 자연현상이 우주에 충만해 있는 대기의 운화에 의한 것임을 밝힌 것이다.207) 두 번째는 기의 성질에 관한 것으로 그 가운데 최한기가 가장 큰 관심을 보인 것은 기가 형질을 가진 존재이자 운동변화 하는 존재라는 점이었다.208) 세 번째는 동양의 오행설은 물론 서양의 사행설을 비판한 것이며,209) 네 번째는『공제격치』의 우주설과 지구설을 부정하고

---

207) 권1의 「氣之層包」, 「地之氣運」, 「地體自轉」, 「地體輪轉」 등이다.
208) 권1의 「運化氣形質氣」, 「氣之名」, 「氣之形」, 「氣之性情」, 「氣之活動」 등이다.
209) 권1의 「氣水」, 권2의 「五行四行」 등이다. 『運化測驗』, 권1, 37b, "空際格致, 以土水氣火四元行, 各分界限, 謂之純體, 而及其四行相雜, 以成造化. 竊想水火土, 由氣而生, 由氣而成, 由氣而行運化, 豈可以氣參於四行之列乎?"; 『運化測驗』, 권2, 「五行四行」, 30ab, "火氣水土四行, 謂萬物所由生, 專在於火氣水土, 不在於金土.……歸之四行之雜, 是亦出於强排也. 氣之爲物, 聚散宇內, 偶之物, 則爲物氣, 在水則爲水氣, 在土則爲土氣, 在火則火氣, 不偶之于物, 則運化氣也, 豈可以氣分界限於水土火也? 擧其本則一氣, 語分殊則萬有也. 日用常行, 何獨五行, 萬物運化, 豈分四行? 中國五行說之害, 到今爲難醫之疾, 西國四行說之傳, 縱爲氣之

지구의 자전과 공전을 주장한 것이다.[210] 이 가운데 두 번째가 기구나 기계와 관련이 있는데, 「용기험시用器驗試」라는 항목에 냉열기·조습기·옥형차·화륜기 등의 도설이 소개되어 있다. 냉열기와 조습기는 『영대의상지靈臺儀象志』를, 옥형차는 『태서수법』을, 화륜기는 『해국도지』를 활용한 것으로 최한기는 이와 같은 기계들을 통해 기의 성질을 입증하는 시도를 하였다. 이를테면 냉열기는 기가 차가워지면 수축하고 더워지면 팽창한다는 것을 증명해 준다는 것인데, 여기서 이 기구나 기계들은 기를 증험하는 도구라는 의미를 갖는다.

> 기의 형질은 투명하게 맑고 끝없이 드넓다. 기의 냉열건습이 수시로 변화하지만 사람이 그 안에 잠겨 있으면서도 한가로이 잊고 지낸다. 그것을 측정할 기구가 없다면 어떻게 제대로 보겠는가? 냉열건습은 수시로 증험할 수 있는데, 냉열기로는 기가 차가워지면 수축하고 더워지면 팽창한다는 것을 경험할 수 있다. 약의 성질이 더운 것으로 유리구를 싸면 구 안의 기가 더워져 팽창하고 관의 물이 밀려서 올라간다. 약의 성질이 찬 것으로 구를 싸면 구 안의 기가 차가워져 수축되고 관의 물이 기를 따라서 다시 내려간다. 냉열기를 열기가 올라가는 곳에 두면 관의 물이 올라가고 냉기가 발산하는 곳에 두면 관의 물이 내려간다.…… 조습기는…… 건습의 많고 적은 정도를 여기에서 증험할 수 있다. 사람들이 거처하는 방과 집에서 이것으로 시험해 너무 건조하거나 습한 것을 피한다.[211]

發端, 猶有所未盡."
210) 권1의 「地體自轉」, 「地體輪轉」 등이다.
211) 『運化測驗』, 권1, 「用器驗試」, 8ab, "氣之形質, 瀅澈無碍, 迭蕩無際. 冷熱乾濕, 縱有隨時變換, 人潛於其中, 悠泛相忘, 不有模着器械, 何以的覩? 冷熱乾濕, 隨時有驗, 冷熱器可驗氣之冷歛熱放, 以藥性之熱物包裹琉球, 則球內之氣, 熱而舒放, 管水推退而上. 以藥性之寒物裹球,

이처럼 최한기는 냉열기와 같은 기구를 통해 기의 성질을 증험할 수 있다고 생각하였다. 최한기에 따르면 기는 차고 더워짐과 건조하고 습함이라는 성질이 있어 때에 따라 변화한다. 대기의 온도와 습도가 시간에 따라 변한다는 것인데, 그 온도와 습도의 변화를 정확하게 알기 위해서 필요한 것이 냉열기와 조습기이다. 여기서 냉열기와 조습기는 인간의 감각기관으로 직접 포착하기 어려운 기의 존재를 입증하고, 더 나아가 그 기의 구체적인 성질, 즉 냉열과 건습에 따른 변화를 측정하고 입증하는 도구이다.

한편 위 인용문은 최한기가 냉열기나 조습기 같은 기구의 작동 원리를 정확하게 이해하고 있었음을 확인해 준다. 예를 들어 냉열기의 원리는 기가 차가워지면 수축하고 더워지면 팽창한다는 기의 성질을 기초로 한 것이라는 인식이 그것이다. 더워지면 온도계 관의 물이 올라가는 것은 온도계에 있는 기가 팽창하여 물을 밀어올리기 때문이라는 것을 최한기는 정확하게 파악하고 있었던 것이다. 물론 기의 성질을 이용한 기구 내지 기계에 대한 인식은 최한기가 젊은 시절부터 가지고 있었던 것으로 그의 저술 곳곳에서 등장한다. 예를 들어 그의 초기 저술인 『추측록』에도 냉열기와 그 원리가 상세하게 소개되어 있으며,[212] 날씨의 맑음과 흐림을 측정하는 기구인 음청의陰晴儀의 원리도 소개되어 있

則球內之氣, 寒而斂縮, 管水隨氣而還下. 置器於熱氣所昇之地, 則管水上, 置器于冷氣所發之地, 則管水退.……燥濕器……燥濕之多寡分數, 可驗於此, 人之所居房舍, 將此試驗, 以避燥濕之偏."

212) 『推測錄』, 권6, 「身爲器本」, 68ab, "夫冷熱器者,……若天氣熱, 則球內之氣, 亦熱而舒放, 勢必驅逼左管之水, 而右管之水頭, 上於地平幾分. 若外氣冷, 則球內氣收斂, 而左管之水, 隨實其虛, 不得不强之上升, 而右管之水頭, 亦退至地平, 以其水上下之分數, 驗外氣之冷熱也."

다.[213] 이처럼 최한기에게 기구 또는 기계는 노동력의 절감을 위한 도구라는 의미 이외에 기의 상태를 측정하는 도구이자 기의 존재와 성질을 입증하는 도구라는 의미가 있었다.

3) 기계에 대한 새로운 이해

기계와 관련하여 살펴보아야 할 책이 『신기천험』이다. 이 책은 기본적으로 의학서임에도 불구하고, 몇 가지 측정 기구와 광학·전자기학·화학 등 일반적인 자연과학 지식을 소개한 『박물신편』(1855)을 전재하고 있기 때문이다. 최한기는 『신기천험』의 권8에서 『박물신편』에 따라 풍우침風雨鍼(주사기) 등 의료 기기, 황강수磺强水·초강수硝强水 등 화학 물질, 기구氣球·증기蒸汽의 원리, 현미경·사진기·영사기 등 광학기계, 전기의 원리 등 다양한 근대 과학기술의 발명품에 관하여 그 원리와 제조 방법 등을 기학의 응용으로 자세하게 설명하였다.[214]

『박물신편』은 1855년에 간행된 홉슨(B. Hobson, 合信)의 저작이다. 여기에 소개된 자료들은 의학·물리학·화학·광학·역학 등의 분야에서 19세기 중반까지 이루어진 과학기술적 지식을 망라한 것이므로 이전 학자들이 보았던 자료와는 그 내용이 질적으로 다르다. 1855년에 완성된 책의 자료를 최한기가 10여 년 만에 자신의 저술에 활용했다는 것은 그가 일관되게 견지했던 서양 과학 수용을 위한 노력이 각종 기기의 제조

---

213) 『推測錄』, 권2, 「陰晴儀」, 18b, "陰晴儀者, 所以驗陰晴明之儀器也. 以琉璃作球, 而納水小許, 使鋪底一寸, 厚堅緘其口, 使內氣不洩, 則淸明之日, 其中瑩澈無礙, 及到雲陰之日, 大氣蒸鬱, 則儀器中所貯水, 亦蒸鬱發作, 自有霧雰之氣, 盤結於儀器中."

214) 금장태, 『한국실학사상연구』(집문당, 1987), 283쪽.

방법과 작동 원리에 대한 관심으로 확장되었다는 것을 말해 준다. 그러한 만큼 기계 및 기용학(器用學)[215])에 대한 일정한 이해 방식이 최한기에게 있었다고 예상할 수 있다.

첫째, 기용의 학문은 백성들의 물질적 삶과 나라의 융성에 보탬이 되므로[216]) 기계를 제작하여 민생을 넉넉히 하는 것은 통치자의 주요한 임무이다. 최한기는 그와 같은 통치자의 임무를 시행한 표본으로 황제(皇帝)와 신농(神農)을 꼽았다. 황제는 배와 수레를 만들어 통하지 않았던 것을 통하게 했고 신농은 쟁기와 보습을 만들어 농사짓는 법을 가르쳤다는 것이 그 이유이다. 이와 관련해 최한기는 "기계를 제작하여 민생을 넉넉하게 하는 것은 실로 세상을 다스리는 자의 임무이다"라고 하였다.[217]) 기계와 민생에 대한 이와 같은 이해는 유교적 전통을 계승한 것으로 최한기만의 것이라고 하기는 어렵다.[218])

---

215) 기용학은 최한기의 저술에 자주 등장하는 용어로서 기계를 연구하는 학문이라는 뜻이므로 오늘날 기계공학이나 기술학에 해당한다.

216) 『推測錄』, 권6, 「器用學」, 67a, "夫器用之學, 有益於民生日用, 國家興作."

217) 『陸海法』, 「陸海法序」, 1a, "昔黃帝作舟車, 以濟不通, 神農作耒耜, 以教耕稼, 制器用而瞻民用, 實治世者之所務也."

218) 유가에서는 기술, 특히 농업기술이 사회생활을 영위하는 데 필수적이라고 여겼다. 의식주를 해결하지 않은 채 그들이 지향하는 도덕적인 사회를 건설한다는 것은 사실상 불가능하다. 맹자가 말했듯이 안정된 생업이 없으면 안정된 마음을 갖기 어렵기 때문이다.(『孟子』, 「滕文公」 상) 그러나 유가에서는 물질적 삶보다 도덕적 가치를 더 우위에 둔다. 그들에게는 "덕성(德)이 근본이고 물질적인 재화(財)는 말단"(『大學』, 「傳10장」)이라는 신념이 있었다. "군자는 의리(義)에 밝고 소인은 이익(利)에 밝다"(『論語』, 「里仁」)는 공자의 언급 역시 유가의 도덕주의 경향을 잘 보여 준다. 도덕 우위의 가치체계에서는 재화를 생산하는 기술이 높게 평가받지 못하며, 결과적으로 생산 활동은 군자의 일이 아니라 이익에 밝은 소인이나 해야 할 일 정도로 폄하되기 마련이다. 이처럼 유가에서는 생산기술과 이를 통한 풍족한 삶이 필요하다고 보았지만, 그것은 어디까지나 도덕적 가치의 실천이라는 더 근본적인 목적 아래서만 인정될 수 있었다. 김용헌, 「테크놀로지」, 『21세기의 동양철학』(이동철·최진석·신정근 편, 을유문화사, 2005).

둘째, 기용의 학문은 실제로 기의 존재와 특성을 파악해서 그것을 활용하는 학문이다. 최한기의 주장에 따르면 기용학은 기를 활용하고 지키고 증험하고 시험하며 기의 무게와 양을 재고 기를 헤아리고 기를 변통하는 데서 나온 것이다. 기의 성질과 법칙을 정확하게 파악해야 기를 활용한 기계의 제작이 가능하다는 뜻이다. 따라서 단지 말로만 기를 논한 탓에 실제로 기를 활용할 수 없는 헛된 학문과 달리 기용학은 조처할 수 있는 방법이 있기 때문에 현실에서 직접 이용할 수 있고 삶을 윤택하게 한다.[219]

셋째, 기용의 학문은 정밀한 이치를 연구하고 이에 근거해 기계를 제작하며, 또 제작된 기계를 이용해 더 정밀한 이치를 탐구하는 학문이다. 그래서 최한기가 생각하는 기용학은 단순히 기계나 도구를 제작하는 공인과 장인의 기술과는 일정하게 구분된다. 그의 견해에 따르면 법식法式이나 규구規矩를 가지고 물건을 제작하여 먹고사는 것은 공인과 장인의 말단적인 기예이다. 하지만 기용학은 형상이 있는 기구를 따라 형상이 있는 이치를 징험하고, 형상이 없는 이치를 미루어 형상이 있는 기구를 제조하며, 결과적으로 천하의 이익을 가져오고 정미한 이치를 밝히는 것이다.[220] 한마디로 기용학은 기계의 원리, 그리고 그것의 기저가 되는 기화의 존재 및 원리를 연구하여 기계를 개발하고 설계하는 학문이다. 결국 기용학은 기화의 근간이므로 공인과 장인이 익히는 것

---

219) 『氣學』, 권1, 27a, "器用學, 實出於用氣衛氣驗氣試氣稱氣量氣度氣變通氣, 比諸徒言其氣無所着手, 快有措施方略, 利用厚生."
220) 『推測錄』, 권6, 「器用學」, 67a, "夫器用之學, 有益於民生日用, 國家興作. 徒執法式規矩, 修製資生, 工匠之技藝末務也. 從其有形之器, 驗其無形之理, 推諸無形之理, 製造有形之器, 以成天下之利, 以驗精微之理, 乃治世者之所務也."

이라고 하여 소홀히 해서는 안 된다는 결론이 나온다.[221]

넷째, 인간은 기계를 만들고 기계를 사용한다는 점에서 금수보다 우월하다. 예를 들어 금수는 기계를 설치하여 물을 퍼 올리거나 활차를 굴려 1만 근의 무게를 움직이게 할 수 없다. 최한기는 인간이 기계를 제작하고 사용할 수 있는 것은 신기의 인식능력이 있어서 사물을 추측하고, 무엇이든 만들 수 있는 손이 있어서 사물을 운용하기 때문이라고 파악하였다.[222] 주자학에서는 인간의 우월성을 도덕적 능력에서 찾는 것이 보통이다. 금수는 오상을 온전하게 갖추고 있지 않다거나 갖추고는 있으나 기질의 영향 때문에 제대로 발휘하지 못한다는 식으로 인간과 금수의 차이를 설명하는 것이 그 예이다. 최한기가 사물을 인식하고 판단할 수 있는 마음의 능력과 도구를 제작할 수 있는 손의 능력을 들어 인간의 우월성을 논했다는 것은 주자학의 도덕적 인간관과 다른 면모이다.

다섯째, 기계는 점차적으로 발전한다. 이에 대해 최한기는 "견문이 점점 넓어지고 기계가 더욱 정밀해지는 것은 옛날이 지금에 미치지 못한다. 추측의 증험과 운화의 방법은 옛날보다 지금이 더 밝아졌다"[223]고 하였다. 여기서 추측의 증험이란 사유한 내용의 사실 확인이라는 뜻이며, 운화의 방법은 실천 방법이라는 뜻이다. 최한기는 시간의 흐름에 따라 인간의 경험이 축적됨으로써 자연의 성질과 법칙을 점점 더 정확

---

221) 『氣學』, 권1, 27ab, "又推達於天之爲器, 則天氣運化, 可以範圍矣. 器用之學, 實爲氣化之樞柄, 豈可以工匠之習而忽哉?"

222) 『神氣通』, 권3, 「功能最多」, 7b, "設器械而挈常灌之水, 轉轆轤而動萬斤之重, 人之所以尤於禽獸者, 以其內有神氣之通而推測事物, 身有手制之造作而運用事物."

223) 『氣學』, 권2, 41a, "至於見聞漸廣, 器械益精, 古不如今. 推測之驗, 運化之方, 今明于古."

하게 인식하게 되고, 이에 따라 기계 제작이 더 정밀해지는 것은 물론 그 인식과 기계를 이용한 실천이 더 합리적이 된다고 여겼다. 한마디로 기계는 사람의 제작으로 더욱 정밀해지며 사람의 식견은 기계 덕분에 더욱 확장된다는 것이다.[224]

4. 몽기설의 수용과 기의 존재론

1) 몽기설의 수용

최한기의 기학에서 기가 지구를 포함한 모든 천체들을 둘러싸고 있으면서 그 천체들을 운행시킨다는 것은 이미 살펴보았다. 기가 지구를 둘러싸고 있다고 한 것을 감안하면, 그의 기는 오늘날 일상 언어의 대기나 공기의 외연과 상당 부분 겹친다. 물론 최한기의 기가 오늘날의 공기와 지칭하는 대상이 같다고 하더라도 그가 그 공기의 구체적인 내용을 어떻게 이해했느냐 하는 것은 또 다른 문제이다. 최한기가 말하는 기 개념과 오늘날의 공기 개념 사이에는 내포된 의미가 얼마든지 다를 수 있기 때문이다. 하지만 내포의 문제를 별도로 하면, 오늘날의 대기나 공기가 최한기가 말하는 기에 포함된다는 것만큼은 분명하다. 실제로 최한기는 대기라는 용어를 쓰는 자리에서 기를 함께 언급하였다.

---

224) 『推測錄』, 권6, 「星名災祥之非」, 14b~15a, "大抵此理, 實自大千里鏡而發, 則器械之精, 由人制作而利, 人之識見, 或因器械而益廣."

대기는 가득 차 지극히 두텁고 높으며, 사람은 그 가운데서 석화石火처럼 생겨났다 사라진다. 사람이 잠시 쳐다볼 수 있는 것은 오직 푸르디 푸른 하늘일 뿐, 그 푸름이 본래의 색깔인지 쌓인 기가 눈을 물들여 그렇게 보이는 것인지 알 수 없다.[225]

최한기는 대기와 쌓인 기를 별개로 보고 있지 않다. 최한기가 큰 기(大氣)라고 부른 것은 하늘과 땅 사이에 가득 찬 채 쉼 없이 순환하는 기를 가리킨다.[226] 그는 또 "사물을 보고 들을 때 반드시 쌓인 기가 그 사이를 막고 있어, 멀고 가까움에 따라 두텁거나 얇은 차이가 있다"[227]고 말하기도 하였다. 지상에 있는 두 물체 사이에 기가 있다는 의미이다. 그렇다면 최한기의 기는 일단 오늘날의 공기나 대기를 지칭하는 것이라고 해도 별 무리가 없다. 다만 최한기는 대기권 밖에 공기가 없는 텅 빈 공간이 있으리라고는 전혀 예상하지 못하였다. 그는 지구를 둘러싼 대기를 근거로 우주공간은 기로 가득 차 있고, 따라서 다른 천체 주위에도 당연히 기가 둘러싸고 있다고 생각하였다.

최한기가 대기 또는 공기로서의 기 개념을 갖게 된 데에는 서구의 몽기차蒙氣差이론의 영향이 컸다. 햇빛이나 달빛은 지면에 도달하는 사이에 일정하게 굴절된다. 그 빛의 굴절 현상 때문에 작은 것이 큰 것으로 보이기도 하고 큰 것이 작은 것으로 보이기도 하며, 심지어는 낮은 곳에 위치한 것이 높게 보이기도 한다. 실제로 존재하는 것과 우리 눈

225) 『推測錄』, 권2, 「諸曜遲質可測所以然難知」, 2b, "大氣圓滿, 至厚且高, 人處其中, 石火起滅. 有能息瞬仰視, 惟蒼蒼然幽曠者, 未知正色耶, 積氣染目之所生耶."
226) 『推測錄』, 권2, 「大象一氣」, 1b, "氣者, 充塞天地, 循環無罅."
227) 『推測錄』, 권2, 「隔氣視聽」, 23a, "視聽之間, 必有積氣遮隔, 而隨遠近有厚薄."

에 보이는 것 사이에 오차가 발생한다는 것이다. 이러한 오차의 원인이 지구를 둘러싸고 있는 대기층 때문이라는 것을 밝힌 사람이 티코 브라헤이다. 대기층으로 인해 발생하는 관찰의 오차는 한역서학서에서 청몽기차淸蒙氣差 또는 몽기차라는 용어로 소개되었다. 청몽기 또는 몽기가 대기를 지칭하므로 몽기차란 대기에 의해 발생하는 관찰의 오차를 설명하기 위한 개념이다. 『숭정역서』와 『신법산서』의 『일전역지日躔曆指』를 통해 중국에 처음 소개된 몽기차는 그 이후 『역상고성曆象考成』과 『역상고성후편曆象考成後編』에 거듭 수록되었다.228)

최한기는 "활동운화의 기는 사람이 지원地圓에서 처음 보았고, 다음에는 지전地轉에서 밝혀졌고, 마침내 청몽淸蒙에서 다 드러났다"고 말하기도 했는데,229) 여기서 청몽은 청몽기 또는 청몽기차를 줄여 말한 것이다. 그는 활동운화의 기가 지구구형설, 지구자전설, 그리고 몽기설로 인해 완전히 밝혀졌다고 확신했던 것이다.230) 그가 초기 저술인 『추측록』에서 몽기차를 여러 차례 언급한 이래로 『의상리수』231)·『지구전요』232)·『기학』 등에서도 몽기차를 계속 언급한 것은 그만큼 몽기의 존재를 중요하게 여겼기 때문이다.233) 여기에는 정확한 관측을 위해선 대기로 인

---

228) 이용범, 「범주사 소장의 신법천문도설에 대하여」, 78쪽.
229) 『氣學』, 권2, 41a, "活動運化之氣, 人始見於地圓, 次明於地轉, 畢露於淸蒙."
230) 지구의 자전이 지구를 둘러싼 기의 회전운동 때문에 발생한다는 설명이나 지구를 둘러싼 청몽기 때문에 빛의 굴절이 일어난다는 설명은 이해가 되지만, 지구구형설과 활동운화의 기가 어떤 연관이 있는지는 명확하지 않다. 다만 지구가 둥글면 기의 회전운동이 원활하게 이루어지리라고 짐작해 볼 수는 있다.
231) 『儀象理數』(『明南樓全集』 3), 권3, 「淸蒙氣差」, 190쪽.
232) 『地球典要』, 권1, 「淸蒙氣差」, 19b~20a.
233) 『의상리수』는 『역상고성』과 『역상고성후편』을 발췌해서 정리한 책이다.(문중양, 「최한기의 천문학 분야 미공개 자료분석—『의상리수』와 새발굴 자료 『躔駁』을 중심으로」, 『한국과학사학회지』 제23권 제2호, 2001, 138쪽) 한편 『지구전요』 권1의 우주설 부분은

한 오차를 감안해야 한다는 뜻이 깔려 있다. 이와 관련해 그는 "월식 때 사람이 지면에 있으면 해와 달을 동시에 볼 이치가 없는데, 혹 해가 아직 서쪽에 지지 않았는데도 이미 동쪽에서 월식을 보고, 혹 해가 이미 동쪽에 떴는데도 오히려 서쪽에서 월식을 볼 수 있으니, 이것이 바로 몽기가 낮은 것을 올려 높게 한다는 것이다"[234]라고 하였다.

지구의 그림자가 달에 비친 것이 월식이라면, 해와 달이 모두 지구 위에 떠 있을 때는 지구의 그림자가 달에 비칠 수 없으므로 월식이 발생할 수 없다. 그러나 해와 달이 모두 지상에 떠 있음에도 월식 현상이 관찰되는 경우가 있다. 그렇다면 월식을 지구의 그림자로 설명하는 이론은 폐기되거나 다른 보완 설명이 필요하다. 물론 월식이 지구의 그림자 때문에 발생하는 현상이라는 이론은 실제로 폐기되지 않았다. 월식이 발생할 때 달이 지구 아래쪽에 있지만 대기로 인한 빛의 굴절로 인해 지구 위쪽에 떠 있는 것처럼 보인다는 몽기차설이 보조 가설로 제기되었기 때문이다. 한마디로 몽기차는 빛의 굴절로 인한 천체 관측의 오차를 설명하기 위해 제시된 셈인데, 이와 관련해 최한기가 돋보이는 것은 몽기차를 자신의 기설을 입증하는 근거로 적극 활용했다는 점이다. 달이 지구 아래쪽에 있음에도 지구 위쪽에 떠 있는 것처럼 보이는 것은 빛의 굴절 때문이고, 빛의 굴절이 발생하는 것은 태양과 지구 사이에 대기가 가득 차 있기 때문이라는 식의 논리가 그것이다.

『지구도설』에서 채록하였다.

234) 『推測錄』, 권2, 「蒙氣飜影」, 6b, "蒙氣者, 地中遊氣上騰, 其質輕微, 不能隔礙人目, 却能映小爲大(日月在地平上, 比於中天則大, 是映小爲大也), 升卑爲高(月食時, 人在地面, 無兩見之理. 或日未西沒, 而已見月食於東, 或日已東出, 而尙見月食於西, 此升卑爲高也)."

증발한 땅의 기가 땅 위에 몽롱하게 엉겨 있고 별들의 반짝임이 그 안에서 변화된다. 낮은 것이 높게 되고 둥근 것이 타원이 되는데, 눈앞의 몽기 때문에 발생하는 현상이지 실제 모습이 괴상한 것은 아니다. 몽기는 땅의 유기遊氣가 올라간 것으로 그 형질이 가벼워서 사람의 눈을 가릴 수 없으나 작은 것을 크게 비추거나 낮은 것을 높일 수는 있다.[235]

이처럼 최한기는 서구의 (청)몽기차설을 자신의 기학을 정당화하는 데 적극적으로 활용하였다. 그가 활동운화의 기가 마침내 청몽에서 다 드러났다고 했던 것은 바로 이러한 이유에서이다. 조선 후기의 학자들이 이러한 서양의 청몽기설을 접했을 때 보인 반응은 전통적인 기와 청몽기의 동일시였다. 이렇게 되면 주자학에서 현실 존재의 생성과 작용을 존재론적으로 설명하기 위해 리와 더불어 근본 범주로 상정된 기가 경험 가능한 구체적인 사물의 하나가 된다. 더군다나 청몽기가 인간의 시각을 왜곡시킨다는 경험적 사실을 최한기가 명시적으로 언급했다는 점을 고려하면, 기의 경험적 성격이 더욱 뚜렷해진다.

동양적 사유의 전통 속에서 배태된 기가 서구 천문학의 청몽기와 동일시될 수 있었던 것은 사실 전통적인 기가 공기나 대기와 무관하지 않았기 때문이라고 할 수 있다. 그러나 주자학의 이론체계에서 기는 공기와 같은 구체적인 사물이라기보다는 리와 더불어 존재 자체를 설명하는 존재론적 범주라는 성격이 강했던 것이 사실이다. 물론 전통적인 기론에서 기라는 개념이 도출되는 데는 호흡이나 부채질과 같이 공기

---

235) 『推測錄』, 권2, 「蒙氣飜影」, 6b, "蒸鬱之地氣, 蒙結於上, 諸曜之飜影, 變形于內, 升卑爲高, 改圓爲橢, 生於眼前之蒙影, 不是實象之乖常. 蒙氣者, 地中遊氣上騰, 其質輕微, 不能隔礙人目, 却能映小爲大, 升卑爲高."

에 대한 구체적이고 반복적인 경험이 선행되었고,[236] 그 경험의 축적을 바탕으로 근본 물질로서의 기라는 개념이 추상되었다는 것을 부정하기 어렵다. 그렇다고 주자학의 이론체계에서 근본 범주라는 위상을 지닌 기가 구체적인 사물인 공기와 동일시될 수 있는 것은 아니다. 반면에 최한기의 기는 모든 존재를 설명하는 존재론적 범주이면서도 청몽기라는 개념에서도 알 수 있듯이 구체적인 감각 대상으로서의 기라는 이중적인 성격이 혼재되어 있다. 몽기에 대한 최한기의 언급을 좀 더 살펴보자.

> 기의 탁한 찌꺼기가 몽기가 되고, 몽기의 탁한 찌꺼기가 물이 되고, 물의 탁한 찌꺼기가 진흙이 되고, 진흙이 딱딱하게 굳어진 것이 흙과 돌이 되고, 흙과 돌의 큰 덩어리가 지구이다.…… 지구에서 멀면 기가 맑고, 지구에 가까우면 기가 점차 탁해진다. 기는 몽기를 싸고, 몽기는 물과 흙을 싸고 있는데, 마치 물건을 겹겹이 싼 것과 비슷하다. 그러나 간격이 없고 안과 밖이 서로 붙어 있어 사람의 살갗·살·피·뼈와 같이 전체가 하나의 몸체를 이루고 있는데, 다만 맑고 탁한 구별이 있을 뿐이다.[237]

---

236) 예를 들면 서경덕은 김안국으로부터 부채를 선물 받고 감사의 시를 쓰면서, "부채를 부치면 바람이 이는데 바람이 어디에서 오는 것일까"라고 묻고는 "바람은 기이다"라고 답하였다. 『花潭集』, 권1, 「謝金相國惠扇」, 2ab, "問, 扇揮則風生, 風從何出? 若道出於扇, 扇裏何嘗有風在, 若道不出於扇, 畢竟風從何出? 謂出於扇, 既道不得, 謂不出於扇, 且道不得. 若道出於虛, 却離那扇, 且虛安得自生風, 愚以爲不消如此說. 扇所以能鼓風, 而非扇能生風也. 當風息太虛靜冷冷地, 不見野馬塵埃之起, 然扇纔揮風便鼓, 風者氣也, 氣之撲塞兩間, 如水彌漫谿谷, 無有空闕, 到那風靜濟然之頃, 特未見其聚散之形爾, 氣何嘗離空得. 老子所謂虛而不屈, 動而愈出者此也. 纔被他扇之揮動, 驅軋將去, 則氣便盪湧爲風. 故詩曰, 形軋氣來能鼓吹."

237) 『推測錄』, 권2, 「地體蒙氣」, 3a, "氣之濁滓爲蒙, 蒙之濁滓爲水, 水之濁滓爲泥, 泥之凝堅 爲土石, 土石之大塊爲地. 地體圓, 大於月而小於日, 去地遠則氣淸, 而去地近則漸濁. 氣包蒙, 蒙包水

최한기는 천지에 가득 차 있는 기 전체를 가리킬 때 대기라는 말을 썼다. 그런데 최한기에 의하면 대기는 청탁의 차이가 있다. 지구 가까이에서 지구를 직접 감싸고 있는 몽기는 땅의 유기가 위로 올라가서 이루어진 것으로 일반적인 기에 비해 상대적으로 탁하다. 몽기를 기의 탁한 찌꺼기라고도 한 것은 이런 이유에서이다. 반면에 기는 지구에서 멀어질수록 맑아진다.[238] 물과 흙으로 이루어진 지구를 상대적으로 탁한 기인 몽기가 둘러싸고 있고, 그 몽기를 다시 상대적으로 맑은 기가 둘러싸고 있는 것이 최한기가 그린 이 우주의 모습이다. 이것에 대해서는 『성기운화』에서 다음과 같이 말하고 있다.

> 보통 사람은 다만 몽기가 지구를 싸고 있다는 것을 알지만, 몽기가 활동하여 지구를 돈다는 것을 알기 어렵고, 비록 몽기가 활동하여 지구를 돈다는 것을 알지만, 그 바깥에 약간 탁한 기가 어둡게 싸고 있다는 것을 알기 어렵다. 또 그 바깥에 조금 맑은 기가 넓게 싸고 있다는 것을 알기 어렵고, 또 그 바깥에 아주 맑은 기가 멀리 둘러싸고 있어 지구의 기륜氣輪을 이루고 있다는 것을 알기가 어렵다. 지구의 기륜의 반지름은 지구 반지름의 천백 배가 되며, 가까이는 달의 기륜과 섭동攝動을 하고 멀리는 해의 기륜과 섭동한다.[239]

지구를 둘러싸고 있는 기는 지구에서 멀어질수록 맑아진다. 맨 안쪽

土, 與屢重裏物相似, 然無有間隔, 內外相須, 與人皮肉血骨無異, 以成一體, 但有淸濁之別耳."
238) 이에 대해 최한기는 하늘의 기는 맑고 땅의 기는 어둡다고 하였다. 『推測錄』, 권2, 「氣爲理本」, 31b, "天氣淸, 地氣蒙."
239) 『星氣運化』, 권1, 「地氣數」, 100쪽 아래, "凡人但知蒙氣之包地, 難知蒙氣活動而遶地, 縱知蒙氣之活動遶地, 難知其外次濁之氣蒙包, 又難其外次淸之氣廣包, 又其外極淸之氣遠圍, 而成地氣輪, 而地氣輪半徑, 爲地半徑之千百倍, 近與月氣輪攝動, 遠與日氣輪攝動."

에서 지구와 접하고 있는 기가 가장 탁한 몽기인데, 몽기에서부터 가장 맑은 기에 이르기까지 지구를 둘러싼 기는 마치 거대한 바퀴 모양을 이룬다. 이것을 기의 바퀴, 즉 기륜이라고 한다. 그런데 지구의 기륜을 포함해서 천체들마다 둘러싸고 있는 기륜들은 매우 크기 때문에 서로 접한다. 동시에 천체의 기륜들이 각자 회전운동을 하기 때문에 기륜과 기륜이 겹치는 부분에선 서로 영향을 주고받을 수밖에 없다. 최한기는 천체들의 인력에 의한 상호작용과 운행을 뜻하는 섭동을 기륜들의 직접적인 접촉과 이로 인한 상호작용으로 이해하였다.[240]

앞에서 살펴보았듯이 최한기는 지구 표면에서 시작되는 우주공간에 운동하고 변화하는 기가 가득 차 있다고 여겼으며, 그 기를 대기 또는 (활동)운화의 기라고 하였다. 그 기는 청탁의 차이가 있긴 하지만 하나의 기라는 점에서 다르지 않다. 결국 최한기가 말하는 기란 우리가 평상시 호흡할 때 들이마시고 내쉬는 공기나 튜브에 펌프질을 할 때 그 튜브를 탱탱하게 하는 공기와 다른 것이 아니다. 그래서 그는 "코는 기를 통하는 구멍이다"라고 했으며,[241] "70촌┼ 크기의 용기에 들어 있는 기를 1촌 크기의 공에 집어넣으면 그 기가 누르기 어려울 정도로 건고하게 쌓이게 된다"거나,[242] "연적에 물을 넣을 때 구멍 하나를 막으면 물이 들어가지 않는 것은 기가 연적 안에 차 있기 때문"이라고 말하였

---

240) 본래 섭동은 행성의 궤도가 다른 천체의 힘에 의해 정상적인 타원을 벗어나는 현상이다. 이를테면 지구 운행의 타원궤도는 기본적으로 태양과의 인력 관계에 의해서 형성되지만, 동시에 다른 천체들의 힘에 영향을 받아 그 궤도에 교란이 발생하는 것을 섭동이라는 개념으로 설명한다.

241) 『神氣通』, 권2, 「橐籥身氣」, 23b, "鼻爲通氣之竇戶, 一身之橐籥, 而吸引天氣."

242) 『推測錄』, 권2, 「氣水昇降」, 27a, "試以容七十寸之韝籥, 驅氣納于容一寸之毬, 其氣築堅難抑, 稠密厚重矣."

다.[243] 공에 충분히 많은 양의 공기를 주입했을 때 공이 단단해지거나 연적의 한쪽 구멍을 막았을 때 물이 들어가지 않는 것은 그 안에 더 이상 누르기 어려울 정도로 압축된 공기가 차 있기 때문이다. 그리고 압축됨으로써 단단해진다는 것은 기에 희박함과 조밀함, 성김과 빽빽함, 두터움과 엷음, 가벼움과 무거움과 같은 물질적 성질이 있음을 의미한다.[244] 다만 그 기는 단순히 오늘날 우리가 알고 있는 공기로만 한정되지 않는다.

> 코는 기를 통하는 구멍이자 한 몸의 풀무로 하늘의 기를 빨아들여 혈맥을 작동시키고, 항상 성명性命의 근원을 잇고, 부여받은 도를 끊지 아니하여 사지의 기로 하여금 활동하게 하고 이목의 기로 하여금 총명하게 한다. 이러한 결과를 이룰 수 있는 것은 오로지 코를 통한 소통이 밤낮으로 그치지 않고 평생 동안 한결같아서 잠깐 동안이라도 끊어지지 않기 때문이다.[245]

최한기가 코를 통해 하늘의 기, 즉 천기를 몸 안으로 빨아들인다고 했을 때 그 천기는 분명히 공기이다. 동시에 그는 사지의 기나 이목의 기라는 용어를 사용하고 있는데, 이때의 기는 인간의 몸 전체를 흘러 다니면서 생명 활동을 가능하게 하는 존재로 상정된 전통적인 의미의

---

243) 『推測錄』, 권2, 「氣爲理本」, 31b~32a, "硯滴挈水, 閉其一孔, 水卽不入, 以其氣塞中也. 水既盈, 而倒懸之, 水亦不出, 以其氣未入也."

244) 『推測錄』, 권2, 「氣水昇降」, 27a, "且氣有稀稠也, 疏密也, 厚薄也, 輕重也. 如欲驗視, 試以容七十寸之鞴篇, 驅氣納于容一寸之毬, 其氣築堅難抑, 稠密厚重矣."

245) 『神氣通』, 권2, 「橐籥身氣」, 23b, "鼻爲通氣之竇戶, 一身之橐籥, 而吸引天氣, 鼓動血脈, 常繼性命之源, 不絶稟賦之道, 使四肢之氣活動, 耳目之氣聰明, 其功專由鼻通之晝夜不息, 平生如一, 未嘗須臾間隔絶也."

기와 본질적으로 달라 보이지 않는다. 더욱이 최한기가 사유 활동의 주체인 인간의 마음 역시 기로 파악한 것[246]을 감안하면, 최한기의 기가 전통적인 기와 얼마만큼 차별화될 수 있는지 의문의 여지가 없지 않다. 최한기 역시 물질에서부터 인간의 마음에 이르기까지 모든 존재를 기를 통해 통일적으로 설명한다는 점에서 전통적인 기론과 다르지 않다.

그럼에도 불구하고 최한기가 기의 물질성을 강조하면서 기의 참된 모습이 최근에 와서 밝혀졌다는 것을 누누이 강조한 것은 기의 물질성 자체를 부각시키기 위한 의도에서 비롯된 것만은 아니라는 추정을 해 보게 한다. 앞에서 이미 살펴본 것처럼 최한기는 리와 신과 같이 기의 배후에, 또는 기를 초월해 존재하면서 기를 규제하는 원인적인 존재가 없음을 역설하였다. 이 세계의 온갖 변화와 운동의 원인은 기 자체이지 기를 넘어서면서 기를 규제하는 존재가 따로 있지 않다는 것이다. 최한기로서는 그의 의도대로 리나 신을 기로 대체하기 위해서는 기의 존재를 입증해야만 했고, 이를 위해서는 노자의 무나 불교의 공에 기초한 세계 인식의 틀을 깨트려야 하는 과제, 즉 무에서 유로의 전환이라는 과제가 있었던 것이다.

2) 기 개념의 확장

(1) 기의 물질성

최한기의 기는 인간의 몸 안에서 정신적인 작용을 담당하는 사유와

---

246) 『人政』, 권9, 「善惡虛實生於交接」, 2a, "古所謂心體, 卽神氣也."

감정의 주체이면서 동시에 인간의 몸 밖에서는 물질적 특성을 보이는 존재이다. 최한기가 말하는 기는 운동 변화를 뜻하는 운화運化 또는 모이고 흩어짐을 뜻하는 취산聚散의 성질을 가지고 있다. 물론 취산이 운화와 별개의 작용인 것은 아니다. 모이고 흩어지는 작용 역시 움직이고 변화하는 활동운화의 한 부분이기 때문이다. 전통적인 기론과 마찬가지로 최한기의 기학에서도 기의 모임은 사물의 생성을 뜻하고 모인 기의 흩어짐은 사물의 소멸을 뜻한다. 광활한 기의 바다, 즉 우주공간에서 기가 모이고 흩어짐에 따라 생성과 소멸247)의 과정을 거듭해 가는 것이 만물의 기본적인 존재 양상인 것이다. 최한기의 표현을 빌리자면, 기가 응결하면 형질248)이 되고 형질이 흩어지면 다시 기가 된다.249) 결과적으로 이 세상에는 기가 없는 공간이 없고 물체(器)와 형질(質)은 기의 응취가 아닌 것이 없다.250) 다음은 『운화측험』의 한 대목이다.

기가 응취하여 만물의 형체가 되고 기가 흩어져 우주에 충만한 형체가 되는데, 모이고 흩어지는 사이에 형질이 단련된다. 응취한 기는 이루어진 몸을 형체로 삼고 흩어진 기는 둥그런 하늘을 형체로 삼는다. 그러나 하나의 하늘 범위 안에서 모이고 흩어진다. 이른바 흩어진다는 것은 일기一氣의 형체 안에서 흩어지는 것이고 모인다는 것도 일기의 형체 안에서 모이는 것이다. 그러므로 흩어진 것이 영원히 흩어져 소

---

247) 개체의 소멸이라는 뜻이지 개체를 이루고 있던 기의 완전한 소멸을 뜻하는 것은 아니다.
248) 기가 모여 형체를 이룬 것이 질이다. 『推測錄』, 권2, 「氣聚生散死」, 8a, "質者, 氣之成形也."
249) 『推測錄』, 권2, 「氣有凝解」, 20a, "氣之堅凝爲質, 質之解洳還爲氣. 以氣譬於雨, 而以質譬於氷, 則雨之在地, 必因坎坷之器而得貯, 小而杯勺, 大而湖澤, 皆得寒沍而成氷, 各自成質, 及其瀜釋, 還爲雨水."
250) 『推測錄』, 권2, 「積漸生力」, 28a, "天下無無氣之空隙, 氣質無非氣之凝聚."

멸하는 것이 아니고, 모인 것이 영원히 모여서 변하지 않는 것이 아니다. 심지어 장차 모일 것에는 장차 모일 형체가 있고 장차 흩어질 것에는 장차 흩어질 형체가 있다. 천지 사이에는 오직 유형의 기가 있을 뿐 무형의 기는 전혀 없다.[251]

최한기가 말하는 기는 현상세계 이전이나 너머에 존재하는 형이상학적 본체라기보다는 현상세계 안에 존재하며 운동변화 하는 구체적인 '존재'라고 할 수 있다. 그 기는 사람들이 일상생활에서 늘 접하고 쓰는 것이다.[252] 그의 관심사는 형이상학적 본체에 있었던 것이 아니라 현재의 기가 어떻게 운동하고 변화하느냐 하는 것이었다. 왜냐하면 객관 존재의 세계를 정확하게 파악해야만 객관 존재의 법칙을 거스르지 않고 그것에 맞게 살아갈 수 있기 때문이다.[253] 문제는 기의 형질이 투명하고 변화무쌍하므로 쉽게 파악할 수 있는 것이 아니라는 점이다. 그래서 필요한 것이 기를 측정할 수 있는 기구 내지 도구이다.[254]

최한기는 기구를 사용해 기의 존재를 증험할 수 있다고 여러 차례 강조하였다. 이를테면 "온도계로는 기가 차가워지면 수축하고 더워지면 팽창한다는 것을 증험할 수 있다"[255]는 언급과 같은 것이다. 이와

---

251) 『運化測驗』, 권1, 「氣之形」, 21a, "氣之凝聚, 爲萬物之形, 氣之發散, 爲充宇之形, 聚散之間, 形質鍛鍊. 凝聚之氣, 以所成軀殼爲形, 發散之氣, 以渾圓之天爲形. 然從其一天範圍之內, 而聚之散之. 所謂散之, 在一氣形之內, 所謂聚之, 亦在氣形之內, 則散非永散而銷滅, 聚非永聚而不變. 至於將聚有將聚之形, 將散有將散之形. 天地間惟有有形之氣, 頓無無形之氣也."

252) 『氣學』, 「氣學序」, 2b, "古人未嘗不乘氣而生死, 因氣而須用."

253) 『氣學』, 권1, 4a, "當以現在之氣爲根基, 凡於動靜施爲, 必須依據效則, 勿致違戾背逆."

254) 『運化測驗』, 「用器驗試」, 8a, "氣之形質, 瀅澈無碍, 迭蕩無際, 冷熱乾濕, 縱有隨時變換, 人潛於其中, 悠泛相忘, 不有模着器械, 何以的覩, 冷熱乾濕, 隨時有驗."

255) 『運化測驗』, 「用器驗試」, 8a, "冷熱器, 可驗氣之冷斂熱放."

같은 사례들을 통해 최한기가 궁극적으로 말하고자 한 것은 기가 기본적으로 공간을 점유한 물질적 존재, 즉 유형의 존재라는 것이었다. 그는 기에 형질이 있음을 다음과 같이 분명하게 밝히고 있다.

세상 사람들은 볼 수 있는 것을 물체로 여기고 볼 수 없는 것을 기로 여긴다. 우주만물은 기가 변화하여 물체가 되고 물체가 다시 변화하여 기가 된다는 것을 누가 알겠는가? 무릇 물체가 이루어지기도 하고 물체가 부서지기도 하지만 일찍이 그 기의 형질을 소멸시킬 수는 없었다. 다만 눈의 힘이 기를 보는 데 미치지 못하여 단지 물질의 형체가 없음만을 보고는 사람들이 완전히 없어졌다고 여길 뿐이다. 비유하자면 돌을 하나 주어서 갈아 작게 만들 때, 아무리 작게 하더라도 기의 형질을 소멸시킬 수는 없다. 또 물(水)을 그릇에 담아 불로 끓일 때, 아무리 끓여서 마르게 하더라도(기로 변한다) 또한 기의 형질을 소멸시킬 수는 없다.[256]

최한기의 관점에서 보면 이 세계는 기에서 물체로, 다시 물체에서 기로 변화하는 과정의 끊임없는 반복이다. 물체는 모양(形)이 있고 그 모양을 채우는 물질적 내용물(質)이 있다. 특정한 조건 안에서 인간의 눈은 물질적 내용물을 가진 형체를 볼 수 있다. 그것이 물체(物)이다. 그 물체가 해체되어 기의 상태가 되면, 그 물체의 형체가 사라져 인간의 감각기관에 잘 포착되지 않는다. 하지만 그 물체를 구성했던 물질적 내

---

256) 『身機踐驗』, 권8, 「物質卽氣質」, 18ab, "世人以可見者爲物, 以不能見者爲氣, 孰知宇宙萬有, 由氣而化成爲物, 由物而復化爲氣? 凡物成物毀, 曾不能滅其氣質. 但目力不及見氣, 但見物質之無形, 人自以爲完盡耳. 比如拾一山石, 磨之使幼, 雖極幼而微, 亦不能盡氣之質. 又如貯水一甁, 滾之以火, 雖極滾而乾(因變爲氣), 亦不能滅氣之質."

용물, 즉 형질(質)까지 사라진 것은 아니다. 그것은 다만 눈에 보이지 않을 만큼 농도가 옅어졌을 뿐이다. 이처럼 눈에 보이는 물체만이 아니라 눈에 보이지 않아 없는 것처럼 보이는 기 역시 물질적 존재이다. 아무리 없애고자 해도 없앨 수 없는 것이 바로 기의 형질인 셈이다. 최한기가 기를 유형의 존재라고 했을 때, 그 의미는 기가 형질을 가진 물질적 존재라는 뜻이었다.

다음은 기가 형질이 있는 존재임을 입증하기 위해 최한기가 제시한 사례이다.

충만한 기의 형질을 안 다음에야 운화의 도리를 알 수 있다. 그릇을 물동이의 물위에 엎었을 때 물(水)이 그릇 속으로 들어가지 않는 것은 그 그릇 속에 기가 가득 차 있어 물이 들어가지 못하는 것이니, 이것이 기에 형질이 있다는 첫 번째 증거이다. 하나의 방에 동서로 창이 있을 때 동쪽 창을 급히 닫으면 서쪽의 창이 저절로 열리는 것은, 기가 방안에 충만해 있다가 풀무처럼 강하게 밀치기 때문이니, 이것이 기에 형질이 있다는 두 번째 증거이다. 70치의 실린더에서 69치까지는 공기를 압축할 수 있지만, 압축되어 단단해진 1치는 더 이상 억지로 수축할 수 없으니, 이것이 기의 형질이 퍼졌다 수축되었다 한다는 세 번째의 증거이다. 양수기가 기를 빨아들이면 물이 잇달아 올라오니, 이것은 기가 물을 끌어들이기도 하고 물을 밀어내기도 한다는 네 번째의 증거이다. 공기총의 단단하게 쌓인 기가 탄환을 발사하니, 이것은 기가 힘을 방출한다는 다섯 번째 증거이다. 온도계가 추위와 더위에 따라 오르내리니, 이것은 기가 추울 때는 수축되고 더울 때는 확장된다는 여섯 번째 증거이다. 몸을 적시고 있는 것과 만물의 변화에 이 여섯 가지 증거를 증험해 보면, 이것들은 모두 기의 형질을 증명하는 것이 아님이 없다.[257]

최한기는 여섯 가지 사례를 들어 기에 형질이 있다는 것을 입증하고 자 하였다. 그 사례는 문을 여닫을 때 발생하는 현상과 같이 일상적인 것에서부터 실린더·온도계·공기총과 같이 공기의 팽창과 수축과 관계된 기구에 이르기까지 다양하다. 그렇다면 최한기는 왜 그토록 기의 형질을 강조하였을까? 이에 대해 최한기는 조화와 신령이라는 것도 형질이 있는 기의 운화에서 발생한다면서, "만일 리와 귀신을 모두 운화의 기에 나아가 실제의 자취를 증험한다면, 종교와 학문이 일통一統의 명백함으로 돌아갈 수 있을 것이다"258)라고 하였다.

최한기의 관점에서 보면, 자연의 온갖 현상은 신이나 리와 같은 무형의 존재로부터 발생하는 것이 아니라 형질이 있는 존재, 즉 기의 운동변화로 생기는 현상이다. 이것을 모르는 사람들은 자연의 오묘한 현상들, 이를테면 계절이 순환하고 그 속에서 만물이 반복하는 생장과 소멸의 과정에서 발견되는 오묘함을 조화나 신령과 같이 비물질적 존재의 작용으로 오해하는 것이 보통이다.259) 무형의 귀신은 물론 주자학의 경우처럼 무극의 리를 궁극적인 존재로 상정한 것도 자연의 운행 원인을 올바

257) 『人政』, 권10, 「氣之形質」, 11ab, "見得充滿氣之形質, 然後可以見運化之道. 以鉢覆於盆水之中, 而水不入鉢中, 以其鉢中氣滿而水不入, 是氣有形質之一證也. 一室有東西牎, 而急閉東牎, 則西牎自開, 以其氣滿室中, 而橐鑰衝動, 是氣有形質之二證也. 七十寸之鞴鑰, 六十九寸之氣可縮, 而一寸之堅, 不可强縮, 是氣形質斂縮之三證也. 玉衝車, 氣吸而水繼升(別有圖說), 是氣引水氣驅水之四證也. 氣砲之築堅發丸(別有圖說), 是氣動力之五證也. 冷熱器之寒暑升降(別有圖說), 是氣寒縮暑放之六證也. 擧此六證, 驗之於身體之漬洽, 萬物之變移, 無非氣形質之可證也."

258) 『人政』, 권10, 「氣之形質」, 11b, "造化在其中, 神靈生其中, 運化神功, 更向何處究得乎. 旣無見於運化形質, 勢將求之于無極之理無形之鬼, 浮沈於有無之間, 疑惑於變幻之際. 若以理與鬼, 皆向運化氣, 而驗諸實跡, 敎與學, 可歸一統之明白."

259) 『人政』, 권8, 「氣化人道敎」, 44b, "夫活動運化之氣, 充牣兩間, 爲天地之精液, 人物之呴游, 造化由此而生, 神靈緣此而發. 四海生靈, 得此活動運化之氣, 以成活動運化之身, 雖欲與此氣相離, 其可得乎?"

로 파악하지 못했기 때문이다. 최한기가 기의 형질을 강조했던 것은 객관 존재에 대한 자의적인 인식을 타파하고 그것에 대한 정확한 인식을 획득하기 위해서, 더 나아가 정확한 인식에 근거해 기를 올바로 활용하기 위해서였다. 기에 대한 정확한 인식과 기의 활용이 별개의 것이 아니라는 것은 양수기·공기총·온도계와 같은 기기가 기의 형질을 입증하는 것이기도 하지만 기의 형질을 활용한 것이라는 데서 확인된다.

기가 형질을 가진 존재라는 것은 비록 그것이 눈에 보이지 않을지라도 측정이 가능하고 수량화가 가능하다는 것을 의미한다.[260] 사실 어떤 대상을 일정한 도량형을 기준으로 측정한다는 것은 그 대상을 수량화하여 인식한다는 것을 뜻하므로 자연 탐구에 수학적 방법의 도입을 가능하게 한다는 점에서 중요한 의미를 지닌다.

> 이 기(운화의 기)가 배포하는 범위를 정하고, 이 기의 멀고 가까움과 느림과 빠름을 비교·증험하고, 이 기의 장단과 대소를 헤아리고, 이 기의 경중을 저울질하고, 이 기의 냉열과 조습을 증험하고, 이 기의 시·각·분·초를 확정하고, 수화水火의 기를 변통하고, 무겁고 커다란 기를 돌려 움직이는 것은 역수학曆數學과 기계학器械學이 할 수 있는 것들이다. 기계가 아니면 이 기에 착수할 수 없고 역수가 아니면 이 기를 나

---

260) 최한기는 기와 수를 체와 용의 관계로 파악하였다. 수의 본체가 기이고 기의 드러남이 수라는 것인데, 기는 수량화가 가능하며 수는 기의 양적 성질을 반영한다는 뜻이다. 기의 길이를 자로 재고 기의 양을 말로 되고 기의 무게를 저울질하는 것은 기와 수의 체용 관계를 잘 보여 준다. 그럼에도 예나 지금이나 수학을 하는 사람들은 정작 그 수가 반영하는 기 자체에는 어둡다고 최한기는 지적하였다. 『習算津筏』(『明南樓全集』 3), 「習算津筏序」, 3쪽, "氣爲數之體, 數爲氣之用, 度氣之尺寸, 量氣之斗斛, 稱氣之權衡. 從古習算者, 略及于象與理, 未克深究乎氣之爲體, 後之傳習者, 但能依法布列, 並其象與理而忽略焉, 可論其氣哉?"

누어 살펴볼 수가 없으니, 역수와 기계가 서로 드러내 주어야 거의 기를 인식하고 증험할 수 있다. 이 모두는 옛사람이 수천 년 동안 무수히 헤아리고 증험하여 점점 분명하게 밝힘으로써 뒷사람들에게 은혜를 베푼 것이라 할 수 있다.[261]

기는 길이·크기·무게·온도·조습·시간과 같은 양적 기준으로 파악되는 존재이다. 이 인용문에서는 역수학과 기계학과 같은 학문도 기의 양적 성질을 파악하고 활용하는 도구로 자리매김되고 있다. 이러한 기 개념은 전통적인 기의 담론에서 음양과 오행이라는 일종의 질적 범주와 결합된 채 등장하는 기와 의미 있는 차이를 보인다. 특히 기에 대한 수학적 이해를 강조한 것은 수학적 방법이 학문의 보편성을 확보하기 위한 첩경이라는 점에서 근대의 자연과학적 연구 방법에 한 걸음 다가선 것이라고 평가할 수 있다. 최한기 역시 이 점을 인식하고 있었고, 이에 따라 "기수氣數는 곧 이 세상 모든 사람에게 동일한 것"이라면서 "전 세계의 모든 나라에서 착오가 없고 들어맞는 기수가 진정한 기수이다"[262]라고 하였다.

(2) 기의 운동성

최한기는 전통적인 기의 존재론과 마찬가지로 기의 취산으로 만물의

---

261) 『氣學』, 권1, 9b~10a, "範圍此氣之排布, 較驗此氣之遠近遲速, 度此氣之長短, 量此氣之大小, 權此氣之輕重, 驗此氣之冷熱燥濕, 定此氣之時刻分秒, 變通水火之氣, 運動重大之氣, 乃是歷數學器械學之所能也. 非器械, 無以着手乎此氣, 非歷數, 無以分開于此氣, 歷數器械, 互相發明, 庶可以認氣, 亦可以驗氣. 儘是古人數千載積累測驗, 漸次開明, 以惠後人者也."

262) 『運化測驗』, 권1, 「氣之數」, 26a, "氣數卽天下生靈所同, 地球各國無差誤有符驗之氣數, 乃眞正氣數也."

생성과 소멸을 설명하였다. 다만 모임과 흩어짐이나 생성과 소멸이라는 것은 고정된 실체를 지칭하는 것이 아니라 일정한 과정, 즉 운동과 변화의 과정을 지칭한다. 기의 취산으로 만물이 생성과 소멸을 반복한다는 것은 결국 기와 만물이 운동하고 변화하는 현상에 대한 기술인 셈이다. 최한기는 그의 초기 저술에서 기의 운동과 변화를 지칭하는 말로 유행流行이라는 용어를 사용하였다. 이를테면 "천기天氣의 유행은 그 형세를 타고 따를 수는 있어도 어기고 변화시킬 수는 없다"[263], "천기의 유행과 풍토의 다름은 사람의 힘이나 사람의 꾀로 변화시킬 수 없다"[264], "천기의 유행은 사람이 늘이거나 줄일 수 없다"[265]는 등의 언급이 그 예이다.

최한기는 그의 기학이 정립되는 50대에 이르러서 기의 운동과 변화를 지칭하는 용어로 유행 대신에 운화運化를 집중적으로 사용하였다. 사실 운화라는 말은 최한기 이전에도 일상에서 운동과 변화라는 의미로 사용되었던 일반 명사이다. 예를 들어 이색의 시에도 하늘의 운화라는 뜻으로 '창창운화蒼蒼運化'라는 말이 등장하며,[266] 이황과 이이도 각각 천지운화天地運化[267]와 일기운화一氣運化[268]라는 표현을 사용하였다. 이러한 용례는 조선 유학자들이 문집에 수없이 발견된다. 이처럼 운화는 천지

263) 『神氣通』, 권2, 「人事通塞」, 37a, "天氣之流行, 可乘勢而周旋, 不可違越變通."

264) 『神氣通』, 권3, 「器可變通氣不可變通」, 24b, "隨機變通, 常在於人事交接, 天氣流行, 土宜各異, 不可以人力人謀, 變而通之也."

265) 『推測錄』, 권1, 「推種樹測學道」, 27b, "至於雨暘之滋潤, 日夜之所息, 天氣之流行, 有不可增減者."

266) 『牧隱詩藁』, 권20, 「睦二相與諸元帥發行(予以脚無力不能騎, 闕於拜送, 獨吟二首)」, "蒼蒼運化亦昭然."

267) 『退溪集』, 권41, 「天命圖說後敍」, 6ab, "今爲是圖, 自人物稟生之後, 而推天地運化之原, 則圖之上面, 固太極圖之上面也, 而其所以爲上之位置等級, 則有不同焉."

268) 『栗谷全書』, 권14, 「天道策」, 60a, "一氣運化, 散爲萬殊. 分而言之, 則天地萬象, 各一氣也. 合而言之, 則天地萬象, 同一氣也."

의 운행이나 기의 운행을 지칭할 때 일상적으로 사용되던 용어이며, 기화氣化라는 용어 역시 기의 운화를 줄인 말이라고 할 수 있다.

최한기는 초기 저술인 『기측체의』에서 전통적인 용례에 따라 기의 운동과 변화를 지칭할 때 기운氣運, 기화氣化, 운화運化를 각각 한 차례씩 사용하였다.[269] 이때까지만 해도 최한기가 운화라는 용어에 크게 주목하지 않았던 것이다. 그가 운화라는 용어를 집중적으로 사용하기 시작한 것은 50대 중후반의 저작인 『기학』·『인정』·『운화측험』에 와서이다. 이 시기에 사용된 '운화'는 단순히 기의 운동과 변화뿐만 아니라 자연세계와 인간세계의 운동변화를 포괄적으로 지칭하는 용어로 의미가 확장되었다. 그는 특히 『기학』에서 자신의 학문을 기학으로 규정함과 동시에 운화를 기학의 핵심 개념으로 채택하였다. 이 책에서 기의 운동변화 하는 성질이 최한기에 의해서 '활活·동動·운運·화化' 네 글자로 규정되었는데, 이로써 전통적인 의미의 운화가 활동운화의 뜻으로 구체화되고 재정의되었다. 다음은 『기학』의 한 대목이다.

> 기의 성질은 본래 활동운화 하는 존재이다. 우주에서는 지구·달·해·별이 점차 운화 속에서 만들어졌고, 지면에서는 바다와 육지의 물산이 차례로 운화 속에서 생겨났고, 사람 몸에서는 오장육부와 혈맥이 대기의 운화를 이어받아 몸속의 기의 운화를 성취하고…… [270]

---

269) 『推測錄』, 권2, 「數理」, 15b, "推其氣運, 不失先後, 推其氣化, 裁制事物者, 經濟世務者之所尙也."; 『推測錄』, 권2, 「推形質測神道」, 25a, "神道者, 非謂其神怪虛誕之說也. 一氣運化, 自有實理之眞跡, 是爲神道也." 이 이외에 역시 초기 저술인 『농정회요』에 다음과 같이 기운과 기화의 용례가 보인다. 『農政會要』(『增補 明南樓叢書』2), 「天時」, 4쪽 아래, "天地間諸曜運轉雖多,……使知氣運之次序, 興作之早晩, 而南北之極度有異, 則節序與氣化之至不同.……可得其晝夜長短氣化遲速, 斯爲天時之大致."

여기서 운화는 기의 성질로 규정된 활동운화와 같은 의미로 사용되고 있다. 그러므로 이 시기에 최한기가 사용한 '운화'라는 용어는 '활동운화'의 뜻을 지닌 최한기 고유의 것이라고 해야 마땅하다.

최한기는 기의 본성을 활동운화로 규정하고,[271] 활동운화가 기학의 종지라고 강조하였다.[272] 활동운화 내지 운화가 기학의 핵심 개념으로 자리 잡았다는 것을 확인할 수 있는데, 최한기가 기의 특성을 활·동·운·화 네 가지로 설명한 것은 오직 기만을 말하면 그것이 미분화된 덩어리여서 그것을 나누어 표현하기 어렵고 그것을 나누어 다루기 어렵기 때문이었다.[273] 기라는 개념이 너무 막연하고 모호하기 때문에 그것을 인식하고 그것을 다룰 수 있는 실마리를 제공하기 위해 기의 특성을 활·동·운·화로 구체화했다는 것이다. 물론 최한기는 활동운화 네 글자만으로는 충분하지 않다고 여겼고, 그래서 활동운화를 다시 생기生氣·진작振作·주선周旋·변통變通으로 설명하였다.[274] 생기로 풀이한 활活은 마른 나무나 불 꺼진 재와 같이 죽어 있는 것이 아니라 생기발랄하게 살아 있음을 뜻하며,[275] 진작이라는 뜻을 지닌 동動은 움직이는 특성,

---

270) 『氣學』, 권1, 29a. "夫氣之性, 本是活動運化之物, 在宇內, 則地月日星, 漸次成就於運化之中, 在地面, 則海陸物産, 鱗次成就於運化之中, 在人身, 則腸腑血脈, 承大氣之運化, 而成就身內氣之運化……" 여기에서 '운화'가 반복해서 나오는데, 활동운화와 같은 의미로 사용되었음을 알 수 있다.

271) 『氣學』, 「氣學序」, 1a, "夫氣之性, 元是活動運化之物, 充滿宇內, 無絲毫之空隙."; 『氣學』, 권1, 29a, "夫氣之性, 本是活動運化之物."

272) 『氣學』, 권2, 6b, "活動運化, 氣學之宗旨, 充塞宇宙之間, 天下人爲活動運化之物, 則氣學爲妄言."

273) 『氣學』, 권2, 32a, "惟言氣, 則一團全體, 不可以劈破形言, 又不可以着手分開. 故以活動運化之性, 分配四端, 是可以形言, 又可以着手."

274) 『氣學』, 권2, 32a, "惟言氣, 則一團全體, 不可以劈破形言, 又不可以着手分開. 故以活動運化之性, 分配四端, 是可以形言, 又可以着手. 猶爲不足, 則又釋之, 以活生氣也, 動振作也, 運周旋也, 化變通也."

즉 운동성을 뜻한다. 주선으로 풀이한 운運은 운동이 지속적으로 반복되는 순환적 특성을 뜻하며, 변통으로 풀이한 화化는 감화·교화 등을 포괄하는 개념으로 폭넓게 변화를 뜻한다. 한마디로 정리하면 기는 죽은 것처럼 한자리에 고정된 채 변화하지 않는 존재가 아니라 생기발랄하게 끊임없이 운동·순환·변화하는 존재라고 할 수 있다. 기의 이러한 운동 형태를 최한기는 기의 활동운화, 줄여서 기의 운화, 더 줄여서 기화라고 하였다.

이렇게 되면 최한기의 기는 형질이 있다는 물질성과 운동변화 한다는 운동성이 주요 특징인 셈이다. 최한기는 기를 형질의 기와 운화의 기로 나누어 설명하기도 하였다.

기에는 형질의 기와 운화의 기가 있다. 지구·달·해·별 및 만물의 몸뚱이는 형질의 기이다. 비가 내리고 맑아지는 것(雨暘), 바람이 불고 구름이 끼는 것(風雲), 추워지고 더워지는 것(寒暑), 그리고 건조하고 습해지는 것(燥濕)은 운화의 기이다. 형질의 기는 운화의 기로 말미암아 형성되어 큰 것은 오래 가고 작은 것은 즉시 흩어지는데, 운화의 기가 저절로 그러하지 않는 것이 없다. 형질의 기는 사람이 쉽게 볼 수 있으나 운화의 기는 보기 어렵다. 이 때문에 옛사람들은 유형과 무형으로써 형질과 운화를 구별하기도 하였다. 노씨의 공이나 불씨의 무276)도

---

275) 기가 다른 존재에 의해서 타율적으로 움직이는 존재가 아니라 스스로 움직이는 특성과 능력을 지닌 존재인 한, 기에 살아 있음이라는 특성을 부여한 것은 당연해 보인다.

276) '공'과 '무'가 바뀐 것으로 보인다. 최한기는 『추측록』에서 노자와 석가 사상의 핵심을 각각 무와 공으로 파악하고, 그 잘못된 인식의 원인에 대해 "기가 형질이 없고 막힘이 없다는 것만을 보고 우주에 가득 차 있으면서 만물을 조화롭게 마름질하는 것을 보지 못했기 때문이니, 참으로 까닭이 있다"라고 하였다. 『推測錄』, 권2, 「老氏無佛氏空」, 17b, "老子之無, 佛氏之空, 蓋見無形質無窒礙, 未見其充塞宇宙裁和萬物, 良有以也."

모두 무형으로써 도와 학을 삼았으며, 심학과 리학에 이르러서는 모두 무형의 리로써 마음속에 물든 것을 탐구하고자 하여 무형과 유형의 사이에서 오락가락했다. 그러나 사실 운화의 기는 형질이 가장 큰 것으로서 우주에 가득 차 있으면서 천지를 아우르고 만물을 함양하고 몸 안 곳곳에도 침투해 있다. 실린더에다 몰아넣으면 견고하기가 이를 데 없고, 찬 것과 뜨거운 것을 서로 부딪치게 하면 굉음과 불꽃이 일어나니, 이것은 운화의 기가 유형의 존재라는 명백한 증거이다.[277]

형질의 기는 일정한 형체를 이루고 있으면서 상대적으로 안정된 양태의 기라면, 운화의 기는 바람이 불고 구름이 이는 현상이나 추워지고 더워지는 현상처럼 고정된 형체가 없이 끊임없이 유동하는 기이다. 운화의 기는 형질의 기와 달리 고정된 형체가 없기 때문에 인간의 감각기관에 잘 포착되지 않는다는 특징이 있다. 그래서 많은 사람들은 형질의 기만 존재할 뿐 운화의 기가 존재하지 않는다고 잘못 생각하기 십상이다. 그러나 비가 내리고 맑아지는 것, 바람이 불고 구름이 끼는 것, 추워지고 더워지는 것, 그리고 건조하고 습해지는 것과 같은 자연현상도 기가 지닌 운화의 속성이 드러난 것이며, 따라서 그것들 역시 기의 운동변화를 통해 표현되는 기의 양태인 셈이다.

결과적으로 운화의 기는 형질이 가장 큰 것으로서 우주에 가득 차 있으면서 천지를 아우르고 만물을 함양할 뿐만 아니라 몸 안 곳곳에도

---

277) 『氣學』, 권1, 6ab, "氣有形質之氣, 有運化之氣. 地月日星萬物軀殼, 形質之氣, 雨暘風雲寒暑燥濕, 運化之氣也. 形質之氣, 由運化之氣而凝聚, 大者長久, 小子卽散, 無非運化氣之自然也. 形質之氣, 人所易見, 運化之氣, 人所難見, 故古人以有形無形分別質運化. 老氏之空, 佛氏之無, 皆以無形爲道學, 至於心學理學, 俱以無形之理, 潛究在心之習染, 用功於無形有形之間. 然其實運化之氣, 形質最大, 充塞宇內, 範圍天地, 涵養萬有, 透徹膚隨, 軀殼輻輳, 則堅固無比, 相迫冷熱, 則轟燁斯發, 是乃有形之明證也."

침투해 있는 존재이다. 최한기의 관점에서 보면 노자의 무나 석가의 공도 운화의 기를 알지 못했기 때문에 생겨난 허구적인 세계 인식이며, 심학과 리학이 무형의 리를 상정하고 그 리에 대한 인식을 궁극적으로 마음의 영역에서 해결하고자 한 것도 운화의 기를 제대로 인식하지 못한 결과이다. 최한기가 운화의 기도 형질이 있다는 것을 반복적으로 강조한 것은 무·공·리·신과 같이 허구적 개념으로 자연현상을 설명하는 오류를 깨트리기 위함이었다. 이 세계가 이렇게 존재하게 되었고 이렇게 운행하고 있는 것은 그 원인이 무·공·리·신에 있는 것이 아니라 기의 존재와 작용에 있다는 것이 최한기의 기본적인 생각이었다.

운화의 기에 대한 설명을 더 살펴보자.

지면에서 나고 자라는 사람과 사물은 저마다 냉열건습의 기를 갖추고 있는데, 그 형질에 따라 또 각자 다른 점이 있다. 쇠붙이와 돌이 견고하게 응결하는 것, 초목이 무성하고 시드는 것, 금수가 날고 달리는 것, 어류가 헤엄치고 잠수하는 것은 기의 조화가 아닌 것이 없으며 모두 운화하는 기를 따름으로써 형질의 모이고 흩어짐이 이루어지는 것이다. 하지만 자각하지 못하는 사람이 많다. 쇠붙이나 나무 등 여러 사물을 취하여 사용할 때도 형질이 같지 않은 기만을 볼 뿐이고 운화하는 대동의 기를 연구하지 않는다. 그 결과 오행·사행의 설이 있게 되었으니 도리어 기를 연구하고 기를 아는 데 방해가 된다. 대저 운화의 기는 크게는 우주에 충만해 있고 미세하기로는 사물의 형체를 통과한다. 비록 잠시라도 운화하는 기와 단절되면 생의生意가 종식되고, 운화하는 기를 거스르면 사무가 끝장나니, 그 기의 관계됨이 이와 같이 크다. 무릇 기를 강구하는 사람은 이 형질과 운화의 다름을 분별하고, 형질이 응취한 기를 미루어 운화하면서 빚어내는 기를 헤아린다.278)

최한기가 형질의 기와 운화의 기의 구분을 강조한 것은 오행설이나 사행설의 부정과 맞물려 있다. 이러한 구분법에 의하면 오행과 사행은 형질의 기이며, 형질의 기는 운화의 기에서 근원하고 운화의 기에 의존하는 존재이다. 다시 말해 오행과 사행은 운화의 기에 의해서 파생된 이차적인 존재에 불과하기 때문에 만물의 생성론적 근원일 수 없다. 하지만 일상에서 형질의 기가 서로 다르다는 것만을 보고 운화의 기가 있다는 것을 알지 못했기 때문에 오행설이나 사행설이 형성되었다는 것이다. 여기에서 확인할 수 있는 것은 운화의 기는 사행이나 오행과 같이 형체를 가진 사물로 구체화되기 이전의 존재라는 점이다.

운화의 기는 특정한 사물이 지닌 형질의 바깥에만 있지 않고 형질의 내부에도 있다. 이를테면 지구의 바깥에는 당연히 지구를 둘러싼 채 운화하는 기가 있지만 지구의 내부에도 운화하는 기가 있다는 것이다. 마찬가지로 인체의 외부뿐만 아니라 인체 안에도 운화하는 기가 있다. 하지만 형질 바깥에 있는 운화기는 사람과 사물이 항상 접촉하고 호흡하는 것인 반면에, 형질 안에 있는 운화기는 제대로 보기 어렵다. 그러므로 형체로부터 발산되는 기를 통해 그 형체 안에 있는 기의 운화를 헤아려야 한다. 예를 들자면 땅속에서 벌어지는 운화는 지면에서 터져 나오는 기를 통해 경험할 수 있으며, 물과 땅의 표면에서 기가 증발하는

---

278) 『運化測驗』, 권1, 「運化氣形質氣」, 14ab, "化育地面之人物, 各自具冷熱乾濕之氣, 而隨其形質, 又各有差異之別. 金石之堅凝, 草木之榮槁, 禽獸之飛走, 魚鼈之游潛, 無非氣之陶均, 皆承順乎運化氣, 以爲質之聚散, 而不自覺者多矣. 及乎取用金木諸類, 但見形質不同之氣, 不究運化大同之氣, 至有五行四行之說, 反貽究氣見氣之妨碍. 夫運化氣, 大而充滿宇內, 細而透徹物形, 雖須臾間隔絶, 則生意息, 違逆則事務廢, 其所關係之大有如是矣. 凡講究乎氣者, 辨此形質運化之殊, 推形質凝聚之氣, 測運化陶均之氣."

것을 통해 그 안에 습하고 뜨거운 운화기가 있다는 것을 알 수 있다. 반면에 인체를 갈라서 내부를 상세하게 살피는 경우에는 피부와 뼈마디에 분산된 죽은 기를 볼 수 있을 뿐 영위榮衛와 살결이 완전한 상태에서 운화하는 생기生氣를 관찰할 수는 없다.279) 몸 안에서 작동하는 운화의 기를 해부학적으로 관찰할 수 없다는 최한기의 주장은 그의 기론이 여전히 전통적인 기론에 기초한 한의학적 신체관과 연계되어 있다는 것을 말해 준다.

---

279) 『運化測驗』, 권1, 「形質中運化」, 14b~15b, "形質外之運化氣, 人物常所習染資養也. 形質中之運化氣, 人物所難的觀也. 須因其形體發用之氣, 測形質中運化氣一動一静……"

제5장 인식론의 전환과 객관 인식의 방법론

1. 주관주의 인식론 비판과 경험주의 인식론

1) 시대 인식과 인식론적 문제의식

최한기는 자신이 살던 19세기 전반기를 동서문명이 교류하는 시대로 파악하고, 서구의 선진 문물을 받아들일 것을 역설한 선진적인 사상가이다. 그의 현실 인식에서 보이는 가장 두드러진 특징 가운데 하나는 시대 변화를 직시하려는 태도이다. 그가 직시한 현실은 이른바 대항해의 시대 이래로 세계 여러 나라의 선박이 오감으로써 생산물의 유통은 물론 학문과 종교의 전파가 활발하게 이루어지고, 결과적으로 중국 중심의 화이론적 세계 체제가 동요하는 현실이었다. 따라서 최한기의 철학은 세계정세의 변화를 정확하게 인식하고 그 변화에 제대로 대처해야 한다는 문제의식에서 출발한다.

최한기가 변화된 현실에 대처하는 방법으로 제시한 것이 바로 이변어변[以變禦變]의 방법이다.[1] 변한 것을 가지고 변한 것에 대처해야 한다는 뜻인데, 이미 세상이 변했으므로 옛것에 대한 고집이 아니라 그 변화에

---

1) 『推測錄』, 권6, 「海舶周通」, 63b~64a, "處變之道, 固宜將其變, 以禦其變, 不宜以不變者, 禦其變."

대한 통찰과 이에 따른 의식의 변화가 필요하다는 의미이다. 최한기가 바라본 그의 시대는 바다로 배가 두루 오가고, 책이 서로 번역되며, 보고 들은 것이 전달되고 있는 시대였다. 게다가 그의 눈에 비친 서구의 법제·기계·생산물은 조선의 것보다 뛰어난 점이 있었기 때문에 당연히 그것들을 받아들여야 한다는 것이 그의 확고한 생각이었다.[2] 그가 의도한 의식의 변화는 서양 문물을 수용해야 한다는 것으로 귀결되는 셈인데, 더더욱 그의 서구문물수용론은 제한적이긴 하지만 서구의 법제까지 포함하고 있다는 점에서 북학파의 북학론보다 더 진전된 인식 수준을 보여 준다. 이와 같은 인식의 진전은 조선 후기의 실학에서 발견되는 실용 의식이 심화되면서 나타난 결과로서 최한기의 경우에는 넓은 의미의 도덕규범을 뜻하는 예교禮教와의 대비 속에서 그 실용 의식이 한층 명료해졌다. 다음이 그것이다.

결국 이기고 지는 것은 풍속과 예교에 있지 않다. 오직 실용에 힘쓰는 사람은 이기고 헛된 글을 숭상하는 사람은 지며, 남에게 취하여 이익을 얻는 사람은 이기고 남을 그르다 하여 고루한 것을 지키는 사람은 진다. 서방의 나라들은 기계의 정교함과 무역의 이득 때문에 비로소 전 세계를 두루 다니게 되었다.…… 측량하고 계산하는 학문 그리고 방직기【화력과 수력으로 바퀴를 돌려 천을 짬】, 풍차【목화씨를 제거하는 기구】, 배와 대포 등의 기계는 더더욱 실용적인 것이다.…… 그러므로 서양의 종교가 천하에 만연하는 것을 걱정하지 말고 실용적인 것을 다 받아들이지 못하는 것을 걱정해야 한다.[3]

---

2) 『推測錄』, 권6, 「東西取捨」, 61a, "海舶周遊, 書籍互譯, 耳目傳達. 法制之善, 器用之利, 土産之良, 苟有勝我者, 爲邦之道, 固宜取用."

3) 『推測錄』, 권6, 「東西取捨」, 61ab, "畢竟勝紐, 不在於風俗禮教. 惟在於務實用者勝, 尙虛文

최한기의 시대 인식을 압축적으로 보여 주는 위 인용문은 반세기 뒤에 등장하는 개화사상의 문제의식을 선취하고 있다. 요컨대 그의 문제의식은 주자학적 풍속과 예교를 지키는 데 있지 않고 서구의 실용적인 문물을 받아들이는 데 있었다. 물론 최한기는 그 시대 서구 열강의 동양 진출이 지닌 자본주의적 본질, 나아가 그 속에 잠재되어 있는 제국주의적 속성을 간파하지 못했다는 시대적 한계가 있다. 그럼에도 불구하고 그 이후 진행된 세계사의 전개 과정에서 국가 보존과 민족 생존을 위해 무엇보다 중요한 것이 과학기술과 이에 기초한 경제력 및 군사력이었다는 사실에 비추어 그의 시대 인식이 크게 잘못되었다고 할 수는 없다.

이기고 지는 것이 풍속이나 예교에 달려 있지 않다는 최한기의 선언은 기존의 주자학적 사유와 일정한 선을 긋는 단절의 의미가 있다. 이를 의리에서 실용으로의 전환이라고 요약할 수 있는데, 그의 관점에서 보면 주자학의 본질적인 문제는 그것이 인간의 마음에만 매몰된 학문이라는 것에 있었다. 최한기에게 집중적인 비판을 받은 주자학은 개인의 도덕적 실천을 학문의 주요 목적으로 삼고 그 목적을 달성하기 위한 방법으로 마음공부를 강조했다는 점에서 양명학과 크게 다르지 않다. 이 두 철학체계는 도덕적 본성(性)이나 도덕인식능력(良知)을 마음 안에 설정했던 관계로 인식과 실천 모두에서 마음을 강조했고, 그 결과 정도의 차이가 있긴 하지만 마음 바깥의 물질적 객관세계가 소홀히 되는

紲. 取於人而爲利者勝, 非諸人而守陋者紲. 西方諸國, 以器械之精利, 貿遷之嬴羨, 始得周行天下.……學之測量計算, 器之輪機【以水力火力, 轉輪機而織布】風車【所以去棉核】船制礮式, 乃實用之尤善也.……是以西敎之蔓延天下, 不須憂也, 實用之不盡取用, 乃可憂也."

경향이 있었다. 이에 대해 최한기는 "심학을 하는 사람들은 안을 지키고 밖을 버린다"고 비판하였다.[4]

주자학에서 주요한 학문방법론으로 제시한 궁리설窮理說은 객관주의적이고 주지주의적인 특성을 지닌다는 점에서 주관주의적이고 실천주의적인 성격이 강한 양명학의 치양지설致良知說과 의미 있는 차이가 있다. 그럼에도 주자학이 본질적으로 심학의 범주를 벗어나기 어려운 것은 주자학의 기본적인 문제설정에 따른 필연적인 귀결이라고 할 수 있다. 주자학은 존재론적 본체(理)와 그 본체를 실현하는 도구(氣)를 철학이론의 두 축으로 설정하고, 도구(기)가 본체(리)를 실현하는 과정 내지 본체가 도구를 매개로 자신을 실현하는 과정으로 이 세계를 설명한다는 특징이 있다. 여기서 오상(인·의·예·지·신)으로 표상되는 본체, 즉 리는 단순히 존재론적 범주일 뿐만 아니라 그 자체로 순선한 도덕적 가치이기도 하다. 결과적으로 주자학의 존재 분류표에서는 현실의 존재들이 그 본체를 얼마나 실현해 내느냐에 따라 가치 서열이 매겨진다. 이를테면 오상을 완벽하게 실현할 잠재성이 있는 존재가 인간인 반면에 인간 이외의 존재는 오상의 일부만을 실현하거나 전혀 실현할 수 없는 존재이다.

주희의 설명에 따르면, 만물이 동일한 리를 부여받았음에도 현실적으로 차이가 생기는 것은 타고난 기질의 다양성, 즉 기질의 정편正偏·통색通塞과 청탁淸濁·수박粹駁이 원인이다. 사물(동물과 식물)은 타고난 기질이 치우치고 막혔기 때문에 리를 온전하게 실현할 수 없으나 인간은

---

4) 『神氣通』, 권1, 「通有得失」, 5a, "心學之人, 守內而遺外."

타고난 기질이 바르고 통하기 때문에 리를 온전하게 실천할 수 있다.[5] 다만 다 같은 인간이라고 하더라도 기의 맑음과 탁함, 순수함과 잡됨의 다름에 따라 리의 실현 가능성이 현실화되는 정도가 다르다.[6] 보통 사람은 그 기가 완전히 맑고 순수한 것이 아니라 어느 정도 탁하고 잡되기 때문에 리를 실현하는 데 많은 어려움이 있다. 기는 리를 실현하는 도구이지만 경우에 따라 리의 실현을 방해하는 장애물 내지 걸림돌이 되기도 하는 이중적인 존재인 셈이다. 따라서 대다수 사람의 경우에는 당연히 기의 방해를 극복하고 리를 실현하기 위해 부단히 노력해야 하는데, 이러한 문제의식을 정식화한 것이 인욕으로 현실화될 수 있는 기를 극복해야 한다는 기 극복의 테제, 즉 "천리를 보존하고 인욕을 제거한다"는 존천리存天理 · 거인욕去人欲이라는 실천 강령이다.[7]

기 극복의 테제는 리의 실현을 방해하는 기를 어떻게든 리의 실현을 가능하게 하는 기로 전환시켜야 한다는 윤리적 당위성을 함축한다.[8]

---

5) 『朱子語類』, 권4, 「性理」一, 13b, "自一氣而言之, 則人物皆受是氣而生. 自精粗而言, 則人得其氣之正且通者, 物得其氣之偏且塞者. 惟人得其正, 故是理通而無所塞. 物得其偏, 故是理塞而無所知."(僩); 『大學或問』(『朱子全書』 6책), 「大學或問」 上, 507쪽, "以壹理而言之, 則萬物一原, 固無人物貴賤之殊. 以其氣而言之, 則得其正且通者爲人, 得其偏且塞者爲物. 是以或貴或賤, 而不能齊也."

6) 『朱子語類』, 권4, 「性理」一, 13b~14a, "然就人之所稟而言, 又有昏明淸濁之異. 故上知生知之資, 是氣淸明純粹, 無一毫昏濁, 所以生知安行, 不待學而能, 如堯舜是也. 其次則亞於生知, 必學而後知, 必行而後至. 又其次者, 資稟旣偏, 又有所蔽, 須是痛加工夫."(僩)

7) 『大學章句』, 經1章, "明德者, 人之所得乎天, 而虛靈不昧, 以具衆理, 而應萬事者也. 但爲氣稟所拘, 人欲所蔽, 則有時而昏. 然其本體之明, 則有未嘗息者. 故學者, 當因其所發, 而遂明之, 以復其初也."

8) 『朱子語類』, 권4, 「性理」一, 14b, "性只是理. 然無那天氣地質, 則此理沒安頓處. 但得氣之淸明, 則不蔽錮, 此理順發出來. 蔽錮少者, 發出來天理勝. 蔽錮多者, 則私欲勝, 便見得本原之性無有不善.……只被氣質有昏濁, 則隔了. 故氣質之性, 君子有弗性者焉. 學以反之, 則天地之性存矣."(端蒙)

정리를 하면 도덕적 본체인 리의 보편성, 리 실현의 장애물인 기의 제한성, 그리고 장애물(리의 실현을 방해하는 장애물로서의 기)의 도구(리를 실현하는 도구로서의 기)로의 전환과 이를 통한 도덕적 본체의 완전한 실현, 바로 이것이 주자학의 기본적인 문제설정의 틀이다. 천명·태극·본연지성·기질지성·리일분수理—分殊·리동기이理同氣異·리통기국理通氣局 등 주자학의 기본 개념이나 원리는 위와 같은 문제설정 속에서 등장하였다. 그리고 존심·양성·성의·정심·거경·계신·공구 등 심학적 공부 역시 이와 같은 주자학의 문제설정 속에서 의미를 갖는 공부 방법이다.

최한기는 심학적 학문 방법을 "만약에 이익을 추구하는 욕구에 가렸기 때문에 내 마음에 본래 갖추어져 있는 리를 드러내지 못한다고 생각하여 평생 동안 힘써 이기적인 욕구를 없앰으로써 하루아침에 환하게 관통하기를 바란다면 선불교의 돈오설에 가까울 것이다"[9]라고 비판하였다. 주자학이 도덕적 원리(理)와 이기적 욕구를 대립항으로 설정하고 이기적 욕구를 배제·억압하는 사상이며, 그 방법으로 마음공부를 강조한 심학이라는 것을 최한기는 정확하게 파악하고 있었다. 실용적인 학문을 해야 한다는 실천적 문제의식을 지녔던 최한기가 주자학을 이처럼 분석하고 비판한 것은 지극히 당연한 일이다. 앞에서 보았듯이 그가 측량하고 계산하는 학문, 방직기, 목화씨를 제거하는 기구, 배와 대포 등을 서구에서 받아들여야 한다고 주장하면서 내건 명분이 바로 실용 내지 이익이었다는 점을 감안하면 더더욱 그렇다.

최한기가 접한 서양 근대의 과학기술은 마음만 들여다보는 공부로

---

9) 『推測錄』, 권1, 「開發蔽塞」, 14a, "若謂以利欲所蔽, 未顯我心素具之理, 平生用力, 要除利欲, 冀得一朝豁然貫通, 殆近於禪家頓悟之說也."

서 얻을 수 있는 것이 아니다. 그것은 인간의 마음 바깥 세계를 탐구해서 그 세계가 지닌 물리적 성질과 법칙, 즉 수학적 인과법칙을 알아낼 때 가능한 지식체계이다. 그가 이해한 과학기술적 지식은 마음 안에 선험적으로 주어진 것이 아니기 때문에 그에게 중요한 것은 마음의 학문이 아니라 넓은 의미의 자연학, 즉 객관존재학이었다.[10] 최한기가 주자학의 궁리설을 비판하고, 그것의 대전제인 '마음 안에 모든 리가 본래부터 갖추어져 있다'는 정식을 부정한 것은 이러한 이유에서이다.

최한기의 입장에서 보자면 우리가 인식해야 할 대상은 마음의 내부가 아니라 마음 바깥에 객관적으로 존재하는 자연, 인간, 그리고 사회였다. 그의 철학을 관통하고 있는 근본적인 문제의식은 어떻게 하면 객관적으로 존재하는 자연과 인간의 성질 및 그 법칙을 정확하게 인식할 것인가에 있었지 마음 안에 있는 도덕적 본체를 어떻게 인식하고 실현할 것인가에 있지 않았다. 마음에는 그 어떤 선험적인 리가 없다는 것, 그리고 참다운 리는 객관세계의 리라는 것, 따라서 참다운 인식은 객관세계를 일방적으로 재단하는 주관적인 인식이 아니라 객관세계를 있는 그대로 파악하는 객관적인 인식이라는 것이 최한기 철학의 기본적인 문제설정이다.[11] 그의 철학이 기본적으로 인식론에서 출발하는 이유가

---

10) 최한기는 자연의 법칙(物理)뿐만 아니라 개인, 사회, 역사를 포괄하는 인간의 실정(人情)을 인식의 대상, 나아가 학문의 대상으로 설정하였다. 객관 존재 전체가 학문의 대상인 셈인데, 그는 객관 존재를 대기운화(자연의 운동변화), 통민운화(인간사회의 운동변화), 일신운화(개인의 운동변화)로 나누어 보기도 하였다. 개인, 사회, 자연이 객관 존재이고 학문의 대상인 것이다. 따라서 최한기가 상정한 학문은 자연학과 인문사회과학을 포괄하는 객관존재학이라고 말할 수 있다. 다만 자연이라는 말을 인간의 마음과 대비하여 인간의 마음 바깥에 객관적으로 존재하는 모든 것을 통칭하는 것으로 규정한다면, 객관존재학을 자연학이라는 말로 바꾸어 부를 수 있을 것이다.

바로 여기에 있다.[12)]

2) 소통과 인식

인식론이란 참다운 지식이 무엇이며 그 지식은 어떻게 얻어지는가를 탐구하는 철학의 한 분과로서 주로 지식의 본성, 기원, 한계 및 그 타당성에 관심을 갖는 철학의 한 분야이다.[13)] 이와 관련하여 로크(John Locke, 1632~1704)는 근대적 인식론의 문제의식을 천착한 『인간지성론』을 쓰면서, "나의 목적은 신념, 의견 그리고 동의의 근거 및 정도와 더불어 인간 지식의 기원, 확실성 그리고 범위를 탐구하는 것이다"라고 명시하였다.[14)] 결국 근대 인식론은 인간의 신념이나 의견과 같이 불확실한 앎과 구분되는 확실한 지식의 조건이 무엇이고 그 지식은 어떻게 형성되는지에 대한 논의인 셈인데, 그 지식이라는 것은 그것의 기원이 무엇이든 인간의 마음(mind) 안에 형성된 관념[15)] 내지 관념들의 언어적 관계,

---

11) 주자학의 문제설정과 이에 대비되는 최한기의 문제설정에 대한 논의는 김용헌, 「조선조 유학의 기론 연구—성리학적 기론에서 실학적 기론으로의 전환—」, 『동양철학연구』 22(동양철학연구회, 2000); 김용헌, 『주자학에서 실학으로—조선후기 서양 과학기술의 수용과 주자학적 사유의 균열—』(고려대학교 민족문화연구원, 2019), 597~654가 상세하다.
12) 최한기의 인식론적 문제의식이 적나라하게 드러나는 책이 그의 초기 저술인 『신기통』과 『추측록』이다.
13) S. M. 오너 · T. C. 헌트, 『철학에의 초대』(곽신환 · 윤찬원 옮김, 서광사, 1992), 100쪽.
14) 존 로크, 『인간지성론』 1(정병훈 · 이재영 · 양선숙 옮김, 한길사, 2014), 59~60쪽.
15) 로크는 관념에 대해 "나는 관념이 사람이 생각할 때 지성의 대상이 되는 것이 무엇이든 그것을 나타내기에 가장 알맞은 용어라고 생각하기에, 심상(Phantasm), 개념, 상(Species)이 의미하는 모든 것, 또는 마음이 생각할 때 사용할 수 있는 모든 것을 표현하기 위해 이 용어를 사용했다"고 하였다. 존 로크, 『인간지성론』 1(정병훈 · 이재영 · 양선숙 옮김), 65쪽.

즉 명제의 형태를 띠게 마련이다. 하지만 최한기의 인식이론에서는 근대 인식론에서 일반적으로 통용되는 관념이나 인식에 상응하는 용어를 찾기가 쉽지 않다. 그의 인식이론에서 등장하는 지(知)만 하더라도 인식능력과 인식 결과라는 의미가 중첩되어 있다. 이와 같은 어긋남은 인식에 관한 문제틀이 서로 다른 데서 오는 것으로 근대 인식론의 틀로 최한기의 인식이론을 분석하는 것이 적절하지만은 않다는 것을 함축한다.[16]

최한기 철학에서 인식에 근접한 용어로는 '통(通)'이 있다. '통한다'는 의미가 '막혔다'(塞)와 상대된다는 것에서 알 수 있듯이 '통'의 일차적인 의미는 '존재와 존재 사이에 막힘이 없다'는 의미이다. '통'의 대표적인 용례 가운데 하나가 "고요히 움직이지 않다가(寂然不動), 느끼어 세상의 이치에 통한다(感而遂通)"는 『주역』의 한 대목이다.[17] 이 여덟 글자는 본래 역(易)의 이치와 작용을 언급한 것이지만, 점차 마음의 본체와 작용을 언급하는 것으로 그 의미가 확장되었다. 그 결과 주자학에서 '적연부동'은 마음이 작용하지 않는 상태(未發)를 뜻하며, '감이수통'은 마음이 대상과 관계를 맺음으로써 작용하는 상태(已發)를 뜻한다고 이해하는 것이 보통이다.[18] 이런 측면에서 '느낀다'(感)는 것은 마음과 대상의 접촉을 뜻하고 '통한다'(通)는 것은 마음과 대상 사이에 가로놓인 장벽(塞)이 사라진 상태를 뜻하기 때문에 '감이수통'은 "마음이 대상과 접촉하여 드디

---

16) 이 점을 충분히 감안하기만 한다면, 근대 인식론의 틀로써 최한기의 인식이론을 분석하는 것이 최한기의 철학이론에 대한 총체적인 이해라는 궁극적인 목적을 향한 하나의 과정으로서 의미가 없지는 않을 것이다.

17) 『周易』, 「繫辭」 上, "易, 无思也, 无爲也. 寂然不動, 感而遂通天下之故, 非天下之至神, 其孰能與於此?"

18) 주희는 "寂然者, 感之體, 感通者, 寂之用, 人心之妙, 其動靜亦如此"라고 하였다. 『周易本義』(『周易』, 보경문화사), 590쪽.

어 그 대상과 소통되었다"는 의미가 된다.

최한기의 통은 그 저변에 기학적 세계관을 깔고 있는 매우 포괄적인 개념이므로 근대 인식론에서 일반적으로 말하는 인식과 동일한 의미를 갖지 않는다. 그의 주요 저술 가운데 하나인 『신기통』의 제목에서도 알 수 있듯이 그가 말하는 통은 일차적으로 신기神氣의 통이다. 이와 관련해 그는 "나의 신기가 상대의 신기에 통하고 상대의 신기가 나의 신기에 도달(達)하는 것"이 통의 근본이라고 규정하였다.19) 최한기의 통은 나와 상대 사이에서 이루어지는 (신)기의 상호 소통인 셈이다. 따라서 통이라는 것은 기의 매개 없이 단순히 감관과 정신의 작용을 통해 결과적으로 표상·관념·지식이 마음 안에 형성된다고 상정한 서구의 근대 인식론과는 결을 달리한다.20)

정신적인 측면만 놓고 보더라도 단순히 관념 형성의 문제가 아니라 "이해의 장벽이 해소됨으로써 해득이 가능케 되는 것"21)이 통이다. 물론 통의 정확한 의미를 이해하기 위해서는 통의 주체인 신기가 무엇인지부터 해명되어야 하겠지만, 한 가지 분명한 것은 '나의 신기가 상대의 신기와 통했다'는 말에는 '내가 상대를 인식했다'는 의미가 포함되어 있다는 점이다. 어떤 대상을 인식하지 못했는데, 그 대상과 통했다고 할

---

19) 『神氣通』, 권1, 「十七條可通」, 28b, "天下可通之事, 雖云多端, 語其本, 則我神氣通於彼神氣, 彼神氣達於我神氣也."

20) 이것 외에도 최한기는 이목구비의 감각과 촉각 외에 손으로 잡고 발로 걷는 것까지도 인간과 대상의 소통을 가능하게 하는 도구의 작용으로 파악했으며, 인식의 단계만이 아니라 인식 결과를 감관을 통해 활용하는 시행의 단계도 통의 범주 안에서 논하였다. 이는 최한기가 상정한 인식론적 문제틀이 근대 인식론과 어긋나 있음을 뜻한다.

21) 윤사순, 「해제」, 『국역 기측체의』 1(민족문화추진회, 1980), 20쪽.

수는 없다. 내가 어떤 대상을 인식하지 못했을 때 나와 그 대상 사이에는 서로 넘나들 수 없는 무지의 장벽이 놓여 있는 격이므로 나와 대상의 소통이 불가능하다. 그러므로 통은 인식의 개념을 포괄하는 넓은 의미의 인식에 해당하는 개념이라고 잠정적으로 규정할 수 있다.

최한기가 말하는 신기는 기의 다른 표현이다. 신神이라는 것은 기의 다양한 능력과 작용을 의미한다.[22] 그는 천지에 가득 차 있는 기를 천지의 기 또는 천지의 신기라고 하였다.[23] 이 기가 모여 형질, 즉 구체적인 물질을 이룸으로써 만물이 생겨나는데, 인간을 포함한 모든 존재는 단순히 형질만이 아니라 (신)기도 아울러 가지고 있다. 이런 측면에서 이 세상의 사물은 모두 형질과 신기의 합이다.[24] 최한기는 사물 안에 있는 (신)기를 형체의 기 또는 형체의 신기라고 불렀다. 결국 신기의 통이라는 것은 인간의 신기와 대상 사물의 신기가 만나면서 시작되는 셈이다. 여기서 인간의 신기는 정신 작용의 주체이다. 최한기는 "옛날의 이른바 심체心體라고 한 것은 곧 신기이다"라고 하였다.[25] 그는 전통적으로 정신 활동의 주체를 의미했던 심이 신기라고 이해하였다. 전통적인 의미의 심과 최한기의 신기 사이에는 적지 않게 다른 점이 있지만, 인간의 신기가 정신 작용의 주체라는 것만은 분명하다. 이와 관련해 최

---

22) 『神氣通』, 권1, 「氣之功用」, 1b, "擧其全體無限功用之德, 總括之曰神." 『周易』 「繫辭」에서는 신에 대해서 "陰陽不測之謂神"이라고 하였다.

23) 『神氣通』, 권1, 「天人之氣」, 1a, "充塞天地, 漬洽物體, 而聚而散者, 不聚不散者, 莫非氣也. 我生之前, 惟有天地之氣, 我生之始, 方有形體之氣, 我沒之後, 還是天地之氣.";『神氣通』, 권1, 「通有得失」, 5a, "氣者, 天地用事之質也, 神者, 氣之德也. 大器所涵, 謂之天地之神氣. 人身所貯, 謂之形體之神氣."

24) 『神氣通』, 권1, 「氣質各異」, 7b~8a, "天下萬殊, 在氣與質相合. 始則質有氣生, 次則氣由質而自成其物, 各呈其能."

25) 『人政』, 권9, 「善惡虛實生於交接」, 2a, "古所謂心體, 卽神氣也."

한기는 신기에는 밝음(明)과 힘(力)이라는 두 가지 능력이 있다고 전제한 후에 밝음의 능력은 신神에서 생기고 힘의 능력은 기에서 생긴다고 하였다.[26] 이 밝음의 능력이 곧 인식능력이다.

최한기의 '통'의 개념이 형성되는 데는 마테오 리치(Matteo Ricci, 利瑪竇, 1552~1610)의 『천주실의』나 삼비아시(Francesco Sambiasi, 畢方濟)의 『영언여작』 등 한역서학서에 담긴 중세 스콜라철학의 영향이 없지 않았다. 예를 들어 최한기는 『기학』에서 마음의 기능을 명오明悟 · 기역記繹 · 애욕愛欲 세 가지로 파악한 적이 있는데,[27] 이는 『천주실의』나 『영언여작』에서 분석한 인간 정신의 기능과 유사하다. 『천주실의』에서는 "인간의 정신이 세 가지 기능으로 대상을 통通한다"면서 그 기능을 기억 능력(記含) · 이성 능력(明悟) · 의지력(愛欲)으로 규정하였다.[28] 『영언여작』에서도 『천주실의』와 마찬가지로 인간 영혼의 기능을 기억(記含) · 이성(明悟) · 의지(愛欲)로 규정하고,[29] 이성의 기능을 다시 직통直通 · 합통合通 · 추통推通 세 가지로 나누었다. 직통은 하나의 대상에 대한 직접적인 인식이고, 합통은 두 대상의 관계에 대한 인식, 즉 두 대상을 결합하는 인식이며, 추통은 추론에 기초한 인식이다.[30] 최한기가 마음의 기능을 명오 · 기역 · 애욕

---

26) 『神氣通』, 권1, 「明生於神力生於氣」, 36b, "神氣無他能, 而明生於神, 力生於氣. 惟明與力, 乃無限妙用所由出也." 최한기가 신과 기를 분리해서 밝음과 힘을 설명한 것은 신을 기가 지닌 다양한 능력의 총체로 본 것과 충돌한다. 하지만 분명한 것은 최한기가 신기를 신과 기의 결합으로 본 것은 아니며, 따라서 신이 기와 별개의 존재가 아니라는 점이다. 그렇다면 밝음의 능력이 신에서 생긴다고 했을 때 그 신은 기와 독립된 별개의 존재가 아니라 기가 지닌 신묘한 특성을 가리킨다고 이해해야 할 것이다.

27) 『氣學』, 권2, 47a, "人之神氣, 因明悟而有記繹, 因記繹而有愛欲."

28) 『天主實義』(송영배 · 임금자 · 장정란 · 정인재 · 조광 · 최소자 옮김, 서울대학교 출판부, 1999, 7-6), 354쪽, "有形之身, 得耳目口鼻四肢五司, 以交覺于物. 無形之神, 有三司以接通之. 曰, 司記含, 司明悟, 司愛欲焉."

29) 『靈言蠡勺』(『天學初函』) 上, 16a, "靈魂有內三司, 一曰記含者, 二曰明悟者, 三曰愛欲者."

세 가지로 파악한 것이나 '통'을 인식론적 개념으로 확립한 것이 서학서와 깊은 관련이 있다는 것을 확인할 수 있다.

다만 둘 사이의 영향 관계를 과도하게 부각시키는 것은 최한기의 기학과 토미즘으로 대표되는 중세 기독교 신학 사이에 놓인 본질적인 차이를 간과할 우려가 있다는 점을 유의할 필요가 있다. 왜냐하면 최한기는 신의 존재를 철저하게 부정하고 기로 이루어진 객관세계 자체를 정확히 아는 것을 인식의 목표로 상정한 반면에, 중세 기독교 신학은 인간의 인식을 궁극적으로 신의 존재에 대한 인식과 믿음으로 귀속시켰기 때문이다. 예를 들어 삼비아시가 『영언여작』의 내용에 대해 "모두 사람으로 하여금 나를 인식하고 신을 인식하여 그 복을 누리게 하도록 하는 것으로 귀결된다"고 한 언급은 『영언여작』의 신학적 목적을 단적으로 보여 준다.[31] 요컨대 최한기는 기독교 신학을 거부하면서도 그 일부를 이루고 있는 토미즘의 신학적 인식론을 그의 기학 체계 안으로 끌어들여 재배치함으로써 경험주의 인식론으로 탈바꿈시켰던 것이다.[32] 이를 신의 인식에서 객관 존재의 인식으로의 변주라고 할 수 있

---

30) 예를 들어 갑을 갑으로 인식하거나 물을 물이라고 인식하는 것이 직통이다. 갑이 물을 마셨다거나 갑이 물을 마시지 않았다는 인식은 갑과 물을 결합한 인식이므로 합통이다. 추통은 갑이 물을 마셨다는 인식을 기초로 갑은 병들게 될 것이라거나 갑은 건강해질 것이라고 추론하는 인식이다. 『靈言蠡勺』 上, 16ab, "何謂其功有三? 其一直通, 其一合通, 其一推通. 直通者, 百凡諸物, 一一取之, 純而不雜, 合通者, 和合二物, 幷而收之, 分別然否, 推通者, 以此物合於彼物, 又推及於他物."

31) 『靈言蠡勺』, 「靈言蠡勺引」, 2b~3a, "今略亞尼瑪四篇, 一論亞尼瑪之體, 二論亞尼瑪之能, 三論亞尼瑪之尊, 四論亞尼瑪所響美好之情, 總歸於令人認己, 而認陡斯, 而享其福焉."

32) 안영상은 최한기 인식론과 토미즘 사이에 발견되는 공통점에 주목하면서도 "최한기는 동양의 중세적 인식론을 해체할 뿐만 아니라 서양의 중세적 천주교 인식론도 해체하면서 그 자리에 새로운 인식론을 건설하였다"고 평가하였다. 안영상, 「토미즘과 비교를 통해 본 혜강 최한기 인식론의 특징」, 『동양철학연구』 49(동양철학연구회, 2007), 42쪽.

을 것이다.

3) 인식의 세 가지 요소

통한다는 것은 그 어떤 것들이 서로 통한다는 의미이므로 통이 가능하기 위해서는 적어도 둘 이상의 존재가 있어야 한다. 통은 존재와 존재 사이의 통이므로 하나의 존재만으로는 통이라는 말이 성립하지 않는다. 앞에서 본 것처럼 최한기는 통의 근본에 대해서 "나의 신기가 상대의 신기에 통하고 상대의 신기가 나의 신기에 도달하는 것이다"라고 정의하였다. 여기서 나의 신기가 주어일 때는 '통'이라는 술어가 사용되었고, 상대의 신기가 주어일 때는 '달達'이라는 술어가 사용되었다. 이것은 존재 A의 신기와 존재 B의 신기가 서로 통한다고 하더라도 A와 B가 대등한 관계가 아니라 주체와 대상의 관계에 있음을 암시한다. 물론 그 주체는 나의 신기이다. 그래서 최한기는 통을 구체적으로 논할 때 통의 주체를 나의 신기라고 한 반면에, 인식대상에 대해서는 신기라는 용어를 생략한 채 그냥 물物이나 사事라고 하였다. 여기서 물이 마음 바깥에 실제로 존재하는 객관 존재라면 사는 객관 존재를 처리하는 행위 내지 객관 존재와 관계된 작용을 뜻한다.[33]

사물(物)과 사건(事)이 없는데 한갓 신기만 작용하면 통하는 것이 없으

---

[33] 정약용은 "物은 '스스로 존재하고 형상이 있음'의 이름이고, 事는 '작위하는 바가 있음'의 이름이다"라고 하였다. 『與猶堂全書』 제2집, 권1, 『大學公議』 2, 15a, "物者, 自立成象之名也. 事者, 有所作爲之名也."

며, 사건이 있고 사물이 있어도 신기가 작용하지 않으면 역시 통하는 것이 없다. 사건과 사물이 있고, 이에 따라 신기가 작용해야 바야흐로 통하는 것이 있다.[34)]

최한기는 신기와 사물·사건을 통의 필수 요건으로 파악하였다. 신기가 마음(心)을 가리킨다면, 사물과 사건은 마음 바깥에 있는 존재와 마음 바깥에서 발생하는 일을 의미한다. 사물과 사건은 인식주체인 마음 안에 있지 않고 마음 바깥에 있다는 의미에서 객관 존재이다. 어쨌든 통이라는 것은 인식하는 마음과 인식되는 대상 어느 하나만으로는 이루어질 수 없으므로 마음이 어떤 형태로든 반드시 대상을 만나야 그 대상과 통할 수 있고 그 대상을 인식할 수 있다. 마음과 대상이 접하지 않으면, 마음은 마음이고 사물은 사물이어서 서로 독립적으로 존재할 뿐이다.[35)] 여기서 중요한 것은 최한기가 일차적으로 상정한 인식대상이 마음 안의 세계가 아니라 마음 바깥의 세계라는 점이다. 이는 최한기의 학문 대상이 마음 바깥에 존재하는 객관세계라는 뜻이며, 결국 심학으로부터 객관존재학으로의 전환을 예고한다는 의미가 있다.[36)]

최한기의 통은 주체인 나의 신기와 대상인 사물만으로는 이루어지지 않는다. 통이 이루어지기 위해서는 나의 신기와 대상이 만나야 하고, 그 둘이 만나기 위해서는 양자를 연결해 줄 매개체, 즉 감각기관이 필요

---

34) 『神氣通』, 권1, 「通虛」, 41a, "無物無事, 而神氣徒發, 無所通也. 有事有物, 而神氣不發, 無所通也. 有事有物, 而神氣隨發, 方有所通也."

35) 『推測錄』, 권1, 「推物理明己德」, 14a, "心未與物接, 心自是心, 物自是物. 及其與物交接, 是乃推心在物, 而物之理可驗."

36) 최한기는 객관 존재를 모두 기 또는 기의 운동과 변화로 발생하는 효과로 보았기 때문에 객관존재학은 결국 기학이 된다.

하다. 이에 대해 최한기는 제규諸竅와 제촉諸觸을 거치지 않고는 대상을 인식할 수 없다고 단언하였다.[37] 제규는 눈·귀·코·입과 같이 내외의 소통을 가능하게 하는 몸의 기관을 뜻하며, 제촉은 몸의 촉각을 뜻한다. 인식과 관련해 말하자면 제규와 제촉은 인간의 감각기관을 포괄적으로 지칭한다. 그는 이와 관련해 "사람의 몸에는 이미 통하는 신기가 있고 또 통을 가능하게 하는 제규가 있으며, 또 몸 바깥에는 통을 경험하는 만물이 있어 각자 신기를 드러내고 있다"고 하였다.[38] 몸에 있는 신기와 감각기관, 그리고 몸 바깥에 있는 사물이 인식의 세 가지 요소라는 뜻이다. 여기서 감각기관은 나의 신기와 사물의 신기를 이어 줌으로써 소통을 가능하게 하는 매개체의 역할을 한다.

하늘이 낸 사람의 몸은 여러 가지 기능을 갖추고 있으니, 신기를 통하는 기계이다. 눈은 색을 비추는 거울이고, 귀는 소리를 듣는 관이고, 코는 냄새를 맡는 통筒이고, 입은 드나드는 문이고, 손은 잡는 도구이고, 발은 움직이는 바퀴이다. 모두 한 몸에 실려 있고, 신기가 이들을 주재한다. 제규와 제촉을 통해 인정人情[39]과 물리物理를 거두어 모아 신기에 물들이고, 활용할 때 안에 쌓인 인정과 물리를 제규와 제촉을 통해 시행한다. 이것이 곧 타고난 몸을 온전하게 실현하는 큰 도이다.[40]

---

37) 『神氣通』, 권1, 「收得發用有源委」, 35b, "有能不由諸竅諸觸, 而通達人情物理者乎? 又有能不由諸竅諸觸, 而收聚人情物理, 習染於神氣者乎?"

38) 『神氣通』, 권1, 「通有源委」, 7ab, "一身之上, 旣有所通之神氣, 又有可通之諸竅, 一身之外, 又有驗通之萬物, 各以其神氣呈露."

39) 人情이란 사람의 정황이라는 뜻으로 인간세계를 총칭한다. 따라서 최한기가 인식대상으로 상정한 객관 존재는 단순히 물리적 대상, 즉 자연세계에만 국한되지 않고 인간세계를 포괄한다. 여기서 인간세계란 인간 개인은 물론 개인의 구성물인 가족, 사회, 국가, 전 세계를 아우른다.

40) 『神氣通』, 「神氣通序」, 1a, "天民形體, 乃備諸用, 通神氣之器械也. 目爲顯色之鏡, 耳爲聽音

인간의 몸이 신기를 통하는 기계일 수 있는 것은 눈·귀·코·입과 같은 감각기관이 있기 때문이다. 감각기관에 의거하지 않고는 인간의 실정(人情)과 사물의 이치(物理)를 인식할 수 없을 만큼 최한기의 인식이론에서 감각기관의 역할은 필수적이다. 하지만 감각기관은 단순히 외부의 대상을 안으로 받아들이는 역할만 하는 것이 아니라 반대로 마음 안에 축적된 지식을 바깥에 시행할 때도 반드시 거쳐야 하는 관문이다. 이런 의미에서 인간의 몸 및 감각기관은 감각기관인 동시에 시행 기관이다. 그만큼 최한기의 통은 매우 복합적이고, 그렇기 때문에 단순히 눈으로 보고 귀로 듣는 것뿐만 아니라 손으로 잡고 발로 걷는 것까지도 통의 범주에 포함된다. 아울러 위 인용문에서 거론한 물들임(習染)이란 학습이나 경험을 통한 익힘이라는 뜻이다. 따라서 "인정과 물리를 거두어 모아 신기에 물들인다"는 것은 곧 마음이 지닌 저장 내지 기억 기능에 대한 설명이다.

이렇게 되면 통의 과정이 어느 정도 분명해진다. 통의 과정은 인식의 단계와 시행의 단계로 구분된다. 외부 대상과 감각기관의 만남, 신기의 인식, 그리고 인식 결과에 대한 신기의 기억이 인식 단계라면, 그 기억을 되살려 감각기관을 매개로 외부 세계에 적용하는 것이 시행 단계이다. 여기서 이목구비를 비롯한 감각기관은 일차적으로 바깥 세계의 인정과 물리를 인간의 신체 안으로 받아들이는 문호로 자리매김된다. 따라서 감각기관의 감각 작용이 없다면 바깥 세계에 대한 인식이

之管, 鼻爲嗅香之筒, 口爲出納之門, 手爲執持之器, 足爲推運之輪, 總載於一身, 而神氣爲主宰. 從諸竅諸觸, 而收聚人情物理, 習染於神氣, 及其發用, 積中之人情物理, 從諸竅諸觸而施行, 卽踐形之大道也."

불가능하다.[41] 감각기관을 거치지 않고는 인식대상에 접할 수 없기 때문에 그것을 인식할 수도 없으며, 결과적으로 그 인식 내용을 마음에 저장할 수도 없다.[42] 인식해야 할 대상이 마음에 내재하는 리가 아니라 마음 바깥 세계의 객관 사물이므로 인식은 당연히 감각기관의 작용, 즉 감각으로부터 시작된다.

정리하면, 통의 주체인 인간의 신기, 통의 대상인 마음 바깥의 객관 존재, 그리고 양자를 매개하는 감각기관이 최한기 인식론에서 빼놓을 수 없는 인식의 3요소이다. 여기서 한 가지 눈여겨보아야 할 것은 앞에서 언급한 것처럼 제규와 제촉이 인정과 물리를 거두어들이는 기능뿐만 아니라, 마음 안에 축적된 인식 결과를 외부에 실행하는 통로이기도 하다는 점이다. 이렇게 최한기가 감각기관의 중요성에 주목한 것은 심학의 주관주의 인식론과 다른 면모로서 감각기관, 나아가 인간의 몸에 대한 재인식이라고 할 만하다.[43]

---

41) 『神氣通』, 「神氣通序」, 2a, "捨此耳目口鼻手足諸觸, 有何一毫可得之理, 可驗之事乎?"

42) 『神氣通』, 권1, 「收得發用有源委」, 35b, "有能不由諸竅諸觸, 而通達人情物理者乎? 又有能不由諸竅諸觸, 而收聚人情物理, 習染於神氣者乎?"

43) 심학의 주관주의 인식론은 도덕적 지식이 참된 지식이라고 전제하고 감각기관으로는 참된 지식에 이를 수 없다고 상정하였다. 예를 들어 張載는 지식을 감각적 지식(見聞之知)과 도덕적 지식(德性所知)으로 나누고, 참된 인식에 이르기 위해서는 마음을 다하거나(盡心) 마음을 크게 함(大心)으로써 감각경험의 한계와 속박을 벗어나야 한다고 역설하였다.(『張子全書』, 권2, 『正蒙』, 「大心」, 21a, "大其心, 則能體天下之物, 物有未體, 則心爲有外. 世人之心, 止於聞見之狹. 聖人盡性, 不以見聞梏其心, 其視天下, 無一物非我, 孟子謂盡心則知性知天, 以此. 天大無外, 故有外之心, 不足以合天心. 見聞之知, 乃物交而知, 非德性所知. 德性所知, 不萌於見聞.") 반면에 최한기는 "만약 소리·색깔·냄새·맛·감촉을 떠나면, 사업에 통하는 것이 없어 살아가지 못할 것이다"라고 하여 외부 세계의 감각적 성질과 그에 대한 인식이 살아가는 데 필수적이라고 여겼다. 『神氣通』, 권3, 「不通偏通周通」, 19a, "如能離乎聲色香味諸觸, 事業無所通, 而不可生矣."

4) 마음은 우물물과 같다

최한기가 인식주체로 상정한 인간의 신기는 어떤 특징을 지니고 있을까? 최한기는 "옛날의 이른바 심체라고 하는 것은 곧 신기이다"[44]라고 하여 신기를 정신 작용의 주체로 상정하였다. 하지만 그가 말하는 신기와 주자학의 심은 근본적으로 다른 점이 있다. 주자학에서 일종의 인식방법론으로 제시한 궁리설의 기본 전제는 "인간의 마음 안에 온갖 리가 본래부터 갖추어져 있다"는 리본구론 내지 리본유론이다.[45] 이에 대해 최한기는 "궁리·격물의 학문은 모든 일과 모든 존재에 리가 있고 사람의 개별적인 마음에도 온갖 리가 갖추어져 있으므로 궁구할 수 없는 리가 없다고 여긴다"[46]고 규정하였다. 그는 주자학의 인식론적 전제가 인간의 마음 안에 온갖 이치가 선험적으로 갖추어져 있다는 리본구론임을 정확하게 파악하고 있었다.

'마음은 온갖 리를 갖추고 있다'(具衆理)나 '성이 곧 리이다'(性卽理)와 같은 정식에서 알 수 있듯이 주희가 인식의 궁극적 대상을 마음 안에 설정한 것은 사실이다.[47] 이것은 '구중리'의 정식이 무너지면 주자학의

---

44) 『人政』, 권9, 「善惡虛實生於交接」, 2a, "古所謂心體, 卽神氣也."

45) 『맹자』의 "만물이 모두 나에게 갖추어져 있다"(『孟子』, 「盡心」上, "萬物皆備於我矣, 反身而誠, 樂莫大焉. 强恕而行, 其仁莫近焉.")는 구절을 주희는 "리의 본연을 말한 것"이라면서 "만물의 리가 내 몸에 갖추어져 있다"는 뜻으로 풀이하였다. 『孟子集註』, 「盡心」上, "此, 言理之本然也. 大則君臣父子, 小則事物細微, 其當然之理, 無一不具於性分之內也.……此章, 言萬物之理, 具於吾身, 體之而實, 則道在我而樂有餘, 行之以恕, 則私不容而仁可得."

46) 『推測錄』, 권1, 「雖用而不知推」, 23b, "窮格之學, 以爲萬事萬物, 莫不有理, 而人之一心, 具衆理, 故無不可窮之理也."

47) 『孟子集註』, 「盡心」上, "心者, 人之神明, 所以具衆理而應萬事者也."; 『朱子語類』, 권5, 「性理」二, 4b, "所覺者, 心之理也. 能覺者, 氣之靈也."(節); 『朱子語類』, 권9, 「學」三, 9a,

궁리설이 기반을 잃을 수밖에 없다는 것을 의미한다. 최한기가 궁리설을 무력화하기 위해 그 기본 전제를 공격하는 데 주력한 것도 이 때문이다. 최한기가 파악한 인간의 마음은 사물을 인식하는 거울로서 그 본체가 순수하고 맑아 그 안에 아무 것도 없는 존재이다.[48] 인간의 마음은 아주 맑기 때문에 아무런 걸림돌이 없는 존재라는 뜻이다.[49] 그는 또 인간의 마음을 우물물에 빗대어 설명하기도 하였다. 우물이나 샘에서 갓 솟아나온 물은 그 어떤 색도 없이 맑고 투명하기 마련이다. 만약 그 물이 어떤 색깔을 띤다면 그것은 본래 그런 것이 아니라 솟아나온 이후에 색깔이 첨가되었기 때문이다.

> 마음의 본체는 마치 순수하고 맑은 우물물과 같다. 우물물에 먼저 파란색을 첨가하고 다음에 붉은색을 첨가하고 다음에 노란색을 첨가한 후 조금 기다려 보면, 파란색은 없어지고 붉은색은 점점 희미해지고 노란색은 아직 남아 있으나, 남아 있는 노란색도 오래지 않아 없어진다.…… 순수하고 맑은 것은 우물물의 본색이고 색을 첨가한 것은 우물물의 경험이다. 첨가한 색이 없어지더라도 순수하고 맑은 가운데 경험이 여전히 남아 있으니, 그것이 거듭 쌓이게 되면 추측推測이 저절로 생긴다.[50]

　　“一心具萬理, 能存心, 而後可以窮理.”(李札)

48) 『推測錄』, 권1, 「萬理推測」, 20b, “心者, 推測事物之鏡也. 語其本體, 純澹虛明, 無一物在中.”

49) 『人政』, 권11, 「知覺之源」, 14b, “蓋一身神氣, 從諸竅而通達大氣運化, 聲色臭味, 自襁褓漸漬習染於神氣, 則神氣本以瀅明無碍之體.”

50) 『推測錄』, 권1, 「本體純澹」, 16b~17a, “心之本體, 譬如純澹之井泉. 就井泉而先添靑色, 次添紅色, 次添黃色, 稍俟而觀之, 靑色泯滅, 紅色漸迷, 黃色尙存, 所存黃色, 亦非久泯滅.…… 純澹者, 井泉之本色也. 添色者, 井泉之經驗也. 添色雖泯, 純澹之中, 經驗自在, 至于積累, 推測自生.”

이것이 로크가 제기한 백지(tabula rasa)의 비유에 비견되는 우물물의 비유이다.[51] 널리 알려져 있듯이 로크는 인간의 모든 지식이 궁극적으로 경험에서 유래한다는 경험주의 인식론을 주창하였다. 그의 주장에 따르면 매우 복잡하고 심오한 관념일지라도, 설사 그것이 감관과 무관한 것처럼 보일지라도 그것은 단순 관념을 반복하고 한데 결합하여 형성한 관념에 불과하며,[52] 그 단순 관념은 감각(sensation)과 반성(reflection)에서 비롯된다.[53] 감각과 반성이라는 두 가지 원천을 통해 외부의 감각 대상과 마음의 내적 작용을 경험하기 전에는 그 어떤 관념도 마음에 내재하지 않는다는 의미인데, 로크는 인간이 타고난 본래 마음을 '빈 방', '아무런 문자도 없는 백지', '완전히 밀폐된 암실'에 비유했던 것이

---

51) 최한기의 인식론을 경험주의로 파악한 것은 박종홍이 처음이다. 그는 1965년에 발표한 우리 학계 최초의 최한기 연구 논문인 「최한기의 경험주의」에서 최한기의 인식론을 로크의 경험주의 인식론과 유사한 것으로 파악하였다. 그는 로크의 '백지', 베이컨(Francis Bacon)의 '시장의 우상', 오컴(William of Ockham)의 '유명론'과 면도날(razor), '논리실증주의', 듀이(John Dewey)의 'to try'와 'habit' 등의 개념을 빌려와 최한기 인식론이 지닌 경험주의적 성격을 부각시키고, 최한기를 '전통적인 유학사상을 실증적이고 과학적인 근대화와 관련시켜 새로운 태도로 발전시킨' 인물로 평가하였다. 박종홍, 「최한기의 경험주의」, 『아세아연구』 8-4(고려대학교 아세아문제연구소, 1965).

52) 존 로크, 『인간지성론』 1(정병훈·이재영·양선숙 옮김), 246~247쪽.

53) 로크는 그 유명한 백지의 비유에서 다음과 같이 말하였다. "이제 마음이 이른바 백지(white paper)고 가정해 보자. 이 백지에는 어떤 글자도 적혀 있지 않으며 어떤 관념도 없다. 그럼 어떻게 하여 이 백지에 어떤 글자나 관념이 있게 되는 것인가?…… 이런 질문들에 대해 나는 한마디로 경험(experience)에서라고 대답한다. 우리의 모든 지식은 경험에 그 토대를 갖고 있다. 우리의 모든 지식은 궁극적으로 경험에서 유래한다. 우리가 외부 감각 대상을 관찰하거나, 마음의 내적 작용을 스스로 지각하고 반성하여 이 작용을 관찰할 때, 우리 지성은 사유의 모든 재료를 공급받는다. 외부 대상과 마음의 내적 작용은 지식의 원천들이며 우리가 갖고 있거나 자연스럽게 가질 수 있는 모든 관념은 이 원천들에서 발생한다."(존 로크, 『인간지성론』 1, 150쪽) 로크가 "우리의 모든 지식은 궁극적으로 경험에서 유래한다"고 했을 때, 그 경험은 외부 대상에 대한 감각과 마음의 작용에 대한 반성 두 가지를 의미하는 셈이다.

다.[54] 로크가 이러한 비유들을 통해 의도한 것은 한마디로 본유 관념 (innate idea)의 부정인 동시에 경험과 관찰의 복권이었다. 로크의 인식론에서 경험과 관찰은 단순히 주관적이고 불확실하기 때문에 배제해야 하는 것이 아니라 진리에 이르는 유일한 통로라는 의미를 갖게 되었던 것이다.

한편 최한기는 마음을 거울에 빗대어 설명하기도 하였다. 그의 주장에 따르면, 거울이 어떤 사물을 비춘다고 해서 그 사물의 모습이 본래 거울 안에 들어 있었던 것은 아니다. 다만 거울의 응고된 형질이 기에 가까워 맑게 빛남으로써 사물이 지나갈 때마다 그것을 스스로 드러낼 뿐이다. 마음과 사물의 관계도 이와 같아서, 다만 비슷한 일들을 근거로 헤아릴 수 있는 것이지 만물의 리가 본래부터 마음에 갖추어져 있는 것이 아니다.[55] 거울에 비친 영상이 거울 앞에 놓인 대상의 반영이듯이 인간이 파악한 대상의 리 역시 대상에 대한 경험과 추론을 통해 획득한 것이라는 의미이다. 사실 최한기에게 비판받고 있는 주희도 자주 마음의 인식을 거울에 비유하여 설명하였다. "사람의 한 마음은 맑고 밝아서 거울의 텅 빔과 같고 저울의 평형과 같다"는 식의 비유가 그 예이다.[56] 주희의 주장에 따르면, 사람의 마음은 하나의 거울과 같아서 먼저

---

54) 스털링 P. 램프레히트, 『서양철학사』(김태길·윤명로·최명관 옮김, 을유문화사, 1981), 433쪽.

55) 『推測錄』, 권1, 「如鏡如水」, 4b~5a, "鏡之照物, 不爲塵垢所蔽, 則照盡天下物, 未見其不足也, 是豈萬物之像, 具在鏡中耶? 但其形質之凝, 近乎氣而明光映澈, 隨物過而自顯而已. 心之於物, 亦猶乎是, 但能引事類而測度, 非萬物之理素具于心也."

56) 『大學或問』(『朱子全書』6책), 「大學或問」下, 534쪽, "人之一心, 湛然虛明, 如鑑之空, 如衡之平, 以爲一身之主者, 固其眞體之本然, 而喜怒憂懼, 隨感而應, 姸蚩俯仰, 因物賦形者, 亦其用之所不能無者也."

334

어떤 영상도 없다가 사물이 오면 비로소 그 사물의 아름다움과 추함을 비춘다. 사람의 마음은 본래 맑고 밝기 때문에 사물이 오면 감촉에 따라 반응하여 자연히 그 사물의 높낮이와 경중을 알게 되고, 일이 지나가면 곧 이전처럼 텅 비게 된다는 것이다.[57]

이처럼 마음의 인식을 거울이 사물을 비추는 현상에 빗대어 이해하는 것은 실재론에 기초한 반영론에서 흔히 볼 수 있다. 예를 들어 스콜라철학에 기초해 있는 『천주실의』에서도 "눈이 아직 보지 못했다면 마음에는 그것의 상像을 가질 수 없다"면서 마음을 거울에 비유하였다.[58]

---

57) 『朱子語類』, 권16, 「大學」三, 39b, "人心如一箇鏡, 先未有一箇影象, 有事物來, 方始照見姸醜. 若先有一箇影象在裏, 如何照得? 人心本是湛然虛明, 事物之來, 隨感而應, 自然見得高下輕重, 事過便當依前恁地虛寂得."(賀孫)

58) 『天主實義』, 4-8, 198쪽, "惟仰觀俯察, 鑑其形, 而達其理, 求其本, 而遂其用耳. 故目所未睹, 則心不得有其像. 若止水, 若明鏡, 影諸萬物, 乃謂明鏡止水, 均有天地, 卽能造作之, 其可乎?" 이 거울의 비유는 로크의 거울 비유나 최한기의 우물물 비유와 맥락이 다르다. 『천주실의』의 거울 비유는 천지만물이 참된 지식의 원천이라는 것이 아니라 천지만물이 신에 의해 창조되었다는 것에 초점이 있다. 신이 천지만물을 창조했고, 인간은 그것들을 인식하고 사용할 뿐 만들어 낼 수 없다는 것이 『천주실의』가 거울의 비유를 통해 전달하고자 한 메시지이다. 이에 대해 "고요한 물과 밝은 거울 같은 것이 만물을 비춘다고 해서, 밝은 거울과 맑은 물이 모두 천지를 가지고 있고 그것들을 만들어 낼 수 있다고 말한다면 어찌 옳겠습니까?"라고 하였다. 물론 토마스 아퀴나스에 의해 집대성된 스콜라철학은 플라톤과 달리 존재의 본질, 즉 형상(form)을 개별 사물 안으로 끌어들인 아리스토텔레스의 철학을 받아들인 관계로 아우구스티누스의 이론체계와 다르게 개체에 대한 감각 인식을 매우 중요하게 여긴 것이 사실이다. 이와 관련하여 토마스 아퀴나스는 아리스토텔레스를 따라 "우리들의 모든 인식은 감각에서 시작되는 것"(『신학대전』 I, 1, 9; 요한네스 힐쉬베르거, 『서양철학사』 상, 강성위 옮김, 546쪽)이라고 하였다.
사실 "아리스토텔레스에게 있어서는, 모든 인식이 감각적인 지각에서부터 시작된다. 영혼은 감각적인 표상이 없이는 생각할 수가 없다."(요한네스 힐쉬베르거, 『서양철학사』 상, 230쪽) 이와 같은 측면에서 보자면, 최한기가 근대 인식론의 세례를 받았다는 직접적인 증거가 없는 상황에서 그의 경험 중시 인식론을 꼭 로크의 경험주의 인식론과 연계해서 설명해야 할 필연적인 이유는 없는 셈이다. 오히려 최한기가 한 역서학서를 통해서 접한 아리스토텔레스 인식론, 그리고 그것의 기독교 신학적 형태인 토미즘의 인식론이 최한기 인식론의 형성에 영향을 주었다고 보는 것이 더 설득

거울은 본래 아무런 영상이 없으며 사물이 다가와야 비로소 그 사물을

력이 있다. 하지만 스콜라철학이 자연에 대한 경험적 인식을 강조한 것은 자연 속에서 신의 존재를 증명하는 것이 근본 목적이었던 만큼, 그 자연인식은 궁극적으로 '신의 진리'에 대한 인식과 믿음에 종속되었다는 특징이 있다. 따라서 토미즘의 인식론은 과학적 진리에 초점을 맞춘 로크의 인식론이나 역시 자연인식 자체에 목적을 둔 최한기의 인식론과 문제설정 자체가 다르다.

토미즘의 영혼론을 상세하게 소개한 책인 『영언여작』에서 논한 인간의 인식도 감관을 통한 감각으로 시작되지만, 覺魂의 公司와 思司를 거쳐 영혼의 明悟에 이르는 인식 과정은 결국 개별 사물의 물질성을 탈각시킴으로써만 가능한 보편(靈像)의 인식이었다. 이러한 인식은 일종의 본질 직관으로서 그 기저에는 "우리들의 정신의 본래적인 대상은 질료적으로 실현된 본질이라고 하는 견해"(『신학대전』 I, 84, 7; 요한네스 힐쉬베르거, 『서양철학사』 상권, 592~593쪽에서 재인용)가 전제되어 있다. 토마스 아퀴나스는 보편 내지 형상의 존재를 상정하고 이성으로 그것을 인식하는 것이 참된 인식이라고 여겼던 것이다.

반면에 로크의 경우는 잠재적이고 영원한 형상의 존재를 인정하지 않은 관계로 "감각적인 내용의 추상을 통해서 보편적인 표상들이 새로이 만들어진다"(요한네스 힐쉬베르거, 『서양철학사』 상, 593쪽)는 특징이 있다. 토마스 아퀴나스가 개체에 내재한 보편, 다시 말해 신이 설계한 보편의 발견을 추구했다면 로크의 보편(보편이라는 말이 가능하다면)은 개체 인식을 통해 추상된 보편, 본래 없었다는 의미에서 만들어진 보편일 뿐이다. 찾아낸 보편과 만든 보편의 차이는 보편실재론과 유명론의 서로 다른 귀결인 셈인데, 결국 "토마스 아퀴나스는 플라톤에 반대하여 감각적인 지각을 전적으로 옹호했음에도 불구하고, 이 감각적인 지각의 뜻을 인정하는 데 있어서는 플라톤과 아우구스티누스의 테두리를 크게 벗어나지 못했다"고 평가할 수 있다.(요한네스 힐쉬베르거, 『서양철학사』 상, 593쪽) 아우구스티누스와 마찬가지로 토마스 아퀴나스의 경우에도 보편 인식의 정점에 신에 대한 인식이 자리하고 있다는 점에서 더더욱 그렇다.

이에 대해서 『영언여작』은 "우리 인간은 이미 이 빛, 즉 明悟를 가지고 있어 이치를 궁구하고 사물을 탐구하여 그 知를 극진히 다하여 만물의 근본에 이를 수 있다. 만약 사람이 만사를 밝게 깨달았다고 하더라도 근본을 인식하지 못하면 큰 빛 속에 있으면서도 봉사처럼 눈이 어두워 암흑의 지옥과 다르지 않을 것이니, 어찌 애석하지 않겠는가?"라고 하였다.(『靈言蠡勺』 上, 19a, "吾人旣有此光, 可得窮理格物, 致極其知, 而至於萬物之根本. 若有人明悟萬事, 而不識根本, 如在大光中而目眩如盲, 與黑獄無別, 豈不惜哉?") 여기서 만물의 근본은 신을 뜻하므로 만물의 인식이라는 것은 신을 인식하기 위한 과정이라는 제한적인 의미를 갖는다. 이처럼 개별 사물의 감각 인식을 통해 그 사물에 잠재적으로 내재한 보편을 인식하고, 궁극적으로 신의 인식을 지향하는 토미즘의 인식은 개별 사물의 감각 인식을 통해 그 사물에 내재한 개별 리를 인식하고 궁극적으로 개별 리를 관통하고 있는 보편 리(一理)의 인식을 목적으로 하는 주자학의 인식과 형식의 측면에서 매우 흡사하다.

있는 그대로 비춘다는 것이 이 비유들의 일차적인 핵심이다. 이것만으로 보면 주희의 거울 비유와 최한기의 거울 비유는 본질적으로 달라 보이지 않는다. 그렇다면 최한기의 거울 비유가 주희와 갈라지는 지점은 어디일까? 앞에서 살핀 것처럼 주희는 마음의 영상이 외물과의 접촉을 통해 일시적으로 형성되는 것이지 애초부터 마음 안에 있었던 것이 아니라고 이해했지만, 동시에 그는 마음 안에는 본래부터 만물의 리가 있었다는 것을 당연하게 여겼다. 주희가 상정한 마음 안에는 대상의 영상은 없지만 대상의 리는 있었던 것이다. 주희의 거울은 본래 사물의 영상이 없다는 점에서 최한기의 거울과 같지만, 사물의 리를 갖추고 있다는 점에서는 최한기의 거울과 본질적으로 다르다.

이 지점에서 주희가 생각한 마음의 인식 작용에서 리의 역할이 무엇인지 확인할 필요가 있다. 주희는 "사람의 마음은 본래 맑고 밝아 사물이 오면 감촉에 따라 반응하여 자연히 그 사물의 높낮이와 경중을 알게 된다"고 여겼다.[59] 여기서 응함의 주체는 마음이다. 이에 대해 주희는 "마음은 사람의 신명으로서 온갖 리를 갖추고 만사에 응한다"고 하기도 하였다.[60] 만약 마음이 '느낀 것에 따라 응할 때'나 '만사에 응할 때' 리가 아무런 역할을 하지 않는다면, 리는 마음의 작용 과정에서 하는 일이 없고 그저 마음의 인식 작용에 따라 인식되는 인식대상이라는 매우 협소한 의미만을 갖게 된다. 하지만 주희의 심성론에서 성은 마음의 본체이자 리라는 위상을 지닌 존재이다.[61]

---

59) 『朱子語類』, 권16, 「大學」 三, 39b, "人心本是湛然虛明, 事物之來, 隨感而應, 自然見得高下輕重."(賀孫)

60) 『孟子集註』, 「盡心」 上, "心者, 人之神明, 所以具衆理而應萬事者也."

61) 『朱子語類』, 권4, 「性理」 一, 11a, "蓋性中所有道理, 只是仁義禮智, 便是實理. 吾儒以性爲

이와 관련해 주희는 "어진 사람은 리가 곧 마음이고 마음이 곧 리여서 하나의 일이 오면 곧 하나의 리가 응한다"고 하였다.[62] 이 말은 어진 사람을 특정한 것이긴 하지만, 마음의 작용과 리의 관계를 짐작할 수 있는 실마리를 제공해 준다. 주희는 여기서 사람과 외물의 이상적인 관계를 "하나의 일이 오면 하나의 리가 응한다"고 표현하였다. 어떤 외물에 직면하게 되면, 마음의 온갖 리 가운데 그 외물에 적합한 리가 반응한다는 뜻이다. "마음은 사물이 오면 느낀 것에 따라 응한다"는 것은 단순히 사물의 겉모습을 인식하는 데 그치는 것이 아니라 그 사물을 처리하는 리가 작동한다는 것을 함축한다. 주희가 상정한 인간의 마음에는 이미 대상을 인식하고 처리하는 온갖 리가 내장되어 있다가 어떤 사물을 만나면 그 사물에 대응되는 리가 반응한다는 것이다. 주희의 인식론에 따르면 인간의 마음 안에는 날 때부터 만물을 인식하고 만물을 올바로 처리하는 리의 체계가 있으며, 이 리의 체계를 떠나서는 대상 사물을 인식하고 처리하지 못한다. 요컨대 인간은 누구나 그 리의 체계를 통해 대상을 인식하고 처리할 수밖에 없고, 따라서 리의 체계는 마음에 내장된 인식과 실천의 틀이라고 할 수 있다. 칸트의 용어를 빌리자면, 그것은 인식과 실천의 선험적 형식인 셈이다. 최한기가 주희 철학의 인식론적 전제를 비판했던 것이 바로 이 지점이다.

최한기가 제시한 거울의 비유를 다시 살펴보자.

　　實, 釋氏以性爲空."(昀);『朱熹集』, 권74,「孟子綱領」, "性本體也, 其用情也. 心則統性情, 該動靜而爲之主宰也."
(62)『朱子語類』, 권37,「論語」十九, 5ab, "仁者, 理卽是心, 心卽是理, 有一事來, 便有一理以應之, 所以無憂."(方子)

거울이 물건을 비추는 것은 티끌과 때가 가리지 않으면 천하의 사물을 다 비추는 데 부족함이 없다. 이것이 어찌 만물의 상像이 거울 안에 들어 있기 때문인가? 다만 거울의 응고된 형질이 기에 가까워 맑게 빛남으로써 사물이 지나갈 때마다 그것을 스스로 드러낼 뿐이다. 마음과 사물의 관계도 이와 같아서, 다만 비슷한 일들을 근거로 헤아릴 수 있는 것이지 만물의 리가 본래부터 마음에 갖추어져 있는 것이 아니다.[63]

거울에 비친 상은 거울 안에 본래부터 있었던 것이 아니라 거울이 앞에 있는 물건을 비춘 결과이다. 거울의 표면과 그 앞에 놓인 사물이 어떤 형태로든 접하게 되면 아무것도 없던 거울 안에 비로소 상이 생기는 것이다. 앞에서 살핀 것처럼 로크는 마음 안에 형성된 관념이 외부 대상에 대한 감각과 마음의 작용에 대한 반성에서 유래한다고 여겼다. 여기서 반성은 "우리 자신의 마음의 작용들에 대한 지각이다." 그 마음의 작용을 구체적으로 말하면 "지각, 생각하기, 의심하기, 믿기, 추론하기, 알기, 의지 작용 그리고 우리 자신의 마음의 모든 다른 행동이 바로 이러한 작용들이다." 인간은 이와 같은 마음의 "작용들을 의식하고 우리 안에서 관찰함으로써 구별되는 관념들을 이 작용들로부터 지성 안으로 받아들인다"는 것이 로크의 주장이다. 결국 반성이라는 것은 마음의 작용에 대한 의식 내지 관찰을 뜻하므로 그 반성의 주체는 감각기관, 즉 "감관과 매우 닮았으며, 그리하여 일종의 내적 감관(internal sense)이라고 부르기에 아주 충분하다."[64] 아무튼 로크가 관념의 원천을 외부 대

---

63) 『推測錄』, 권1, 「如鏡如水」, 4b~5a, "鏡之照物, 不爲塵垢所蔽, 則照盡天下物, 未見其不足也, 是豈萬物之像, 具在鏡中耶? 但其形質之凝, 近乎氣而明光映澈, 隨物過而自顯而已. 心之於物, 亦猶乎是, 但能引事類而測度, 非萬物之理素具于心也."

64) 존 로크, 『인간지성론』 1, 151쪽.

상과 마음의 작용 두 가지로 한정한 것은 인간의 모든 관념과 그 구성물인 지식이 감각과 반성이라는 경험에 기원을 둔 것이라는 의미였다.

마찬가지로 최한기가 거울의 비유를 통해 하고자 했던 말은 거울의 영상에 비견되는 마음의 관념과 지식이 본래 마음속에 있었던 것이 아니라 경험으로부터 유래한다는 것이었다. 마음의 본체에는 그 어떤 리도 없다는 것으로 이를 한마디로 본유 관념의 부정이라고 할 수 있다. 마음은 다만 거울이 앞에 놓인 얼굴을 비추고 우물물이 첨가된 색깔에 물들듯이 경험을 통해서 관념을 형성하고 지식을 쌓아 갈 뿐이다. 최한기는 그 근거로 두 가지를 들었다. 누구나 일찍이 보고 듣지 않은 일에 대해서는 알지 못한다는 것이 첫 번째 증거이며, 마음은 감각기관을 통해 획득한 소리·색·냄새·맛에 자극을 받아서 그것을 기초로 추론하고 판단할 뿐이라는 것이 두 번째 증거이다.[65] 그는 이어서 "설사 본래 아는 것이 있다고 하더라도 그것이 운동변화 하는 기에 증험되지 않으면 쓸데없는 지식이다"라고 하였다.[66] 인간의 마음에 있는 그 어떤 지식도 객관 존재에 의해서 증험되지 않는 한 그것은 헛된 지식, 즉 환상에 불과하다는 뜻이다. 반면에 인간의 마음에 "본래 지식이 없더라도 운화를 경험함으로써 지식을 얻고 그것을 운화에 증험하는 데 이르면, 그것이 곧 쓸모 있는 지식"이라고 하였다.[67] 쓸모 있는 지식이나 확실

65) 『人政』, 권11, 「知覺之源」, 14b, "人於不曾聞見之事, 罔昧方向, 乃本無所知之一證也. 目之有見, 耳之有聞, 鼻之有嗅, 口之有味, 卽形器所具, 而神氣感動於聲色臭味, 以爲前後彼此之推測而已, 乃本無所知之二證也."

66) 『人政』, 권11, 「知覺之源」, 14b, "設有素知, 無證驗於運化氣, 乃無用之知."

67) 『人政』, 권11, 「知覺之源」, 14b~15a, "果無素知, 而得知於運化之經歷, 用達於運化之證驗, 是爲可用之知."

한 지식은 경험에 의해서 획득되는 것이지 경험을 초월한 깨달음이나 본유관념에 의해서 확보되는 것이 아니라는 의미이다.

최한기의 주장에 따르면 어떤 지식의 옳고 그름은 그것이 얼마나 많은 경험에 의해 밑받침되느냐에 달려 있다.[68] 그래서 그의 관점에서 보면, "만물이 모두 나에게 갖추어져 있다"는 맹자의 언급이나 "온갖 리를 갖추고 만사에 응한다"[69]고 한 주희의 언급은 못마땅할 수밖에 없다. 주희는 "만물이 모두 나에게 갖추어져 있다"는 구절을 군신과 부자에서부터 미세한 사물에 이르기까지 당연의 리가 모두 성 안에 갖추어져 있다고 풀이했으며,[70] 더 나아가 인식대상이 마음 안에 있는 리라는 것을 분명히 하였다.[71] 만물 내지 만물의 리가 마음 안에 모두 갖추어져 있고, 더욱이 그것이 인식해야 할 대상이라는 주장은 그 어떤 본유관념도 인정하지 않는 최한기의 생각과 충돌한다. 여기서 최한기는 이 두 명제를 재해석함으로써 그 충돌을 피하려는 시도를 하였다. 맹자와 주희의 위 언급은 사물의 리가 본래부터 마음에 갖추어져 있다는 뜻이 아니라 마음이 지닌 사유작용, 즉 추리하고 판단하는 추측작용을 찬미한 것일 뿐이라는 해석이 그것이다.[72]

---

68) 『人政』, 권11, 「知覺之源」, 15a, "以其多驗爲知, 是非可定也."

69) 『孟子集註』, 「盡心」 上, "心者, 人之神明, 所以具衆理應萬事者也. 性則心之所具之理, 而天又理之所從以出者也.";『大學章句』, 經1章, "明德者, 人之所得乎天, 而虛靈不昧, 以具衆理, 而應萬事者也."

70) 『孟子』의 "萬物皆備於我矣"에 대해서 주희는 다음과 같이 주석을 달았다. "此, 言理之本然也. 大則君臣父子, 小則事物細微, 其當然之理, 無一不具於性分之內也.……此章, 言萬物之理具於吾身, 體之而實, 則道在我而樂有餘, 行之以恕, 則私不容而仁可得."(『孟子集註』, 「盡心」 上)

71) 『朱子語類』, 권5, 「性理」 二, 4b, "所覺者, 心之理也. 能覺者, 氣之靈也."(節)

72) 『推測錄』, 권1, 「萬理推測」, 20b~21a, "心者, 推測事物之鏡也. 語其本體, 純澹虛明, 無一物在中. 但見聞閱歷, 積具成習, 推測生焉.……孟子曰, 萬物皆備於我矣. 朱子曰, 具衆理, 應

최한기는 양지설도 당연히 받아들이지 않았다. 맹자는 사람이 배우지 않고도 할 수 있는 것과 생각하지 않고도 아는 것을 각각 양능과 양지라고 규정하고, 그것의 구체적인 사례로 어린 아기가 부모를 사랑할 줄 알고 자라서 형을 공경할 줄 안다는 것을 들었다.[73] 이에 대해 주희는 정자의 말을 인용하여 "양지와 양능은 타고난 것이지 인위적으로 획득된 것이 아니다"라고 했으며,[74] 왕수인도 양지를 가리켜 옳고 그름을 구분할 줄 아는 시비지심으로서 배우거나 고심하지 않아도 사람이면 누구나 갖게 되는 능력이라고 하였다.[75] 왕수인의 양지는 경험이나 학습과 관계없이 인간이면 누구나 자연스럽게 알 수 있고 실천할 수 있는 타고난 능력인 셈이다. 이렇게 후천적인 학습이나 경험이 없어도 윤리적 인식과 이에 기초한 실천이 가능하다면, 그 실천을 위해 독서와 강론 같이 지식을 습득하는 공부가 꼭 필요한 것은 아니다. 양지는 배우지 않고도 알고 실천할 수 있는 도덕적 본체이므로 부모를 섬기는 구체적인 방법을 일일이 공부하지 않아도 양지의 발현만으로 부모를 섬기는 일이 자연스럽게 이루어질 수 있기 때문이다.[76]

萬事. 此皆贊美推測之大用也, 決非萬物之理, 素具於心也."

73) 『孟子』, 「盡心」上, "人之所不學而能者, 其良能也, 所不慮而知者, 其良知也. 孩提之童, 無不知愛其親也, 及其長也, 無不知敬其兄也."

74) 『孟子集註』, 「盡心」上, "良者, 本然之善也. 程子曰, 良知良能, 皆無所有, 乃出於天, 不繫於人."

75) 『王陽明全集』, 권8, 「書朱守乾卷」, 80쪽, "夫良知者, 卽所謂是非之心, 人皆有之, 不待學而有, 不待慮而得者也. 人孰無是良知乎? 獨有不能致之耳."

76) 『王陽明全集』, 권1, 『傳習錄』上, 4쪽, "知是心之本體. 心自然會知, 見父自然知孝, 見兄自然知弟, 見孺子入井, 自然知惻隱. 此便是良知, 不假外求. 若良知之發, 更無私意障礙, 卽所謂充其惻隱之心, 而仁不可勝用矣." 왕수인의 양지는 마음의 본체로서 부모를 보면 자연히 효를 할 줄 알고 어린아이가 우물에 빠지는 것을 보면 자연히 측은할 줄 아는 능력이다. 따라서 양명학에서 중요한 것은 독서와 강론을 통해 객관 존재의 리를 습득하는 궁리의 학문이 아니라 내 마음의 양지를 훼손하지 않고 실천하는 것이다. 이것이 치양지이다. 『王陽明全集』, 권2, 『傳習錄』中, 「答顧東橋書」, 30쪽, "致吾心之良

모든 지식을 후천적으로 습득한 것이라고 여기는 최한기가 양지설을 비판한 것은 너무도 당연하다. 최한기에 의하면 양지는 인간이 태어날 때부터 지니거나 경험과 무관하게 발휘되는 능력이 아니다. 다시 말해 어린아이가 부모를 사랑하고 동생이 형을 공경하는 것은 경험을 통해 습득한 것이지 양지와 양능에서 자연발생적으로 나온 행위가 아니라는 것이다. 이에 대해 그는 "사랑과 공경이 양지와 양능에서 나온다고 한 것은 특별히 습염習染 이후, 즉 학습을 통한 습득 이후를 말한 것이지 습득 이전의 일을 말한 것이 아니다"라고 하였다.[77] 부모를 사랑하고 형을 공경하는 것은 양지에 의한 도덕적 자각과 실천도 아니고 마음에 내재한 도덕적 본성의 자연스러운 발현도 아니며, 실제로 여러 해 동안 보고 들은 경험의 누적과 이에 기초한 추론과 판단의 결과라는 것이다. 이처럼 최한기는 인간의 마음 안에 인식대상인 리가 존재하지 않는 것은 물론이고, 경험과 무관하게 리를 자각할 수 있는 선험적 인식 능력도 존재하지 않는다고 여겼다.

5) 지식은 경험으로부터 시작된다

인간의 마음 안에 만물의 리가 있는 것도 아니고 만물의 리를 스스로 알 수 있는 능력도 없다면, 마음만으로는 지식의 형성이 불가능하다. 따라서 지식의 일차적인 원천은 일단 외부 대상일 수밖에 없고, 그 대상

知者, 致良知也."

77) 『推測錄』, 권1, 「愛敬出於推測」, 29b, "是以愛親敬兄, 實出於積年染習之見聞推測矣. 所謂 愛敬出於良知良能者, 特擧其染習以後而言也, 非謂染習以前之事也."

에 대한 인식은 현실적으로 인간의 감각기관과 외부 대상과의 만남인 감각경험을 통해서 가능하다.[78] 최한기는 경험을 통해 객관 존재의 리를 인식한다는 경험주의 인식론을 일관되게 주장했는데, 다음 인용문은 인식과 경험의 관계를 명확하게 보여 준다.

신기는 지각知覺의 토대이고 지각은 신기의 경험이다. 그러므로 신기를 지각이라고 여겨서도 안 되며 또 지각을 신기라고 해도 안 된다. 경험이 없으면 한갓 신기만 있을 뿐이며, 경험이 있으면 신기가 저절로 지각을 갖게 된다. 경험이 적은 사람은 지각 또한 적고 경험이 많은 사람은 지각 또한 많다.[79]

신기, 즉 마음은 지각의 토대일 뿐 지각 자체가 아니다.[80] 최한기가 신기와 지각의 구분을 강조한 것은 인식주체인 마음과 인식 작용인 지각을 혼동해서는 안 된다는 것으로 여기에는 인식 과정에 경험을 끌어들이려는 의도가 있었다. 그의 주장에 따르면 경험이 없는 상태에서 마음은 마음으로서 존재할 뿐 인식 작용을 하지 않으며, 경험이 있어야 비로소 인식 작용이 작동한다. 요컨대 인식은 경험으로부터 시작되며, 따라서 지식의 기원은 경험이다. 이렇듯이 지식의 기원을 경험에 두었

---

78) 『推測錄』, 권1, 「推物理明己德」, 14a, "心未與物接, 心自是心, 物自是物. 及其與物交接, 是乃推心在物, 而物之理可驗.";『神氣通』, 권1, 「收得發用有源委」, 35b, "有能不由諸竅諸觸, 而通達人情物理者乎? 又有能不由諸竅諸觸, 而收聚人情物理, 習染於神氣者乎?"

79) 『神氣通』, 권1, 「經驗乃知覺」, 41b, "神氣者, 知覺之根基也. 知覺者, 神氣之經驗也. 不可以神氣謂知覺也, 又不可以知覺謂神氣也. 無經驗, 則徒有神氣而已, 有經驗, 則神氣自有知覺耳. 經驗少者, 知覺亦少, 經驗多者, 知覺亦多."

80) 여기서 지각은 마음이 어떤 대상을 인식하는 작용과 그 인식의 결과를 포괄적으로 지칭한다. 보통 知覺이라는 말은 동물의 인지 능력에도 적용되므로 불교의 깨달음처럼 일정한 경지에서 가능한 초월적 깨달음만을 의미하지 않는다.

다는 측면에서 최한기의 인식론을 경험주의 인식론으로 규정하는 것은 큰 무리가 없다.

한편 최한기는 경험을 기의 경험(氣經驗)과 마음의 경험(心經驗)으로 나누고, 이 두 가지를 구분해야만 학문이나 가르침의 대소와 허실을 변별할 수 있다고 강조하였다.[81] 마음의 경험은 마음을 위주로 대상을 판단하는 것으로 결코 참된 인식에 도달할 수 없는 주관적인 경험이다. 결과적으로 마음의 경험은 편협한 내면세계에 갇혀 역상·수학·지지를 현실에 꼭 필요한 것이 아니라고 여기고 물류(物類)와 기계를 천박하고 자잘한 것으로 여겨 모두 소홀히 한다. 게다가 단지 마음을 위주로 사물을 경험함으로써 자신의 좁은 소견을 보편적인 것이라고 여기고, 자신의 편협한 생각을 보편 법칙으로 여긴다는 문제가 있다.[82] 반면에 기의 경험은 글자 그대로 기에 대한 경험, 즉 기로 이루어진 외부 대상에 대한 경험이다.[83] 주관적인 편견을 배제하고 감각을 통해 외부 대상과 만나는 경험이 곧 기의 경험이다. 물론 참된 지식은 마음에 의해서 만들어지지 않고 마음 바깥에 존재하는 객관 존재를 경험하는 기의 경험을 통해 획득된다.

최한기가 지식의 기원으로 제시한 경험은 기의 경험, 즉 객관 존재에 대한 경험이었다. 이처럼 최한기의 인식이론에서 참다운 지식은 경

---

81) 『人政』, 권13, 「心經驗氣經驗」, 16a, "論學問敎法者, 當知心經驗氣經驗, 可以辨別學問敎法 大小虛實."

82) 『人政』, 권13, 「心經驗氣經驗」, 16ab, "心經驗, 以曆象數學地志, 爲迂遠不急之務, 以物類器 械, 爲卑言瑣屑之事, 總歸忽略, 只主於心, 而經驗事物, 以房闥之見, 爲四海之廣, 以一隅之合, 爲萬事之則."

83) 『人政』, 권13, 「心經驗氣經驗」, 16a, "氣經驗, 始從天地人物之氣, 得經驗而貯神氣, 用經驗 於天下人物之氣, 前後之合不合爲經驗."

험으로부터 출발한다. 보고 듣고 냄새 맡고 하는 감각경험이 없다면 참된 인식이 이루어질 수 없다는 의미이다.[84] 앞에서 살펴본 것처럼, 누구에게나 타고난 지식이 없다는 것을 입증하기 위해 그는 두 가지 논거를 제시하였다. 일찍이 듣고 본 적이 없는 일에 대해서는 알지 못한다는 것이 그 첫 번째이며, 인간의 마음은 오직 소리·색깔·냄새·맛과 같은 감각 내용에 근거해서 추리하고 판단할 뿐이라는 것이 그 두 번째이다.[85] 그의 논증이 얼마나 설득력이 있느냐 하는 것은 또 다른 문제이지만, 어떤 형태로든 경험과 관계되지 않은 지식은 공허할 뿐이라는 것을 그가 일관되게 강조한 것만큼은 분명하다. 이는 그의 주된 인식론적 관심사가 객관 존재에 대한 정확한 지식의 획득에 있었다는 것을 의미한다. 최한기가 마음의 경험에 대해 역상·수학·지지·물류·기계와 같이 객관 존재를 반영한 지식체계 내지 그 지식을 활용한 학문을 소홀히 한다고 비판했던 것도 이와 무관하지 않다.

최한기는 한 걸음 더 나아가 사람이 추리하고 판단하는 것도 날 때부터 가능한 능력이 아니라 경험이 쌓여감에 따라 생겨나는 것으로 이해하였다. 그의 주장에 따르면, 사람이 처음 태어났을 때 마음은 맑고 깨끗해 그 안에 아무것도 없으며 단지 보고 들을 수 있을 뿐이다.[86] 견문이 쌓이고 경험이 축적되어야 비로소 추리하고 판단할 수 있게 된다

---

84) 『神氣通』, 「神氣通序」, 2a, "捨此耳目口鼻手足諸觸, 有何一毫可得之理, 可驗之事乎?"

85) 『人政』, 권11, 「知覺之源」, 14b, "人於不曾聞見之事, 罔昧方向, 乃本無所知之一證也. 目之有見, 耳之有聞, 鼻之有嗅, 口之有味, 卽形器所具, 而神氣感動於聲色臭味, 以爲前後彼此之推測而已, 乃本無所知之二證也."

86) 『推測錄』, 권1, 「不可以知自許」, 29b, "人生之初, 惟有靈明之心, 而能見聞事物. 見聞積漸, 而推測生焉. 推測生, 而能知覺事物."

는 것이다.[87] 이에 대해 그는 “어릴 때부터 장성할 때까지 얻은 지각과 시행한 추측은 모두 내가 스스로 얻은 것이지 하늘이 나에게 준 것이 아니다”라고 단언하였다.[88] 물론 그는 추리하고 판단하는 능력이 경험으로부터 어떻게 형성되는지에 대해서는 구체적으로 논하지 않았다. 그럼에도 분명한 것은 보고 들은 경험이 없으면 추리하고 판단하는 사고를 할 수 없다는 것을 그가 명확히 했다는 점이다.

또한 최한기는 측은지심과 같은 도덕적인 마음, 희로애락과 같은 일반적인 감정, 심지어는 이성에 대한 욕구까지도 경험을 통해 형성된다는 놀라운 발상을 하였다. 먼저 측은지심의 경우에는 “과거에 사람이 무거운 것에 깔리거나 물에 빠져 죽은 사람이 많다는 것을 들어서 알기 때문에, 어린아이가 우물에 빠지려는 것을 보면 놀라고 측은한 마음이 생긴다”고 하였다.[89] 어린아이가 우물에 빠지는 것을 보았을 때 측은한 마음이 생기는 것은 그 이전에 유사한 사건에 대한 경험이 있었기 때문이라는 것인데, 후천적인 경험이나 학습이 없이는 사단과 같은 도덕적인 마음이 발현할 수 없다는 의미이다.[90] 이와 같은 견해는 누구나 태

---

87) 『推測錄』, 권1, 「萬理推測」, 20b, “心者, 推測事物之鏡也. 語其本體, 純澹虛明, 無一物在中. 但見聞閱歷, 積久成習, 推測生焉. 若無積久之閱歷, 推測從何以生?”

88) 『神氣通』, 권1, 「知覺推測皆自得」, 4a, “自孩嬰至壯盛, 所得之知覺, 所用之推測, 皆自我得之, 非天之授我也.”

89) 『人政』, 권9, 「善惡虛實生於交接」, 2b, “前日聞知壓溺之多死, 故乍見孺子入井, 有怵惕惻隱之心. 曾未聞壓溺之患者, 見孺子入井, 未有惻隱之心.”

90) 최한기 역시 인간의 본성이 인의예지라는 것을 인정하였다. 그는 “사람과 만물로서 하늘의 기와 땅의 질을 품부한 것은 성과 정이 없는 것이 없으니, 그 生의 리를 성이라 하고, 성이 밖으로 나타나는 것을 정이라고 한다”고 전제하고, “사람의 성은 인의예지이고 정은 희로애락이다”라고 분명히 하였다.(『推測錄』, 권3, 「人物性情」, 1a, “人物之受天氣而稟地質者, 莫不有性情, 指其生之理曰性, 指其性之發用曰情.……人之性, 仁義禮知也, 情, 喜怒哀樂也.”) 그는 또 “태어날 때부터 갖춘 것으로 말하면 같지 않음이 없다”면서, 오성과 칠정, 목마르면 물 마시고 배고프면 밥 먹고 여름에는 베옷 입고 겨울에

어나면서 도덕적인 본성을 부여받았다고 상정하고, 그 본성의 자연스러운 발현으로 도덕적인 마음을 설명하는 맹자나 주희의 심성론과 같지 않다.

또한 최한기는 희로애락도 누구나 날 때부터 가지고 태어나는 것이 아니라 경험이 축적됨에 따라 형성되고 발휘되는 것이라는 점을 강조하였다. 사람은 그 어떤 선험적인 관념도 없는 마음을 가지고 태어나지만 포대기에 싸여 있을 때부터 소리·색·냄새·맛을 경험하며, 그 경험 과정에서 자신에게 맞는 것(順)을 좋아하는 반면에 자신을 거스르는 것(逆)을 싫어하며[91] 또 그 경험을 기억할 수 있어 희로애락이 있게 된다는 것이다.[92] 문제는 "7~8세에 이르러 그가 면전에서 응수하는 것을 곁에서 본 사람들은 이전에 습득한 것은 생각하지 않고, '사람은 하늘이 부여한 지知를 갖추었다'고 여긴다"는 점이다. 이에 대해 최한기는 "남

는 털옷 입는 것, 군신·부자·부부·장유·붕우의 윤리를 그 예로 들었다.(『推測錄』, 권5, 「性同習異」, 1b, "語其生之所其有, 則無有不同, 內而五性七情, 次而渴飮饑食, 夏褐冬裘, 以至于君臣父子夫婦長幼朋友之倫, 我旣有此, 人亦有此.") 그럼에도 불구하고 그는 "추측하는 가운데, 자연히 생성의 인과 적절(適宜)의 의와 순서의 예와 선악 판단(勸懲)의 지가 있다"고 하여, 인의예지의 인식과 현실화는 추측을 통해 이루어진다는 관점을 일관되게 유지하였다. 그 결과 그는 "사람들은 혹 인의예지가 본래 나의 성에 갖추어져 있다고 여겨 결국 사물을 버려두고 단지 나에게서 구하는 폐단이 있다"면서, "만약 '누구에게나 금과 옥을 모으는 방법이 있다'고 하면 옳지만, '누구에게나 본래부터 축적된 금과 옥이 있는데 그것을 사용하지 못한다'고 하면 옳지 않다"고 강조하였다.(『推測錄』, 권3, 「仁義禮智」, 8ab, "推測之中, 自有生成之仁, 適宜之義, 循序之禮, 勸懲之知. …… 人或以爲仁義禮知, 素具於我性, 其流之弊, 遺物而只求於我, 烏可論其求得之方也? 如收聚金玉者, 自有積累而得, 非人人所可能也. 若謂人皆有收聚金玉之方則可, 若謂人皆有素積之金玉, 而不得須用, 則不可.")

91) 여기서 맞는 것(順)은 자신의 운화에 맞거나 도움이 되는 것, 거스르는 것(逆)은 자신의 운화에 역행하거나 해가 되는 것 정도의 뜻이다.

92) 『人政』, 권11, 「知覺之源」, 14b, "蓋一身神氣, 從諸竅而通達大氣運化, 聲色臭味, 自襁褓漸漬習染於神氣, 則神氣本以瀅明無碍之體, 習染見聞臭味, 而好順惡逆, 又能記繹經驗, 至有喜怒哀樂."

지 못한 한 칸의 장벽이 있다"고 비판하였다.[93] 『예기』에서 '배우지 않고도 능한 것'이라고 규정한 칠정[94]을 최한기는 후천적 경험의 누적에 따라 형성되는 것으로 재해석했던 것이다.

최한기는 이성을 좋아하는 감정까지도 경험에 의해 형성된다고 이해하였다. 그의 견해에 따르면, 이성에 대한 감정과 욕구는 어릴 때부터 장성할 때까지 아름다운 여성을 보거나 성에 관한 이야기를 들은 것이 마음을 물들이고 정액을 자극했기 때문에, 혹 고요할 때 감정이 발동하기도 하고 혹 보거나 들을 때 감흥하게 된다. 그럼에도 배우고 힘쓰지 않아도 누구나 매력적인 이성을 좋아할 수 있는 것처럼 보이는 것은 이전에 보고 들은 과정은 생각하지 않고 지금 바로 그 감정이 발생한 줄로만 알기 때문이다.[95] 이성을 좋아하는 감정이 경험에 의해 습득되고 형성된 것이라는 주장인데, 이에 대해 최한기는 다음과 같은 논증을 펼쳤다. 가령 어떤 남자가 외딴 곳에 은거하여 여자의 모습을 본 적도 없고 여색의 신비에 대하여 들은 적도 없다면, 설사 양기가 작용한다고 하더라도 어린아이의 것에 불과하기 때문에 그 사람이 갑자기 여자를 만나더라도 마치 촌아이가 승려를 처음 본 것처럼 당황하고 이상하게 여길 뿐 좋아하는 감정을 갖지 않는다는 것이 그것이다.[96] 학습의 과정

---

93) 『人政』, 권11, 「知覺之源」, 14b, "及其七八歲, 在傍人不念其從前習染, 但見面前酬應, 以爲人具天賦之知, 是有未達之一障."
94) 『禮記』, 권9, 「禮運」, 29a, "何謂人情? 喜怒哀懼愛惡欲七者, 弗學而能."
95) 『神氣通』, 권3, 「色情聞見」, 2b~3a, "自幼至壯, 目見美色之女, 耳聞好色之談, 習染於神氣, 深感於精液, 或俟靜而情動, 或目寓耳接而興感. 不思前though漸漬之聞見, 只知當今而情發, 則人之好色, 雖若不學而能, 不勉而得, 其實有不然者."
96) 『神氣通』, 권3, 「色情聞見」, 3a, "如使一人, 隱居僻處, 曾不見女人之形, 又不聞一言之及于女色機微, 則其人, 縱有陽氣之作息, 卽是赤子之崝也. 若猝遇女人, 必有懻愰怪異, 如野童之初見山僧也, 有何好之之情哉?"

이 없이는 타고난 양기가 이성에 대한 감정으로 현실화되지 않는다는 의미이다.

이처럼 최한기는 지식의 획득과 사유작용, 측은지심, 희로애락, 더 나아가 이성을 좋아하는 감정까지도 경험과 관련지어 설명하였다. 경험이 없이는 지식은 물론 추론과 판단, 도덕적인 마음, 일반적인 감정, 이성을 좋아하는 감정이 있을 수 없다는 것이 그 요점이다.[97] 극단적인 경험주의라고 할 수 있을 만큼 그의 인식이론에서 경험이 차지하는 위상은 거의 절대적이다. 물론 그가 제시한 경험주의 인식이론의 성공 여부는 충분한 경험적 증거에 의해 뒷받침되고 있는지에 달려 있고, 이에 대해서는 더 면밀한 검토가 필요할 것이다. 다만 그가 의도한 경험주의 인식이론이 조선의 사상사적 맥락에서 매우 이질적일 뿐만 아니라 그 시대의 시대적인 요구에 대한 통찰의 결과라는 점에서 의미가 크다는 점만큼은 분명히 해 둘 필요가 있다. 최한기의 경험주의 인식론은 무엇보다도 주자학 내지 양명학의 주관주의 인식론의 부정이며, 더 나아가 주관주의 도덕론에 대한 부정이라는 의미가 있다. 또한 인간의 감정과

---

97) 로크는 외부 대상과 더불어 관념의 원천으로 상정한 마음의 작용을 "지각, 생각하기, 의심하기, 믿기, 추론하기, 알기, 의지 작용 그리고 우리 자신의 마음의 모든 다른 행동"으로 규정하였다. 로크가 그의 말대로 마음의 작용을 넓은 의미로 사용했다는 것을 알 수 있다. 이에 대해 그는 마음의 "작용들은 마음이 자신의 관념들에 대해 행하는 행동들뿐 아니라, 때때로 이 행동들에서 발생하는 일종의 정념(passion)들, 어떤 한 생각에서 발생하는 만족감이나 불편함과 같은 정념들까지도 포함한다"고 하였다.(존 로크, 『인간지성론』 1, 152쪽) 여기서 로크의 의도는 마음의 작용들에 대한 관념이 그 작용들에 대한 일종의 내적 감각, 즉 반성으로부터 발생한다는 것을 보이기 위한 것이라고 할 수 있다. 아무튼 로크가 관념의 기원으로 상정한 마음의 작용에 추론하기와 의지 작용은 물론 정념을 포함시킨 것은 최한기가 추측·사단·칠정을 경험과 관련해 설명한 것과 유사하며 경험과 연계한 설명 형식의 측면에서도 유사하다. 다만 로크가 경험과 관련지어 설명한 것은 추론하기, 의지 작용, 정념 자체가 아니라 그것들에 대한 관념이었다는 점에서 최한기와 같지 않다.

욕구에 대한 그의 경험주의적 발상은 욕망의 사회성을 강조하는 이론, 즉 인간의 욕망이 사회적으로 형성된다는 이론의 단초가 된다는 의미가 있다.

6) 감각과 사유의 종합

최한기가 아무리 감각경험을 중시했다고 하더라도 감각기관에 의한 감각경험만으로는 완전한 인식이 이루어질 수 없다. 감각경험만 있다면 의미 없는 감각 자료만 있을 뿐이기 때문이다. 감각 내용을 분별하고 헤아리는 사유작용이 가해져야만 감각 자료는 비로소 의미를 갖는다. 인식주체인 신기의 추론과 판단 작용이 필요한 것은 이 때문이다. 이에 대해 최한기는 "제규와 제촉에서 신기가 통하는 것을 따라 인정과 물리를 거두어 모아 하나하나 우열을 비교하고 두 번 세 번 성패를 시험해야 신기의 밝은 인식이 점점 열려 안에 물든다"[98]고 하였다. 감각기관에 의한 감각을 통해 외부 대상을 받아들이되, 우열을 비교하고 성패를 시험하는 과정을 거쳐야 인간의 지적 능력이 점점 고양된다는 것이다. 여기서 우열을 비교하고 성패를 시험하는 것은 사유의 작용이다.

최한기의 인식이론에서 인식은 감각과 사유의 결합을 통해서 완성된다. 그는 인식의 과정을 제규·제촉으로 외물을 받아들이는 감각 단계와 감각 내용을 판단하는 사유 단계로 나누었다. 감각의 단계는 감각기관을 통해 대상을 받아들이는 단계이며, 사유의 단계는 받아들인 감

---

98) 『神氣通』, 권1, 「知覺優劣從神氣而生」, 38a, "從神氣之通於諸竅諸觸, 而收聚人情物理, 一事二事, 比較優劣, 再度三度, 試驗成敗, 神氣之明知漸開, 而習染于內."

각 내용을 비교·분석하고 종합·판단하는 단계이다. 최한기는 감각의 단계를 형질의 통, 사유의 단계를 추측의 통이라고 불렀다.[99] 형질의 통이 감각기관의 감각 작용이라면, 추측의 통은 감각 자료를 분석하고 판단하는 마음의 작용인 셈인데, 그 둘 가운데 어느 하나만으로는 완전한 인식이 불가능하다는 것이 최한기의 생각이었다.[100] 형질의 통을 통해 얻은 감각 자료는 추측의 통을 거쳐야만 의미를 지니게 되며, 추측의

---

99) 『神氣通』, 권1, 「通之所止及形質通推測通」, 26a, "天之生物, 各具形質, 色通于目, 聲通于耳, 味臭通于口鼻, 是乃形質之通也. 從其形質之通, 而推測之通生焉."

100) 최한기가 인식 과정에서 사유작용을 중시했다는 점을 들어 그의 인식론을 경험주의로 규정하는 것에 동의하지 않는 연구도 있다. 예를 들어 이종란은 "최한기의 인식 이론을 경험론으로 단정할 경우에 경험은 곧 일반 인식이 되는데, 그것으로 어떻게 초감각적인 사물의 법칙이나 속성 등의 보편성을 발견할 수 있을지 의문이 된다"면서, 오히려 최한기 인식방법이 근대 과학적인 입장에 상당히 접근해 있다고 평가하였다.(이종란, 「최한기의 인식이론의 성격」, 『동서철학연구』 11, 동서철학회, 1994) 하지만 이와 같은 기준으로 보면, 단순 관념을 재료로 다양한 복합 관념을 만들어 내는 관념 연합의 기능을 마음에 부여한 로크의 인식론도 경험주의로 규정하기 어렵다는 난점이 있다. 물론 근대 인식론에서 데카르트의 합리주의와 로크의 경험주의의 차이점이 과도하게 부각된 측면이 없지 않다. 사실 근대의 합리주의와 경험주의는 많은 차이에도 불구하고 중세 스콜라철학이 철저하게 신에 종속시켰던 인간을 독립시켜 참된 인식의 주체로 재설정했다는 점에서, 다시 말해 계시적 진리의 수용자가 아닌 과학적 지식의 발견 주체로 상정했다는 점에서 다 같이 탈중세적이고 탈신학적이며, 그러한 만큼 근대적이라는 공통점이 있다. 이와 관련해 정병훈·이재영은 "우리가 합리주의를 계시나 권위 대신 이성을 인식의 표준으로 삼는 견해라고 본다면, 근대 철학은 모두 합리주의라고 할 수 있으며, 반대로 경험주의를 철학이 해석해야 하는 대상을 경험 세계로 보는 견해라고 한다면, 근대 철학은 모두 경험주의라고 할 수 있듯이 이 양 사조는 차이점보다 공통점이 많다. 만약 합리주의에 반대하는 경험주의를 한데 묶는 유일한 인식론적 입장이 있다면 바로 지식의 기원 문제에서 본유주의를 부정하는 것이다"라고 하였다.(정병훈·이재영, 『『인간지성론』에 대하여」, 『인간지성론』 1, 20쪽) 이는 경험주의라는 용어를 매우 제한적으로 사용해야 한다는 것을 함축한다. 그럼에도 불구하고 사상적 맥락에서 볼 때, 최한기와 로크의 인식론은 본유 관념을 부정하고 경험을 참된 지식의 유일한 기원으로 상정했다는 특이점이 있고, 따라서 그들의 인식론을 경험주의로 파악하는 것이 그들의 인식론이 지닌 사상사적 의미를 포착하는 데 효과적이라고 생각된다. 정병훈·이재영의 위 언급을 빌려 표현하자면, 최한기의 인식론은 지식의 기원 문제에서 주자학의 리 본유주의를 부정했다는 점에서 경험주의인 것만큼은 분명하다.

통을 통해 얻은 판단 결과는 형질의 통을 전제해야만 공허하지 않다는 뜻이다.

형질의 통은 외부 대상의 감각적 성질에 대한 감각(sensation) 내지 지각(perception)[101]을 의미한다. 다시 말해 외부 대상이 지닌 물리적 성질을 감각기관이 포착하고 받아들이는 것이 형질의 통이다. 그러나 형질의 통이 오로지 감각기관의 작용만으로 이루어지는 것은 아니다. 듣는 것은 귀에서 이루어지지만 듣는 주체는 신기이며, 보는 것은 눈에서 이루어지지만 보는 주체는 신기이다. 보고 듣는 것은 서로 다른 경로를 통해서 이루어지지만 그 주체가 신기라는 점에서는 같다는 것이다.[102] 제규와 제촉이라는 감각기관은 단순히 물질적인 존재, 즉 형질적인 존재가 아니라 신기가 침투해 있는 존재이다. 최한기는 신기가 인간의 몸 전체에 퍼져 있을 뿐만 아니라 몸의 부위마다 그 부위의 신기가 있다고 파악하였다. 예를 들어 눈에는 눈의 신기가 있고, 코에는 코의 신기가 있다는 식이다.[103] 그리고 그 신기가 보고 듣는 등의 감각을 주관하기

---

101) 로크는 감각과 지각에 대해 다음과 같이 말하였다. "개별적 감각(sensation) 대상과 관계하는 우리의 감관(sense)은 사물에 관한 여러 가지 구별되는 지각(perception)을 마음에 전달해 주는데, 이는 대상이 감관에 영향을 미치는 다양한 방식에 따라서 이루어진다."(존 로크, 『인간지성론』 1, 정병훈·이재영·양선숙 옮김, 150쪽); "지각은 마음이 자신의 관념에 대해 맨 처음 행사하는 능력인 만큼 우리가 반성하면서 맨 처음 갖게 되는 가장 단순한 관념이다.…… 한갓 지각에서는 마음은 대부분의 경우 수동적일 뿐이며, 마음은 그것이 지각하는 바를 지각하지 않을 수 없다"고 하였다.(존 로크, 『인간지성론』 1, 213쪽) 따라서 로크 내지 근대 인식론의 지각 (perception)은 마음의 인식 작용을 포괄적으로 지칭하는 동양의 知覺과 그 의미가 같지 않다.

102) 『神氣通』, 권1, 「諸竅互通神氣益明」, 18b, "夫聽之在耳, 而所聽者神氣也. 視之在目, 而所視者神氣也. 聽視雖異路, 神氣則一也."

103) 『神氣通』, 권1, 「自形質通神氣」, 33a, "以通體言之, 人有形質之全體, 則必有神氣之全體. 以分體言之, 有形質之目, 則必有神氣之目, 有形質之耳, 則必有神氣之耳."

때문에 신기와 단절된 채 감각기관만으로는 감각이 불가능하다. 제규와 제촉이라는 감관이 있어야만 빛을 볼 수 있고 소리를 들을 수 있지만, 그 제규와 제촉의 이면에는 신기가 있어서 보고 듣는 것을 주관한다는 것이다.104)

최한기는 형질의 통을 능동적인 통과 수동적인 통으로 구분하기도 하였다.

> 색깔은 눈으로 통하고 소리는 귀로 통하고 냄새와 맛은 입과 코로 통하니, 이것은 신기가 귀·눈·입·코에서 기다렸다 통하는 것이다. 눈은 모든 색깔을 통하고 귀는 모든 소리를 통하고 입이나 코는 모든 냄새와 맛을 통하니, 이것은 소리와 색깔과 냄새와 맛이 밖으로부터 이르러 신기에 통하는 것이다. 외물을 기다렸다가 통하는 것과 외물이 오면 통하는 것의 차이가 있으나, 모두 형질의 통으로서 사람이 모두 같다.105)

신기가 감각기관에서 외부 대상이 나타나길 주시하고 있다가 능동적으로 포착하는 경우가 있고 외부 대상이 감각기관을 자극하면 수동적으로 포착하는 경우가 있다는 것이다. 다만 어떤 경우이든 감각기관을 통한 감각 인식은 사람마다 같다는 것이 최한기의 생각이었다.

최한기는 외부의 사물을 받아들이는 감각 인식만을 인식의 전부로

---

104) 이것으로 보자면 최한기의 신기는 주자학의 심과 등치되지 않는다. 최한기의 신기는 정신 작용의 주체라는 점에서 심의 역할을 하는 존재이면서도 동시에 온몸을 관통해 있으면서 감각과 운동을 주관하는 존재이다.

105) 『神氣通』, 권1, 「形質推測異通」, 26ab, "色從目通, 聲從耳通, 臭味從口鼻通, 是神氣, 俟於耳目口鼻而有所通也. 目通諸色, 耳通諸聲, 口鼻通諸臭味, 是聲色臭味, 從外而來通於神氣也, 皆形質之通, 而但有俟於外而通者, 從外來而通之之別, 人人皆同矣."

여기지 않았다. 인간의 신기는 감각된 대상을 분별하고 헤아리는 추론과 판단을 한다. 감각 내용을 비교 분석하여 판단하는 사유작용이 최한기가 말하는 추측의 통이다. 추측은 미룸(推)과 헤아림(測)이라는 두 과정으로 나누어지는데, 미룸이 감각 내용이나 이미 알고 있는 지식을 분석하는 과정이라면 헤아림은 그 분석에 기초에 판단을 내리는 과정이다. 결과적으로 어떤 판단의 옳고 그름은 그 판단의 기초가 되는 분석과 추론이 제대로 이루어졌는지에 달려 있고, 합리적인 분석과 추론을 위해서는 확실한 경험적 근거를 확보하는 것이 필수적이다. 추측은 마음 안에서 이루어지는 사유작용이므로 주관적인 오류에 빠질 우려가 다분하기 때문에 그 사유가 믿을 만한 것이 되기 위해서는 확실한 경험적 근거와 이에 기초한 합리적인 추론에 의거해야 한다는 것이 추측론의 기본적인 문제의식이다.[106]

최한기가 말하는 미룸은 내가 보고 듣고 체험한 것에 근거해서 객관세계의 법칙을 정확하게 인식하는 것이 목적이다. 따라서 미룸의 구체적인 작용이 비록 다양하지만 기본적으로 보고 듣고 체험한 것에서 벗어나지 않는다.[107] 당연히 그 체험이라는 것은 지금 이 순간의 감각경험은 물론이고 기억된 과거의 경험을 포괄한다. 이런 측면에서 전에 본 것을 미루어 보지 못한 것을 헤아리고 전에 들은 것을 미루어 듣지 못한 것을 헤아리는 것이 곧 추측이다.[108] 물론 경험이 반드시 나의 직접

106) 『推測錄』, 권2, 「見聞及遠」, 28b~29a, "然所推精, 而後所測可期其精. 若所推不精, 何可望其所測之精也. 況夫無所推而妄測者乎? 未諳推測者, 頗多是病也."
107) 『推測錄』, 권1, 「事物攸當」, 36b, "推我之見聞閱歷, 以測無違於流行之理者, 推測之準也. 推之用雖多端, 總不離於見聞閱歷矣."
108) 『推測錄』, 권1, 「捨其不可」, 6a, "推目之所嘗見, 測其未及見者, 推耳之所嘗聞, 測其未及聞

적인 경험일 필요는 없다. 판단의 근거가 되는 것을 모두 직접 경험한다는 것은 실제로 불가능하다. 다른 사람에게 들었거나 책을 통해 배운것도 간접적이긴 하지만 하나의 경험이다. 중요한 것은 판단의 최종적인 원천이 감각경험이어야 한다는 점이다. 따라서 추측의 통은 반드시형질의 통에 의거해서 이루어져야 한다.

> 이어서 형질의 통을 근거로 분별하고 헤아리는 것이 있다. 만약 전에보고 듣고 겪은 것을 미루는 것이 아니면 바로 현재의 사물에 근거하여 이것으로 저것을 비교하거나 저것으로 이것을 비교하여 우열과 득실을 헤아림으로써 통달하는 것이다. 이것이 바로 추측의 통이니 자연히 사람마다 같지 않음이 있다.[109]

어떤 소리를 들었을 때 완전한 인식이 이루어지기 위해서는 그 소리를 듣는 감각 작용과 그 소리가 무슨 소리인지 헤아리는 판단 작용이동시에 요구된다. 아울러서 그 판단 작용은 반드시 어떤 소리를 듣는지금 이 순간의 감각뿐만 아니라 이전에 들었던 무수한 소리와 그 소리에 대해 내렸던 판단들을 비교하고 분석하는 과정이 필요하다. 그래서기억 역시 인식 과정에서 빼놓을 수 없는 매우 중요한 기능이다. 만약신기가 이전의 경험을 기억하지 못한다면 평생 여러 번 보고 들은 것도매번 처음 보고 듣는 것처럼 생소할 수밖에 없고,[110] 결과적으로 지식

　　　　者,……莫不皆然."
109)『神氣通』, 권1,「形質推測異通」, 26b, "旣因形質之通, 而有所分開商量者. 如非推前日之見
　　聞閱歷, 卽因現在之物, 以此較彼, 以彼較此, 測度其憂劣得失, 有得通達者. 是乃推測之通, 人
　　人有不同也."
110)『神氣通』,「神氣通序」, 2a, "捨此耳目口鼻手足諸觸, 有何一毫可得之理, 可驗之事乎? 雖有

의 축적 나아가 지식의 진보 역시 불가능해진다.

추측이란 온갖 경험들을 비교·분석하여 판단을 내리는 사유작용이다. 추측 과정에서 중요한 것은 대상 자체에 충실해야지 주관적인 판단을 해서는 안 된다는 점이다. 예를 들어 멀리서 어떤 소리가 났을 때 어떤 사람은 대포소리라고 판단하고 어떤 사람은 천둥소리라고 판단하는 경우가 있다. 최한기에 의하면 이러한 판단의 차이는 감각의 차이가 아니라 추측의 차이가 원인이다. 같은 소리가 고막을 울렸음에도 서로 다른 판단을 내리는 것은 추측이 다르기 때문이라는 것이다. 따라서 정확한 인식을 위해서는 당연히 판단의 오류를 줄여야 하는데, 판단의 오류를 줄이기 위해서는 무엇보다도 나의 편견을 최소화하는 것이 필요하다. 최한기는 이에 대해 "나를 위주로 하는 것을 가볍게 하고 사물을 위주로 하는 것을 깊게 해야 거의 하늘과 사람을 통할 수 있게 되어 잘못이 적다"라고 하였다.[111] 어떤 대상을 인식할 때 주관적인 편견을 제거하고 대상을 대상 그 자체로 인식하는 객관주적 태도를 견지해야 한다는 뜻인데, 나를 가볍게 하고 대상을 중시한다는 의미에서 아경물심론我輕物深論으로 부를 수 있다.

최한기의 아경물심론은 사물을 인식할 때 그 사물을 위주로 해야지 나를 위주로 해서는 안 된다는 일종의 객관주의적 인식 태도를 강조한 것으로, 인간의 관점이 아니라 하늘의 관점에서 사물을 보아야 한다는 홍대용의 이천시물론以天視物論[112]과 인식론적 문제의식을 일정하게 공

此諸竅諸觸, 若無神氣之記繹經驗, 平生屢聞數見之事物, 皆是每初聞見之事物也."
111) 『神氣通』, 권1, 「形質推測異通」, 26b, "如使諸人, 聞雷與砲, 其通於耳則皆同. 其分別商度, 自有不同. 一切聲聞, 莫不皆然. 至於諸色, 及臭味之通, 皆有同有異矣. 然則因形質之通, 而 達之于推測之通, 主我者輕, 主物者深, 庶幾通天人, 而少差謬."

유하고 있다. 물론 이천시물론은 인간이 인간으로서 갖게 되는 인간중심주의 내지 인간우월주의의 타파를 역설했다면, 아경물심론은 개인의 주관적인 편견에서 벗어나야 함을 강조했다는 점에서 다른 면이 없지 않다. 하지만 잘못된 편견을 배제하고 사물을 사물 자체로 인식해야 한다는 객관주의적 인식 태도를 주창했다는 점에서 이천시물론과 아경물심론을 다 같이 객관적 자연인식이라는 맥락에 위치 지을 수 있다.

7) 증험되지 않은 지식은 참된 지식이 아니다

최한기에 의하면 궁극적으로 헤아림의 결과가 객관 존재의 법칙과 일치할 때, 그 추측은 올바른 추측이다. 추측의 기본 원칙은 내가 보고 듣고 겪은 것을 미루어서 객관 존재의 법칙을 정확하게 헤아리는 것이다.[113] 하지만 추측이 직접적인 경험이나 이미 알고 있는 지식에 근거해서 내리는 판단 과정이라고 하더라도, 그 판단의 결과가 객관 존재에 부합하는지에 대해서는 섣불리 속단할 수 없다. 그래서 추측의 결과는 항상 객관 존재와 맞아떨어지는지의 여부를 확인하는 절차가 필요하다.

최한기가 말하는 인식은 객관 존재의 리를 추측하는 데서 그치는 것이 아니라 반드시 그 추측의 결과를 검증하는 과정까지 거쳐야 완전한 인식이 될 수 있다. 추측은 내가 직접 경험한 것은 아닐지라도 궁극적으로는 누군가의 직접적인 경험에 근거해야만 올바른 추측이라고 할 수 있다. 그러나 누구의 경험이 되었든 그 경험 자체가 잘못일 수 있

---

112) 『湛軒書』, 內集, 권4, 『毉山問答』, 19a, "故曰聖人師萬物. 今爾易不以天視物, 而猶以人視物也?"
113) 『推測錄』, 권1, 「事物攸當」, 36a, "推我之見聞閱歷, 以測無違於流行之理者, 推測之準也."

고[114] 추측의 과정 또한 잘못일 수 있기 때문에[115] 추측은 항상 가설적 성격을 갖는다고 보아야 한다. 이에 대해 최한기는 "먼저 추측을 통해 객관 존재의 법칙을 탐구하고, 그다음에 객관 존재의 법칙을 기준으로 추측의 옳고 그름을 증험한다"라고 하였다.[116]

앞에서 확인한 것처럼, 헤아림은 반드시 미룸이 선행되어야 한다. 어떤 대상을 헤아릴 때 반드시 헤아림의 합리적인 근거가 있어야만 그 헤아림은 신뢰를 받을 수 있다. 이미 확인된 경험 내용이나 지식을 미루어서 미지의 것을 헤아려야 그 헤아림의 결과가 올바른 지식으로 인정받을 수 있다. 미룸이 없이 헤아리기만 한다면 그 헤아림은 공허할 뿐이다. 그러나 아무리 근거가 있는 판단이라고 하더라도 그 판단이 완전할 수는 없다. 최한기의 추측은 단순히 논리의 영역에서 이루어지는 추론과 판단이 아니라 사실에 관한 추론과 판단이다. 그 결과 명제들의 논리적인 관계만으로 추리의 타당성이 확보되는 형식 논리의 영역과는 달리, 추측의 결과가 온전한 지식으로 간주되기 위해서는 추측의 결과가 사실과 일치하는지의 여부를 확인하는 증험, 즉 검증의 절차가 필요하다.

---

114) 최한기는 추측의 최종적인 근거가 되는 감각경험이 정확하지 않은 경우가 많아서 이에 기초한 추측은 언제나 오류의 가능성이 있기 마련이라고 여겼다. 『人政』, 권12, 「理學有實據」, 11a, "然推測之理, 生於見聞, 而見聞之早晚有無, 精麤多寡, 虛實誠僞, 各自不同, 推測之理, 亦各不同, 合於氣者少, 不合於氣者多矣."

115) 최한기는 추측의 통이 사람마다 다르다고 보았다. 『神氣通』, 권1, 「形質推測異通」, 26b, "旣因形質之通, 而有所開發商量者, 如非推前日之見聞閱歷, 卽因現在之物, 以此較彼, 以彼較此, 測度其憂劣得失, 有得通達者, 是乃推測之通, 人人有不同也."

116) 『推測錄』, 권2, 「流行理推測理」, 13a, "理未嘗先於氣, 亦未嘗後於氣, 是乃天地流行之理也. 人心自有推測之能, 而測量其已然, 又能測量其未然, 是乃人心推測之理也. 流行之理, 天地之道也. 推測之理, 人心之功也. 先以功求道, 次以道驗功."

최한기는 "미룸이 없는 헤아림은 지식으로 여길 수 없고 증험이 없는 헤아림도 지식으로 여길 수 없다"[117]고 하여, 증험을 강조하였다. 최한기가 기존의 학문을 비판하는 것도 증험할 수 없다는 면에 초점을 맞추었는데, 증험할 수 없는 것을 주장하는 학문은 허황된 것이라는 비판이 그것이다. 그의 주장에 따르면, 외도·이단·방술·잡학에서 하는 주장, 예를 들어 '선천지가 있고 후천지가 있다', '산하대지가 공허하다', '하느님이 천지만물을 창조했다'는 등의 주장은 멋대로 어림짐작한 데서 나온 것이지 몸소 관찰하거나 실제 자취를 증험한 것이 아니다.[118]

최한기는 증험의 방법으로 세 가지를 제시하였다. 첫째는 여러 감각을 서로 비교하는 방법이다. 예를 들어 한 물건에 대하여 그 품질의 우열을 증험하는 데는, 단지 한 번 본 것이나 한 번 들은 것으로 단정해서는 안 되고, 눈으로 본 색을 귀로 들은 품질과 비교하고 또 냄새·맛·감촉과 비교하여 적절한 것을 증험으로 받아들이되, 서너 가지가 부합하고 두세 차례 비교해야 거의 우열을 정할 수 있다.[119] 두 번째는 다른 사람들의 추측과 비교하는 방법이다. 한 사람의 추측은 다분히 주관적일 수 있고 더욱이 독단에 빠질 우려가 있기 때문에 다른 사람들의 추측 결과와 일치하는지의 여부를 확인할 필요가 있다. 확인 결과 나의 추측이 다른 사람들과 일치하면, 그만큼 사실과 부합하는 추측일 개연

---

117) 『推測錄』, 권1, 「所知無幾」, 48b, "無推之測, 不以爲知, 無驗之測, 亦不以爲知."
118) 『人政』, 권8, 「敎學虛實」, 23ab, "凡外道異端方術雜學, 皆以宏闊勝大之言, 微妙神通之術, 必擧天地造化之始, 丁寧說到, 登諸紙墨, 有曰先天地後天地, 曰山河大地虛空, 曰神天乃造天造地造萬物. 是皆出於意思揣度, 非躬覩始終, 訂驗實跡."
119) 『神氣通』, 권3, 「參互證驗」, 17a, "就一物, 而驗其品之優劣, 不可只從一時之見而快定, 又不可只從一時之聞而質正也. 須以目所見之色, 參于耳所聞之品, 又參以臭味與手摩, 隨其宜而取驗, 至於三四條符合, 二三次比較, 庶可定其優劣."

성 내지 확률이 높아지기 마련이다. 하지만 다른 사람의 것과 비교해서 나의 추측에 석연치 않은 점이 있을 때는 객관 존재에 나아가 직접 증험하여 나의 추측이 객관 존재에 어긋나지 않도록 해야 한다.[120] 만약 기의 법칙에 대한 추측의 결과가 하나로 통일되지 않는다면, 그것은 기가 잘못된 것이 아니라 사람의 탐구가 잘못된 것이다.[121] 최한기의 인식론에서 참된 지식의 궁극적인 준거는 객관 존재 자체이기 때문이다.[122]

최한기의 증험에는 몇 가지 원칙이 있다. 여러 번 반복하면 할수록 확증의 정도가 높아진다는 것, 추측의 결과가 잘못되었다고 확인될 경우에는 그 결과를 버리고 새로운 추측을 해야 한다는 것, 그리고 여러 번 증험하여 옳은 추측으로 인정될 때는 그것을 근거로 인식의 지평을 더욱 넓히는 것이 바람직하다는 것이 그것이다. 그러므로 한 부분이 부합한다거나 일시적으로 맞아떨어진다고 해서 그것을 확신해서는 안 되며 여러 번에 걸쳐 시험하여 틀린 것은 고치고 옳은 것은 더욱 확대해야 한다.[123] 이러한 증험의 방법론은 자연법칙으로 통용될 자격이 있는 전칭명제의 외연은 열려 있어야 한다는 과학철학의 한 명제를 연상시

---

120) 『神氣通』, 권1, 「物我證驗」, 19a, "通與不通, 豈可自斷自足? 必須驗之於人, 以通其所不通, 猶未釋然, 又須驗之於物, 要無違於天人之神氣相通也."

121) 『氣學』, 권2, 47b, "若夫一氣運化, 自有軌轍, 縱有初頭究索二三之端, 依氣之準的, 驗氣之經歷, 庶有歸一之方. 如或未得歸一, 非氣之差也, 乃人之所究有差也."

122) 로크는 "내가 옳은지의 여부를 가리기 위해 나는 경험과 관찰에 호소해야만 한다. 진리에 도달하는 최선의 방법은 사물들이 실제로 어떤지를 검사하는 것이며, 사물들이 우리가 상상하는 대로 또는 다른 사람들에 의해 상상하도록 가르쳐진 대로 있다는 결론을 내리지 않는 것이다"라고 하였다. 존 로크, 『인간지성론』1, 240쪽.

123) 『神氣通』, 권1, 「物我證驗」, 19ab, "所通之中, 自有善惡之分, 得失之異. 善者得者, 亦不可自信其通, 必也驗之于人與物之神氣, 不可以一隅之合, 一時之應, 自信其驗. 須以氣質相通, 終始無違者, 屢試屢驗, 惡者失者, 變改其通, 善者得者, 益廣其通, 方可謂證驗也. 若證之驗之, 而末有變改, 未有益廣, 烏得謂證驗哉?"

킨다.[124] 또한 객관 존재의 정확한 인식에 부단히 접근해 가는 과학적 탐구의 태도를 엿볼 수 있다.[125] 아울러 객관 존재에 대한 경험이 추측의 출발점이자 추측의 옳고 그름을 판단하는 궁극적인 준거라는 점에서 관찰과 실험을 통해 가설을 검증하는 과학적 탐구의 방법론에 근접해 있다고 할 만하다.

8) 경험주의 인식론의 의의

17세기 이래로 서구의 과학기술이 조선조 유학자들의 주목을 받기 시작했고, 마침내 그것을 적극적으로 수용하자는 주장들이 제기되었다는 것은 과학기술이 그 시대 지식인들에게 중요한 학문 분과로 인정받기 시작했다는 것을 의미한다. 이는 주자학의 학문 풍토에서 오랫동안 경시되어 온 자연학의 가치 회복이라는 맥락에서 의미 있는 변화이다.

---

124) 최한기는 대상의 리에 대한 정확한 인식을 '두루 통한다'는 뜻으로 周通이라고 하였다. 그의 주장에 따르면 당연히 보아야 할 리를 보아서 아는 것이 봄의 주통이고, 당연히 들어야 할 리를 들어서 아는 것은 들음의 주통이며, 냄새·맛·촉각을 통해 당연히 알아야 할 리를 아는 것을 냄새·맛·촉각의 주통이다. 반면에 당연히 알아야 할 리에 모르는 것이 있거나 당연히 터득해야 할 리에 미진한 것이 있으면, 주통이라고 할 수 없다. 『神氣通』, 권3, 「周通有虛實」, 18b, "見得天人之所當見之理, 是謂見之周通, 聞得天人之所當聞之理, 是爲聞之周通, 有得于臭味觸當然之理, 是謂臭味觸之周通. 凡於當然之理, 有所不知, 當得之理, 有所未盡, 則未可謂周通."

125) 최한기는 모든 추측의 결과를 검증해야 한다고 강조했으나, 그렇다고 모든 추측의 결과를 검증할 수 있다고 여기지는 않았다. 이에 대해 그는 "그것(운화하는 기에 근거하지 않은 추측의 리)을 운화의 실제 자취에 질정해 보면 몇 가지 일만 겪어 보아도 그 거짓이 드러나는 것이 있고, 십년 백년이 지나서 드러나는 것도 있고, 천년을 지나서 드러나는 것도 있고, 만년에 이르기까지 증험할 수 없는 것도 있다"고 하였다. 『人政』, 권12, 「理學有實據」, 11a, "……不以運化氣爲準的, 但以理爲主, 天下萬事, 先自心中排布, 便謂建天地質鬼神. 天地鬼神, 今雖無可否之言, 質諸運化實迹, 有逕數事而綻露者, 有過十百年綻露者, 有度千年而綻露者, 有至萬年而無可驗者."

이렇게 학문적 관심이 점진적이긴 하지만 심학으로부터 자연학으로 이동하기 시작한 것은 단순한 학문관의 변화가 아니라 근본적으로 세계를 인식하는 문제의식과 그것을 설명하는 이론틀이 변화했음을 뜻한다.

새로운 학문의 대두는 일차적으로 새로운 문제의식의 등장과 맞물려 있지만, 궁극적으로는 그러한 문제의식과 학문방법론을 충족시켜 줄 새로운 이론체계가 요구된다는 뜻이기도 하다. 홍대용의 인물균등론과 이천시물론이 주목되는 것은 바로 이러한 이유 때문이다. 그의 이천시물론이 제기하고 있는 객관주의적 자연인식은 서구의 근대 자연과학 수용이라는 맥락에서 필수적인 방법론이다. 인물균등론은 주자학의 인간중심주의를 깨트림과 동시에 이천시물론의 존재론적 근거라는 의미를 지니고 있다. 그럼에도 인간을 포함한 만물이 인仁을 구현하고 있다는 홍대용의 도덕주의적 자연관에는 주자학의 이론적 잔영이 남아 있는 것이 사실이다.[126] 이런 측면에서 주자학의 도덕주의적 자연관을 탈피하여 객관주의적 인식론과 존재론을 갖춘 자연학적 이론체계는 최한기에 의해서 이루어졌다고 할 수 있다.

최한기는 자신이 살던 19세기 전반기를 동서문명이 교류하는 시대로 파악하고, 서구의 제도와 과학기술을 받아들일 것을 역설하였다. 한마디로 현실이 변했다는 것인데, 변화된 현실에 대처하는 방법으로 그가 제시한 것은 변한 것을 가지고 변한 것에 대처해야 한다는 이변어변 以變禦變의 방법이다. 변화된 세계정세 속에서는 옛것에 대한 고집이 아

---

126) 『湛軒書』上, 內集, 권1, 「心性問」, 1b, "人有人之理, 物有物之理. 所謂理者, 仁而已矣." 자연에 대한 도덕주의적 인식과 객관주의적 인식이 공존한다는 점에서 홍대용의 자연인식은 근대의 기계론적 자연관이 지닌 한계를 극복할 수 있는 대안으로 의미가 크다.

니라 무엇인가 의식의 전환이 필요하다는 것이다. 의식의 전환, 그것은 곧 우리보다 나은 것이 있다면 서양의 문물을 수용해야 한다는 것으로 귀결된다. 최한기가 본 그 시대는 바다로 배가 두루 오가고 책이 서로 번역되며 보고 들은 것이 전달되고 있는 시대였다. 더욱이 그의 눈에 비친 서구의 법제法制와 기계 그리고 여러 생산물은 조선의 것보다 뛰어난 점이 있었다. 그러므로 당연히 그것들을 받아들여야 한다는 것이 그의 확고한 생각이었다. 실로 그의 문제의식은 주자학적 풍속과 예법을 지키는 데 있지 않았고 서구의 실용적인 문물을 받아들이는 데 있었다. 이기고 지는 것이 풍속이나 예교에 있지 않다는 최한기의 선언은 그의 철학적 관심사의 무게중심이 도道에서 기器로 이동했다는 것을 함축한다. 이는 그 당시 조선 사상계의 주류였던 주자학적 사고와 일정한 선을 긋는 단절의 의미를 지닌다.

최한기의 관점에서 보자면 기존의 학문이 지닌 가장 커다란 문제점은 그 학문이 인간의 마음에만 매몰된 학문이라는 데 있었다. 그에게 특히 집중적이고 체계적인 공격을 받았던 것은 주자학이다. 주자학은 도덕적 실천을 주요 목적으로 삼았고 그 목적을 달성하기 위한 방법으로 마음의 공부를 강조했다는 점에서 양명학과 본질적으로 다르지 않다. 이 두 철학체계는 도덕적 본체인 성 또는 도덕적 인식능력인 양지를 마음 안에 설정했던 관계로 인식과 실천 모두에서 마음이 강조되었고, 그만큼 물질적 객관세계는 소홀히 될 수밖에 없었다. 이에 대해 최한기는 "사람들은 혹 인의예지가 본래 나의 성에 갖추어져 있다고 여겨 결국 사물을 버려두고 단지 나에게서 구하는 폐단이 있다"고 비판하였다. 여기서 그는 금과 옥을 모으는 사람의 예를 든다. 금과 옥을 모으는 사람은 스스로 그것들을 밖에서 획득하기 마련인데, 누구나 그것을 할 수 있는 것은 아니다. 그 누구도 금과 옥을 가지고 태어나지 않았기 때문이다. 그래서 만약 '누구에게나 금과 옥을 모으는 방법이 있다'고 하면 옳지만, '누구에게나 본래부터 금과 옥이 있는데 그것을 사용하지 못한다'고 하면 옳지 않다. 맹자가 '사람은 모두 요순이지만 요순의 도를 실행하지 못할 뿐이다'라고 하지 않고, '사람은 모두 요순이 될 수 있다'고 한 것도 같은 이유이다.[127]

최한기가 접한 서양 근대의 과학기술은 마음만 들여다보는 공부로써 얻을 수 있는 것이 아니다. 그것은 인간의 마음 바깥의 세계를 탐구해서 그 세계가 지닌 물리적 성질과 그 법칙, 즉 수학적 인과 법칙을 알아낼 때 가능한 지식체계이다. 과학기술의 지식은 마음 어느 곳에도 있지 않기 때문에 그에게 중요한 것은 마음의 학문, 즉 심학이 아니라 넓은 의미의 자연학, 즉 객관존재학이었다. 최한기가 주자학의 공부론인 거경설居敬說과 궁리설窮理說을 비판하고, 그것의 대전제인 "마음속에 모든 리가 본래부터 갖추어져 있다"는 원리를 부정한 것은 바로 이러한 이유에서이다. 그의 입장에서 보자면 우리가 인식해야 할 대상은 마음이 아니라 마음 바깥에 객관적으로 존재하는 자연, 인간, 사회였다. 최한기 철학에서 근본적인 문제의식은 마음속에 있는 도덕적 본체를 어떻게 실현할 것인가에 있었던 것이 아니라 어떻게 하면 객관적으로 존재하는 자연과 인간, 그리고 인간이 이루고 있는 사회의 성질과 법칙을

---

127) 『推測錄』, 권3, 「仁義禮智」, 8b, "人或以爲仁義禮知, 素具於我性, 其流之弊, 遺物而只求於我, 烏可論其求得之方也? 如收聚金玉者, 自有積累而得, 非人人所可能也. 若謂人皆有收聚金玉之方則可, 若謂人皆有素積之金玉, 而不得須用, 則不可. 故孟子曰, 人皆可以爲堯舜, 不曰人皆是堯舜, 而不能行堯舜之道."

정확하게 인식할 것인가에 있었다. 이와 관련하여 최한기는 주자학을 비롯해 객관 존재보다 마음을 우선시하는 학문을 '나를 위주로 하는 병'(主我之病)이라고 비판하면서 다음과 같이 말하였다.

대개 한 마음을 모든 변화의 근원으로 여기는 사람은 모든 일을 먼저 마음에서 탐구한 후에 사물에서 살피니, 나를 위주로 하는 병이 이 때문에 생긴다. 그것이 어찌 사물의 운화를 마음 밖에서 얻어 마음에 간직했다 상황에 따라 밖으로 시행함으로써 나를 위주로 하는 병이 없고 하늘을 따르는 효과가 있는 것만 하겠는가?[128]

최한기는 이러한 문제의식에 따라 물리적 객관세계를 중심에 두는 이론체계를 구상하였다. 그는 먼저 주자학의 대전제였던 도덕적 본체가 마음 안에 있다는 리본구설 내지 구중리설을 부정하였다. 그에 따르면, 인간의 마음은 아무런 색이 없는 우물물과 같아서 본래 그 어떤 관념이나 선험적인 리가 내재해 있지 않다. 색을 첨가함에 따라 그 물이 물들여지는 것처럼 인간의 마음은 경험이 쌓여 감에 따라 지식이 축적된다는 것이다. 그의 인식론에서 인식은 감각기관과 물리적 대상의 만남, 즉 감각경험으로부터 시작된다. 뿐만 아니라 추리하고 판단하는 사유작용, 측은지심과 같은 도덕적인 마음, 희로애락과 같은 일반적인 감정, 심지어는 성적인 욕구까지도 보고 듣고 겪는 경험 속에서 터득된다. 그만큼 그의 철학에서 경험은 중요한 의미를 갖는다.

---

128) 『氣學』, 권2, 3b, "蓋以一心爲萬化之源者, 凡事皆先究於心而後, 稽于事物, 主我之病所由始也. 曷若以事物運化, 得之于外, 藏之于心, 隨機而行之于外, 無主我之病, 有順天之效."

그의 인식론에서 인식의 목적은 인정과 물리라고 하는 객관 대상의 성질과 법칙을 정확하게 인식하는 것이다. 그래서 인식의 옳고 그름은 인식의 결과와 객관 대상의 일치 여부에 의해서 판단되는데, 그 일치 여부 역시 경험을 통해 확인을 할 수밖에 없다. 여기에는 실제로 존재하는 것과 인식된 것의 일치 여부를 어떻게 판단하느냐 하는 문제가 있다. 실제로 존재하는 것 역시 인간에게 인식되기 전에는 인간에게 알려질 수 없기 때문이다. 최한기의 인식론에는 이러한 문제가 간과되고 단지 다른 사람들의 인식과 비교하고 실제 사물에 시험해 본다는 선에서 그치고 있다. 그러한 만큼 그의 인식론은 단순하고 소박하다는 비판을 면하기 어렵다. 하지만 경험을 인식의 시작이고 끝이라고 보는 그의 경험주의적 인식론이 지향하는 바는 매우 분명하다. 그것은 곧 과학기술의 학문, 더 넓게는 자연학을 밑받침하기 위한 철학이라는 것이다. 최한기는 도덕학의 시대에 살면서 도래하고 있는 자연학의 시대를 사유했던 사상가이며, 그의 경험주의적 인식론은 자연학, 나아가 객관존재학의 철학적 토대를 마련하기 위한 철학적 사색의 결과물이었다는 의미가 있다.[129]

---

129) 사실 19세기 한중일 삼국에서 서구의 과학기술적 지식과 그 탐구 방법론을 용해할 수 있는 인식론을 제시한 최고의 사상가로 최한기를 꼽을 수밖에 없다. 서구의 과학기술적 지식과 그 방법론의 정당화 측면에서 보자면 그의 인식론은 동아시아 삼국의 전근대시기에 도달할 수 있는 최고 수준의 것이라고 평가해도 무리가 없다. 야규 마코토는 당대 최고의 일본 계몽사상가 후쿠자와 유키치(福澤諭吉, 1835~1901)를 예로 들면서 "열강의 침략을 받은 19세기 무렵 동아시아에는 수많은 독창적인 사상가가 나타났지만 최한기와 같이 인식론을 내놓은 사람은 유례를 찾을 수 없다고 해도 과언은 아니다"라고 하였다. 야규 마코토(柳生眞), 『최한기 기학 연구』(경인문화사, 2008), Ⅶ쪽.

2. 심학적 방법론 비판과 객관 인식의 방법론

1) 심학적 방법론에 대한 성찰

(1) 송명유학의 심학적 특성

정주리학과 육왕심학은 궁극적으로 인성의 함양과 윤리적 실천을 공부 내지 학문의 목적으로 삼았고, 그 목적을 달성할 수 있는 존재론적 근거로서 리 또는 양지의 본구성을 상정하였다. 이들은 인식 내용인 리나 인식능력인 양지가 마음속에 구비되었다고 여겼기 때문에 자연히 물질적 객관세계를 소홀히 여기는 경향이 있었다. 그들의 일차적인 관심은 바로 마음 자체 내지 마음에 내재한 리였고, 궁리와 치양지의 방법은 바로 마음이나 마음의 리를 궁극적인 대상으로 한 것이었다는 의미에서 심학적 방법론으로 규정지을 수 있다. 그러므로 실용적이고 실증적인 학문을 추구한 최한기로서는 마음 바깥에 존재하는 객관세계를 대상으로 한 새로운 인식방법 내지는 학문방법을 모색할 필요가 있었다.[130]

송명유학의 심학적 방법을 가능하게 한 유력한 고전적 전거는 『맹자』의 "만물이 모두 나에게 갖추어져 있다"는 테제인데,[131] 이는 인식

---

130) 김용헌은, 육왕심학의 방법론은 물론 정주리학의 궁리설도 궁극적으로 마음(의 리)을 대상으로 한 심학적 방법론에서 벗어나지 않는 반면에, 최한기의 추측론은 심학적 방법론과 달리 마음 바깥에 실재하는 객관 존재를 인식대상으로 설정하고 감각경험을 인식의 출발로 상정한 실학적 방법론이라고 규정하였다. 최한기의 추측론은 마음(의 리)의 자각을 목적으로 설정한 심학적 방법론으로부터 마음 바깥에 존재하는 객관세계의 인식을 목적으로 설정한 실학적 방법론으로의 전환이라는 의미가 있다는 것이 그 요지이다. 김용헌, 「최한기의 철학사상에 관한 연구—실학적 방법론을 중심으로—」(고려대학교대학원 석사학위논문, 1987).

131) 『孟子』, 「盡心」 上, "萬物皆備於我矣, 反身而誠, 樂莫大焉. 強恕而行, 求仁莫近焉." 만물이

주관과 인식대상의 미분리라는 직관주의적 도덕인식론으로서 심학적 방법론의 토대가 된다. 요컨대 맹자가 "만물이 모두 나에게 갖추어져 있다"는 존재론적 근거 위에서 "먼저 큰 것을 세운다"[132]라든가 "그 마음을 다하면 그 성을 알고, 그 성을 알면 하늘을 안다"[133]는 실천론을 제시한 이래로, 맹자를 잇는 유학의 학문방법론은 심학적 방법론이 주류를 이루어 왔다. 여기서 '마음을 다하는 것'(盡心)이 '하늘을 아는'(知天) 방법이라면 '하늘을 아는 것'(知天)은 '마음을 다한'(盡心) 결과이다.

이렇게 진심이라는 방법으로 하늘을 알 수 있다는 것은 이미 사람의 마음에 하늘의 본질이 내재한다는 것을 인정한 것이거나, 아니면 하늘의 본질을 자각할 수 있는 인식능력이 있다는 것을 전제한 것이다.[134] 여기서 먼저 큰 것, 즉 마음을 세우는 것이 요청되며, 결과적으로 객관 사물에 대한 학습보다는 내면의 마음을 탐색하는 공부가 중요한 의미를 갖게 된다.[135] 이 지점에서 제기된 것이 바로 양능과 양지의 개념이다. 사람이면 누구나 선험적인 도덕실천능력이자 인식능력인 양능과

모두 나에게 갖추어져 있다면, 만물을 알기 위해 굳이 외물을 탐구해야 할 필요가 없다. 맹자의 도덕론에서는 도덕인식의 주체가 心인 동시에 인식대상 역시 심에 내재한 인의예지의 性이다. 따라서 인식주체인 심이 도덕적 가치의 근원이라는 자신의 본질을 직관하는 것이 맹자의 참된 인식이라고 할 수 있다. 『孟子』, 「告子」上, "仁義禮智, 非由外鑠我也, 我固有之也, 不思耳矣. 故曰, 求則得之, 舍則失之."

132) 『孟子』, 「告子」上, "耳目之官, 不思而蔽於物, 物交物則引之而已矣. 心之官則思, 思則得之, 不思則不得也, 此天之所與我者. 先立乎其大者, 則其小者不能奪也. 此爲大人而已矣."

133) 『孟子』, 「盡心」上, "盡其心者, 知其性也, 知其性, 則知天矣. 存其心, 養其性, 所以事天也. 夭壽不貳, 修身而俟之, 所以立命也."

134) 그렇지 않다면 감각을 매개로 밖으로부터 하늘의 본질을 획득해야 하는데, 이는 마음 안에만 머무는 진심의 방법만으로는 불가능하다.

135) 『孟子』, 「告子」上, "學問之道, 無他, 求其放心而已矣." 任繼愈는 맹자의 학문에 대해 단순히 내심을 탐색하는 공부이지 객관 사물에 대한 학습이 아니라고 하였다. 任繼愈, 『中國哲學史簡編』(北京: 人民出版社, 1974), 121쪽.

양지를 타고난다는 것인데, 이에 대해 맹자는 "사람이 배우지도 않고 할 수 있는 것이 양능이고 생각하지 않고도 아는 것이 양지이다"라고 규정한 후 갓난아이도 부모를 사랑할 줄 알고 자라서는 형을 공경할 줄 안다는 것을 근거로 제시하였다.[136)

송명유학에 오면 심학적 방법은 크게 육왕심학의 양지설과 정주리학의 궁리설로 나뉜다. 육왕심학의 방법은 먼저 모든 인간의 마음에는 도덕인식능력 내지 도덕원리가 선험적으로 갖추어져 있다고 전제하고, 인식주관의 자아 인식 내지 자각을 참된 인식으로 여기는 일종의 주관주의 인식론을 그 저변에 깔고 있다. 육구연陸九淵에 따르면 심이 곧 리이므로 내 마음을 다하는 것이 리를 궁구하는 것이다.[137) 이렇게 인식주관과 인식대상이 일치하는 주관주의적 인식론에서는 인식대상이 마음 자체이므로 객관세계를 탐구할 필요 없이 오로지 마음 안으로 향하는 심학이 인식방법론으로서의 의미를 갖는다.[138) 따라서 주희가 강조한 객관 사물에 대한 탐구나 독서는 참된 공부가 아니며, 심지어는 오랫동안 진리의 원본으로 인정받아 온 육경까지도 내 마음의 각주일 뿐이다.[139) 그래서 육구연은 독서가 중심이 되는 주희의 격물공부를 지리하

---

136) 『孟子』, 「盡心」 上, "孟子曰, 人之所不學而能者, 其良能也, 所不慮而知者, 其良知也. 孩提之童, 無不知愛其親者, 及其長也, 無不知敬其兄也. 親親仁也, 敬長義也, 無他, 達之天下也."

137) 『陸九淵集』, 권11, 「與李宰」, 149쪽, "孟子曰, 心之官則思, 不思則不得也. 又曰, 存乎人者, 豈無仁義之心哉?……天之所以與我者, 卽此心也. 人皆有是心, 心皆具是理, 心卽理也. 故曰, 理義之悅我心, 猶芻豢之悅我口. 所貴乎學者, 爲其欲窮此理, 盡此心也."

138) 候外廬는 육구연의 심을 윤리적 속성을 갖춘 실체라고 보고 본체를 인식하는 심학적 방법론의 특색을 다음과 같이 파악하였다. 첫째, 개인의 도덕을 수양하는 것이지 외계의 사물을 인식하는 것이 아니다. 둘째, 통째로 밝아지는 것이지 점차로 이해하는 것이 아니다. 候外廬·邱漢生·張豈之 등 主編, 『宋明理學史』 上(北京: 人民出版社, 1984), 563쪽.

139) 『陸九淵集』, 권34, 「語錄」 上, 395쪽, "學苟知本, 六經皆我註脚."

고 번잡한 공부라고 비판할 수 있었다.[140] 결국 그의 학문방법론은 맹자의 '먼저 그 큰 것을 세운다'거나 '그 마음을 다한다'는 방법으로 귀결되는 셈이다.

왕수인王守仁도 "마음이 곧 리이다"라고 전제하고, 리가 마음 바깥에 객관적으로 실재한다는 주자학의 근본 테제를 부정하였다.[141] 한마디로 마음 바깥에는 사물도 없고 리도 없다는 것이므로[142] 그의 인식론에서 참된 인식은 마음으로 직관하는 것이지 외부 대상으로부터 획득되는 것이 아니다.[143] 이는 그가 참된 인식대상으로 상정한 리가 객관 사물의 리가 아니라 마음의 리라는 뜻이기도 하다.[144] 이에 따라 그는 주희의 격물설이 심과 리, 주관과 대상을 이분하는 오류를 범했다고 비판하였다.[145] 심과 리를 분리한 탓에 도덕적인 마음을 견지하기 위한 정일精一의 학문은 사라지고 따분하게 형명形名과 기수器數의 말단에 매몰

---

140) 『陸九淵集』, 권36, 「年譜」, 491쪽, "朱以陸之敎人爲太簡, 陸以朱之敎人爲支離, 此頗不合. 先生更欲與元晦辯, 以爲堯舜之前何書可讀? 復齋止之."

141) 『王陽明全集』, 권1, 『傳習錄』上, 2쪽, "心卽理也. 天下又有心外之事, 心外之理乎?"

142) 『王陽明全集』, 권4, 「與王純甫」二(癸酉), 8쪽, "夫在物爲理, 處物爲義, 在性爲善, 因所指而異其名, 實皆吾之心也. 心外無物, 心外無事, 心外無理, 心外無義, 心外無善. 吾心之處事物純乎理, 而無人僞之雜, 謂之善, 非在事物有定所之可求也. 處物爲義, 是吾心之得其宜也, 義非在外可襲而取也."

143) 『王陽明全集』, 권1, 『傳習錄』上, 2쪽, "心卽理也. 此心無私欲之蔽, 則是天理, 不須外面添一分. 以此純乎天理之心, 發之事父, 便是孝, 發之事君, 便是忠, 發之交友治民, 便是信與仁. 只在此心去人欲存天理上用功便是."

144) 任繼愈는 "왕수인은 마음 밖에 사물이 없다고 여겼다"는 것을 근거로 왕수인이 인식론에서 "인식의 원천은 객관세계에 있지 않고 마음 안에 있으며 마음은 인식주체일 뿐만 아니라 인식대상이기도 하다. 인식이란 자기 내심에 선천적으로 존재하는 도덕관념(양지)의 체험이다"라면서, 그의 인식론을 일종의 전형적인 선험론으로 규정하였다. 任繼愈, 『中國哲學史簡編』, 433쪽.

145) 『王陽明全集』, 권2, 『傳習錄』中, 「答顧東橋書」, 29~30쪽, "朱熹所謂格物云者, 在卽物而窮其理也. 卽物窮理, 是就事事物物上求其所謂定理者也. 是以吾心而求理於事事物物之中, 析心與理而爲二矣."

되어 물리를 밝히고자 하지만 물리가 곧 내 마음이라는 것을 모른다는 것이 그가 파악한 주자학의 폐단이다.[146] 인식주체와 인식객체를 분리하고 주체와 객체의 상호작용을 통한 객체 인식을 격물로 이해한 주희와 다르게 왕수인은 주체에 내재한 양지를 사사물물이라는 객체에다 실현하는 작용을 격물로 파악하였다.[147] 왕수인의 양지는 마음의 본질적 기능으로서 옳고 그름을 분별할 수 있는 도덕의식이자 천리를 자각하는 인식능력이다.[148] 이 양지는 모든 사람이 날 때부터 갖춘 일종의 도덕직관능력이므로 객관 사물의 리를 탐구할 필요 없이 내 마음의 양지가 자각한 천리를 곧바로 객관세계에다 실천하기만 하면, 사사물물이 모두 저마다의 리를 얻게 된다는 것이 왕수인의 치양지설이다.[149]

한편 정주리학은 객관세계에다 리의 존재를 상정함으로써 노자가 제시한 무의 존재론과 불교에서 역설한 공의 존재론을 극복하고, 나아가 노자의 무위론과 불교의 선정주의禪定主義가 지닌 주관주의적 실천론을 벗어날 수 있는 방법론의 토대를 마련할 수 있었다. 정이程頤를 이어 주희가 궁리의 방법을 체계화함으로써 객관주의적인 방법론이 확립되

---

146) 『王陽明全集』, 권7, 「陸象山集序」, 59~60쪽, "聖仁之學, 心學也.……自是而後, 析心與理而爲二, 而精一之學亡, 世儒之支離外索於形名器數之末, 以求明其所謂物理者, 而不知物理卽吾心, 初無假於外也."

147) 『王陽明全集』, 권2, 『傳習錄』 中, 「答顧東橋書」, 30쪽, "若鄙人所謂致知格物者, 致吾心之良知於事事物物也."

148) 『王陽明全集』, 권8, 「書朱守乾卷」, 80쪽, "夫良知者, 卽所謂是非之心, 人皆有之, 不待學而有, 不待慮而得者也.";『王陽明全集』, 권3, 『傳習錄』 下, 69쪽, "道卽是良知. 良知原是完完全全, 是的還他是, 非的還他非, 是非只依着他, 更無有不是處. 這良知還是你的明師."

149) 『王陽明全集』, 권2, 『傳習錄』 中, 「答顧東橋書」, 30쪽, "吾心之良知, 則所謂天理也. 致吾心良知之天理於事事物物, 則事事物物皆得其理矣. 맹자에서 정호·육구연을 거쳐 왕수인에 이르는 심학적 방법론에 대해서는 김용헌, 「최한기의 철학사상에 관한 연구—실학적 방법론을 중심으로—」(고려대학교대학원 석사학위논문, 1987), 6~18쪽 참조.

는데, 주자학은 이를 통해 외부의 객관세계로 나오는 것이 이론적으로 가능하게 되었던 것이다.[150] 그러나 주희의 궁리설은 그것이 지닌 객관주의적 성격에도 불구하고 심학적 방법론을 본질적으로 벗어났다고 보기 어렵다. 왜냐하면 궁리설의 궁극적인 목적이 객관 존재의 리를 인식하는 것을 넘어 인간의 마음에 내재한 도덕적 심체를 자각하고 회복하기 위한 것이었기 때문이다.

주희의 격물설에서는 마음 바깥에 존재하는 개별 사물의 리를 인식하는 것이 필수적이지만, 사실 그 리의 인식은 인식의 일차 단계일 뿐이다. 따라서 주희가 역설한 즉물궁리卽物窮理, 즉 사물에 나아가 그 사물의 리를 탐구하는 공부는 그 자체가 목적이라기보다는 궁극적인 인식을 위한 수단 내지 과정인 셈이다. 주희의 주장에 따르면, 격물을 통하여 개체의 리(分殊之理)를 하나하나 궁구하다 보면 어느 날 갑자기 리의 총체를 깨닫게 되고 내 마음의 인식 작용도 막힘이 없게 된다.[151] 게다가 그는 만물의 리가 모두 마음 안에 갖추어져 있다는 리본구론理本具論을 내세움으로써, 인식대상이 객관 사물의 리로부터 마음의 리로 전환되는 것이 이론적으로 가능하게 되었다.[152] 결국 주희의 철학에서 인식의 최종 단계는 마음 안에 있는 리를 자각하는 것이며,[153] 이것은 곧 주자학

---

150) 『大學章句』, 經1章, "格至也, 物猶事也, 窮至事物之理, 欲其極處無不到也."

151) 이와 같은 경지를 주희는 物格과 知至라고 하였다. 『大學章句』, 「格物致知補亡章」, "蓋人心之靈, 莫不有知, 而天下之物, 莫不有理, 惟於理有未窮, 故其知有不盡. 是以大學始敎, 必使學者, 卽凡天下之物, 莫不因其已知之理, 而益窮之, 以求至乎其極. 至於用力之久, 而一旦豁然貫通焉, 卽衆物之表裏精粗, 無不到, 而吾心之全體大用, 無不明矣. 此謂格物, 此謂知之至也."

152) 『孟子集註』, 「盡心」 上, "心者, 人之神明, 所以具衆理而應萬事者也."; 『朱子語類』, 권9, 「學」 三, 9a, "一心具萬理, 能存心, 而後可以窮理."(季札); 『朱子語類』, 권9, 「學」 三, 9a, "心包萬理, 萬理具于一心, 不能存得心, 不能窮得理, 不能窮得理, 不能盡得心."(揚)

의 격물설이 주관주의적 방법론에 종속되어 있다는 것을 의미한다. 주희의 격물설이 본질적으로 심학적 방법을 벗어났다고 할 수 없는 이유가 여기에 있다. 다만 마음의 리를 자각하기 위한 전제조건으로 객관 사물의 리에 대한 인식을 필수적인 것으로 설정했다는 측면에서 주희의 격물치지설이 지닌 객관주의적 요소는 매우 두드러진다고 할 수 있을 뿐이다.154)

더욱이 존재의 영역과 가치의 영역이 연속되어 있는 성리학의 이론체계 속에서는 리가 사물의 객관 법칙이라기보다는 다분히 윤리적인 색채를 띠고 있는 리이므로 심학이든 리학이든 인식의 대상은 몰가치적인 존재의 세계가 아니라 도덕적 가치의 영역이라는 특징이 있다.155)

---

153) 『朱子語類』, 권5, 「性理」 二, 4b, "所覺者, 心之理也. 能覺者, 氣之靈也."(節)

154) 김용헌은 "(주희가) 격물설이라는 객관적 방법론으로 출발했으나 결국에는 주관적 방법론으로 되돌아왔"고, 결과적으로 "주자의 방법론 역시 심학의 방법론에서 벗어나지 못했다"고 하였다.(김용헌, 「최한기의 철학사상에 관한 연구—실학적 방법론을 중심으로—」, 고려대학교대학원 석사학위논문, 1987, 28쪽) 여기서 '출발했다'나 '되돌아왔다'는 것은 시간적 개념이라기보다는 논리적 개념이다. 다시 말해 주희가 처음엔 객관적 방법론을 견지하다 나중에 주관적 방법론으로 되돌아갔다는 의미가 아니라 그의 이론체계에서 외재하는 리를 인식하는 객관적 방법론은 마음에 내재하는 리를 인식하는 주관적 방법론에 포섭된 하위의 공부론이고, 그런 점에서 주희의 격물설이 전통적인 심학적 방법론을 근본적으로 벗어나지 못했다는 의미이다.

155) 리는 所以然之故와 所當然之則이라는 의미를 아울러 포함하고 있는데(『大學或問』[『朱子全書』6], 「大學或問」 上, 512쪽, "至於天下之物, 則必各有所以然之故, 與其所當然之則, 所謂理也.";『大學或問』, 「大學或問」 下, 527~528쪽, "使於身心性情之德, 人倫日用之常, 以至天地鬼神之變, 鳥獸草木之宜, 自其一物之中, 莫不有以見其所當然而不容已, 與其所以然而不可易者.") 후자가 '당연히 그러해야 하는 준칙'이라면, 전자는 '그렇게 될 수밖에 없는 까닭 내지 원인'에 해당한다. 다시 말해 소당연지칙은 만물이 각자 당연히 따라야 하는 실천 법칙이라면, 소이연지고는 그 실천 법칙의 존재론적 원리 내지 근거이다.(『朱子語類』, 권117, 「訓門人」 五, 26a, "天下萬物當然之則, 便是理, 所以然底, 便是原頭處."[淳];『朱子語類』, 권18, 「大學」 五, 32b, "如事親當孝, 事兄當弟之類, 便是當然之則. 然事親如何却須要孝, 從兄如何却須要弟, 此卽所以然之故."[謨]) 물론 그 실천 법칙과 그 존재론적 근거라는 것은 하늘이 개체에 부여한 명, 즉 천명 내지 그것의 구체적인 형태인 천리이다.(『論語集註』, 권1, 「爲政」, "天命, 卽天道之流行, 而賦於物者, 乃事物所

따라서 심학적 방법론이 주도하는 가치체계에서는 감각경험을 통해 획득하는 견문의 지(見聞之知)가 도덕적인 자각을 통해 깨닫는 덕성의 지(德性之知)에 비하여 가치적으로 하위에 있게 된다. 이에 대해 장재張載는 견문의 협소함에 머무는 보통 사람과 달리 성인은 성性을 다함으로써 견문으로 마음을 질곡하지 않고 이 세상 보기를 하나라도 내가 아님이 없도록 한다고 하였다.156) 정이도 "견문의 지는 덕성의 지가 아니다"라면서, "덕성의 지는 견문을 빌리지 않는다"고 분명히 하였다.157) 마음의 원리를 객관세계로 확충해 나가고자 했던 육왕심학은 말할 것도 없고 정주리학에서도 학문의 궁극적 목적은 감각적 지식의 획득이 아니라

以當然之故也.") 이처럼 리를 소당연과 소이연의 통일로 파악하는 것은 인간의 행위 규범을 천명 내지 천리, 즉 자연의 존재 법칙으로 합리화하고 정당화하려는 전략과 연계되어 있다.(『大學或問』, 「大學或問」下, 526쪽, "旣有是物, 則其所以爲是物者, 莫不各有當然之則, 而自不容已, 是皆得於天之所賦, 而非人之所能爲也.") 그 결과 주자학에서 도덕적인 행위는 당위 규범의 외적 강제에 따른 행위가 아니라 부여받은 천명에 근거한 자연 발생적이고 필연적이라는 행위라는 의미를 갖게 된다.(『朱子語類』, 권18, 「大學」五, 33a, "凡事固有所當然而不容已者, 然又當求其所以然者何故, 其所以然者, 理也. 理如此, 故不可易. 又如人見赤子入井, 皆有怵惕惻隱之心, 此其事所當然而不容已者. 然其所以如此者何故, 必有箇道理之不可易者."[廣]) 이는 역으로 존재 법칙을 다분히 도덕적인 관점으로 파악한다는 것을 함축하며, 결과적으로 존재 법칙이 순수 객관 법칙이라기보다는 도덕적 관점이 투영된 법칙이라는 특성을 지닌다. 그렇다면 주자학에서 격물의 일차적인 목적으로 상정한 궁리, 즉 사물의 리에 대한 탐구도 인간의 실천 규범의 파악과 실천이라는 목적에 종속된 것이라고 할 수 있다. 주희의 리를 소이연과 소당연의 통일이라는 관점에서 파악한 연구는 윤사순의 「존재와 당위에 관한 퇴계의 일치시」, 『한국유학사상론』(열음사, 1986), 81~83쪽과 오하마 아키라(大濱晧)의 『범주로 보는 주자학』(이형성 옮김, 예문서원, 1997), 66~73쪽이 상세하다.

156) 장재는 감성인식과 도덕인식을 대립적으로 파악하고 도덕인식을 참된 인식으로 인정하였다. 『張子全書』, 권2 『正蒙』, 「大心」, 21a, "大其心, 則能體天下之物, 物有未體, 則心爲有外. 世人之心, 止于見聞之狹, 聖人盡性, 不以見聞梏其心, 其視天下, 無一物非我. 孟子謂盡心則知性知天, 以此. 天大無外, 故有外之心, 不足以合天心. 見聞之知, 乃物交而知, 非德性所知, 德性所知, 不萌于見聞."; 『張子全書』, 권2, 『正蒙』, 「誠明」, 17a, "誠明所知, 乃天德良知, 非聞見小知而已."

157) 『二程全書』, 권25, 「暢潛道本」, 2b~3a, "見聞之知, 非德性之知, 物交物, 則知之非內也. 今之所謂博物多能者, 是也. 德性之知, 不假聞見."

도덕적 인식과 이에 기초한 도덕 실천에 있었던 것이다.158)

이러한 심학적 학문 풍토에서는 과학기술, 예를 들어 천문학·의학·지리학·수학·농학과 같은 학문 분과가 이른바 잡학으로 격하되는 경향을 보인다. 실제로 이와 같은 분야는 조선시대에 그 시대의 엘리트인 사대부가 전문적으로 연구할 만한 가치를 갖지 못했던 것이 사실이다.159) 물론 수기修己(內聖)와 더불어 유교적 이념의 두 축을 이루고 있는 안인安人(外王)이라는 실천 덕목에 비추어 볼 때, 생계 문제와 직결되는 과학기술의 측면이 완전히 무시되었다고 할 수는 없다. 이상적인 군주는 단순히 도덕정치를 펴는 데 그치는 것이 아니라, 그런 도덕정치를 현실적으로 가능하게 하는 물적 기반을 확보하지 않으면 안 된다. 먹고 사는 문제가 해결되지 않으면 도덕이라는 것도 한갓 공허한 구호에 불과하므로 생산력을 증대시키고 생산된 재화를 분배하는 문제는 통치의 중요한 문제이며, 도학 내지 심학이 지배한 조선사회도 예외가 아니다. 그러나 주자학의 가치체계에서 재화의 생산과 획득은 그 자체가 목적이라기보다는 도덕적인 사회 건설을 위한 조건이라는 의미가 더 컸던 것이 사실이다. 이는 이용·후생보다 정덕을 더 중요하게 여기는 의식,

---

158) 주희는 격물치지의 목적을 지극한 선의 소재를 아는 것으로 파악하였다.(『大學或問』, 「大學或問」 下, 511쪽, "格物致知, 所以求至善之所在, 自誠意以至於平天下, 所以求得夫至善而止之也.") 주희는 또 정이의 말을 인용하여 "치지의 요점은 마땅히 지극한 선의 소재를 아는 것"이라면서, 그 예로 부모의 자애로움과 자식의 효도를 들고, 이에 힘쓰지 않고 한갓 만물의 리를 탐구하는 것은 너무 멀리 나갔다가 돌아오지 못할 우려가 있다고 경계하였다. 『大學或問』, 「大學或問」 下, 526쪽, "又曰, 致知之要, 當知至善之所在, 如父止於慈, 子止於孝之類. 若不務此, 而徒欲泛然以觀萬物之理, 則吾恐其如大軍之遊騎, 出太遠而無所歸也."

159) 조선시대의 과거제도는 문과와 무과 이외에 기술직 등 전문 요원을 뽑는 잡과가 있었는데, 譯科·醫科·陰陽科·律科로 구성된 잡과는 중인들이 응시하는 것이 통례였다.

다시 말해 의義와 이利, 천리와 인욕을 대립적으로 파악하는 의식에서 확인할 수 있다. 따라서 물질적 삶의 고양은 도덕적인 가치와 상충되지 않는 범위 안에서 또는 도덕적인 가치의 실현에 도움이 되는 범위 안에서 그 중요성을 인정받았다는 것이 주자학의 가치체계에 대한 올바른 이해일 것이다.[160]

(2) 심학적 방법론 비판

최한기가 기존의 여러 학문을 허학이라고 비판했던 것은 학문의 내용과 방법 두 측면에서 해석이 가능하다. 최한기는 방술학이나 외도학뿐만 아니라 유학의 범주에 드는 심학과 리학까지도 허학이라고 비판하였다. 그 학문들은 학문의 내용 또는 대상을 잘못 설정했음은 물론 학문의 방법이 잘못되었다고 판단했기 때문이다. 이에 따라 최한기는 객관 존재인 기를 학문 대상으로 설정한 기학을 제시했고, 더 나아가

---

160) 유교사상에서 수신과 치인은 어느 것도 빼놓을 수 없는 실천 영역이다. 유가는 노자의 '무위의 다스림(治)'과는 달리 적극적인 정치 지향적 성격을 지녔지만, 그 수단으로서 내면의 도덕적 성숙과 그 표현 형태인 예의 실천을 택함으로써 묵가·법가와는 큰 거리를 두었다. 이에 대해 공자는 "법령으로 이끌고 형벌로 다스리면 백성들이 처벌은 모면할 수 있으나 부끄러워함이 없다"면서, 덕으로 이끌고 예로 다스릴 것을 역설하였다.(『論語』, 「爲政」, "子曰, 道之以政, 齊之以刑, 民免而無恥. 道之以德, 齊之以禮, 有恥且格.") 사실 수신과 치인이라는 유가의 두 가지 실천적 지향은 『대학』에서 8조목으로 정리된 것처럼 수신(격물·치지·성의·정심·수신)은 치인(제가·치국·평천하)의 충분조건이라기보다는 필요조건이라는 의미가 강하다. 8조목의 진정한 의미는 수신하면 필연적으로 치인이 된다는 뜻이 아니라 치인을 위해서는 수신이 필수적이라는 뜻으로 이해해야 마땅하다. 그럼에도 주자학에서는 이른바 성학론에서 확인되듯이 수신을 하면 자연스럽게 치인이 이루어진다는 논리를 구사함으로써 수신에 편향된 측면이 있었다. 이것이 곧 심학적 편향이고 도학적 편향이다. 하지만 조선 후기 실학에서는 다시 반전이 일어나 수신으로 치인의 문제를 해결할 수 있다는 의식이 약화되고 수신은 치인의 필요조건이라는 제한적인 의미를 갖게 된다.

그 기를 인식하기 위한 방법론으로 추측론을 제시하였다. 결과적으로 기학과 추측론은 최한기가 허학의 대안으로 제시한 참된 학문, 즉 '실학'의 두 축이라고 할 만하다.

최한기가 제시한 추측의 방법은 탈주자학의 관점에서 논해야 마땅하다. 물론 최한기가 추측의 방법을 통해 극복하고자 한 것은 주자학보다 범위가 훨씬 넓은 이른바 허학의 방법이다. 더욱이 그는 궁리설과 양지설을 포괄적으로 비판했고, 그것도 리학과 심학의 이름을 직접 거론하면서 비판하였다. 그럼에도 최한기가 심학을 비판하거나 양지설을 비판할 때 그 심학과 양지설이 육왕심학만을 제한적으로 지칭하는 것인지는 분명하지 않다. 그가 심학과 리학을 병렬적으로 언급하기는 했으나 그것들을 꼭 대립적으로 파악한 것은 아니다. 양한 이후 학술이 도학·심학·리학으로 분리되어 학파를 형성한 채 각자 전해진 것만을 지키기 때문에 그 학문이 객관적이지 않고 보편성이 없다고 비판한 것이 예인데,[161] 도학·심학·리학이 본질적으로 하나임에도 불구하고 서로 배타적이라는 것이 그 비판의 핵심이다. 최한기는 심학과 리학을 별개의 학문으로 인식하면서도, 마음을 밝히는 심학과 리를 궁구하는 리학이 결국 도를 실행하기 위한 것이라는 점에서 상호 보완적이고 일관된다고 여겼던 것이다.[162]

---

161) 『推測錄』, 권1, 「學問異稱」, 7ab, "兩漢以降, 學術多端, 究其行道者, 謂之道學, 明心者, 謂之心學, 窮理者, 謂之理學, 遂成門戶, 各守其傳, 殆非所以一道德而公天下也."

162) 이에 대해 최한기는 "리를 궁구하는 것과 마음을 밝히는 것이 서로를 발전시킴으로써 마침내 도를 실행하는 데 이를 것을 기약한다"면서, "리를 궁구하지 않으면 마음을 밝힐 수 없고 마음을 밝히지 않으면 도를 실행할 수 없다"고 하였다. 『推測錄』, 권1, 「學問異稱」, 7b, "自門戶之張開, 學者多守名號, 取同捨異, 須不知其實一貫也. 推測其義, 窮理明心, 交將互發, 竟期至于行道也. 非窮理, 無以明心, 非明心, 無以行道."

최한기는 또 심학을 언급하면서 그것을 육구연이나 왕수인과 연계시키지 않았다. 이것은 그가 말하는 심학이 주자학과 명료하게 대비되는 육왕심학과 정확하게 대응되지 않는다는 것을 함축한다. 게다가 주자학의 학문 방법에 대한 그의 비판은 주자학이 마음의 리만을 숭상한다는 것이 비판의 초점이었다. 그의 관점에서 보면 리를 최고 범주로 하는 리학 역시 본질적으로 마음을 위주로 하는 학문이라는 점에서 심학과 크게 다르지 않았던 것이다. 이런 측면에서 최한기가 말하는 심학은 육왕심학만을 제한적으로 지칭한다기보다는 그 스스로 '마음을 밝히는 학문'으로 규정했듯이 마음을 위주로 한 학문을 포괄적으로 지칭한다고 보는 것이 적절하다. 따라서 물리적인 외부 세계보다는 인간의 마음을 위주로 한 인식방법 내지 학문방법을 심학적 방법으로 규정하고 정주리학과 육왕심학의 학문 방법을 심학적 방법으로 통칭하는 것은 별 무리가 없다.

다음의 두 인용문을 보자.

> 주리主理의 학문은 운화하는 기가 아직 밝혀지지 않았을 때 시작되었으며 오로지 마음의 리만을 숭상하여 천지의 선후와 만물의 시종을 궁구하고는 그것을 일컬어 리는 무형이라고 한다.[163]

> 심학을 전공하는 사람은 인간의 감각기관을 비루하고 지엽적인 것으로 생각하여 성명性命의 리를 탐구한다.[164]

---

163) 『氣學』, 권1, 13b~14a, "主理之學, 起於運化氣未著之時, 專尚心理, 以窮天地之先後, 萬物之始終, 謂之理無形, ……."
164) 『神氣通』, 「神氣通序」, 2a, "專攻心學之人, 以諸竅諸觸爲卑屑, 而貪究性命之理."

"주리의 학문은…… 오로지 마음의 리만을 숭상한다"거나 "심학을 전공하는 사람은…… 성명의 리를 탐구한다"는 언급에서 알 수 있듯이, 최한기는 리를 주로 하거나 리를 탐구하는 리학과 마음공부를 추구하는 심학을 명확하게 구분하지 않았다. 그의 관점에서는 리학이든 심학이든 객관적으로 존재하는 기를 제대로 인식하지 못했기 때문에 객관 존재의 리가 아니라 마음의 리에 매몰된다는 공통점이 있다. 최한기가 마음 밖에 실제로 존재하는 객관적인 리를 인식할 수 있는 방법론을 모색한 것이 바로 이 지점이다.

주지하다시피 주희는 인간을 포함한 모든 존재를 리와 기라는 두 범주로 설명하였다. 리는 태극·천리·천명 등으로 표현되듯이 궁극적인 존재이자 원리로서 구체적으로 원형이정이나 인의예지라는 도덕성을 그 내용으로 한다. 따라서 천명을 부여받은 현실의 모든 존재는 기본적으로 도덕적 본성을 지니고 있는 셈이며, 바로 여기에서 도덕 실천의 가능성이 열린다.[165] 주희가 말한 도의 실천이라는 것은 결국 인간의 마음에 내재한 도덕적 본성의 발현이며, 예禮라는 것도 내재적 본성의 외재적 형식이라는 의미를 지닌다. 그 결과 성의·정심·양성·거경·궁리·함양·존천리·멸인욕 등 주자학의 다양한 공부 방법은 그 대상이 마음에서 벗어나지 않는다. 이렇게 보면 조선유학사에서 주자학의 서로 다른 측면을 지칭하는 도학·리학·예학이라는 것도 궁극적으로 인간의 내면세계를 근본 대상으로 삼고 있다는 점에서 서로 다르

---

165) 『中庸章句』, 1장, "天以陰陽五行, 化生萬物, 氣以成形, 而理亦賦焉, 猶命也, 於是, 人物之生, 因各得其所賦之理, 以爲健順五常之德, 所謂性也. 率, 循也. 道, 猶路也. 人物各循其性之自然, 則其日用事物之間, 莫不各有當行之路, 是則所謂道也."

지 않다. 조선의 주자학은 경우에 따라 도학·리학·예학 등 여러 이름으로 불리고 있으나 결국 '심학'으로 수렴된다고 할 수 있다.

최한기는 자신의 학문을 의도적으로 심학과 대비하였다. 예를 들어 그는 심학의 한계가 극한에 이르렀을 때 운화교가 밝아졌다고 이해하였다. 운화교는 객관 존재인 기의 운동변화에 대한 가르침이라는 뜻으로 기학의 별칭이라고 할 수 있다. 물론 심학은 객관 존재를 제대로 반영하지 못한 학문이므로 허위의 학문이고, 따라서 지식이 진보함에 따라 폐기될 수밖에 없는 것이다. 만약 운화교가 먼저 나왔다면 당연히 심학의 본질을 쉽게 파악할 수 있었고 후생들의 노고를 덜어 주었겠지만, 인간이 운화를 제대로 인식하는 데는 일정한 시간이 필요했고 결과적으로 심학 이후에 밝혀졌다는 것이 최한기의 생각이었다. 아무튼 분명한 것은 최한기가 기학 내지 운화교를 바로 심학의 폐단을 극복하고 대체하는 학문으로 인식했다는 사실이다.[166]

최한기는 양지설과 궁리설 같은 심학적 방법을 모두 비판하였다. 앞에서도 언급한 것처럼 맹자는 인간이면 누구나 도덕을 실천하고 인식할 수 있는 능력을 타고난다고 여겼다.[167] 맹자의 주장은 어린아이가 특별히 배운 것이 없는데도 부모를 사랑할 줄 알고 좀 더 자라서는 형을 공경할 줄 안다는 전제에 기초한 것이다. 어린아이가 배우지도 않았는데 부모를 사랑할 줄 안다는 전제로부터 모든 사람은 도덕적 자각과 실천 능력인 양지와 양능을 지니고 있다는 결론이 도출된 셈이다. 그의

---

166) 『人政』, 권11, 「知覺之源」, 15a, "斯敎之得明, 實賴心學之到抵窮藪, 至有病蔽. 若使斯敎, 出於心學之前, 心學庶有所明, 爲後生減勞苦, 而自有生靈知覺運化, 隨時漸明, 而發於心學之後."
167) 『孟子』, 「盡心」 上, "孟子曰, 人之所不學而能者, 其良能也, 所不慮而知者, 其良知也. 孩提之童, 無不知愛其親者, 及其長也, 無不知敬其兄也. 親親仁也, 敬長義也, 無他, 達之天下也."

생각처럼 특별한 학습 과정 없이 누구나 도덕적인 자각이나 실천이 가능하다면, 그것은 누구에게나 있는 선험적인 능력에 근거한 것일 수밖에 없다. 이와 관련해 정이는 "양지와 양능은 모두 후천적으로 형성된 것이 아니니, 이는 바로 하늘에서 나온 것으로 사람에게 매어 있는 것이 아니다"라고 했으며,[168] 주희는 양능과 양지의 양良을 본연의 선善이라고 풀이하였다.[169] 두 사람 모두 양지와 양능이 경험과 학습을 통해 형성된 후천적인 능력이 아니라 타고난 선천적인 능력이라고 여겼던 것이다. 맹자의 양지설이 육왕심학은 물론 정주리학의 심학적 방법의 중요한 전거가 되었던 것이다.

반면에 최한기는 "부모를 사랑하고 형을 공경하는 것은 참으로 여러 해 동안 습득한 견문과 추측에서 나온다"고 전제하고, "이른바 양지·양능에서 나온 사랑과 공경이라는 것은 특히 그 습득 이후를 가지고 말하는 것이지 습득 이전의 일을 말하는 것이 아니다"라고 하여 맹자 이래의 전통적인 양지설을 비판하였다.[170] 이처럼 최한기는 어린아이의 부모 사랑이 양지와 양능에서 나오는 것이 아니라 보고 들은 경험과 이에 기초한 사유에서 나온다고 여겼다. 그의 주장에 따르면, 경험에 기초한 사유, 즉 추측이 없으면 부모와 형이 친족이라는 의리를 알 수 없기 때문에 사랑과 공경이 불가능하다. 부모와 형 곁에서 태어나 양육된 사람은 두세 살이 되면 부모를 사랑하고 자라서는 형을 공경하게 되는데, 그것이 가능한 것은 저절로 견문에 물들었기 때문이다. 만약

---

168) 『孟子集註』, 「盡心」 上, "程子曰, 良知良能, 皆無所由, 內出於天, 不繫於人."
169) 『孟子集註』, 「盡心」 上, "良者, 本然之善也."
170) 『推測錄』, 권1, 「愛敬出於推測」, 29a, "……是以愛親敬兄, 實出於積年染習之見聞推測矣. 所謂愛敬出於良知良能者, 特擧其染習以後而言也, 非謂染習以前之事也."

태어나서 곧바로 남의 손에서 길러져 자신의 부모와 형에 대한 어떤 정보도 제공받지 못한 사람이라면 비록 십수 년이 지나도 자신의 부모와 형을 알지 못한다. 또 태어날 때부터 귀가 먹고 눈이 먼 사람은 비록 부모와 형 곁에서 자라고 양육되었더라도 그 사랑과 공경을 다할 수 없다. 이는 부모를 사랑하고 형을 공경하는 것이 참으로 여러 해 동안 견문에 물든 추측에서 나오기 때문이다.[171]

　최한기의 이와 같은 주장은 『맹자』의 양지·양능설과 그 연장선상에 있는 육왕심학에 대한 비판임은 물론 『맹자』의 심학적 경향에 큰 영향을 받은 주자학에 대한 비판이기도 하다.

　만약에 이기적인 욕구에 가렸기 때문에 내 마음에 본래 갖추어져 있는 리를 드러내지 못한다고 생각하여 평생 동안 이기적인 욕구를 없애기 위하여 힘을 써서 하루아침에 활연관통하기를 바란다면 선가의 돈오설에 가까울 것이다.[172]

　혹 마음의 영명靈明을 지知로 여겨 온갖 리가 여기에 갖추어져 있으므로 그 마음을 다하면 모르는 것이 없다는 이론은 말하기를 "지는 그

---

171) 『推測錄』, 권1, 「愛敬出於推測」, 28b~29b, "孩提之童, 無不知愛其親, 無不知敬其兄, 出於推測. 未有推測, 親與兄天屬之義難知, 何暇論其愛敬. 生養於父兄之側者, 自有漬染之見聞, 至二三歲孩提時, 愛其親, 及其長也, 敬其兄. 若使出胎時, 卽爲他人收養, 不露言論氣色, 雖至十數年, 斯人何能靈通而識得. 且有天聾天盲, 雖長養於父兄之側, 何能盡其愛敬也. 是以愛親敬兄, 實出於積年染習之見聞推測矣. 所謂愛敬出於良知良能者, 特擧其染習以後而言也, 非謂染習以前之事也. 若謂愛敬之理, 素具於心, 爲氣質所蔽, 不能呈露, 則習染之前, 愛敬素具, 無所指的, 只將習染後推測, 溯究習染前氣像, 有何痕迹之可論. 氣質之蔽, 卽推測之未達, 愛敬之前後有無, 都不可論. 故從其始得, 以爲愛敬之源, 乃誠實也."

172) 『推測錄』, 권1, 「開發蔽塞」, 14a, "若謂以利欲所蔽, 未顯我心素具之理, 平生用力, 要除利欲, 冀得一朝豁然貫通, 殆近於禪家頓悟之說也."

자체에 일정한 준거가 있으나 다만 기질에 가려서 미진한 것이 있다"
고 한다.[173]

운화를 모르고 단지 생각을 지키는 것을 거경居敬이라고 여기거나, 옛
글을 토론하는 것을 궁리窮理라고 여기는 것은 바로 잡초를 기르는 것
이다.[174]

앞의 두 인용문은 객관 사물에 대한 경험적 탐구 없이 마음 안의
리를 드러내기 위해 마음공부에만 매달리는 것을 비판하고 있다는 점
에서 포괄적으로 심학적 방법에 대한 비판이라고 할 수 있다.[175] 세 번
째 인용문의 운화는 기의 운화, 즉 객관 존재의 운동과 변화를 의미하므
로 이 인용문 역시 객관 존재에 대한 직접적인 탐구 없이 마음이나 옛
글에만 매달리는 것에 대한 비판으로서 주자학의 두 가지 학문 방법인
거경과 궁리에 대한 포괄적인 비판이다. 여기에서 비판받고 있는 이기
적인 욕구(利欲)를 제거하는 데만 힘쓰는 공부(除利欲), 마음을 다하는 공
부(盡其心), 생각을 지키는 공부(操持念頭)는 모두 '거인욕去人欲·존천리存天

---

173) 『推測錄』, 권1, 「不可以知自許」, 30a, "或以心之靈明爲知, 而至有萬理具焉, 能盡其心, 庶無
不知之論, 所云, 知之自有一定準的, 但爲氣質所蔽而有所未盡."

174) 『人政』, 권9, 「稊稗五穀」, 27b, "不識運化, 而操持念頭, 以爲居敬, 討論古文, 以爲窮理, 是
養稊稗者也. 旣識運化, 而不事充養, 化及於人, 是五穀不熟者也."

175) 주희는 인간의 마음과 仁이 본래 일물이지만 사욕 때문에 간격이 생겼다고 이해하
였다. 결국 사욕을 제거하면 마음은 인을 회복하고 인과 일물이 된다는 것인데, 이
에 대해 그는 사욕을 밝은 거울에 낀 먼지와 티끌에 비유하여 먼지와 티끌을 제거하
면 거울이 밝아지듯이 사욕을 제거하면 마음이 밝아진다고 하였다. 『論語集註』, 「雍
也」 6, "心與仁本是一物, 被私欲一隔, 心便違仁去, 却爲二物. 若私欲旣無, 則心與仁便不相
違, 合成一物. 心猶鏡之明, 鏡本來明, 被塵垢一蔽, 遂不明. 若盡垢一去, 則鏡明矣."; 『朱子
語類』, 권95, 「程子之書」一, 51a, "人猶鏡也, 仁則猶鏡之光明也. 鏡無纖塵, 則光明, 人能無
一毫之私欲, 則仁."(端蒙)

理'와 같은 심성의 수양이나 마음공부의 영역에 속한다.

최한기가 이기적인 욕구를 제거하거나 마음을 다하는 공부를 비판한 것은 마음 안에 리가 없다는 믿음에서 나온 것이다. 마음 안에는 리가 없는데, 아무리 이기적인 욕구를 제거하고 마음을 극진히 한다고 한들 없는 리가 드러날 수는 없다. 심학적 방법에 대한 최한기의 비판은 심학적 방법의 기본 전제였던 맹자의 '만물이 모두 나에게 갖추어져 있다'는 테제와 주희의 '(마음은) 온갖 리를 갖추고 만사에 응한다'는 테제를 다음과 같이 해석하는 데서 결정적으로 드러난다.

> 마음은 사물을 추측하는 거울이니, 그 본체로 말하면 맑고 밝아 아무 사물도 그 속에 있는 것이 없다. 다만 보고 듣는 경과가 오래 쌓여 익숙해지면 거기서 추측이 생긴다.…… 맹자가 이르기를 '온갖 사물이 다 나에게 갖추어 있다'하고, 주자가 이르기를 '온갖 이치를 갖추어 만사에 응한다'고 했는데, 이것은 다 추측의 큰 작용을 찬미한 것이지, 결코 온갖 사물의 이치가 본래부터 마음에 갖추어져 있다는 것은 아니다. 후세의 사람들이 혹 이를 은밀하고 치우치게 풀이하여, 마음 안에 선천의 리가 갖추어지지 않은 사물이 없다고 생각하여, 오직 기질의 가림에서만 그 책임을 구명하려 하니, 이것 또한 글을 미루되 잘못 헤아린 데서 나와 길이 판이해진 것이다.[176]

최한기는 심학의 근본 테제인 '만물개비어아萬物皆備於我'와 '구중리具

---

176) 『推測錄』, 권1, 「萬理推測」, 20b~21a, "心者, 推測事物之鏡也. 語其本體, 純澹虛明, 無一物在中. 但見聞閱歷, 積具成習推測生焉.……孟子曰, 萬物皆備於我矣. 朱子曰, 具衆理應萬事, 此皆贊美推測之大用也, 決非萬物之理素具於心也. 後人或隱僻解之, 以爲先天之理無物不具, 惟責究於氣質之蔽, 此亦出於推文誤測, 而門路判異."

衆理'를 만물의 리가 존재론적으로 마음 안에 구비되어 있다는 것으로 받아들이지 않았다. 그는 그것을 만물과 온갖 리를 인식할 수 있는 추측의 능력이 있다는 의미로 이해했을 뿐이다. 더욱이 그 추측 능력은 감각을 통해 획득되는 경험적 내용이 갖추어지면서 형성되며 경험적 내용 없이는 무력한 능력이다.[177] 이처럼 최한기가 인식 내용이 모두 내 마음에 갖추어져 있다는 심학적 인식방법론의 대전제를 거부하고 단지 추측이라는 인식능력만을 인정한 것은 감각경험에 기초한 인식의 방법으로의 전환을 예고한 것이다.

2) 객관 인식의 방법론으로서의 추측론

(1) 추측의 의미와 목적

추측은 보통 확실한 근거가 없는 막연한 추정을 의미하므로 확실한 인식이나 확실한 지식과 상대되는 말이다. 그러나 최한기가 말하는 추측은 일상 언어의 추측과 전혀 다른 함의를 가진 용어이다. 일상 언어에서 추측은 불확실한 판단이라는 뜻으로 사용되는 것이 보통이지만 최한기의 추측은 믿을 만한 지식을 획득하고 확충하는 방법을 의미한다. 이와 관련해 최한기는 추측이 이루어지면 견식이 넓어진다고 했는데, 이는 추측에 따라 지식이 확대되고 진보한다는 의미이다.[178] 최한기에 의하면 지식의 획득과 확충은 추측을 통해서 이루어져야지, 그렇

---

177) 『神氣通』, 권1, 「知覺推測皆自得」, 4a, "自孩嬰至壯盛, 所得之知覺, 所用之推測, 皆自我得之, 非天之授我也."

178) 『推測錄』, 권5, 「識量」, 14a, "推測所到, 見識含弘, 謂之識量, 識量之大小廣狹, 隨推測而輕進."

지 않으면 근거가 없고 증험할 수 없는 지식이 되고 만다.

> 기는 실리實理의 근본이고 추측은 지식을 확충하는 요체이다. 이 기에
> 연유하지 않으면 궁구하는 것이 모두 헛된 리이고, 추측에 말미암지
> 않으면 아는 것이 모두 근거 없고 증험할 수 없는 말일 뿐이다.179)

이렇듯이 최한기는 추측이 지식을 확충하는 요체이므로 추측에 의
거하지 않은 지식은 모두 근거 없고 증험되지 않은 지식임을 분명히 하
였다. 최한기의 인식론에서 인식의 일차적 목적은 '유행의 리'(流行之理)를
인식하는 것이다. 그가 말하는 유행의 리란 기가 유행하는 이치, 즉 객
관 존재의 운동법칙을 의미한다. 따라서 그가 초년 저술인 『기측체의』
에서 주로 사용한 '유행의 리'는 중년 이후에 주로 사용한 '운화의 리'(運
化之理)와 같은 말이다.180) 한편 최한기는 인간이 지닌 사유의 리를 '추측
의 리'(推測之理)라는 말로 표현하였다. 유행의 리가 자연의 질서라면 추
측의 리는 사유의 법칙이라는 뜻이다. 인간의 사유는 다분히 자유롭고
자의적이기 때문에 사유를 통해 얻은 법칙 내지 사유의 법칙이 언제나
자연의 법칙을 정확하게 반영해 내는 것은 아니다. 다시 말해 현실적으
로 자연의 법칙과 사유의 법칙이 반드시 일치하는 것은 아니다.181) 하

---

179) 『神氣通』, 「氣測體義序」, 2b~3a, "氣爲實理之本, 推測爲擴知之要. 不緣於是氣, 則所究皆
虛妄怪誕之理, 不由於推測, 則所知皆無據沒證之言."

180) 최한기는 『기학』을 기점으로 기의 운동변화를 지칭하는 용어로 '유행' 대신에 주로
'활동운화' 내지 '운화'를 사용하였다. 따라서 유행의 리(流行之理)는 운화의 리(運化
之理)와 별개의 것이 아니다. 『人政』, 권9, 「理就氣認」, 24b, "理須就氣上認取, 天地流行
之理, 卽運化氣之條理.";『氣學』, 권1, 13b, "推測之理, 合於運化之理, 所云得也善也, 不合
於運化之理, 所云失也不善也."

181) 『推測錄』, 권2, 「天人有分」, 25b, "氣質之理, 流行之理也, 推測之理, 自得之理也. 未有習之

지만 추측이 유행의 리를 정확하게 담아내기만 한다면 추측의 리와 유행의 리가 일치할 수 있다. 인간의 사유가 객관세계의 리를 정확하게 포착하면 추측의 리가 곧 유행의 리가 된다는 것이다. 추측지리와 유행지리의 일치가 바로 최한기가 제시한 추측의 목표이다. 그래서 그는 "내가 보고 듣고 경험한 것을 미루어서 유행의 리에 어긋나지 않도록 헤아리는 것이 추측의 준거이다"[182]라고 말할 수 있었다. 이에 대해 최한기는 다음과 같이 말하기도 하였다.

> 천지에는 운화의 리가 있고 사람의 몸에는 추측의 리가 있다. 사람이 추측의 리로 운화의 리를 생각할 때 증험이 되느냐 안 되느냐 하는 것은 운화하는 기와 부합하느냐 부합하지 않느냐에 달렸다. 그러므로 처음 생각할 때부터 운화하는 기에 의거하여 미루어 생각하면 기의 운화에 어긋남이 적을 것이나, 만약 기에 의거하지 않고 한갓 자기가 생각하는 것만 따르면 기의 운화에 어긋나는 것이 많을 것이다.[183]

인간의 사유가 객관 대상을 언제나 정확하게 포착할 수만은 없다는 사실을 최한기는 잘 알고 있었다. 객관세계는 일정한 질서에 따라 작동하기 때문에 유행의 리 또는 운화의 리로 불리는 그 법칙은 언제나 일

初, 只此流行之理, 旣有習之後, 乃有推測之理. 若謂推測之理出於流行之理, 則可, 若謂推測之理卽是流行之理, 則不可. 旣無分於推測流行, 則推測之或誤者, 必歸諸天理, 天理之純澹者, 難得其涵養."

182) 『推測錄』, 권1, 「事物攸當」, 36b, "推我之見聞閱歷, 以測違於流行之理者, 推測之準的也."
183) 『人政』, 권8, 「理卽氣」, 51a, "在天地有運化之理, 在人身有推測之理. 人以推測之理, 思量運化之理, 其所驗不驗, 在運化氣之合不合. 自初思量時, 依運化氣而測量, 則鮮違於氣之運化. 若不依據於氣, 徒自思量, 多違於氣之運化. 凡理字, 皆推運化氣而測之, 無非實理. 故理學之理, 以氣字認之, 乃有形之理也."

정한 반면에 인간의 추측은 잘한 것과 못한 것의 구분이 있기 마련이다. 인간이 언제나 유행의 리를 정확하게 인식할 수 있는 것이 아니기 때문에 내가 추측한 리가 유행의 리와 부합하는지를 증험할 필요가 있다. 나의 추측을 유행에 맞추어 보아 부합하면 기쁜 반면에 부합하지 않으면 당연히 기쁘지 않다.[184] 왜냐하면 나의 추측이 잘못되었기 때문이다. 그래서 일단 증험을 해서 부합하지 않으면 그 추측의 리를 변통해야 한다. 변통은 '수정하여 통하게 한다'는 뜻으로, 잘못된 추측을 수정하여 유행의 리를 정확하게 반영하도록 추측한다는 의미이다. 이러한 과정을 거쳐 추측의 리가 마침내 유행의 리와 부합하게 될 때 그 추측은 비로소 참된 인식으로 인정받을 수 있다. 최한기는 객관 존재의 리와 사람에 의해 인식된 리를 다음과 같이 간명하게 기술하였다.

> 천지만물의 유행의 리는 천지자연의 운동변화 속에 있기 때문에 사람이 늘이고 줄일 수 없다. 반면에 추측의 리는 사람마다 설익음과 성숙함, 얻음과 잃음의 다름이 있어서 그것을 조정하고 변통할 수 있다. 리학의 리나 태극의 리 등 책에서 논한 리는 모두 추측의 리이다. 추측의 리는 유행의 리를 준거로 삼고, 유행의 리는 기와 질로써 분별된다. 물리를 고요히 관찰하여 추측의 자료로 삼고 물리를 익혀 추측의 범위로 삼되, 거꾸로 추측을 물리에 맞추어 보아 추측이 지나치면 억제하고 부족하면 따라가도록 노력한다.[185]

---

184) 『推測錄』, 권2, 「悅其自得」, 29b, "天理流行, 無古今之異, 人心推測, 有善否之分. 以我推測, 驗諸流行, 覺之則悅, 未覺則無悅, 合則悅, 未合則無悅."

185) 『推測錄』, 권2, 「推測以流行理爲準」, 23b~24a, "天地萬物流行之理, 付諸健順化育之中, 非人之所能增減. 若夫推測之理, 自有生熟得失之分, 可以裁制變通. 理學之理, 太極之理, 凡載籍之論理者, 儘是推測之理也. 推測之理, 以流行之理爲準的, 流行之理, 以氣質爲分別. 靜觀物理, 以爲推測之資, 貫熟物理, 以爲推測之範圍. 反將推測, 符驗于物理, 過者抑退, 不及者企就."

"추측의 리는 유행의 리를 준거로 삼는다"는 것은 추측의 리와 유행의 리의 일치가 추측의 목적이라는 것을 의미한다. 또 "유행의 리는 기와 질로써 분별된다"는 것은 유행의 리가 객관 존재인 기와 질의 인식을 통해 파악된다는 뜻으로 객관 존재의 리가 곧 유행의 리라는 것을 의미한다.[186] 이어서 "물리를 관찰하여 추측의 소재로 삼는다"거나 "추측을 물리에 맞추어 본다"고 한 것도 물리, 즉 객관 존재의 리가 인식의 대상이자 인식의 준거이며, 따라서 추측이라는 인식 행위는 객관 존재의 리를 정확하게 파악하는 것이 목적이라는 뜻이다. 이에 대해 최한기는 "추측의 리가 운화의 리에 부합하면 얻음(得)이고 선善이며, 운화의 리에 부합하지 않으면 이른바 잃음(失)이고 불선이다"라고 하였다.[187] 여기서 추측이 객관 법칙을 정확하게 인식하기 위한 방법론으로 제시되었다는 것을 다시 한 번 확인할 수 있다. 하지만 그가 추측의 방법을 통해 의도한 것은 단순히 지식을 위한 지식의 추구 자체였다기보다는 정확한 지식의 획득에 기초한 적절한 실천이었다. 추측에 의한 객관 법칙의 인식은 결국 객관 법칙에 순응하기 위해서라는 목적이 있었던 것이다. 이에 대해 최한기는 "헤아림(測)의 뜻을 포괄적으로 말하면 천리에 순응함을 헤아리는 것"이라면서, 헤아림의 대상으로 다음과 같은 것을 꼽았다.

(헤아림의 뜻을) 나누어 말하면, 사람을 사귀는 경우에는 그 사람의 기

---

186) 최한기는 다음과 같이 말하기도 하였다. 『神氣通』, 권1, 「理由氣通」, 16a, "在我之神氣, 有推測之理, 在物之氣質, 有流行之理."

187) 『氣學』, 권1, 13b, "推測之理, 合於運化之理, 所云得也善也, 不合於運化之理, 所云失也不善也."

질과 심술心術을 헤아리고, 사물을 관찰하는 경우에는 그 사물의 물질
적 특성을 헤아리고, 일을 도모하는 경우에는 일의 이익과 옳음, 성공
과 실패를 헤아리고, 손님을 응접하는 경우에는 화목과 중용을 헤아리
고, 음식과 재화의 경우에는 근본과 절약을 헤아리며, 그릇의 경우에
는 용도에 알맞은지를 헤아리는 것이다.[188]

　　최한기의 추측은 단순히 논리적 추리의 영역이 아니라 현실의 영역
그리고 경험의 영역에서 이루어지는 것이다. 그래서 추측의 대상이 단
순히 사물과 그 법칙에 그치지 않고 사람을 사귀고, 일을 하고, 손님을
접대하고, 재화를 사용하고, 용기를 이용하는 것 등이 망라되어 있다.
더욱이 그 대상에 대한 인식이 그 대상과의 관계 내지 그 대상의 이용
이라는 실천적 관심과 연계되어 있다. 결국 최한기가 유행의 리 또는
운화의 리라고 부른 객관 존재의 법칙을 정확하게 인식하고자 한 것은
그 객관 존재에 적절하게 대처하기 위해서였던 것이다. 그 대상이 사람
일 경우에는 사람 및 사람의 집단, 즉 사회의 객관적인 특성을 올바로
파악함으로써 적절한 인간관계 내지 사회적 실천이 가능하며, 사물일
경우에는 사물의 물질적 특성과 이에 따른 용도 등을 제대로 파악함으
로써 효율적인 이용이 가능하다는 것이 최한기의 생각이었다. 그래서
최한기는 천리에 순응하는 법을 헤아리는 것이 헤아림의 포괄적인 뜻
이라고 규정했던 것이다. 추측의 목적이 객관 법칙의 인식을 넘어 객관
법칙에 순응하는 방법을 인식하는 데 있다는 의미이다.

---

188) 『推測錄』, 권1, 「事物攸當」, 36ab, "測之義, 統言之, 則測順天理也. 分言之, 則交人處測其
　　氣質心術, 觀物處測其材氣攸宜, 處事處測利義成敗, 應接處測和順得中, 食貨則測其務本節用,
　　器皿則測其適用利鈍."

이 지점에서 등장하는 것이 '받들어 따른다', '이어서 따른다'는 뜻의 승순承順의 개념이다. 예를 들어 봄에 곡식을 심고 가을에 거두며 여름에 베옷을 입고 겨울에 갓옷을 입는 것은 자연의 질서, 즉 기의 운화에 승순하는 것이다.[189] 이처럼 자연 질서에 승순하는 것은 그렇게 하는 것이 삶을 효과적으로 운용할 수 있는 방법이기 때문이다. 더 나아가 최한기는 기의 운화에 승순하는 것을 선善으로 이해하였다. 경전과 역사 서로부터 일상적인 글에 이르기까지 수없이 등장하는 '선善'이라는 글자는 천기운화天氣運化에 승순한다는 뜻이며, 따라서 선정善政·선교善敎·선언善言·선행善行은 모두 천인운화를 승순하는 것이다.[190] 더 나아가 최한기는 공公도 운화에 승순하는 것으로 해석하였다. 이렇게 되면 공도公道나 공심公心이라는 것도 모두 운화의 기에 승순하는 것을 가리키고, 천도나 천리라고 하는 것도 운화의 기에 승순하는 것을 가리킨다.[191]

최한기가 이렇게 객관 존재의 법칙을 인식하고 따라야 한다고 역설한 것은 그렇게 해야 실제 효과를 거둘 수 있다고 판단했기 때문이다. 이런 측면에서 그의 승순은 단순히 인식을 전제한 개념만이 아니라 그 결과를 염두에 둔 개념이라고 할 수 있다. 그는 승순과 사무를 결합함으로써 이를 명확히 했고 책 제목을 아예 『승순사무承順事務』라고 하였다. 이 책의 서문에서 "하늘과 사람의 사무는 모두 승순으로 성취하는

---

189) 『人政』, 권8, 「運化敎」, 15a, "春耕秋穫, 夏葛冬裘, 自有承順節序, 渴飮飢食, 好順惡逆, 誰能違越範圍?"

190) 『氣學』, 권1, 45b, "經傳史策, 以至凡常文辭之善字, 可見承順天氣運化之意也.……善政善敎善言善行, 皆是承順天人運化也."

191) 『人政』, 권5, 「公是順氣」, 21a, "承順氣化, 爲公之所由出所由行, 一遵氣化而無違, 卽是公也.……凡所謂公道公心, 皆指運化氣之承順也. 又所謂天道天理, 亦指運化氣之承順也."

것이니 그 이름 지은 뜻이 객관 존재인 하늘과 사람의 운화를 승순하여 사무를 성취하는 데 있다"고 한 것은 승순과 사무의 관계를 명확하게 보여 준다.[192] 그는 또 『승순사무』 서문의 첫머리에서 "학문이 사무에 있으면 참된 학문이 되고 사무에 있지 않으면 헛된 학문이 된다"면서, 인생에서 꼭 갖추어야 할 사무로 전례典禮·형률刑律·전부田賦·재용財用·학교學校·문예文藝·무비武備·사농공상士農工商·기명器皿·역상 曆象·수학數學·동역動役·어중御衆을 꼽았다.[193]

여기에서 확인되듯이 그가 말하는 사무는 우리 인간의 구체적인 삶에서 필요한 것들이고, 따라서 그가 승순을 강조했다고 해서 인간을 자연법칙에 복종하기만 하는 소극적이고 수동적인 존재로 전락시킨 것이 아니다. 오히려 그의 승순론은 실천의 효과를 극대화하기 위해 운화의 법칙을 정확히 인식해야 한다는 것에 초점이 있었다. 예를 들어 그는 솥을 만들 쇠의 성질, 쇳물을 틀에 부어 솥을 만드는 방법, 불기운의 적절함 여부, 물건을 삶아 익히는 절차를 논하여 천하에 통용되는 것을 가르치는 것이 참된 학문이라고 하였다.[194] 이처럼 승순은 법칙에 대한 소극적인 순응을 넘어 그 법칙을 적극적으로 활용하고 이용하는 데까지 확장된 개념이다. 요컨대 최한기의 추측은 단순히 객관 법칙을 인식하는 방법론일 뿐만 아니라 승순의 실행을 통해 사무를 성취하려는 실

---

192) 『承順事務』, 「承順事務序」, 323쪽 위, "凡政事之沿革, 盡是承順, 大氣運化, 天之事務, 政敎運化, 人之事務, 天人事務, 皆以承順成就, 錫名之義, 承天順人, 行事成務也."

193) 『承順事務』, 「承順事務序」, 322쪽 위, "學問在事務, 爲實學, 不在事務, 爲虛學問. 典禮刑律田賦財用學校文藝武備士農工商器皿曆象數學動役御衆, 乃人生事務所當備也."

194) 『人政』, 권12, 「以器喩學」, 8b~9a, "開前程於誠實之學, 宜推明者, 運化之氣(用), 鎔鐵精麤之氣(品), 範土疏密之制, 火候調停之候(節), 烹飪生熟之化, 飮食順逆之義."

천적인 목적과 결부된 것이라고 할 수 있다.

(2) 궁리설 비판

최한기는 주자학의 궁리설로는 객관 존재의 법칙을 정확하게 인식할 수 없다고 파악하였다. 그는 궁리설의 한계와 폐단을 직시하고 그 대안으로 추측의 방법론을 제시했던 것이다. 말하자면 추측론은 궁리설이나 양지설과 같은 심학적 방법을 대체하는 기학의 방법론인 셈이다. 최한기가 유행의 리 또는 운화의 리라고 이름을 붙인 리는 객관 존재의 필연 법칙이다. 우리 인간은 당연히 이 리를 정확하게 인식해야만 올바른 실천이 가능한데, 최한기가 그 리를 인식할 수 있는 방법으로 제시한 것이 바로 추측이었다.[195] 최한기는 추측을 한마디로 객관 존재의 리를 인식하는 방법으로 이해했던 것이다.

최한기는 『추측록』에서 궁리의 방법과 추측의 방법을 비교 분석하고 궁리가 추측만 못하다는 것을 분명히 하였다. 그는 먼저 궁리의 학문이 내 마음 안에 있는 리를 인식대상으로 설정함으로써 주관적 인식을 극진히 하는 데 격물의 초점이 있다고 이해하였다. 반면에 추측의 학문은 인식대상을 마음 밖의 객관 존재로 설정함으로써 추측의 결과를 검증할 수 있는 객관적인 준거가 있다고 여겼다.[196] 주지하다시피 주자학의 격물설은 정이와 주희를 거치면서 체계화되었다. 정이는 격을

---

195) 『推測錄』, 「推測錄序」, 1b, "蓄天氣流行之理, 在物各有攸當, 原無增減. 能窮格此理者, 卽人心之推測, 而有善不善誠不誠, 然是亦不可不謂之理也. 擧其流行推測符合者, 理是一也. 在於流行推測不合者, 此理彼理, 完然有跡."

196) 『推測錄』, 권6, 「窮理不如推測」, 29a, "窮理之學, 有一定之本元, 而究吾知之未盡, 推測之學, 有條理之可尋, 而驗取捨之活法."

'이르다'(至) 또는 '궁구하다'(窮)로 보아 격물을 '사물을 탐구하여 그 리에 이르다'(窮至物理)라는 뜻으로 해석했으며,197) 주희도 정이의 격물설을 충실하게 따랐다.198) 이처럼 궁리설이 일차적으로 객관 사물의 리를 탐구하는 방법론임에도 불구하고, 최한기가 궁리설을 주관주의적 격물설로 규정한 것은 궁리설이 지닌 심학주의적 성격을 간파했기 때문이다.

> 궁리에 힘쓰는 사람은 온갖 리가 모두 내 마음 속에 갖추어져 있다고 여겨 오히려 나의 궁구가 미진함을 걱정하나, 추측에 힘쓰는 사람은 지난날 보고 듣고 냄새 맡고 맛보고 감촉했던 기를 미루어 가부를 헤아리되, 옳으면 그 헤아림에 그치고 잘못이면 그 미룬 것을 변통하여 바르게 헤아리기를 기약한다. 대개 궁리를 하는 사람은 천지만물의 리를 하나의 리(一理)로 여기므로 나의 마음을 궁구하여 지극한 데 이르면 모든 리를 확보할 수 있다고 생각한다. 반면에 추측을 하는 사람은 성性과 천天의 분별이 있고 물物과 나의 다름이 있으나 이것을 미루고 저것을 경험하여 헤아리는 것은 하나라고 여긴다.199)

최한기는 주자학의 격물설, 즉 궁리설이 지닌 두 가지 존재론적 특성을 정확하게 간파하고 있었다. "온갖 리가 모두 내 마음 속에 갖추어져 있다"200)는 원리와 "천지만물의 리가 하나이다"201)라는 원리가 그것

---

197) 『二程全書』, 권22上, 「伊川雜錄」, 1a, "格至也, 言窮至物理也."; 『二程全書』, 권25, 「暢潛道本」, 1a, "格猶窮也, 物猶理也, 猶曰窮其理而已也."

198) 『大學章句』, 經1章, "格, 至也, 物, 猶事也. 窮至事物之理, 欲其極處無不到也."

199) 『推測錄』, 권6, 「窮理不如推測」, 29b, "務窮理者, 以爲萬理皆具於我心, 猶患我究之未盡, 務推測者, 推其前日見聞臭味觸之氣, 而測其可否, 於此可則止之, 否則變通其推, 期測其可. 蓋窮理者, 以天地萬物之理爲一理, 故究我心窮至, 則可賅諸理, 推測者, 性與天有分, 物與我有別, 推此驗彼而測之者, 一也."

200) 『孟子集註』, 「盡心」上, "心者, 所以人之神明, 具衆理而應萬事者也."

이다. 주자학에서는 천지만물의 리가 모두 내 마음 안에 들어 있고, 게다가 그 리는 본질적으로 하나라는 존재론적 원리를 상정했기 때문에 객관 사물에 나아가 그 사물의 리를 탐구하는 객관주의적 공부가 결과적으로 내 마음 안의 리를 자각하는 주관주의적 공부로 귀결될 수밖에 없었다. 궁리설에 의하면, 온갖 리가 내 마음 안에 있음에도 그 리를 완전히 인식하지 못한 것은 결과적으로 나의 인식, 즉 치지致知가 제대로 이루어지지 않은 것이다. 결국 주자학의 궁리설은 활연관통을 통해 내 마음의 큰 작용이 밝아지지 않음이 없는 경지에 이르는 것을 격물의 최종 단계로 상정하였다.[202] 최한기가 궁리에 힘쓰는 사람은 나의 궁구가 미진함을 걱정하고 나의 마음을 궁구한다고 지적한 것은 바로 궁리설이 지닌 주관주의적 공부 방법을 비판한 것이다. 다시 말해 객관 사물의 리는 궁리설이 상정하고 있는 마음의 공부가 아니라 경험을 통해 얻은 정보를 분석하고 종합함으로써 얻을 수 있다는 비판이다.

한편 최한기는 궁리의 방법이 지닌 맹점이 유행의 리와 추측의 리를 구분하지 못하는 것에 있다고 보았다. 그는 "오로지 궁리만을 말하면 추측의 리와 유행의 리가 구분되지 않아 혼란스럽지만, 추측을 밝히면 추측과 유행의 분별이 있어 헤아리는 것이 확실한 근거가 있게 된다"[203]고 여겼다. 여러 차례 언급했듯이 유행의 리가 객관 사물의 리이라면, 추측의 리는 인식주체인 인간의 사유에 의해서 파악된 리이다.

---

201) 『朱熹集』, 권63, 「答余正甫」, 3313쪽, "天下之理萬殊, 然其歸則一而已矣, 不容有二三也."
202) 『大學章句』, 「格物致知補亡章」, "一旦豁然貫通焉, 卽衆物之表裏精粗, 無不到, 而吾心之全體大用, 無不明矣. 此謂格物, 此謂知之至也."
203) 『推測錄』, 권6, 「窮理不如推測」, 29a, "惟言窮理, 則理無分於推測流行, 窮無際於湊泊比擬, 發明推測, 則推有分於推測流行, 測有驗于勸懲可否."

결국 추측의 리는 사유의 산물이므로 객관적인 준거에 의해서 객관성이 확보되지 않으면 다분히 주관적일 수밖에 없다. 그럼에도 유행의 리와 추측의 리를 구분하지 않고 그저 '궁리한다'고 하면, 그 리가 어느 리인지 분명하지 않다는 문제가 있다. 그는 유행의 리와 추측의 리를 다음과 같이 비유를 통해 설명하였다.

유행의 리는 태양이 발산하는 빛이 만물을 두루 비추는 것과 같고, 추측의 리는 그릇에 담긴 물이 반사하는 빛이 오직 그릇 안에 있는 것과 같다. 만약 리에 이러한 구분이 있다는 것을 분별하지 못하면, 태양의 빛과 그릇에 담긴 물의 빛을 구분하지 못해 태양의 빛을 물의 빛으로 여기거나 물의 빛을 태양의 빛으로 여기게 될 것이다. 어찌 물의 빛은 태양의 빛이 아니고 태양의 빛은 물의 빛이 아님을 알겠는가? 또 어찌 물의 빛은 태양의 빛을 반사하는 것이고 태양의 빛은 물의 빛을 생기게 하는 것인 줄 알겠는가? 이것이 진실로 리를 탐구하는 관건이다.[204]

최한기는 유행의 리와 추측의 리를 각각 태양의 빛과 그 빛을 반사하는 물의 빛에 견주어 설명하였다. 그릇의 물빛을 언뜻 보면 그릇에 담긴 물이 자체적으로 빛을 발산하는 것처럼 보인다. 하지만 그릇에 담긴 물의 빛은 물이 태양의 빛을 반사함으로써 그릇 안에 형성된 것일 뿐이다. 따라서 그릇 밖에 실제로 존재하는 태양의 빛과 그 태양의 빛을 반사함으로써 형성된 이차적인 빛을 명확하게 구분하지 않으면 안

---

204) 『推測錄』, 권6, 「窮理不如推測」, 29ab, "流行之理, 如太陽放暉, 萬物徧照, 推測之理, 如盤水飜光, 惟在於盤. 若無分於理有此別, 則陽暉盤光, 眩煌無分, 遂以陽暉爲盤光, 或以盤光爲陽暉, 安知盤光非陽暉, 陽暉非盤光也. 又烏知盤光飜陽暉, 陽暉生盤光也. 是實究理之關鍵也."

된다. 그 둘의 차이를 구분하지 못하고 그릇 안의 빛을 물이 스스로 발산한 빛 즉 객관적으로 존재하는 빛으로 인식하는 것은 사실의 왜곡이다. 이 세상에 실제로 존재하는 빛은 태양의 빛일 뿐이다.

최한기가 이러한 논리를 전개한 것은 주자학에서 이 세계를 규율하는 근본 원리로 설정한 리가 허구임을 드러내기 위해서였다. 주희가 인식대상으로 상정한 리는 실제로 존재하는 것이 아니라 사유의 산물이며, 결과적으로 주관적이고 자의적이며 심지어 날조된 리에 불과하다는 것이 최한기의 생각이었다. 따라서 사유를 통해서 획득한 리, 즉 추측의 리가 주관성과 자의성에서 벗어나기 위해서는 추측의 객관성을 확보해야 하는데, 이를 위해서는 먼저 추측의 리와 유행의 리를 명확하게 구분하지 않으면 안 된다. 사유의 주관성을 인정하고, 유행의 리를 사유의 준거로 삼아 사유를 유행의 리에 일치시키려는 노력을 기울여야 한다는 것이다. 실제로 존재하는 빛을 알기 위해서는 그릇 안에서 빛나는 물빛의 허구성 내지 이차성을 인정하고 그릇 밖에서 빛나는 태양의 빛 자체를 보아야 하듯이, 객관 존재의 리를 인식하기 위해서는 마음이 연출하는 사유의 한계를 벗어나 객관세계와 직접 대면해야 한다. 나의 주관적인 인식을 버리고 객관세계를 객관세계 그 자체로 인식해야 한다는 의미이다.

최한기가 "오로지 나를 위주로 하는 것이 궁리의 폐단"이라고 지적한 것은 나의 마음을 대상으로 하는 궁리의 방법으로는 제대로 된 격물, 즉 외물에 대한 객관적 인식이 불가능하다는 비판이었다.[205]

---

205) 『推測錄』, 권6, 「窮理不如推測」, 29b~30a, "窮理推測之題目旣異, 入門亦異, 不必毁窮理, 而察窮理之弊, 專主乎我, 大學說格物, 而不言窮理者, 可見其義."

리라는 글자는 모두 운화의 기를 미루어 헤아리면 실리實理가 아닌 것이 없다. 그러므로 리학의 리는 기氣자로 인식해야 유형의 리가 된다. 이것으로써 다른 사람에게 보여 주면 사람들이 알기 쉽고 이것으로써 남을 가르치면 사람들이 배우기 쉽다. 처음부터 기에서 얻어 그것을 미루어 생각하면 곧 추측의 리 역시 기이므로 운화에 승순함을 힘쓰지 않더라도 절로 어긋나지 않을 것이다. 이것은 기가 주인이 되어 인도人道를 여는 것으로 순리적인 것이다. 그러나 처음 얻어 미루는 것이 기에서 말미암는 것임을 알지 못하고 오직 추측으로 만사를 재단하기에 힘쓴다면, 이것은 사람이 주인이 되어 천지를 배포하는 것이니 곧 전도된 것이다.[206)]

최한기에 의하면 이 세상에 실제로 존재하는 것은 기 및 기로 이루어진 만물이며, 그 기는 본질적으로 운동하고 변화하는 특성이 있다. 최한기는 그 기의 운동법칙을 존재의 객관 법칙으로 상정하고, 이를 운화의 리 또는 유행의 리라고 명명하였다. 결국 리의 인식이라는 것은 기로 대표되는 객관 존재를 탐구함으로써 그 법칙을 인식하는 것이며, 따라서 인식에서 주가 되는 것은 인식주체가 아니라 객관 존재 자체이다. 비유하자면, 객관 존재가 태양의 빛이라면 인식주체는 그릇에 담긴 물일 뿐이다. 이 비유에서 물은 태양의 빛을 반사하는 이차적인 존재이다. 그럼에도 불구하고 사유를 통해 얻은 리를 참된 존재로 여겨, 그 리를 통해 이 세계를 인식하는 것은 자기 마음대로 이 세계를 규정하는

---

206) 『人政』, 권8, 「理卽氣」, 51ab, "凡理字, 皆推運化氣而測之, 無非實理. 故理學之理, 以氣字認之, 乃有形之理也. 以此示人, 而人易見, 以此敎人, 而人易學. 自初得於氣以爲推, 則推測之理, 亦是氣也, 不勉於承順運化, 而自無違越, 是氣爲主, 而惠廸人道, 乃順勢也. 自初得推, 不知由氣, 務從推測裁制萬事, 是人爲主, 而排布天地, 乃倒施也."

것이다. 그것은 존재에 대한 객관적인 인식이 아니라 자의적인 재단이
고 일방적인 배포이며, 결국 주객이 전도된 것이다.

(3) 경험에 기초한 합리적 추론과 판단

객관 존재를 인식하는 인식방법으로서 추측은 대략 두 가지로 나누
어 이해할 수 있다. 추측은 감각경험의 내용을 분별하고 헤아리는 판단
작용임을 의미하기도 하며, 동시에 이미 획득된 지식 내용을 미루어서
아직 경험하지 못한 새로운 내용을 유추해 내는 일련의 추론 과정을
의미하기도 한다. 『신기통』에서 통을 형질의 통과 추측의 통으로 나누
었을 때 추측의 의미는 감각 내용에 대한 판단 작용이라는 의미가 강했
으나, 『추측록』에서는 오히려 지식의 확대를 위한 추리 작용의 의미가
두드러진다.[207] 하지만 이 두 가지는 모두 객관 존재를 대상으로 한 것
이자 경험을 근거로 한 사유작용이라는 의미에서 치양지의 방법이나
궁리의 방법과는 구별되며, 경험주의적 방법의 영역에 포괄될 수 있는
성질의 것이다. 그리고 최한기 자신도 이 둘을 의식적으로 구분해서 사
용하지는 않았다. 감각 내용에 대한 판단은 사실상 감각 내용 자체만으
로는 불가능하다. 인식주체가 감각 내용을 판단할 때는 이미 알고 있는
정보나 지식을 근거로 그 감각 내용을 비교·분석·종합한 끝에 판단하
기 때문이다. 결국 그 판단이라는 것도 이전에 습득한 지식을 활용하여
새로운 지식을 획득하거나 지식을 확충하는 방법인 셈이다.

---

207) 여기에서는 주로 후자의 의미로서의 추측을 논한다. 전자의 의미로서의 추측은 다
음 절의 '형질의 통과 추측의 통'이라는 항목에서 다룬다.

    감각기관을 통한 경험은 한계가 있기 마련이다. 인간은 누구나 시간과 공간에 제약을 받을 수밖에 없으므로 직접 경험할 수 있는 것이 지극히 제한되어 있다. 따라서 아직 경험하지 못한 것이나 알지 못하는 것은 이미 경험한 것이나 알고 있는 것으로부터 추론할 수밖에 없다. 그래서 필요한 것이 '추측'이다. 최한기가 말하는 추측이란 이미 알고 있는 지식이나 정보로부터 새로운 판단을 이끌어 내는 일종의 추론을 뜻한다. 그는 "보고 듣는 것이 미치는 범위는 귀와 눈이 닿을 수 있는 가까운 거리에 지나지 않는다"면서 감각기관의 공간적인 한계를 지적하고, "귀와 눈이 미치고 미치지 않는 것에는 자연히 한계가 있으니 미치는 것을 미루어 미치지 않는 것을 헤아리는 것이 추측의 리이다"라고 하였다.[208]

    마음의 기능은 본 것을 미루어서 보지 못한 것을 헤아리고 들은 것을 미루어서 듣지 못한 것을 헤아리고 익숙한 것을 미루어서 익숙하지 못한 것을 헤아리고 있는 것을 미루어서 없는 것을 헤아리는 것이니, 삼라만상이라는 것은 다만 이 미루고 헤아리는 것 가운데의 한 가지일 따름이다. 한 생각을 일으키는 데에 어찌 미룸이 없겠으며 한 일을 마름질하는 데에 어찌 헤아림이 없겠는가? 사람이 갓 태어났을 때에는 어머니가 안아 길러 주는 사랑을 모르다가, 세월이 가면 눈으로 보는 것을 익히고 귀로 듣는 것을 익혀서 점점 어머니가 희롱하고 웃으며 가르치고 꾸짖는 것을 알게 된다. 또 이것을 미루어 다른 사람의 기뻐하거나 노여워하는 것을 알고, 또 이것을 미루어 다른 사람의 기뻐하

---

208) 『推測錄』, 권2, 「見聞及遠」, 28b, "見聞詳及, 不過耳目咫尺之地, 煦濡滋染, 不過身邊裹包之氣. 如非推測, 見聞何以及耳目之所未接, 煦濡何以知物我之同此氣.……耳目之所及與不及, 自有其限, 則推所及而測不及, 乃是推測之理也."

거나 노여워하지 않는 것도 알며, 기쁨과 노여움을 일으키는 방법도 알게 된다.[209)]

보고 듣는 것이 아무리 자세하다 하더라도 귀나 눈이 닿을 수 있는 거리를 벗어나지 못한다. 따라서 본 것을 미루어 보지 못한 것을 헤아리거나, 이미 들은 것을 미루어서 듣지 못한 것을 헤아리는 추측이 필요하다. 유행의 리를 정확히 인식하기 위해서는 경험한 것을 미루어서 경험하지 못한 것을 헤아려야 하는 것이다. 이렇게 보면 추측의 목적이 측(헤아림)에 있고, 추(미룸)는 측하기 위한 선행 단계이다.

새로운 상황, 특히 애매하거나 의심스러운 문제 상황에 직면했을 때 그 상황에 대처하기 위해서는 그 상황을 정확히 인식할 필요가 있다. 그러나 문제 상황은 대체로 낯설고 새로운 것이기 때문에 그것을 정확하게 속속들이 알기 어렵고, 따라서 그 상황에 대한 인식은 기존에 겪었던 유사한 경험 내지 그 경험에 기초한 지식에 의존할 수밖에 없다. 이전에 겪은 경험이나 획득한 지식에 근거해서 경험하지 못했거나 잘 알지 못하는 문제를 정확히 알아내고 대처하는 것이 추측이다.

나의 견문과 체험을 미루어서 유행의 리에 어김이 없도록 헤아리는 것이 추측의 목적이다. 미룸의 방식은 여러 가지이지만 모두가 견문과 체험에서 떠나지 않는다. 헤아림의 뜻은 천리를 하나로 꿰뚫어 온갖

---

209) 『推測錄』, 권1, 「推測卽是知」, 15b, "心之所能, 推見而測其未見, 推聞而測其未聞, 推習而測其未習, 推有而測其無有, 則萬象森羅云者, 特是推測中一事耳. 一念之起, 何會無推, 一事之裁, 何嘗無測? 人在襁褓, 不知其母之抱挈慈愛, 及其日久, 目習見, 耳習聞, 漸知其母之嬉笑誨責, 推此而知人之喜怒, 推此而知人之不喜努, 息喜怒起喜怒之方."

사물로 하여금 본원에 모이도록 하는 데 있다. 그러므로 전체적으로 말한다면 헤아림은 천리의 유행에 순응하는 것이고 나누어 말하면 사물마다 각각 적절한 헤아림이 있다.[210]

추측이 심학적 방법의 대안으로서 그 의미가 부각되는 것은 바로 경험과의 관련 때문이다. 최한기가 말하는 추측의 핵심은 경험에 있다. 추측은 글자 그대로 추와 측 두 단계로 나누어진다. 여기서 측은 헤아리는 판단 작용인데, 그 헤아림은 주관적인 헤아림이 아니라 미룸을 선행 조건으로 한 헤아림이다.[211] 대개의 경우 헤아린다는 것은 직접 알 수 없는 대상에 대한 판단이다. 따라서 어떤 판단이 신뢰할 만한 판단이 되기 위해서는 그 판단을 밑받침할 수 있는 합리적인 근거가 있어야 한다. 합리적인 근거가 없는 판단은 허황된 판단일 수밖에 없다. 헤아림에 미룸이라는 선행 과정이 필요한 이유가 바로 여기에 있다.

문제는 설사 배우고 익힌 것이 같다고 하더라도 정작 미룸을 행할 때에는 이전에 배우고 익힌 것을 잊어버리고 미루지 못하기도 하는 등 미룸은 사람에 따라 잘하고 잘하지 못하는 차이가 있다.[212] 당연히 미루는 것이 정밀해야만 정확한 헤아림을 기대할 수 있으며, 미루는 것이

---

210) 『推測錄』, 권1, 「事物收當」, 36b, "推我之見聞閱歷, 以測無違於流行之理者, 推測之準也. 推之用雖多端, 總不離於見聞閱歷矣. 測之義, 在於一貫天理, 使萬事萬物, 輻湊於本源. 故統言之, 則測是順天理之流行也, 分言之, 則就事物而各有攸宜之測."

211) 최한기에 의하면 因・以・由・遂라는 글자는 곧 미룬다는 뜻이고, 量・度・知・理라는 글자는 곧 헤아린다는 뜻이다. 『推測錄』, 권1, 「聖學及文字推測」, 6a, "四部諸書文義聯絡處, 只以字義括之, 因字以字由字遂字, 乃推之義也, 量字度字知字理字, 是測之義也. 其餘擬類倣似之字, 不暇推舉."

212) 『推測錄』, 권1, 「舉本用博」, 23a, "前日所習, 爲後日之所推, 人之所習雖同, 及其推行, 或忘却而不能推, 或推於此而不能推於彼, 或推一而貫十, 或推一而貫百, 或推之于日月之間, 而不能推之於時歲之後, 或積年推之, 以及於身後."

정밀하지 못하면 헤아리는 것도 정확할 수 없다. 더욱이 미루는 것도 없이 허황되게 헤아리는 것은 언급할 필요조차도 없는데, 이와 같은 병통은 추측을 알지 못하는 사람에게 많다.213) 한마디로 합리적인 추론에 기초한 판단만이 사실에 어긋나지 않고 신뢰할 만한 판단이 된다는 의미이다. 천리, 즉 객관 법칙에 어긋나지 않는 판단을 위해서는 합리적인 추론이 전제되어야 한다는 것인데, 최한기가 측탁測度이라고 하지 않고 굳이 추측이라는 용어를 고집한 것도 이러한 이유에서이다.214)

어떤 근거를 미루어서 판단하는 것이 추측이라면, 올바른 추측을 위해서는 우선 그 근거가 참된 것이어야 하고, 또 그러기 위해서는 경험에 기초한 것이어야 한다. 그러므로 추推가 궁극적으로 함의하는 것은 직접적인 경험이다.

> 미룸에는 반드시 근거가 있고 헤아림에는 반드시 이유가 있어야 한다. 근거가 없고 이유가 없으면 곧 두 가지가 다 없는 것이다. 그러므로 미루고 헤아리기를 잘한다는 것은 다만 헤아릴 수 있는 것만을 헤아리고 헤아릴 수 없는 것은 버리는 것일 따름이다. 일찍이 눈으로 본 것을 미루어서 아직 보지 못한 것을 헤아리고, 일찍이 귀로 들은 것을 미루어서 아직 듣지 못한 것을 헤아리며, 코로 냄새 맡고 혀로 맛보고 몸으로 감촉하는 것도 모두 그렇지 않은 것이 없다. 만약에 볼 수 없고 들을 수 없고 맡을 수 없고 맛보거나 감촉할 수 없는 것을 헤아리려 한다면, 미루는 것이 없어서 허망하게 될 것이다. 그러므로 잘 헤아린다는

---

213) 『推測錄』, 권2, 「見聞及遠」, 28b~29a, "然所推精而後, 所測可期其精. 若所推不精, 何可望其所測之精也. 況夫無所推而妄測者乎? 未諳推測者, 頗多是病也."

214) 『推測錄』, 권3, 「心性理各有分」, 13a, "不曰測度, 而曰推測者, 爲其得推有測, 擇推而測, 改推而測, 期無違於天理也."

것은 헤아릴 수 없는 것이 없다는 말이 아니다.[215]

최한기의 주장에 따르면 미룸에는 근거가 있어야 하고 헤아림에는 이유가 있어야 한다. 합리적인 추론은 경험적인 사실에 근거해야 하고, 올바른 판단은 합리적인 추론에 기초해야 한다는 뜻이다. 합리적인 추론에 기초한 올바른 판단이라는 것은 결국 경험 내지 경험에 기반한 지식으로부터 출발하는 셈이다. 이러한 관점에서 보면, 보고 들을 수 있는 경험적 사실에 기초하지 않은 추론과 판단은 허황된 것일 수밖에 없기 때문에 경험적 근거를 확보할 수 없는 것에 대해서는 판단을 유보하지 않으면 안 된다. 알 수 없는 것에 대해서는 억지로 설명하려고 하지 않고 솔직하게 모른다고 인정하는 것이 올바른 인식 태도라는 것이다. 이렇듯이 최한기가 제시한 추측의 방법에서 일차적으로 중요한 것은 경험이고, 이는 그의 경험주의 인식론과 맞아떨어진다.

추측은 이미 경험을 통해 알고 있는 사실을 미루어서 직접 경험하지 못한 대상을 헤아리고, 더 나아가 유행의 리에 순응하는 것이다. 그러나 그 추측의 결과가 과연 올바른지, 유행의 리에 부합되는지의 여부에 대해서는 섣불리 속단할 수 없다. 추측에 의한 인식은 직접적인 인식이 아니므로 완전할 수가 없고 항상 오류의 가능성을 안고 있으며, 따라서 추측을 통한 인식을 검토하기 위해서는 증험이 필요하다. 유행의 리를 추측하는 데서 그쳐서는 안 되고 반드시 추측의 결과를 검증해야 한다

---

215) 『推測錄』, 권1, 「捨其不可」, 6ab, "推必有因, 測必有以, 無因無以, 是爲罔兩. 故善推測者, 但能測其可測, 而捨其不可測者. 推目之所嘗見, 測其未及見者, 推耳之所嘗聞, 測其未及聞者, 至於鼻之齅舌之味身之觸, 莫不皆然. 若求測其不可見不可聞不可齅不可味觸者, 是無所推, 而殆涉虛妄. 故善測者, 非謂其無不可測也."

는 것이다. 아무리 경험에 기초한 것이라고 해도 경험 자체에 오류가 있을 수 있고 추론 과정 또한 잘못일 수 있으므로 추측은 항상 가설적 성격을 갖는다고 보아야 한다.

> 인심은 스스로 추측의 능력이 있어 이미 있었던 일을 측량하고 또 아직 일어나지 않은 일을 측량할 수 있다. 이것이 곧 추측의 리이다. 유행의 리는 천지의 도道이고 추측의 리는 인심의 공功이다. 먼저 공으로써 도를 구하고 그다음에 도로써 공을 증험한다.216)

헤아림은 반드시 미룸이 선행되어야 한다. 어떤 대상을 헤아릴 때 반드시 헤아림의 근거가 있어야만 그 헤아림은 유효하다. 이미 알고 있는 경험 내용을 근거로 미지의 것을 헤아릴 때 그 헤아림의 결과가 하나의 지식으로 인정될 수 있는 것이지 미룸이 없이 헤아리기만 한다면 그 헤아림은 공허할 뿐이다. 그러나 아무리 미룸이 있다고 하더라도 그 헤아림이 완전할 수는 없다. 형식논리의 영역은 명제들의 형식적 관계에만 국한되기 때문에 사실과의 일치 여부와 관계없이 추리의 타당성이 확보될 수 있지만, 최한기의 추측은 경험의 영역에서 이루어지기 때문에 논리적 필연성의 문제에서 그치지 않는다. 따라서 추측의 결과가 온전한 지식으로 인정받기 위해서는 그것이 사실과 부합하는지 그리고 실질적인 효과를 발휘하는지 객관세계의 영역에서 경험을 통해 확인해 보아야 한다.217)

---

216) 『推測錄』, 권2, 「流行理推測理」, 13a, "人心自有推測之能, 而測量其已然, 又能測量其未然, 是乃人心推測之理也. 流行之理, 天地之道也, 推測之理, 人心之功也. 先以功求道, 次以道驗功."
217) 이것을 텍스트보다 객관 존재를 우선시하는 사고라고 할 수 있다. 이와 관련해 의학

406

3) 객관세계 인식을 위한 격물설

격물은 주자학에서 궁리의 수단이라는 위치를 지니는데, 말하자면 도덕적 이치를 깨닫는 공부 방법이라고 할 수 있다. 그런데 주자학의 공부론은 공부 대상으로 설정한 리가 모든 사물에 내재해 있다는 점에서 객관주의적이긴 하지만 그 리가 인간의 마음에도 갖추어져 있다는 점에서 주관주의적이기도 하다. 더군다나 그 리라는 것은 도덕과 미분화된 원리이다. 그러므로 주자학의 격물은 자연에 대한 객관적인 탐구보다는 인간의 마음 안에 있는 도덕적 본성의 함양이라는 보다 근원적인 목적에 종속되어 있다고 말할 수 있다.

반면에 최한기의 격물설은 공부 대상 내지 인식대상을 마음 바깥에 설정했다는 점에서 주자학의 궁리설과 근본적인 차이를 보인다. 그는 외부의 인식대상을 인정人情과 물리物理라는 말로 표현했는데, 인정은 생물학적 인간은 물론 인간의 사회적 실천을 통해 만들어지는 사회·문화·역사를 포괄하고 있는 인간의 총체적인 모습을 뜻한다. 물리는 글자 그대로 사물의 이치를 뜻한다. 이렇게 보면 인간 마음 바깥에 있는 존재는 자연과 인간 할 것 없이 모두 인식의 대상이고 공부의 대상이다.

인정과 물리는 여러 감각기관을 통하여 밖에서 얻어 안에 저장하며 드

서에 대한 언급이 주목되는데, 그는 의학서의 내용 자체보다 그 내용의 실질적인 검증이 중요하다는 견해를 보였다. 그는 "의서의 내용은 단지 죽은 법으로 여겨 수단으로 삼는다"고 전제하고, "의서에서 중국과 서양의 다른 점은 사람과 동물에 치료를 시험하여 알맞은 것을 따르고, 전해 내려온 약성의 다른 점은 효능의 유무를 보고 쓰거나 버린다"고 하였다. 『身機踐驗』, 권1, 「腦爲一身之主」, 23b, "至以醫書爲死法而作筌蹄. 中西異同, 驗人物施治而從宜, 藥性沿襲, 觀功用之有無而庸捨."

러내어 쓸 때에는 그것을 밖에다 베푸는 것이니, 여기에는 들어오고 머물고 나가는 세 단계의 자취가 뚜렷하다. 옛사람들은 대체로 얻어 온 근원은 말하지 않고 다만 안에서 발생하는 단서만을 말하였다. 만약 안에서 얻은 근원을 따져 물으면 '태극의 리는 처음부터 품부되어 있었으나 다만 기질의 가림으로 인하여 간혹 통달하지 못하는 것이 있을 뿐이다'라고 말한다. 그렇다면……『대학』의 격물치지는 과연 밖에 있는 인정과 물리를 거두어 모으는 것이 아니고 바로 기질의 가림을 제거하는 공부라는 것인가?[218]

최한기 격물설의 대전제는 인식주체의 외부에 있는 인정과 물리가 감각기관을 통해 마음 안으로 들어온다는 것이다. 이렇듯이 최한기의 격물설은 인식대상을 인간의 마음 바깥에 설정했다는 점에서 주자학의 격물설인 궁리설과 근본적으로 다르다. 그의 관점에서 보면 주자학은 인식대상을 마음 안에 설정하고, 마음의 공부를 통해 그것을 자각함으로써 참된 인식에 도달한다는 다분히 주관주의적인 인식론에 기초해 있다. 더욱이 마음에 내재한 리의 기원을 외물이 아니라 다분히 도덕적 성격을 갖는 태극(천명, 천리)에서 찾는 것도 주자학의 격물설이 지닌 주요한 도덕주의적 특성이다. 그래서 최한기는 『대학』의 격물치지는 인정과 물리를 거두어들이는 공부이지 기질의 가림을 제거하는 마음공부가 아니라고 비판하였다. 이것은 최한기의 격물이 기본적으로 도덕성

---

218) 『神氣通』, 권1, 「收入於外發用於外」, 31a, "人情物理, 從竅通而得來於外, 習染於內, 及其發用, 施之於外, 完然有, 此入也留也出也, 三等之跡. 古之人, 多不言得來之由, 只言自內發用之端. 若詰自內所得之由, 則謂有太極之理, 自初稟賦, 而緣於氣質之蔽, 或有所未達耳. 然則, 易所謂多識前言往行, 以蓄其德也, 論語所謂多聞多見也, 大學所謂格物致知也, 果非收聚在外之人情物理也, 乃是祛氣質蔽之功夫也."

을 탈각한 자연에 대한 연구라는 것을 말해 준다.

도덕학에 종속되지 않은 순수 자연학을 위한 철학 이론을 체계화한 이론가는 최한기이다. 사상사적 맥락에서 최한기가 갖는 중요한 의미는 새롭게 유입되던 서양의 과학기술적 지식과 이에 따라 높아지던 과학기술적 관심을 충족시킬 수 있는 철학체계를 제시했다는 데 있다. 최한기는 궁리설과 양지설과 같은 전통 유학의 격물치지설을 다 같이 비판했는데, 그 비판의 핵심은 리가 마음 안에 있다고 여겨 마음의 공부만을 참된 공부라고 주장한다는 데 있었다.

> 만약에 이욕에 가렸기 때문에 내 마음에 본래 갖추어져 있는 리를 드러내지 못한다고 생각하여 평생 동안 이욕을 없애려고 애쓰고 하루아침에 환하게 관통하기를 바란다면 선불교의 돈오설에 가까울 것이다.[219]

최한기에 따르면 인간의 마음은 아무런 색이 없는 우물물과 같아서 본래 그 어떤 관념이나 선험적인 리가 내재해 있지 않다.[220] 그에게 양지와 양능은 선험적인 능력이 아니라 경험을 통해 배워서 얻은 것일 뿐이다.[221] 온갖 이치가 마음 안에 갖추어져 있다는 맹자와 주희의 언급 역시 마음이 지닌 사유작용을 찬미한 것이지, 리가 마음에 본래부터 갖추어져 있다는 것을 의미하지 않는다.[222] 결국 인간의 지식은 감각기

---

219) 『推測錄』, 권1, 「開發蔽塞」, 14a, "若謂以利欲所蔽, 未顯我心素具之理, 平生用力, 要除利欲, 冀得一朝豁然貫通, 殆近於禪家頓悟之說也."

220) 『推測錄』, 권1, 「本體純澹」, 16b~17a, "心之本體, 譬如純澹之井泉……然則純澹者井泉之本色也, 添色者井泉之經驗也."

221) 『推測錄』, 권1, 「愛敬出於推測」, 29a, "……是以愛親敬兄, 實出於積年染習之見聞推測矣. 所謂愛敬出於良知良能者, 特擧其染習以後而言也, 非謂染習以前之事也."

관과 외부 대상과의 만남, 즉 감각경험을 통해서 얻을 수밖에 없다.223) 이러한 인식론적 전제가 있었기 때문에, 그는 사물에 대한 객관적인 탐구 없이 마음의 리를 드러내기 위해 마음공부에만 매달리는 전통 성리학자들의 학문에 대해 불교의 돈오설에 가깝다고 비판할 수 있었던 것이다.

최한기는 주자학의 경전중심주의에 대해서도 비판하였다. 그 역시 성인은 물론 성인이 쓴 경전의 권위를 부정하지 않았지만, 성인의 한계와 경전의 오류 가능성을 열어 놓았다는 점에서 전통적인 주자학자들과 확연히 구별된다. 그는 경전이 객관세계의 원리를 파악하여 기술한 것이므로 빠진 것이나 잘못된 것이 있을 수 있고, 따라서 진리의 기준은 경전이 아니라 객관세계 그 자체가 되어야 한다고 여겼다. 성인의 경전 (聖經)과 자연의 경전(天經)이 일치하지 않을 때는 자연의 경전, 즉 객관세계 자체를 읽어야 한다224)고 그가 역설한 것은 자연에 대한 직접적인 관찰을 중요하게 여기는 자연학적 관심에서 나온 것이다.

주자학의 격물설은 리일분수설理一分殊說에 의해서도 설명이 가능하다. 만물의 리라는 것은 결국 일리一理가 개체에 따라 구체화된 것(分殊의 理)이기 때문에 만물의 리는 궁극적으로 하나의 리로 귀결된다. 현실의 사물들은 다양하게 분화되어 있지만, 주자학에서는 그 다양성보다는 다

---

222) 『推測錄』, 권1, 「萬理推測」, 20b~21a, "孟子曰, 萬物皆備於我矣, 朱子曰, 具衆理應萬事. 此皆贊美推測之大用也, 決非萬物之理素具於心也."

223) 『神氣通』, 권1, 「收得發用有源委」, 35b, "有能不由諸竅諸觸, 而通達人情物理者乎? 又有能不由諸竅諸觸, 而收聚人情物理, 習染於神氣者乎?"

224) 『推測錄』, 권6, 「聖經本於天經」, 3a, "聖經亦自斯經中抽繹成篇, 則無所稽於抽繹之篇者, 須考證於天經之全部."

양한 사물들을 하나로 묶어 주는 동일성 내지 통일성에 더 관심을 갖는 다.225) 다시 말해 주자학은 분수의 리보다는 리일理一의 리를 더 중요하게 여긴다는 특징이 있다. 반면에 최한기는 격물학格物學을 자연의 다양한 특성을 연구하고 활용하는 학문으로 규정하였다.

땅 위에 생겨난 모든 사물은 종류의 맥락과 기화의 길러 줌에 따라 각자 그 형질을 갖추고 그 기를 성취하고 있는데, 전 세계의 풍토가 같지 않고 사람들의 일에 따라 취하여 쓰는 것이 같지 않다. 종류의 기에는 강함·부드러움·정밀함·거침의 분별이 있고 순환하는 기에는 춘·하·추·동의 운화가 있는데, 그 다름의 원인을 반드시 연구해야만 하는 것은 아니다. 다만 당연히 경험한 것에 따라 알맞게 활용해야 하니, 이것이 격물학이다. 공허한 리를 궁구하여 천착하는 것은 격물의 헛된 이야기이고, 기화를 헤아려 조처하는 것이 격물의 실천이다.226)

최한기가 말하는 격물은 궁극적으로 만물을 잘 활용할 수 있도록 만물을 연구하는 것이다. 그의 격물설의 기본 전제는 만물의 물리적·생물학적 특성이 종류마다 다르고 자연환경 역시 곳에 따라 다르다는 것이다. 위 인용문에도 압축적으로 기술되어 있지만, 최한기는 기를 우

---

225) 『朱子語類』, 권1, 「理氣」 上, 2a, "問理與氣. 曰, 伊川說得好, 曰理一分殊. 合天地萬物而言, 只是一箇理. 及在人, 則又各自有一箇理."(夔孫); 『朱熹集』, 권63, 「答余正甫」, 3313쪽, "天下之理萬殊, 然其歸則一而已矣, 不容有二三也."; 『朱子語類』, 권18, 「大學」 五, 12a, "萬物皆有此理, 理皆同出一原. 但所居之位不同, 則其理之用不一, 如爲君須仁, 爲臣須敬, 爲子須孝, 爲父須慈, 物各具此理, 而物各異其用, 然莫非一理之流行也."(僩)

226) 『氣學』, 권1, 10b, "萬物産於地面者, 因種類之脉絡, 乘氣化之資育, 各具其質, 各遂其氣, 遍天下而土宜不同, 隨民事而取用有異. 然强柔精麤分別於種類之氣, 春夏秋冬運化於循環之氣, 不必究其各殊之所以然. 但當從其經驗而要適用, 是乃格物學也. 窮虛理而穿鑿, 格物之空談, 絜氣化而措施, 格物之實踐已."

주에 가득 차 있으면서 운행하는 운화의 기와 구체적인 사물을 형성하고 있는 형질의 기로 구분하였다. 당연히 형질의 기는 종류에 따라 다르고 또 그것이 처한 풍토의 영향을 받는다. 유전적인 요인과 환경적인 요인에 의해 사물의 특성이 형성된다는 의미이다. 결국 어떤 사물을 적절히 활용하기 위해서는 그 사물이 지닌 특성과 그것이 놓인 환경을 잘 파악해야 하는데, 그것이 곧 격물이다. 물론 사물과 그 환경은 모두 기로 이루어져 있으므로 사물을 제대로 알기 위해서는 당연히 기를 잘 헤아려야 한다. 최한기의 철학에서 격물 및 그 격물의 결과로서 이루어지는 치지致知는 기를 밝히는 학문이라고 정리할 수 있다.[227]

이처럼 외부 대상과 그 기를 중심으로 한 격물설은 주자학의 격물설과 성격이 다르다. 주자학의 격물설은 보편적인 원리(太極·一理)가 이 우주의 모든 존재에 관철되어 있다고 상정하고, 개별 사물의 리를 탐구함으로써 만물의 통일적 본체로서의 리를 파악하는 것을 궁극적인 목적으로 삼고 있다. 최한기로부터 헛된 리를 궁구하기 때문에 공담에 불과하다고 비판받은 격물설에는 바로 주자학의 격물설, 즉 궁리설이 당연히 포함된다. 한편 최한기가 자연이 지닌 다양성의 원인을 반드시 연구해야만 하는 것은 아니라고 한 것은 자연의 객관적 인식을 위한 격물설로서 그의 격물설이 지닌 한계 내지 불철저함으로 평가될 수도 있으나, 그보다는 오히려 인간의 인식이 지닌 한계를 설정함으로써 자연에 대한 과도한 형이상학적 접근[228]을 경계한 것으로 보는 것이 더 적절한 해석일 것이다.

---

227) 『星氣運化』, 「凡例」, 86쪽 아래, "格物致知, 爲明氣之學."
228) 최한기는 이것을 격물의 헛된 논의라고 비판하였다.

최한기는 기를 인식하고 시험하는 학문으로서 역수학曆數學·물류학物類學·기용학器用學 세 가지를 꼽은 적이 있다. "사람이 지면에서 마땅히 증험해서 밝히고 시험해서 통해야 할 것은 지구의 역수"라면서, 그가 역수학의 구체적인 예로 든 것은 해와 달의 높고 낮음과 멀고 가까움, 남과 북으로 접근하고 멀어짐, 차고 기움과 일월식의 현상 등이다.229) 물류학은 수화·금석·곡물·채소·초목·금수·벌레·물고기 등을 종류에 따라 모으고 분류하고 모양·색깔·맛 등을 비교하고 측정하여 적절한 것을 골라서 활용하는 것이다. 심지어 여러 일의 성공과 실패, 이익과 손해 그리고 인류의 지혜와 어리석음, 현명함과 우매함에 이르기까지 모두 조목에 따라 구별하는 것 역시 물류학에 속한다.230) 기용학은 기를 사용하고 시험하고 측정하고 변통하는 것에서 나오며, 헛되이 기를 말함으로써 착수할 방법이 없는 것과 비교하면 정녕 조처할 방법이 있으므로 잘 이용하여 삶을 윤택하게 할 수 있다.231)

이렇게 최한기의 학문은 자연세계는 물론 기계에까지 확대되고 있다. 이는 격물의 대상이 형이상학의 세계로부터 형이하의 세계로 전환되었다는 것을 의미한다. 이에 대해서 최한기는 다음과 같이 말하기도 한다.

---

229) 『氣學』, 권1, 26ab, "歷數學, 以地球爲本, 地球未顯, 歷數未校. 地球漸明, 歷數漸詳. 人在地面, 所當驗而明之, 試而通之者, 地球之歷數. 至於日月, 高低遠近, 南北進退, 朔望掩食, 雖能推算, 尙多未盡."

230) 『氣學』, 권1, 26b~27a, "物類學, 非但以水火金石穀菜草木禽獸蟲魚, 類聚群分, 形色氣味, 比較測驗, 隨宜取用, 至於事類之成敗利鈍, 人類之知愚賢蠢, 亦皆條別."

231) 『氣學』, 권1, 27ab, "器用學, 實出於用氣衛氣驗氣試氣稱氣量氣度氣變通氣. 比諸徒言其氣無所着手, 快有措施方略, 利用厚生, 烹飪熬炙, 用釜鼎之火氣,……又推達於天之爲器, 則天氣運化, 可以範圍矣. 器用之學, 實爲氣化之欛柄, 豈可以工匠之習而忽哉?"

대저 격물과 궁리를 학문으로 여기는 사람은 기수器數를 자잘한 말단 이라고 여겨 연구하여 알려고 하지 않으며 아울러 추측의 의기儀器까 지 소홀하게 여긴다. 이미 형이하의 기器를 잃었으니, 어찌 형이상의 리를 인식하는 데 잘못이 없겠는가?[232]

이 인용문에서 의기는 선기옥형이나 혼천의 같은 기구를 가리키는 데, 그것은 천체를 모사해 만든 것인 동시에 천체를 관측하기 위한 도구 라는 이중적인 의미가 있다. 최한기의 견해에 따르면 통상적인 주자학 자들은 물적 존재의 수적 법칙을 말단으로 여기고 연구하지 않는 것은 물론 천체관측기구를 소홀히 했기 때문에 결과적으로 천체의 운행 법 칙을 제대로 파악하지 못했다는 문제가 있다.

최한기의 격물설에서 가장 두드러진 특징은 이른바 견문의 지(見聞之 知)의 독자성을 확보한 것에 있다. 앞에서 살펴본 것처럼 주자학의 가치 체계에서는 감각경험으로 획득한 견문의 지가 덕성의 지(德性之知)에 비 해 하위에 있었다. 심학적 전통에서 참된 지식은 도덕적 실천을 위한 지식이고, 그 지식은 심성수양이라는 내면의 공부를 통해서 확보된다는 특성이 있다. 장재의 언급에서 확인되듯이 견문의 지는 덕성의 지를 이 루는 데 방해가 되므로 극복해야 할 대상이었거나, 주희의 격물설에서 보듯이 독서나 강학과 같은 격물공부를 통해 획득하는 리는 궁극적으 로 마음의 리를 깨닫기 위한 과정이라는 위상을 지니고 있었다. 결국 최한기도 지적했듯이 주자학의 심학적 전통은 형이하의 존재가 지닌

232) 『推測錄』, 권6, 「無形儀器」, 70a, "夫以格物窮理爲學者, 以器數爲瑣屑, 不肯究解, 幷與推測 之儀器而忽略, 旣失於形下之器, 則倘無闕於形上之理乎?"

수학적 특성, 즉 기수器數를 자잘한 말단으로 여긴 것은 물론 형이하의 세계를 정확하게 인식하기 위한 학문을 소홀히 하는 결과를 낳았던 것이 사실이다.

반면에 최한기는 형이하의 세계를 중요한 인식대상으로 설정함으로써 심학적 전통에서 벗어날 수 있었다. 그는 격물이 마음 외부에 있는 인간세계의 모습(人情)과 자연세계의 성질(物理)을 파악하는 것이지 기질의 가림을 제거하는 마음공부가 아니라고 이해하였다. 그의 철학에서 근본적인 문제는 마음 안에 있는 도덕적 본체를 어떻게 실현할 것인가에 있었던 것이 아니라, 어떻게 하면 객관세계의 이치를 정확하게 인식할 것인가에 있었다. 그래서 그는 마음 안에는 도덕적 본체는 물론 그 어떤 선험적인 리가 없다는 것, 그리고 참다운 리는 도덕성이 탈각된 객관세계의 리라는 것, 따라서 감각과 이에 근거한 사유, 즉 추측을 통해 객관세계를 정확하게 인식하는 것이 참된 인식이라는 것 등을 기본 골격으로 한, 이른바 자연학을 위한 철학체계를 제시했던 것이다.[233]

---

233) 최한기의 자연학 위에는 인간학, 더 나아가 사회철학이 구축되어 있기 때문에 그의 철학체계를 자연학을 위한 것으로 한정하는 것은 제한적으로만 타당하다. 다만 논리적인 수준에서 보자면, 그가 제시한 철학체계의 기저에는 기의 운화로 자연을 설명하는 자연학이 자리하고 있고 그 자연학의 토대 위에 인간의 실천 방식을 다룬 인간학 내지 사회철학이 구축되었기 때문에 자연학의 구축이라는 측면에서 그의 철학에 접근하는 것이 얼마든지 가능하다.

제6장 탈주자학적 사유의 전개와 세계평화론

1. 진보 의식과 탈주자학적 사유

1) 지식의 진보에 대한 인식

최한기는 경험이 지식의 기원이라고 여겼다. 지식은 경험으로부터 시작된다는 것이 최한기 인식론의 제1원칙이다. 이러한 경험주의적 인식론에서 보자면 경험이 많아지면 많아질수록 지식의 양은 증가하고 그 수준은 심화된다. 결국 역사가 진행됨에 따라 인간의 경험이 축적되기 때문에 인간의 지식은 진보하기 마련이다. 다음의 예문은 최한기가 지식의 진보에 대해서 확고한 믿음을 가지고 있었다는 것을 잘 보여 준다.

복희가 앞서서 보편 규범(經常)을 주창하였으나, 경험은 요순에 이르러 더 많아졌고 견문은 주공과 공자에 이르러 더욱 넓어졌으니 이때에 와서야 예악을 제정하고 『시경』과 『서경』을 편찬하였다. 그들의 탁월한 지혜로 말하면 비록 "처지를 바꾸어 놓아도 모두 그렇게 된다"고 말할 수 있겠지만, 경험으로 말하면 완전히 앞과 뒤가 다르다. 만약 주공과 공자가 4~5천 년 뒤에 태어났다면, 당연히 후세의 경험에 의거하여 편찬한 것도 많을 것이고 증보한 것도 적지 않을 것이다. 대개 옛날에는 밝혀지지 않았으나 후대에 점점 밝혀진 것은 역리曆理와 물리物理이

고, 옛날에 이미 밝혀졌으나 후세에 도리어 어두워진 것은 상도常道와 중도中道이다.1)

최한기는 복희·요·순·주공·공자와 같은 성인이 후대에 태어났다고 하더라도, 그들의 지적 능력 자체에는 변화가 없다는 것을 인정하였다. 그들의 탁월한 지혜는 서로 처지를 바꾸어도 변하지 않는다는 것이다. 하지만 그들의 경험은 어느 시대에 태어나느냐에 따라서 달라지게 마련이다. 역사가 진행될수록 인간의 경험이 누적되므로 뒤에 태어나는 사람은 그 이전 사람들이 미처 경험하지 못하고 알지 못했던 것을 새롭게 경험하고 알 수 있기 때문이다. 주공과 공자가 예와 악을 제정하고 『시경』과 『서경』을 편찬한 것은 그들의 지적 능력이 복희와 요·순보다 뛰어났기 때문이 아니라 인류의 경험이 누적되고 지식이 확대되었기 때문이다. 물론 최한기가 지식의 진보를 입증하는 구체적인 사례로 든 것은 역리와 물리와 같이 자연에 관한 지식이며, 상도나 중도로 표현되는 인륜은 오히려 과거에 비해 어두워졌다고 여겼다.

최한기는 기에 관한 인식의 정도에 따라 시대를 구분하기도 하였다. 그는 천체의 운행을 비롯해 모든 자연현상을 기의 운행과 변화, 즉 기의 운화로 설명하였다. 그의 견해에 따르면, 겉으로 드러나는 자연의 운화는 그 기저에 보이지 않는 기의 운화가 있으며, 바로 그것이 자연의 운

---

1) 『推測錄』, 권6, 「聖經本於天經」, 2a, "經常之論, 隨人見聞閱歷之大小遠近, 而自有疎密淺深之分. 伏羲唱之於先, 而閱歷則堯舜漸多, 見聞則周公孔子益廣, 於是制作禮樂, 刪定詩書. 語其聖智, 縱云易地皆然, 論其經驗, 完有先後之不同. 若使周公孔子, 生於四五千載之後, 宜將後世之經驗, 刪定應多, 而增補亦不鮮. 蓋古之未明, 在後代而漸明者, 歷理物理也. 古之已明, 後來反晦者, 常道中道也."

화를 추동한다. 따라서 자연의 운화를 정확하게 파악하기 위한 관건은 그 기저에서 운화를 추동하는 기의 운화를 정확하게 인식하는 것이다. 다만 그 기가 인간의 감각기관에 쉽게 포착되지 않는다는 것이 문제인데, 인간이 기를 인식하는 수준이 시대에 따라 달라지는 것은 이러한 이유에서이다.

예로부터 지금까지 4~5천 년 동안 대기의 운화는 조금도 다름이 없으나 사람이 본 것은 완전히 다르다. 상고에는 단지 천도의 변화가 있다는 것을 알았을 뿐 귀신에 미혹되었다. 중고에는 땅의 도가 하늘에 응하여 따른다는 것을 알았으나 견강부회에 매몰되었다. 근고의 사람은 경험이 조금 넓어져 비로소 기가 천지운화의 형질임을 알았으나 아직 그것을 다루고 이용할 줄 몰랐다. 지금에 이르러서는 과연 기계를 설치하여 형질의 기를 시험할 수 있으며, 상象과 수數로 활동운화의 작용을 분명하게 밝힐 수 있다.[2]

이 인용문에서 최한기의 대전제는 대기의 운화는 옛날이나 지금이나 조금도 변하지 않았다는 것이다. 자연세계는 인간의 역사나 인간의 인식과 관계없이 일정한 법칙에 따라 운행하고 변화한다는 뜻이다. 다만 자연의 운행과 변화에 대한 인간의 인식과 그에 대처하는 방식은 시대에 따라 달라진다. 최한기의 주장에 의하면, 상고시대에는 하늘이 운행한다는 것을 알았으나 그것의 본질 즉 대기의 운화를 인식하는 데

---

2) 『運化測驗』, 권1, 「古今人言氣」, 18b~19a, "自古及今, 四五千年, 大氣運化, 無少差異, 人之所見, 倍徙不等. 上古只知有天道變化, 而疑惑乎鬼神, 中古乃知地道應天承順, 而埋沒乎傅會, 近古人經驗稍廣, 始知氣爲天地運化之形質, 猶未及乎裁制須用. 至于方今, 果能設器械, 而驗試形質之氣, 因象數, 而闡明活運之化."

까지 이르지 못해 귀신에 의거해 설명했고, 중고시대에는 하늘의 운행과 땅의 운행 사이에 상응 관계가 있다는 것을 알았으나[3] 역시 대기의 운화를 알지 못했기 때문에 견강부회하여 자의적인 학설을 만들어 냈다. 근세에 와서 기가 하늘과 땅의 운행과 변화를 추동하는 물질이라는 것을 알았으나, 그것을 마음대로 제어하고 활용하는 단계에까지는 이르지 못한 한계가 있었다.

최한기는 우리 인류가 이 우주의 운행이 곧 기의 운화에 의해서 추동된다는 사실을 알기까지, 그리고 기계를 통해 기의 형질을 입증하고 기의 운행 법칙을 정확하게 드러내기까지 4~5천 년이라는 시간이 걸렸다고 파악하였다. 오늘날에 와서 다양한 기구를 이용하여 기의 형질을 시험하고 상과 수로 기의 운행 법칙을 정확하게 인식함으로써 기를 활용하는 단계에까지 이르렀다는 것인데, 이는 최근에 와서야 비로소 자연 운행에 대한 인식의 획기적인 전환과 이를 통한 실질적인 활용이 가능해졌다는 의미이다. 최한기는 기를 이용하거나 기를 입증할 수 있는 다양한 기구 내지 기계의 발명과 자연 관측을 위한 수학적 방법의 도입이 자연의 인식과 활용에 획기적인 변화를 가져왔다고 이해했던 것이다.

> 배가 편리하게 지구를 두루 운행하는 것은 인기人氣의 운화인데, 옛날에는 없었으나 지금에는 있는 것이다. 바닷물이 서로 연결되어 있는 것과 인심의 경영經營과 배포排布는 옛날과 지금이 같다. 그러나 견문

---

3) "땅의 도가 하늘에 응하여 따른다"(地道應天承順)는 것은 지구가 대기의 운동변화에 따라 운동변화 한다는 것을 뜻한다.

이 점차 넓어지고 기계가 더욱 정밀해진 것은 옛날이 지금에 미치지 못하고, 추측을 증험하고 운화를 입증하는 방법은 옛날보다 지금이 더 밝아졌다. 지구의 표면이 두루 통한 이래로 천고의 의혹을 깨뜨리고 모든 일의 방향을 열었으니, 옛사람이 미처 듣지 못한 것은 한스럽지만 다행하게도 지금 사람은 모두 볼 수 있다.[4]

바닷물이 서로 연결되어 있는 것은 옛날과 지금이 다르지 않다. 인간의 마음이 지닌 다양한 능력도 옛날과 지금이 다르지 않다. 그럼에도 최근에 와서야 비로소 배를 타고 세계 일주를 할 수 있게 된 것은 무엇 때문일까? 최한기는 이에 대해 견문이 넓어지고 기계가 정밀해졌기 때문이라고 답하였다. 인간의 경험이 누적되었고, 결과적으로 인간의 사유가 옛날보다 심화되었으며, 이에 따라 인간의 활동도 더욱 밝아졌다는 것이다. 이렇듯 최한기는 시간의 흐름에 따라 견문의 확대, 지식의 진보, 기술의 발달이 이루어진다고 확신하였다.

2) 변화의 필요성에 대한 의식

지식이 진보하면 인간의 실천 방식도 변화하기 마련이다. 지식의 진보란 알지 못했던 것을 새롭게 알고 잘못 안 것을 올바로 아는 것이다. 적절한 실천은 확실한 지식을 근거로 합리적인 판단을 내릴 때 가능하다. 따라서 기존 지식의 오류가 밝혀지거나 미처 알지 못했던 새로운

---

4) 『氣學』, 권2, 41a, "椅船之利周行地球, 乃人氣之運化, 古無而今有也. 海水之周圍相連, 人心之經營排布, 古今所同. 至於見聞漸廣, 器械益精, 古不如今, 推測之驗, 運化之方, 今明于古. 球面周通以來, 罷千古之疑惑, 開萬事之方向. 恨古人之未及聞, 幸今人之皆得見."

지식이 등장하게 되면, 이에 기초한 실천적 판단 역시 이전과 달라지는 것이 보통이다. 이런 측면에서 최한기가 실천 방식의 변화를 당연하게 여긴 것은 그리 이상한 일이 아니다. 인식의 진전에 따라 지식이 성장하고 과학기술이 발달한다고 믿었던 최한기는 주자학적 사유와 그에 기초한 지배 질서의 한계를 인식하고 새로운 변화를 모색하였다. 새로운 변화의 모색을 그는 변통變通이라고 하였다.

나라의 제도나 풍속은 옛날과 지금이 다르고 역산과 물리는 후세로 올수록 더욱 밝아졌으니, 주공과 공자가 통달한 큰 도를 배우는 사람은 주공과 공자가 남긴 자취를 고집스레 지키고 변통하는 것이 없어야겠는가, 아니면 장차 주공과 공자가 통달한 것을 본받아 개혁하는 것이 있어야겠는가?5)

최한기는 당시 지배 문화의 보수성을 "주공과 공자가 남긴 자취를 고수하고 변통하지 않는다"고 비판하면서, 개혁해야 할 것은 개혁해야 한다고 주장하였다. 그는 옛것과 지금의 것이 상충될 때는 어디까지나 지금의 것을 선택해야 한다는 견해를 가지고 있었다. 내가 의지하여 사는 것이 지금에 있지 옛것에 있지 않으며 내가 쓰고 활용하는 것이 지금에 있지 옛것에 있지 않기 때문에, 차라리 옛것을 버릴지언정 지금의 것은 버릴 수 없다는 것이 그가 제시한 논리이다.6) 이러한 변혁 의식은

---

5) 『神氣通』, 「氣測體義序」, 1ab, "至於國制風俗, 古今異宜, 歷算物理, 後來益明, 則師周孔之通達大道者, 將膠守周孔之遺蹟, 而無所變通耶, 抑將取法周孔之通達, 而有所沿革耶."
6) 『人政』, 권11, 「古今通不通」, 27b~28a, "若以古今取捨論之, 我之所資育所依賴, 在今不在古, 所須用所遵行, 在今不在古, 寧可捨古而不可捨今."

변한 현실을 감안하지 않고 옛것만을 고집하는 교조적 주자주의자들의 수구적 태도와 뚜렷하게 구별되는 것으로 실증과 실용을 중시하는 그의 실학적 학문 경향과 부합한다.

최한기가 옛날의 것과 현재의 것 사이에서 취사선택해야 한다면 당연히 현재의 것을 선택해야 한다고 한 것은 삶의 터전이 과거가 아니라 현재에 있다고 여겼기 때문이다. 과거의 것을 버리고 현재의 것을 선택해야 한다는 것은 지식의 진보와 이에 따른 현실 변화에 적절하게 대처하기 위해 인간의 사고방식과 실천방식이 변모해야 한다는 것을 뜻한다. 최한기는 변화된 현실에 대처하는 방법으로 이변어변以變禦變의 방법, 즉 변화로써 변화에 대처하는 방법을 제시하였다. 내가 변화함으로써 현실의 변화에 대응해야지 옛것을 고집함으로써 현실의 변화를 막아서는 안 된다는 의미이다.[7] 최한기는 정치와 학문의 영역 모두에서 변화가 있어야 한다는 것을 다음과 같이 말하였다.

> 역대로 정치에는 덜고 보탬이 있었고 학문에는 변화가 있었는데, 반드시 그 바탕에 근거하여 그 형식을 개선하고 그 근원에 의거하여 그 흐름을 원활하게 하였다. 이는 고치는 것을 즐거워하는 것이 아니라 시폐를 바로잡아 구제하기 위한 것이다. 때에 맞게 수정해야만 이완되거나 소멸되는 데 이르지 않는다는 것은 나라의 정치나 사람의 학문이나 똑같다.[8]

---

7) 『推測錄』, 권6, 「海舶周通」, 63b~64a, "處變之道, 固宜將其變, 以禦其變, 不宜以不變者, 禦其變."

8) 『推測錄』, 권6, 「政損益學沿革」, 10b, "歷代以來, 政有損益, 學有沿革, 必將其質而葺其文, 因其源而濬其流, 豈是樂於改作, 爲其矯捄時弊也. 國之政事, 人之學問, 隨時修整, 不至弛廢, 則一也."

이처럼 최한기는 옛날부터 정치와 학문이 변화해 왔다는 역사적 사실을 적시하였다. 그런데 최한기가 파악한 그 변화는 근본을 바꾸는 변화라기보다는 근본을 그대로 둔 채 폐단을 개선하고 바로잡는 온건한 변화이다. 이것에 대해 그는 "그 바탕(質)에 근거하여 그 형식(文)을 개선하고 그 근원에 의거하여 그 흐름을 원활하게 한다"고 표현하였다. 개선하고 원활하게 한다는 것은 고친다는 뜻이며, 바탕에 근거하고 근원에 의거한다는 것은 그 바탕과 근원 자체를 부정해서는 안 된다는 뜻이다. 최한기가 근본적인 사회 변혁보다는 온건한 변화를 지향했음을 알수 있는 대목이다. 그럼에도 불구하고 그는 정치와 학문이 해이해지거나 소멸되는 데 이르지 않으려면 그것이 지닌 폐단을 바로잡고 시대에 적합하게 수정해야 한다는 것을 일관되게 주장하였다. 이와 같은 변통의식은 하늘의 영원성에 기초하여 인간의 실천 방식의 불변성을 정당화하는 사유9)와 다른 면모이다.

최한기가 변혁 내지 변통의 대상으로 여긴 것은 주로 과학기술의 영역과 제도의 측면이었다. 그는 스스로 오륜을 인륜이라고 여겼듯이 오륜으로 대표되는 유교 윤리 자체를 영원한 것이라고 여겼다.10) 갖가지 변통 의식과 이에 기초한 파격적인 대안 이론에도 불구하고 그는 유교의 틀 자체를 벗어나지 않았다. 여기에서 최한기의 변통론을 이이 李珥의 경장론과 비교해 볼 필요가 있다. 이이는 유교 윤리 및 이에 기초

---

9) 董仲舒가 말한 "도의 큰 근원은 하늘에서 나왔다. 하늘은 변하지 않으니 도 역시 변하지 않는다"는 식의 사고가 한 예이다. 『漢書』, 「董仲舒傳」, "道之大源, 出於天, 天不變, 道亦不變."

10) 『人政』, 권12, 「更張」, 47a, "固所更張, 器物之弊, 以新材料改造, 未完之法, 得完法而革舊. 自古及今, 人道常行, 別無大端更張."

한 왕도정치가 변해서는 안 되고, 이를 실현하는 수단인 제도는 때에 맞게 개혁해야 한다는 견해를 가지고 있었다.[11] 겉으로 드러난 표현만으로는 최한기의 변통론과 이이의 경장론은 별로 달라 보이지 않는다. 하지만 비교의 방법에서 중요한 것은 문자적 동일성이 아니라 그 문자가 지시하는 구체적인 의미이다. 다시 말해 두 사람이 각기 무엇을 지키고자 했고 무엇을 바꾸고자 했는지가 비교 기준이 되어야 한다.

최한기의 변통 의식은 그가 이 세계를 기로 설명하는 기의 존재론을 제시한 것과 일정한 연관이 있다. 본래 주자학의 리는 현실세계를 있게 한 궁극적인 원인이자 지금 이 순간에도 현실세계를 관통하고 있는 보편적인 원리이다. 그것은 생생하게 살아 움직이는 현실 존재 자체가 아니라, 현실 존재에 앞서 있으면서 현실 존재를 규율하는 원리이자 현실 존재의 기저에 있으면서 현실 존재의 다양한 모습으로 표현되는 본체이다. 그것은 우리가 눈으로 보거나 손으로 만질 수 있는 구체적인 활물活物이 아니라 사유에 의해서 파악되고 추상화된 관념적 존재이다. 따라서 리를 궁극적인 존재나 보편적인 원리로 설정한 주자학적 세계관은 변화하는 현실에 편승하기보다는 불변의 원리나 가치에 관심을 두

---

11) 이이는 "대체로 성왕이 만든 법이라 하더라도 그것을 적절히 변통하는 현명한 자손이 없으면, 마침내는 반드시 폐단이 생기는 법입니다"라는 전제 하에 "200년이 지나오는 동안 시대도 바뀌고 일도 변화하여 폐단이 없지 않다면, 또한 변통할 수 있습니다"라면서 제도의 변통을 촉구하였다.(『栗谷全書』, 권5, 「萬言封事」, 16a, "大抵雖聖王立法, 若無賢孫有以變通, 則終必有弊.……我國祖宗立法之初, 固極周詳, 而年垂二百, 時變事易, 不無弊端, 猶可變通, 況後日謬規, 汲汲改革, 當如救焚拯溺者乎") 동시에 그는 "대개 때를 따라 변할 수 있는 것은 법제이고 고금을 거쳐 변하지 못할 것은 왕도이고 인정이고 삼강이고 오상이다"라고 하여 도덕적 삶의 준수를 강조하였다.『栗谷全書』, 권5, 「萬言封事」, 14b, "大抵隨時可變者, 法制也, 亘古今而不可變者, 王道也, 仁政也, 三綱也, 五常也. 後世道術不明, 不可變者, 有時而遷改, 可變者, 有時而膠守, 此所以治日常少, 亂日常多者也."

는 명분론적 사고와 친화적이다. 그러한 세계관은 또 현실의 변화를 부차적인 존재인 기의 변화로 여길 뿐 그 기저에 자리하고 있는 리는 영원하다는 식의 원리주의적 사고로 이어지게 마련이다.[12]

반면에 최한기의 기학에서 리는 운동하고 변화하는 기의 조리 내지 법칙으로 자리매김됨으로써 더 이상 현실의 존재를 가능하게 하는 형이상학적 본체도 아니고 현실의 존재를 규율하는 절대적 원리도 아니다. 그의 기학에서 천지만물과 그것의 운동변화를 가능하게 하는 존재는 리가 아니라 기이다. 물론 그 기는 고정된 존재가 아니라 끊임없이 운동하고 변화하는 존재이므로 기에 기반을 둔 인간의 실천 자체도 변화할 수 있다는 논리가 가능하다. 따라서 최한기의 기학 체계에서는 주자학의 명분론적 사고방식에서 벗어나 현실 변화에 탄력적으로 대응하는 유연한 사고가 가능하고, 기존 질서에 얽매이지 않고 낡은 것을 개선하려는 변혁 의식이 싹틀 여지가 있다. 이런 측면에서 최한기의 기학은 변혁 의식의 존재론적 기반이라는 의미가 있다.

3) 윤리 규범에 대한 상대주의적 이해

최한기는 유교 윤리의 핵심인 오륜을 하늘이 낸 인도人道, 즉 사람이면 누구나 따라야 할 보편 법칙으로 여겼다. 그는 오륜의 실행을 통해 조화롭고 질서정연한 사회를 영위할 수 있다고 믿었으며, 누구나 그런 사회를 원하기 때문에 오륜의 가르침을 폐지하려고 해도 폐지할 수 없

---

12) 조선 후기에 만연한 주자교조주의나 19세기 후반의 위정척사론은 주자학이 지닌 명분론적 사고나 원리주의적 사고의 역사적 형태라고 할 수 있다.

다고 단언하였다.13) 그는 또 오륜을 인류의 조목으로 삼고, 인의와 예악을 교화의 방법으로 삼아야 한다고 말하기도 하였다. 그의 주장에 따르면, 그것들은 인도에 본래 있었던 것으로 성인은 다만 그 조목에다 이름을 붙였을 뿐이다. 오륜은 객관적으로 존재하는 인도 자체이지 누군가에 의해서 만들어진 것이 아니라는 뜻이다. 따라서 성인이 다시 출현한다고 해도 그 도를 바꿀 수는 없다고 그는 확신하였다.14) 이는 최한기가 오륜이야말로 언제 어디서든지 누구나 실천해야 할 보편적인 윤리 덕목이라고 인정했다는 것을 의미한다.15)

최한기가 상정한 오륜의 보편성은 끊임없이 운동하고 변화하는 기를 기초로 한 그의 기학과 어떻게 양립할 수 있을까? 그의 기학에서 기는 운동과 변화를 본질로 하는 존재이지만 그 기의 운동과 변화에는 일정한 질서가 있다. 유행의 리(流行之理) 또는 운화의 리(運化之理)라고 했던 것이 그 질서인데, 그 리는 자연법칙으로서 시간과 공간에 의해서 제한을 받지 않는 보편 법칙이다. 이를테면 최한기의 기학에서 지구가 하루에 1회씩 회전한다는 것은 동서고금 할 것 없이 일관되게 관철되는 불변의 법칙이다. 이러한 관점에서 보면, 단일한 기의 운화에 기초해서 인간세계와 자연세계를 아우르는 보편 학문, 즉 기학을 구상한 최한기가 인간세계의 법칙 역시 보편성이 있다고 여긴 것은 지극히 자연스럽다. 이

---

13) 『人政』, 권8, 「人道」, 18a, "五倫乃天生之人道, 而政敎所以修行五倫, 達於人民, 風俗和順, 非但在上者之所願若是, 在下者之所願亦然, 則五倫之敎, 雖欲遮廢, 而不可得也."

14) 『神氣通』, 권1, 「通敎」, 27a, "君臣有義, 父子有親, 夫婦有別, 長幼有序, 朋友有信, 以爲倫常之目, 仁義禮樂, 以爲導化之方, 是實人道之所固有, 聖人特名言其條目而已. 縱使聖人復起, 不可變換此道, 自堯舜周公以來數千載, 億兆民, 涵育於斯敎中, 一治一亂, 由於斯敎之明不明."

15) 『人政』, 권8, 「人道」, 17b, "人道大體, 在於敷行五倫, 修明政敎, 行之於身, 訂之於人, 見得人民大道, 不可無五倫政敎, 而稽古之聖賢經傳, 歷代典章."

와 관련해 최한기는 "삼강과 오륜의 질서, 수기와 치인의 방도, 일상생활과 음식의 절도, 천시天時와 지기地氣의 조화는 모두 바꿀 수 없는 보편 법칙(常道)"이라고 하였다.16) 여기서 확인할 수 있는 것은 최한기가 삼강 오륜이라는 윤리 덕목은 물론 수기·치인의 실천 방식, 나아가 일상에서 맞닥뜨리는 예절 등 인간의 다양한 행위 규범을 천시나 지기 같은 자연의 운행 질서와 동일한 층위에서 논의하고 있다는 점이다.17)

이렇듯이 최한기는 오륜이라는 행위 법칙이 천지의 운행 법칙과 마찬가지로 영원히 변하지 않는 보편 법칙이라고 여겼다. 하지만 그의 윤리설에서 오륜의 불변성 내지 보편성이 어떻게 정당화되는지는 좀 더 엄밀한 검토가 필요하다. 다만 확실한 것은 삼강과 오륜이 인간사회에 실제로 존재하고 또 없어서는 안 되는 가장 기초적인 다섯 가지의 인간관계(부자·군신·부부·장유·붕우)에 기초해 있다는 점이다. 최한기에게 그 다섯 가지 인간관계는 전 세계 사람들이 명백하게 공유한 객관적인 존재, 즉 기의 존재 및 그 운화와 동일한 층위의 것이라고 추론해 볼 수 있다. 이와 관련해 최한기는 "세상의 모든 일은 다 토대를 확립하고 표준을 세우는 것이 근본인데, 기화를 알지 못하고 어떻게 토대를 확립할 수 있으며 인도를 버리고 어떻게 표준을 세울 수 있겠는가"라고 하였다.18) 기화와 인도를 제대로 파악하여 삶의 토대와 표준을 마련하고,

---

16) 『推測錄』, 권5, 「西敎沿革」, 38a, "三綱五倫之秩, 修己治人之方, 日用飮食之節, 天時地氣之化, 皆是不可變之常道也."
17) 이런 측면에서 그가 구상한 기학은 일차적으로 자연의 존재와 운행을 기로 설명한 기의 자연학이지만, 동시에 인간이 영위해야 할 삶의 보편적인 방식을 고찰한 기의 인간학이라는 성격을 지니고 있다.
18) 『人政』, 권8, 「根基標準」, 26a, "天下萬事, 皆本於定根基立標準. 不見氣化, 將何以定根基, 捨此人道, 又何以立標準?"

그것에 따라 실천해야 한다는 의미이다. 여기서 인도는 기화와 마찬가지로 객관적으로 존재하며, 따라서 경험과 추측을 통해 인식될 수 있는 것으로 상정되어 있다.

문제는 비물질적인 인도가 객관적으로 존재한다는 것을 어떻게 알 수 있고, 인도가 설사 존재한다고 하더라도 그것을 어떻게 인식할 수 있느냐 하는 점이다. 이 문제에 대해 그는 "온 우주의 사물을 경험하여 기화를 알면 그것은 한 지역에만 적절한 기화가 아니며, 전 세계의 사람들을 추측하여 인도를 수립하면 그것은 한 사람의 사사로운 인도가 아니다"라고 하였다.[19] 기화는 온 우주의 사물을 탐구함으로써 파악할 수 있고, 인도는 전 세계의 사람들을 탐구함으로써 파악할 수 있다는 것이다. 한두 사람이 아니라 전 세계 사람들을 탐구해서 얻은 것이므로 인도의 보편성이 당연히 확보된다. 물론 사람에 대한 경험적인 탐구를 통해서 과연 인도를 인식할 수 있는지의 여부는 더 진전된 논의가 필요하겠지만, 분명한 것은 최한기가 인도 역시 경험과 추측을 통해 파악한 것이므로 기화와 마찬가지로 객관성과 보편성이 확보된다고 여겼다는 점이다.

최한기가 상정한 인도의 경험적 근거가 무엇인지 좀 더 구체적으로 살펴보자.

이미 이 기화의 토대와 인도의 표준을 얻게 되면 다시 동요될 걱정이 있겠는가? 만약 이것보다 크고 이것보다 성실하여 사람과 사물이 함께

---

19) 『人政』, 권8, 「根基標準」, 26a, "經驗宇宙事物, 而見得氣化, 則非偏隅適然之氣化. 推測天下生靈, 而樹立人道, 則非一身自私之人道."

따르고 만세토록 바뀔 수 없는 토대와 표준이 있다면, 어찌 꼭 이것만을 고집하고 변통하지 않겠는가? 하지만 널리 찾고 널리 고증해 보아도 다시 이것보다 크고 이것보다 신뢰할 만한 토대와 표준은 없다.…… 옛날부터 지금까지 이 세상의 사람은 인도를 갖추지 않거나 운화를 말미암지 않은 사람이 없다. 혹시 알지 못해서 실행하지 않은 사람이 있을지라도, 누가 감히 기화가 토대가 아니고 인도가 표준이 아니라고 말할 수 있겠는가? 남녀노소를 막론하고 모두 기화와 인도 이외에는 실제로 의거할 토대와 표준이 없음을 알게 되면, 앞으로 나아가는 데 밟아 나갈 길이 명확해질 뿐만 아니라 도학도 하나로 통일되어 화평해질 것이다.[20]

사람이 살아가는 데는 삶의 토대가 굳건하고 실천의 표준이 마련되어야 흔들리지 않고 안정된 삶을 유지할 수 있다. 그리고 그 삶의 토대는 존재론적 원리를 정립함으로써 확립할 수 있다. 예컨대 기독교의 신이나 주자학의 리는 각자 인간의 삶을 존재론적으로 밑받침하는 토대의 역할을 한다. 하지만 최한기의 관점에서 보면 신이나 리는 허구적인 존재이므로 이 세계의 진정한 토대가 될 수 없으며, 오직 실제로 존재하는 기와 그 기의 운동과 변화만이 참된 토대이다. 그 이유는 사람을 포함해 이 세상의 모든 존재가 기화에 의존하기 때문이다. 기는 이 우주의 모든 사물의 기저에서 그 사물의 존재 및 운화를 가능하게 하는 근본 존재이다.[21]

---

20) 『人政』, 권8, 「根基標準」, 26b~27a, "旣得此氣化根基人道標準, 更有何擾奪之患? 若有他大於此誠於此, 人物所共由, 萬歲不變易之根基標準, 何必堅守此而不遷移? 廣搜博蒐, 更無加於此信於之根基標準.……古今天下之人, 無一人不具人道, 不由運化, 則縱或不知而不行, 孰敢曰氣化非根基, 人道非標準乎? 無論男女老少, 皆知氣化人道之外, 更無實據之根基標準, 不惟進就有康莊之踐履, 抑亦道學有一統之和平."

한편 실천의 표준이란 인간이 준수해야 할 보편적인 윤리 법칙으로서 최한기가 말하는 인도이다. 최한기는 인간사회에는 남녀노소 할 것 없이 누구나 따르지 않으면 안 되는 객관적이고 보편적인 질서가 있으며, 그 질서는 이 세계의 모든 사람들이 살아가는 방식을 경험적으로 탐구함으로써 파악할 수 있다고 여겼다. 그의 관점에서 보면, 이 세상 그 어떤 사회에도 부자·군신·부부·장유·붕우 관계가 없는 곳은 없으며, 따라서 그 다섯 가지 관계는 인간사회의 가장 기초적인 관계이자 객관적인 사실이다. 아울러 그 관계에는 그 관계의 당사자 사이에 이상적인 실천 방식이 있다고 상정할 수 있는데, 그 이상적인 실천 방식의 대체가 오륜 즉 친親·의義·별別·서序·신信이다.[22]

---

21) 결과적으로 최한기 철학에서 인도의 인식은 사람의 탐구에서 그치지 않는다. 인도는 삶의 올바른 방식이고, 삶의 올바른 방식은 삶의 토대가 되는 천도의 인식이 필수적이기 때문이다. 이에 대해 최한기는 사람의 도는 천도가 만물에 부여한 실제의 리(實理)를 생각하여 그것에 어김이 없고 사특함이 없는 것이라고 하였다.(『推測錄』, 권2, 「天人有分」, 25b~26a, "蓋天道流行, 付物以實理, 則人之道, 維思付物之實理, 無違無邪耳. 流行之理, 即天道也, 推測之理, 即人道也.") 사물의 운동변화 및 그 기저에 있는 기의 운동변화 법칙, 즉 천도를 파악하지 않으면 안 된다는 뜻이다. 최한기가 기화를 파악하여 토대를 확립한다고 했던 것도 이러한 이유에서이다.

22) 최한기는 "일신의 아홉 구멍(九竅)·사지는 한줌의 작은 형체이고 부자·군신·부부·장유·붕우는 범위가 큰 형체이다"라고 하여, 인간관계에 부자·군신·부부·장유·붕우가 있는 것을 몸에 감관이나 사지가 있는 것과 동일한 층위에서 논하였다. 이어서 그는 "작은 형체가 보고 듣는 것이나 말하고 움직이는 것에 혹 미진한 것이 있거나 밝지 않은 것이 있어도 병든 사람이 되는데, 다구나 큰 형체 가운데에 한 가지라도 불인한 것이 있으면 어찌 완비된 사람이 될 수 있겠는가?"라고 하였다. 인체의 각 기관이 올바로 작동되어야 하듯이 인간관계 역시 제대로 작동해야 한다는 것인데(『推測錄』, 권4, 「五倫相法」, 29a, "夫一身之九竅四肢, 乃撮爾之小形體, 父子君臣夫婦長幼朋友, 乃範圍之大形體也. 小形體之視聽言動, 或有未盡, 或不修明, 猶爲病廢之人, 況大形體之中有一不仁, 豈可爲完備之人?") 여기서 오륜은 그 인간관계의 올바른 작동 방식이라고 할 수 있다. 이에 대해 최한기는 "내 몸에 행하고 다른 사람에게 경험하여 인민의 큰 도(大道)에 오륜과 정치(政敎)가 없어서는 안 된다는 것을 알아, 옛 성현의 경전이나 역대의 제도와 문물을 따져 보아야 한다"라고 하였다.『人政』, 권8, 「人道」, 17b, "行之於身, 訂之於人, 見得人民大道, 不可無五倫政敎, 而稽古之聖賢經傳, 歷代典章."

여기에서 최한기는 요순과 주공 이래로 수많은 사람들이 이 오륜의 가르침을 배우고 자랐으며, 이 가르침의 실현 여부에 따라 역사의 일치 일란이 좌우되었다는 역사적인 사실을 제시하였다. 오륜은 누군가 인위적으로 만든 것이 아니라 인도 즉 사람의 도로서 객관적으로 존재한다는 것인데, 성인은 그저 다섯 가지 조목을 파악해서 이름을 붙였을 뿐이다. 성인이 다시 출현해도 오륜을 바꿀 수 없는 까닭이 바로 여기에 있다.[23] 최한기가 오륜을 인도의 대체로 확신했던 또 하나의 근거는 오륜의 실질적인 효과이다. 앞에서 언급한 것처럼, 그는 오륜의 실행을 통해 조화롭고 질서정연한 사회가 유지된다고 믿었으며, 누구나 그런 사회를 원하기 때문에 오륜의 가르침을 폐지하려고 해도 폐지할 수 없다고 여겼다.[24] 최한기의 생각대로 과연 오륜을 통해 조화롭고 질서정연한 사회가 이루어졌는지, 그리고 누구나 그런 사회를 원하는지에 대해서는 더 엄밀하고 실증적인 연구가 있어야겠지만, 그가 자신이 생각하는 경험적 증거를 통해 오륜의 보편성을 입증하고자 했다는 것만큼은 분명하다.

최한기가 인도로서의 오륜의 보편성을 확신했다면, 그가 당연한 것으로 여긴 삶의 방식의 변화와 오륜의 보편성 사이에 발생하는 충돌을 해소해야 하는 과제가 있다. 앞에서 살펴본 것처럼, 최한기는 인간의 지식이 진보하고 그 진보에 따라 인간의 실천 방식도 적절하게 변화해

---

23) 『神氣通』, 권1, 「通敎」, 27a, "君臣有義, 父子有親, 夫婦有別, 長幼有序, 朋友有信, 以爲倫常之目, 仁義禮樂, 以爲導化之方, 是實人道之所固有, 聖人特名言其條目而已. 縱使聖人復起, 不可變換此道. 自堯舜周公以來數千載, 億兆民, 涵有於斯敎, 一治一亂, 由於斯敎之明不明."

24) 『人政』, 권8, 「人道」, 18a, "五倫乃天生之人道, 而政敎所以修行五倫, 達於人民, 風俗和順, 非但在上者之所願若是, 在下者之所願亦然, 則五倫之敎, 雖欲遮廢, 而不可得也."

야 한다고 여겼다. 이와 같은 변통 의식이 윤리관에 적용될 때 보편적
인 윤리 원칙의 사회적 형태는 다분히 상대주의적인 성격을 띠게 마련
이다. 예를 들어 부모와 자식이 친親의 덕목을 실천해야 한다는 것은
시공을 초월한 윤리적 보편 법칙이지만, 친의 덕목을 실행하는 구체적
인 방식은 사회 조건에 따라 얼마든지 달라진다는 것이다. 이와 관련해
최한기는 "인도의 큰 것은 오륜을 펴 시행하고 정치(政敎)를 밝게 드러내
는 데 있다"고 전제하고, 다음과 같이 말하였다.

> 만약 먼저 마음에 깨달은 것이 없이 다만 옛 서적만으로 오륜을 논하
> 고 정치를 말하면, 비록 암송을 잘할지라도 줄곧 공허할 뿐이다. 그러
> 므로 어찌 처음 창시한 사람이 그것을 무無의 상태에서 처음 제시하고,
> 뒤따라 밝힌 사람들이 미비한 것을 바로잡아 하나하나 갖추었다는 것
> 을 알 수 있겠는가? 사람의 사려가 두루 확대되어 인도의 대체를 알게
> 되면, 비록 옛사람들에게 없었던 것이라도 그 본의를 미루어 만들어
> 낼 수 있는데, 하물며 옛사람들이 이미 만들어 놓은 것을 어찌 변통하
> 여 사용할 수 없겠는가.[25]

최한기 역시 부모와 자식의 관계 등 다섯 가지 인간관계는 물론 정
치와 교화를 인간사회에서 없어서는 안 되고 또 없어질 수도 없는 것으
로 여겼다는 점에서 주자학자들과 크게 다르지 않다. 그럼에도 오륜을

---

25) 『人政』, 권8, 「人道」, 17b, "人道大體, 在於敷行五倫, 修明政敎. 行之於身, 訂之於人, 見得
人民大道, 不可無五倫政敎, 而稽古之聖賢經傳, 歷代典章. 又參以異同沿革, 取捨折衷, 如將規
矩而驗方圓, 擧權衡而稱輕重. 若無先見得於胸中, 只將古文蹟, 而談五倫說政敎, 雖善記誦, 終
始悠泛, 何以見倡起之人, 從無中而提出形言, 追明之人, 矯不備而攷學詳細哉? 人之思慮周遍,
見得人道大體, 雖古人之所未有, 可以義起, 況古人之已有成憲, 豈無變通須用?"

비롯해 인간의 사회적 실천을 설명하는 방식은 주자학과 다른 점이 있다. 최한기는 인간사회에 통용되는 행위 법칙을 그 자체로 자명한 원리로서 인간사회에 주어진 것이 아니라 사람들의 지적 활동의 결과로 이해하였다. 성현의 경전에 담겨 있는 온갖 행위 방식은 처음부터 완성된 형태로 존재한 것이라고 잘못 생각하기 쉽지만, 사실은 사회 구성원들에 의해 발견되었고, 그것도 후세 사람들에 의해서 수정되고 보완됨으로써 점차 확립되었다는 뜻이다. 결국 오륜과 같은 윤리 원칙이나 정치와 같은 정치사회적 실천 방식은 인간이 만들고 발견했다는 것인데,[26] 이러한 견해에 기초해서 최한기는 애초에 없던 실천 방식을 새로 만들어 낼 수 있으며 이미 있던 것을 변통할 수 있다는 주장을 제기하였다. 이처럼 실천 방식의 변화를 인정한다는 것은 곧 윤리적 실천 규범의 상대화 가능성을 열어 놓는다는 의미가 있다.

다음의 글은 최한기의 윤리관이 상대주의적 특성을 지녔음을 극명하게 보여 준다.

남녀가 많고 적은 것 역시 나라의 풍토에 따라 다르다. 여자가 많고 남자가 적으면 한 남자에게 처첩이 있고, 남자가 많고 여자가 적으면 두세 사람의 남자가 한 여자와 함께 살며, 남녀가 반반이면 한 남편에 한 아내가 있는 것은 형세에 따라 그렇게 되는 것이다. 이것으로 미루어 본다면, 나라마다 풍속이 다른 것은 이와 마찬가지로 운화의 기 때

---

26) 최한기의 사유체계에서는 '만들었다'는 표현보다는 '발견했다'는 표현이 더 적절할 것이다. 사회에 없던 행위 법칙이 어느 순간부터 있게 되었다는 점에서 그 행위 법칙은 만들어진 것이라고 할 수도 있겠지만, 그 행위 법칙은 결국 자의적으로 만들어진 것이 아니라 대기운화와 같은 자연적 사실은 물론 통민운화나 교접운화와 같은 인간사회의 객관 사실을 반영하고 있다는 점에서 발견된 것이기 때문이다.

문이다. 생각이 여기에 미치지 못하면, 저들은 이들을 비웃고 이들은 저들을 꾸짖는다. 여자가 많은 나라의 성인이 정한 예법(禮敎)으로 남자가 많은 나라의 예법과 비교할 경우 처지가 바뀌면 다 마찬가지이니, 어찌 자기와 같은 것만 옳다고 하고 다른 것은 그르다고 할 수 있겠는가? 심지어 남자가 동정을 지키고 여자가 정조를 지키는 것도 풍속에 따라 귀천이 다르다.[27]

최한기가 나라마다 풍속이 다르고 예법이 다르다고 여긴 것은 삼강오륜 중심의 가부장적 윤리를 기반으로 한 주자학의 보편주의 윤리설과 확연히 다른 면모이다. 주자학에서는 인간사회의 윤리 내지 도덕을 천리에 의해서 절대화하면서 동시에 그 리를 마음 안에 내재시킴으로써 합리화하였다. 주자학의 윤리 원칙은 형이상학적 원리에 의해 절대성이 확보됨과 동시에 선험적 도덕성에 의해 합리화의 길이 열렸던 것이다. 이런 측면에서 주자학의 윤리 원칙과 그것에 기초한 실천 규범은 태생적으로 절대적이고 불변적인 것으로 고착화될 가능성을 안고 있었다. 특히 17세기 이래로 예를 절대시하는 사고가 만연되고 엄격한 예의 실천을 강조했던 조선 유학계의 현실을 감안하면, 최한기가 경우에 따라 일처다부제가 정상적일 수 있다거나 풍속에 따라 여자의 정조가 다르게 평가된다고 역설한 것은 매우 파격적인 윤리적 개방성과 진보성을 보여 주는 열린 사고라고 해야 할 것이다.

앞에서 확인했듯이 최한기는 삼강오륜의 질서를 천지의 운행과 마

---

27) 『人政』, 권12, 「戒色」, 36b, "男女多少, 亦各國之土産. 女多男少, 一男有妻妾, 男多女少, 二三男共一女, 男女相半, 一夫一妻, 勢所固然. 以此推之, 國俗不同, 皆由運化氣多此類也. 念不及此, 則彼笑此, 此譏彼. 以女多國之聖人禮敎, 比男多國之禮敎, 易地皆然, 豈可是同非異哉? 至於男守童女守貞, 各有俗尙之貴賤."

찬가지로 인간사회의 변할 수 없는 보편 법칙으로 여겼다.[28] 그렇다면 최한기의 윤리설에서는 윤리의 절대성·보편성과 상대성·역사성이 충돌하는 것일까? 결론적으로 말하자면 윤리의 절대성·보편성과 상대성·역사성이 충돌한다는 것은 최한기의 윤리설에 대한 정확한 이해가 아니다. 왜냐하면 윤리 덕목과 그것의 사회적인 형태인 실천 규범이 언제나 동일한 것은 아니기 때문이다. 최한기의 주장에 따르면 삼강이나 오륜 같은 윤리 덕목은 인간이 자의적으로 버릴 수 있는 것이 아니므로 절대적이고 보편적이고, 그런 점에서 보편 법칙에 해당한다. 반면에 그 법칙의 사회적인 형태인 실천 규범은 사회의 산물인 만큼 가변적이다.

예컨대 오륜 가운데 하나인 부부유별의 덕목은 인간사회에서 폐지될 수 없는 윤리적 보편 법칙 가운데 하나이지만 그 법칙이 부부 사이에서 실제로 표현되는 구체적인 규범 내지 그 규범의 사회적 형태는 일부일처제·일부다처제·일처다부제처럼 그 사회의 객관적 조건에 따라 얼마든지 달라질 수 있다. 다시 말해 전례典禮와 형률刑律은 시대마다 그 사회 조건에 적합한 것이 있게 마련이며, 그래서 객관적인 사회 조건의 변화를 정확히 파악하여 적절하게 개정하는 것이 중요하다.[29] 이처럼 최한기의 윤리설에서 윤리 덕목의 절대성·보편성과 실천 규범의 상대성·역사성이 긴장 관계를 이루고 있는 것이 사실이다. 그럼에도 그의 윤리설에서 보이는 절대성·보편성과 상대성·역사성은 서로 층위

---

28) 『推測錄』, 권5, 「西教沿革」, 38a, "三綱五倫之秩, 修己治人之方, 日用飲食之節, 天時地氣之化, 皆是不可變之常道也."

29) 『人政』, 권1, 「禮律出於測民」, 59b~60a, "蓋測民而禮律生, 則豈有不測民而用禮律哉? 古有古之民, 而有古之禮律, 近古有近古之民, 而有近古之禮律, 今有今之民, 而有今之禮律. 是乃民有沿革, 而禮律從爲之沿革, 非民無沿革而禮律徒自爲沿革. 舉此推之, 禮律之本, 在於測民."

가 다르므로 모순관계에 있지 않다.[30]

4) 인욕에 대한 긍정적 해석

최한기는 진보적이고 개방적인 윤리 의식을 바탕으로 인간의 욕구에 대해서 새로운 해석을 시도하였다. 사실 최한기도 인욕을 통제 내지 지도를 받아야 할 대상으로 상정했기 때문에 여전히 주자학의 인욕관을 답습한 것처럼 보이기도 한다. "인욕이 치열하게 불타오르는 것은 타고난 기질이 잘못되었기 때문이니, 비록 부모와 형제가 엄격하게 가르치고 스승과 벗이 바르게 지도한다고 하더라도 불미스러운 행동을 촉발하기 마련이다"라고 한 것이 한 예이다.[31] 하지만 인욕에 대한 최한기의 견해는 주자학의 인욕관과 다른 점이 있다. 최한기의 인욕관에서 먼저 거론할 수 있는 것은 인욕의 교화 가능성에 대한 낙관주의적인 전망이다. 그의 주장에 따르면, 못된 백성들은 간혹 재물 등의 일로 남을 원망하고 해를 끼치는 경우가 있지만, 악한 짓을 같이하고 서로 조장하는 사람이 주위에 없으면 흉악한 짓을 한껏 벌이지 못한다. 보통 사람들은 설사 인욕에 빠지더라도 모두 가르침과 법률에 융화될 수 있는데, 곁에는 부끄럽게 여기는 친구들이 있고 나라에는 제재하는 법률이 있으며 기의 운화에는 일정한 질서가 있기 때문이다.[32]

---

30) 최한기가 윤리 원칙과 윤리 규범을 명백하게 구분하여 논지를 전개한 것은 아니다.
31) 『人政』, 권10, 「人欲」, 10b, "人欲之熾, 由於稟器之謬戾, 縱有父兄之嚴訓, 師友之正導, 適足爲激起不美之行."
32) 『人政』, 권10, 「人欲」, 10b, "始因財帛間怨懟, 竟致暗昧中戕害, 是所謂敎外禍氓, 罕有者也. 若不有同惡相敎之人, 無以極其凶矣. 其餘平常稟氣, 如干人欲, 傍有儕類之羞恥, 國有王法之禁制, 氣有運化之循軌, 皆可和融於敎法之中."

최한기는 "사람은 이미 타고난 기의 아름다움과 추함이 있어서 인욕에 선악이 있다"[33]고 여겼다. 인욕의 선악이 타고난 기에 달려 있다는 의미인데, 여기에서 주목할 만한 것은 인욕에 선악이 있다는 대목이다. 인욕에 선악이 있다는 것은 악한 인욕 이외에 선한 인욕이 있다는 것으로 인욕이 특정한 조건 속에서만 악이 된다는 것을 함축한다. 이와 관련해 그는 "인욕이란 곧 남에게 해를 끼치는 욕구"라면서 "만약 남에게 해를 끼치지 않는다면 누가 심하게 미워하겠는가?"[34]라고 하였다. 다른 사람에게 해를 끼치는지의 여부가 인욕을 판단하는 중요한 기준임을 명확히 한 것이다. 이 기준에 따르면 남에게 피해를 주지 않는 욕구는 악한 인욕이 아니다.[35] 더욱이 어떤 사람의 인욕이 악하게 되는 것은 그 사람의 기품이 이미 추하기 때문이지만, 이것은 신기身氣의 운화에 기대어 교육으로 만회할 수 있다. 타고난 기가 아름답지 않은 사람일지라도 적절할 방법을 통해서 교화가 가능하다는 것이다. 하지만 인욕을 지나치게 미워하는 사람들은 매번 보통의 인욕이 아니라고 비판만 할 뿐 조용히 선도하려는 뜻이 전혀 없다. 그 결과 상대를 자극하고 반발하게 만든다는 것이 최한기의 우려였다.[36] 한마디로 인욕은 교

---

33) 『人政』, 권10, 「人欲」, 10b, "人既有稟氣之美惡, 而人欲爲之善惡."

34) 『人政』, 권10, 「人欲」, 10b, "人欲, 乃害及于人之欲也. 若無害及于人, 有何人之疾之甚也?"

35) 최한기가 인욕을 두 가지 의미로 사용하고 있음을 알 수 있다. 첫 번째 인욕은 넓은 의미의 인욕으로서 인간의 욕구 일반을 뜻하며 선과 악으로 특정할 수 없다. 두 번째 인욕은 좁은 의미의 인욕으로서 남에게 피해를 주는 욕구이며 악한 욕구이다. 요컨대 인간의 욕구에는 남에게 해를 끼치는 욕구와 남에게 해를 끼치지 않는 욕구가 있으며, 이 가운데 비난의 대상은 남에게 해를 끼치는 욕구, 즉 좁은 의미의 인욕에만 한정된다. 따라서 인간의 욕구 전체를 인욕으로 간주하고 비난해서 안 된다는 것이 최한기 인욕관의 두드러진 점이다.

36) 『人政』, 권10, 「人欲」, 10b~11a, "人欲之惡, 既稟器之惡, 是可待身氣之運化, 而以教法挽回也. 疾人欲之甚者, 每以可化之欲, 非常之欲, 評論太甚, 少無從容尊率之意, 易致激越反走之慮."

화의 가능성이 있기 때문에 잘 선도해야지 지나치게 미워하고 비판해
서는 안 된다는 것이다.

최한기가 '인욕을 지나치게 미워하는 사람들'이라고 했던 것은 주자
학의 도학적 엄격주의를 염두에 둔 것이다. '천리를 보존하고 인욕을
제거한다'는 말에서 확인되는 것처럼 주자학에서는 천리와 인욕을 대립
적으로 이해하는 것이 일반적이다. 이러한 관점에서 보면, 인욕은 당연
히 천리의 부재를 뜻하는 것이고 결과적으로 악에 속한다. 이와 관련하
여 주희는 "마음의 온전한 덕은 천리가 아님이 없으나 또한 인욕에 의
해 무너지지 않을 수 없다"거나[37] "덕을 닦는 참된 방법은 인욕을 없애
고 천리를 보존하는 데 있다"[38]라고 하였다. 이처럼 주자학에서는 인욕
을 천리와 양립 불가능한 것으로 파악하고 인욕의 억제 내지 소멸을
통한 천리의 회복을 올바른 삶의 방식으로 설정했다는 특징이 있다.[39]
하지만 주자학의 도덕적 엄격주의는 왕수인의 경우에서도 동일하게 반
복된다. 그 역시 "이 마음에 만약 인욕이 없다면 순전히 천리이다"[40]라
고 하여 천리와 인욕을 양립 불가한 것[41]으로 파악하였다.[42]

---

37) 『論語集註』, 「顔淵」, "蓋心之全德, 莫非天理, 而亦不能不壞於人欲. 故爲仁者, 必有以勝私欲
而復於禮, 則事皆天理, 而本心之德, 復全於我矣."

38) 『朱熹集』 3, 권37, 「與劉共父」, 1633쪽, "蓋修德之實, 在乎去人欲存天理."

39) 『大學或問』, 「大學或問」 上, 509쪽, "欲明德而新民者, 誠能求必至是, 而不容其少有過不及
之差焉, 則其所以去人欲而復天理者, 無毫髮之有恨矣."

40) 『王陽明全集』, 권1, 『傳習錄』 上, 2쪽, "此心若無人欲, 純是天理."

41) 『王陽明全集』, 권1, 『傳習錄』 上, 3쪽, "天理人欲不並立."

42) '心外無物', '心外無理'를 전제로 한 왕수인의 공부는 기본적으로 마음의 공부일 수밖
에 없고, 그 마음공부(心學)는 인욕의 제거를 통한 천리의 보존으로 귀결된다. 『王陽
明全集』, 권4, 「與王純甫」 二(癸酉), 8쪽, "夫在物爲理, 處物爲義, 在性爲善, 因所指而異其
名, 實皆吾之心也. 心外無物, 心外無事, 心外無理, 心外無義, 心外無善. 吾心之處事物純乎理,
而無人僞之雜, 謂之善, 非在事物有定所之可求也. 處物爲義, 是吾心之得其宜也, 義非在外可襲
而取也.";『王陽明全集』, 권1, 『傳習錄』 上, 2쪽, "只在此心去人欲存天理上用功便是.";『王

도학의 인욕관은 명대 중기에 이르러 나흠순羅欽順의 비판을 받는데, 인욕은 인간의 본성에서 나오기 때문에 제거할 수 없다는 것이 그 비판의 핵심이다. 나흠순은 도심을 인심과 대립적으로 파악한 주희의 인심도심설에 동의하지 않고 도심을 성性 또는 본체(體)로, 인심을 정情 또는 양태(用)로 규정하였다.43) 이것은 인심의 내면에는 항상 도심이 자리하고 있다는, 다시 말해 인심은 궁극적으로 도심의 표현이라는 일종의 인심 긍정론이며, 나아가 인욕 긍정론의 단초라고 할 만하다. 한편 명말청초에 이르러 진확陳確·왕부지王夫之·안원顔元·대진戴震 등이 도학의 천리인욕관을 본격적으로 비판하였다. 특히 대진은 천리와 인욕의 대립적 이해44)에 기초해 인욕의 통제를 역설한 도학의 천리인욕관을 결과적으로 리理로써 사람을 죽이는 일이라고 규정하고, 그 피해가 신불해申不害와 한비자韓非子보다 심했다고 맹비난하였다.45)

주희가 천리와 인욕을 대립관계 내지 길항관계로 파악한 것은 사실이다. 그에게 있어 천리와 인욕은 하나의 마음 안에 병존할 수 없으며, 인욕이 아니면 천리이고 천리가 아니면 인욕이라는 일종의 모순관계에 있다.46) 물론 주희가 인간의 욕구를 철저한 통제의 대상으로만 여겼는

陽明全集』, 권1, 『傳習錄』上, 21쪽, "學是學去人欲存天理. 從事於去人欲存天理, 則自正諸先覺考諸古訓, 自下於多問辨思索存省克治工夫, 然不過欲去此心之人欲, 存吾心之天理耳."

43) 『困知記』上, 2a(7쪽), "道心, 寂然不動者也. 至精之體, 不可見, 故微. 人心, 感而遂通者也. 至變之用, 不可測, 故危. 道心性也, 人心靜也. 心一也, 而兩言之者, 動靜之分, 體用之別也."

44) 『孟子字義疏證』上, 「理」, 8쪽, "謂不出於正, 則出於邪, 不出於邪, 則出於正, 可也. 謂不出於理, 則出於欲, 不出於欲, 則出於理, 不可也."

45) 『孟子字義疏證』上, 「理」, 10쪽, "上以理責其下, 而在下之罪, 人人不勝指數. 人死於法, 猶有憐之者, 死於理, 其誰憐之? 嗚呼, 雜乎老釋之言而爲言, 其禍甚於申韓如是也."

46) 『論語或問』(『朱子全書』6), 「顔淵」, 799쪽, "己者, 人欲之私也, 禮者, 天理之公也. 一心之中, 二者不容並立, 而其相去之間, 不能以毫髮, 出乎此則入乎彼, 出乎彼則入於此矣. 是其克與不克, 復與不復, 如手反復, 如臂屈伸, 誠欲爲之, 其機固亦在我而己, 夫豈他人之所以得與哉?"

지는 재고의 여지가 있다. 인간은 최소한의 생존을 위해서 욕구 충족이 필수적이고, 그러한 사실을 주희 역시 인정했기 때문이다. 이것은 인욕과 인심을 구분한 것에서 잘 드러난다. 인심과 도심은 본래『상서』「대우모」의 이른바 16자 심법에 등장하는 것으로[47] 이를 주희는 "인심은 형기形氣의 사사로움에서 생기고 도심은 성명性命의 바름에서 근원하여 지각하는 것이 같지 않다"고 부연하였다.[48] 결과적으로 주자학에서 인심은 형기의 사사로움, 즉 인간의 몸이 지닌 생존 욕구에서 발생하는 마음으로서 악으로 흘러갈 잠재성이 크기 때문에 위태롭기는 하지만 그 자체로는 악이 아닌 것으로 자리매김되었다.[49]

주희는 배고프면 먹고자 하고 목마르면 마시고자 하는 욕구 자체를 나쁜 것으로 여기지 않았다. 그가 인심과 인욕을 구분했던 것도 인간의 기본적인 생존 욕구를 악으로 파악하지 않았기 때문이다.[50] 주희의 견해에 따르면 사람은 태어나면서부터 몸을 가지고 있으므로 성인을 포함해 인심이 없는 사람은 없으며,[51] 이런 측면에서 주희의 인심론은 욕구의 절제를 주장한 맹자의 과욕론寡欲論[52]의 연장선상에 있다고 해야 할 것이다. 따라서 주희가 인욕의 통제를 주장했다고 해서 곧바로 그가

---

47)『尚書正義』, 권4,「大禹謨」, 112쪽, "人心惟危, 道心惟微, 惟精惟一, 允執厥中."

48)『中庸章句』,「中庸章句序」, "人心虛靈知覺, 一而已矣, 而以爲有人心道心之異者, 則以其或生於形氣之私, 或原於性命之正, 而所以爲知覺者不同. 是以或危殆而不安, 或微妙而難見耳."

49)『朱子語類』, 권78,「尚書」一, 41b, "道心是知覺得道理底, 人心是知覺得聲色臭味底. 人心不全是不好, 若人心是全不好底, 不應只下箇危字, 蓋爲人心易得走從惡處去, 所以下箇危字. 若全不好, 則是都倒了, 何止於危?"(佐)

50)『朱子語類』, 권78,「尚書」一, 45a, "人心是知覺, 口之於味, 目之於色, 耳之於聲底, 未是不好, 只是危. 若便說做人欲, 則屬惡了, 何用說危?"(至)

51)『中庸章句』,「中庸章句序」, "人莫不有是形, 故雖上智, 不能無人心, 亦莫不有是性, 故雖下愚, 不能無道心."

52)『孟子』,「盡心」下, "養心, 莫善於寡欲."

인간의 기본적인 욕구 자체를 부정했다고 여겨서는 안 된다.53) 그럼에
도 불구하고 주희는 인심과 도심의 발생 기원 내지 발생 근거를 각각
형기形氣와 성명性命에 둠으로써 인심과 도심을 각각 인욕과 천리에 대
응하는 대립 존재로 파악한 측면이 있었던 것도 사실이다.54) 게다가 주
희는 인심이 도심의 명령에 따라야 함을 강조했고, 결과적으로 주희의
철학체계에서 도심은 인심과 별개로 있으면서 인심을 규제하는 권능을
지닌 주재자적 존재로 그 위상이 정립되었다.55) 반면에 인심은 도심과
발생 기원 자체가 다르고 자칫 인욕으로 전락할 가능성이 있는 위태로
운 존재이므로 늘 도심의 통제를 받아야 한다. 결국 주희에게 있어 인
간의 욕구는 인간의 삶에 없을 수 없고 없어서도 안 되는 것이면서도,56)
언제나 인간의 바람직한 삶을 어그러뜨릴 가능성이 있는 위험한 본능

---

53) 程頤는 인심과 도심을 곧바로 인욕과 천리에 대응시켰다.(『二程全書』, 권27, 「朱公掞問
學拾遺」, 6b, "人心人欲, 道心天理.";『二程全書』, 권28, 「陳氏本拾遺」, 3a, "人心惟危, 人
欲也, 道心惟微, 天理也.") 그는 또 인심을 사욕으로 규정하고 사욕을 없애면 천리가
밝게 드러난다고 하였다.(『二程全書』, 권24, 「鄒德久本」, 2b, "人心私欲, 故危殆, 道心天
理, 故精微. 滅私欲, 則天理明矣.") 이는 정이가 인심과 천리를 대립적으로 이해했다는
것을 의미한다. 반면에 주희는 "만약 도심을 천리, 인심을 인욕이라고 말하면 두 개의
심이 있게 된다. 사람에게는 단지 하나의 심만이 있다"(『朱子語類』, 권78, 「商書」 一,
41b, "若說道心天理, 人心人欲, 却是有兩箇心. 人只有一箇心.")고 하여 인심을 인욕으로
보는 정이의 견해를 반박하였다. 이런 측면에서 주희는 정이의 인심부정론과 일정하
게 차별화된다. 그러나 주희의 경우에도 인심이 언제든지 사욕 내지 인욕으로 전화될
가능성이 있는 존재로 상정되어 있다는 점에서 정이의 견해와 본질적으로 다르다고
할 수는 없다. 인심에 대한 정이와 주희의 견해 차이에 대해서는 오하마 아키라, 『범
주로 보는 주자학』(이형성 옮김, 예문서원, 1997), 296~306쪽이 상세하다.

54) 『中庸章句』, 「中庸章句序」, "二者雜於方寸之間, 而不知所以治之, 則危者愈危, 微者愈微, 而
天理之公, 卒無以勝夫人欲之私矣."

55) 『中庸章句』, 「中庸章句序」, "精則察夫二者之間, 而不雜也. 一則守其本心之正, 而不離也. 從
事於斯, 無所間斷, 必使道心, 常爲一身之主, 而人心每聽命焉, 則危者安, 微者著, 而動靜云爲,
自無過不及之差矣."

56) 『朱子語類』, 권78, 「尙書」 一, 42ab, "雖聖人, 不能無人心, 如飢食渴飲之類."(蓋卿)

이므로 늘 도심의 통제를 받아야 하는 부정적인 존재로 자리매김되었다고 정리할 수 있다.[57]

이에 비추어 최한기의 인욕관에서 특히 두드러진 것은 인욕을 천리의 대척점에 있는 존재론적 실체로 여기지 않았다는 점이다.[58] 최한기가 상정한 인욕은 언제나 자기 동일성을 유지하면서 천리와 맞서 있는 실체가 아니었다.

---

57) 『朱子語類』, 권78, 「尙書」 一, 43b, "飮食, 人心也. 非其道非其義, 萬鍾不取, 道心也. 若是道心爲主, 則人心聽命於道心耳."(蹇孫) 이에 대해서는 이이가 다음과 같이 간명하게 정리하였다. "도심은 다만 지키기만 하면 그만이지만 인심은 인욕으로 흐르기 쉬우므로 비록 선하지만 위태롭기도 하니, 마음공부를 하는 사람이 하나의 생각이 발할 때에 그것이 도심이라는 것을 알면 확충시키고, 그것이 인심이라는 것을 알면 정밀하게 살펴서 반드시 도심으로써 절제하여, 인심이 항상 도심의 명령을 듣게 되면 인심도 도심이 될 것이니, 어찌 천리(理)를 보존하지 못하며 어찌 인욕(欲)을 막지 못하겠습니까?"(『栗谷全書』, 권14, 「人心道心圖說」, 4b~5a, "道心, 只可守之而已, 人心, 易流於人欲, 故雖善亦危, 治心者, 於一念之發, 知其爲道心, 則擴而充之, 知其爲人心, 則精而察之, 必以道心節制, 而人心常聽命於道心, 則人心亦爲道心矣. 何理之不存, 何欲之不遏乎?") 그러나 여기서 주희의 인심도심론이 약간 변주되는 모습을 발견할 수 있는데, "인심도 도심이 된다"는 발상이 그것이다. 이러한 생각은 이이가 성혼과의 논쟁 과정에서 이미 표명했던 이른바 인심도심종시설에 기반을 둔 것으로서 인심이 도심이 될 수 있다는 발상은 인심과 도심의 경계가 다소 느슨해졌다는 것을 함축한다. 그 결과 이이는 眞德秀의 학설에 대해 "인심을 오직 인욕으로만 돌려서 오로지 극복해 다스리도록 하였으니, 미진한 것이 있습니다"(『栗谷全書』, 권14, 「人心道心圖說」, 4b~5a, "眞西山論天理人欲, 極分曉, 於學者功夫, 甚有益. 但以人心專歸之人欲, 一意克治, 則有未盡者. 朱子旣曰, 雖上智, 不能無人心, 則聖人亦有人心矣. 豈可盡謂之人欲乎?")라고 비판할 수 있었다. 진덕수가 주희의 인심도심론을 엄격하게 해석했다면 이이는 그 반대쪽에서 주희의 인심도심론을 탄력적으로 적용했다고 할 수 있다. 아무튼 이이의 인심도심종시설이 조선 유학자들에게 지속적으로 비판받았다는 것은 조선 주자학에서 도심과 인심, 나아가 천리와 욕구의 경계가 그만큼 확고했다는 것을 방증한다.

58) 이 점은 정약용에게서도 유사하게 발견된다. 정약용은 "사람의 마음속에는 본래 하고자 하는 것이 있다"면서 "하고자 하는 마음(欲心)이 없다면 이 세상의 모든 일을 전혀 할 수 없다"고 하였다. 『與猶堂全書』 제2집, 권2, 『心經密驗』, 39b, "吾人靈體之內, 本有願欲一端. 若無此欲心, 卽天下萬事, 都無可做. 唯其喩於利者, 欲心從利祿上穿去, 其喩於義者, 欲心從道義上穿去. 欲之至極, 二者皆能殺身而無悔, 所謂貪夫殉財, 烈士殉名也. 余嘗見一種人, 其心泊然無欲, 不能爲善, 不能爲惡, 不能爲文詞, 不能爲産業, 直一天地間棄物, 人可以無慾哉? 孟子所指, 蓋利祿之慾耳."

천리를 거스르면 인욕이 되고, 천리를 해치면 사욕이 되며, 천리를 따르고 완성하면 도덕이 된다.…… 천리와 인욕은 양단이 아니고 다만 천리에 대해 따름과 거스름이 있을 뿐이다. 양단으로 나눈다면 말뜻이 타당하지 않을 것이다. 어떤 사람은 "인욕을 제거하면 천리가 보존되고 천리를 보존하면 인욕이 제거된다"고 말하고, 어떤 사람은 "인욕으로 하여금 천리를 따르게 한다"고 말한다. 이 글을 읽는 사람은 말로써 뜻을 해치지 않아야 한다. 천리 밖에 인욕이 있는 것이 아니고 인욕 밖에 다시 천리가 있는 것이 아니다. 천리를 따르지 않는 것이 인욕이고 인욕이 다시 천리를 따르면 인욕이라고 하지 않는다.[59]

주자학에서 천리와 인욕은 비록 하나의 마음이 지닌 두 가지 작용 양상에 대한 규정이긴 하지만 화해 가능성이 없다는 점에서 서로 대립하는 별개의 존재로 상정되어 있다. 이를테면 "다만 하나의 마음인데 도리에 합치되는 것은 천리이고 정욕情欲을 따르는 것은 인욕이다"[60]와 같은 규정이 한 예인데, 여기에서 천리와 인욕은 인간의 마음이 취할 수 있는 두 가지 선택 대안으로 제시되어 있다. 인간에게는 도리를 따르는 천리의 길과 정욕을 따르는 인욕의 길 두 가지 대안이 놓여 있기 때문에 인욕의 길을 선택하면 천리의 길을 갈 수 없으며 그 역도 마찬가지이다. 따라서 최한기의 지적대로 주자학에서는 "인욕을 제거하면 천리가 보존되고 천리를 보존하면 인욕이 제거된다"[61]는 논리가 가능

---

59) 『推測錄』, 권2, 「人天物天」, 30ab, "逆於天理, 人欲, 害於天理, 私欲, 順成天理, 道德.…… 天理人欲, 不是兩端, 就天理而有順逆耳. 若分兩端, 語義不妥. 或謂去人欲則天理存, 天理存則人欲去, 或謂人欲聽天理, 讀此者, 勿以辭害義, 可也. 天理之外, 非有人欲, 人欲之外, 復有天理也. 天理之不順, 爲人欲, 人欲之復循天理, 不謂之人欲."

60) 『朱子語類』, 권78, 「尙書」 一, 47b, "只是一心, 合道理底是天理, 徇情欲底是人欲, 正當於其分界處理會, 五峯云天理人欲同行異情說得最好."(璘)

하며, 인욕을 통제하여 "인욕으로 하여금 천리에 따르도록 해야 한다"[62]는 주장도 가능하다.[63] 어떤 경우든 인욕은 천리와 별개로 있으면서 천리와 대립하는 독자적인 존재로 상정되어 있다는 공통점이 있다.

반면에 최한기는 인욕을 그 어떤 고정된 실체로 여기지 않았으며 인욕을 천리와 대립하는 존재로 여기지도 않았다. 그의 주장에 따르면, 천리를 거스르는 것이 인욕일 뿐이어서 다시 천리를 따르게 되면 그 인욕은 천리가 된다. 최한기의 사상에서 인욕은 마음이 천리를 거스르는 상태를 의미한다. 즉 인욕은 마음의 특정한 상태 또는 일정한 경향을 지칭한다. 인욕에 대한 이러한 이해는 "인욕을 제거하면 천리가 보존된다"거나 "인욕으로 하여금 천리를 따르게 한다"와 같은 주자학의 주요한 윤리학적 테제에 대한 재해석으로 이어진다. 즉 그것을 글자 그대로 인욕을 제거한다거나 인욕으로 하여금 천리에 복종하도록 통제해야 한다는 식으로 해석해서는 안 된다는 것이다. 인욕은 고정된 실체가 아니라 마음의 상태를 지칭하므로 제거의 대상이나 통제의 대상이 아니다. 물론 최한기는 천리를 거슬러서는 안 된다는 것을 믿어 의심치 않았다. 그렇다고 인욕을 제거하거나 통제하는 것만이 능사가 아니라

---

61) 주희가 "遏人欲, 存天理"라고 한 것도 같은 의미이다. 『孟子集註』, 「梁惠王」下, "天理人欲, 同行異情, 循理而公於天下者, 聖賢之所以盡其性也, 縱欲而私於一己者, 衆人之所以滅其天也. 二者之間, 不能以髮, 而其是非得失之歸, 相去遠矣. 故孟子因時君之問, 而部析於幾微之際, 皆所以遏人欲而存天理."

62) 『中庸章句』, 「中庸章句序」, "……必使道心常爲一身之主, 而人心每聽命焉, 則危者安, 微者著, 動靜云爲, 自無過不及之差矣."

63) 왕수인은 주희의 인심도심설이나 그 기초가 되는 천리인욕설에 동의하면서도 그와 같은 주장들이 마음을 둘로 여기는 이심론으로 빠지는 것을 경계했고, 인심이 도심의 명령을 따르고 인욕이 천리의 명령을 따른다는 주장에 대해서는 동의하지 않았다. 『王陽明全集』, 권1, 『傳習錄』上, 3쪽, "今曰, 道心爲主, 人心聽命, 是而心也. 天理人欲不並立, 安有天理爲主, 人欲又從而聽命者?"

는 것이 그의 생각이었다. 그의 관점에서 보면, 천리와 인욕은 어느 하나가 줄어들면 줄어든 만큼 다른 하나가 늘어나는 길항 관계 내지 배타적인 관계에 있지 않기 때문에 언제든지 화해의 가능성이 열려 있다. 이를테면 천리를 거스를 때는 인욕이지만 그 인욕이 다시 천리를 따르면 더 이상 인욕이 아니다.[64]

관건은 천리의 거스름을 어떻게 천리의 따름으로 바꾸어 놓느냐 하는 것이다. 이제 관심사는 인간의 욕구를 어떻게 통제하고 어떻게 극복할 것인가에 있지 않고, 인간의 욕구를 어떻게 적절히 발휘되도록 하느냐 하는 것으로 모아지게 된다. 이는 욕구통제론에서 욕구성취론 내지 욕구발휘론으로 문제설정이 달라진다는 것을 의미한다. 이처럼 최한기가 인욕을 천리와 대척점에 위치하는 극복의 대상으로 상정하지 않은 것은 인욕의 통제를 통해 천리를 실현하고자 한 주자학의 도덕적 엄격주의와 다른 모습이다. 주자학의 도덕적 엄격주의는 사욕의 절제를 통한 의리의 실천과 같은 여러 긍정적인 의미에도 불구하고 인간의 기본적인 욕구를 과도하게 억압하는 등 그 폐해가 작지 않았던 것도 사실이다. 이에 대해서 최한기는 인욕에 대한 지나친 억제가 생기발랄한 생명

---

64) 천리와 욕구의 화해 가능성은 戴震의 경우에도 발견된다. 그는 욕구가 있기 때문에 생존이 가능하다는 전제 아래 욕구의 절제, 즉 과욕이 있을 뿐 무욕은 있을 수 없다고 단언하였다. 그는 또 욕구를 절제하여 과불급이 없는 것이 천리이므로 천리와 인욕을 바른 것과 사특한 것으로 이분하여 대립적으로 파악해서는 안 된다고 하였다. 『孟子字義疏證』上, 「理」, 8쪽, "孟子言養心莫善於寡欲, 明乎欲不可無也, 寡之而已. 人之生也, 莫病於無以遂其生, 欲遂其生, 亦遂其生, 亦遂人之生, 仁也.……然使其無此欲, 則於天下之人, 生道窮促, 亦將漠然視之."; 『孟子字義疏證』上, 「理」, 10쪽, "性譬則水也, 欲譬則水之流也. 節而不過, 則爲依乎天理.……節而不過, 則依乎天理, 非以天理爲正, 人欲爲邪也. 天理者, 節其欲而不窮人欲也. 是故欲不可窮, 非不可有. 有而節之, 使無過情, 無不及情, 可謂之非天理乎?"

활동의 위축이나 필요 불가결한 물질생활의 약화를 초래한다고 지적하였다.

그러므로 욕구가 없으면 하는 일이 없고 욕구가 있으면 하는 일이 있는 것이니 욕구 중에서 마땅히 착한 욕구인지 악한 욕구인지, 귀중한 욕구인지 천한 욕구인지를 구분해야 한다.…… 사람은 욕구의 세계에 태어났으므로 먼저 내가 하고 싶은 것을 스스로 선택하고, 또 남이 하고 싶어하는 것을 헤아려야 착한 욕구·악한 욕구·귀중한 욕구·천한 욕구들이 서로 어우러져 엮어 가는 사회 변화에서 적절하게 조처할 수 있다. 만일 남의 욕구와 나의 욕구를 알지 못한다면, 산 사람이겠는가, 죽은 사람이겠는가[65]

사람이 욕구의 세계에 태어났다고 한 것은 최한기의 현실적 인간관을 잘 드러내 준다. 모든 인간이 현실적으로 가지고 있는 욕구를 있는 그대로 인정하자는 것이 최한기 인간관의 출발이다. 인간은 욕구가 없으면 하는 일이 없게 되고 욕구가 있어야만 적극적으로 현실생활을 추구할 수 있다는 것은 인간의 욕구가 통제의 대상이 아니라 소통의 대상이자 발휘의 대상이라는 선언이다. 그래서 최한기는 물욕을 제거하기에만 힘쓰는 것은 물욕을 바르게 추구하는 도를 밝히는 것만 못하다고 단언하였다. 그의 주장에 따르면 재물·여색·벼슬에 대한 욕망이 물욕 중에 큰 것이긴 하지만, 그것들 역시 삶의 과정에서 일어나는 자연스러

---

(65) 『人政』, 권4, 「無欲有欲」, 16ab, "故無欲而無爲, 有欲而有爲. 有欲之中, 當分善欲惡欲貴欲賤欲.……夫人生於欲世界, 先自擇我所欲, 又測人之所欲, 善惡貴賤, 交接運化, 可以措施. 若不識人之欲我之欲, 生者乎死者乎?"

운 일이어서 정당한 방법으로 얻는 것은 물욕이라고 할 수도 없다. 정당하지 않은 방법으로 그것들을 얻으려고 할 때 물욕이라고 하는 것이며, 정당한 방법으로 얻은 것이라면 제거하려고 힘쓸 필요가 없다. 왜냐하면 그것들이 없으면 삶이 불가능하기 때문이다.[66]

최한기는 그와 같은 욕구가 사라진다면 곧 인간의 삶 자체가 사라질 것이라고 우려하였다. 남녀의 욕망을 끊어버리면 인간의 종족이 존속될 수 없는 것은 물론이고 가정이나 나라나 할 것 없이 재물을 쓰지 않고는 물질적 삶을 영위할 수 없으며[67] 관리가 없으면 백성을 다스릴 수 없기 때문이다. 그래서 중요한 것은 그것을 금하는 것이 아니라 올바른 방법으로 얻는 데 있다.[68] 이처럼 최한기는 주자학의 경우와 달리 욕구를 줄이면 줄이는 만큼 천리가 늘어난다고 생각하지 않고 욕구가 줄어든 만큼 인사가 폐지된다고 여겼다. 따라서 욕구 자체의 금지가 아니라 잘못된 방법에 의한 욕구 추구를 금지하는 것이 올바른 가르침이다. 이러한 견해는 방법만 옳다면 욕구 추구가 정당하다는 일종의 욕구성취론으로서 주자학의 욕구통제론과 결을 달리한다.

이와 관련하여 최한기는 『논어』의 '극기복례克己復禮'[69]를 재해석하였다. 주희는 이 구절에 대해 '기己'를 사욕私欲으로 해석하여 "자기의

---

66) 『人政』, 권11, 「除物欲」, 49b, "務除物欲, 不如因物欲而究明其道. 貨色科宦, 物欲之大者, 而亦是運化中事.……不以道之貨色科宦, 謂之物欲, 以道之貨色科宦, 豈可務除而廢人事乎?"

67) 최한기는 財用을 사람이 살아가는 데 필수적인 요소로 보았다. 『人政』, 권4, 「財用」, 3b, "財用, 乃人生必須之物."

68) 『人政』, 권11, 「除物欲」, 49b~50a, "以道之貨色科宦, 豈可務除而廢人事乎? 人之有道也, 不可無濟産之資治民之官, 則當敎民以道得之, 禁其不以道求者, 乃是運化敎之得中也."

69) 『論語』, 「顔淵」, "顔淵問仁, 子曰, 克己復禮爲仁, 一日克己復禮, 天下歸仁焉, 爲仁由己, 而由人乎哉?"

사욕을 이기고 예에 돌아간다"는 뜻으로 풀이하였다.[70] 이에 대해 최한기는 극기의 뜻은 '비非'와 '물勿' 두 글자에 있지 사욕을 제거하자는 뜻이 아니라고 하여 주희의 주석과 다른 견해를 피력하였다. 공자는 극기복례의 구체적인 사례로 "예가 아니면 보지 않고, 예가 아니면 듣지 않고, 예가 아니면 말하지 않고, 예가 아니면 움직이지 않아야 한다"[71]고 하였다. 최한기는 위 언급을 근거로 극기복례의 정신은 사욕의 제거가 아니라 '~가 아니면'(非)과 '~하지 않는'(勿) 것에 있다고 주장하였다. 다시 말해 '극기복례'의 극기는 예가 아닌 것, 즉 옳지 않은 것을 하지 않아야 하는 것이지 모든 욕구를 제거해야 한다는 뜻이 아니다.[72] 인간의 욕구는 근본적으로 개인적인 욕구, 즉 사욕일 수밖에 없다. 따라서 최한기의 입장에서 보자면 주희의 경우처럼 극기복례를 사욕을 이기고 예로 돌아가는 것으로 받아들인다면, 개인의 욕구를 모두 제거해야 하므로 인간의 삶 자체가 불가능해지는 결과를 초래할 수밖에 없다.

최한기는 인간의 욕구를 인간의 자연스러운 생명 활동의 일환으로서 인간의 인간다운 삶에 꼭 필요한 것으로 여겼기 때문에 그의 욕망론은 욕망의 제어보다는 욕망의 올바른 성취에 초점이 있다는 특징이 있다. 이는 천리와 인욕을 길항 관계에 있는 대립항으로 설정하고 천리의 보존(存天理)과 인욕의 제거(去人欲)를 바람직한 삶의 좌표로 설정한 주자학의 욕망론과 다른 면모이다.[73] 윤리 규범에 대한 상대주의적 인식이

---

70) 『論語集註』, 「顔淵」, "仁者, 本心之全德. 克勝也, 己謂身之私欲也. 復反也, 禮者, 天理之節文也. 爲仁者, 必有以勝私欲, 而復於禮, 則事皆天理, 而本心之德, 復全於我矣."

71) 『論語』, 「顔淵」, "子曰, 非禮勿視, 非禮勿聽, 非禮勿言, 非禮勿動."

72) 『人政』, 권11, 「除物論」, 50a, "克己之訓, 精神在於非勿二字, 非後世除私欲之意也." 여기서 사욕을 제거한다.

가능했던 것도 그 기저에 적절한 성취에 초점을 맞춘 욕망론이 자리하고 있기 때문에 가능했을 것으로 보인다. 또한 재물에 대한 욕망의 긍정은 도덕(義)과 이익(利)의 화해 가능성을 확보함으로써 상품 생산이나 이윤 추구에 대한 긍정적인 평가의 길을 열었다는 의미가 있다.74)

---

73) 주희가 인간의 욕구를 무조건 나쁜 것으로 본 것은 결코 아니다. 그는 인간의 몸(形氣)에서 생기는 욕구를 인심이라고 하여 악으로 흘러갈 가능성이 있기 때문에 위태롭다고 했을 뿐 그 자체를 악으로고 규정하지 않았다. 주희가 인심과 인욕을 구분했던 것도 천리에 위배되지 않는 욕망 추구와 천리에 위배되는 욕망 추구를 분별하려는 의도에서였다. 이황의 경우에도 칠정에 대해 "선악이 정해지지 않았으나 쉽게 악으로 흘러들어 간다"고 했다가 기대승의 반론을 받아들여 "칠정은 본래 선하지만 쉽게 악으로 흘러들어 간다"로 수정하였다. 악이 될 위험성이 있는 칠정이지만 칠정 그 자체는 선하다는 뜻이다. 종합해 보면 주자학은 인간의 욕망 자체를 악으로 여기지 않았으며 욕망의 제거를 공부의 궁극적인 목적으로 설정하지도 않았다. 주자학이 경계했던 것은 단지 천리에 어긋나는, 즉 사회적 규범에 어긋나는 욕망 추구였다. 그럼에도 불구하고 주희가 '형기의 사사로움'(形氣之私), '사적인 욕구'(私欲)라고 했을 때 '私'는 '公'과 대립되는 것으로 극복의 대상이었음은 분명하고, 이런 측면에서 사적 욕망이나 사적 이익의 추구는 주자학에서 윤리적 정당성을 확보하기 어려운 면이 있었다.

74) 최한기는 71세가 되던 1873년에 『財敎』를 썼다. 이 책은 현재 남아 있지 않아 그 내용을 직접 확인할 수 없으나, 그의 제자 김수실의 평가가 전해져 그 내용을 짐작하게 해 준다. 김수실은 "학생과 사대부들이 날마다 도학을 논하고 재물과 이익을 말하는 것을 부끄럽게 여겨 귀천이 두 갈래로 나누어졌다"고 지적하고, 하지만 "재물이란 것은 백성들의 일상생활은 물론 부모를 모시고 장례를 치르는 데 잠시도 없어서는 안 되는 것"이므로 "재물의 쓰임(財用)에 힘쓰고 인과 의를 돌보지 않는 것은 말할 것도 없지만 인과 의를 말하면서 재물의 쓰임에 신경 쓰지 않는 것 역시 부끄러운 일"이라고 주장하였다. 도덕과 경제 두 가지 다 중요하다는 뜻이다. 이어서 그는 "선생께서 이제 『재교』를 저술하셨는데, 일체의 재물 쓰임마다 中正仁義의 도가 무엇인지 가르치되 근본과 말단을 아울러 상세하게 밝혀 일이 잘 되도록 하는 것에 대해 말하지 않은 것이 없다"면서, "재물을 쓰는 사람이 이 책을 읽으면 이익을 쫓아 의리를 배신할 근심이 없어질 뿐만 아니라 도덕을 논하는 학생·사대부 역시 읽을 가치가 있다"고 평가하였다. 요컨대 "천하에 재물을 쓰지 않는 사람이 없으므로 이 세상 사람은 모두 이 책을 읽을 수 있다"는 것이다. 김수실은 道學과 財利, 禮義와 財用, 仁義와 財用, 好學과 好貨를 서로 대립적인 것으로 파악하고, 후자의 필요불가결함을 강조함으로써 양자가 모두 중요하다는 것을 역설했는데, 이를 충족시키는 책이 바로 최한기의 『재교』라고 평가한 것이다. 金秀實, 「癸酉五月上澔書金秀實財敎後」, 『崔柄大亂筆隨錄』(『增補 明南樓叢書』 5), 401쪽, "自是學士大夫, 日論道學, 恥言財利, 貴賤歧貳矣. 竊念財者, 民生日用, 養生送死, 不可須臾離者也. 王公貴人, 閭巷匹庶, 莫

2. 낙관주의적 서구 인식과 대동의 동서소통론

1) 서구 열강의 출현과 어양론의 등장

최한기의 철학이 형성된 19세기 전반기는 이미 주자학적 가치체계와 중화주의적 세계관에 어느 정도 균열이 가 있던 시기이다. 그 균열의 직접적인 원인은 내적 계기에서 찾는 것이 마땅하지만, 외부의 충격 역시 그 균열의 중요한 요인으로 작용했다는 것을 부정할 수 없다. 아마도 그 일차적인 충격은 17세기 초부터 유입되기 시작한 한역서학서를 꼽을 수 있을 것이다. 17세기에 들어서면서 조선의 지식인들은 서학서나 세계지도를 통해서 서구의 지리적 실체는 물론 더 나아가 우주의 구조와 이에 기초한 역법을 새롭게 인식하기 시작했고, 그 인식의 변화는 중화주의적 세계관을 흔드는 데 큰 영향을 미쳤다.

예를 들어 역관 이영후李榮後는 인조 9년(1631)에 진주사陳奏使 정두원鄭斗源을 수행하고 북경을 다녀왔는데, 도중에 만난 예수회 선교사 로드리게스(陸若漢)로부터 받은 천문학과 역법 관련 서적들을 읽고 지적 충격에 빠졌다.[75] 그가 로드리게스에게 보낸 편지에서 서구에 천문 지식에 정통한 학자가 있다는 것을 비로소 알았다고 밝힌 후 동쪽 변두리의

不終始於其間, 禮義財用, 相須而成, 務財用而不顧仁義者, 固無不足言, 語仁義而不念財用, 亦非可羞也. 或好學不如好貨, 內切外揜, 余嘗病之. 先生今著財敎, 以中正仁義之道, 寓敎於一切財用上, 溯源委推本末, 引事利導, 靡不畢說, 非徒用財者, 讀此書, 無趨利背義之患, 談道德學士大夫, 亦可讀矣. 天下無不用財之人, 則天下之人, 可讀此書也夫."

75) 정두원 일행이 로드리게스에게 선물로 받은 것은 천리경·해시계·자명종·화포와 같은 물품, 『치력연기』·『천문략』·『직방외기』 등의 서적, 천문도, 세계지도 등이었다. 강재언, 『조선의 서학사』(민음사, 1990), 49쪽.

작은 나라의 사람으로서 견문이 적은 것을 통탄한 것은, 그가 받은 충격이 어떠했는지를 잘 보여 준다. 그는 또 중국과의 교류가 없었음에도 서구에 뛰어난 인물들이 나왔다는 것은 서구에도 성인의 가르침이 있었기 때문이라고 전제하고, 그 성인이 누구이고 그 가르침을 후세에 전한 사람은 누구인지를 물었다. 이어서 그는 서구의 역법이 절묘하다고 탄복하면서, 역의 기점(曆元)을 어느 때로 잡았는지, 세차歲差의 수를 어떻게 정했는지 등 서구 역법의 기본 원리를 질문했으며, 12중천설에 대해서도 예전의 성인들이 알지 못한 것이냐고 물었다.[76] 이렇듯이 이 시기에 일부 지식인들이 서구 과학기술의 우수성을 간파하고, 더 나아가 과학기술 자체의 중요성을 재인식하게 된 것도 한역서학서와 무관하지 않다.

이차적인 충격은 18세기 후반부터 시작된 천주교 교회 활동일 것이다. 주로 새로운 사상 내지 새로운 학문의 차원에서 논의되던 천주교가 종교적 실체로 부각된 것은 18세기 후반이다.[77] 이벽李蘗(1754~1785)의 권유로 이승훈李承薰(1756~1801)이 북경에서 세례를 받고 귀국한 1784년을 전후로 천주교의 종교운동이 본격적으로 시작되었다. 그 운동 과정에서 1791년에 윤지충尹持忠 · 권상연權尙然이 유교 의례를 거부하고 어머니

---

76) 李榮後, 「與西洋國陸学敎若漢書」(安鼎福, 『雜同散異』 22책, 규장각 소장본), "……若夫術數天文曆法之類, 亦邊王制, 故皆出於古聖人所傳之學矣. 嘗聞天文家自蓋天以來, 渾天之說最相近, 中外之所宗信. 今有十二蔥頭之論, 則抑前聖之未及知者耶?" 이 자료는 홍이섭, 『조선과학사』(정음사, 1949), 242~243쪽에 초록되어 있으며, 이에 대한 분석은 이용범, 「법주사소장의 신법천문도설에 대하여」, 『역사학보』 31(1966), 35~52쪽(이용범, 『한국과학사상사연구』, 동국대학교출판부, 1993에 재수록); 이용범, 『중세서양과학의 조선전래』(동국대학교 출판부, 1988), 127~160쪽이 상세하다.

77) 18세기 후반 초기 천주교 교회 운동에 대해서는 조광, 『조선후기 천주교사 연구』(고려대학교 민족문화연구원, 1988)가 상세하다.

의 위패를 불태운 진산사건은 당시 조선의 유교 지식인들에게 유교 의
례와 천주교 교회법이 공존할 수 없다는 것을 극명하게 보여 준 충격적
인 사건이었다. 더욱이 1801년의 황사영黃嗣永(1775~1801) 백서사건으로
인해 "천주교는 체제전복적인 위험성을 내포하고 있는 것으로 파악되
었고 서양은 국내 서교도들의 지원 세력이라는 인식이 팽배하게 되었
다."78) 1801년의 이른바 신유박해는 천주교 교회운동에 대한 집권 보수
세력의 공격적이고 파괴적인 대응이었던 셈이다. 아무튼 천주교 교회
활동의 확대와 이에 대한 조선 정부의 탄압은 서구의 기독교적 세계관
이 조선사회에 적지 않은 영향을 미치고 있었다는 것을 말해 준다.

세 번째 충격은 이양선으로 불렸던 서구 선박들의 출몰이다. 한반도
연안에 이양선이 출몰하기 시작한 것은 1830년대부터였는데, 이양선의
출현은 서구와의 직접적인 대면이라는 점에서 앞의 두 충격과는 성격이
다르다.79) 또한 이 무렵 제1차 아편전쟁에서 청이 패배한 사건은 서구
를 힘의 차원에서 새롭게 인식하는 계기가 되었다. 더욱이 위원魏源의
『해국도지』(1844~1852)와 서계여徐繼畬의 『영환지략』(1850)과 같은 세계지
리서의 유입은 조선의 지식인들이 서구의 실체를 파악하는 데 많은 도
움을 주었다. 이 책들은 중국이 아편전쟁에서 패배한 이후에 그 패배에
대한 반성의 결과로 나온 것으로 서양 각국의 지리·문화적 특성에 관
하여 풍부한 정보를 제공하면서도 서구의 군사적 침략에 어떻게 대처해

---

78) 노대환, 「19세기 전반 서양인식의 변화와 서기수용론」, 『한국사연구』 95(1996), 112쪽.
79) 1846년(헌종 12) 프랑스 동양함대 사령관 세실이 군함 3척을 이끌고 충남 홍성 외연
도에 와서 기해년(1839)에 프랑스 신부 3명을 살해한 책임을 묻는 편지를 현지 주민
들에게 전하고, 다음 해에 회답을 받기 위해 라 피에르 대령을 파견한 사건을 들
수 있다.

야 하느냐 하는 관점에서 기술되었다는 특징이 있다. 특히『해국도지』
는 제이론制夷論 내지 해방론海防論의 관점이 두드러진 책이라고 할 수
있는데, 이에 대해 위원은 오랑캐의 우수한 기술을 배워서 그들을 제압
하려는 목적으로『해국도지』를 썼다는 것을 분명히 하였다.[80]

19세기 서구 열강의 동양 진출에 대한 비판은 몇 가지 방향에서 가
능하다. 기독교 교리의 전통적 가치 파괴, 자본주의의 경제적 수탈, 그
리고 힘을 앞세운 군사적 침략과 정복이 그것이다. 이 가운데 기독교
교리가 전파되면 전통적 질서가 붕괴될 수 있다는 우려는 18세기 초부
터 조선의 유교 지식인들에 의해서 제기되어 왔다.[81] 그리고 두 번째와
세 번째는 19세기 중반 이후에 전개된 위정척사론에서 지적된 사항이
다. 예를 들어 서양의 것은 공산품인 데 반해 우리의 것은 농산물이므
로 서양과의 교역은 우리나라 경제를 도탄에 이르게 할 것이라는 이항
로李恒老(1792~1868)의 지적이나[82] "서양의 끝없는 욕심은 우리 국가를 속
국으로 삼고 우리의 국토를 착취하고 우리의 관료를 종으로 삼고 우리
의 부녀자들을 약탈하고 우리의 백성을 금수로 만들고자 할 뿐"[83]이라
는 기정진奇正鎭(1798~1879)의 비판이 그것이다. 서양에 대한 비판적이고
적대적인 인식은 자연스럽게 양물금단론洋物禁斷論, 전수설戰守說, 어양론

---

80) 魏源,『海國圖志』(李巨瀾 評注, 中州古籍出版社, 1999), 67쪽, "是書何以作? 曰, 爲以夷攻
夷而作, 爲以夷款夷而作, 爲師夷長技以制夷而作."
81) 신후담(1702~1761)의「西學辨」, 안정복(1712~1791)의「天學考」・「天學問答」, 李獻慶
(1719~1791)의「天學問答」 등을 들 수 있다.
82) 『華西集』, 권3,「辭同義禁疏」, 23a, "且況彼之爲物也, 生於手而日計有餘, 我之爲物也, 産於
地而歲計不足. 以不足交有餘, 我胡以不困, 以日計接歲計, 彼胡以不贍?"
83) 『蘆沙集』, 권3,「丙寅疏」, 2b, "夫豈有他故哉? 其無厭之谿壑, 欲附庸我國家, 帑藏我山海,
奴僕我衣冠, 漁獵我小艾, 禽獸我生靈耳."

禦洋論 등으로 이어지게 마련이다.

사실 서양의 경제적 침탈과 관련된 정보가 조선 조정에 보고된 것은 1830년대 후반에 중국을 다녀온 사신들에 의해서였다. 1837년에 이원익 李源益은 「문견별단聞見別單」에서 청나라가 서양과의 통상으로 해마다 몇 천만 냥의 손실을 입고 있다는 사실을 집중적으로 거론했고, 그 이듬해 에 이광재李光載는 조정에 올린 보고서에서 서양 상인들에 의해서 중국 의 은화가 고갈되고 있다는 사실을 지적하였다.[84] 한편 서구 열강의 군 사적 침략에 대한 우려는 아편전쟁의 결과를 접하면서 등장하였다. 아 편전쟁의 소식이 조선에 처음 알려진 것은 1840년 8월의 사행보고를 통 해서였는데, 이 소식이 전해지자 지식인들 사이에서 서양에 대한 위기 의식이 크게 확산되었다. 예를 들어 정통 유학자인 유신환兪莘煥(1801~ 1859)은 영국 군대가 뱃머리를 돌려 우리나라를 침략할지 모른다면서 중 국의 정해현定海縣으로부터 한반도에 이르는 해로를 가상 침투경로로 생 각했을 만큼 서양을 직접적인 위협의 대상으로 인식하였다.[85]

이러한 위기의식은 1840년대 들면서 조선 연안에 빈번하게 출몰한 이양선에 의해서 크게 증폭되었다. 19세기 전반의 대표적인 해외통상론 자인 이규경李圭景(1788~1856)의 경우만 하더라도 1840년대 중반을 거치면 서 서양에 대한 인식에 중요한 변화가 있었다.[86] 그는 1840년대 중반까

---

84) 노대환, 「19세기 전반 서양인식의 변화와 서기수용론」, 124쪽.

85) 『鳳棲集』, 권3, 「送人如燕序」, 4b~5b, "上之六年冬十月, 某官某公, 以行人如淸. 先是, 使 者自淸還言, 西洋咭唎, 據澳門, 蜂屯浙江江蘇之間, 淸人患之, 調發關東兵以萬數, 不能與之 角. 杞溪兪莘煥, 言於某公曰, 西洋古拂菻也, 拂菻以機巧聞, 近世如金秤鈴鍾龍尾車日晷火器 之類, 出於西洋者, 不一而足. 然則西洋其至巧之國乎?……其勢或旋艫而向我, 浙之台州, 新羅 航海之路也, 自定海縣, 乘西南風掛帆, 三日可到加浦, 加浦驚則紅衣黑山, 非我之有也, 此亦我 之所不可不慮也." 노대환, 「19세기 전반 서양인식의 변화와 서기수용론」, 125쪽.

지만 해도 서구에 대해 우호적이고 낙관적인 전망을 했으며 심지어는 제1차 아편전쟁 소식을 접한 후에도 그의 태도가 크게 변하지 않았다. 예를 들어 아편전쟁 이후에 쓴 「여번박개시변증설與番舶開市辨證說」에서 그는 우리나라가 세계에서 가장 약하고 가난한 나라가 된 것은 적을 불러들일까 염려하여 교역할 생각을 하지 못했기 때문이라고 지적하고, 외국과의 통상을 적극 주장하였다.[87]

이규경이 해외 통상을 적극 주장한 것은 외국 선박의 접근 목적이 침략이 아니라 통상이라는 믿음을 가지고 있었기 때문이다. 이는 1832년에 영국 선박이 충청도 홍주 해안에 나타나 통상을 요구했던 사건을 그가 어떻게 평가했는지를 보면 알 수 있다. 영국 선박이 자신들의 요구가 받아들여지지 않았음에도 그냥 돌아간 것으로 보아 그들에게는 난을 일으킬 의도가 전혀 없고, 앞으로도 걱정할 일이 없다는 것이 그 평가의 요지이다. 그는 아편전쟁에 대해서도 영국인들이 중국 연안을 공격하고 약탈한 것은 그들이 입은 피해를 감안하면 있을 수 있는 일이므로 통상을 반대하는 구실이 되어서는 안 된다는 견해를 피력하였다.[88]

---

86) 노대환, 「19세기 전반 서양인식의 변화와 서기수용론」; 원재연, 「『해국도지』 수용 전후의 어양론과 서양인식―이규경과 윤종의를 중심으로―」, 『한국사상사학』 17(한국사상사학회, 2001).

87) 『五洲衍文長箋散稿』 上, 권32, 「與番舶開市辨證說」, 935쪽, "與異國開市交易, 有無相資, 何害之有. 中國與萬邦互相交通, 而貿遷有術, 故大爲公私之利, 家國贍裕, 而獨我東處其有構釁招兵, 不敢生意, 故號爲寰宇至弱奇貧之國."

88) 『五洲衍文長箋散稿』 上, 권32, 「與番舶開市辨證說」, 935~937쪽, "純廟三十二年壬辰, 英吉利國船, 來泊湖西洪州牧古代島前. 問其來由, 則專到立設誼交易我們洋布大呢羽毛緞玻璃器時辰表等, 買貴國金銀銅大黃等藥材竝他貨, 看見中意的所物云云.……察其情辭, 則洞知我國風習者也. 其言亦名正言順, 則亦明知道理者也.……特許開市, 嚴其約條, 微示恩義, 則綏遠之德, 感化豚魚之頑矣. 但市穀帛甆器便於生民者, 而我則貨以家蔘大黃與求藥料, 則彼知我爲民盛德, 而感服愛戴之不已, 何暇作梗生弊也, 惟在廟算之善處耳.……"

이규경의 서구 인식은 1840년대 중반을 넘어서면서 중요한 변화를 겪는다. 1846년과 그 이듬해에 연이어 프랑스 함대가 서해안에 나타나, 1839년에 있었던 피에르 모방 등 프랑스 선교사 처형 사건[89]에 대해 해명을 요구한 이후에 이규경은 이전과는 완전히 다른 견해를 보였다. 그는 그들이 1846년에 와서 우리의 의사를 무시한 채 회답을 받으러 다시 오겠다는 일방적인 약속을 하고 간 것은 장차 난을 일으키겠다는 조짐이었고, 지금(1847) 여러 척의 배에 무기를 싣고 와서 취하고 있는 일련의 행위들은 침략의 구실을 만들려는 간사한 술책이라고 규정하였다.[90] 이처럼 1847년에 이르러서 이규경의 서구 인식은 낙관주의적 통상론에서 서양의 침략 가능성을 염두에 두고 이에 대비해야 한다는 어양론의 관점으로 바뀌었다.[91]

2) 낙관주의적 서구 인식

최한기의 기학에 보이는 서구 인식의 두드러진 특징은 서구를 적대

---

89) 1839년 기해년에 피에르 모방(Pierre Philibert Maubant)·샤스탕(Jacques-Honoré Chastan)·앵베르(Laurent-Marie-Joseph Imbert) 등 3명의 프랑스 신부를 비롯해 100여 명 남짓 되는 천주교도들이 희생되었다. 유홍렬, 『증보 한국천주교회사』상, 352~436쪽.

90) 『五洲衍文長箋散稿』下, 권53, 「斥邪敎辨證說」, 712쪽, "以事機看之, 則前年抑投不捧之書, 稱以明年更到討答, 留約而去者, 將欲諸難之漸. 今衆多船壓境, 船載兵器, 下陸設幕, 鑄兵搗藥者, 將欲示疆持久之意. 彼亦人也, 豈不量昨旣不捧書, 今肯回答, 而萬里專來投書者, 伊時不卽索報, 隔歲徵答, 雖至愚者, 必不爲此也. 且乞糧借船與許多理外之說, 其意不在糧船, 都在於嘗試, 如不副所請, 則威脅肆毒, 構釁作梗之姦計也. 末梢所爲, 已見於昨年投書之末, 朝廷將何處置, 殊可悶也."

91) 원재연은 이 새로운 관점을 '어양론적 문호개방론'이라고 하였다. 원재연, 「오주 이규경의 대외관과 천주교 조선전래사 인식」, 『교회사연구』17(한국교회사연구소, 2001), 133쪽.

적으로 인식하지 않았다는 점이다. 최한기 역시 『해국도지』와 『영환지략』을 숙독했고, 이를 바탕으로 55세 때인 1857년에 『지구전요』(13권 7책)를 편찬하기까지 하였다.[92] 여기에서 주목되는 것은 『해국도지』의 제이론적 또는 어양론적 관점이 『지구전요』에 투영되지 않았다는 점이다. 사실 『해국도지』와 『영환지략』이 간행되기 이전에 이미 최한기는 서구에 대한 상당한 정보를 축적하고 있었고, 그 결과 서구를 바라보는 기본적인 인식틀이 확고하게 형성되어 있었다. 최한기는 34세 때인 1836년에 『기측체의』를 저술할 때부터 동서의 평화적인 교류와 통합이라는 문제의식을 가지고 있었고, 이러한 의식은 아편전쟁 후에도 크게 변하지 않고 일관되게 지속되었다. 아편전쟁에서의 청의 패배, 그리고 그결과물인 『해국도지』의 제이론적 서구 인식이 최한기에게 별다른 영향을 끼치지 못했던 것이다.[93] 이러한 경향은 1840년대 중반 이후에 이양선의 직접적인 위협을 경험하면서 어양론적 관점을 갖기 시작한 이규경과 다른 면모이다. 그만큼 최한기의 서구 인식은 긍정적이고 낙관주의적이었다고 해야 할 것이다.[94]

---

92) 모두 13권으로 이루어진 『지구전요』에서 최한기가 직접 쓴 것은 「서」(7절)와 「범례」(13항목)이며, 천문학과 지구과학과 관련된 정보는 베누아의 『지구도설』을 이용하였다. 한편 이 책의 대부분을 차지하는 세계지리와 관련해서는 주로 위원의 『해국도지』와 서계여의 『영환지략』을 이용했고 그 이외에 일본에 관한 정보는 신유한의 『해유록』을 참조하였다. 『地球典要』, 「凡例」, 4a, "從古論地球之書, 多說各國疆域風土物産人民政俗沿革之類, 而地球之全體運化, 惟地球圖說畧明之. 故採錄于卷首. 海國圖志, 出於初創, 卓集西士之荒誕神異, 諸書之隨聞輒錄, 要無遺失, 未得綱領者, 易致眩惑. 瀛環志略, 出於挽近, 規整漸就端緒, 未免太簡. 玆庸參酌二書, 務採實用, 導達氣化, 使煩簡得中, 刪冀隨宜. 盖不出二書之外, 不必逐懸冊名, 惟日本事狀, 頗多疏畧, 故傍採於海游錄."

93) 이에 대해서는 신원봉, 「혜강의 기화적 세계관과 그 윤리적 함의」(한국정신문화연구원 박사학위논문, 1993), 184쪽; 박성순, 「최한기의 대서양인식」, 『한국사학보』 8(2000), 112쪽; 박희병, 『운화와 근대』(돌베개, 2003), 65쪽에서 잘 지적하고 있다.

94) 서구에 대한 최한기의 낙관적인 인식과 관련해서는 다음의 연구들이 있다. 노대환,

물론 최한기의 낙관주의적인 서구 인식이 한평생 유지된 것으로 보이지는 않는다. 최한기는 말년에 이르러 어양禦洋의 문제의식을 일정하게 보여 주었다. 신미양요(1871) 때 자문을 구해 온 강화유수 정기원鄭岐源(1809~?)에게 보낸 답장에서 그는 "조금이라도 보탬이 되는 계책이 있다면 어찌 어양의 계책을 말씀 드리지 않겠습니까?"[95)라고 하여 선언적으로나마 어양의 문제를 거론하였다. 그의 저술 목록에도 『어양론禦洋論』이 보이는데,[96) 그 저술이 남아 있지 않아 구체적인 내용을 확인할 수는 없으나 제목만으로 보면 어양의 문제의식을 기초해서 어양의 방법을 논한 저술로 짐작이 된다. 한편 1876년에 아들 최병대(1819~1888)가 일본이 운요호사건을 빌미로 개국을 강요하던 즈음에 적을 막을 수 있는 방법을 강구하라는 내용의 상소를 올린 일로 유배를 가게 되었을때, 최한기는 그 아들에게 "네가 바른말로 죄를 얻은 것은 영광이며 화복은 걱정할 일이 아니다"라고 위로한 것도 어양의 맥락에서 이해할 수있다.[97) 이상 몇 가지 정황으로 보아 최한기의 서구 인식은 병인·신미양요를 거치면서 의미 있는 변화가 있었던 것으로 짐작되지만, 그 변화가 그의 철학체계에 적극적으로 반영되지는 않았다. 그 이유는 34세 때저술인 『기측체의』에서 이미 철학체계의 틀이 확고하게 확립되었기 때문이라고 할 수 있는데, 실제로 『기측체의』에서부터 66세 때 저술인 『승

「19세기 전반 서양인식의 변화와 서기수용론」, 135~136쪽; 박성순, 「최한기의 대서양인식」, 112쪽; 박희병, 『운화와 근대』, 65쪽.

95) 崔柄大,「家大人答鄭岐源書」,『崔柄大亂筆隨錄』, 400쪽, "若有一毫補益之策, 豈不伏達禦洋之策? 間或對人論說, 亦出於敵愾之心."

96) 崔柄大,「礪峴山所墓誌銘」,『崔柄大亂筆隨錄』, 417쪽, "虞廟務矯捄, 而著改量論禦洋論."

97) 李建昌,「惠岡崔公傳」, 3쪽, "汝能以言獲罪, 可謂榮矣. 禍福, 非所恤也."

순사무』에 이르기까지 그의 주요 저술에는 어양론의 관점이 뚜렷하게 드러나지 않는다.[98]

　최한기 기학의 서구 인식에서 발견되는 두드러진 특징은 서구와의 교역으로 인한 경제적인 폐해나 서구의 군사적인 침략에 대한 심각한 우려가 보이지 않는다는 점이다.

> 연해지방의 여러 곳에는 항구가 늘어서 있는데 건장한 용사를 모아 요새를 지키게 하고 병사를 상선에 배치하여 천하의 견고한 방어지가 되었다.…… 육지의 전쟁이 변하여 수전水戰이 되었다.[99]

　이 인용문에서 보면, 최한기는 이미 젊은 시절부터 전 세계 곳곳에서 전쟁이 벌어지고 있고, 또 나라마다 전쟁에 대한 대비를 하고 있다는 사실을 잘 알고 있었다. 그는 『지구전요』에서도 『해국도지』와 『영환지략』에 근거해서 서구 열강의 동양 진출에 관한 정보를 상세하게 기록하였다. 이를테면 포르투갈인들이 마카오에 땅을 조차하여 부두를 설치했으며, 그 후 스페인과 네덜란드 그리고 프랑스와 영국이 동쪽으로 와 포르투갈의 부두를 침탈했다는 기록과 같은 것이 그 예이다.[100] 이는 서구 열강의 동양 진출 과정, 즉 해외 시장의 개척과 확대 과정 더 나아가 식민지화 과정뿐만 아니라 열강들 사이에서 벌어진 식민지 확보 경

---

98) 이 글에서 최한기의 낙관주의적 서구 인식은 그의 기학이 일관되게 관철되고 있는, 『기측체의』에서 『승순사무』에 이르는 시기의 서구 인식이라는 의미로 사용한다.
99) 『推測錄』, 권6, 「海舶周通」, 63b, "沿海諸處, 羅列市埠, 收聚健勇, 設置鎭守, 寓兵於商, 而爲天下之難禦. 於是人世營濟, 至於一變, 物産交通於萬國, 諸敎混淆于天下, 陸市變爲海市, 陸戰變爲水戰."
100) 『地球典要』, 권8, 「葡萄牙國」, 2b.

쟁을 그가 인지하고 있었다는 뜻이 된다.[101] 더욱이 유럽의 나라들을 소개할 때는 병력의 수와 전선의 수를 도표화하여 보여 주고 있으며,[102] 군사제도를 강화하여 유사시에 대비해야 한다는 견해를 피력하기도 하였다.[103]

최한기가 적국을 방어하는 데 아주 무관심하지 않았다는 것은 초기 저술에서도 확인된다. 그는 『추측록』에서 "천하의 경륜은 모두 지지도 地志圖에 있으니, 전체 국면을 상고하고 형세를 살펴서 착수하는 완급을 정하며, 이웃 나라를 관찰하고 우열을 비교하여 적절한 조처의 취사를 결정한다"[104]고 하여, 지리학의 중요성을 강조하였다. 그에게 지리학은 단순히 지식을 습득하고 정보를 수집하기 위한 것이 아니라 현실 생활에서 활용하기 위한 것이었다. 더욱이 "군대를 통솔하고 적을 방어하는 사람은 이것(지지도)으로 전략을 짜고 물자 수송을 계획한다"[105]고 한 언급은 최한기가 지리서와 지도를 군사적으로 활용할 수 있다는 의식을 분명하게 지니고 있었다는 것을 보여 준다. 그럼에도 불구하고 최한기는 열강의 침략에 대한 전망과 그에 대한 대비책에 대해서는 구체적인 언급을 하지 않았다. 다만 다음의 예문처럼 선언적인 준비론이 보일 뿐이다.

---

101) 이러한 정보는 『해국도지』에 근거한 것이다.
102) 『地球典要』, 권4, 「歐羅巴列國版圖表」, 21a~22a.
103) 『人政』, 권12, 「家國天下氣用」, 47b, "軍制鍛鍊, 長留陰雨之備."
104) 『推測錄』, 권6, 「地志學」, 72a, "天下經綸, 盡在地志圖, 案全局而察形勢, 以定着手之緩急, 觀隣國而較優劣, 以定時措之取捨."
105) 『推測錄』, 권6, 「地志學」, 72b, "統軍禦敵者, 將此而指點方略, 區畫運輸."

지금부터는 서양의 여러 대륙과 통하지 않는 데가 없을 것이니, 상업을 하는 선박은 교역할 것을 살펴 대비해야 하고 병선은 전쟁의 위험을 예방하는 준비가 있어야 할 것이다. 그런데 문자가 통하지 못하는 것은 마치 선천적인 농아가 서로 대면하여 각기 답답한 마음을 품고 있는 것과 같아서 다투고 분쟁하는 단서를 유발하기 쉽다. 만약 문자를 서로 같게 한다면 피차의 사정이 서로 통하여 화해하는 방법이나 위로하여 가르쳐 주는 도리가 남김없이 충분히 다 발휘될 것이다.[106]

전쟁의 위험을 거론하고 있는 이 글에서도 서구 열강의 침략에 대한 위기의식이 크게 부각되지 않고 있다. 더욱이 서구 열강을 적대적으로 인식하는 면모가 전혀 발견되지 않을 정도로 최한기는 세계정세를 낙관적으로 인식하고 있었다. 그래서 "병선은 전쟁의 위험을 예방하는 준비가 있어야 할 것이다"라는 준비론은 구체적인 방안이 마련되지 않은 선언적인 수준의 준비론에 머물고 있다. 더욱이 문자를 통일하면 분쟁의 소지가 줄어들 것이라는 식의 인식은 그가 서구 근대국민국가의 자본주의적 본질 내지 훗날 현실화되는 제국주의적 본질을 전혀 간파하지 못했다는 방증이다. 그의 낙관적인 서구 인식은 아편전쟁 이후, 다시 말해 『해국도지』를 읽은 이후에도 크게 변하지 않았던 것이다.

앞에서도 언급한 것처럼, 『해국도지』는 기본적으로 서구를 이기기 위한 전략의 일환으로 나온 저술이다. 서구에 대한 정보를 상세하게 소개한 것 역시 서구를 잘 알지 못했기 때문에 서구에게 패배했다는 반성

---

106) 『神氣通』, 권1, 「四海文字變通」, 16a, "從今以後, 西洋諸大洲, 無不通焉, 商舶有交易之覘, 兵船有陰雨之備. 文字之不通, 如天啞之相對, 各帶鬱結之懷, 易致爭鬧之端. 若使文字相同, 事情交通, 和解之方, 懇諭之道, 曲盡無隱."

에서 나온 것이다. 하지만 최한기의 『지구전요』에는 서구의 침략에 대비해야 한다거나 서구와의 싸움에서 승리하겠다는 적대적 관점이 보이지 않는다. 다만 비교적 후기 저술인 『명남루수록』[107]에는 해안에서 화포가 발사되는 상황을 시대적인 불행으로 꼽는 대목이 나오긴 하지만, 그렇다고 그의 서구 인식에 근본적인 변화가 있었던 것은 아니다.

세계를 돌아다니는 장사꾼이 근세에 발명된 자잘한 기계들을 이용하여 혹 백성들을 해치는 짓을 일으키니, 화포가 때때로 해안에서 발사되고 교술敎術이 어리석은 백성들에게 전해지고 있다. 이것은 비록 왕래하는 초기에 있다가 오래지 않아 곧 없어지겠지만 민심의 동요가 원근에 전염되니, 이것이 다섯째 불행이다.[108]

여기서 최한기는 서구인들이 화포를 발사하는 등 백성을 해치는 사태를 구조적인 차원에서 이해하지 않고 단순히 장사꾼 개인의 차원으로 돌리고 있다. 그는 근대민족국가 또는 그것의 경제적 토대인 자본주의가 지닌 자본증식의 폭력적 본질을 이해하는 데까지 나아가지 못했고, 그 결과 화포가 발사되는 전쟁은 동서 교역의 초기에나 있는 일이므로 곧 없어질 것이라는 낙관적인 전망을 하였다. 또한 인심의 동요가 원근에 전염되는 사태를 우려한 것은 그가 화포의 발사 등으로 백성들

---

107) 『명남루수록』의 저술 연대는 정확히 밝혀지지 않았는데, 권오영은 "본문 중에 1850년대 저술인 『우주책』의 서명이 보이므로 1850년대 후반에서 1860년대 어느 시기에 저술한 것 같다"고 추정하였다.(권오영, 『최한기의 학문과 사상 연구』, 383쪽) 한편 『우주책』은 1857년(55세) 5월에 완성된 『지구전요』에 이름이 보이므로 그 이전 작품이다.

108) 『明南樓隨錄』, 295쪽 위, "周遊四海之商旅, 籍此挽近所明之支流餘緖, 或作害民之事, 火炮時發于海澨, 敎術要傳於愚迷. 是雖交通初有, 未久侵怠, 然民心撓動, 傳染遠近, 五不幸也."

사이에서 자연스럽게 형성된 이유 있는 불안을 단순한 민심의 동요라고 판단했다는 것을 말해 준다.

최한기의 낙관주의적 서구 인식은 천주교에 대처하는 방식에서도 드러난다. 최한기는 천주교(事天之敎)에 대해 이름은 그럴듯하지만 실제로는 괴이하고 허망하다고 비판하였다.109) 그는 또 운화運化의 기를 벗어나 천박하고 비루한 일을 받들어 행하는 것으로 천주교와 이슬람교를 꼽기도 하였다. 여기에서 '운화의 기를 벗어났다'는 것은 운동변화하는 기가 곧 신神이라는 것을 알지 못한 탓에 따로 무형의 존재를 설정하여 신으로 섬긴다는 뜻이다. 또한 '천박하고 비루한 일을 받들어 행한다'는 것은 죄를 면하고 복을 얻기 위하여 그리고 지옥에 가지 않고 천당에 가기 위하여 신에게 비는 예배 의식을 뜻한다.110) 그는 영혼설에 대해서도 사람을 미혹한다고 비판했는데,111) 그의 관점에서 보면 영혼역시 무형의 존재가 아니라 기의 한 형태일 뿐이다.112)

이렇듯이 최한기는 서교에 대해 비판적인 시각을 지니고 있었음에도 불구하고 서교를 탄압의 대상으로 생각하지 않았다. 그는 서교의 잘못된 점을 잘 변화시키면 올바르게 될 것이라는 낙관적인 믿음을 가지고 있었다.113) 그는 또 제사를 폐지하는 등 서교가 보이고 있는 폐단을 상인들의 잘못으로 돌리기도 했는데, 황당한 말로 어리석은 사람들을

---

109) 『神氣通』, 권1, 「天下敎法就天人而質正」, 15a, "事天之敎, 號則可矣, 實涉怪誕. 未知唱敎者, 已發其端耶, 從而崇奉者, 以私意誇張耶?"
110) 『氣學』, 권1, 8b, "踰越運化之氣, 服行賤陋之事, 西洋學天方學, 是也. 西洋學所事之神天, 無形居於最上之宗動天, 造天造地造萬物, 此神外更無可事之神.……"
111) 『推測錄』, 권5, 「西敎沿革」, 38a, "以靈怪之說惑衆, 是不善變也."
112) 『地球典要』, 권12, 「洋回敎文辨」, 25a, "神之精明爲靈, 則靈是氣之精明."
113) 『推測錄』, 권5, 「西敎沿革」, 38b, "西敎之不善變者, 又至一邊之善, 可至於常道也."

유혹하여 이익을 얻으려는 상인들의 계책 때문에 서교의 폐단이 극심해졌을 뿐이지 서교의 교리와 의례 자체는 결국 바른 데로 돌아간다는 것이다.[114] 그리하여 그는 서양의 각 나라에서 지혜로운 사람이 대대로 나오고 법도가 점점 밝아져 마침내 대도를 깨달은 사람이 등장하여, 처음에는 서교를 믿지 못하게 하다가 나중에는 백성들에게 서교를 금지하게 될 것이라는 희망 어린 전망을 내놓기도 하였다.[115]

최한기는 서교에 대한 긍정적인 전망의 기초 위에서 외도와 이단을 급하게 배척해서는 안 된다고 주장하였다. 그의 주장에 의하면, 외도와 이단은 마땅히 성실한 도로써 감화시키는 것을 위주로 해야지, 완전히 굴복시켜 승리의 깃발을 세우는 것을 위주로 해서는 안 된다. 그들도 똑같이 기화 안에서 살고 있는 사람으로 모두 선한 도를 구하는 마음이 있기 때문에 도의 참됨과 거짓됨을 기준으로 잘못된 점을 지적하고 올바른길로 이끌어야 한다는 것이다. 그렇지 않고 이기려는 마음만으로 상대방을 공격한다면 상대방도 격렬하게 대항하여 서로가 낭패에 이르게 된다는 것이 그의 생각이었다.[116] 도를 밝힘으로써 이단과 사설이 자연스럽게 정리되기를 기다려야지 그들을 급히 박멸하기에 힘써서는 안 된다는 것이다.[117] 그럼에도 이단과 사설을 물리친다는 구실로 그들

---

114) 『推測錄』, 권5, 「西敎沿革」, 39a, "則無奈商舶有求之人, 附演其事天之說, 而拚棄追報之諸祀, 因人有知覺之靈, 而說道難明之怪誕, 所到海澨, 將此以誘惑愚迷, 接濟營求, 出於其計耶? 原其敎術, 豈其若是而終無歸正也?"

115) 『推測錄』, 권5, 「西敎沿革」, 39a, "念西洋各國, 才智世進, 法術漸明, 畢竟有見得經常之大道者, 以十字架塑像圖靈怪說瞻禮會, 始則終身不事, 至於禁民爲非."

116) 『人政』, 권11, 「排異不可急」, 9b~10a, "外道異端, 當以誠實道感化爲主, 不可以辯之斥之, 期立勝騰, 摧伏敵陣爲主. 同是氣化中人, 俱有求善道之心. 彼嘗以其道爲眞正無上法, 挽回之方, 以道之誠僞, 指示差誤之端, 開導引進之策. 若以勝心撞罷, 彼亦激起忤逆, 至於彼此狼狽."

117) 『人政』, 권11, 「排異不可急」, 10a, "修明誠實者, 當俟運化之歸整, 何事於遇急之撲滅."; 『人

의 작은 오류 때문에 악을 과장하고 문자를 들추어내 죄를 엮는 것은 방자하고 이기려는 마음에서 나온 행동일 뿐이다.118)

최한기는 서교가 잘못되었음을 인정하면서도 지나친 비판이나 적극적인 탄압보다는 온건한 교화의 방법으로 서교에 대처할 것을 역설하였다. 이단과 사설을 물리치기 위해서는 구차하게 사건마다 논쟁하거나 근거 없는 것으로 서로 다투어서는 안 되고 사람이 벗어날 수 없는 인도의 보편 법칙을 언론으로 표현하고 서적으로 나타내어 천하의 공론이 선택하기를 기다려야 한다는 것이다. 이처럼 그가 교화론을 펼 수 있었던 것은 운화의 기를 밝혀서 조물造物에서부터 인간의 일상적인 삶과 보편적인 윤리 법칙에 이르기까지 이 세상의 모든 현상이 기의 작용에 의한 것임을 보여 주기만 하면, 이단과 사설은 저절로 올바른길로 들어서게 된다는 믿음이 있었기 때문이다.119)

최한기가 천주교에 보인 온건한 태도는 이규경과 대조적이다. 서구에 대해 이중적인 태도를 가졌던 이규경은 천주교에 대한 인식에서도 이중적인 태도를 보였다. 그의 「척사교변증설」에는 천주교에 대한 서로 다른 두 가지 견해가 혼재되어 있다. 하나는 정학을 밝혀 사설을 종식시킨다는 이른바 '명정학식사설明正學息邪說'류의 온건한 척사론이고, 다

政』, 권11, 「敎化邪說」, 12b, "見得正大誠實之人, 但明其道, 導化異端邪說, 不甚攻斥, 反致扞格."

118) 『人政』, 권11, 「敎化邪說」, 12b, "惟其學問爲聲勢者, 以辭異端邪說, 到底刻深, 因其微差, 而必張大其惡, 摘決文字, 而必構捏其罪. 是豈敎化沈溺之道, 適爲放肆勝心之行."

119) 『人政』, 권11, 「辭異端」, 36a, "不必力排聲討, 惟當明此運化之氣, 以示造物在斯氣, 鬼神在斯氣, 人生道理在斯氣, 事物須用在斯氣, 政敎導率在斯氣, 倫綱經常在斯氣, 此外無關於氣, 不由於氣, 皆是無證無驗, 縱有空談虛說, 只足爲愚迷之浸惑, 何能擾奪於誠實? 凡異端邪說之辭, 不可區區事端爭辨, 又不可以沒着無準相競. 當以誠實無欠人道經常, 爲人而不可逃脫者, 形於言論, 著於書籍, 以俟天下公論之取捨."

른 하나는 철저하게 다스려 소멸시킨다는 이른바 '궁치멸절론窮治滅絶論' 류의 극단적이고 과격한 척사론이다.[120] 이 두 견해 가운데 무게중심은 후자에 있었다. 청나라에서 시행한 온건한 정책은 실효성이 전혀 없으며, 오히려 일본의 경우처럼 천주교에 대한 철저한 탄압이 사교를 다스리고 백성을 인도하는 올바른 방법이라고 한 것에서 이규경의 과격한 척사론이 잘 드러난다.[121]

앞에서 언급한 것처럼 이규경의 경우에는 1847년에 이르러서 서구에 대한 인식이 낙관주의적 통상론에서 적대적인 어양론으로 바뀌었다. 반면에 최한기는 서구의 사정에 대한 정보를 풍부하게 가졌음에도 직접적인 침략을 당하기 전까지는 서구 열강의 침략적 본질을 뚜렷하게 인식하지 못하였다. 그 결과 최한기는 낙관주의적 서구 인식과 이에 바탕을 둔 동서소통론의 태도를 견지하다가, 1871년 신미양요에 와서야 어양론의 관점을 보이기 시작하였다. 하지만 이때는 이미 『기측체의』(1836)·『지구전요』(1857)·『기학』(1857)·『인정』(1860)·『승순사무』(1868) 등 그의 주요 철학적 저술들이 완성된 이후이다. 이는 그의 주요 저작들과 그 저작들을 관통하는 사상체계에 어양론의 관점이 투영되어 있지 않다는 것을 의미한다.

---

120) 원재연, 「오주 이규경의 대외관과 천주교 조선전래사 인식」, 135~136쪽.
121) 『五洲衍文長箋散稿』下, 권53, 「斥邪敎辨證說」, 708~709쪽, "淸三通纂集諸臣總斷, 天主敎自沿厥俗, 勿俾流傳, 歸德其君者, 卽臣子之微婉其辭也. 誠欲盡除其根, 則先毁天主之堂, 盡逐澳門之夷, 然後邪說不得復行. 不然而但禁各省之設堂行敎, 俾勿流傳, 則是診所謂捉鰌放水也. 有何懲哉? 倭雖島夷, 亦如天主之匪敎, 一切禁斷, 磔之斬之, 竝禁南蠻來伯本國, 渡海, 能得治邪導民之經法, 可尙者也."

3) 동서소통론과 세계평화론

　최한기는 이른바 엘카노(嘉奴)의 세계 일주[122]를 천지개벽에 비유하였다. 그만큼 인류 역사에서 세계 일주가 갖는 의미가 크다는 뜻이다. 그의 관점에서 보자면 최초의 세계 일주는 두 가지 의미가 있다. 하나는 천원지방설이 반박되고 지구구형설이 입증되었다는 진리 발견의 의미이다.[123] 세계 일주가 갖는 또 다른 의미는 그것으로 인해 비로소 전 세계가 바다를 통해 소통되었다는 실천적인 의미이다. 최한기는 엘카노의 세계 일주로부터 무역선, 사신, 진귀한 물건과 편리한 기계, 예법과 풍속, 종교와 문물의 소통이 이루어지고 있다고 파악하였다. 그가 제시한 소통의 품목을 보면, 상품과 기계 같은 물질적 소통뿐만 아니라 예법과 풍속, 종교와 서책과 같은 문화적 소통도 포함되어 있다.[124] 이처럼 세계 일주와 그로 인해 확인된 지구구형설에 대한 최한기의 이해에는 단순히 객관적인 사실에 대한 과학적 인식의 차원을 넘어 급변하는 세계정세에 대한 대응이라는 실천적인 관심이 개제되어 있었다.

　최한기의 현실 인식은 기본적으로 변화된 현실을 직시하자는 것이었다. 그가 파악한 변화란 동서문명이 서로 교류하는 현실이었다. 각국

---

122) 엘카노(Juan Sebastian Elcano)는 1519년 8월 대서양을 가로질러 동남아시아로 가는 항로를 개척하기 위해 스페인의 세비아를 출발한 마젤란 원정대의 일원으로 마젤란의 죽음에도 불구하고 최후의 생존자 18명과 함께 3년 만에 세계 일주를 완주하였다.

123) 『推測錄』, 권2, 「地球右旋」, 103쪽 위, "正德以前, 葡萄牙人嘉奴, 始圍地而返, 則地球之明, 自此始."

124) 『神氣通』, 권1, 「天下敎法就天人而質正」, 14쪽 위, "蓋天下之周通, 粤在大明弘治年間, 歐羅巴西海隅布路亞國人嘉奴, 始圍地球, 是乃天地之開闢也. 自玆以降, 商舶遍行, 使价遞傳, 物産珍異, 器械便利, 傳播遐邇. 禮俗敎文, 爲播越傳說者所附演, 無非城內之乳也."

의 생산물이 유통되고 종교가 뒤섞였으며, 육지의 시장이 변하여 바다의 시장이 되고 육지의 전쟁이 변하여 바다의 전쟁이 된 현실이 그것이다. 최한기 철학의 문제의식은 그러한 변화를 정확하게 인식하고 제대로 대처하자는 것에서 출발한다. 변화된 현실에 대처하는 방법으로 그가 제시한 것은 '변한 것을 가지고 변한 것에 대처해야 한다'는 이변어변以變禦變의 방법이다.[125] 변화된 세계정세 속에서는 옛것에 대한 고집이 아니라 무엇인가 의식의 전환이 필요하다는 것인데, 그것은 곧 우리보다 나은 것이 있다면 서구의 문물을 수용해야 한다는 서구문물수용론으로 귀결된다.

바다로 선박이 두루 오가고 서적이 서로 번역되고, 보고 들은 것이 전달되고 있다. 훌륭한 법제, 우수한 기구, 좋은 토산물이 우리보다 나은 점이 있다면 나라를 다스리는 도리로서 마땅히 취해서 써야 한다.…… 필경 이기고 지는 것은 풍속이나 예교에 있지 않다. 오직 실용에 힘쓰는 사람은 이기고 헛된 글을 숭상하는 사람은 지며, 남에게 취하여 이익을 얻는 사람은 이기고 남을 그르다 하여 고루한 것을 지키는 사람은 진다. 서방의 나라들은 기계의 정교함과 무역의 이득 때문에 비로소 전 세계를 두루 다니게 되었다.…… 측량하고 계산하는 학문, 그리고 방직기【화력과 수력으로 바퀴를 돌려 천을 짬】, 풍차【목화씨를 제거하는 기구】, 선박, 대포 등의 기계는 매우 실용적인 것이다. 이런 것이 어찌한 집이나 한 사람이 창작한 것이겠는가. 반드시 여러 나라 사람에게

---

125) 『推測錄』, 권6, 「海舶周通」, 189쪽 위, "蓋自開荒以來, 人物蕃延於大陸, 而數萬里海洋, 便爲空棄之所, 自明代以後, 洋舶周行大地.(…… 今則海道益習, 洋船自東往西, 或由西返東, 地而返, 計不過八九月之間, 卽可周行全知, 皆前人開創之功也.) 沿海諸處, 羅列市埠, 收聚健勇, 設置鎭守, 寓兵於商, 而爲天下之難禦. 於是世營濟, 至於一變, 物産交通於萬國, 諸敎混淆于天下, 陸市變爲海市, 陸戰變爲水戰. 處變之道, 固宜將其變以禦其變, 不宜以不變者禦其變."

서 거두어 취해 가지고 그 쓰임을 극진히 발전시킨 것이니, 모든 나라
와 모든 사람의 두려워하고 기탄할 것이 진실로 여기에 있고 저 예배
를 보는 종교에 있지 않다.…… 그러므로 서양의 종교가 천하에 만연
함을 걱정할 것이 아니라 실용적인 것을 다 받아들이지 못함을 걱정해
야 한다.[126)

최한기는 자신이 살던 19세기 전반기를 동서문명이 교류하는 시대
로 파악하였다. 그가 본 그 시대는 바다로 배가 두루 오가고 책이 서로
번역되며 보고 들은 것이 전달되고 있는 시대였다. 더욱이 그의 눈에
비친 서구의 법제, 기계, 그리고 여러 생산물은 조선의 것보다 뛰어난
점이 있었다. 그러므로 당연히 그것들을 받아들이는 것이 나라를 다스
리는 길이다. 서양의 문물이라고 해서 배척하고 옛 전통만을 고집하는
것은 시대 변화에 대한 올바른 대응 방법일 수 없다는 것이 그의 생각
이었다.

최한기의 서구문물수용론은 일차적으로 실용의 관점에 기초해 있
다. 최한기가 서양의 측량학·계산학·선박·대포 등을 일차적인 수용
의 대상으로 파악한 것은 그것들이 실용의 측면에서 특히 중요하다고
생각했기 때문이다. 실용의 관점에 기초한 서구문물수용론은 서구 문
물의 수용 폭이 과학기술뿐만 아니라 제도로까지 확대될 여지가 상대

---

126) 『推測錄』, 권6, 「東西取捨」, 188쪽 위, "海舶周遊, 書籍互譯, 耳目傳達, 法制之善, 器用之
利, 土産之良, 苟有勝我者, 爲邦之道, 固宜取用.……畢竟勝紕, 不在於風俗禮敎, 惟在於務實
用者勝, 尙虛文者紕. 取於人而爲利者勝, 非諸人而守陋者紕. 西方諸國, 以器械之精利, 貿遷
之贏羨, 始得周行天下.……學之測量計算, 器之輪機【以水力火力轉輪機, 而織布】風車【所
以去棉核】船制礮式, 乃實用之尤善也.……是以西敎之蔓延天下, 不須憂也, 實用之不盡取用,
乃可憂也."

적으로 크고, 그만큼 동도東道에 대한 이해가 탄력적일 수 있다. 사실 최한기는 실용을 단순히 문물 수용의 기준만이 아니라 학문의 우열을 가르는 기준으로 설정했을 만큼 그의 사상체계에서 실용이 갖는 의미가 매우 컸다.127)

노대환은 한 연구에서 "이규경이 도기道器의 개념을 통해 서기수용의 논리를 만들었다면 최한기는 실용의 관점에서 그 논리를 도출해 내고 있었다"128)고 하여, 이규경과 최한기의 서기수용론을 구분하였다. "도기의 개념을 통해 서기수용의 논리를 만들었다"는 것은 이규경의 서기수용론이 동도서기론에 기초해 있다는 뜻이다. 실제로 이규경은 "중국은 오로지 리기·성명의 학문을 위주로 하기 때문에 하늘과 조화造化를 함께하니, 이것이 형이상의 도이다. 서양은 궁리·측량의 가르침을 닦기 때문에 신神129)과 능력을 다투니, 이것이 형이하의 기器이다"130)라고 하여 동서문명의 특성을 도와 기의 틀로 이해하였다. 이렇게 도와 기의 이분법, 즉 형이상과 형이하의 이분법을 동양과 서양에 적용하는 것은 전형적인 동도서기론東道西器論의 논리이다.131) 이를테면 1885년에

127) 『氣學』, 권1, 205쪽 위, "統天下學問是非, 論定優劣, 以天下民生所實用, 四海政治所必由."
128) 노대환, 「19세기 전반 서양인식의 변화와 서기수용론」, 『한국사연구』 95, 122쪽.
129) 여기서 神은 氣의 精英을 말한다. 『五洲衍文長箋散稿』 上, 권9, 「用氣辨證說」, 295쪽 위, "凡氣之精英, 謂之神."
130) 『五洲衍文長箋散稿』 上, 권9, 「用氣辨證說」, 295쪽 위, "中原則專主理氣性命之學, 故與天同化, 此形上之道也. 西乾則專治窮理測量之敎, 故與神爭能, 此形下之器也."
131) 1880년대에 와서 동양의 전통 윤리와 서구의 과학기술을 도와 기로 구체화하여 동도서기론의 논리를 선구적으로 펼친 사람은 윤선학이다. 『承政院日記』 2907책(탈초본 134책), 고종 19년(1882) 12월 22일(갑술), "出身尹善學疏略曰,……君臣父子夫婦朋友長幼之倫, 此得於天而賦於性, 通天地亘萬古所不變之理, 而在於上而爲道也, 舟車軍農器械之便民利國者, 形於外而有國也. 臣之欲變者, 是器也, 非道也." 이에 대해 한우근은 "도와 기의 관념, 즉 동양의 도는 이를 고수하고 서양의 기술만을 채용하자는 태도는 서양 기술을 받아들일 때의 동양제국에서의 공통적인 반향"이라면서 "청의 중체서용론

신기선申箕善(1851~1909)이 "대개 동양 사람들은 형이상의 것에 밝기 때문에 그 도가 천하에 홀로 우뚝하며, 서양 사람들은 형이하의 것에 밝기 때문에 그 기가 천하에 대적할 자가 없다"고 한 것과 같은 경우이다.[132]

신기선이 "진실로 때에 맞고 진실로 백성에게 이롭다면, 비록 오랑캐의 법일지라도 실행할 수 있다"[133]고 한 데서 알 수 있듯이 실용의 관점이 동도서기론과 반드시 상충되는 것은 아니다. '실용의 관점'만으로는 최한기의 낙관주의적인 서구 인식과 이에 기반을 둔 동서소통론이 충분하게 설명되지 않는 것은 이러한 이유에서이다. 그렇다고 최한기의 서구문물수용론을 단순히 동도서기론으로 이해하는 것도 적절해 보이지 않는다.[134] 최한기의 서구문물수용론은 동도서기론과 일정하게 다른 점이 있다. 이와 관련해 임형택은 "정신과 물질을 물리적으로 양분하는 동도서기론과는 입장이 처음부터 다른, 개방적 사고의 논리를 보이고 있다"[135]고 하여, 최한기의 사상을 동도서기론으로 규정하는 것에 동의하지 않는다. 박희병도 서양에 대한 최한기의 태도는 동도서기론이라는 용어로 잘 포괄되지 않는 측면이 있기 때문에 동서취사론東西

이나 일본의 화혼양재론과 規를 같이하는 것"이라고 하였다. 한우근, 「개항당시의 위기의식과 개화사상」, 『한국사연구』 2(한국사연구회, 1968), 321~322쪽.

132) 申箕善, 「農政新編序」(安宗洙, 『農政新編』), 508쪽, "蓋中土之人, 明於形而上者, 故其道獨存於天下. 西國之人, 明於形而下者, 故其器無敵於天下." 동도서기론에 대한 일반적인 논의에 대해서는 권오영, 「동도서기론의 구조와 그 전개」, 『한국사 시민강좌』 7(1990); 김문용, 「동도서기론의 논리와 전개」, 『한국근대 개화사상과 개화운동』(신서원, 1998) 참조.

133) 申箕善, 「農政新編序」, 508쪽, "苟合於時, 苟利於民, 雖夷狄之法, 可行也."

134) 박성래는 '개항 이전에 도달한 사상으로서의 동도서기론'으로 규정하였다. 박성래, 「한국근세의 서구과학 수용」, 『동방학지』 20, 209쪽.

135) 임형택, 「개항기 유교지식인의 '근대' 대응논리─혜강 최한기의 기학을 중심으로─」, 『대동문화연구』 38(2001), 123쪽.

取捨論과 같은 새로운 용어로 표현되어야 한다고 여긴다. 그의 주장에 따르면, 동서취사론은 적어도 동서의 상호주체성을 인정한다는 점에서 동도서기론과는 성격이 다르다.[136] 이에 대해 허남진은 동서취사론이라는 것도 결과적으로 동양의 도를 바탕으로 서양의 기를 받아들이고자 한 점에서 동도서기론과 다르지 않다는 견해를 피력한 바 있다.[137]

결과만으로 보자면 이른바 동서취사론은 동도서기론과 큰 차이가 없어 보이는 것이 사실이다. 그럼에도 불구하고 최한기의 서기수용론은 동도서기론의 논리와는 다른 점이 있다. 동도서기론에는 두 가지 특징이 있다. 첫째, 동도서기론은 동도본질주의 내지 동도중심주의를 견지하고 있다. 동도의 고수와 서기의 수용 가운데 어느 쪽에 무게중심을 두든 관계없이 동도서기론은 끝내 동도를 포기하지 않는다. 이에 대해 신기선은 "동서고금을 막론하고 바뀔 수 없는 것은 도이고, 때에 따라 변화하여 영원할 수 없는 것은 기이다"라고 하였다.[138] 동도를 포기하는 순간, 그것은 더 이상 동도서기론이 아니다. 도道와 기器의 인식틀에서 도 없는 기는 무의미하다. 그래서 동양과 서양을 도와 기의 인식틀에 근거하는 한, 동양의 도는 무지막지한 서기의 틈바구니에서도 그 생명력의 끈을 놓지 않는다. 이규경이 해외통상론을 주장했으면서도, 결국에는 서구 열강의 침략 가능성을 우려하고 이에 대한 대책을 걱정했던 것은 동도의 소멸에 대한 위기의식과 깊은 관련이 있다.

동도서기론은 물론 중국의 중체서용론이나 일본의 화혼양재론에는

136) 박희병, 『운화와 근대』, 31~32쪽; 같은 책, 152~155쪽.
137) 허남진, 「최한기의 '동서취사론'에 대한 논평」(최한기 탄생 2백주년 기념 학술회의 논평문).
138) 「農政新編序」, 508쪽, "夫亘古窮宙而不可易者, 道也, 隨時變易而不可常者, 器也."

기본적으로 동양의 것이 우월하다는 동양우월론이 전제되어 있다. 여기서 도道와 기器, 체體와 용用, 혼魂과 재才는 각각 본질적인 것과 비본질적인 것을 의미하기 때문이다. 동도·화혼·중체의 도·혼·체는 본질이므로 도·혼·체가 변하지 않으면 아무리 기·재·용이 변한다고 하더라도 조선·중국·일본의 본질 즉 정체성은 전혀 손상되지 않는다. 반면에 문명개화론이나 변법자강론은 일정한 차이에도 불구하고 서구 중심주의의 혐의를 벗을 수 없다는 점에서 다르지 않다. 여기에서는 동양의 전통 문명은 버려야 할 나쁜 것인 반면에, 서구 근대 문명은 오히려 배워야 할 좋은 것으로 상정된다.

동도서기론의 두 번째 특징은 많은 연구자들이 지적하고 있듯이 동도와 서기를 무매개적으로 결합시켰다는 데 있다. 동도와 서기의 무매개적인 결합이란 심각한 존재론적·인식론적 반성 없이 동도와 서기를 결합했다는 뜻이다. 신기선에 의하면 삼강·오상·효제·충신이 도이고, 예악·형정·복식·기용이 기이다.[139] 윤리가 도라면 과학기술을 포함한 문물제도가 기의 영역인 셈이다. 신기선은 "도와 기는 서로 떨어질 수 없는 것"[140]이라면서 "동양의 도로써 서양의 기를 실행한다면 전 세계가 안정되고도 남는다"고 단언했지만,[141] 전혀 다른 맥락을 가진 동양의 도와 서양의 기가 어떻게 결합될 수 있는지에 대해서는 적어도 이론적 차원에서 깊은 고민을 하지 않았다.

최한기의 서구문물수용론에는 동도본질주의가 관철되어 있지 않으

---

139) 「農政新編序」, 508쪽, "何謂道? 三綱五常孝悌忠信是已. 堯舜周孔之道, 炳如日星, 雖之蠻貊之邦, 不可棄也. 何謂器? 禮樂刑政服飾器用是已. 唐虞三代, 尙有損益, 況於數千載之後乎?"
140) 「農政新編序」, 509쪽, "道與器之相須而不離也."
141) 「農政新編序」, 508쪽, "以中土之道, 行西國之器, 則環球五洲, 不足定也."

며 동도와 서기가 이론적 수준에서 무매개적으로 결합되어 있지도 않다. 그의 서구문물수용론은 동양과 서양 가운데 어느 한쪽의 일방적인 문물 수용을 뜻하지 않는다. 한마디로 동양만이 서양을 배워야 하는 것이 아니라 서양도 동양을 배워야 한다는 것이다. 최한기는 동양인이 서양의 기계와 기구를 쓰면 동양의 것이 더욱 밝아지고 서양인이 동양의 기계와 기구를 쓰면 서양의 것이 더욱 밝아진다고 이해하였다.[142] 서양인이 중국의 경전을 읽으면 반드시 취하고 버리는 것이 있으며, 동양인이 서양의 경전을 읽으면 반드시 취하고 버리는 것이 있다고도 하였다. 이때 취하고 버리는 기준은 '전 세계에 통행되는 도'인가, 아니면 '한 지역에서만 통행되는 도'인가이다. 여기에서 종지로 삼아야 할 것은 당연히 '전 세계에 통행되는 도'이다. 전 세계에 통행되는 도라는 것은 곧 존재 그 자체의 운동과 변화, 즉 천인운화天人運化에서 나온 도이다.[143]

최한기에게는 동양중심주의도 없었고 서양추수주의도 없었다. 좋은 것은 그것이 어디의 것이든 관계없이 취해서 쓰는 것이 바람직하며, 그러한 과정을 통해 인간의 보편적인 실천 방식이 만들어진다고 최한기는 역설하였다.[144] 그에게 중요한 것은 동양의 것이냐 서양의 것이냐가 아니라 전 세계의 것, 즉 보편적인 것이냐 하는 것이었다. 동양과 서양

---

142) 『人政』, 권12, 「家國天下器用」, 48a, "使東方人用西方器皿, 則東方器用, 益有所明, 使西方人用東方器皿, 則西方器皿, 益有所明."

143) 『明南樓隨錄』, 311쪽 위, "中國聖賢經傳, 使西國賢知讀之, 必有取有捨. 西國聖賢經傳, 使中國賢知讀之, 必有取有捨. 統其取捨, 辨別其由, 所取者, 乃天下通行之道, 所捨者, 非天下通行之道, 是則中國西國大綱之取捨. ……不以天下通行爲宗旨, 而當國之時俗所尙取之, 則非出於天人運化大同之政敎, 已落第二義也."

144) 『承順事務』, 「中西通用氣數道理」, 343쪽, "畢竟中西相取善法, 西之善法, 行於中而損益焉, 中之善法, 行於西而變通焉, 是爲統一四海之承順事務也."

을 나누어 동양은 존귀하고 서양은 비천하다는 식의 주장은 어리석은 사람들의 주장일 뿐이다. 예를 들어 서양에 좋은 법에 대해서는 반드시 우리나라에도 그것이 이미 있었다고 말하거나 우리의 좋은 법에 대해서는 반드시 그것을 숨겨 저들에게 새 나가지 않도록 하는 것은 스스로 견문을 좁히는 어리석은 짓이다. 반면에 큰 것을 보는 사람은 반드시 전 세계의 사람들을 아우르고 전 세계를 하나로 여기기 때문에 새롭게 밝힌 것이 있으면 다른 사람에게 전달하고 다른 사람이 밝힌 것은 취하여 쓰는 열린 자세를 보인다.[145] 한 마을 사람이나 한 나라 사람이 생각한 것은 편벽되고 미진하다는 한계가 있으므로 지역중심주의적 사고에서 벗어나야 한다는 뜻이다. 이에 대해 최한기는 오직 전 세계를 헤아리는 사람만이 동서의 같고 다른 점을 참조하고 남북의 풍속을 비교하여 전 세계에 통용될 수 있는 보편 법칙을 알 수 있다고 강조하였다.[146]

이와 같은 점을 볼 때 최한기가 구상한 이상적 동서관계는 동양과 서양을 하나로 아우르는 통일적 소통의 세계이자 모든 나라가 화합하고 전 세계인이 조화로운 세계였다. 이와 관련해 최한기는 오륜이라는 다섯 가지 윤리 덕목에다 조민유화兆民有和라는 새로운 덕목을 더하여 오륜이 실현되고 전 세계인이 화목해지는 실효를 거두어야 한다고 하였다.[147] 사실 최한기가 오륜을 인간이 실천해야 할 보편적인 윤리 덕

---

145) 『承順事務』, 「中西通用氣數道理」, 343쪽, "迂儒之說, 以中西各分彼此, 貴此而賤彼, 尊此而卑彼. 彼有善法, 必曰我國已有此說, 我之善法, 必隱匿而不欲漏傳於彼, 由於自己無見得, 而自狹所見, 無明知, 而自昏所知. 見大體者, 必懷包億兆, 一視宇內, 心有發明, 必欲傳達於人, 人之所明, 必欲取用於己."

146) 『人政』, 권1, 「推擴測人」, 29b, "惟天下之測人, 東西異同參和, 而見其一統, 南北風俗比較, 而知其一般."

147) 『人政』, 권18, 「畎畝教法兆民有和」, 39a, "五倫之教, 至矣盡矣, 而推擴天下, 自有萬國咸和.

목으로 여겼다는 점에서[148] 일면 폐쇄적이고 수직적인 인간관계의 틀을 여전히 고수한 것처럼 보이지만, 세계의 평화와 인류의 대 화해를 함축하는 조민유화를 보편적인 윤리 덕목에 추가함으로써 그의 오륜은 폐쇄적이고 수직적인 성격에서 벗어나 윤리적 개방성과 평등성을 확보할 수 있었다. 요컨대 최한기의 동서소통론과 조민유화론은 유교적 가치에 기초하면서도 자국중심주의적 사고에서 탈피하여 전 세계의 소통과 평화를 지향한다는 점에서 전 세계를 하나로 묶는 대동의 세계평화론이라고 할 만하다.

4) 기학의 논리적 구조: 존재-인식-승순

최한기의 철학에서 인간의 바람직한 실천은 바로 기氣의 존재와 기의 운행에 근거하고 있다. 당연히 그의 철학에도 인간이 반드시 따라야할 도리, 즉 인도人道가 있다. 이미 사람이 되었다면 마땅히 행해야 할것은 오직 인도이다.[149] 인도란 구체적으로 말해서 오륜과 인의·예악인데, 그는 성인이 다시 태어나도 이 도를 바꿀 수 없다고 여겼다.[150]

父子有親, 君臣有義, 夫婦有別, 長幼有序, 朋友有信之下, 添一兆民有和一句, 以著五倫通行, 兆民致和之實效."

148) 『人政』, 권8, 「人道」, 18a, "五倫乃天生之人道, 而政敎所以修行五倫, 達於人民, 風俗和順, 非但在上者之所願若是, 在下者之所願亦然, 則五倫之敎, 雖欲遮廢, 而不可得也."

149) 『人政』, 권1, 「推擴測人」, 29a, "旣爲人, 則人之所當行者, 惟人道而已.";『人政』, 권6, 「人道貴賤」, 12a, "人生當盡人道而已."

150) 『神氣通』, 권1, 「通敎」, 27a, "君臣有義, 父子有親, 夫婦有別, 長幼有序, 朋友有信, 以爲倫常之目, 仁義禮樂, 以爲導化之方, 是實人道之所固有, 聖人特名其條目而已. 縱使聖人復起, 不可變換此道." 최한기의 인도는 단순히 윤리만을 의미하지 않고 정치와 법제를 포함한 인간의 광범위한 실천을 뜻한다. 그는 인도에 오륜뿐만 아니라 정교·학술·예율·전장을 포함시키기도 했고, 경우에 따라서는 윤리·강상·인의·전장·법도

얼핏 주자학의 도와 별 차이가 없어 보이지만, 최한기 철학체계에서 인도는 주자학의 도와 그 위상이 다르다.

주자학적 사유를 바탕에 깔고 있는 동도서기론의 도는 영원히 변화하지 않는 리이다. 주희의 리는 현실의 모든 존재가 생성되어 나오는 존재의 근원이자 온갖 가치가 파생되어 나오는 가치의 원천인 태극 내지 천리와 등치되기도 한다. 최소한 논리적인 수준에서 주희의 리는 현실의 존재가 생겨나기 이전부터 존재하면서 현실세계를 존재하게끔 하는 생성론적 근원인 동시에 현실 존재에 내재하면서 그 존재를 그 존재이게끔 하는 존재론적 본체로 상정되어 있다.[151] 인간의 본성은 하늘이 부여한 것이며,[152] 그 본성을 따르는 것이 곧 도이다.[153] 다시 말해 하늘의 본질(천명·천리)과 인간의 본질(人性)이 즉자적으로 통일되어 있기 때문에[154] 사람의 본질을 따르는 것은 곧 하늘의 본질을 따르는 것이다. 결과적으로 인도가 천도이고 천도가 인도인 셈이다.[155] 물론 하늘

를 포함시키기도 하였다. 『人政』, 권8, 「三層敎」, 29ab, "自父子親君臣義夫婦別長幼序朋友信, 以至政敎學術禮律典章, 驗於今, 而證於古, 明於吾民, 及人之民, 一統運化, 達於天下, 乃人道敎也."; 『人政』, 권8, 「敎人序」, 3a, "倫綱仁義典章法度, 爲可敎之人道."

151) 『朱子語類』, 권1, 「理氣」 上, 1b, "未有天地之先, 畢竟也只是理. 有此理, 便有此天地. 若無此理, 便亦無天地, 無人無物, 都無該載了. 有理, 便有氣流行, 發育萬物."(純); 『朱子語類』, 권1, 「理氣」 上, 3b, "或問, 理在先, 氣在後? 曰, 理與氣本無先後之可言. 但推上去時, 却如理在先, 氣在後相似."(祖道)

152) 『中庸章句』 1장, "性卽理也. 天以陰陽五行, 化生萬物, 氣以成形, 而梨亦賦焉, 猶命令也.……於是人物之生, 因各得其所賦之理, 以爲健順五常之德, 所謂性也."

153) 『中庸章句』 1장, "人物各循其性之自然, 則其日用事物之間, 莫不各有當然之路, 是則所謂道也."

154) 『朱子語類』, 권5, 「性理」 二, 1a, "到得合而言之, 則天卽理也, 命卽性也, 性卽理也, 是如此否? 曰, 然."(賀孫); 『朱子語類』, 권5, 「性理」 二, 1a, "理者, 天之體, 命者, 理之用. 性是人之所受, 情是性之用.(道夫); 『朱子語類』, 권5, 「性理」 二, 1b, "性卽理也. 在心喚做性, 在事喚做理(壽); 『朱子語類』, 권5, 「性理」 二, 17b, "性者, 卽天理也. 萬物稟而受之, 無一理之不具."(椿)

155) 『중용』에서는 이를 "성은 하늘의 도이고 성하려고 노력하는 것은 사람의 도이다"라

과 인간 사이에는 기 내지 형기가 자리하고 있고 그 기가 천리의 온전한 실현을 방해하기 십상이지만[156] 적어도 인간은 천리를 온전하게 실현할 수 있는 잠재성, 즉 선한 본성을 지녔고 그 본성을 실현해야 하는 존재로 상정되어 있다. 문제는 어떻게 하면 기의 장애물, 즉 인욕을 극복하고 내 마음의 천리를 보존하고 실천하느냐이다.

최한기 철학체계에서 존재론적 최고 범주는 기이며 리는 기의 속성 내지 운동법칙이다. 그 리는 현실의 모든 존재와 온갖 가치가 파생되어 나오는 근원이 아니다. 그것은 현실의 존재를 존재하게끔 한 존재의 근원이 아니라 현실의 존재로부터 발견되는 것이다. 그 결과 최한기의 인도는 천도에 근거한 것이긴 하지만 인도와 천도가 즉자적으로 통일되어 있지 않다. 최한기의 철학체계에서는 천도와 인도 사이에 인간의 인식, 즉 추측이 매개되어 있기 때문이다.[157] 여기서 리는 인간이 회복하고 실현해야 할 하늘의 본질도 아니고 인간의 본질도 아니다. 따라서 그 리는 우리 인간이 회복하고 구현해야 하는 아름다운 미덕이나 고결한 가치가 아니라 발견해야 하는 법칙이나 성질로 상정되어 있다. 최한기의 철학적 관심이 그 리를 어떻게 인식할 수 있을까에 초점이 맞추어진 것은 너무도 당연하다.

고 하였다.『中庸章句』20장, "誠者, 天之道也, 誠之者, 人之道也……誠者, 眞實無妄之謂, 天理之本然也. 誠之者, 未能眞實無妄, 而欲其眞實無妄之謂, 人事之當然也."

156)『朱子語類』, 권4, 「性理」一, 14b, "性只是理. 然無那天氣地質, 則此理沒安頓處. 但得氣之淸明, 則不蔽錮, 此理順發出來. 蔽錮少者, 發出來天理勝, 蔽錮多者, 則私欲勝. 便見得本原之性, 無有不善."(端蒙);『大學章句』, 經1章, "明德者, 人之所得乎天, 而虛靈不昧, 以具衆理, 而應萬事者也. 但爲氣稟所拘, 人欲所蔽, 則有時而昏."

157)『推測錄』, 권2, 「天人有分」, 26a, "流行之理, 卽天道也, 推測之理, 卽人道也. 人道出於天道, 推測出於流行. 旣有此氣澤, 則天道人道, 不可無分別, 流行推測, 亦自有分別. 若無分別, 以人道爲天道, 以推測爲流行, 則錯誤多端."

최한기가 상정한 인도에서 발견되는 두드러진 특징은 그것이 이차적이고 파생적이라는 점이다. 최한기의 철학체계에서 인도는 객관 존재(氣)−인식(통/추측)−승순承順이라는 논리적 구조 속에서 의미를 갖는 개념이다. 첫째, 최한기의 기는 객관 존재이다. 객관 존재라는 것은 인간의 의식과 상관없이 그 자체로 존재하며 그 자체의 법칙에 따라 운동하고 변화하는(活動運化) 존재라는 뜻이다.158) 둘째, 최한기의 기는 경험 가능한 존재이다. 경험 가능하다는 것은 우리 인간이 그 운동변화의 법칙을 인식할 수 있다는 의미이다. 최한기 철학에서 인식의 목적은 객관 존재에 대한 정확한 인식이며, 결과적으로 진리는 인식(推測之理)과 존재(流行之理/運化之理)의 일치이다. 셋째, 인간은 객관 존재의 운동변화 법칙에 순응(承順)해야 하며, 그것이 올바른 실천 즉 선善이다. 인간의 바람직한 실천이란 바로 객관 존재−인식−승순의 논리에 근거한 실천이다. 그래서 "사물을 추측하는 것은 승순을 위해 반드시 거쳐야 할 단계이며, 승순의 공부는 오직 추측에 있다"라는 논리가 가능하다.159)

존재의 법칙에 대한 인식이 필요한 이유는 그것에 순응해야 하기 때문이다. 여기에서 승순의 개념이 등장한다. 예를 들어 봄에 곡식을 심고 가을에 거두며 여름에 베옷을 입고 겨울에 갓옷을 입는 것은 자연 질서에 승순하는 것이다.160) 자연 질서에 따르는 것이 승순이라면, 승

---

158) 『氣學』, 권2, 43b, "除了人, 天地運化自在, 除了我, 統民運化自在, 則有我無我, 實無關於天人運化."

159) 『承順事務』, 「神氣推測並爲承順」, 264쪽 아래, "推測事物, 爲承順事務之階級,……承順功夫, 惟在推測."

160) 『人政』, 권8, 「運化敎」, 15a, "春耕秋穫, 夏葛冬裘, 自有承順節序, 渴飮飢食, 好順惡逆, 誰能違越範圍?"

순의 실천을 위해서 전제되어야 할 것이 그 질서의 인식이다. 최한기는 한 걸음 더 나아가 기의 운화에 승순하는 것을 선善으로 이해하였다. 경전과 역사서로부터 일상적인 글에 이르기까지 '선善'이라는 글자는 천기운화天氣運化에 승순한다는 뜻이며, 선정善政·선교善教·선언善言·선행善行이란 모두 천인운화, 즉 자연과 인간의 운동변화를 승순하는 것이다.[161] 최한기는 또 공公을 운화에 승순하는 것으로 해석하였다. 이렇게 되면 공도公道나 공심公心이라는 것도 모두 운화하는 기 내지 기의 운화에 승순하는 것을 가리키고, 천도나 천리라고 하는 것도 운화하는 기에 승순하는 것을 가리킨다.[162] 자연과 인간을 포함한 객관 존재의 객관 법칙을 정확하게 인식하고, 그 인식 결과에 따라 실천하는 것, 그래서 천도와 인도가 합치(合就)되는 것이 최한기가 의도한 승순의 철학이다.[163]

---

161) 『氣學』, 권1, 45b, "經傳史策, 以至凡常文辭之善字, 可見承順天氣運化之意也.……善政善教善言善行, 皆是承順天人運化也."

162) 『人政』, 권5, 「公是順氣」, 21a, "承順氣化, 爲公之所由出所由行, 一遵氣化而無違, 卽是公也.……凡所謂公道公心, 皆指運化氣之承順也. 又所謂天道天理, 亦指運化氣之承順也."

163) 『明南樓隨錄』, 296쪽 위, "弘量大度, 樂其世政敎之修明, 喜其天人道之合就, 惟恨物理之未盡暢露, 人衆之未盡歸化." 최한기가 의도한 천도와 인도의 합치는 전통 유학에서 말하는 천인합일과 그 의미가 다르다. 천인합일은 글자 그대로 하늘과 사람의 일치를 뜻하지만 그 일치를 설명하는 방식은 경우에 따라 조금씩 다르다. 하지만 천인합일은 일반적으로 하늘과 인간 사이에 도덕적 합일의 경지를 의미하는 경우가 보통이다. 이는 하늘의 본질과 인간의 본질이 일치하는 경지인데, 하늘의 본질이 도덕성에 있으므로 그 일치는 도덕성에 의한 합일이라고 할 수 있다. 그리고 도덕성에 의한 합일의 분화 형태로 기에 의한 합일과 리에 의한 합일이 있다. 『중용』은 성실(誠)을 본질로 하는 하늘과 그것을 본받으려는 인간(誠之者) 사이의 도덕적 합일의 길을 논했다면, 이를 계승한 장재의 「서명」은 기에 의한 천인합일을, 주희의 리일분수론은 리에 의한 합일을 논했다고 거칠게 구분해 볼 수 있다. 반면에 최한기의 천인합치는 하늘로 대표되는 객관 존재에 대한 정확한 인식에 근거한 실천을 의미한다. 요컨대 전통적인 천인합일은 다분히 도덕성을 매개로 한 본질의 합일이라면, 최한기의 천인합치는 인식을 매개로 한 합치로서 자연법칙에의 정확한 승순을 뜻한다. 그래서 최한기의 철학에서 중요한 것이 자연법칙에 대한 정확한 인식과 그것을 가능하게 하는 인식능력이다. 이와 관련하여 최한기는 "지적 능력(智力)이 다하면 도

최한기는 이 세상에 존재하는 것은 기와 그 기가 응취되어 만들어진 만물뿐이라고 보았다. 최한기에 따르면 기와 기의 파생물로 이루어진 이 세상의 존재는 기본적으로 두 가지 특징이 있다. 유형有形의 성질과 운화運化의 성질이 그것이다. 존재하는 것은 모두 물질적 내용(質)을 갖는 유형의 존재이다.164) 물질적 내용을 갖지 않는 존재, 즉 무형의 존재는 실제로 존재하는 것이 아니라 인간이 잘못 인식하거나 자의적으로 지어낸 허구이다. 반면에 유형의 존재는 경험 가능하고 인식 가능하다는 인식론적 의미가 있다.165)

존재하는 것은 형질이 있을 뿐 아니라 운화하는 존재이기도 하다. 운화란 활동운화活動運化의 준말로서 운동과 변화 또는 운행과 변화 정도의 의미이다. 기 자체는 물론이고 기의 산물인 하늘, 땅, 인간 그리고 구체적인 사물을 망라해서 모든 존재는 고정불변의 존재가 아니라 끝임 없이 운동하고 변화하는 존재이다. 천지운화天地運化 · 천인운화天人運化 · 대기운화大氣運化 · 신기운화神氣運化 · 일신운화一身運化 · 사물운화事物運化 등은 다양한 존재의 운동과 변화를 지칭하는 용어이다. 이 운화는

덕(仁義)으로 바꾸고, 도덕이 쇠퇴하면 이어서 패도를 행한다"고 했는데, 무엇보다 객관 존재와 그 운동법칙을 인식할 수 있는 지적 능력이 우선되어야 한다는 뜻이다. 『明南樓隨錄』, 297쪽 위, "智力竭而換以仁義, 仁義衰而繼行霸雜, 法術窮而更學道德, 道德盡而係進刑名, 名象紛錯, 實無一統所執之形質, 徒有不知所愚之言說."

164) 『運化測驗』, 권1, 「氣之形」, 21a, "氣之凝聚爲萬物之形, 氣之發散爲充宇之形, 聚散之間, 形質鍛鍊. 凝聚之氣, 以所成軀殼爲形, 發散之氣, 以渾圓之天爲形. 然從其一天範圍之內, 而聚之散之, 所謂散之在一氣形之內, 所謂聚之亦在氣形之內, 則散非永散而銷滅, 聚非永聚而不變. 至於將聚有將聚之形, 將散有將散之形. 天地間惟有有形之氣, 頓無無形之氣也."

165) 최한기가 모든 존재를 경험할 수 있고 인식할 수 있다고 본 것은 아니다. 이를테면 인간의 감각기관이 미치지 못하는 우주의 먼 공간이나 땅속 깊은 곳은 현실적으로 경험할 수 없다. 하지만 그것들도 유형의 존재인 만큼 적절한 조건이 마련되기만 하면 경험할 수 있다는 의미에서 경험 가능성이 있다.

무질서하지 않고 일정한 법칙이 있다. 최한기 철학에서 리, 더 구체적으로 '유행의 리' 또는 '운화의 리'라고 하는 것은 그 법칙을 지칭한다. 그리는 유형의 존재인 기의 운동법칙이므로 인식이 가능하다.

최한기는 자연의 영역뿐만 아니라 인간의 실천 영역, 즉 사회·정치·역사의 영역도 운화의 개념으로 설명하였다. 개인적 수준에서의 실천을 뜻하는 교접운화交接運化나 국가적 수준에서의 실천을 뜻하는 통민운화統民運化와 같은 것이 그것이다. 인간의 실천에는 판단이나 의지가 개입되는 만큼 그 운화는 필연적인 법칙에 의해 일어난다고 보기 어려우며, 따라서 중요한 것은 바람직한 실천의 기준이 무엇이냐 하는 것이다. 최한기는 실천의 기준을 존재 및 존재의 운동법칙으로 설정하였다. 인간의 실천은 자연의 운행에 부합해야 한다는 뜻이므로[166] 존재의 법칙을 정확하게 인식하는 것이 실천에서 무엇보다도 중요하다. 최한기는 존재에 대한 정확한 인식을 '유행의 리'와 '추측의 리'의 일치라는 원칙으로 설명하였다. 추측의 리는 유행의 리를 표준으로 삼아야 한다는 것이 그것인데,[167] 그의 주장에 따르면 추측의 리가 유행의 리, 즉 운화의 리와 합치되면 올바른 인식이고 운화의 리와 합치되지 않으면 제대로 된 인식이 아니다.[168]

---

[166] 『推測錄』, 권2, 「自然當然」, 35b, "自然者, 天地流行之理也. 當然者, 人心推測之理也. 學者, 以自然爲標準, 以當然爲功夫. 自然者, 屬乎天, 非人力之所能增減. 當然者, 屬乎人, 可將此而做功夫也. 當然之外, 又有不當然者, 如仁外有不仁. 故捨其不當然, 而取其當然. 且當然之中, 又有優劣純駁, 則講磨切磋, 要以自然爲標準, 是乃功夫之正路也."

[167] 『推測錄』, 권2, 「推測以流行理爲準」, 23b, "天地萬物流行之理, 付諸順健化育之中, 非人之所能增減. 若夫推測之理, 自有生熟得失之分, 可以裁制變通. 理學之理, 太極之理, 凡載籍之論理者, 儘是推測之理也. 推測之理, 以流行之理爲的, 流行之理, 以氣質爲分別."

[168] 『推測錄』, 권1, 「事物攸當」, 36b, "推我之見聞閱歷, 以測無違於流行之理者, 推測之準的也."; 『氣學』, 권1, 13b, "推測之理, 合於運化之理, 所云得也善也, 不合於運化之理, 所云失

존재의 법칙을 인식할 수 있다는 것은 일종의 인식론적 낙관주의이
다. 최한기는 독단주의의 가능성을 차단하기 위해 끊임없이 애를 썼지
만,169) 그럼에도 불구하고 인식론적 낙관주의는 독단주의로 흐르기 쉽
다는 약점이 있다. 더욱이 객관 존재가 통일적 존재라면 그 가능성은
더욱 커진다.170) 최한기 철학에서 존재는 기의 운화의 산물인 동시에
기의 운화(天地運化/大氣運化) 안에서 그것과 끊임없이 소통하면서 운화하
는 존재이다. 그는 자연과 인간을 그리고 전체와 개체를 기의 운화라는
개념 속에 용해시킨다. 천지운화─통민운화─일신운화의 체계가 그것
이다. 여기서 일신운화는 통민운화에 어긋나서는 안 되고 통민운화는
천지운화에 어긋나서는 안 된다. 일신운화가 통민운화에 승순하고 통
민운화가 천지운화에 승순하는 것이 올바른 도이다.171)

인간의 실천은 천지의 운행과 변화에 따라야 하는 셈인데, 천지의
운화는 동서가 다르지 않기 때문에 승순의 실천은 동서양인이 같을 수
밖에 없다.172) 그것이 바로 자연과 인간을 아우르는 천인운화이고 동양
과 서양을 아우르는 일통운화─統運化이다.173) 그 결과 인간의 실천은 통
일과 보편 속에 갇힐 수밖에 없는데, 여기서 학문적 낙관주의, 즉 세계
일통주의와 보편적인 학문의 가능성이 열린다. 이와 같은 보편주의 사

也不善也."
169) 증험과 변통이 그것이다.
170) 『人政』, 권19, 「氣選理選」, 17a, "天地人物, 皆是氣運化, 則得得乎氣, 乃可認天人一統政敎."
171) 『人政』, 권10, 「人心義理」, 8b, "一身運化, 不可違於統民運化, 統民運化, 不可違於天地運
化, 有違則非善道也. 一身運化, 承順於統民運化, 統民運化, 承順於天地運化, 是爲善道也."
172) 『承順事務』, 「中西通用氣數道理」, 343쪽, "天地運化, 無小異於中西, 則中西民隨行承順, 亦
無不同."
173) 『氣學』, 권1, 54ab, "人我雖分, 自有所同, 卽天人運化之氣. 擧此而措處事務, 人與我同, 亦
我與人同, 施之於一國, 一國之人可與同, 施之於天下, 天下之人可與同.……是謂大同."

고 내지 일통주의 사고에는 개체 간의 갈등이나 국가 사이의 갈등이 들어갈 틈이 없다.[174]

5) 기학의 실천적 의미: 소통–평화–공존

아편전쟁에서 청의 패배나 이양선의 출몰이라는 위기의 세계정세에도 불구하고 최한기의 낙관주의적인 서구 인식과 일통적 동서소통론이 거의 그의 말년까지 지속될 수 있었던 이유는 무엇일까?[175] 최한기는 젊은 시절부터 전 세계에 통용될 수 있는 보편적인 학문을 구상하였다. 기의 존재론에서 출발하는 그의 새로운 학문, 즉 기학은 기존의 학문이 초래한 세상의 병통을 고치는 것이 목적이었다.[176] 그리고 그는 "기학으로써 천하의 보고 들음을 크게 뒤흔들어 세상 사람들의 눈과 귀를 새롭게 하고, 천하의 학문을 통일하여 과거의 인습을 씻어 버릴 수 있다"[177]고 하여 자신의 기학이 그러한 목적을 충분히 달성하리라고 믿어 의심치 않았다. 그의 낙관주의적인 서구 인식과 일통적 동서소통론은 기학이라는 철학 위에서 가능하였다.

---

174) 『氣學』, 권1, 39a, "見聞漸博, 取捨在實. 簡策搜閱, 尋其氣化之端, 事物經驗, 取其氣化之合. 積累之功, 成人氣之運化, 推達之效, 及天地之運化, 遠國之人, 無異同國之人, 異邦之俗, 可歸大同之俗."

175) 우선 최한기 철학체계의 완결성을 하나의 요인으로 꼽을 수 있다. 기의 존재론을 바탕으로 세계일통주의적 사회철학을 건설하고자 한 최한기의 기학은 많은 자기모순에도 불구하고 전체적으로 완결성이 높은 편이다. 이론의 완결성이 높으면 높을수록 현실 대응의 탄력성은 떨어진다. 완결된 이론체계는 자칫 전체가 허물어질 우려가 있으므로 수정이 쉽지 않기 때문이다.

176) 『氣學』, 권2, 43b, "然自古及今, 不識大氣活動運化之性, 揣摩疑惑之說, 外道方術之言, 病民多端, 害人不鮮.……故倡起氣學, 要醫世病,……"

177) 『人政』, 권9, 「元有氣學」, 12b, "以氣學掀撼天下之聽視, 以新耳目, 一統天下之學問, 以淘舊染."

앞에서 살핀 것처럼, 최한기의 기학은 객관 존재(氣)-인식(통/추측)-
승순承順이라는 논리적 구조로 이루어져 있다. 첫째, 최한기의 기는 객
관 존재이다. 객관 존재라는 것은 인간의 의식과 관계없이 그 자체로
존재하며 그 자체의 법칙에 따라 운동변화(活動運化) 하는 존재라는 뜻이
다. 둘째, 최한기의 기는 경험 가능한 존재이다. 경험 가능하다는 것은
인간이 그 운동변화의 법칙을 인식할 수 있다는 의미이다. 최한기 철학
에서 올바른 인식은 인식(推測之理)과 존재(流行之理/運化之理)의 일치이다. 셋
째, 인간은 객관 존재의 운동변화 법칙에 순응(承順)해야 한다. 그것이
선善, 즉 올바른 실천이다. 인간의 바람직한 실천이란 바로 객관 존재에
대한 정확한 인식에 근거한 실천이다.

최한기는 유교 윤리를 버리지 않았으며 동시에 서구 문물의 수용을
적극 주장하였다. 이런 측면에서 유교적 가치와 서구의 과학기술이 최
한기 학문의 두 축인 것처럼 보이기도 하지만, 그렇다고 그의 서구문물
수용론이 단순히 동도서기론으로 환원되는 것은 아니다. 동양이냐, 서
양이냐 하는 것은 그에게 본질적인 의미가 없었다. 그의 철학은 동양
또는 서양에서 출발하는 것이 아니라 기의 존재로부터 출발한다. 그래
서 그에게 중요한 것은 동도의 유지나 서기의 수용이 아니라 객관 존재
와 그 법칙을 정확하게 파악하는 것이었다. 물론 기는 유형의 존재이므
로 감각, 추측, 증험이라는 일정한 인식 과정을 통해 인식이 가능하다.
이것이 인식론적 낙관주의이다.

존재에 대한 인식이 이루어졌다면, 이제 남은 것은 그 인식 결과에
근거해서 실천하는 일, 즉 승순의 실행이다. 다만 최한기의 철학에는
승순에 대한 진지한 반성, 다시 말해 인식이 실천으로 승화되는 방법에

대한 성찰이 결여되어 있다는 한계가 있다. 그의 철학체계에서는 기의 운화를 제대로 인식하기만 하면 승순은 자동적으로 이루어지거나 당연히 이루어져야 한다. 하지만 객관 존재의 법칙을 인식하면 그 인식이 곧바로 실천으로 이어진다는 생각은 대단히 낙관주의적인 발상이다. 현실적으로 진리 인식과 실천은 꼭 일치하는 것이 아닐 뿐만 아니라 오히려 실천은 진리를 거스르는 욕망에 지배되는 경우가 다반사이다. 주자학에서 치밀한 인간 분석을 통해 수양론 내지 공부론, 나아가 그것을 밑받침하는 심성론이나 인욕론을 마련한 것도 바로 인간의 욕망에 대한 일정한 문제의식이 있었기 때문이다. 반면에 최한기는 그것에 대한 충분한 검토 없이 인식하면 실천한다든가 인식하면 실천해야 한다고 여겼다는 점에서 그의 승순론은 관념적이고 당위론적인 성격이 짙다는 것을 부정하기 어렵다. 이를 실천적 낙관주의라고 할 수 있다.[178]

---

178) 승순의 실천에 내재된 관념적이고 당위론적인 성격의 문제는 승순과 사무가 결합됨으로써 어느 정도 극복되었다. 여기에서 승순이란 객관 법칙을 따른다는 의미를 넘어 그 따름을 통해 실제 효과를 거둔다는 의미를 함축하고 있는데, 이는 『승순사무』에 명료하게 제시되어 있다. 그가 이 책의 서문에서 "하늘과 사람의 사무는 모두 승순으로 성취하는 것이니 그 이름 지은 뜻이 객관 존재인 하늘과 사람의 운화를 승순하여 사무를 성취하는 데 있다"고 한 것은 승순과 사무의 관계를 간명하게 보여 준다.(『承順事務』, 「承順事務序」, 323쪽 위, "凡政事之沿革, 盡是承順, 大氣運化, 天之事務, 政敎運化, 人之事務, 天人事務, 皆以承順成就, 錫名之義, 承天順人, 行事成務也.") 그는 또 『승순사무』의 서문 첫머리에서 "학문이 사무에 있으면 참된 학문이 되고 사무에 있지 않으면 헛된 학문이 된다"면서, 인생에서 꼭 갖추어야 할 사무로 典禮·刑律·田賦·財用·學校·文藝·武備·士農工商·器皿·歷象·數學·動役·御衆을 꼽았다.(『承順事務』, 「承順事務序」, 322쪽 위, "學問在事務, 爲實學, 不在事務, 爲虛學問. 典禮刑律田賦財用學校文藝武備士農工商器皿歷象數學動役御衆, 乃人生事務所當備也.") 그의 승순이 사무와 결합되면서 순응이라는 소극적인 의미를 넘어 적극적인 활용과 이용을 함축하는 개념으로 거듭났다는 것을 확인할 수 있다. 그럼에도 불구하고 그 활용과 이용은 승순이라는 말 자체가 함의하듯이 자연에 대한 지배와 정복을 지향하는 서구의 근대적 사유와는 결이 확연히 다르다.

최한기가 서구를 적대적으로 인식하지 않고 동서가 조화되는 낙관주의적인 세계상을 그렸던 이면에는 기의 존재론, 낙관주의적 인식론, 그리고 낙관주의적 실천론이 자리하고 있었다. 그러나 현실에는 조화와 승순만이 있는 것이 아니다. 오히려 이 세계는 다양한 수준의 욕망과 권력이 작동하고 충돌하는 무대이다. 갈등과 투쟁, 그것이 현실이다. 따라서 갈등과 투쟁의 현실을 있는 그대로 인정하고, 그것을 포괄하는 철학체계를 세우려는 문제의식이 있을 때 비로소 그 갈등과 투쟁의 원인에 대한 심각한 고민이 수반될 수 있고, 결과적으로 현실의 문제에 대처하는 방법도 현실적일 수 있다. 그렇지 않고 기와 같은 단일한 존재의 조화로운 운동과 변화로 이 세계를 설명할 때, 갈등과 투쟁의 현실을 제대로 포착하기 어렵다. 조화의 관점에서 보면, 그 갈등과 투쟁은 현실에 있는 객관적인 사태가 아니라 정상적인 현실의 변칙, 즉 언젠가는 정상으로 회귀될 일시적인 변칙일 뿐이다.

최한기는 노년기에 병인양요(1866)와 신미양요(1871)를 통해 서구 열강의 군사적 침략을 겪었으며, 세상을 떠나기 1년 전인 1876년에는 조선 정부가 일본과 병자수호조약을 체결하고 공식적으로 문호를 여는 모습을 지켜보았다. 조선은 그 후 몇 해 되지 않은 1882년에 미국과 통상 조약을 맺는 등 서구 열강과도 본격적인 교류를 시작하였다. 하지만 조선의 대외 관계는 그가 기대했던 것처럼 자율적이고 평등한 관계가 아니라 힘의 불균형으로 인한 불평등한 관계였고, 결과적으로 조선은 그 이후 갑신정변·을미사변·아관파천·을사늑약·경술국치로 이어지는 국권 상실의 역사를 겪게 된다. 비록 말년에 이르러 어양론적 관점을 제기하지 않은 것은 아니지만, 적어도 젊은 시절과 중년 시절의 최한기는 조선의 비극적인 앞날을 전혀 예상하지 못하였다. 따라서 최한기의 세계 인식과 동서소통론은 지나치게 낙관적이었다는 비판을 피하기 어렵다.

그러나 최한기의 동서소통론은 오늘의 우리에게 던지는 의미가 작지 않다. 그가 구상한 이상적인 동서 관계의 모습은 동양과 서양을 하나로 묶는 일통적 소통의 세계일 뿐만 아니라 세계 각국이 화합하고 전 세계인이 화목한 관계를 유지하는 조민유화兆民有和의 세계였다. 따라서 그의 동서소통론은 자국중심주의적 사고에서 벗어나 전 세계인의 소통과 화목을 지향한다는 점에서 세계평화론이라고 할 만하다. 물론 그의 기학은 서구 열강의 자본주의적 본질, 더 나아가 제국주의적 본질을 포착하지 못했고, 그 결과 그 논의가 치밀한 현실 분석과 이에 기초한 구체적인 방법론을 결여한 채 다분히 선언적인 수준에서 이루어졌다는 한계가 있다. 그럼에도 불구하고 여전히 세계 곳곳에서 국가이기주의에 따른 갈등과 분쟁이 증폭되고 있고, 특히 패권 경쟁에 혈안이 된 신·구 두 제국의 망령이 상생의 공존을 위협하고 있는 세계정세를 감안하면, 전 세계의 평화로운 공존을 지향했던 최한기 기학의 평화와 공존의 문제의식만은 그 의미가 매우 크다.

결론: 조선 후기 실학과 최한기의 철학

1. 조선 후기 새로운 사상과 학문으로서의 실학: 기(氣)의 복권

나는 지난해에 『주자학에서 실학으로: 조선후기 서양 과학기술의 수용과 주자학적 사유의 균열』(고려대학교 민족문화연구원, 2019)을 출간하였다. 이 책에서 내가 일차적으로 가졌던 관심은 우리가 실학이라고 부르는 조선 후기의 새로운 경향의 사상과 학문을 주자학의 비판과 극복이라는 관점으로 다시 자리매김하는 것이었다. 이에 따라 조선의 주자학을 도학·심학·리학·예학, 그중에서도 특히 도학과 심학의 측면에서 살펴보고, 그 핵심을 마음공부에 기초한 도(道)의 실천으로 파악하였다. 조선의 주자학은 심학이고 도학이었던 셈인데, 결과적으로 조선사회는 도학적 가치(道)에 압도되어 물질적 삶(氣)의 영역이 소홀히 되는 경향이 있었다는 것이 작은 결론이었다.

공교롭게도 선조 즉위 후 사림이 주체가 되어 도학적 통치 방식을 실험하던 시기에 임진왜란, 인조반정, 병자호란 등 굵직한 역사적 사건들이 이어지면서 노동력의 급감과 토지의 황폐화, 토지 소유의 극심한 불균형과 수취 제도의 문란, 그리고 이로 인한 서민들의 절대 빈곤과 사회 불안 등이 연출되었다. 이는 도학적 통치의 물적·제도적 토대가 붕괴되어 갔다는 것을 의미한다. 결국 조선 후기는 조선 왕조의 도학적 지배 방식이 그 한계를 드러내던 시기이기도 했지만, 동시에 통치 방식의 재확립과 민생 안정을 위한 다양한 방법이 모색되던 때였다. 그 시대의 대다수 지식인들이 주자학적 이념과 예제를 더욱 강화함으로써 사회 불안과 궁핍한 민생의 문제를 해결하려고 했지만, 어떤 사람들은 주희와 그의 문자를 절대화하는 주자학 원리주의를 비판하기도 했고 경우에 따라서는 주자학의 도학적·심학적 편향이 빚어내는 관념성의 폐단을 직시하고 실질적인 민생 문제를 해결할 수 있는 방법을 직접 강구하기도 하였다.

17세기에 유형원(1622~1673)이 『반계수록』을 쓰고 박세당(1629~1703)이 『색경』을 쓴 것은 바로 곤궁한 민생 문제를 해결하려는 문제의식 때문이었다. 유형원이 『반계수록』에서 제시한 개혁안의 효과에 대해 그 스스로 "민산民産이 균등해지고 부역賦役이 일정해지므로, 엉뚱한 착취가 없으면 증식을 기대하지 않아도 백성들이 저절로 부유해진다"고 한 것이나, 박세당이 『색경』을 두고 "민생을 풍요롭게 할 크고 작은 일들이 구비되지 않은 것이 없다"고 한 것은 그 두 저술의 목적이 백성들의 물질적 삶을 고양시키는 데 있었다는 것을 방증한다. 이렇듯이 조선 후기에 들어 민생 문제를 해결해 주는 학문이 진짜 쓸모 있는 학문이고 참된 학문(실학)이라는 문제의식이 생겨났고, 그 문제의식에 기초한 저술들이 엘리트 지식인들에 의해 지속적으로 출현했다는 것은 잘 알려진 사실이다. 이를 우리는 역사적 개념으로서 실학이라고 부른다.

이익(1681~1763)과 같은 시대를 살았던 오광운(1689~1745)은 『반계수록』을 평가하는 글에서 정주학의 한계를 "도道는 상세하게 다루었으나 기器는 소홀히 한" 것으로 파악하고, 그 원인에 대해 "그때가 맹자의 시대에서 매우 멀고 도가 상실되는 것도 날로 심해졌기 때문에 여러 군자의 마음에 도가 시급했고 기는 급하지 않았다. 대개 그 뜻은 도가 밝아지면 기도 저절로 회복될 것이라고 여겼을 뿐이다.…… 그러나 정주 이후로 도가 밝아지지 않았다고 할 수 없으나 기가 텅 빈 것은 마찬가지이다. 도가 어찌 기를 떠나서 홀로 실행되겠는가?"라고 하였다.[1]

이 글에 따르면, 도가 날로 상실되어 가는 절박한 상황에서 정호·정이 형제나 주희가 취한 전략은 도를 회복하는 일에 전념하는 것이었다. 물론 이러한 전략에는 도가 밝아지면 기氣 역시 자연스럽게 회복되리라는 믿음이 전제되어 있었다. 하지만 오광운은 정주 이후로 도가 밝아졌음에도 기氣의 세계는 여전히 별 볼일 없다고 판단하였다. 정주 이래로 도에 대한 담론이 난무해 왔고 그 결과 도덕과 예제의 영역에서 성과가 없지 않았으나 퇴락한 형이하의 세계, 즉 물질적 삶의 영역은 여전히 암울하다는 의미이다. 이에 대해 그는 "도가 어찌 기를 떠나서 홀로 실행되겠는가?"라고 하여, 물질적 삶이 회복되지 않은 것은 물론 도덕적 가치마저도 제대로 실행되지 않았다고 결론지었다. 이는 도덕적 삶을 구현함으로써 물질적 삶까지 회복하겠다는 정주의 기획이 실패했다는 선고인 동시에 물질적 삶의 회복 없는 도덕적 삶 자체가

---

1) 이 글에서 오광운은 정주학의 특징 및 그 특징의 결과를 다음 네 가지로 분석하였다. 첫째, 주자학은 도덕적 가치(道)에 집중하느라 물질적 삶(器)을 소홀히 하였다. 둘째, 주자학은 도가 밝아지면 기도 회복될 것이라고 여겼다. 셋째, 주자학을 통해 도가 밝아졌지만 기는 회복되지 않았다. 넷째, 기의 회복 없이는 도가 실행될 수 없다. 정주학에 대한 오광운의 이 같은 분석은 유형원의 학문이 지닌 특성을 부각시키려는 목적 때문에 지나치게 단순화된 느낌이 없지 않지만, 결과적으로 주자학과 유형원의 학문 사이에 놓인 차이를 명확히 했다는 점에서 의미가 있고, 더 나아가 주자학과 조선 후기 실학의 차이를 이해하는 중요한 실마리가 된다.

불가능하다는 선언이다. 삼대 정치의 구현은 도의 회복을 통해 기器를 회복하는 단선적인 길로는 불가능하며 도의 회복과 기器의 회복이라는 두 가지 길, 이른바 투 트랙을 통해서만 가능하다는 통찰이 아닐 수 없다. 이를 도기병진론道器竝進論이라고 부를 수 있을 것이다. 도기병진론은 주자학에 비추어 유형원의 학문이 지닌 특성, 더 나아가 조선 후기 실학의 특성을 적절하게 포착한 것으로 기器의 재발견이자 기器의 복권이라는 의미가 있다.[2]

2. 서구 과학기술의 수용과 자연인식의 변화

『주자학에서 실학으로: 조선후기 서양 과학기술의 수용과 주자학적 사유의 균열』에서 가졌던 두 번째 관심은 17세기 이래로 조선의 지식인들이 서구의 과학기술적 지식을 어떻게 이해하고 수용했는지 그 양상을 검토하고, 그 이해와 수용에 따라 그들의 사유와 학문에 어떤 변화가 있었는지를 추적하는 것이었다. 조선 후기에 민생을 긴급한 사회 문제로 여기고, 이에 따라 민생에 기초가 되는 기器의 세계에 관심을 가졌던 사람들이 서구의 과학기술적 성과에 눈을 돌린 것은 지극히 자연스러

---

2) 오광운이 도덕적 가치의 실현(道)보다 물질적 삶의 영역(器)이 본질적으로 더 중요하다든가, 기가 회복하면 도가 자연스럽게 밝아진다고 여긴 것은 아니다. 이에 대해서 오광운은 후대 군자가 기의 문제에 급급한 것도 시대 상황이 그것을 필요로 하기 때문이라는 견해를 보였다. 이는 도와 기가 다 필요하다는 것, 하지만 당시로서는 기의 문제가 시급하다는 것 두 가지를 함축한다. 실제로 조선 후기 실학자로 일컬어지는 사람들이 기의 영역에 큰 관심을 가졌던 것은 사실이지만, 그렇다고 도의 영역을 소홀히 한 것은 결코 아니다.

운 일이다. 서구의 과학기술이 기의 세계와 관련된 유익한 정보를 풍부하게 담고 있었기 때문이다. 때마침 한역서학서들이 유입되기 시작했고, 게다가 서양 역법을 채택한 것을 넘어 그 원리를 습득해 조선의 정확한 역서를 자체적으로 제작하려는 조선 정부의 계속된 노력과 맞물리면서 서양의 과학기술적 지식은 조선사회에 느리긴 하지만 지속적으로 유입되었다. 그 결과 농업기술이나 각종 기계 제작 기술처럼 실용적인 지식은 물론 수학·역법·천문학 등 상대적으로 순수 학문에 속하는 분야도 쓸모 있는 학문을 추구하던 선진적인 지식인들에게 큰 관심의 대상이 되었다.

17세기 이래로 서구의 새로운 지식들이 점진적으로 수용되고 그 수용이 심화됨에 따라 자연에 대한 인식틀이 변화한 것은 물론 자연을 인식하는 방법론, 더 나아가 이 세계를 이해하는 방식에서도 변화가 있었다. 예컨대 지구의 형태와 천체의 구조 및 운행 방식에 대한 인식이 진전됨에 따라 서구 세계가 우수한 과학기술을 갖춘 곳으로 새롭게 인식된 반면에 견고했던 중화론적 세계관은 균열이 가기 시작했다. 게다가 천인상관설이나 음양오행설 같은 전통적인 자연인식틀이 부정되었으며, 도의 인식을 궁극 목표로 설정한 주자학의 격물설이 점차 자연에 대한 객관적 인식을 위한 방법론의 특징을 띠는 모습을 보이기도 하였다.

3. 서양 과학기술의 수용과 주자학적 사유의 균열

『주자학에서 실학으로: 조선후기 서양 과학기술의 수용과 주자학적 사유의 균열』에서 세 번째로 가졌던 관심은 그와 같은 변화가 그들의 철학 이론에 어떤 모습으로 반영되었는지를 살피는 것이었다. 이에 따라 김석문(1658~1735) · 이익(1681~1763) · 홍대용(1731~1783) · 박제가(1750~1805) · 정약용(1762~1836) · 최한기(1803~1877) 등 여섯 명의 학자를 중심으로 그들이 서양의 과학기술을 어떻게 이해하고 수용했는지를 살피고, 그러한 이해와 수용이 그들의 철학 이론과 어떤 관련이 있는지를 검토하였다.[3] 그들의 철학 이론을 검토한다는 것은 그 이론과 서구의 새로운 지식체계 사이에 있을 수 있는 상관성을 밝히는 것이기도 하지만, 또한 그 이론이 조선 후기 실학의 철학 이론으로서 얼마나 성공적일 수 있는지를 검토하는 것이기도 하였다. 다시 말해 그들의 철학 이론이 서구 과학기술적 지식의 정당성과 그 지식의 수용을 얼마나 잘 설명할 수 있는지를 살피고, 더 나아가 그 이론이 실학의 철학으로서, 즉 기氣의 세계를 연구함으로써 백성들의 물질적 삶을 증진할 수 있는 학문이 참된 학문이라고 여겼던 실학의 철학으로서 얼마나 유효한지를 구명하는 것이 최종적인 관심사였다. 그 결과를 요약하면 다음과 같다.

■김석문: 상수역학적 우주관과 서양 우주설의 결합

17세기가 끝나갈 무렵 김석문이 저술한 『역학이십사도해』(1697)는 우

---

3) 다만 책의 분량이 늘어나 최한기를 다룬 부분은 그 책에 수록하지 못하였다.

리나라 천문학사의 기념비적인 저술 가운데 하나이다. 『역학이십사도해』는 역학易學과 주자학적 세계관을 기초로 우주의 생성·구조·운행을 도식화해 설명한 책이면서도 17세기 서구 천문학이 거둔 성과를 충실하게 반영하고 있다는 특징이 있다. 놀라운 것은 김석문의 우주설이 지전설을 기반으로 하고 있다는 점이다. 주지하다시피 17세기 초부터 유입된 한역서학서의 우주설은 코페르니쿠스의 설과 티코 브라헤의 설이었는데, 이들은 지구가 우주 중심에 고정되어 움직이지 않는다는 것을 전제했다는 공통점이 있다. 그럼에도 김석문은 『오위역지』에 비판적으로 소개된 지전설을 찾아내 그것을 자신의 역학체계와 결합하는 방법을 통해 세계 천문학사에서 유일무이한 우주 모형과 그 이론을 고안해 냈던 것이다.

김석문은 서구의 천문학적 성과를 적극적으로 수용하고, 그것을 활용하여 새로운 우주설을 고안해 내는 창의성을 발휘하였다. 그 결과 자신이 제기한 우주설의 또 다른 축인 역학, 특히 소옹의 선천역학의 한 축인 원회운세설元會運世說을 천체의 실제 운행 주기로 해석하거나 서양 천문학의 세차歲差 수치로 수정하기도 했고, 『태극도설』의 만물생성의 논리를 천체운행이나 지구 자전의 논리로 바꾸는 대담한 시도를 하였다. 그가 이렇게 과감한 발상의 전환을 한 것은 그의 주된 관심사 중에 하나가 천체의 구조와 그 운행 법칙이었기 때문이다. 반면에 그는 태극이나 태허 등의 개념을 빌려 12중천설의 명칭과 내용을 수정하는 등 전통 역학의 틀 자체를 버리지 않았고 존재론의 영역에서도 주희의 리기론을 고수하였다.

김석문의 우주설이 지닌 역학적 특징은 서양과학 수용사의 측면에서 보면 불철저한 이해 내지 의도적인 왜곡이라고 그 한계가 지적될 수 있다. 하지만 자연인식사 내지 과학사상사의 측면에서 보면, 『역학이십사도해』는 한 문화의 자연인식과 그 기저에 자리한 형이상학이 외부의 이질적인 지식체계를 만났을 때 있을 수 있는, 문화 접합 양상의 의미 있는 전형을 보여 주는 사례이다. 김석문의 자연인식의 기본틀은 최고 존재로서의 태극, 태허라는 이름의 우주공간과 그 안에 있는 만물, 그리고 우주만물 운행의 합법칙성(리)이라는 세 축으로 이루어져 있다. 이 세 축의 가설은 당시 서구의 새로운 천문학적 지식을 적극적으로 수용하고자 했던 사람들조차도 포기할 수 없는 '견고한 핵'[4]이었다. 김석문 역시 서구 천문학이 거둔 성과를 인정하면서도 자신의 지적 토대인 역학易學 및 주자학의 이론체계를 버리지 않았다.

김석문의 『역학이십사도해』에서 전통적인 우주설의 내용이 재해석되거나 수정된 것은 일종의 '보호대'에서 이루어지는 보조 가설들의 수정으로 이해할 수 있다. 아마도 '견고한 핵'을 훼손하지 않는 범위에서 보조 가설들을 수정함으로써 새로운 경험적 지식을 받아들이는 효과를 얻으면서도, 이를 통해 '기존 연구프로그램'의 '견고한 핵'을 더욱 굳건하게 하는 효과를 얻는 것이 김석문의 의도였을 것이다.[5] 이를테면 9중

---

4) 라카토스(Imre Lakatos)는 '과학적 연구프로그램의 방법론'(Methodology of Scientific Research Programme)이라는 개념을 제시했는데, 그 연구프로그램은 '견고한 핵'(hard core), '보호대'(protective belt), '발견법'(heuristic)으로 구성되어 있다. 이 가운데 견고한 핵은 중심 가설들로 구성되며 다른 프로그램으로 대체될 때까지 수정되지 않는다. 한 연구프로그램의 견고한 핵이 수정된다는 것은 다른 프로그램으로 대체된다는 것을 의미한다. 라카토스의 연구프로그램에 대해서는 앨런 찰머스, 『현대의 과학철학』(신일철·신중섭 옮김, 서광사, 1985), 132~149쪽 참조.

5) 라카토스의 과학적 연구프로그램에서 다수의 보조 가설로 구성된 보호대는 핵을 반증으로부터 보호하는 역할을 한다. 포퍼의 반증주의와 달리 라카토스는 반증 사례

천설의 수용은 기氣의 우주론과 태극천의 존재를 입증하는 경험적 전거를 확보한다는 의미가 있으며, 1회會의 시간 주기를 10,800년에서 지구의 세차운동에 근거한 수치인 12,700년으로 수정한 것은 상수학적 법칙의 경험적 근거를 확보한다는 의미가 있다. 서구의 천문역법적 지식을 상수학적 우주론의 틀 안에 용해하려는 태도는 김석문 이후 서명응에 이르기까지 상대적으로 선진적인 이른바 낙학의 지식인들에게서 자주 발견된다. 이들은 17세기 중반 이래로 시헌력의 원리와 계산법을 완전히 터득하여 자체 역서를 제작하고자 했던 조선 정부의 주도 세력으로서 지배 이념의 공고화를 통한 체제 안정과 새로운 과학기술의 수용을 통한 국가 권위의 강화라는 이중의 과제를 안고 있었다. 결국 그들은 새로운 지식의 수용을 통해 '견고한 핵'을 강화하는 전략을 선택했다고 평가할 수 있을 것이다.

사실 상수학적 우주론과 그것의 주자학적 토대인 리기론을 버린다는 것은 완전히 새로운 우주 인식의 체계로 진입한다는 것을 뜻하는데, 김석문은 그 새로운 길을 택하지 않았다. 철학의 측면에서 보면 김석문은 태극을 천지만물의 근원으로 설정하고 리와 기라는 두 가지 근본 범주로 이 세계를 설명하는 주희의 리기론을 군건하게 고수하였다. 그럼에도 불구하고 음양을 기의 동정이 아니라 햇빛의 유무로 재해석한 점, 오행을 천지만물의 생성과 상호 관계를 설명하는 존재론적 범주가 아니라 구체적인 사물로 파악한 점, 그리고 주자학의 생성론적 도식을 지전설에 기초한 천체운행론으로 재해석한 점 등은 주자학의 '견고한

가 곧바로 이론 전체의 부정을 가져오지 않으며, 새로운 보조 가설을 전제에 추가하거나 초기 조건을 수정함으로써 핵심 이론을 보호한다고 주장하였다.

핵'을 폐기하는 데까지는 이르지는 않았을지라도 적어도 주자학적 사유의 균열을 드러낸 것임에 틀림없다.

■이익: 퇴계학적 사유와 탈중화주의적 세계 이해

이익은 이황에서 정구-허목으로 이어지는 기호남인의 학맥을 계승한 학자로서 이황을 우리나라 도학의 정통 계승자로 존경하였다. "지금 다행히 이 나라에 태어난 사람이라면 어찌 퇴계가 말한 대로 말하고 퇴계가 실천한 대로 실천하여 한 줄기로 이어져 온 유교문화를 지켜나가려고 하지 않겠는가?"라는 언급에서 확인되는 것처럼 그는 이황이 남긴 글을 공부하고 이황이 살았던 삶의 방식에 따라 사는 것이 유교의 도를 지키는 길이라고 확신하였다. 동시에 그는 이황의 사단칠정론을 자신의 관점에서 새롭게 해석하여 수정설을 내놓았으며 주희의 학설일지라도 의혹이 있으면 그 의혹을 드러내야 한다고 여겼을 만큼 교조적 주자주의자들과는 다른 면모를 보였다. 그의 비판적 학문 태도는 쓸모 있는 학문을 해야 한다는 실용적 학문관과 연계되어 있으며, 그가 다양한 자연학적 지식을 『성호사설』에 담아낸 것 역시 쓸모 있는 학문이라는 문제의식과 분리해서 생각할 수 없다. 그 방대한 저술이 가능했던 것은 여러 한역서학서를 섭렵한 것이 한몫을 하였다. 그는 폭넓은 독서를 통해 서구의 문물과 과학기술적 성과를 접할 수 있었고, 특히 지구구형설·지전설·12중천설과 같은 새로운 지식은 사고의 지평을 넓히는 중요한 계기로 작용하였다. 서양 역법을 두고 역법의 극치라면서 일·월식의 예측이 틀린 적이 없다고 극찬한 것이나 앙관부찰仰觀俯察·기수계기器數械機·추산수시推算授時의 기술은 지금까지 중국에 없었던 것이라고 평가한 것이 그 예이다.

이익의 서학 수용에 보이는 특징은 다음 몇 가지로 정리할 수 있다. 첫째는 김석문에게서도 발견되는 것으로 서구의 과학적 성과를 동양의 전통적인 세계관이나 지식체계와 화해시키려고 노력했다는 점이다.[6] 일종의 격의格義 서학이라고 할 수 있는데, 『장자』·주희·역가曆家의 언급에 근거하여 12중천설의 영정천을 합리화한 것은 그가 서구의 새로운 지식을 흡수하는 데 가졌던 격의적인 태도를 잘 보여 준다. 이러한 태도는 서구 천문학의 중국기원설로까지 확장되는 모습을 보이는데, 서양의 학자들이 지구구형설을 입증했다고 여기면서도 땅 위에 물이 있다고 한 『중용』의 한 구절을 근거로 자사가 이미 지구구형설을 말했다고 확신한 것이 하나의 예이다. 이익이 보인 격의의 태도 내지 중국 기원의 관점은 많은 경우에 그것을 통해 새로운 지식을 받아들였다는 점을 감안하면, 새로운 지식을 정당화하고 수용하는 데 전통의 권위를 적극적으로 활용했다는 의미로 이해해야 마땅하다. 하지만 전통의 권위를 빌려 새로운 지식을 정당화하는 작업이 마냥 순조로울 수만은 없다. 언젠가는 양자가 충돌할 수밖에 없기 때문인데, 그가 지전설을 두고 고심한 것이 그 사례이다.

이익은 지전설을 접한 후에 『장자』나 주희의 말을 근거로 지전설을 긍정적으로 이해하려는 모습을 보였다. 하지만 그는 곧바로 『주역』에서 "하늘의 운행은 굳건하다"(天行健)라고 한 것을 근거로 지전을 인정하지 않았다. 성인은 모르는 것이 없으므로 "하늘의 운행은 굳건하다"는

---

6) 김석문은 지전설을 정당화할 때 장재의 『정몽』의 한 구절을 살짝 변조하여 인용하였다.

말이 믿을 만하다는 것이 그의 결론이었다. 이는 김석문이 '천행건'을 "하늘의 덕이 강건하여 움직이지 않는다는 뜻이지 하늘이 하루에 한 바퀴씩 왼쪽으로 돈다는 말이 아니다"라고 하여 지전의 뜻으로 재해석한 것과 뚜렷한 대조를 이룬다. 아무튼 이익은 김석문과 달리 지전설이 성인의 경전과 화해될 수 없다고 판단했고, 서구 천문학의 성과와 성인의 말씀이라는 선택지에서 최종적으로 성인의 말씀을 선택하였다.

이익은 서양의 천문학적 지식의 우월성을 간파했지만, 동양의 전통적인 지식체계, 특히 경전의 가치 및 지식체계를 부정하지 않았다. 이런 측면에서 이익은 성인과 경전을 중심으로 한 유교적 지식체계를 내면화한 유교 지식인이다. 그의 지식체계, 즉 유교적 성인－경전 지식체계7)는 당연히 유교적 세계관이라는 지반 위에 형성된 것인 동시에 오랜 시간 동안 축적되어 온, 하지만 그 체계와 화해될 수 있는 다양한 지적 전통이 온축된 것이기도 하다. 따라서 그가 지정천동地靜天動의 우주설을 부정하는 것은 자칫 그것을 포괄하고 있는 유교적 성인－경전 지식체계를 부정하는 것으로 이어질 우려가 있고, 그것은 곧 자신의 지적 기반 자체를 부정하는 것이자 이 세계를 인식하는 인식틀의 변화를 수반하는 것이다. 인식틀의 변화 없이 자신의 지적 기반을 부정한다는 것은 사실상 불가능한 일이다.

주자학이라는 이론적 지반을 그대로 둔 채 받아들일 수 있는 서양의 과학적 성과는 제한적이다. 서양 과학의 새로운 성과를 받아들이면 받아들일수록 그 새로운 지식이 주자학적 성인－지식체계와 상충되는 정

---

7) 더 정확하게 말하면 주자학으로 재해석된 유교의 주자학적 성인－경전 지식체계이다.

도가 커지기 때문이다. 따라서 이익의 경우처럼 동양의 고전을 근거로 서양의 과학적 성과를 평가하거나 서양의 과학적 성과를 동양의 고전으로 해석하는 한, 서양 과학의 수용은 곧 그 한계에 부닥칠 수밖에 없다. 결국 이익의 학문은 교조적 주자주의에 대한 비판, 비판적 학문 태도, 실학적 학문관, 서양 과학기술에 대한 관심, 다양한 제도개혁론 등 여러 측면에서 발견되는 진보적인 성격에도 불구하고, 주자학적 성인-지식체계와 그 기저에 자리한 주자학적 리기론을 견지하였다. 실학적 사유에도 불구하고 그에게는 여전히 주자학적·퇴계학적 사유가 견고하게 자리 잡고 있었다는 것을 의미한다. 이익은 주자학적 리기심심성론과 실학적 학문관의 괴리를 분명하게 의식하지 못했고, 그 결과 실학적 문제의식과 이에 기초한 서양 과학기술에 대한 폭넓은 관심에 걸맞은 새로운 철학체계를 제시하는 데까지 나아가지는 않았다. 하지만 역설적으로 이익의 시도는 도와 기의 병진을 위한 방법론과 그 철학적 토대를 마련하려는 새로운 실험이라는 맥락에서 의미가 크다.

■홍대용: 자연인식의 새로운 지평과 주자학 이론의 회의

홍대용은 핵심 노론 가문 출신으로 김원행의 문하에서 공부한 정통 낙학의 학자이다. 그는 젊은 시절에 이미 서구 천문학적 지식을 이용하여 혼천의를 제작해 일종의 사설 천문대를 설치하는 등 보통의 도학자들에게서는 찾아보기 어려운 남다른 면모가 있었다. 쓸데없는 학문을 하느라 시간낭비를 할 바에는 차라리 율력律曆·산수算數·전곡錢穀·갑병甲兵 같이 세상에 널리 쓰일 수 있는 학문을 하는 것이 낫다고 여긴 것도 같은 맥락으로 이해할 수 있다. 그가 경전 해석과 관련하여 창의적인 의심과 자유로운 토론을 불가능하게 하는 교조적 주자주의를 비판한 것이나 탈주자학적 사유의 극한을 보여 주는 『의산문답』은 물론 『임하경륜』이나 『주해수용』 같은 실용서를 저술한 것도 쓸모 있는 학문을 해야 한다는 실학적 문제의식과 별개로 논할 수 없다.

홍대용은 서양의 과학과 그 방법에 대해 "손바닥 보듯이 명료하며 한당시대에도 없었던 것"이라고 높이 평가하였다. 더욱이 "지금 서양의 방법은 산수를 근본으로 하고 기구를 도구로 하여 만물을 헤아리고 만상을 살핀다"고 한 평가는 그가 관찰과 수학을 토대로 한 근대 과학적 방법론의 특성을 정확하게 짚었다는 것을 말해 준다. 그는 지구구형설을 받아들였을 뿐만 아니라 김석문과 마찬가지로 지구의 자전을 전제로 한 우주설을 제시했으며, 그 설들을 입증하기 위해 한역서학서를 토대로 다양한 전거를 제시하였다. 특히 지구의 빠른 회전과 이로 인한 기氣의 마찰로 생기는 상하의 형세(上下之勢)라는 개념, 근본이 같으면 서로 감응한다는 본류상감本類相感의 원리, 우주는 특정한 중심이 없다는 것을 함축하는 우주무한설 등은 자연학의 영역에서 그가 얼마나 창조적이고 개방적인 사고를 했는지를 잘 보여 주는 사례이다. 더욱 주목되는 것은 그가 서구의 새로운 지식을 수용하면서 그 지식의 수용에 걸맞은 철학적 사유를 매우 성공적으로 전개했다는 점이다.

홍대용이 『의산문답』에서 일관되게 견지한 문제의식은 주자학적 세계관으로부터 새로운 세계관으로의 전환이라는 주제였다. 그가 인식 목표로 설정한 '큰 도'(大道)는 주자학적 세계관과 대비되는 것으로 서양 과학에 힘입어 이루어진, 이 세계에 대한 새로운 지식체계이다. 이는 『의산문답』에서 다루어진 내용이 객관적 인식에 대한 강조, 지원설이나 지전설 같은 우주 및 자연에 대한 과학적 이해, 음양오행설 및 상수학 등 전통적 자연인식체계의 부정, 화이관의 비판 등이라는 것에서 확인된다. 홍대용이 새로운 지식체계의 인식이라는 문제의식을 해결하기 위해 찾은 결론은 사람과 사물이 균등하다는 인물균등론과 인간의 관점에서 벗어나 이 세계를 제3의 객관적인 관점에서 인식해야 한다는 이천시물론이었다. 이 세계를 있는 그대로 인식하기 위해서는 주자학의 인간중심주의에서 벗어나야 한다는 것인데, 주자학에서 인간에게 부여한 존재론적 특권 및 이에 기초한 인식론적 특권을 폐기해야 한다는 선언이다. 그의 인물균등론에는 주자학의 인간중심주의적 인식틀을 타파함으로써 이 세계에 대한 객관적 인식을 확보하겠다는 인식론적 의도가 내장되어 있었던 것이다.[8]

여기에서 확인해야 할 것은 홍대용이 리와 기의 담론을 펼친 것은 물론이고 사람과 사물이 균등하다는 것을 설파할 때도 리의 개념을 동원했다는 점이다. "초목의 리가 곧 금수의 리이고, 금수의 리가 곧 사람의 리이고, 사람의 리가 곧 하늘의 리이다"라면서, 그 리를 인과 의일 따름이라고 구체화한 것이 그 예이다. 이러한 주장의 기저에는 "같은 것은 리이고 다른 것은 기이다"라는 리동기이理同氣異의 원리가 전제되어 있는데, 이는 주희가 같은 원리로 만물의 동일성과 변별성을 아울러 설명한 방식과 그다지 달라 보이지 않는다. 그렇다면 홍대용의 인물균등론이 주자학과 갈라지는 지점은 어디일까? 우선 홍대용이 주자학에

---

8) 이에 대해 그는 "큰 도를 해치는 것으로는 오만(矜心), 즉 잘난 체하는 마음보다 심한 것이 없다"면서, "사람이 사람을 귀하게 여기고 사물을 천하게 여기는 것이 잘난 체하는 마음의 근본"이라고 하였다.

서 당연한 것으로 전제한 리의 실재성과 주재성에 의문을 제기했다는 점을 들 수 있다. 그는 리가 형질 없이 존재한다는 것을 쉽게 이해할 수 없었고, 그 리가 조화의 중심이 되고 만물의 근원이 된다는 것은 더 더욱 받아들이기 어려웠다. 게다가 그는 주자학의 리기론에서 리강기 약의 관점과 기강리약의 관점이 서로 충돌한다는 것을 정확히 간파하였다. "이 리는 이미 온갖 변화의 근본인데, 어찌 기를 순선하게 하지 않고 혼탁하고 어그러진 기를 낳아 천하를 어지럽히는가?"라고 반문한 것이 그것이다. 이러한 의문은 주자학의 이론적 정합성에 문제가 있다는 뜻으로 리를 최고 범주로 하는 주희의 철학 이론에 대한 근본적인 문제 제기이다. 따라서 초목·금수의 리와 인간의 리가 다르지 않고 그 리가 인과 의일 뿐이라고 한 홍대용의 언급을 단순히 주자학의 맥락에서 이해하는 것은 적절하지 않다.

홍대용은 주자학의 최고 범주인 리의 실재성·근원성·주재성에 의문을 제기했으며, 이를 바탕으로 리에 부여된 생성론적 기원 내지 존재론적 본체라는 위상을 탈각시켜 버린 후 모든 존재와 그 존재가 빚어내는 온갖 현상을 인과 의로 의미부여를 하였다. 이 세계의 기저에 놓인 생성론적 기원 내지 존재론적 본체를 제거하는 대신에 갖가지 개체 그 자체에 동일한 존재론적 가치를 부여하는 전략을 선택한 것이다. 그의 관점에서는 썩은 거름의 리나 고귀한 보석의 리나 똑같이 인의이다.[9]

---

9) 여기서 인과 의는 주자학에서처럼 존재론적 본체가 아니다. 인과 의가 존재론적 본체로서 현실의 사물보다 먼저 존재하고, 그 본체가 거름이나 보석으로 현실화된다는 뜻이 아니라 거름이나 보석이 다 같이 그 자체로 내재적인 가치를 지닌 고귀한 존재라는 의미에서 그 리를 인과 의라고 했을 뿐이다. 이런 측면에서 홍대용이 말하는 인의는 고귀함에 대한 은유적 표현이다.

다만 인간의 편견 때문에 거름은 천하고 보석은 귀하게 보일 뿐이다. 따라서 참된 인식을 위해서는 인간에게 부여된 인식론적 특권을 털어 버리고 제3의 관점에서 이 세계를 있는 그대로 인식하는 객관주의적 태도가 필요하다. 결국 홍대용의 이천시물론은 자연에 대한 객관적 인식을 위한 방법론이며, 그와 연동되어 있는 인물균등론과 그 기저에 자리한 리기론은 그 객관적 인식방법론을 밑받침하는 철학 이론이라는 의미가 있다.

눈여겨보아야 할 것은 홍대용의 경우에도 자연에 대한 도덕적 이해라는 인식틀이 여전히 유지되고 있다는 점이다. 사실 도덕주의적 자연관은 근대 과학적 방법론 및 이에 근거한 자연 이해 방식과 거리가 있다. 하지만 인간의 영역과 자연의 영역을 연속적으로 이해하는 방식은 이 세계 전체를 물리적인 보편 법칙으로 설명하는 근대 자연과학의 방법론에 이르기 위해 거쳐야 할 단계라는 의미에서 한 단계 진전된 면모가 없지 않다.[10] 더 나아가 근대 자연과학적 방법이 인간을 인식주체로 상정하고 자연을 인간에 의해서 파악되는 인식대상, 그것도 도덕적 가치가 배제된 물리적 대상으로 규정함으로써 인간의 일방적인 자연 지배를 정당화하는 결과를 낳았다는 것을 감안하면, 도덕적 가치를 매개로 한 그의 인물균등론과 그의 리기론은 그 의미가 더욱 크다. 서구 근대 과학이 자연에서 도덕성을 탈각시킨 채 그것을 양화함으로써 자연에 대한 객관적 인식과 자연 지배를 가능하게 했다면, 홍대용은 오히려 자연에 도덕적 가치를 부여함으로써 객관적인 자연인식은 물론 자연과

---

10) 물론 그 연속성이 물리 법칙으로 확보되느냐 아니면 내재적 가치로 확보되느냐 하는 것은 전혀 다른 문제라는 것을 인정해야 한다.

의 공존을 가능하게 하는 길을 선택하였다. 자연과 인간을 다 같이 고귀한 존재로 파악하고, 인간의 중심성 내지 우월성을 부정한 홍대용의 철학은 자연에 대한 도덕적 이해와 객관적 인식을 동시에 가능하게 하는 제3의 근대적 사유라고 할 만하다.

■박제가: 물질적 삶의 중시와 북학사상

박제가는 젊은 시절부터 박지원·이덕무·유득공·이서구·서상수 등과 어울렸고, 이른바 백탑시파의 일원으로 이름을 날렸다. 정조 3년(1779)에는 이덕무·유득공·서이수 등과 더불어 규장각의 검서관으로 발탁되어 13여 년 동안 재직하면서 각종 관찬 서적을 정리하고 편찬하는 일에 종사하였다. 주요 저술인『북학의』의 제목이 말해 주듯이 북학은 박제가 사상의 핵심이다. 그는 당시 조선의 폐단을 가난이라는 한 단어로 규정하고, 가난 극복을 당시 조선의 시대적 과제로 인식하였다. 그 가난의 원인이 기술의 낙후에 있다고 여겼기 때문에 그가 가난 극복의 방법으로 제시한 정책들, 예를 들어 상업의 활성화, 수레의 보급, 선진 농법의 수용, 중국과의 통상 확대, 노동도구 제작기술의 수용 같은 정책들은 기본적으로 중국의 문물 가운데서도 선진 기술을 수용하는 것으로 귀결된다.

박제가가 제시한 북학론의 요점은 더 나은 삶을 위해 물질적 삶의 수준을 제고해야 하며 이를 위해서는 중국의 선진 기술을 수용해야 한다는 것이었다. 이런 측면에서 그의 북학론은 한마디로 기술수용론이라고 할 수 있는데, 그의 기술수용론이 갖는 의미는 무엇보다도 시대적 요구를 정확하게 읽어 냈다는 데 있다. 그는 리기심성론의 정론화, 예제의 엄격한 실천, 도덕성의 제고, 춘추대의론의 강화 등을 통해 주자학적 가치를 고양하고 주자학적 질서를 공고히 하는 것보다는 빈곤을 극복하는 것이 주된 과제였고, 그 방안으로 중국의 선진 기술을 수용하자는 주장을 폈던 것이다. 이는 편협한 화이론자들이 청을 비린내 나는 오랑캐의 땅으로 규정하고 그곳의 사람과 문물을 천하게 여기면서 복수와 설치를 부르짖었던 것과 분명하게 구별된다. 여기서 박제가가 일차적으로 취한 전략이 북학파 학자들이 대개 그러하듯이 청나라 자체와 중국 문물을 분리하는 방법이었다. 청은 오랑캐의 나라일지라도 그 땅에 사는 사람과 문물은 중국의 것이므로 존주와 양이의 명분론에 얽매어 중화 문물을 포기하는 어리석음을 고집하지 말라는 것이 그 요지이다.

이 지점에서 박제가는 효과(功)와 이익(利)의 논리를 동원하였다. 그는 당시 존주와 양이의 명분으로 북학을 거부한 사람들을 겨냥해, 북학의 길을 버리고 의리만을 고집하는 편협한 사고 탓에 백성들은 고생만 하고 효과를 보지 못한 채 굶어 죽게 되었으며, 그것은 곧 백배의 이익을 버리고 실행하지 않는 것이라고 비판하였다. 의리보다 효과와 이익을 우선시하는 사고, 이 역시 도道보다 기器의 문제가 시급하다는 실학적 문제의식의 연장이다. 청과 중국을 분리하는 전략 그리고 실질적인 효과와 현실적인 이익이라는 관점의 도입을 통해 중국 문물을 배우자고 역설한 그의 북학론은 당시 백성들의 궁핍한 생활을 직시하고 시대적인 추이를 잘 읽은 탁견이라고 할 만하다.

박제가의 북학론은 그의 상업옹호론과 더불어 도덕 우위의 주자학적 문화로부터 벗어나 물질생활의 풍요로움을 중시하는 문화의 모색이라는 시대사적 흐름을 반영한다는 의미가 있다. 게다가 그는 놀고먹는 유생들이 너무 많기 때문에 그 숫자를 줄이고 그들을 상업에 종사하도록 해야 한다는 파격적인 주장을 하였다. 그는 또 검소한 생활을 미덕으로 여기는 도학적 풍토 때문에 생산 활동이 위축되었으며 오히려 사치가 품질 좋은 제품의 생산을 촉진한다고 하여 검소와 사치의 의미를 새롭게 정립하였다. 이 역시 사농공상의 구분을 엄격히 하고 도덕적 가치를 우선시하는 주자학적 가치체계와 충돌하는 것으로 생산 활동과 물질적 풍요에 대한 긍정적인 인식이라는 의미로 이해할 수 있다.

박제가의 북학론이 갖는 한계도 없지 않다. 박제가가 기술 습득을 위해서 제시한 방안은 중국의 선진 문물을 배우는 것이었고, 여기에는 중국의 기술이 곧 기술의 표준이라는 생각이 자리하고 있었다. 중국의 것을 기준으로 조선의 것을 평가했기 때문에 조선의 것은 그에게 항상 부족하고 불완전한 것일 수밖에 없었다. 이러한 사고는 자칫 중국의 것이면 무엇이든 좋다는 식의 새로운 모화사상으로 흘러갈 위험이 있다. 사실 박제가는 "우리나라는 모든 일이 중국에 미치지 못한다"는 식의 발상을 하고 있으며, 이러한 허무주의적 사고는 "우리말을 못 버릴 것도 없고 버린 뒤에야 오랑캐라는 말을 면할 수 있다"라는 언급에서 극에 달하였다.[11] 비록 문자와 말이 일치하는 것이 편리하고 능률적이라는 이유를 달긴 했지만, 자국어를 버리고 중국어를 공용어로 사용하는 것이 좋다는 발상은 본말이 전도된 비주체적 사고로서 그의 북학론이 지닌 분명한 한계가 아닐 수 없다.

박제가의 북학론이 지닌 한계는 중국 문물을 이해하는 태도가 다분

---

11) 『北學議』, 內編, 「漢語」, 412쪽, "我國地近中華, 音聲略同, 擧國人而盡棄本話, 無不可之理, 夫然後, 夷之一字可免, 而環東土數千里, 自開一周漢唐宋之風氣矣, 豈非大快?"

히 즉물적이었다는 데서도 발견된다. 그의 선진 기술의 수용은 일상생활에 직접적인 쓸모가 있는 것에 집중되었으며 당시 중국에 유입된 서양의 과학기술을 심층적으로 이해하려는 태도를 적극적으로 보이지 않았다. 그는 서구 과학기술의 우월성을 인지하고 있었지만 서구 문명의 동점이라는 세계사적 흐름이 그의 일차적인 관심사는 아니었다. 그에게 있어 서구 문명이라는 것은 동양의 바깥에 있으면서 동양과는 다른 또 하나의 독립된 문명이라기보다는 중국에 들어와 있고 중국 문명에 포섭되어 있는 문명이라는 의미가 강했다. 그 결과 그는 일관되게 '학중국'을 주창했을 뿐 '학서양'을 뚜렷하게 주장하지 않았던 것이다. 결과적으로 박제가는 서구의 과학기술을 포괄하는 새로운 학문체계를 세우거나 그 학문체계의 철학적 토대를 구상하는 데는 큰 관심을 두지 않았다. 이 점은 그와 같은 시대를 살았던 홍대용이 서양의 천문학적 성과에 기대어 새로운 우주체계를 제시하고 그 새로운 지식체계에 걸맞은 인식론·존재론적 사유를 펼친 것과 다른 면모이다.

■정약용: 합리적 자연인식 태도와 주자학 이론의 해체

정약용은 여전론이나 정전론과 같은 토지개혁론, 다양한 상공업정책론, 진보적인 과학기술관 내지 과학기술 육성책을 제시한 개혁적인 사상가이다. 그의 「탕론」과 「원목」은 통치자를 추대하고 교체할 수 있는 권리를 최종적으로 백성에게 부여함으로써 제한적이긴 하지만 민권주의적 사유의 가능성을 보여 주었다. 그는 또 주자학적 학문 풍토가 빚은 현실적 폐단은 물론 주자학의 리기심성론이 지닌 이론적 한계를 지적하였다. 특히 "옛날의 학문은 일을 하는 데 힘을 써서 일하는 것으로 마음을 다스린 반면에 지금의 학문은 마음을 기르는 데 힘써서 마음을 기르다가 일을 폐하는 데 이르렀다"는 지적은 주자학의 과도한 심학적 편향이 현실의 구체적 삶을 소홀히 했다는 비판이었다. 이는 도에 매몰된 기器의 회복이라는 실학적 맥락에서 정약용의 철학과 학문을 조망할 수 있게 해 준다.

실제로 정약용은 정조 13년(1789) 겨울에 한강에 배다리를 만드는 작업을 입안했으며, 3년 후인 정조 16년(1792)에는 화성 건설에 필요한 계책들을 조사해 보고하고 무거운 돌을 끌거나 들어 올리는 기계의 제작 방법을 마련하였다. 이 일련의 일들은 정약용이 건설·기계·기술 등 실용적인 학문에 상당한 관심과 조예가 있었다는 것을 방증한다. 그는 또 경험적 근거와 합리적 추론에 기초하지 않은 지식은 허황된 것으로 간주하였다. 십간·십이지에 기초한 여러 가지 술수를 비롯해 분야설·점성술·풍수설·관상법·택일법·맥론 등 오늘날 흔히 유사과학에 포함되는 이론들을 헛된 것이라고 비판한 것이 그것인데, 그것들은 자연의 객관 법칙에 근거한 이론 내지 방법론이 아니라 의도적인 날조라는 것이 그 비판의 요점이었다.

정약용의 합리적인 자연인식 태도는 서구의 과학적 지식을 받아들이는 데도 일관되게 관철되었다. 그가 지구구형설을 의심의 여지가 없다고 확신한 것도 믿을 만한 근거가 있다고 여겼기 때문인데, 남북의 위치에 따라 남북극의 고도가 다르고 동쪽 끝 지방이나 서쪽 끝 지방의 오전 오후의 길이가 같다는 것 등이 그 근거였다. 그는 또 원시와 근시를 눈동자 곡면의 정도에 따라 달라지는 광학적 초점의 길이로 설명했으며, 볼록렌즈가 태양 빛을 초점에 집중시킴으로써 물건을 태우는 현상을 설명하기도 하였다. 일종의 광학 원리를 이용해 자연현상을 설명했던 것이다. 더 나아가 그는 물속의 동전이 떠 보이는 현상이나 지평선 아래에 위치한 태양이나 달이 지상 위에 떠 있는 것처럼 보이는 현상을 빛의 굴절 효과로 해명하였다. 자연현상에 대한 이와 같은 이해는 정약용이 관찰과 합리적인 추론을 자연인식의 기본적인 방법으로 여겼다는 것을 말해 준다.

정약용이 서구의 자연학적 지식을 무조건 받아들인 것은 아니다. 그는 서구의 새로운 지식일지라도 그 근거가 합리적이지 않다고 생각될 경우에는 수용하지 않았다. 시헌력법에서 천체의 일주운동을 설명하기 위해 상정한 종동천을 부정한 것이 하나의 예이다. 종동천과 천체운행의 관계를 맷돌과 그 위를 기어가는 개미에 빗대어 설명한 것이 전혀 설득력이 없다는 등 몇 가지 논거를 들어 종동천이 실제로 존재하지 않으며 일·월·오성의 운행도 그 자체의 운행이지 종동천에 의한 것이 아니라고 결론지은 것은 그의 합리적인 인식 태도가 빛을 발한 장면이다. 하지만 그의 합리적인 인식 태도가 오히려 서구 천문학의 최신 성과를 받아들이는 데 장애가 되기도 하였다. 경험적 근거를 제시하기 어려운 지구의 자전과 위치 이동을 모두 부정한 것에서 이를 확인할 수 있는데, 김석문·홍대용·최한기에 비해서 서구의 근대 우주설을 대하는 정약용의 자세가 상대적으로 보수적이었다고 평가할 수 있는 부분이다.

정약용은 순수철학 영역에서도 주자학 이론에 반하는 다양한 논의를 펼쳤다. 궁극적 존재로서의 리, 기질의 성과 별개로 본연의 성을 상정하는 성론性論, 인의예지의 내재성과 실체성, 선험주의적 인식론, 도덕적 자연관, 음양오행론 등은 주자학의 철학 이론을 구성하는 주요 내용인데, 정약용이 이들을 한결같이 부정한 것은 그의 철학 이론이 객관적 자연인식의 방법론과 접목될 수 있다는 것을 말해 준다. 특히 인간과 자연의 통일적 이해를 거부하고, 인간의 윤리적·인식론적 우월성을 근거로 인간과 자연을 지배자와 봉사자의 관계로 설정한 것은 중세 스콜라철학이 투영된 것이긴 하지만 인식주체의 확립 그리고 그 주체에 의해 인식되고 이용되는 대상세계의 정립이라는 근대적 주객이원론과 닮았다.

여기에서 검토해야 할 것은 그의 철학 이론에서 최고 정점에 자리한 상제로서의 천이다. 그는 상제를 "하늘·땅·귀신(神)·인간의 바깥에서 하늘·땅·귀신·인간·만물의 무리를 조화造化하고 그것을 재제宰制·안양安養하는 존재"로 규정하였다. 주자학에서 탈각된 천의 인격성이 그의 철학 이론체계에서 되살아난 셈인데, 천의 존재와 역할을 이와 같이 설정한 것은 그 천이 경험적으로 검증 가능하지 않다는 의미에서 관찰에 기초한 합리적인 자연인식이라는 그의 문제의식과 충돌할 뿐만 아니라 신의 권위로부터의 해방 및 주체의 확립이라는 서구 근대의 역사적 진행 과정과도 어긋난다. 정약용의 합리적인 자연인식이라는 문제의식이 하나의 철학 이론으로 심화되기 위해서는 그 문제의식이 그의 주재천 관과 정합적으로 설명될 필요가 있다. 하지만 그의 철학 이론은 그의 천관과 합리적인 자연인식의 태도가 어떻게 접합될 수 있는지를 명시적으로 설명하지 않았다. 천을 정점으로 한 그의 철학 이론은 주자학의 리기론적 틀을 완전히 벗어났음에도 불구하고 여전히 도덕적인 인간에 의한 도덕적인 사회 건설이라는 도덕주의의 틀에 초점이 맞추어졌고,

결과적으로 조선 후기 실학의 중요한 일면인 자연세계에 대한 객관적 인식을 위한 이론의 성격은 그만큼 미약했던 것이 사실이다.

그의 주재천과 그의 합리적인 자연인식이 전혀 무관한 것만은 아니다. 그는 천의 역할과 관련하여 "천도로써 증험하면, 해·달·별이 운행함에 사계절이 어긋나지 않고 바람·우레·비·이슬이 베풀어져 온갖 사물들이 자라는 것 역시 말없이 스스로 주재하는 것이다"라고 하였다. 그는 자연의 질서정연함이 천의 주재 때문이라고 분명하게 인식하고 있었다. 자연의 질서가 곧 천도인 셈이다. 사실 정약용이 조화·재제·안양의 권능을 천에 부여했을 때 그의 의도는 천이 마음대로 자연을 통제할 수 있다는 것에 초점이 있지 않았다. 오히려 그가 의도한 것은 자연의 합법칙성과 그 배후에 그것을 가능하게 하는 천의 존재가 있다는 것을 보이는 것이었다. 자연의 질서정연함을 끌어들여 천의 존재와 역할을 입증했다고 이해해도 좋을 것이다. 어찌됐든 천의 존재에 의해서 자연의 합법칙성이 확보된다면, 그 합법칙성의 인식이 곧 객관적 인식이므로 정약용이 말하는 천의 존재와 객관적 자연인식은 그 배치에 따라—천은 자연에 질서를 부여했고, 그 질서를 인식한 것이 참된 지식이라는 식으로—충분히 정합적일 수 있다.

하지만 정약용은 이와 관련해 논의를 더 진전시키지 않았다. 결국 그의 철학체계에서 하늘(天)은 아무리 은밀한 것일지라도 살피지 못하는 것이 없고 아무리 미세한 것일지라도 밝히지 못하는 것이 없는 존재, 이 방을 내려다보며 날마다 감시하므로 아무리 대담한 사람이라도 계신·공구하지 않을 수 없게 하는 존재, 즉 도덕적 감시자로 자리매김되었다. 정약용의 하늘은 자연의 질서를 설계한 존재이면서 동시에 인간의 실천을 감시하는 존재였던 것이다. 다만 정약용 자신이 초점을 맞춘 것은 후자의 하늘이었고, 결과적으로 그의 철학에서 자연에 대한 객관적인 인식의 문제는 인간의 도덕적 실천과 도덕적 사회의 건설이라는 근본 목적에 압도되어 제자리를 잡지 못한 형국이 되었다. 이것은 그의 철학이 강력한 도덕 지향적 성격을 지녔다는 것을 뜻하며, 그러한 만큼 그의 철학 이론이 근대 과학기술과 접목될 수 있는 여지를 좁게 만든다. 정약용은 자연을 인간에 의해 인식되고 인간에 의해 이용되는 존재로 파악하면서도, 동시에 한순간도 인간의 윤리적 삶의 당위성을 방치하지 않았다. 그 둘 사이의 간극을 어떻게 메울 것인지는 의문이지만, 자연에 대한 객관적인 인식의 문제를 도덕적 삶의 구현이라는 목적의 하위에 배치했다는 점에서 그의 철학은 근대 과학기술주의와 차별화되는 또 다른 근대적 사유의 의미 있는 가능성으로 읽을 수 있다.

4. 최한기의 기학과 조선 후기 실학

이 책(『최한기의 기학과 실학의 철학』)에서는 주로 최한기의 철학적 문제의식과 학문관의 변화, 서양 과학기술 수용 양상, 사유의 변화, 철학 이론의 특성 등을 살폈다. 이러한 주제들을 살필 때 던졌던 주된 질문은 다음 네 가지이다. 첫째, 최한기의 사유에 어떠한 변화가 있었을까, 그리고 그 변화가 철학 이론에 어떤 방식으로 투영되었을까? 둘째, 그 변화가 기존의 주자학적 사유 및 주자학의 철학 이론과 어떻게 차별화될

까? 셋째, 최한기의 철학 이론이 서구의 과학기술적 지식체계와 그 수용을 어떻게 정당화할 수 있을까? 넷째, 최한기의 철학 이론이 조선 후기 실학의 철학으로서 얼마나 유효할까? 이 질문에 만족할 만한 해답을 얻는다는 것은 사실상 불가능했지만, 그럼에도 연구 결과를 간단히 요약하면 다음과 같다.

■실증과 실용의 실학적 학문관

최한기는 실증과 실용을 중시한 실학적 학문관의 소유자이다. 그는 외도·이단·방술·잡학만이 아니라 전통적인 유학의 심학·리학까지도 허학이라고 비판하였다. 그의 주장에 따르면, 이 학문들은 증험할 수 없는 것을 논했고, 결과적으로 현실에 쓸모가 없다. 도교의 무, 불교의 공, 기독교의 신은 물론 주자학의 리까지도 이 세계에 실재하는 존재가 아니라 잘못된 인식의 결과이거나 날조된 허구에 지나지 않는다. 따라서 그 허구의 존재를 기반으로 구축된 학문이나 주의주장은 경험적 근거도 없고 일상에서 쓰임새도 없는 것들이다.

■서양 과학기술 수용과 기학적 변용

최한기는 자신이 살던 19세기 중반기를 동서문명이 교류하는 시대로 파악하고, 서구의 제도와 과학기술을 받아들일 것을 역설하였다. 최한기의 철학적 문제의식은 시대 변화를 정확하게 인식하고 그 변화에 제대로 대처하자는 것에서 출발한다. 변화된 현실에 대처하는 방법으로 그가 제시한 것은 변한 것을 가지고 변한 것에 대처해야 한다는 이

변어변以變禦變의 방법이다. 변화된 세계정세 속에서는 옛것에 대한 고집이 아니라 무엇인가 의식의 전환이 필요하다는 뜻이다. 의식의 전환, 그것은 곧 우리보다 나은 것이 있다면 서양의 문물을 수용해야 한다는 것으로 귀결된다. 그는 우주설을 비롯한 서양의 과학적 성과를 당대 그 누구보다도 적극 수용했고, 특히 태양중심설과 만유인력의 개념을 우리나라에서 최초로 도입했을 만큼 선진적인 과학사상가이다. 하지만 그는 기로 모든 존재와 현상을 설명하는 기학적 세계관만큼은 일관되게 견지했고, 오히려 자신의 기학 이론으로 서양의 과학적 지식을 설명하거나 그 잘못을 보완하는 주체적인 자세를 보였다. 예를 들어 천체를 감싸고 있는 기의 운화로 천체의 운행을 설명한 것과 같은 것이다. 이러한 자세는 만유인력의 법칙으로 천체운행을 설명하는 근대 천문학을 접하고도 그것을 있는 그대로 받아들이지 않고 기의 운화를 그 힘의 원인으로 상정한 것에서 극명하게 드러난다. 그는 또 인체에 대한 서양의 해부학적 이해와 이에 기초한 기계론적 신체관을 매우 탁월한 것으로 평가하면서도, 서양 의학은 인간의 몸에서 작동하는 기의 운화를 제대로 보지 못했다고 그 한계를 지적하기도 하였다.

■마음으로부터 객관세계로의 전환

최한기는 주자학의 근본적인 문제를 인간의 마음에 매몰되어 마음 바깥의 세계를 소홀히 한다는 것에서 찾았다. 사실 주자학은 도덕적 실천을 주요 목적으로 삼았고 그 목적을 달성하기 위한 방법으로 마음의 공부를 강조했으며, 결과적으로 기氣의 세계, 즉 물질적 객관세계를 소홀히 하는 경향이 있었다. 반면에 그가 적극적으로 수용하고자 했던 서구의 과학기술적 지식은 마음을 들여다보는 공부로 얻을 수 있는 것이 아니다. 그것은 마음 바깥의 세계를 탐구해서 그 세계가 지닌 물리적 성질과 그 법칙, 즉 수학적 인과 법칙을 알아낼 때 획득할 수 있다. 따라서 그에게 중요한 것은 마음의 학문이 아니라 넓은 의미의 자연학, 즉 객관존재학이었다. 최한기가 주자학의 공부론인 거경·궁리설을 비판하고, 그것의 대전제인 "마음에 모든 리가 본래부터 갖추어져 있다"는 원리를 부정한 것은 바로 이러한 이유에서이다. 그의 철학을 관통하는 근본적인 문제의식은 마음속에 있는 도덕적 본체를 어떻게 실현할 것인가에 있지 않고, 어떻게 하면 객관 존재의 성질 및 그 법칙을 정확하게 인식할 것인가에 있었다. 그의 관점에서 보면 우리가 인식해야 할 대상은 마음의 본질이 아니라 마음 바깥에 실제로 존재하는 객관세계와 그 법칙이었다.

■ 도道로부터 기器로의 전환

최한기의 학문 역시 기器의 복권이라는 측면에서 살펴볼 수 있다. 여기서 기器는 기氣의 세계이자 물物의 세계이며, 그것은 곧 물질적 삶의 영역이다. 그의 학문적 관심사가 일차적으로 기器의 세계에 있었다는 것은 격물의 학문을 강조하면서 격물학을 재규정한 것에서 확인된다. 그는 격물학이 만물의 다양한 특성을 경험에 기초해서 연구하고 활용하는 학문이라고 규정하였다. 여기서 기본 전제는 만물의 물리적·생리적 특성이 종류마다 다르고 자연환경 역시 곳에 따라 다르다는 것이었다. 결국 어떤 사물을 적절히 활용하기 위해서는 그 사물이 지닌 특성과 그것이 놓인 환경을 잘 파악해야 하는데, 이것이 곧 그가 말하는 격물이다. 반면에 주희의 궁리설처럼 헛된 리의 존재를 상정하고 그것을 천착하는 것은 격물의 허황된 담론일 뿐이다. 이 세상의 물적 존재는 다 기(器)이고 그 기는 일정한 쓰임새가 있으므로 그 기의 이치를 잘 파악해 활용해야 하지만, 잘못된 믿음 때문에 실제로 그렇게 하지 못한다는 뜻이다. 이는 격물의 궁극적인 대상이 기(器)의 배후에 있는 형이상학적·가치론적 본체로서의 리 내지 그 리의 실현 법칙으로서의 도가 아니라 형이하의 기(器) 그 자체 내지 그 기의 자연적 성질과 법칙이라는 것을 의미한다.

천지인물에 대한 정확한 파악이란 곧 자연의 이치에 대한 정확한 인식을 뜻한다. 최한기는 자연의 이치라는 뜻으로 '물리'라는 용어를 사용하였다. 최한기가 자연세계에서 일차적으로 상정한 인식대상은 물리였다. 물리의 정확한 인식이 최한기 학문의 관건인 셈인데, 이렇게 물리가 학문의 핵심 분야로 부각된 것만으로도 학문관의 의미 있는 변화라고 할 수 있다. 물리를 학문의 주요 대상으로 상정한 것은 자연과학이나 기술학이 잡학이라는 위상에서 벗어나 지배적인 학문으로 부상될 수 있는 장을 마련했다는 의미가 있기 때문이다. 최한기가 물리의 리를 도덕적 원리가 아니라 자연의 법칙으로 이해했다는 것은 『추측록』의 「기(氣)를 미루어 리를 헤아린다」를 보면 분명하게 확인할 수 있다. 여기에서 그가 다룬 리의 구체적인 내용은 지구구형설, 지전설, 해와 별의 타원 궤도, 별의 운행 속도, 밀물과 썰물의 원인, 낮과 밤 또는 겨울과 여름이 생기는 원인, 바람이 생기는 원인과 같은 것들이다. 이 항목들은 자연현상과 그 현상의 원인에 대한 기술이 주된 내용이다. 최한기가 기를 미루어 리를 헤아린다고 했을 때 그 리는 자연의 존재 및 운행 법칙이었고, 따라서 당연히 도덕적 성격이 배제된 리였다. 요컨대 최한기가 상정한 물리라는 것은 수학적 방법으로 파악할 수 있고 도덕적 성격이 탈각된 물리적 세계의 리였다.

■성경으로부터 천경으로의 전환

최한기는 성인이 쓴 경전, 즉 성경聖經을 객관세계의 재현(representations)으로 이해하였다. 성경이란 성인이 자연의 경전, 즉 천경天經을 읽고 파악한 내용을 기술한 것이라는 뜻이다. 이러한 관점에서 보면 경전의 내용은 그 자체로 진리이거나 성인의 말씀이기 때문에 진리인 것이 아니라 객관 존재와의 일치에 의해서 그 진리성이 확보될 수 있을 뿐이다. 경전 역시 객관세계를 선택적으로 기술한 것이므로 당연히 누락된 것이 있고 심지어는 재현의 오류 때문에 객관 존재와 어긋나는 것이 있을 수 있다. 따라서 경전이 아니라 객관세계가 진리의 기준이며, 공부의 궁극적인 대상도 객관세계 자체여야 한다. 이러한 의미에서 자연은 진리의 준거 역할을 하는 진정한 경전이다. 이는 진리의 준거와 학문의 근본 대상이 성인의 경전으로부터 그 경전 바깥에 있는 진정한 의미의 경전, 즉 자연으로 전환된다는 의미가 있다. 이를 최한기 용어로 표현하면 성경으로부터 천경으로의 전환이라고 할 수 있을 것이다.

다만 유의해야 할 것은 여기에서 말하는 자연이 인간 이외의 존재를 지칭하는 개념이 아니라 인간의 주관적인 세계와 대립되는 객관 존재 전체를 아우르는 개념이라는 점이다. 최한기가 자연의 경전이라고 했을 때 그 자연은 인간의 인식주관(마음) 바깥에 있으면서 운동변화 하며 동시에 인간의 주관적인 인식과 편견에 의해 가공되지 않은 객관 존재를 통칭하는 개념이다. 인간의 신체는 물론 인간의 실천을 통해 연출되는 인간관계와 그 연장선상에 있는 인간사회도 끊임없이 운동변화 하는 객관 존재이므로 당연히 천경에 속한다. 심지어는 마음의 작용 역시 그 자체의 법칙에 따라 운용되는 객관 존재의 작용이므로 인간이 정확하게 그 존재와 법칙을 파악해야 할 대상이다. 최한기는 이처럼 인간세계에서 드러나는 다양한 특성을 인정人情이라고 부르고, 그것을 물리와 더불어 인식대상의 두 축으로 설정하였다. 따라서 최한기가 물리만을 인식대상으로 상정했다고 이해하는 것은 넓은 의미의 자연학, 즉 인간세계와 자연세계를 아우르는 객관존재학을 지향한 그의 학문을 좁은 의미의 자연학으로 축소시킨다는 문제가 있다.

■기의 존재론

최한기는 모든 사물이 기와 형질의 합으로 이루어져 있다고 여겼다. 게다가 최한기의 기학에는 형질 자체도 기가 응취된 결과물이므로 결국 모든 존재는 기 하나로 환원된다. 요컨대 기는 만물을 이루고 있는 재료인 동시에 만물이 생성되는 출발점이자 만물이 되돌아가는 귀착지이다. 동시에 그 기는 지금 이 순간에도 이 우주공간을 가득 채우고 있을 뿐만 아니라 모든 개체에 내재하면서 끊임없이 운동하고 변화하는 존재이다. 그 운동과 변화를 최한기는 네 글자로 활동운화活動運化, 두 글자로 운화라고 하였다. 이 세계에 실제로 존재하는 것은 기와 그 기의 운동변화로 빚어지는 온갖 개체들과 다양한 현상일 뿐이다. 여기서 리는 기와 그 기로 이루어진 온갖 존재들이 지닌 다양한 특성과 운동법칙을 지칭한다. 최한기는 그 리를 유행의 리 또는 운화의 리라고 칭하였다. 최한기의 기학에서 리는 주희가 말하는 것처럼 그 자체로 실재하는 존재론적 실체가 아니며, 기의 다양한 모습으로 자신의 본질을 드러내는 형이상학적 본체는 더더욱 아니다. 따라서 그의 기학은 리본체론을 토대로 한 주자학과 뚜렷하게 구별된다.

■경험주의 인식론

최한기에 의하면 인간의 마음은 아무런 색이 없는 우물물과 같아서 본래 그 어떤 선천적인 관념이나 선험적인 이치가 내재해 있지 않다. 색을 첨가해야 그 물이 비로소 색을 띠는 것처럼 마음은 경험이 쌓여감에 따라 지식이 축적되고 추론 능력이 고양될 뿐이다. 따라서 그의 인식론에서 인식은 감각기관과 물리적 대상의 만남, 즉 감각경험으로부터 시작된다. 더욱이 그 인식이 참된 인식으로 인정받기 위해서는 경험에 의해 검증되어야 하므로 최한기의 인식론에서 경험은 인식의 시작이고 종점이라고 할 수 있을 만큼 거의 절대적이다. 심지어 추론하고 판단하는 사유작용은 물론 측은지심과 같은 도덕적인 마음, 희로애락과 같은 일반적인 감정, 게다가 성적인 욕구까지도 보고 듣고 겪는 경험 속에서 터득된다.

최한기는 인간의 인식을 감각의 단계와 추측의 단계로 나누어 이해하였다. 감각의 단계는 인식주체(신기)가 감각기관을 매개로 대상의 신기와 접합으로써 그 대상을 수용하는 단계라면, 추측의 단계는 감각 내용을 분별하고 헤아리는 판단 작용의 단계이다. 그의 철학에서 추측은 감각 내용이나 이미 획득한 지식을 분석하고, 그러한 분석을 근거로 판단하거나 새로운 지식을 이끌어 내는 추론 과정을 의미한다. 여기에서 중요한 것은 그 판단이나 새로운 지식의 확충이 감각경험이라는 확실한 근거를 바탕으로 한 것이어야 한다는 점이다. 그의 인식론에서 경험에 근거하지 않은 판단은 참된 인식이 아니라 억측이고 상상이다. 이렇듯이 최한기는 선험적인 지식을 부정하고 모든 지식은 경험으로부터 시작된다는 일종의 경험주의 인식론을 제시하였다. 한마디로 그의 경험주의 인식론은 마음 바깥에 실재하는 존재와 그 법칙을 인식하기 위한 인식론, 다시 말해 좁게는 기器의 학문 넓게는 객관 존재의 학문을 밑받침하기 위한 인식론이라는 의미가 있다.

■탈주자학적 문제설정

주자학에서는 인으로 상징되는 도덕적 본체와 그 본체를 실현하는 도구로서의 기라는 두 축을 설정하고, 그 기가 그 가치를 완벽하게 실현해 내는 것을 선으로 규정하였다. 인이라는 도덕적 본체는 그 자체로 순선한 도덕적 가치이며, 현실의 존재들은 그 가치를 얼마나 실현해 내느냐에 따라서 가치의 서열이 매겨진다. 결국 주희의 철학 이론에서 관심의 초점은 도덕적 본체, 즉 천리를 어떻게 인식하고 실현할 수 있는가의 문제로 모아진다. 반면에 최한기 철학에서 근본적인 문제설정은 그 초점이 "마음속에 내재한 도덕적 본체를 어떻게 실현할 것인가"에 있었던 것이 아니라 "어떻게 객관세계의 이치를 정확하게 인식할 것인가"에 있었다. 최한기의 철학에서 인식의 문제가 철학의 근본 문제로 부각된 것은 이러한 이유에서이다. 그의 철학에서 리는 형이상학적 본체도 아니며 더군다나 인간의 마음에 있지도 않다. 그의 리는 객관세계의 존재원리이자 운동법칙일 뿐이다. 인간의 참된 지식은 감각경험과 이를 바탕으로 한 사유를 통해 그 리를 제대로 인식했을 때 형성된다. 추측의 리와 유행의 리가 일치하는 지식, 다시 말해 사유와 존재가 일치하는 지식이 참된 지식인 셈이다. 결국 마음속에는 도덕적 본체는 물론 그 어떤 선험적인 리가 없다는 것, 그리고 실재하는 리는 객관세계의 리라는 것, 따라서 참다운 지식은 감각기관을 매개로 하여 객관세계의 리를 정확하게 인식한 것이라는 것이 최한기 철학의 기본 구조이다.

■윤리 덕목의 보편성과 실천 규범의 상대주의적 인식

조선 후기의 실학자들이 대개 그러하듯이 최한기 역시 조선 주자학에서 오랫동안 도·심·성경에 가려졌던 기(氣)의 세계에 주목하였다. 그는 기의 세계에 대한 관심과 탐구가 이 세계의 객관 법칙을 파악하는 데 필수적이고 또 매우 시급한 과제라고 여겼다. 하지만 다른 실학자들과 마찬가지로 최한기도 사람답게 사는 길, 즉 도의 문제를 결코 소홀히 하지 않았다. 그는 오륜의 실행을 통해 조화롭고 질서정연한 사회를 영위할 수 있다고 믿었으며, 누구나 그런 사회를 원하기 때문에 오륜의 가르침을 폐지하려고 해도 폐지할 수 없다고 확신하였다. 그의 주장이 얼마나 객관적인 증거를 기반으로 한 것인지는 의문의 여지가 있지만, 분명한 것은 그가 오륜을 누구나 실천해야 할 보편적인 윤리 덕목 내지 도덕법칙으로 상정했다는 점이다. 이 대목에서 최한기는 봉건적 윤리 규범을 답습한 도학자와 별로 달라 보이지 않는다. 하지만 그의 윤리설에서는 이와 달리 매우 개방적이고 진보적인 면도 아울러 발견된다. 그는 나라마다 풍속이 다르고 예법이 다르다고 여겼으며, 심지어는 사회 조건에 따라 일처다부제도 가능하다는 파격적인 주장을 펴기까지

하였다. 이는 윤리적 개방성과 진보성을 보여 주는 열린 사고로서 삼강·오륜 중심의 가부장적 윤리를 기반으로 한 주자학의 보편주의 윤리설과 확연히 다른 모습이다.

주자학에서는 인간사회의 윤리 내지 도덕을 천리로 절대화하면서도 그 천리를 마음에 내재시킴으로써 합리화하였다. 주자학의 윤리는 형이상학적 원리에 의해 절대성이 확보됨과 동시에 선험적 도덕성에 의해 합리화의 길이 열렸던 것이다. 이런 측면에서 주자학의 윤리 덕목과 그것에 기초한 실천 규범은 태생적으로 절대적이고 불변적인 것으로 고착될 가능성을 안고 있었다. 반면에 최한기는 윤리 덕목과 그것의 구체적인 실천 방식을 분리하는 전략을 취하였다. 삼강이나 오륜 같은 윤리 덕목은 절대적이고 보편적이지만 그 덕목의 사회적인 형태인 실천 규범은 사회의 산물인 만큼 가변적이라는 것이 그 요점이다. 예컨대 오륜 가운데 하나인 부부유별의 덕목은 인간사회에서 폐지될 수 없는 보편적인 윤리 덕목 가운데 하나이지만 그 덕목이 현실에서 실제로 구현되는 방식은 그 사회의 객관적인 조건에 따라 일부일처제·일부다처제·일처다부제처럼 얼마든지 달라질 수 있다. 다시 말해 예법이나 예제, 그리고 이에 근거한 실천 규범은 시대마다 그 사회 조건에 적합한 것이 있게 마련이며, 그래서 객관적인 사회 조건의 변화를 정확히 파악하여 예법이나 예제를 적절하게 개정하는 것이 중요하다. 이처럼 최한기의 윤리설에서 윤리 덕목의 절대성·보편성과 실천 규범의 상대성·역사성이 긴장 관계를 이루고 있다.

■객관 존재-인식-승순-사무의 구조

　최한기는 전 세계에 통용될 수 있는 보편적인 학문을 구상하였다. 기의 존재론에서 출발하는 그의 새로운 학문, 즉 기학은 기존의 학문이 초래한 세상의 병통을 고치는 것이 목적이었다. 그의 낙관주의적인 서구 인식과 대동의 세계평화론은 기학이라는 철학 위에서 가능했다. 최한기의 기학은 객관 존재(氣) − 인식 − 승순承順 − 사무事務라는 4단계의 논리적 구조로 이루어져 있다. 첫째, 최한기는 이 세상의 모든 존재가 기로 이루어져 있다고 파악하였다. 그의 기는 인간의 의식과 관계없이 인간의 마음 바깥에 그 자체로 존재하며 그 자체의 법칙에 따라 운동변화하는 객관 존재이다. 둘째, 기 및 기로 형성된 존재들은 다 같이 유형의 존재이고, 따라서 경험 가능한 존재이다. 경험 가능하다는 것은 인간이 그 운동변화의 법칙을 인식할 수 있다는 의미이며, 그의 철학에서 참된 인식은 객관 존재와 일치하는 인식이다. 이것이 곧 '추측의 리'와 '유행의 리'(또는 '운화의 리')의 일치 테제이다. 여기서 유행의 리가 객관 존재의 운화 법칙이라면 추측의 리는 우리가 인식한 법칙이다.

　셋째, 인간은 객관 존재의 운동변화 법칙에 순응承順해야 한다. 최한기 철학에서 선善은 다른 것이 아니라 바로 객관 법칙에 순응하는 실천이다. 인간의 바람직한 실천이란 객관 존재에 대한 정확한 인식에 기반을 둔 실천인 셈인데, 인식의 문제가 최한기 철학에서 중요한 의미를 갖는 것은 바로 이러한 이유에서이다. 넷째, 승순의 목적은 사무를 성취하는 것이다. 사실 객관 법칙에 순응한다는 의미의 승순은 인간을 타자에 복종하는 피동적인 존재로 만듦으로써 인간의 자유로운 의지와 창조적인 활동을 억압할 우려가 없지 않다. 이 지점에서 최한기는 승순과 사무를 결합함으로써 승순에 내포된 복종의 의미를 일의 성취라는 적극적인 의미로 전환시켰다. 그가 『승순사무』의 서문에서 "하늘과 사람의 사무는 모두 승순으로 성취하는 것이니 그 이름 지은 뜻이 객관 존재인 하늘과 사람의 운화를 승순하여 사무를 성취하는 데 있다"고 한 것은 승순과 사무의 관계를 간명하게 보여 준다. 그의 승순은 사무와 결합되면서 객관 법칙에의 순응이라는 소극적인 의미를 넘어 객관 대상의 적극적인 활용과 이용을 함축하는 개념으로 거듭났다는 것을 확인할 수 있다.

■대동의 세계평화론

최한기는 동양만이 서양을 배워야 하는 것이 아니라 서양도 동양을 배워야 한다고 여겼다. 그에게는 동양의 도를 고집하는 동양근본주의도 없었고 서양의 과학기술을 맹종하는 서양추종주의도 없었다. 좋은 것은 그것이 어디의 것이든 취하여 쓰는 것이 바람직하며, 그러한 과정을 통해 인간의 보편적인 지식과 실천 방식이 만들어진다고 그는 생각하였다. 그에게 중요한 것은 어디의 것이냐가 아니라 전 세계의 것, 즉 보편적인 것이 될 수 있느냐 하는 것이었다. 그가 구상한 이상적인 동서 관계의 모습은 보편적인 원리에 따라 전 세계의 모든 나라가 평화롭고 모든 사람이 화목한 관계를 유지하는 조민유화兆民有和의 세계였다. 따라서 그의 동서소통론은 자국중심주의적 사고에서 벗어나 세계 각국의 상호 존중을 통한 전 세계인의 하나 됨을 지향한다는 점에서 대동의 세계평화론이라고 할 만하다.

물론 그의 기학은 서구 열강의 자본주의적 본질, 더 나아가 제국주의적 본질을 포착하지 못했고, 그 결과 그 논의가 치밀한 현실 분석과 이에 기초한 구체적인 방법론을 결여한 채 다분히 선언적인 수준에서 이루어졌다는 한계가 있다. 그럼에도 불구하고 여전히 세계 곳곳에서 국가이기주의에 따른 갈등과 분쟁이 증폭되고 있고, 특히 패권 경쟁에 혈안이 된 제국주의의 망령이 상생의 공존을 위협하고 있는 세계정세를 감안하면, 전 세계의 평화로운 공존을 지향했던 최한기 기학의 평화와 공존의 문제의식은 그 의미가 크다.

5. 실학의 철학과 그 의미

■주자학의 문제설정

주자학에서는 리理라는 존재론적 본체와 그 본체를 실현하는 도구로서의 기氣라는 두 축을 근본 범주로 설정하고, 그 기가 그 본체를 완벽하게 실현해 내는 것을 존재의 이상적인 상태로 규정하였다. 그 본체는 그 자체로 순선한 도덕적 가치이기도 하며, 따라서 현실의 존재들은 그 본체를 얼마나 구현하고 있느냐 내지 그 가치를 얼마나 실현하느냐에 따라서 가치 서열이 매겨진다. 이러한 관점에서 보면, 만물은 존재론적 본체(태극/천리/천명)를 똑같이 부여받았다는 점에서 동일하지만, 기의 상태에 따라 실제로 구현하고 있는 본체의 양이 동일하지 않다. 이러한 차이는 기본적으로 기의 편정통색偏正通塞의 같지 않음이 그 원인이다. 이를테면 인간은 바르고 통하는 기질을 타고났기 때문에 부여받은 본체(오상)가 온전하지만, 금수와 초목은 그 기질이 치우치고 막혀 있기 때문에 내재된 본체가 온전하지 못하다는 것이다. 물론 같은 인간이라고 하더라도 기질의 청탁수박淸濁粹駁이 같지 않으므로 누구나 그 본체를 완전하게 실천할 수 있는 것은 아니다. 맑고 순수한 기를 지닌 성인은 오상을 언제나 실천할 수 있는 반면에 보통 사람들은 그렇지 않다. 하지만 인간은 다 같이 오상을 온전하게 타고났기 때문에 누구나 오상을 실천할 수 있는 가능성이 있으며, 따라서 태생적으로 그 실천이 제한적인 금수나 아예 불가능한 초목과 차별화된다.

결국 기의 상태에 따라서 인간과 사물 사이에 타고난 리의 양적 차이가 결정되고, 같은 인간 사이에서도 리의 실천 여부가 달라지는 셈이다. 이렇게 되면 리는 기에게 명령을 내리고 기는 그 명령을 수행하는 존재(理主氣從)라는 본체-도구의 관계, 다시 말해 리와 기에 상정된 지배자-피지배자의 관계가 퇴색되고, 오히려 기는 현실적으로 리의 실현을 방해하는 부정적인 존재(理弱氣强)로서 극복 대상이 된다. 그 결과 관심의 초점은 어떻게 기의 방해를 극복하고 천리를 온전하게 실현할 수 있는가(存天理·滅人欲)의 문제, 이를테면 어떻게 리 실현의 장애물인 기를 리 실현의 충실한 도구로 전화시킬 것인가(矯氣質)의 문제로 모아지게 마련이다. 본체인 리의 보편성, 리 실현의 장애물인 기의 제한성, 그리고 장애물의 도구로의 전환과 이를 통한 도덕적 본체의 완전한 실현, 이것이 바로 도덕적 가치의 실현을 이상적인 삶의 지표로 상정한 주자학의 기본적인 문제설정이다. 주자학의 공부가 천리의 보존 내지 기질의 변화를 목표로 한 마음공부, 즉 심학으로 귀결될 수밖에 없었던 이유가 바로 여기에 있다. 천명, 태극, 리일분수, 리선기후, 리동기이, 리통기국, 리약 기강, 본연지성·기질지성, 존천리·멸인욕, 변화기질, 존양·성찰 등 주자학의 기본 개념이나 원리는 당연히 위와 같은 문제설정 속에서 등장한 것들이다.

■실학의 철학

실학은 조선 후기의 주자학적 학문 풍토가 지닌 허구성을 직시하고 민생 문제를 해결하는 데 유용한 학문을 해야 한다는 문제의식으로부터 시작되었으며, 그 결과 실학은 일찍부터 학문의 목적·대상·방법의 전환이라는 측면이 두드러졌다. 그것을 한마디로 하면 도道에 가려졌던 기器의 재발견이자 기의 회복이라고 규정지을 수 있다. 다만 학문관의 변화와 그러한 변화에 걸맞은 철학 이론의 완성은 시차를 두고 발생하기 마련이므로 학문 경향의 변화가 곧바로 그것의 이론적 토대를 동반하는 것은 아니다. 조선 후기에도 유형원이나 이익의 경우처럼 한 사람의 사유 속에 탈주자학적 학문 경향과 주자학의 철학 이론이 공존하는 모습이 발견된다.

조선유학사에서 주자학의 이론적 문제설정에 이의를 제기한 사람으로 먼저 박세당(1629~1703)을 꼽을 수 있다. 박세당은 "만물은 종마다 타고난 형체가 다르고 하늘은 그 형체에 따라 성을 부여했다"고 하여, 기의 같지 않음과 그 같지 않음으로 빚어지는 리의 양적 차이에 의해서 만물의 다름을 설명하는 주자학적 문제설정을 분명하게 비판하였다. 만물의 성은 단일한 천리의 양적 차이가 아니라 종마다 구별되는 질적인 차이로 설명되어야 하며, 따라서 그 성들이 하나의 리로 소급되지 않는다는 의미이다. 이처럼 만물을 단일한 도덕적 원리로 설명하지 않는다는 것은 주자학의 리일분수설을 부정하는 것이자 도덕원리에 의한 인간과 자연의 통일적 인식을 거부하는 것이며, 이는 곧 개별 사물에 대한 구체적이고 객관적 인식방법론을 함축한다. 박세당이 『색경』에서 온갖 농작물을 재배하는 방법과 가축을 기르는 방법 등을 세세하게 밝힌 것은 이와 같은 인식방법론을 구체화한 것이라고 이해할 수 있다.

홍대용(1731~1783)은 인간의 관점에서 벗어나 이 세계를 객관적으로 인식해야 한다는 문제의식에 따라 주희의 리본체론적 리기론을 회의했고, 그 대안을 모색하였다. 그의 이론 체계에서 기는 리를 실현하는 도구적인 존재 내지 리의 실현을 방해하는 장애물이 아니라 오히려 리를 구현하는 능동적인 주체로 상정되어 있다. 반면에 리는 기를 통해 자신의 모습을 드러내는 형이상학적 본체 내지 능동적인 주체가 아니며 만물의 생성론적 기원도 아니다. 다시 말해 홍대용은 리를 생성론적 기원 내지 존재론적 본체로 상정하고 그 기원이나 본체로 이 세계를 설명하는 주희의 리본체론적 설명 방식을 선택하지 않았다. 그가 이 세상의 모든 리는 같다면서 썩은 거름의 리도 보석의 리와 마찬가지로 인·의라고 했을 때, 그가 의도한 것은 형이상학적 본체가 먼저 존재하고 그것이 썩은 거름과 아름다운 보석으로 현실화된다는 의미가 아니라, 썩은 거름이나 아름다운 보석 할 것 없이 기의 현실적인 모습들이 연출해내는 온갖 존재들이 가치적으로 동등하고 존귀하다는 의미였다. 이런 측면에서 그의 리는 기에 선행하면서 기를 규제하는 기의 원인이 아니라 기 작용의 결과이고 효과이다. 이처럼 홍대용은 주자학에서 상정한 본체-도구의 리기 관계를 뒤집음으로써 사람에게 부여된 존재론적·인식론적 특권을 부정할 수 있었다. 요컨대 그는 주자학적 리기 관계의 전복을 통해 사람과 사물의 균등함과 객관적인 인식의 당위성을 역설할 수 있었으며, 더 나아가 안과 밖의 구분, 중심과 주변의 구분을 깨트리는 탈중심주의의 사고를 전개할 수 있었다.

정약용(1762~1836) 역시 주자학의 문제설정, 즉 기의 같지 않음과 그 같지 않음으로 빚어지는 리의 양적 차이에 의해서 만물의 다름을 설명하고, 마음에 내재한 리의 완벽한 실현을 이상적인 상태로 상정한 주자학적 이론틀을 비판하였다. 박세당과 마찬가지로 그는 만물이 공통의 본질(리)을 부여받았으나, 형체(기)의 차이로 인해 그 본질의 구현 정도가 다를 뿐이라는 식의 설명에 동의하지 않았다. 그의 주장에 따르면 만물의 본성은 종마다 질적으로 다르며, 만물을 관통하는 공통의 본질 같은 것은 더더욱 존재하지 않는다. 특히 인간은 도덕적 실천이 가능하고 고도의 지적 능력을 지니고 있다는 점에서 다른 사물과 확연히 구별된다. 여기서 인간과 사물은 인식 주체와 인식 대상, 더 나아가 사용하는 존재와 사용되는 대상으로 그 위계가 명확하게 정립된다. 결국 인간은 사물의 성질을 정확하게 파악하여 그것들을 효율적으로 이용해야 한다는 식의 발상이 가능해졌고, 이는 인간과 자연의 분리를 근간으로 한 근대 자연관과 거리가 멀지 않다. 아무튼 정약용은 주자학의 리기론을 해체하고 영명靈明의 천, 영명의 신, 영명의 마음, 그리고 기적氣的 존재로 구성된 새로운 이론 체계를 제시하였다. 이는 곧 영명의 존재(영혼)와 기적 존재(물질)라는 두 가지 형태의 실체로 이 세계를 설명하는 것으로, 다분히 토미즘의 영향이 있었다. 이러한 이론 체계에서는 생성론적 기원이자 존재론적 본체인 리의 자리가 원천적으로 봉쇄되어 있으며, 인간의 본성이라는 것도 그저 선을 좋아하고 악을 부끄러워하는 마음의 성향일 뿐이다.

　한편 최한기(1803~1877)는 주자학을 심학으로 규정하고 마음에 매몰되어 객관세계를 소홀히 했다고 비판하였다. 이와 관련해 그는 "만약에 이기적 욕구에 가렸기 때문에 내 마음에 본래 갖추어져 있는 리를 드러내지 못한다고 생각하여 평생 이욕을 없애기 위하여 힘을 써서 하루아침에 활연관통하기를 바란다면 선종의 돈오설에 가까울 것이다"라고 하였다. 이러한 비판은 주자학의 기본적인 문제설정, 리(본체)와 기(도구)의 구도, 그리고 장애물의 극복을 통한 본체의 실현이라는 문제설정이 갖는 시대적 한계를 정확하게 지적해 낸 것이라고 할 수 있다. 그의 철학적 관심사는 객관세계의 법칙을 정확하게 인식하고, 그렇게 파악된 법칙에 순응하는 삶이었다. 이에 따라 그는 객관 존재(氣)-인식-승순承順-사무事務라는 네 개의 층위로 이루어진 기학의 체계를 제시하였다. 이 이론 체계에서 실재하는 것은 기와 그 기의 산물이며, 리는 기의 운행 법칙일 뿐이지 주자학에서처럼 생성의 기원이나 존재의 본체가 아니다. 인간의 인식은 그 리의 인식을 목표로 하며 감각기관과 대상의 만남으로부터 시작된다. 마음 안에는 도덕적 본체를 비롯해 그 어떤 리도 존재하지 않기 때문이다. 참된 인식은 감각경험과 이에 기초한 합리적 판단, 즉 추측을 통해 객관세계의 법칙을 정확하게 파악하는 것이고, 그 법칙에 따라 실천하는 것이 곧 선이다. 따라서 최한기의 기학과 그 인식론은 존재에 대한 객관적인 인식, 즉 과학적 지식을 정당화하는 이론인 동시에 궁극적으로 대동의 세계평화를 지향하는 승순의 실천론의 존재론적 · 인식론적 토대이기도 하다.

　이렇듯이 박세당 · 홍대용 · 정약용 · 최한기의 철학은 주자학의 문제설정을 회의하고 비판했다는 공통점이 있고, 그에 따라 그들의 이론 체계도 주자학과는 다른 형태를 띠었다. 박세당은 하늘이 만물에다 공통의 본질을 부여했다는 식의 설명을 거부하고 종마다 본성이 질적으로 다르다는 주장을 폈으며, 홍대용은 주희의 리본체론에 대한 회의를 거쳐 리를 기의 효과로 전도시킴으로써 인물균등론과 이천시물론을 제시할 수 있었다. 정약용은 주희의 리본체론을 전면적으로 해체하고 천을 최고 범주로 하는 새로운 이론 체계를 정립했으며, 최한기 역시 리본체론과 이에 기반을 둔 심학적 학문관을 비판하고, 기의 존재론과 경험주의 인식론을 두 축으로 한 기학을 확립하였다. 당연히 그들이 제시한 철학 이론이 그들의 문제의식과 그 시대의 사회적 요구를 얼마나 성공적으로 충족시켰는지는 별도의 논의가 필요하겠지만, 그와는 별개로 그 시대의 문제를 탈주자학적 관점에서 해결하고자 한 성찰의 결과물인 것만큼은 분명하고, 그러한 만큼 그것들을 실학의 철학이라 해도 좋을 것이다.

더욱이 그 성찰이 서구의 것이면 무조건 좋다는 식의 맹목적인 서구주의와는 결을 달리한다는 점에서 제3의 근대화 모델이라는 의미로 읽는 것도 얼마든지 가능하다. 근대로 가는 길은 단일하지 않으며 더더욱 근대화가 서구화와 동일시될 수 없기 때문이다.[12] 예를 들어 유형원

---

12) 마이클 푸엣은 현실의 서구적 근대를 인간사회에 있을 수 있는 하나의 가능성으로 상대화하여 이해하였다. 그는 "삶을 꾸려 가는 방식을 바라보는 시각은 매우 다양하다"고 전제하고, 근대적이라는 것은 "수많은 사고방식 중 특정 시간과 특정 공간에 해당하는 하나의 사고방식일 뿐이다. 따라서 그 밖에 다른 방식으로 생각하는 것도 얼마든지 가능하며, 이는 우리가 가장 소중히 여기는 믿음에 배치되는 사실이다"라고 하여 고착화된 믿음으로부터 벗어날 것을 역설하였다.(마이클 푸엣·크리스틴 그로스 로, 『THE PATH, 세상을 바라보는 혁신적인 생각』, 김영사, 2016, 25~26쪽)

(1622~1673)이나 이익(1681~1763)이 주자학 이론의 지반 위에서 기(器)의 회복을 시도한 것, 홍대용이 인물균등론을 기반으로 인간중심주의를 해체하고 탈중심주의적 사고를 전개한 것, 정약용이 도덕적 감시자로서 천을 설정하고 그에 기초해 도덕적 실천을 역설한 것, 최한기가 기학과 경험주의 인식론에 근거해 대동의 세계평화론을 제시한 것 등은 그들이 먹고사는 것(器)의 중요성을 역설하면서도, 한순간도 도덕적 가치와 그 가치의 실현(道)에 대한 긴장의 끈을 놓지 않았다는 것을 말해준다.[13]

■실학적 사유의 현대적 의미

앞에서도 언급한 것처럼, 오광운(1689~1745)은 유형원의 『반계수록』을 평가하는 자리에서 주자학이 "도(고귀한 삶)의 문제에 집중하느라 기(물질적 삶)의 문제를 소홀히 했다"면서, 기 회복의 필요성을 주장하였다. 한마디로 "도가 어찌 기를 떠나 홀로 실행될 수 있겠는가?"라는 것이 그의 생각이었다. 반면에 오늘날 우리는 물질적 삶의 문제가 고귀한 삶의 문제를 압도하는 시대를 살고 있다. 먹고사는 문제가 과학·기술·

---

13) "우리에게는 전근대를 넘어서야 하지만 근대 역시 넘어서야 하는 이중의 과제가 있다. 역사적인 근대, 즉 서구 역사의 산물로서의 근대는 어느새 탈주의 대상이 되었고, 오히려 전근대적인 것에서 탈주로를 찾으려는 움직임도 적지 않다. 전통주의가 지닌 수구주의화의 위험성은 당연히 경계해야겠지만, 우리의 전통적 사유는 현실 비판의 훌륭한 무기가 될 수 있다. 최한기의 가치는 단순히 그의 사상 속에 얼마나 역사적인 근대가 많이 있느냐, 그가 얼마나 역사적 근대에 가까운 생각을 했느냐에 달려 있지 않다. 근대를 평가 기준으로 설정하다 보면, 그 기준에 비껴나 있는 것은 모두 전근대적인 것으로 폄하되기 일쑤이다. 그의 진정한 가치는 그가 얼마나 그의 시대를 고민했고, 탈주로를 만들기 위해 얼마나 고투했느냐에 달려 있다. 탈주로의 내용, 즉 그가 구상한 기학의 내용도 물론 중요하지만, 그것은 이차적일 뿐이다. 진실로 중요한 것은 그가 탈주로를 만들기 위해 사용한 방법론이다." 김용헌, 「해제: 최한기 연구의 어제와 오늘」, 『혜강 최한기』(예문서원, 2005), 43~44쪽.

경제·부·GDP·연봉·강남 아파트 등등 다양한 이름과 거룩한 얼굴로 우리의 의식세계 전반에 침투해 있고 우리의 생활세계 곳곳을 점령하고 있는 것이 현실이다. 오광운의 말을 빌리자면 오늘날 우리는 "기의 문제에 집중하느라 도의 문제를 소홀히 하고 있다." 당연히 먹고사는 문제에서 자유로울 수는 없지만, 아니 먹고사는 것이 중요하지만, 그렇다고 고귀한 삶의 문제가 방치돼도 좋을 만큼 가벼운 것은 아니다. 마냥 배부른 돼지로 살 수 없기 때문이다. 21세기를 사는 우리가 조선 후기 실학자들의 성찰, 즉 기의 문제에 고심하면서도 도의 문제를 소홀히 하지 않았던, 역으로 도의 문제에 고심하면서도 기의 문제를 소홀히 하지 않았던 도기병진道器竝進의 사유를 되짚어 보아야 하는 이유가 바로 여기에 있다. "기가 어찌 도를 떠나 홀로 성취될 수 있겠는가?"

참고문헌

[한국 고전 자료 및 문집]

奇正鎭, 『蘆沙集』, 민족문화추진회.

金萬重, 『西浦集·西浦漫筆』, 통문관, 1971.

金錫文, 『易學二十四圖解』, 『동방학지』 16, 1975; 『한국경학자료집성』 96, 성균관대학교 대동문화연구원.

金昌協, 『農巖集』, 민족문화추진회.

金憲基, 『初庵全集』, 민족문화추진회.

朴世堂, 『西溪全書』, 태학사, 1979.

朴齊家, 『貞蕤集』, 국사편찬위원회, 1961.

朴趾源, 『燕巖集』, 경희출판사, 1966.

徐敬德, 『花潭集』, 민족문화추진회.

安宗洙, 『農政新編』(허동현 편, 『朝士視察團關係資料集』 14), 국학자료원, 2011.

俞莘煥, 『鳳棲集』, 민족문화추진회.

柳馨遠, 『磻溪隨錄』, 동국문화사, 1958.

柳馨遠, 『磻溪遺藁』(『반계유고』, 창비, 2017).

柳馨遠, 『磻溪雜藁』, 여강출판사, 1990.

李柬, 『巍巖遺稿』, 민족문화추진회.

李圭景, 『五洲衍文長箋散稿』 上·下, 동국문화사, 단기4292.

李象靖, 『大山集』, 민족문화추진회.

李穡, 『牧隱藁』, 민족문화추진회.

李睟光, 『芝峰類說』, 경인문화사, 1970.

李珥, 『栗谷全書』, 성균관대학교 대동문화연구원, 1986.

李頤命, 『疎齋集』, 민족문화추진회.

李瀷, 『星湖全書』, 여강출판사, 1987.

____, 『星湖全集』, 민족문화추진회.

李恒老, 『華西集』, 민족문화추진회.

李玄逸, 『葛庵集』, 민족문화추진회.

李滉, 『增補 退溪全書』, 성균관대학교 대동문화연구원, 1985.

任聖周, 『鹿門集』, 민족문화추진회.

張維, 『谿谷集』, 민족문화추진회.

張顯光, 『旅軒全書』, 인동장씨남산파종친회, 1983.

_____, 『旅軒集』, 민족문화추진회.

鄭道傳, 『三峯集』, 민족문화추진회.

丁時翰, 『愚潭集』, 민족문화추진회.

丁若鏞, 『與猶堂全書』, 여강출판사, 1992.

正祖, 『弘齋全書』, 민족문화추진회.

崔錫鼎, 『明谷集』, 민족문화추진회.

崔漢綺, 『明南樓叢書』, 성균관대학교 대동문화연구원, 1971.

_____, 『明南樓全集』, 여강출판사, 1990.

_____, 『增補 明南樓叢書』, 성균관대학교 대동문화연구원, 2002.

韓元震, 『南塘集』, 민족문화추진회.

許遠, 『細草類彙』(韓國科學史學會 編, 『韓國科學技術史資料大系―天文學編』 9), 여강출
판사, 1986.

洪敬謨, 『重訂南漢誌』, 하남역사박물관, 2005.

洪大容, 『湛軒書』, 민족문화추진회.

洪直弼, 『梅山集』, 민족문화추진회.

黃景源, 『江漢集』, 민족문화추진회.

黃胤錫, 『頤齋全書』, 경인문화사, 1976.

_____, 『頤齋亂藁』, 한국정신문화연구원, 1994~2003.

_____, 『頤齋遺藁』, 민족문화추진회.

黃俊良, 『錦溪集』, 민족문화추진회.

『承政院日記』, 국사편찬위원회 웹사이트.

『朝鮮王朝實錄』, 국사편찬위원회 웹사이트.

[중국 고전 자료 및 문집]

『開元占經』(『祕書集成』 9), 北京: 團結出版社, 1994.

『經書』, 성균관대학교 대동문화연구원, 1983.

『大戴禮記』(高明 註譯, 『大戴禮記今註今譯』), 臺灣商務印書館, 1975.

『道德經』(『老子翼』, 漢文大系本), 東京: 富山房, 1972.

『尙書正義』(『十三經注疏』), 北京: 北京大學出版社, 2000.

『性理大全』, 보경문화사, 1984.

『宋史』, 臺灣中華書局, 1981.

『禮記』, 보경문화사, 1990.

『禮記正義』(『十三經注疏』), 北京: 北京大學出版社, 2000.

『莊子』(『莊子翼』, 漢文大系本), 東京: 富山房, 1972.

『周髀算經』, 臺灣中華書局, 1981.

『周易』, 보경문화사, 1986.

『晉書』, 臺灣中華書局, 1981.

『漢書』, 臺灣中華書局, 1981.

羅欽順, 『困知記』, 臺北: 中國子學名著集成編印基金會, 1978.
戴震, 『孟子字義疏證』, 臺北: 臺灣商務印書館, 1978.
方以智, 『物理小識』(『文淵閣四庫全書』 867), 臺灣商務印書館, 1983.
徐繼畬, 『瀛環志略』(『續修四庫全書』 743), 上海: 上海古籍出版社, 1995.
呂不韋, 『呂氏春秋』, 臺灣中華書局, 1979.
王夫之, 『張子正蒙注』, 臺北: 河洛, 1975.
王守仁, 『王陽明全集』, 臺北: 河洛圖書出版社, 1978.
魏源, 『海國圖志』, 鄭州: 中州古籍出版社, 1999.
劉安, 『淮南子』, 臺灣中華書局, 1971.
陸九淵, 『陸九淵集』, 北京: 中華書局, 1980.
張載, 『張子全書』, 臺北: 臺灣中華書局, 1976.
張華, 『博物志』, 臺灣中華書局, 1981.
程敏政, 『心經附註』(『心經·近思錄』), 보경문화사, 1986.
程頤, 『易傳』(『周易』), 보경문화사, 1986.
程顥·程頤, 『二程全書』, 보경문화사, 1981.
周敦頤, 『周敦頤集』, 北京: 中華書局出版, 1990.
朱熹, 『四書集註』(『經書』), 성균관대학교 대동문화연구원, 1983.
____, 『周易本義』(『周易』), 보경문화사, 1986.
____, 『朱熹集』, 成都: 四川教育出版社, 1996.
____, 『朱子全書』, 上海: 上海古籍出版社·安徽教育出版社, 2002.
____, 『朱子語類』(『朱子語類大全』 辛卯入梓 嶺營藏板, 영인본).
陳亮, 『龍川文集』, 臺灣中華書局, 1970.
胡宏, 『胡子知言』, 中文出版社(廣文書局印行), 1975.

[한역서학서]

디아즈(Emmanuel Diaz, 陽瑪諾), 『天問略』(『文淵閣四庫全書』 851), 臺灣商務印書館, 1983.
로(J. Rho, 羅雅谷), 『五緯曆指』(『文淵閣四庫全書』 788), 臺灣商務印署館, 1983.
마테오 리치(Matteo Ricci, 利瑪竇), 『天主實義』(『天學初函』), 아세아문화사, 1976.
_____, 『渾蓋通憲圖說』(『天學初函』), 아세아문화사, 1976.
_____, 『乾坤體義』(『文淵閣四庫全書』 851), 臺灣商務印書館, 1983.
바뇨니(A. Vagnoni, 高一志), 『空際格致』(서울대학교 규장각 소장본).
베누아(Michel Benoist, 蔣友仁), 『地球圖說』, 臺北: 藝文印書館, 1967.
삼비아시(Francesco Sambiasi, 畢方濟), 『靈言蠡勺』(『天學初函』), 아세아문화사, 1976.

알레니(Julius Aleni, 艾儒略), 『職方外紀』(『天學初函』), 아세아문화사, 1976.

테렌츠(Joannes Terrenz, 鄧玉函), 『測天約說』(『文淵閣四庫全書』788), 臺灣商務印書館, 1983.

허셜(John F. W. Herschel, 候失勒), 李善蘭·偉烈亞力(A.Wylie) 譯, 『談天』(성균관대학교 존경각 소장본), 1874.

홉슨(B. Hobson, 合信), 『全體新論』, 臺北: 藝文印書館, 1967.

[고전 번역서]

마테오 리치, 송영배·임금자·장정란·정인재·조광·최소자 옮김, 『천주실의』, 서울대학교출판부, 1999.

바뇨니, 이종란 옮김, 『공제격치』, 한길사, 2012.

박제가, 이익성 옮김, 『북학의』, 을유문화사, 1971.

알레니, 천기철 옮김, 『직방외기』, 일조각, 2005.

鄭東愈, 남만성 옮김, 『晝永編』, 을유문화사, 1971.

주희, 허탁·이요성 역주, 『주자어류』1·2, 청계, 1998.

최한기, 『기측체의』, 민족문화추진회, 1979.

_____, 『인정』, 민족문화추진회, 1980.

최한기, 손병욱 옮김, 『기학』, 여강출판사, 1992.

최한기, 안상우·권오민·윤석희· 황재운·노성완 옮김, 『신기천험』, 한국한의학연구원, 2008.

최한기, 이종란 옮김, 『운화측험』, 한길사, 2014.

[저서 및 번역서]

강재언, 『조선의 서학사』, 민음사, 1990.

구만옥, 『조선후기 과학사상사 연구 1: 주자학적 우주론의 변동』, 혜안, 2004.

구자균, 『조선평민문학사』, 문조사, 1948

권오영, 『최한기의 학문과 사상』, 집문당, 1999.

권오영 외, 『혜강 최한기』, 청계, 2000.

금장태, 『한국실학사상연구』, 집문당, 1987.

김구, 도진순 주해, 『백범일지』, 돌베개, 1997.

김도환, 『담헌 홍대용 연구』, 경인문화사, 2007.

김명호, 『열하일기 연구』, 창작과비평사, 1990.

김문용, 『홍대용의 실학과 18세기 북학사상』, 예문서원, 2005.

＿＿＿＿, 『조선후기 자연학의 동향』, 고려대학교 민족문화연구원, 2013.

김양선, 『매산국학산고』, 숭실대학교박물관, 1972.

김영식, 『주희의 자연철학』, 예문서원, 2005.

김용섭, 『조선후기농학사연구』, 일조각, 1988.

김용옥, 『독기학설』, 통나무, 1990.

＿＿＿＿, 『도올논문집』, 통나무, 1991.

김용헌, 『주자학에서 실학으로: 조선후기 서양 과학기술의 수용과 주자학적 사유의 균열』, 고려대학교 민족문화연구원, 2019.

김용헌 편, 『혜강 최한기』, 예문서원, 2005.

김인규, 『홍대용』, 성균관대학교 출판부, 2007.

김충열, 『중국철학산고』, 온누리, 1988.

노혜정, 『『지구전요』에 나타난 최한기의 지리사상』, 한국학술정보(주), 2005.

문일평, 『조선명인전』 3, 조선일보사 출판부, 1939; 『호암문일평전집』 5, 1995.

문중양, 『조선후기 과학사상사』, 들녘, 2016.

박성래 편저, 『중국과학의 사상』, 전파과학사, 1978.

박희병, 『운화와 근대』, 돌베개, 2003.

손홍철, 『녹문 임성주의 삶과 철학』, 지식산업사, 2004.

신일철 편, 『포퍼』, 고려대학교 출판부, 1990.

야규 마코토(柳生眞), 『최한기 기학 연구』, 경인문화사, 2008.

역사학회 편, 『실학연구입문』, 일조각, 1997.

유홍렬, 『증보 한국천주교회사』, 가톨릭출판사, 1962.

윤사순, 『한국유학논구』, 현암사, 1980.

＿＿＿＿, 『한국의 성리학과 실학』, 열음사, 1987.

＿＿＿＿, 『한국유학사상론』, 열음사, 1992.

＿＿＿＿, 『실학의 철학적 특성』, 나남, 2008.

＿＿＿＿, 『한국유학사』 상·하, 지식산업사, 2012.

이동철·최진석·신정근 편, 『21세기의 동양철학』, 을유문화사, 2005.

이용범, 『한국과학사상사연구』, 동국대학교출판부, 1993.

이우성, 『한국의 역사상』, 창작과비평사, 1982.

＿＿＿＿, 『실시학사산고』, 창작과비평사, 1999.

이원순, 『조선서학사연구』, 일지사, 1989.

이은성, 『역법의 원리분석』, 정음사, 1988.

이현구, 『최한기 기철학과 서양 과학』, 성균관대학교 대동문화연구원, 2000.

임형택, 『실사구시의 한국학』, 창작과비평사, 2000.

장회익, 『삶과 온생명』, 솔, 1998.

정성철, 『실학파의 철학사상과 사회정치적 견해』, 한마당, 1989.

정진석·정성철·김창원, 『조선철학사(상)』, 사회과학원 역사연구소, 1961; 『조선철학

　　　사연구』, 광주, 1988.

조광, 『조선후기 천주교사 연구』, 고려대학교 민족문화연구원, 1988.

천관우, 『근세조선사연구』, 일조각, 1979.

최남선, 『조선상식문답 속편』, 동명사, 1947.

최봉익, 『조선철학사개요』, 사회과학출판사, 1986; 한마당, 1989.

최영진 외, 『조선말 실학자 최한기의 철학과 사상』, 철학과현실사, 2000.

한국사상사학회, 『실학의 철학』, 예문서원, 1996.

홍성욱·이상욱 외, 『뉴턴과 아인슈타인, 우리가 몰랐던 천재들의 창조성』, 창비, 2004.

홍이섭, 『조선과학사』, 정음사, 1949.

姜國柱, 『中國認識論史』, 河南人民出版社, 1989.

金祖孟, 『中國古宇宙論』, 華東師範大學出版社, 1991.

大濱晧, 『朱子の哲學』, 東京大學出版會, 1983.

山田慶兒, 『朱子の自然學』, 岩波書店, 1978.

徐宗澤, 『明淸間耶蘇會士譯著提要』, 中華書局, 1949.

宣煥燦, 『天文學史』, 中國高等敎育出版社, 1992.

藪內淸, 『中國の天文曆法』, 平凡社, 1969.

劉金沂·趙澄秋, 『中國古代天文學史略』, 河北科學技術出版社, 1990.

喩博文, 『正蒙注釋』, 蘭州大學出版社, 1990.

任繼愈 主編, 『中國哲學史簡編』, 人民出版社, 1974.

張立文, 『朱熹思想硏究』, 中國社會科學出版社, 1981.

朱紅星·李洪淳·朱七星, 『朝鮮哲學思想史』, 延邊人民出版社, 1989.

陳來, 『朱熹哲學硏究』, 中國社會科學出版社, 1988.

____, 『宋明理學』, 遼寧敎育出版社, 1992.

陳遵嬀, 『中國天文學史』 1-6, 明文書局, 1984~1990.

夏乃儒 主編, 『中國哲學三百題』, 上海古籍出版社, 1988.

侯外廬·邱漢生·張豈之 主編, 『宋明理學史』, 人民出版社, 1984.

Aihe Wang, *Cosmology and Political Culture in Early China*, Cambridge: Cambridge University Press, 2000.

Frederick W. Mote, *Intellectual Foundations of China*, New York: Alfred A. Knopf, 1971.

J. Needham & Wang Ling, *Science and Civilization in China* Vol. 1(Introductory Orientations), Cambridge: Cambridge University Press, 1954.

_____, *Science and Civilization in China* Vol. 2(History of Scientific Thought), Cambridge: Cambridge University Press, 1956.

John B. Henderson, *The Development and Decline of Chinese Cosmology*, New York: Columbia University Press, 1984.

John F. W. Herschel, *Outlines of Astronomy*, New York: American Home Library Co., 1902.

Marius B. Jansen, *Japan and Its World: Two Centuries of Change*, Princeton, N.J.: Princeton University Press, 1980.

Mark Setton, *Chŏng Yagyong: Korea's Challenge to Orthodox Neo-Confucianism*, Albany: State University of New York Press, 1997.

Matteo Ricci S. J., *THE TRUE MEANING OF THE LORD OF HEAVEN*, Translated by Douglas Lancashire and Peter Hu Kuo-chen, Ricci Institute for Chinese Studies, Kuangchi Press, Taipei, 1985.

Tu Wei-Ming, *Confucian Thought: Selfhood As Creative Transformation*, Albany: State University of New York Press, 1985.

가노 마사나오(鹿野政直), 김석근 옮김, 『근대 일본사상 길잡이』, 소화, 2004.

고지마 쓰요시(小島 毅), 신현승 옮김, 『송학의 형성과 전개』, 논형, 2003.

구니야 준이치로, 심귀득·안은수 옮김, 『환경과 자연인식의 흐름』, 고려원, 1992.

라이샤워, 이광섭 옮김, 『일본 근대화론』, 소화, 1997.

마루야마 마사오, 김석근 옮김, 『일본정치사상사』, 통나무, 1995.

마이클 푸엣·크리스틴 그로스 로, 이창신 옮김, 『THE PATH, 세상을 바라보는 혁신적인 생각』, 김영사, 2016.

方立天, 김학재 옮김, 『중국철학과 지행의 문제』, 예문서원, 1998.

스터얼링 P. 램 프레히트, 김태길·윤명로·최명관 옮김, 『서양철학사』, 을유문화사, 1981.

알렉상드르 꼬제브, 설헌영 옮김, 『역사와 현실의 변증법—헤겔 철학의 현대적 접근—』, 한벗, 1981.

앨런 찰머스, 신일철·신중섭 옮김, 『현대의 과학철학』, 서광사, 1985.

야마다 케이지, 김석근 옮김, 『주자의 자연학』, 통나무, 1990.

오카 요시타케(岡義武), 장인성 옮김, 『근대 일본 정치사』, 소화, 1996.

오하마 아키라, 이형성 옮김, 『범주로 보는 주자학』, 예문서원, 1997.

요한네스 힐쉬베르거, 강성위 옮김, 『서양철학사』, 이문출판사, 1988.

李澤厚, 임춘성 옮김, 『중국근대사상사론』, 한길사, 2005.

張立文 주편, 김교빈 외 옮김, 『기의 철학』, 예문지, 1992,

조셉 니담, 이석호·이철주·임정대 옮김, 『중국의 과학과 문명』, 을유문화사, 1985.

_____, 이석호·이철주·임정대 옮김, 『중국의 과학과 문명』 II, 을유문화사, 1986.

_____, 이석호·이철주·임정대·최임순 옮김, 『중국의 과학과 문명』 III, 을유문화사, 1988.

존 로크, 정병훈·이재영·양선숙 옮김, 『인간지성론』, 한길사, 2014.

陳來, 안재호 옮김, 『송명성리학』, 예문서원, 1997.

호이트 틸만(Hoyt C. Tillman), 김병환 옮김, 『주희의 사유세계—주자학의 패권—』, 교육

과학사, 2010.

F. 카프라, 이성범·구윤서 옮김, 『새로운 과학과 문명의 전환』, 범양사, 1985.

F. 코플스턴, 김성호 옮김, 『합리론』, 서광사, 1994.

F. W. 모트, 김용헌 옮김, 『중국의 철학적 기초』, 서광사, 1994, 31쪽.

J. D. 버날, 김상민 옮김, 『과학의 역사』 1·2, 한울, 1995.

M. 호르크하이머·Th. W. 아도르노, 김유동 외 옮김, 『계몽의 변증법』, 예문출판사, 1995.

S. M. 오너·T. C. 헌트, 곽신환·윤찬원 옮김, 『철학에의 초대』, 서광사, 1992.

[논문]

권오영, 「동도서기론의 구조와 그 전개」, 『한국사 시민강좌』 7, 1990.

_____, 「최한기의 기설과 우주관」, 『한국학보』 65, 일지사, 1991.

_____, 「최한기의 서구제도에 대한 인식」, 『한국학보』 62, 일지사, 1991.

_____, 「최한기의 사우와 가문의 내력」, 『한국학보』 68, 일지사, 1992.

_____, 「혜강 최한기의 학문과 사상 연구」, 한국정신문화연구원 박사학위논문, 1994.

_____, 「혜강 최한기의 과학사상」, 『국사관논총』 63, 국사편찬위원회, 1995.

_____, 「최한기의 생애와 학문편력」, 『동양철학연구』 18, 동양철학연구회, 1998.

_____, 「새로 발굴된 자료를 통해 본 혜강의 기학」, 『혜강 최한기』, 청계, 2000.

금장태, 「최한기의 인정과 인도철학」, 『국역 인정』 1, 민족문화추진회, 1980.

_____, 「혜강 최한기의 철학의 근대적 성격」, 『제3회 국제학술회의논문집』, 한국정신
     문화연구원, 1985.

_____, 「최한기의 생애와 저술」, 『한국실학사상연구』, 집문당, 1987.

_____, 「기철학의 전통과 최한기의 철학적 특징」, 『동양학』 19, 단국대학교 동양학연
     구소, 1989.

김문용, 「동도서기론의 논리와 전개」, 『한국근대 개화사상과 개화운동』, 신서원, 1998.

김병규, 「혜강 최한기의 경장사상 연구」, 교원대학교 박사학위논문, 1997.

_____, 「혜강 최한기의 사회사상」, 『동양철학연구』 18, 동양철학연구회, 1998.

김용운, 「최한기의 수학과 수리사상」, 『과학사상』 30, 범양사, 1999.

김용헌, 「최한기의 철학사상에 관한 연구―실학적 방법론을 중심으로―」, 고려대학교
     석사학위논문, 1987.

_____, 「김석문의 우주설과 그 철학적 성격」, 『동양철학연구』 15, 동양철학연구회, 1995.

_____, 「최한기의 서양과학 수용과 철학 형성」, 고려대학교 박사학위논문, 1995.

_____, 「최한기의 서양우주설 수용과 기학적 변용」, 『실학의 철학』, 예문서원, 1996.

_____, 「주자학적 학문관의 해체와 실학―최한기의 탈주자학적 학문관을 중심으로―」,
     『실학사상과 근대성』, 예문서원, 1998.

_____, 「최한기의 자연관」, 『동양철학연구』 18, 동양철학연구회, 1998.

_____, 「조선조 유학의 기론 연구―성리학적 기론에서 실학적 기론으로의 전환―」, 『동양철학연구』 22, 동양철학연구회, 2000.

_____, 「최한기의 낙관주의적 서구 인식과 동서소통론」, 단국대학교 동양학연구소, 『개화기 대외 민간 문화교류의 의미와 영향』, 국학자료원, 2005.

_____, 「해제: 최한기 연구의 어제와 오늘」, 『혜강 최한기』, 예문서원, 2005.

김철앙, 「최한기의 저서 『신기천험』과 合信의 의학서와의 관계에 대하여」, 『조선학회 제35회 대회』, 天理大學, 1985.

_____, 「최한기의 기일원론과 만년에서의 기개념의 전환」, 『조선학국제학술토론회』, 大阪, 1989.

_____, 「解放後50年間朝鮮南北における思想史研究の動向(下), 『東アジア研究』 第38號, 大阪經濟法科大學 アジア研究所, 2003.

노대환, 「19세기 전반 서양인식의 변화와 서기수용론」, 『한국사연구』 95, 한국사연구회, 1996.

_____, 「조선후기 '서학중국원류설'의 전개와 그 성격」, 『역사학보』 178, 역사학회, 2003.

노태천, 「최한기의 『심기도설』에 대하여」, 『과학사상』 30, 범양사, 1999.

문중양, 「최한기의 천문학 분야 미공개 자료분석―『의상리수』와 새발굴 자료 『준박』을 중심으로」, 『한국과학사학회지』 23-2, 2001.

민영규, 「17세기 이조학인의 지동설」, 『동방학지』 16, 연세대학교 국학연구원, 1975.

박권수, 「최한기의 천문학 저술과 기륜설」, 『과학사상』 30, 범양사, 1999.

박상영·권오민·안상영·안상우, 「Benjamin Hobson의 생애에 관한 연구」, 『한국한의학연구원논문집』 제14집 2호(통권 23호), 한국한의학연구원, 2008.

박성래, 「한국근세의 서양과학 수용」, 『동방학지』 20, 연세대학교 국학연구원, 1978.

박성순, 「최한기의 대서양인식」, 『한국사학보』 8, 고려사학회, 2000.

박종홍, 「최한기의 경험주의」, 『아세아연구』 8-4, 고려대학교 아세아문제연구소, 1965.

_____, 「최한기」, 『창작과 비평』, 5-1, 1970.

_____, 「최한기―독창적 경험철학―」, 『한국실학의 개척자 10인』, 1974.

박홍식, 「청년 최한기의 철학사상―'신기'와 '통' 개념 분석을 중심으로」, 『동양철학연구』 11, 동양철학연구회, 1990.

손병욱, 「혜강 최한기에 있어서의 인식의 문제」, 『경상대학교논문집』 23-1(인문계편), 1984.

_____, 「혜강 최한기의 기학 연구」, 고려대학교 박사학위논문, 1993.

_____, 「혜강 최한기철학의 기학적 해명」, 『유교사상연구』 6, 1993.

_____, 「혜강 최한기 기학의 철학적 창조」, 『동양철학연구』 18, 동양철학연구회, 1998.

신동원, 「최한기의 농학」, 『과학사상』 30, 범양사, 1999.

신원봉, 「최한기 기학 연구―사상형성과정을 중심으로―」, 『논문집』 4, 한국정신문화연구원 한국학대학원, 1989.

_____, 「혜강의 기화적 세계관과 그 윤리적 함의」, 정신문화연구원 박사학위논문, 1993.

_____, 「최한기의 기화적 윤리관」, 『동양철학연구』 18, 동양철학연구회, 1998.

_____, 「혜강 기학에 나타난 주자학의 전환과 근대과학의 영향」, 『혜강 최한기』, 청계, 2000.

신중섭, 「구획기준의 문제」, 신일철 편, 『포퍼』, 고려대학교 출판부, 1990.

신해순, 「최한기의 사민평등사상」, 『국사관논총』 7, 국사편찬위원회, 1989.

_____, 「최한기의 상업관」, 『대동문화연구』 27, 성균관대학교 대동문화연구원, 1992.

안영상, 「토미즘과 비교를 통해서 본 혜강 최한기 인식론의 특징」, 『동양철학연구』 49, 2007.

양보경, 「최한기의 지리사상」, 『진단학보』 81, 진단학회, 1996.

여인석, 「최한기의 의학」, 『과학사상』 30, 범양사, 1999.

여인석·노재훈, 「최한기의 의학사상」, 『의사학』 2-1, 1993.

원재연, 「오주 이규경의 대외관과 천주교 조선전래사 인식」, 『교회사연구』 17, 한국교회사연구소, 2001,

_____, 「『해국도지』 수용 전후의 어양론과 서양인식—이규경과 윤종의를 중심으로—」, 『한국사상사학』 17, 한국사상사학회, 2001.

유봉학, 「조선후기 개성지식인의 동향과 북학사상—최한기와 金澤榮을 중심으로」, 『규장각』 16, 1993.

_____, 「19세기 경화사족의 생활과 사상—혜강 최한기를 중심으로」, 『서울학연구』 2, 서울시립대 서울학연구소, 1994.

유영묵, 「최한기의 개화사상」, 『漢陽』 4-6, 漢陽社, 1965.

윤사순, 「실학적 경학관의 특색」, 『이을호박사정년기념 실학논총』, 전남대학교 호남문화연구소, 1975.

_____, 「실학사상의 철학적 성격」, 『아세아연구』 56, 고려대학교 아세아문제연구소, 1976.

_____, 「해제」, 『국역 기측체의』 1, 민족문화추진회, 1979.

_____, 「존재와 당위에 관한 퇴계의 일치시」, 『한국유학사상론』, 열음사, 1986.

_____, 「실학 의미의 변이」, 한국사상사연구회 편저, 『실학의 철학』, 예문서원, 1996.

이광린, 「『해국도지』의 한국 전래와 그 영향」, 『전정판 한국개화사연구』, 일조각, 1999.

이돈녕, 「혜강 최한기」, 『창작과 비평』 4-3, 창작과비평사, 1969.

_____, 「최한기의 명남루집」, 『실학연구입문』(역사학회 편), 일조각, 1973.

이면우, 「지구전요를 통해 본 최한기의 세계 인식」, 『과학사상』 30, 범양사, 1999.

이상익, 「녹문 임성주 성리학의 재검토」, 『철학』 50, 한국철학회, 1997.

이용범, 「법주사소장의 「신법천문도설」에 대하여」, 『역사학보』 31·32, 1966.

이우성, 「최한기의 생애와 사상」, 『한국근대인물백인선』(『신동아』 1970년 1월호 부록).

_____, 「명남루총서서전」, 『명남루총서』, 성균관대학교 대동문화연구원, 1971.

_____, 「최한기의 가계와 연표」, 『유홍렬박사회갑기념논총』, 1971.

_____, 「실학연구서설」, 『실학연구입문』, 일조각, 1973.

＿＿＿, 「혜강 최한기」, 『이을호박사정년기념 실학논총』, 전남대학교 호남문화연구소, 1975.

＿＿＿, 「최한기의 사회관—「기학」과 「인정」의 연계 위에서—」, 『동양학』 18, 단국대학교 동양학 연구소, 1988.

＿＿＿, 「혜강 최한기의 사회적 처지와 서울 생활」, 『제4회 동양학국제학술회의논문집』, 성균관대학교 대동문화연구원, 1990.

이원순, 「최한기의 세계지리인식의 역사성—혜강학의 지리학적 측면—」, 『문화역사지리학』 4, 1992.

이종란, 「최한기 인식이론의 성격」, 『동서철학연구』 11, 동서철학연구회, 1994.

＿＿＿, 「최한기 윤리사상 연구—경험중시적 방법론을 중심으로—」, 성균관대학교 박사학위논문, 1996.

이주석, 「혜강 최한기의 기일원설 중심의 교육사상」, 전남대학교 박사학위논문, 1997.

이현구, 「기학의 성립과 체계에 관한 연구—서양 근대과학의 유입과 조선후기 유학의 변용—」, 성균관대학교 박사학위논문, 1993.

＿＿＿, 「최한기의 학문관」, 『유교사상연구』 6, 한국유교학회, 1993.

＿＿＿, 「혜강 최한기의 기학」, 『대동문화연구』 29, 성균관대학교 대동문화연구원, 1994.

＿＿＿, 「최한기의 기학과 근대과학」, 『과학사상』 30, 범양사, 1999.

임형택, 「개항기 유교지식인의 '근대' 대응논리—혜강 최한기의 기학을 중심으로—」, 『대동문화연구』 38, 성균관대학교 대동문화연구원, 2001.

전용훈, 「조선후기 서양천문학과 전통천문학의 갈등과 융화」, 서울대학교대학원 박사학위논문, 2004.

정규복, 「서포집해설」, 『西浦集・西浦漫筆』, 통문관, 1971.

조광, 「조선후기 실학사상의 연구동향과 전망」, 『하석김창수교수화갑기념 사학논총』, 범우사, 1992.

조동섭, 「최한기의 인사행정에 관한 연구」, 서울대학교 박사학위논문, 1996.

천관우, 「반계 유형원 연구(하)—실학발생에서 본 이조사회의 일단면—」, 『역사학보』 3, 역사학회, 1952.

최민홍, 「최한기 경험론」, 『한국철학연구』 6, 1976.

최영진, 「최한기 이기론에 있어서의 리의 위상」, 『동양철학연구』 15, 동양철학연구회, 1995.

최원석, 「최한기의 기학적 지리관」, 『실학의 철학』, 예문서원, 1996.

최진덕, 「혜강 기학의 이중성에 대한 비판적 성찰」, 『혜강 최한기』, 청계, 2000.

한우근, 「개항당시의 위기의식과 개화사상」, 『한국사연구』 2, 한국사연구회, 1968.

한형조, 「혜강의 기학: 선험에서 경험으로」, 『혜강 최한기』, 청계, 2000.

허남진, 「혜강 과학사상의 철학적 기초—기학과 학의 의미를 중심으로—」, 『과학과 철학』 2, 통나무, 1991.

＿＿＿, 「조선후기 기철학 연구」, 서울대학교 박사학위논문, 1994.

_____, 「'최한기의 동서취사론'에 대한 논평」(최한기 탄생 2백주년 기념 학술회의 논평문), 2004.

홍정근, 「녹문과 노사의 리일분수설에 대한 이해」, 『동양철학연구』 18, 동양철학연구회, 1998.

황경숙, 「혜강 최한기의 사회사상연구」, 성신여자대학교 박사학위논문, 1992.

_____, 「혜강 최한기의 사회사상의 구조와 성격」, 『한국학보』 70, 일지사, 1993.

_____, 「혜강 최한기 사상의 근대적 성격」, 『한국사회사학회논문집』 47, 한국사회사학회, 1995.

찾아보기

김용헌金容憲

고려대학교 철학과를 졸업하고 동 대학교 대학원에서 박사학위를 받았다. 안동대학교 국학부를 거쳐, 현재 한양대학교 철학과 교수로 있다. 주요 저서로는 『조선 성리학: 지식권력의 탄생』,『야은 길재: 불사이군의 충절』,『주자학에서 실학으로: 조선후기 서양 과학기술의 수용과 주자학적 사유의 균열』,『혜강 최한기』(편저) 등이 있고, 논문으로는 「율곡 이이의 동북아 인식과 21세기 동북아의 평화와 공동 번영」,「16세기 조선의 정치권력의 지형과 퇴계 이황의 철학」,「수암 권상하 문하의 심성 논쟁과 호학의 형성」 등이 있다.